U0528404

汪晖 著

现代中国思想的兴起

下 卷

第二部

科学话语共同体

生活·讀書·新知 三联书店

Copyright © 2015 by SDX Joint Publishing Company.
All Rights Reserved.

本作品简体字版权由生活·读书·新知三联书店所有。
未经许可，不得翻印。

图书在版编目（CIP）数据

现代中国思想的兴起／汪晖著．—3 版．—北京：生活·
读书·新知三联书店，2015.1　（2023.9 重印）
ISBN 978－7－108－05164－6

Ⅰ．①现…　Ⅱ．①汪…　Ⅲ．①思想史－研究－中国
Ⅳ．① B2

中国版本图书馆 CIP 数据核字（2014）第 276914 号

本册细目

◎ 下卷
　　第二部
　　科学话语共同体 —— 1105

第十一章　话语的共同体与科学的分类谱系 —— 1107
　　第一节　"两种文化"与科学话语共同体 —— 1107
　　第二节　中国科学社的早期活动与科学家的政治 —— 1125
　　第三节　世界主义与民族—国家：科学话语与
　　　　　　"国语"的创制 —— 1134
　　第四节　胡明复与实证主义科学观 —— 1145
　　　1. 在实证主义笼罩下对实证主义的怀疑 —— 1145
　　　2. 形而上学前提与对实证主义科学观的确证 —— 1151
　　　3. 作为关系的真与作为先验原理的社会和国家 —— 1159
　　第五节　作为"公理"的科学及其社会展开 —— 1169
　　　1. 科学的、道德的与合理的 —— 1169
　　　2. 科学与政治及其他社会事务 —— 1177
　　　2.1 科学、大同与国际关系 —— 1177
　　　2.2 科学与共和政体 —— 1178
　　　2.3 科学与学术和教育 —— 1180
　　　3. "科玄论战"的序幕：科学与人生观问题（以杨铨为例）—— 1182
　　　4. 对进化论的怀疑与现代文化论战 —— 1189
　　第六节　现代世界观与自然一元论的知识分类 —— 1200

第十二章　作为科学话语共同体的新文化运动 —— 1206
　　第一节　"五四"启蒙运动的"态度的同一性" —— 1206
　　第二节　作为价值领域的科学领域 —— 1208
　　　1. 陈独秀：从实证主义到唯物主义 —— 1211

2. 科学概念与反传统运动 —— 1215
　　3. 启蒙主义的科学概念及其意义 —— 1221
第三节　作为科学领域的人文领域 —— 1225
　　1. 胡适的科学方法与现代人文学术 —— 1225
　　2. 科学方法与人文科学家的社会角色 —— 1236
第四节　作为反理学的"新理学" —— 1247
　　1. 吴稚晖与反传统主义科学观 —— 1247
　　2. 通俗化的形式与常识批判 —— 1249
　　3. 自然过程与历史过程 —— 1259
　　3.1 科学的宇宙观：排除创世观念与宇宙过程的目的性 —— 1260
　　3.2 科学的人生观：天理的衰亡与人的衰亡 —— 1267
　　3.3 是机械论还是有机论？—— 1272
　　4. 是"反理学"还是"新理学"？—— 1276

第十三章　东西文化论战与知识/道德二元论的起源 —— 1280
　第一节　文化现代性的分化 —— 1280
　第二节　东西文化论战的两种叙事模式 —— 1289
　第三节　东/西二元论及其变体 —— 1292
　第四节　新旧调和论的产生与时间叙事 —— 1296
　第五节　总体历史叙事中的东/西二元论及其消解 —— 1309
　第六节　总体历史中的"东西文化及其哲学" —— 1314
　第七节　从文化观的转变到主体性转向 —— 1327

第十四章　知识的分化、教育改制与心性之学 —— 1330
　第一节　知识问题中被遮蔽的文化 —— 1330
　第二节　张君劢与知识分化中的主体性问题 —— 1343
　　1. 对心理学的人文主义理解 —— 1344
　　2. 对社会科学的人文主义理解 —— 1353
　　3. "人生观"问题与重建知识谱系 —— 1360
　第三节　知识谱系的分化与社会文化的"合理化"设计 —— 1370
　　1. 知识分科与现代社会分工 —— 1370

2. 教育改制、分科设置与知识谱系的划分 —— *1376*
3. 心性之学与现代化的文化设计 —— *1383*

第十五章　总论：公理世界观及其自我瓦解 —— *1395*
第一节　作为普遍理性的科学与现代社会 —— *1395*
第二节　科学世界观的蜕化 —— *1403*
第三节　现代性问题与晚清思想的意义 —— *1410*
第四节　作为思想史命题的"科学主义"及其限度 —— *1424*
第五节　哈耶克的科学主义概念 —— *1438*
第六节　作为社会关系的科学 —— *1454*
1. 自然/社会二元论 —— *1454*
2. 市场/计划二元论 —— *1460*
3. 晚清国家对"市场"和"社会"的创制 —— *1477*
第七节　技术统治与启蒙意识形态 —— *1486*

附录一
地方形式、方言土语与抗日战争时期"民族形式"的论争 —— *1493*

第一节　作为"民族形式"的"中国作风"与"中国气派"
　　　　——共产主义运动中的民族主义政治与文学问题 —— *1495*
第二节　"地方形式"概念的提出及其背景
　　　　——战争对乡村与都市关系的重构 —— *1499*
第三节　"地方性"与"全国性"问题 —— *1503*
第四节　方言问题与现代语言运动 —— *1507*
第五节　"五四"白话文运动的否定之否定 —— *1526*

附录二
亚洲想像的谱系 —— *1531*

第一节　"新亚洲想像"的背景条件 —— *1531*

本册细目

第二节　亚洲的衍生性：帝国与国家、农耕与市场 —— 1539

第三节　亚洲概念与民族运动的两种形式 —— 1552

第四节　民主革命的逻辑与"大亚洲主义" —— 1565

第五节　多个历史世界中的亚洲与东亚文明圈 —— 1574

第六节　互动的历史世界中的亚洲 —— 1592

第七节　一个"世界历史"问题：亚洲、帝国、民族国家 —— 1603

参考文献 —— 1609

人名索引 —— 1666

下卷 第二部

科学话语共同体

第十一章

话语的共同体与科学的分类谱系

> 科学的本体,还是和那形上的学同出一源的……
> ——任鸿隽

第一节 "两种文化"与科学话语共同体

"五四"新文化运动是晚清以降的知识氛围和制度建设的过程的产物,它不是一个孤立的、仅仅由几个文人构成的社会运动。但迄今为止,有关"五四"新文化运动的研究仍然集中在以《新青年》、《新潮》和那些直接参与了文化论战的刊物和群体方面。在新文化运动中建立起来并长期流行的旧/新、传统/现代、东方/西方、落后/进步等二分法的话语模式都建立在一种能够据以区分它们的新的知识条件之下。如果没有晚清和民国以来在教育制度和知识谱系方面的深刻变化,我们很难设想这一运动能够成为现代中国历史中如此重要的段落。晚清至"五四"时代的知识分子的政治观和社会立场各不相同,但究竟是什么力量、在何种知识条件下,新的知识群体能够把自己看成是"新的"、"现代的"或者"西方化的"社会群体? 在追问这一问题时,我们首先注意到的是:在中国现代思想研究中,科学共同体及其文化实践是经常被忽略的部分,以致按照通常的历史构图,现代启蒙运动似乎仅仅是一些人文知识分子的活动的产物。为什么我们在探讨近代文化运动时会自觉地和不自觉地将科学共同体置于我们的视野之外呢？在这里,我们首先涉及的是仍然制约着我们的知识体制和观念的"两种文化"的区分,亦即科学文化与社会文化的分类。在晚清和民初的氛围之中,这一分类代表着一个社会关系重构的过程：它不仅在空间的意义上把科学文化与其他文化区分开来,而且也把这种划分本身纳入一种时间的和文明论的框架之中。科学一方面提供了新/旧、现代/传统、西方/东方、进步/落后的基本分界,另一方面又将自身置于一种与其他领域完全区分开来的、独立于社会、政治和文化影响的位置上。然而,这一与社会相互区分的独特位置恰恰构成了科学群体及其实践在社会领域中的权威性。在这个意义上,不了解自然科学的发展、科学知识的普及以及随之产生的"两种文化"的格局,就无法了解现代思想和文化运动的基本脉络；不了解近代科学群体的活动、知识分类的变化以及这些活动和变化对社会和文化领域的重构,也就不可能真正了解"五四"新文化运动的背景条件,以及他们究竟是在什么样的知识力量之下完成其文化使命。

近代科学期刊的刊行、科学教育的普及和科学共同体的形成是现代启蒙运动的先决条件和这一运动的有机部分。作为一种独特门类的科学刊物的诞生是现代社会"两种文化"的形成的标志。所谓"启蒙"也可以视为"两种文化"形成的历史过程。在晚清革命与变革的风潮中,许多相对专门的科学刊物应运而生,它们与众多的社会文化刊物相映成趣,却又独具特色。据不完全统计,从1900到1919年五四运动前不到20年的时间里,共有一百多种科技期刊创刊：自然科学期刊24种（综合性9种,数理科学9种,地学2种,生物学2种,气象学2种）；技术科学期刊73种（综合性13种,工业12种,交通运输14种,农业29种,水利5种）；医学期刊29种。辛亥革命后六、七年间创办的刊物比过去的总和增长了两倍。除了1912年农林部办的《农林公报》、1907年广东农工商总局办的《农工商报》等少数报刊属于官办外,大多数科技期刊是由科学团体、大学和一些私人创办的。其中最为著名的当然是中国科学社的《科学》月刊、以詹天佑为代表的中华工程师学会办的《中华工程师学会会报》、最早的科学团体中国地学会办的《地学杂志》等等。[1]清末民初的科学期刊涉及各种专门的知识和技术领域,这从它们的刊名即可见一斑:《中外算学报》(上海,1902,杜亚泉)、《实业界》(上海,1905,美洲学报社)、《北直农话报》(保定,1905,保定高等农业学堂)、《湖北农会报》(1905,武昌,湖北全省农务总会编辑)、《学报》(1906,上海,上海学报社)、《医药学报》(1907,日本千叶,中国留学生组织"中国医药学会"机关刊物)、《理工》(1907,上海,理工学报社编辑)、《卫生白话报》(1908,上海,卫生白话报社)、《铁道》(1912,上海,中华民国铁道协会编辑,该会会长孙中山、副会长黄兴)、《浙江省农会报》(1913,杭州,浙江省农会编辑)、《云南实业杂志》(1913,昆明,云南行政公署实业司编辑)、《电气》(1913,北京,中华全国电气协会编辑)、《博物学杂志》(1914,上海,中华博物学学会编辑)、《中华医学杂志》(1915,上海,中华医学会机关刊物)、《清华学报》(1915,北京)、《精神杂志》(1919,日本神户,中国精神研究会编辑)……这些刊物大多是普及性的或介绍性的,没有多少独创性的成果,其意义不仅在于为新一代专业知识分子和专业文化的形成提供养料,而且还在于它们在文化方面的影响。科学杂志的创办者分布全国各地,大多是专业的科学和技术团体,其中一些水平较高的刊物来自留学国外(如美国和日本)的年轻知识群体。通过科学知识的普及、科学思想的宣传和科学组织网络的形成,一种新的知识社群和文化氛围出现了。自那时起,无论在社会成员的组成上,还是出版物的类别划分上,都鲜明地呈现了科学文化和人文文化(或日常文化)的差别。"两种文化"的形成是现代社会的一个极为重要的成果,它以专业知识和专业化的知识体制的方式对社会文化进行重新分类。在一定意义上,不了解这些特殊的知识类别及其在社会生活中产生的极为巨大的影响,就不可能了解"启蒙"或"现代性"问题在那一社会语境中的含义。正因为如此,需要回到科学知识、科学体制和科学观念的问题上来,重构科学家共同体与新文化运动之间的有机互动关系。

---

[1] 张小平、潘岩铭:《中国近代科技期刊简介》(1900—1919),《辛亥革命时期期刊介绍》IV,北京:人民出版社,1986,页694。

从晚清时代新学运动的发展到民国成立后科学共同体的逐渐形成是一个连续的历史过程。如果将晚清知识分子的科学宣传和实践与民国之后的科学共同体及其实践进行对比，我们可以发现一个明显的转折：以中国科学社等科学共同体的成立及其专业性的学术期刊的出现为标志，民国时代的文化领域出现了科学文化与人文文化的明确区分，而晚清时代的科学宣传则是变法改革和革命宣传的有机部分，严复等先驱者并没有在社会分工上构成一个区别于其他知识分子的独特社群。那些相对专门的晚清科学刊物主要以启蒙宣传和普及教育为目的，科学的价值和意义始终被放置在它与社会和政治的内在联系之中。近代最早的科学刊物是由傅兰雅主编、1876年上海格致书室发售的《格致汇编》（初为月刊，后为季刊，1890年停刊），那是一本通俗科学刊物。中国人自己创办的科学刊物可以追溯到《亚泉杂志》、[2]《科学世界》[3]和《科学一斑》[4]等刊

---

[2] 《亚泉杂志》创刊于1900年11月29日（光绪二十六年十月初八日），主编是后来成为《东方杂志》主编的杜亚泉，并由他在上海开办的亚泉学馆出版发行，上海北京路商务印书馆印刷。《亚泉杂志》为半月刊，铅印、竖排、线装本、二十五开、单色花边封面、考贝纸、每册正文16页，共出10册，1901年6月9日（光绪二十七年四月二十三日）停刊。本章有关《亚泉杂志》的讨论资料参考了范明礼《亚泉杂志》一文，该文见《辛亥革命时期期刊介绍》第1辑，北京：人民出版社，1982。这是笔者所见唯一一篇系统介绍《亚泉杂志》的文章。又，亚泉学馆以集体研习各种科学为旨趣，1900年成立于上海，创办人绍兴杜炜孙（即杜亚泉），除发行《亚泉杂志》外，又编发《中外算学报》（石印小本，每期约20余页）。《出版大事年表》："亚泉学馆出版《亚泉杂志》，为国人自编科学杂志最早之一种。"见张静庐编：《中国近代出版史料》第2编，北京：中华书局，1957，页427。

[3] 《科学世界》由上海科学仪器馆编辑发行，上海英租界南四川路的中西印书局活版部铅字印刷，竖排，大三十二开本，蓝底白字彩色封面。杂志为月刊，1903年3月出第1期，第8期后未能按时出版，至1904年年底出11—12期合刊，便告停刊；此后到1921年7月复刊，至1922年7月出了5期，最后停刊。本章有关《科学世界》的讨论资料参考了范明礼《科学世界》一文，该文见《辛亥革命时期期刊介绍》第1辑。这也是笔者所见唯一一篇系统介绍《科学世界》的文章。

[4] 《科学一斑》由科学研究会（该会由上海龙门师范学校的成员组成，该校前身为汤寿潜任院长的龙门书院）编辑发行，1907年7月（光绪丁未六月）在上海创刊，月刊，汤奇学曾专门调查此刊，但仅见四期，停刊时间不详。参见汤奇学：《科学一斑》，《辛亥革命时期期刊介绍》第2辑，北京：人民出版社，1982。

物。这些刊物的出现与现代社会日益增长的知识普及和教育改革直接相关。科学/政治、科学/时代、科学/文明是这些刊物中流行的论述方式,这些论述方式不仅用科学的政治、时代和文明意义为体制化的科学研究提供正当性说明,而且也为科学和科学家在现代社会体制中的地位和意义提供合法性论证。

与专门化的科学研究形成对比的是:晚清科学刊物在科学/政治、科学/文明、科学/社会、科学/文化、科学/国家的"启蒙"框架内谈论科学的意义、介绍科学的成果。从20世纪以来,科学的概念和思维习惯越来越深入地影响人们对社会的理解,然而在其发展的初期,科学却需要借助于日常生活的概念来解释他的研究对象。也许正是由于这个原因,科学的思想逐渐转变成为支配我们理解社会的基本方法。在变革的氛围中,科学概念的运用范围远远越出了特殊技术(奇技淫巧)的范畴,成为合法性的来源,虽然它自身的合法性还需要政治、经济、文化和新的时间观念(特别是时代概念)的证明。人们争论进步与倒退、争论革命与改良,一如科学共同体争论真理与谬误,因此,社会运动的合法性模式与科学的合法性模式是极为接近的。在这一时期,科学力图从其他领域汲取力量用以证明自身的意义,但也力图为政治、经济、文化和其他社会事务提供认识的原理。科学作为合法性源泉与有待合法化的知识的双重特点,深刻地体现在科学/政治、科学/文明、科学/时代等有关科学的叙事方式之中。[5]

科学与其他知识领域的这种未分化状态体现在人们对科学的最初命名之中:许多知识分子和士大夫用"理学"、"格致学"等传统概念来命名科学。"科学"概念源于日本思想界对于science的翻译,最早的使用者是

---

[5] 弗·利奥塔(Jean-Francois Lyotard)在《后现代状况》(*The Postmodern Condition*, Minneapolos: University of Minnesotr Press, 1984)中对科学知识和叙事知识作出区分,这一区分对于我们理解早期科学的合法性问题仍有帮助。在那时,科学作为一种元话语的地位尚未形成,它的合法性需要叙事知识的帮助,也即需要非科学知识的帮助或者论证。值得注意的是,这一简单的事实暗示着一个重要的判断:科学作为元话语的地位并不是绝对地取决于科学话语自身的特征,而是取决于特定的历史形势,特别是知识形势。在缺少这种历史形势的语境中,科学话语自身不能自我证明,因而也不能成为其他历史实践的合法性论证。在那时,它需要其他的知识为之提供论证。

西周(1829—1897),他于1874年在《明六杂志》上首次将science译为科学。在中国,科学一词在甲午前后传入中国,但比较广泛的运用是在1902年以后。在相当长的时期里,这一概念与"理学"、"格致"等概念同时并存。[6]事实上,西周本人曾接受严格的朱子学训练,后来又深好徂徕学。在著名的《百一新论》中,他第一个把philosophy译为哲学,但在此之前他也曾用"性理学"、"理学"、"穷理学"、"希贤学"、"希哲学"等理学概念翻译哲学。在《百学连环》中,他将"百科学术"区分为"普通学"和"殊别学",又将后者分为"心理上学"和"物理上学",而"物理上学"中又包含"格致学"和其他学。足见这一时代的哲学与科学仍然处于相互连接和未截然区分的状态之中。在《尚白札记》中,西周强调"百科学术"与"建立统一观"之关系,从而把"哲学"置于"诸学之上之学"的地位。[7]这一诸学与某一灵魂之学的关系在严复那里也获得了表达,不过严复将西周所谓诸学与哲学的关系置换为诸学与群学的关系,从而群学成为百科学术的灵魂和统帅。无论是建立"统一观",还是以"群学"统帅诸学,都表示早期的理学、穷理学、格致学、科学等概念与宋明理学在功能上是存在相似性的:它们均以建立对于宇宙和世界的普遍性的知识为目的。换言之,这些命名不但产生于"理"概念与条理、规律等概念的长久联系,也产生于这一概念运用的范围和广度。即使在1902年之后,"理学"概念仍然流行,例如1906年11月15日在上海创刊的月刊《理学杂志》(小说林宏文馆合资社编辑发行,薛蛰龙主编)直接用"理学"命名,它的宗旨是为中国的富强而普及科学。《亚泉杂志》第七、八、十册刊有《日本理学及数学书目》一篇,开列"理学总记"书目36种,物理学书目64种,化学书目86种,天文学书目4种,气象学书目7种,博物学书目18种,……加之生物学、人类学、动物学、植物学、地质学、地震学、矿物学、算术、代数学、几何学等等各科书目,总计理科书目377种,数学书目531种。除数学外,其他各科均归入"理学"范

---

[6] 关于科学概念的起源,我在《赛先生在中国的命运:中国近现代思想中的科学概念及其使用》一文中已经做了比较系统的分析,该文见《学人》第一辑,又见《汪晖自选集》,桂林:广西师范大学出版社,1997,页208—269。

[7] 麻上义辉编:《西周哲学著作集》,岩波书店,昭和八年,页5。

畴。[8]杜亚泉在为译作《定性分析》所作的后记中谈及化学书时说,其中蕴涵了"天下万物之原理","读分原辨质之书,知分类定性之理"。这种"理"已经体现为包括76种元素的化学元素图表,及各种"新学理"。[9]所谓"分类定性之理"意味着总体的"理"包含着可分性或"分理"(如同戴震使用过的"分理"的概念),这为现代学术分科提供了原理上的依据。《科学世界》所载"社说"四篇即有三篇以"理科"、"理学"命名科学。[10]虞和钦《原理学》明确地把理的概念作为宇宙世界与人类社会的联系纽带,他说:

> 理学者,乃以至广至渺之世界观念,而与社会以直接之益者也。其目虽多,而以有实用之智识为尤要。渺远之星球,荒古之地质,人不能用也,有理学焉,则不知者知。腾空之雷霆,弥山之矿石,人不能知也,有理学焉,则不用者用。……[11]

自然知识与社会生活的这种密切的联系产生于民族主义的潮流之中,从而科学话语构成了民族主义话语的有机部分,它对"理"、"公理"的强调在某些情形下甚至直接演变成为一种民族—国家的观念。

在这个意义上,不仅科学的分析方法建立在一种新的宇宙观的基础之上,而且现代国家和社会的形成也需要一种新的科学宇宙观的支撑。科学刊物的编者无一例外地强调科学本身的重要性,但也无一例外地从社会政治角度论证科学的意义和价值。这对中国"科学"概念的形成产生了重要影响。杜亚泉的《亚泉杂志序》、林森的《科学世界·发刊词》、

---

[8] 《亚泉杂志》第七册,1901年2月8日(光绪27年2月初8),第八册,1901年3月23日(光绪27年3月23日),第十册,1901年4月23日(光绪27年4月23日),分别刊有:《日本理学书目》(七),页10—13;《日本理学及数学书目》(八),页7—9;《日本算学书目》(十),页8—10,三册为连载。

[9] 杜亚泉:《定性分析·后记》,《亚泉杂志》第十册,光绪27年4月23日,页7。

[10] 这四篇"社说"是:王本祥《论理科与群治之关系》、虞和钦《现今世界其节省劳力之竞争场乎》、虞和钦《原理学》、虞和钦《理学与汉医》。四篇同出于第一编第一期,光绪29年3月1日。

[11] 虞和钦:《原理学》,《科学世界》第一编第一期,页2。

《科学一斑·发刊词》都把科学与政治的关系当作首要问题。这些刊物虽然都已运用"科学"概念,但同时却也保留着其他多种用法,表明科学概念尚在形构之中。杜亚泉用"政治与艺术之关系"作为他的主要用语,"政治"指内治外交、兵政工商、士风学政等各种社会生活领域,"艺术"则明显涉及"航海之术"、"军械之学"、"蒸汽、电力之机"、"铅字、石印之法"等科技实业等领域。在这里,"艺术"既没有从实业中完全分化出来形成独立的概念,也没有包含科学知识与艺术领域的严格分界。亚泉显然是在一个特定的意义上强调"艺术"是对事物——无论什么性质的事物——的规则的认识。如谓:

> 自其内部言之,则政治之发达,全根于理想,而理想之真际,非艺术不能发现;自其外部观之,则艺术者固握政治之枢纽矣。[12]

"政治"与"艺术"的关系犹如大脑与身体的各种器官或船长与船员的关系,如果没有后者,前者就只能沦为空头政治。值得注意的是,在"艺术"/"政治"的上述关系中,"政治"本身被自然化了,即政治成为某种服从于自然规律的行为。这里当然还没有技术统治的观念,但是,这种把政治技术化的设想,不仅为职业性的政治活动提供了基础,而且也在政治日益成为社会的中心问题的现代情境中,论证了科学和技术的政治意义。

民族主义无疑是最为重大的政治,那么,科学与这一政治的关系究竟应该如何建立呢?杜亚泉说:

> 吾恐吾国之人,嚣嚣然争进于一国之中,而忽争存于万国之实也。苟使职业兴而社会富,此外皆不足忧。文明福泽乃富强后自然之趋势。天下无不可为之事,惟资本之缺乏为可虑耳,吾愿诸君之留意焉。亚泉学馆辑《亚泉杂志》,揭载格致算化农商工艺诸科学,其目

---

[12] 杜亚泉:《亚泉杂志序》,《亚泉杂志》第1期,光绪26年10月8日。

的盖如此。[13]

杜亚泉要求人们把纷争的关系从国内转向国际,并指出竞逐富强的"资本"就是科学知识本身。在这个意义上,科学的意义不仅在于它对事物内在规律的理解,而且更在于一项更高的事业。国家富强、文明福泽与对事物的认识构成了一个意义的连锁关系。王本祥《论理科与群治之关系》一篇,明显与梁启超《论小说与群治之关系》相呼应,从另一个方面论证了杜亚泉的逻辑。"群治"是指社会制度和秩序,这一概念是在"群学"(社会学)的意义上使用的。所谓"理科"与"群治"之关系实际就是科学与社会政治的关系。王本祥的立论建立在对"帝国主义"时代中国富强的迫切性的认识之上,如谓:"通世界万国,有急剧的战争,有平和的战争,或战以工,或战以农,要莫不待助于理科。是故,理科者,实无形之军队,安全之爆弹也。……生存竞争将于斯卜之,优胜劣败将于斯观之。"[14]

把科学比喻为"无形之军队,安全之爆弹"自然是从功能的角度作出的判断,而这个判断来源于对时代的判断,即科学是这样一种工作,对于这个时代而言它不仅是必要的,而且是必须的。忽略这样一种工作,也就是背离这个时代,以及这个时代所指向的未来方向。这样,对科学的看法便与所谓现代性的态度关联起来。王本祥在《汽机大发明家瓦特传》的结论中说:

> 今夫吾中国理科实业之不发达,基于何原因乎?荐绅先生、名教硕儒,视即物穷理为支离琐碎之学,农工实业为鄙夷可耻之事,此数千年来相传之恶因也。比年以来,欧风美雨,由印度洋、太平洋卷地而来,青年学子,手掇一卷,志浮气鹿,日日言政治、言法律、言军备,一似彼族所恃以膨胀者,斯数者外,别与他事,而薄视理科实业等学

---

[13] 同上。
[14] 王本祥:《论理科与群治之关系》,《科学世界》第一编第一期,光绪29(1903)年3月1日。

为形而下者,非高尚优美之事,不足学,不足以副吾大志,以拯中国也。……夫二十世纪,生产竞争最激烈之时代也。欲图生产力之发达,必致力于实业。欲求实业之飞扬跋扈,又必乞灵于理科,此尽人所知也。今彼方亟亟日从事于生产力之准备,而吾顾放言高论漠不加察,数十年后,几何不胥我四万万同胞而尽为饿殍也。揣其意亦不过以实业之事非理科不能行。而理科之学又精微艰深,难于猝解,故为是狂语以欺人耳。虽然,推其所以致此之由,亦由吾国理科教育素乏注意,而讲求者又廖廖无人,势力单薄,不足以唤醒社会也。吾草瓦特传,吾愿吾国民知实业为生产竞争之铁甲舰、开花弹,而理科又为实业之基本金。[15]

在这篇文字中,王本祥不只是提到了理科与社会政治、特别是救亡图存的关系,而且提到了时代的概念,这个时代的概念以"生产竞争"和"生产力之发达"为特征。科学作为实业的基础,构成了生产竞争和发展生产力的根本要素。在这个意义上,科学的工作是一种时代的工作。科学具有一种改造世界的力量。[16]科学的启蒙意义主要存在于它与时代的这种内在关系之中。"理科教育"的重要性不仅在时代的意义上充分地显现出来,而且成为传统思想方式(重文轻实)的对立面。由于将时代范畴引入对科学的论述,科学/政治的论述模式也就同时转换为科学(现代)/传统的对立关系。

与《亚泉杂志》、《科学世界》相比,《科学一斑》涉及的知识领域更浅显,但内容也更驳杂,举凡教育、国文、历史、地理、数学、理科、博物、图画、体操、音乐、手工、附录、法政等13个栏目,问题繁多。从这些栏目的设置,我们可以发现它在内容上与当时新式学堂的课程相近。这表明:科学

---

[15] 王本祥:《汽机大发明家瓦特传》,《科学世界》第一编第五期,1903年6月1日(光绪29年六月朔日),页12。

[16] 王本祥在《电气大王爱提森传》的后记中说:"余草爱提森传,而著录其种种发明,余非传爱提森也,余欲示电气学之势力有改造世界之能力也。……"见《科学世界》第一编第五期,1903年6月1日(光绪29年六月朔日),页7。

刊物的出现与中国现代教育制度的建立具有内在的联系,现代中国社会的基本认同的形成需要现代职业化的教育作为重要的基础。该刊的《发刊词》认为中国的社会改造关键在办教育,"唤起国民本有之良能,而求达于共同生活之目的。"值得注意的是,《科学一斑》将中国的问题归结为缺乏"公理思想,道德思想"和"团结力",开出的药方是普及教育,而教育的内容则是包罗万象的科学知识,即以分科为特征的专业化教育。"公理"存在于各种类别的知识之中。正由于此,《科学一斑》认为几十年来,中国"以兵战、以商战、以工艺战、以政治战、以铁路、航路、矿山、工厂战,以租借条约、外交手段、势力范围战,以殖民主义、帝国主义、民族主义战,无不着着失败而逖焉有不可终日之势。"为什么呢?"学术之衰落乃使我国势堕落之大原因也。"举凡哥白尼、亚当·斯密、卢骚、孟德斯鸠、笛卡尔、富兰克林、牛顿、瓦特、边沁、斯宾塞等各种知识领域中的人,无不具有左右政府及世界发展的能力。在这个意义上,"科学者,文明发生之原动力也。"[17]

文明及其相互竞争问题是中国科学概念的重要历史内涵。在这个时代,人们公认科学研究及其创造的社会规范是西方社会在文明竞争中获胜的主要原因。因此,客观知识的概念与文明概念之间存在紧密的关系。正是在这一背景下,晚清科学刊物还发展了在文明冲突论中理解科学的方式,其主要的特点就是将科学放置于东方文明/西方文明、精神文明/物质文明的关系中考察科学的意义。在"五四"以后有关科学与玄学的论战中,这种文明二元论对现代知识体系的分化提供了历史的背景。《科学一斑·发刊词》在中国/西方的文明比较中,认为中国"文学盛而科学衰",文学指经学、理学、老学、佛学、考据学、词章学,而科学指政治、军事、经济、医学、哲学、物理、化学、数学、伦理、外交等。发表于该刊第三期的《伦理学卮言》说:

> 精神之文明为我国所固有,其不逮西洋者,物质文明耳,此差足自豪者也。今西洋方以物质之文明为基础,合精神而一之。中国乃

---

[17]《发刊词》,《科学一斑》第1期。

不知吸取物质之文明,联合精神之文明以补我之短,为欲舍固有之精神,别求所谓物质文明者。亦思精神不存,物质将焉附耶?[18]

淬厉我所固有者,采补我所本无者,由普通学而蕲进专门以从事于改革事业;始由一部分,继及于全部分。[19]

科学/社会政治、科学/帝国主义时代、科学/生产力及竞争、科学/传统、科学/文明冲突构成了这一时期科学概念运用中的几种主要的理解方式。但是,科学刊物的重要影响不仅源于这些刊物强调科学在上述关系中的独特的、不可取代的功能,而且还因为科学刊物以其特殊的知识景观重构了人们对自然和人类自身的基本理解。在这方面,最重要的是科学刊物把各种具体学科的概念介绍到一般社会,进而以这些概念为基础,重构人们对世界和自我的理解。我们所了解的世界图景很大程度上依赖于我们用以观察世界的概念体系,而这些概念体系最终能够提供看待我们自身及其与环境的关系的依据。时间、空间、元素、电气、汽、能量、地史统系……等等概念不仅扩展了人们对宇宙自然的看法,而且也根本改变了人们对世界的想像图景。由于这些抽象概念的出现,人们建构世界关系的能力大大地增强了——这些概念意味着各种新的发现和发明的出现,以及通过这些发明和发现对自然的控制。

在新的宇宙观形成的过程中,任何具体的科学发现都可能被引向对人的理解。这里预示着对自然的探索和控制与对人的探讨和控制的关系。如果人的喜怒哀乐也可以被理解为一种自然现象,那么,人就有可能成为自身的客体。例如虞和钦在讨论气象学时说:

气象学者,包含风土、天气及地文诸学,而讲究大气之物理的诸现象,以精测其变化之原因者也。约言之,亦可谓之大气学,凡风雨、阴晴、寒暖、干湿,皆此学之所统辖也。故大气者,实陆地、洋海、河

---

[18] 《伦理学卮言》,《科学一斑》第3期。
[19] 《发刊词》,《科学一斑》第1期。

川、沼湖、山林、植物、禽兽及人类生命之攸关。微此则宇宙皆空,万物俱死。又推其极,则凡人类之喜怒哀乐,亦无不与此相关联。然则气象学者,范围至广,关系至大,非人类必要研究之学问乎。[20]

对气象的科学研究与人的日常感觉关联起来。这对现代历史中不断产生的环境决定论的文化论述模式具有重要的影响。实际情况是,对自然的控制本身逐渐地成为社会控制的模型。例如在王本祥对生物学的效用的讨论中,生物学不仅对工业、农业等各种人类活动具有重大影响,而且对社会国家的建构也具有不可或缺的作用:

> 生物学之研究,影响于社会如是,读者诸君,度无不知其价值与位置矣。夫拟国家为有机体,则斯学即为体中必不可缺之一器官;喻社会为微妙器械,则斯学尤为旋转圆滑之机关,而不可一时无。斯固今日学界之公言也。[21]

就在《科学世界》出版的年代,梁启超正在介绍德国国家主义理论,特别是伯伦知理和波伦哈克的国家有机体理论。在这种国家理论中,国家是一种有精神意志、肢体结构、自由行动和发育过程的有机整体,因此,在国家与个人、朝廷、外族和世界的关系中,国家及其主权具有无可争议的优先性。这种国家理论在晚清语境中的实际政治含义就是通过君主立宪而建立现代国家。在这里,我们不仅看到了科学理论对于社会政治的意义,而且清楚地看到了科学刊物的政治倾向。但是,这种政治倾向已经是通过科学的原理进行寓意地表达,从而说明科学正在成为新的政治论说的元理论。

科学进步要求国家和社会的安定,这种意识使得早期的科学刊物几乎都自然地倾向于改良和君主立宪,而对革命保持距离。对于科学群体

---

[20] 虞和钦:《气象学略史》,《科学世界》第一编第五期,1903年6月1日(光绪29年六月朔日),页1。
[21] 王本祥:《论动物学之效用》,《科学世界》第一编第二期,1903年4月1日(光绪29年四月朔日),页4。

而言,君主立宪的政治主张包含着两重意义,即试图把整个社会生活引导到职业和技能的事务之中,从而减弱社会的政治性;科学技术的研究和运用过程体现了一种对于社会和国家的责任,从而确保了社会的进步,职业化的工作本身蕴含了政治的和道德的意义。如《亚泉杂志》云:

> 设使吾国之士,皆热心于政治之为,在下则疾声狂呼,赤手无所展布,终老而成一不生产之人物;在朝则冲突竞争,至不可终日。果如是,亦毋宁降格以求潜心实际,熟习技能,各服高等之职业,犹为不败之基础也。[22]

《科学世界》以"发明科学基础实业,使吾民之知识技能日益增进"[23]为宗旨:

> 极意研求企实业之改良,而图种性之进步,则固吾人对社会国家之义务,不可一日废也。[24]
> 现今世界大势,勿徒空谈哲理,扩张政权,唯尊尚理学节减劳力,则效果有不胜言,而富强可待也。[25]

这种对科学的倡导一方面是针对满清政府的无能愚昧与中国文化的重文轻实,另一方面也以科学实业救国的方略反对过于激进的革命。因此,科学的提倡与立宪的政治主张在一个特定的语境中具有了某种相关性。"立宪之实行与否?其权固国民主之,政府不得与也。英国之行宪法也,非由三百数十万人公函力争而得乎?日本之行宪法也,非由多数国民迫胁要求而得乎?"[26]在这里,最为激进的要求就是上书以迫使清

---

[22] 杜亚泉:《亚泉杂志·序》,《亚泉杂志》第1期,1900年10月8日(光绪26年十月初八)。
[23] 《〈科学世界〉简章》,《科学世界》第一编第一期。
[24] 林森:《发刊词·一》,《科学世界》第一编第一期。
[25] 虞和钦:《现今世界其节省劳力之竞争场乎》,《科学世界》第6期,页1。
[26] 《伦理学卮言》,《科学一斑》第3期。

政府立宪。

科学从改良的理论基础转变为激进的文化和政治理念是一个无法仅仅在科学的范畴内说明的问题。然而,变化的激进性首先在自然观的方面体现出来。科学的知识,特别是那些诸如元素、原子、类的进化等抽象的概念及其在现实生活中的技术展现,逐渐但却是相当彻底地改变了原有的自然概念。作为一个客观的、可以被掌握的对象的自然逐渐地从那个本然的自然和道德的宇宙中分化出来。这个自然以及对这个自然的控制过程并不像今天这样缺乏诗意,它们毋宁是人的创造性的展示。新的自然概念的激进性在于:通过对自然的技术化的展示,那个曾经提供人们道德资源和政治合法性的天、天理都不再是超越的,而是可以通过科学认识和技术进步加以控制和理解的,从而我们可以自由地建构我们的世界。在这里,根本性的转折是对技术发明的诗意看法。换言之,自然的奥妙不再是它自身的神秘性,而是在技术、工具、仪器中展现出来的无限的可能性,由于这种可能性是可以控制和把握的,它同时也就成为了世界的必然性。我们不妨看一看科学的各种成果如何激发和重构了人们的日常想像空间,这种日常想像空间又如何引导人们对自然的技术控制。在《科学世界》的1、3、5、8、10、12 诸期上连载了小说《蝴蝶书生漫游记》,该作由日本木村小舟原著,茂原巩江译意,王本祥润辞。这篇小说的主人公是一位喜爱研究动物、植物和矿物的"蝴蝶书生",他在花园中采集昆虫标本时梦遇自称"做作物主"的八十老翁。老翁不仅告诉他许多关于地球形成和生物进化的道理,还让他"飞行器乘风游漫汗,无线电通信慰寂廖","月界旅行广寒宫旧迹模糊,火星初航探险家精神勃发","游海底初试潜行船,讲电学预测新世界","海市蜃楼抉醒人间迷信,龙宫别墅饱看水族生灵",亲历"练兵场大开盛会",目睹"八行星议讨彗星",最终"汗漫游重回旧世界,进化论鞭辟美少年",于是在博士父亲的鼓励下决心精研科学。小说的意义主要不在于艺术的方面,而在于它提供了一种想像的空间。在这种想像的空间中,人通过飞行器、潜行船、无线电、望远镜等等想像中的科学器械改变了自己与宇宙自然的关系。新世界的形象正是在这种想像性的图景中展现出来。

科学期刊是晚清社会文化氛围的历史产物，同时也是这个氛围的创造者。上述科学期刊对科学意义的表述表明这一时期的科学期刊本身并没有构成一个完全区别于其他专注于社会政治问题的期刊文化。但在民国成立之后，这一知识格局发生了重要的变化：伴随着专门性的科学研究体制的形成和教育体制中科学学科与人文学科的严格区分，一种新型的社群或共同体出现了。这个共同体以客观的、以探求真理为唯一目的的方式将自身与其他政治和文化领域区分开来，从而在科学文化与其他文化之间构筑了两种文化的明确的区分。"两种文化"的概念意味着一种明确的、界线分明的区分：科学期刊所刊登的文章主要是介绍或者提出与社会问题无关的知识问题。[27]科学家讨论问题的方式是一种特殊的训练的结果，他们的知识包含了教育体制、知识类别、技能训练等等因素；在这个意义上，对科学家的权威性的尊重来源于一种体制性的力量。所谓"两种文化"的区分为科学的特权提供了理论的基础。从制度的层面看，科学共同体与近代国家的关系是一个值得深入分析的课题。韦伯曾经把体制化的自然科学研究看作是知识官僚化的特征，而研究机构的建立和扩大促进了官僚制度的进一步发展。也正由于此，科学研究的体制化必然通过国家和其他制度因素扩展至社会文化领域，并在其中扮演极为重

---

[27] "两种文化"的概念是 C. P. Snow 在 1959 年的政治和知识语境中提出的，有特定的针对性和背景（参见 C. P. 斯诺：《两种文化》，纪树立译，北京：三联书店，1994）。但是，"两种文化"的区分本身有着深远得多的背景，正如沃勒斯坦在谈及英国皇家学会与经典科学观的关系时说的那样："几个世纪以来，所谓经典的科学观一直占据主导地位。它基于两个前提，一个是牛顿模式，认定有一种对称格局存乎过去与未来之间。这是一种准神学的视界：如同上帝一样，我们也能够达致确实性；既然万物共存于永恒的现在，因此我们不必区分过去和未来。第二个前提是笛卡尔的二元论，它假定自然与人类、物质与精神、物理世界与社会精神世界之间存在着根本的差异。托马斯·胡克（Thomas Hooke）曾于 1663 年为皇家学会草拟了一份章程，他为该学会确立的宗旨就是'通过实验手段增益于万物的知识，完善一切手工工艺、制造方法和机械技术，改进各种机器和发明。'他还补充了一句话，强调皇家学会'无涉于神学、形而上学、伦理学、政治学、修辞学或逻辑学'。这些章程已体现出，认识方式分化成了斯诺（C. P. Snow）后来所说的'两种文化'"。沃勒斯坦：《开放社会科学》，牛津大学出版社，1996，页2—3。

要的角色。例如,中国科学社和《科学》杂志的早期活动具有特殊意义,它不仅可以被看作是中国科学共同体的诞生,而且也可以看作是近代中国的"两种文化"的制度化实践的开端。

无论是"两种文化"的区分,还是科学家所谓与政治无关的宣称,都无法揭示科学共同体及其科学实践自身的社会性。我在这里试着提出一个新的、区别于科学共同体的概念用以表述"两种文化"之间的复杂的互动关系,这就是"科学话语共同体"。在一定的意义上,"两种文化"的概念正是对科学文化的合法性论证,这一区分使得科学家的活动从社会生活中分离出去,却同时保持对社会生活的深刻影响。所谓"科学话语共同体"指的是这样一个社会群体,他们使用与人们的日常语言不同的科学语言,并相互交流,进而形成了一种话语共同体。这个话语共同体起初以科学社团和科学刊物为中心,而其外延却不断扩大,最终通过印刷文化、教育体制和其他传播网络,把自己的影响伸展至全社会,以至科学话语与日常话语的边界重新变得模糊。这是一个双向的过程:一方面,科学家群体的科学思想包含着重要的社会文化内含,他们对一系列问题——如科学与道德、科学与社会政治、科学与人生观、科学思想中的进化论,以及科学的知识分类等——的阐释是对当时的文化论战的直接参与;另一方面,越来越多的不属于这个共同体的人也开始使用科学家的语言,并将这些语言用于描述与科学无关的社会、政治和文化问题,产生了极为深远的历史后果。这两个方面的有效互动造成了一种新的局面:科学话语共同体的话语实践和社会实践逐渐地用完整的科学知识谱系取代了天理宇宙观,从而为反传统的文化实践提供了自然观的前提。严复、梁启超所倡导的那些观念在这里转化为一种社会体制性的运动。

"科学话语共同体"的观念特别强调的是:科学话语的传播是一个复杂的社会过程,科学实践本身是社会实践的一个有机部分。个别科学家的工作并不能直接给一般社会提供普遍认可的科学概念,他们的成果必须有一定的传播手段才能得到社会的认可。我在这里指的还不仅是科学家们直接卷入的思想启蒙活动,例如科学刊物在发表研究论文的同时,也如其他人文刊物一样,在刊首登载"社说"、"论说"、"时评"、"来论"等等，用科学思想进行社会宣传；更为重要的是，科学家的工作成为其他文化活动的基本范式，他们利用科学语言对日常语言进行的改造就是最为重要的例证。晚清以降开始了一个意义深远的语言改革运动，其中知识分子和科学家共同体拟定科学专名、使用标点符号和横排书写的工作是一个特殊的部分，这些成果的普及不仅得到了国家和社会的承认，而且就是在国家支持下的制度性实践的一个部分。中国的现代人文语言和日常语言的某些形式是在科学语言的实践中逐渐形成的。在这种制度性实践的背后，隐含了有关科学发展与文明进化的关系的理解，即科学的发展模式也应该是文明进步的模式，科学研究的理性化模式也是社会发展的理性化目标。通过对科学及其制度性实践的合法化过程，不同文明（主要是指西方文明和东方文明）的等差关系以"科学"的标准稳固化了。

这一文明论的标准成为近代中国文化和社会论争的关键内容。正由于此，文化论战最终总是被引向有关科学和知识问题的辩论，而关于科学问题的讨论也总是文化论战的重要主题。在这个意义上，科学话语共同体并不等同于科学家共同体，其范围较之后者要广泛得多。处于"科学话语共同体"中心地位的是科学家、科学刊物以及散布在各个知识领域的知识分子及其出版物，他们共同构成了一种文化的运动。以《东方杂志》、《新青年》等刊物及其群体为例，他们基本上不属于科学家群体，但其中许多作者却使用"科学语言"分析社会文化问题，成为不断扩展的现代科学话语共同体的重要部分。实际上，中国最早的科学刊物《亚泉杂志》的创办者杜亚泉本人，也是"五四"时期《东方杂志》的主编和东西文化论战的一方代表。在1923年前后发生的"科学与人生观"的论战中，支持科学派的不仅有胡适、丁文江等《科学》月刊的直接撰稿人，还有吴稚晖、陈独秀等文人，他们共同构成了一种独特的话语氛围，甚至连他们的反对者，如梁启超，也不得不使用他们的语言，从而科学话语共同体将科学派及其反对者共同地纳入科学的话语帝国内部。从这次论战的主要内容看，几乎所有问题都是对早期科学刊物中各种有关科学与社会问题的讨论的重复和再思。"五四"新文化运动可以说是科学话语共同体的文化运动:各不相同的文化群体所以被视为同一个文化运动,是因为他们拥有某种可以相互交流的语言和符号系统。我稍后还将进一步论证:中国现代的知识体系和不同学科话语——不仅是自然科学的学科话语,而且还包括中国社会科学和人文学科的话语——最初都是在科学家共同体对科学语言的试验和改造中形成的。处于"科学话语共同体"边缘地位的是那些接受了新知识教育的学生、官员和市民阶级。作为新的教育制度和知识制度的产物,或者是新文化运动的参与者,他们正在把科学知识及其观念理解为一种看待世界的正确方法,并把这种理解扩展到日常生活的各个方面,从而为一种新的社会伦理和行为方式的形成提供了最为广泛的社会基础。在这里,如果没有一种制度性的创制和实践,也就没有可能形成广泛的科学话语共同体;如果没有科学刊物、科学共同体、从小学到大学和研究所的教育和研究制度,科学话语的权威性就不可能形成,以科学话语为自己的核心内容的文化运动也就无法获得真正的胜利。

第二节　中国科学社的早期活动与科学家的政治

科学话语共同体的形成与国家建设的潮流密切相关,但它并不是一个单一社会的产物,而是一个国际性的事件。正如民族—国家是新的国际性的规则的产物,中国科学话语共同体的形成与近代科学作为一种普遍知识的霸权有着密切的关系。中国科学社成立于 1914 年。当时可称研究科学的机构仅有一个地质调查所,专门学术团体仅有詹天佑等组成的中国工程师学会。中国科学社及其《科学》月刊是现代中国最为重要、时间持续最长的科学团体和科学刊物,它的组成、活动和出版既是一个跨越国界的过程,也是国家的开放政策的结果。中国科学社的成立对于中国科学团体的建立起了重要的示范作用。继科学社之后,中国工程学会

（后来与老的中国工程师学会合并）、中国化学会、化学工程学会、物理学会、生物学会、植物学会、动物学会等等先后成立。[28] 在中国现代语境中，科学体制的形成、科学团体的建立、科学刊物的出版、科学概念的流行不是孤立的、游离于其他社会领域的事件，而是具有深刻的社会和文化动力和后果的事件。有组织的科学研究不仅为科学话语共同体的形成提供了前提条件，而且也把自身牢固地组织在社会文化活动的中心地带。

1914年夏天正值第一次世界大战爆发前夕，中国科学社的成立渊源于美国康乃尔大学的几个中国学生对这一敏感时代的时政的议论。他们对时政的议论没有产生具体的政治方案，相反是要创办一种科学刊物。虽然初始的动机是考虑到"科学发明之效用于寻常事物而影响于国计民生者"，但刊物的宗旨"专以阐发科学精义及其效用为主，而一切政治玄谈之作勿得阑入焉。"[29]《科学》杂志是否真正实现了不谈政治的宗旨暂且不论，重要的是这种将科学与政治截然分开的方式已经在一定程度上脱离了晚清时代的科学刊物所惯用的科学/政治、科学/文明、科学/时代的修辞方式。这些年轻学人深信他们拥有一种独特的科学语言，这种科学语言一方面与社会政治相隔绝，另一方面又对"国民生计"具有根本性的影响。换言之，科学团体、科学研究、科学语言、科学家的生活方式能够以一种与社会无关的方式对社会产生示范作用。假定科学即将或已经成为统治国家和社会的知识生活的精神运动和精神进步的表征，那么，它的特征之一恰恰是与政治和道德没有关系。与其把这一现象看作是科学区别于社会文化的独特本质，毋宁看作是科学作为一种社会文化的社会特权。那么，科学的这种特权、进而科学家的这种特殊的社会身份是如何获得的呢？我已经扼要地提及了

---

[28] 任鸿隽：《中国科学社社史简述》，《文史资料选辑》第15辑，页2—3，中国人民政治协商会议全国委员会文史资料研究委员会编，中华书局，1961年。
[29] 同上，页3。又，《科学》1915年1月25日例言云："为学之道，求真致用两方面当同时并重。本杂志专述科学，归以效实。玄谈虽佳不录，而科学原理之作必取，工械之小亦载，而社会政治之大不书。"页1。

这一问题的诸多方面,现在我们需要具体分析科学刊物的内容以深化我们的理解。

先从科学社的组织体制的形成开始。1920年,中国科学社在南京社所召开第五次年会,并庆祝图书馆和社所的成立。下面所引的这段话是时任社长的任鸿隽在此次会议上的开幕词,特别涉及了科学社的体制的社会意义:

> 现在观察一国文明程度的高低,不是拿广土众民、坚甲利兵作标准,而是用人民知识的高明,社会组织的完备和一般生活的进化来做衡量标准的。现代科学的发达与应用,已经将人类的生活、思想、行为、愿望,开了一个新局面。一国之内,若无科学研究,可算是知识不完全;若无科学的组织,可算是社会组织不完全。有了这两种不完全的现象,那末,社会生活的情形就可想而知了。科学社的组织,是要就这两方面弥补缺陷。所以今天在本社社所内开第五次年会,并纪念社所及图书馆的成立,是一件极可庆幸的事。……[30]

任鸿隽的讨论建立在一个基本预设之上:科学的发展与运用改变了整个人类生活,科学体制的模式不仅应该成为社会的模式,而且也是文明程度的标准。科学的模式提供了社会进化的范例,人类对完美的追求必须被纳入科学的轨道之中。知识、社会组织和一般生活的进化在这里被作为并列的文明进步标准,从而表明文明的进步是可以按照自然规律加以解释的现象。非常清楚的是,一旦承认了科学的至上地位,也就必须承认"科学文明"(西方文明)的至上地位。这也说明了近代文明或文化论战为什么总是与"科学"问题紧密相关:科学体制的合法性的来源建立在科学的观念和"现代文明"(西方文明)的成就的基础之

---

[30] 任鸿隽:《中国科学社社史简述》,《文史资料选辑》第15辑,页8;又,杨铨在《科学》月刊第一卷第七期发表《学会与科学》一文,论及学会的功能:"今之科学昌明之国,莫不自有其学会为崇学尚能之劝,其选会员也唯谨无滥……";"然学校不过科学之母;……忧世之士欲图学术之昌明者其以学会为当务之急乎。"页707、711。

上。因此,科学社虽然以研究科学为职志,但其意义却需要从社会组织的完善和科学知识的完善等方面加以衡量。在这里,任鸿隽没有使用韦伯式的"理性化"的概念,但他所谓"社会组织的完备和一般生活的进化"的概念,明显是指现代社会和文明需要用理性化的程度来检验,而现代科学的发展与运用恰恰为现代社会提供了理性化的具体途径。换句话说,有组织的科学研究或者科学研究的组织体制不过是现代社会和现代国家的最好模型。

正由于此,中国科学社的活动绝不限于科学研究。除了创办具有专业性研究特点的《科学》月刊之外,在1933年中国科学社还创刊了普及型刊物《科学画报》。[31]中国科学社一方面出版论文专刊(多为外文)、科学丛书、[32]科学译丛、[33]为科学共同体的内部活动提供基地,另一方面又建立图书馆、[34]生物研究所、[35]举行年会和演讲、[36]陈列展览、[37]设立奖金、[38]成立科学图书仪器公司(1929),组织参加国

---

[31] 该刊先是半月刊,1939年改为月刊,图片新颖,印刷精良,销数达20000以上。1949年后由上海科学普及协会接办。
[32] 如赵元任:《中西星名考》、吴伟士:《显微镜理论》、锺心煊:《中国本目植物目录》、章之汶:《植棉学》、谢家荣:《地质学》、蔡宾牟:《物理常数》;集体写作的有《中国科学二十年》、《科学的南京》等;关于科学史料的有:李俨:《中国数学史料》、张昌绍:《中药研究史料》、罗英:《中国桥梁史料》等。
[33] 如汪胡桢、顾世楫合译德国旭克立许著《水利工程》二巨册,杨孝述译的英国物理学家布拉格讲《电》,陈世璋译的《人体智识》,俞德浚、杜瑞增合译的尼登讲《人类生物学》,叶叔眉、蔡宾牟合译的《俄国物理学史纲》二巨册,庶允译《最近百年化学的进展》,任鸿隽译《爱因斯坦与相对论》等。
[34] 科学社成立之初即设有图书馆委员会,1919年南京社所成立即在北楼设立图书馆;1929年又在上海设立明复图书馆。该馆于1956年改为上海市科学技术图书馆。
[35] 1922年在南京社所设生物研究所,这是当时国内仅有的几个科学研究机关之一。
[36] 自1916年起,中国科学社每年举行一次年会,至1948年共举行26次,会址除美国、南京、北京、上海等大都市外,也在杭州、南通、苏州、青岛、镇江、西安、重庆、广西、昆明、成都、庐山等地举行,使得一些偏远地方也得到科学家莅止,进而开通风气。
[37] 南京生物研究所成立后即经常陈列动、植物标本,1931年明复图书馆新建成立时,举行了版本展览会10天。
[38] 科学社设立和代管的奖金计7种。

际学术会议,参加国内教育活动,如与其他教育机构联合举办科学教育演讲会,设立科学咨询处,等等。所有这些活动都预示着中国社会正在朝向一个技术化的方向重组,虽然在初期,这些活动完全是局部性的。

一种普遍的知识和一个跨越国界的组织的形成被看成是一个民族—国家的文明程度的标志,这一逻辑上的悖论植根于启蒙时代有关科学作为一种有组织的研究的构想之中。社会机构和科学研究组织的关系曾经是培根《新大西岛》的关键内容之一。在《新大西岛》中,培根的大胆幻想勾画了社会机构和知识之间关系的特殊方案——一种严格意义上的科学技术的有组织的研究。正如许多西方学者认识到的那样,发展有组织科学研究的这一思想具有深远影响,它提供了一份工业发达国家已经实现了的、远远超过17世纪思想水平的永久遗产。[39]现在,这份遗产有了它的中国后代:不仅对自然的探索本身成为社会和国家行为的一部分,而且这种探索的组织方式构成了现代社会和国家的典范。假如科学组织的方式是一种科学的方式,那么现代社会也应该遵循这种方式。对自然的有组织的研究在这个意义上成为一种政治隐喻,科学的方式本身也就具有政治的涵义。值得注意的是:科学研究与社会生活之间的关系不是直接的,相反,科学研究者必须保持与政治、道德和其他社会利益的距离,而这种距离恰恰保证了科学体制作为现代社会模型和理想的地位。

新的科学共同体承担着科学的研究和发现的任务,同时也对科学的

---

[39] 威廉·莱斯(William Leiss)在他的《自然的控制》(*The Domination of Nature*, 1974)一书中把培根的《新大西岛》和摩尔的《乌托邦》看作是欧洲思想的两个乌托邦模型。他指出,后人对《新大西岛》有着明显一致的态度,"有条理地组织科学研究的思想和政府与研究组织必须结成同盟的思想在培根去世后不久就引起轰动……""但是那些对《新大西岛》的精妙思维十分尊敬的人却几乎从未充分地和具体地考察过培根所描绘的科学技术进步观念的范围。这种疏漏非常重要,因为在《新大西岛》中,社会机构和科学研究组织的关系是该文启示的一个关键方面。这是在与摩尔的《乌托邦》的比较中培根的思想能够得到令人惊异的更高评价的重要原因。"威廉·莱斯:《自然的控制》,岳长龄、李建华译,重庆出版社,1993,页56。

运用有着直接的影响。这种运用的过程密切地联系着社会的其他进程。因此,科学工作者的工作方式包含了推动整个社会制度发展和道德进化的精神。中国科学社正式成立时,由董事会征求会员同意,指定由胡明复、邹秉文、任鸿隽三人草拟了 11 章 60 条的社章,在全体会员讨论后表决通过,同时选举任鸿隽为社长、赵元任为书记、胡明复为会计、杨铨为编辑部部长,以及五人董事委员会,商定每年 10 月 25 日为本社成立纪念日。中国科学社从一开始就如此郑重其事地"民主化"和"程序化",一方面从内部保证了这个社团能够持久地运作,另一方面也说明这些参与者明显地是要用实际的组织行动来参与社会的改造。中国科学社体现的不仅是一种有组织的科学研究的思想,而且是一种研究组织如何与国家建立联系的思想。

科学社的组织以"科学的"方式为基础,但这种"科学的"组织方式本身不仅是一个社会行为,而且还预示着一个更为广泛和深远的社会过程,亦即社会组织和社会生活的理性化:"科学"本身是社会体制建构的原理。中国科学社作为一个私人组织的学术团体,开始即以英国的皇家学会为楷模,除介绍科学之外,它注重实行科学研究,并为民众公益事业服务。[40]科学社的社员按照不同的入社原则分为六类,即普通社员、永久社员、特社员、仲社员、赞助社员和名誉社员。[41]从这六种社员的分布,我们可以看出科学社作为一个科学团体的内部组织与外部联系。科学社的成员以普通社员亦即科技工作者为主,1914 年成立时仅 35 人,到 1949 年

---

[40] 同上,页 4—5。
[41] 普通社员的标准是:凡研究科学或从事科学事业,赞同本社宗旨,得社员二人之介绍,经理事会之选举者;永久社员的标准是:本社社员一次或三年内分期纳费一百元者,为永久社员;特社员的标准是:本社社员有科学上的特殊成绩,经年会过半数之选举者;仲社员的标准是:凡在中学五年以上之学生,意欲将来从事科学,得……经理事会之选举者;赞助社员的标准是:凡捐助本社经费在五百元以上或于他方面赞助本社,经年会过半数之选决者;名誉社员的标准是:凡在科学学术事业著有特殊成绩,经年会过半数之选决者。

已经发展到3776人。[42]特社员十余人,包括蔡元培、马君武、张轶欧、周美权、葛利普等。赞助社员二十余人,包括徐世昌、黎元洪、熊克武、傅增湘、范源廉、袁西涛、王搏沙等。名誉社员是张謇和美国的爱迪生。科学社的办事机构初为董事会,1922年在南通开第7次年会时分设董事会与理事会,理事会由竺可桢、胡明复、任鸿隽、丁文江等科学工作者担任,董事会共九人,多为政治家和社会名流:张謇、马良、蔡元培、汪兆铭、熊希龄、梁启超、严脩、范源濂、胡敦复。此外科学社还在美国成立了分社、在中国十几个城市成立了社友会。从科学社的组织网络可以清楚地看出,尽管科学社是一个以研究科学为目标的社团,但其形成和发展是一个复杂的社会工程。

民国时期的许多重要政治家的参与不仅保证了科学社能够在政治极其不稳定的历史形势中持续发展和生存,同时也证明了作为一个民间组织的科学社与中国现代国家的建立和现代社会的组织有着重要的联系。中国科学社在海外成立,三年后迁返中国,先在上海大同大学,后在南京东南大学,最后是在南京社员王伯秋等创议和社会上有力人士的赞助下,

---

[42] 按每五年统计,历年的社员增长情况如下表:

时间:	1914	1919	1924	1929	1934	1939	1944	1949
人数:	35	435	648	981	1500	1714	2354	3776

(上表见任鸿隽:《中国科学社社史简述》)

又,1923年,任鸿隽在《科学》月刊1923年1月20日曾经发表过《中国科学社之过去及将来》一文,内中收有民国九年科学社书记报告所载社员统计,现转录如下,页5—6:
表一:以学科分

学科:	普通	土木	矿冶	机工	电工	农林	化学	生计	物算	化工	医药	生物	共计
人数:	150	46	41	39	39	35	32	29	29	27	24	8	503

表二:以现在地分

地点:	江苏	上海	南京	其他	直隶	北京	天津	四川	湖北	福建	江西	河南
人数:	108	64	94	13	74	55	19	28	14	6	6	5
地点:	哈尔滨	香港	广东	山东	奉天	云南	山西	安徽	湖南	广西	陕西	未详	总计
人数:	4	4	4	2	1	1	1	1	1	1	1	5	276
国外:	美国	法国	日本	英国	瑞士		新加坡						总计
人数:	201	11	11	2	1		1						227

注:此表统计数字似不准确,有些部分分列数字与总记数字不合,但从中仍可见学社当时状况之一斑。

由北洋政府财政部拨给南京成贤街文德里官房一所为社所。在晚清至现代中国的历史中,民间社团、刊物林立,但几乎都很短命。能够维持三年以上就算是很长的。中国科学社能如此长久地存在,根本的原因在于:(1)中国各派政治力量在科学问题上具有共识,即科学是现代社会必备的条件,科学的不发达是中国在国际竞争中失败的主要原因,科学是进步的标志。正因为如此,科学社实际上是在不同社会力量的支持下运作的。(2)社会上有力人士的参与不仅在经济上保证了科学社和《科学》月刊的生存,而且这些参与者的特殊地位暗示了国家对于科学共同体的支持。科学社的资金除了社员的会费、事业的收入外,大量依靠捐款。1918年科学社办事处迁回国内后即发起五万元基金募集活动,并得到蔡元培、范源濂等教育界领袖人物的支持。他们分别写了《为科学社征集基金启》和《为中国科学社敬告热心公益诸君》两文。蔡元培在文中说,在科学万能的时代,中国仅有此一科学社是中国之耻,如果不能维持这样一个科学社的发展更是中国之耻。他特别指出欧美各国政府对科学的投资,进而呼吁"吾国政府若社会之有力者,必能奋然出倍蓰于社员所希望之数以湔雪吾国人漠视科学之耻也。"[43]范源濂从当今"科学世界"的实业、战争等方面说明"科学不发达者,其国必贫且弱",进而向社会呼吁捐款。[44]科学社的基金监察员初为蔡元培、范源濂和胡敦复等三人,后来添推中国银行总经理科学社董事宋汉章担任保管和经理任务。至1935年,科学社的基金除用于投资上海社所及图书馆外,尚存各种款项大约40万元有余。科学社有意识地在政治和经济(实业)界扩展自己的组织成员,表明他们不是关在实验室里的迂腐儒生,而是具有政治经济眼光的现代知识分子。正是在这样一个复杂的社会关系网络中,科学社和《科学》杂志才能一面声称自己与政治的隔绝,一面深信自己的工作对社会具有重要的、甚至是决定性的影响;科学家的工作才能一面为常人所不解,一面对常人具有示范作用。

---

[43] 蔡元培:《为科学社征集基金启》,任鸿隽:《中国科学社社史简述》,《文史资料选辑》,第15辑,页9。
[44] 范源濂:《为中国科学社警告热心公益诸君》,同上,页9—10。

科学家的工作不仅具有一种示范能力,而且还具有一种特殊的支配能力,这种特殊的支配能力不是表现为政治领域中对他人的强力控制,而是表现为一种制造规范并让他人自愿服从的能力。[45]这种支配能力表面看来是由特殊的知识或技能提供的,但更深刻的力量来自社会的体制性因素:近代资本主义世界体系的扩展是以民族—国家体系的形式展开的,而教育、科技体制成为民族—国家建构的基本条件。这两个方面相互渗透:有组织的科学研究只能在民族—国家的体系内才得以发展起来,而现代国家权力的实践又以科学发现及其组织模式为自己的楷模。[46]上述背景产生了两个相反相成的后果:一方面,科学家的社会地位的形成是和现代国家的建立直接相关的,科学家的重要性不仅来自他们对知识的掌握,而且来自一种体制性的需要;另一方面,科学知识作为一种被普遍认可

---

[45] 利奥塔在分析"合法化"问题时的如下说法对于我们理解科学的合法化问题不是没有启发的。他以民法为例分析说,"公民的特定范畴一定扮演一种特殊行为。合法化是这样一个过程,在这一过程中,立法者被授权颁布作为规范的法律。再以科学陈述为例,它臣属于这一规则:为了被接受为科学的,它就必须满足于一些特定的条件。在这一情况下,合法化是一个过程,通过这一过程,处理科学话语的'立法者'被授权规定一些固定条件(一般而言,这些条件是内在一致性和实验证明),科学共同体据此决定一个陈述是否应当容纳在科学话语之中。"*The Post-modern Condition*, p. 8.

[46] 早期的科学研究基本上是由个人进行的,因此科学家的活动与艺术家的活动环境是相似的。但是,19世纪晚期以来,科学家的工作经常与工业和国家联系起来,进而使得科学成为一种社会力量。根据布鲁诺·拉陶尔(Bruno Latour)的解释,帕斯铁尔(Pasteur)在法国宣称他已经制造了一种能够治疗流行炭疽病的血清时,他的这一结论并没有通过科学家的重复实验加以合法化,而是经由三个拥有证明这一结论的权力机构加以合法化的:科学共同体、奶制品加工和生产者以及国家。拉陶尔的结论不是"社会"影响科学的过程,而是实验室成为社会权力的模式。从福柯的主题出发,即知识/权力的关系成为现代社会的主要特征,拉陶尔不仅把这一关联看作是科学真理的状况,而且相反地,他强调传统的体制性的权力从实验室中获取力量,而在20世纪,实验室成了商品和社会权力的生产者。因此,他强调科学不是如马克思和马克思主义者阐述的那样附着于资本,而是成为资本的一种关键性的形式,这种形式以实验室作为它的生产基地。科学包含了一些艺术(工艺)的特征,但是,科学发现的过程已经永久地从任何类似于自主的领域的东西中摆脱出来了。See Bruno Latour, *The Pasteurization of France*, trans. Alan Sheridan and John Law (Cambridge, Mass.: Harvard University Press, 1988).

的客观知识提供了一种与文化多元性因素不同的要素,使得人类生活的许多方面被置于一种可以进行客观评判的状况之中。客观知识的观念遮盖了知识得以生产的社会体制和知识规范的要素,进而成为现代人所普遍接受的信仰。这种信仰最终证明,对科学的各种定理和方法的陈述对整个社会文化的变迁具有重要的作用。我主要以历史最长、影响最大的《科学》杂志的早期活动为对象。构成我的历史描述的中心内容的是:现代科学共同体的形成与现代社会体制的关系,科学思想以何种社会体制(教育体制、科研体制等)为基础将特定的知识转变为社会信念,科学家的知识活动如何成为现代国家中的规范性力量,科学研究中的概念如何重构我们的世界经验,现代思想如何从这种概念的创制中获得力量,为什么专门的学科概念被用于社会文化的领域,以及科学思想在社会思想的生产中的作用,等等。

第三节　世界主义与民族—国家:科学话语与"国语"的创制

科学家的权力首先表现为他们具有制造新的概念并用这些新的概念对世界的各种现象进行命名的权力。现代世界观——我指的是一种支配我们对于外部世界和我们自己及其相关关系的看法的概念体系,其作用一方面是提供我们理解并控制世界的概念范畴,另一方面是帮助我们在这个范畴体系中(因而也是在这个世界中)重建自己的位置——的形成,看似与科学家的工作联系不大,但实际上却在一定程度上依赖于科学家的工作。这些工作不仅确立了科学事业的社会意义,而且最终将科学领域的一些基本成果和规范普及为社会的常识。科学知识的合法性的建立也是一种新的判断标准的建立,现代世界中的一切似乎都需要经过它的检验,从而科学知识以一种"客观的"方式对世界进行编排:正确与错误,正常与反常,先进与落后,文明与愚昧,合理与不合理,等等。利奥塔(Jean-Francois Lyotard)曾经把科学话语的合法化问题与立法过程相比较,他说:"自柏拉图以来,科学的合法性问题就与立法者的合法性问题密切相关。由此看来,决定何者为真的权力并不能独立于何者为正义,尽管源于这两种权力的陈述具有性质上的差异。关键的问题是,在被称为科学的语言与称为伦理和政治的语言之间存在严格的内在关联:他们都发源于同样的视野,同样的'选择'——如果你愿意的话,这种选择可以被称为西方的(Occident)。"[47]在近代文明的冲突中,科学扮演了双重角色,它既是立法者,又是西方文明的特征,其奥秘在利奥塔本人并未明言的陈述中已经分明地表达出来了。

中国科学社的"科学实践"在语言方面产生出深远的后果。正是通过他们的活动,汉语开始经历它的技术化过程。这个技术化过程的第一步是生产和制定单义的、精确的、适合于技术操作的概念,我在此指的是科学名词的制定和审查工作。早在1908年,清政府添设学部(教育部),内设审定名词馆,学部尚书荣庆聘严复为审定名词馆总教习。[48]现在这项工作由严复那样的翻译者和文人之手转向了科学共同体的集体研究。1916年科学社即设有"名词讨论会",讨论结果随时发表于《科学》杂志。科学社同人明确地将名词的译述视为"正名之业":

> 译述之事,定名为难。而在科学,新名尤多。名词不定,则科学无所依倚而立。本杂志所用各名词,其已有旧译者,则由同人审择其至当,其未经翻译者,则由同人详议而新造。将竭鄙陋之思,藉基正名之

---

[47] Jean-Francois Lyotard, *The Post-modern Condition*, p. 8.

[48] 1908年(光绪34年)至1911年三年间,严复一直担任此项职务。但是,据章士钊说,"(民国)七年(1918年),愚任北大教授,蔡校长(元培)曾将先生(严复)名词馆遗稿一部,交愚董理,其草率敷衍,亦弥可惊,计先生借馆觅食,未抛心力为之也。"(转引自王栻:《严复传》,上海人民出版社,1957,页65)严复在就任此项职务期间,兼任许多其他职务,包括资政院议员、宪政编查馆二等咨议官、度支部(财政部)清理财政处咨议官、福建省顾问官。1910年(宣统2年)被特授为海军协都统,次年又特授为海军部一等参谋官。晚清审定名词馆的设定无疑是和西学的传入和教育体制的改革有关,但是,由于没有专门的科学家群体的工作,这项工作仍然具有深刻的官僚和文人性质,严复担任这项工作的上述状况,大致说明了这一点。

业。当世君子，倘不吝而教正之，尤为厚幸。[49]

1922年以后，科学社参加了江苏教育会、中华医学会等团体组织的名词审查会，每年开会进行审查，积累了大量资料。1934年国民党政府设立了国立编译馆，此类审查工作开始由政府机关集中办理，但所有材料，大部分仍是根据科学社及三数团体已有的成绩。[50]科学专名的确定不同于一般的名词的流行，后者主要是靠约定俗成，并保留了语言在交流中的多义性，无需专门的机构——审定。科学名词却需要专业化的审定程序。科学名词的审定也不同于科学家个人的科学研究，新名词需要得到国家和社会的公认，而前提是科学共同体的认可。审定科学名词的工作保证了科学共同体内部的交流和理解，并为科学话语共同体的扩展提供了条件。科学共同体的名词审定经由国家的确认，进入小学、中学和大学的课本，并通过各种出版物普及到一般社会。科学话语的流行依赖于科学共同体、国家教育体制和印刷文化的社会活动。今天流行的诸多物理、化学、生物、地理、天文及其他学科的概念都是在科学社等科学共同体的工作中被确认的。诸如各种元素的概念、身体的概念、地理的概念和天体的概念现在已经是我们日常用语的一部分，这些概念不仅从根本上重构了我们对于宇宙、世界和人类自身的认识，而且也在一定程度上迫使人们逐渐放弃"天然的语言"。宇宙、自然和人自身在这种精确的语言中只有一种展现方式，从而古代语言所展现的宇宙存在的多种可能性日渐地消失了。现代汉语中大量的新的词汇是在有意识的、有方向和目的的设计中完成的，是一个技术化过程的产物，而不是自然的产物。由于这些新的概念的单义性和明确的方向指向，在这种语言中展现的世界也是按照特定的方向建构起来的。语言的技术化不仅是科学共同体内部的需要，

---

[49]《科学》创刊号例言，页2。1915年1月25日《科学》第2卷第七期的《缘起》又说："名词，传播思想之器也，则居今而言输入科学，舍审定名词未由达。""科学名词非一朝一夕所可成，尤非一人一馆所能定。""因有名词讨论会之设，为他日科学界审定名词之预备。"胡先骕的《增订浙江植物名录》(7卷9期)、《说文植物古今证》(10卷6—7期)都是例证。
[50] 任鸿隽：《中国科学社社史简述》，《文史资料选辑》第15辑，页21。

而且也是现代社会作为一个技术化的社会的构造的内在的需要。[51]

科学语言的流行也伴随着对世界和知识进行分类的过程,这个过程首先是通过科学刊物的栏目设置"自然地"展现出来的。"栏目"在这里也可以被理解为一种科学的世界构造。从1915年创刊至1950年停刊(1957年又以季刊形式继续刊行),《科学》杂志共出32卷,以每卷12期,每期60000字计算,应有两千余万字。根据任鸿隽的统计,每期除了科学消息、科学通讯等不计外,以长短论文8篇计算,应有论文3000余篇。假定平均每人作论文3篇,则有作者1000余人通过《科学》而以所作与当世相见。[52]在创刊之初,《科学》杂志以内容划分栏目,其中包括通论、物质运用及其应用、生物科学及其应用、历史传记、杂俎等五项。另外,"其余美术音乐之伦虽不在科学范围以内,然以其关系国民性格至重,又为吾国人所最缺乏,未便割爱,附于篇末。"[53]将美术、音乐列入《科学》杂志的内容是极为重要的安排,这表明在中国初期的科学共同体的共识中,科学不仅安排人类的知识,而且安排人类的感觉和心理。在以后的论述中,我将证明这种安排有其知识学的基础:作为一种完整的客观的知识体系,科学内部虽然存在层次上的差别,但并没有性质上的差别,因为至少在当时,认知领域、道德领域和审美领域并未发生明确的分化。

这一点是极为重要的。尽管科学社和《科学》月刊的实践体现了一种专业化的特点,但是,知识领域的这种未分化状态也深刻地体现在科学共同体的科学语言与其他语言的关系之中。《科学》月刊是专业性的科学刊物,杂志语言形式上的创新主要是出于科学研究的基本需要。这份刊物是最早采用横排和新式标点的印刷物之一(更早时期传教士们编撰

---

[51] 语言的技术化过程在今天已经进入到电脑复制和翻译机器的阶段,这一过程的前提之一便是语言的技术化。或者也可以说,语言的技术化内在地包含了被技术化处理的可能性。正像海德格尔所说:"人与语言的关系包含在一个变化中,这个变化的后果我们还没有估量。这一变化的过程还无法直接地抑制住。反正它悄悄地进行着。"转引自冈特·绍伊博尔德:《海德格尔分析新时代的科技》,宋祖良译,中国社会科学出版社,1993,页188。

[52] 任鸿隽:《中国科学社社史简述》,《文史资料选辑》第15辑,页13。

[53] 《科学》创刊号例言,1915年1月25日,页2。

的中西辞典采用了横排的形式),这是因为科学论文及其内含的公式、图表等无法以竖排及无标点的方式表现。对此,《科学》月刊曾经作过专门说明:

> 本杂志印法,旁行上左,兼用西文句读点乙,以便插写算术物理化学诸方程公式。非故好新奇。读者谅之。[54]

然而,这种技术上的需要迅速地被作为现代语言的规范接受下来,并成为中国现代文化运动的突破口。很显然,早期科学语言与日常语言或文学语言在形式上没有截然的区分,也正由于此,科学语言的变革能够成为新的日常语言和文学语言的创新源泉。尽管汉字及其书写是一个古老传统的产物,但中国现代语言、特别是中国现代语言的书写形式也是以科学语言为元形式的。值得注意的是,有关现代汉语的讨论,除了普通话问题外,最为重要的研究和讨论集中于现代汉语的语法问题上,而"语法"问题的特点就是用一种元语言的形式对现存语言进行规范和改造,使之在单义的、明确的方向上展示意义。横排、新式标点的使用为现代语法研究提供了极为重要的内容和工具。在这个语法学的框架内,语言可以被理解为纯粹的形式、工具、手段。[55]这当然不是一次性完成的状态,而是一

---

[54] 同上,1915年1月25日,页2。
[55] 冈特·绍伊博尔德在探讨海德格尔对技术思考时解释说:"我们所探讨的人对全体存在者的技术统治不是直接地、无任何手段就发生的,而只能通过某些统治工具如机器技术和自然科学等才发生。在这些手段中也包括语言,它甚至是最根本的最原始的'手段'。因为只有通过它,才显示和表现出人们称之为世界的东西,而技术的世界只显示在技术的语言中。不可想像,用本来诗的语言(它使事物的表现以多种方式加以解决,不是在主体的制造的意义上加以解决,而是使事物本身的存在具有不同的表现可能性)会发生技术统治形式。这样,任何世界都有与它相对应的语言;语言没有单纯的反映功能,而是本身参与到当时世界的发生。""由于语言的这种技术化,真正的丰富的语言必定萎缩,语言的死亡伴随着语言的齐一化而出现:现实的语言的生命在于多义性。把生动活泼的语词转换成单义地机械地确定的符号系列的呆板性,这是语言的死亡和生活的凝固和萎缩。"冈特·绍伊博尔德:《海德格尔分析新时代的科技》,页186—187。

个漫长"理性化"过程。

我之所以如此强调现代白话文经历了技术化的过程,是因为白话文本身并不是全新的创制。唐代口语文学的存在由于敦煌发现的古写本而得到确认。宋代的评话、元代的杂剧,以及宋代以后儒者、僧侣的语录,元代由蒙语译出的皇帝敕语、圣旨和颁布的法律,以及明代的小说都是白话口语的见证。正由于此,不是白话,而是对白话的科学化和技术化的洗礼,才是现代白话文运动的更为鲜明的特征。白话文与文学语言的特殊关系是在"五四"新文化运动之后形成的。胡适等人有关新文学的历史叙事注重于为白话寻找历史合法性,而忽略了这种现代语言与科学语言的关系。其实,1916 年,就在《新青年》杂志孕育白话文运动之前,胡适在《科学》月刊第二卷第二期发表了他写于 1915 年 6 月的长文《论句读及文字符号》及两篇附录《论无引语符号之害》和《论第十一种附号(破号)》,这些文章不仅发表于首用横排、标点的《科学》月刊,而且在某种意义上也是对于《科学》月刊的形式的一种说明。《论句读及文字符号》分三个部分,分别是"文字符号概念(无符号之害)"、"句读论"和"文字之符号及其用法"。文中规定了符号十种,在引论部分,他讨论没有文字符号的三大弊病:一为意义不能确定,容易误解,二为无以表示文法上的关系,三为教育不能普及,[56] 实际上指明了语言改革的基本方向。

胡适在 1915 年间开始考虑中国语言的变革问题并非偶然。早在 1887 年,黄遵宪在《日本国志·文学志》中已经论及改革文字的"简易之法",1888 年裘廷梁明确将白话作为"维新之本"。[57] 在辛亥以前,吴稚晖等人曾在《新世纪》上谈论过废除汉字,转学世界语或其他西方文字的问题。与胡适同时在美国的锺文鳌广散传单,极力诋毁汉文,主张采用字

---

[56] 胡适在同年 7 月 2 日的日记中自跋云:"吾之有意于句读及符号之学久矣,此文乃数年来关于此问题之思想结晶而成者,初非一时兴到之作也。后此文中,当用此制。"转引自胡适《四十自述》,见吴福辉编《胡适自传》,页 101,南京:江苏文艺出版社,1995。
[57] 《论白话为维新之本》,《中外大事汇记》,广益书局。

母,以求教育之普及。[58]那一年恰好东美的中国学生会新成立了一个"文学科学研究部"(Institute of Arts and Sciences),胡适是文学股的委员。他与赵元任商量将"中国文字的问题"作为本年文学股的论题,并各自作文讨论这个问题的两个方面。赵元任专论《吾国文字能否采用字母制,及其进行方法》,此后他又写了几篇长文论证中文能用音标拼音。赵后来是《国语罗马字》的主要制作人,而他此时有关中国拼音文字的论文已经为此做了准备。[59]1915年8月,与赵元任的论题相应,胡适作一英文论文《如何可使吾国文言易于教授》,主要就汉文与教育普及的关系立论。他的主要看法是:在当时条件下,文言不可废,因此汉文问题的中心是"汉文究可为传授教育之利器否?"他的答案是汉文所以不易普及,原因不在汉文,而在"教之之术"之不完善。在他看来汉文是"半死之文字",不能用教活文字(如白话,如英语和法语等)的方法教授。教活文字的方法应该多用"朗诵"的方法,而教死文字的方法却只能用翻译的方法。他认为汉语是视官的文字,而西语为听官的文字。字母文字能传声,但不能达意,象形会意文字能达意,却不能传声。"今之汉文已失象形会意指事之特长;而教者又不复知说文学。其结果遂令吾国文字既不能传声,又不能达意。"他主张认真学习文法(他显然深受《马氏文通》的影响),"采用一种规定之符号,以求文法之明显易解,及意义之确定不易。"[60]那

---

[58] 锺文鳌是当时清华学生监督处的一个怪人,是个基督徒,受了传教士和青年会的很大的影响。据胡适说,他在华盛顿的清华学生监督处做书记,职务是每月寄发各地学生应得的月费。他想利用他发支票的机会做一点社会改革的宣传。他印了一些宣传品,和每月的支票夹在一个信封里寄给我们。内容如"不满二十五岁不娶妻"、"废除汉字,改用字母"等等。胡适当时并不满意锺文鳌的看法,曾经写信骂他,指责他不懂汉文,不配谈改良中国文字的问题。见胡适《四十自述》,收入吴福辉编《胡适自传》,页97—98。

[59] 同上,页98。

[60] 胡适:《四十自述》,同上书,页99—100。又见《留学日记》,台北:商务印书馆,1958,页758—764。前引关于句读的论文见《科学》月刊第2卷第2号。胡适在《"尝试集"自序》中引及《如何使吾国文言文易于教授》,其中有这样的话:"文言是半死之文字,不当以教活文字之法教之。""活文字者,日常语言之文字,如英法文是也;如我国之白话是也。"足见当时的讨论基本上是用日常口语来改造书面语。

时胡适不反对字母拼音的中国文字,但尚未想到白话可以完全代替文言,所以只是提出改良文言的教授方法。胡适和赵元任的论题大体提示了汉语现代化或科学化的几个最基本方面即拼音化、符号化和文法的建立。

有关中国文字的讨论最初涉及的是日常语言问题,但在1915年夏天,胡适与任鸿隽、杨铨、唐钺及梅光迪等人的辩论将这一问题扩展至中国文学问题上来。换言之,文学革命的问题是"从中国文字转到中国文学"的。在这些人中,梅光迪较为保守,不承认中国古文是半死或全死的文字。值得注意的是:除梅之外,其他诸位均是《科学》月刊的创始人和主要作者。更重要的事实是,这时的《科学》月刊已经开始使用横排和新式标点,足见胡适的看法并非空穴来风。仔细分析胡适的回忆,我们可以断言,当时没有发生过有关白话文字及其文法、符号是否适用于科学的讨论,相反,对于新式白话能否产生真正的文学革命却存在严重的分歧。任鸿隽对科学抱有极深信念,但并不相信白话能够滋生出一种审美的革命,他用"文学今革命,作歌送胡生"的讽喻对胡适的文学语言实验表示不信任。[61] 1916年间,在胡适的朋友中,发生了关于"作诗如作文"的激烈论战,这也是新文化运动的前奏。所谓"作诗如作文"的核心是日常语言(以口语化为取向,以声音为中心)能否成为文学语言(书面语,以意义为中心),从表面看与科学语言无涉,但显然已经预设了这种语言与科学语言的内在联系。

这个问题也可以与黄遵宪的"我手写吾口,古岂能拘牵"(诗《杂感》)参照来理解。黄遵宪之"吾口"是针对旧诗格律的束缚而言,也是和他在文体上主张"崇白话而废文言",使之"适用于今,通行于俗","欲令天下之农工商贾妇女幼稚,皆能通文字之用"的主张直接相关的。[62] "白话"或"吾口"是和"文言"相对的书面语,而不是以地方口语为特征的口语。换言之,"白话"或"口语"仍然是一种标准的通行书面语,而不是真正的口语。中国并没有标准的口语,口语即是方言。尽管现代文学的早

---

[61] 胡适:《四十自述》,见吴福辉编《胡适自传》,页102。
[62] 黄遵宪:《学术志二·文学》,《日本国志》第33卷,台北,文海出版社,1974年版,页816。

期实验中也不乏用方言的例证,如刘半农和刘大白的诗歌,但基本的方向是创造新的统一的"国语"。而拼音化、符号化和文法问题正是创造标准国语的基本途径。

因此,国语问题与语言的科学化问题存在着历史的联系,而切入口是标准书面语的改造。从另一个角度说,这场争论不仅是文言与白话的论争,而且也是科学语言能否适用于文学创作,特别是诗歌创作的问题。但在当时,问题并没有这样提出,相反,"五四"新文化运动的主流已经以普遍适用的科学观念为文学和其他人文领域的变革提供合法性证明了。在1916年2月与梅光迪的通信中,特别是在同年6—7月间与任叔永、杨铨、唐钺等人的讨论中,胡适的白话文学主张除了他日后反复谈及的看法外,还涉及白话是"文言之进化"的问题,其中第一、二条是:"从单音的进化而为复音的","从不自然的文法进而为自然的文法"。[63] 文言与白话的区别被理解为不自然与自然的区别,而这种区别则是在科学观念的影响下,将中国文字与西方文字进行对比的过程中形成的。白话文运动从引进西方语言的符号系统开始,而首先实行这种符号系统并发表有关理论的刊物不是人文刊物,而是科学刊物。《科学》月刊从注重审定科学名词的工作,到首先倡导和论述新的文法和标点符号,表明科学共同体正在着手创造一种新的语言——在当时的语境中,这种新的语言即科学的语言。从胡适等人的讨论来看,这种科学语言又应当是日常语言和新的文学语言的典范。对于"五四"新文化运动的参与者而言,评价现代语言、进而现代文学的尺度显然是:恰当、精确和真实。这提示我们,现代文学运动中的现实主义主张始终占据主导地位是有着更为深刻的背景条件的:即使没有列宁的现实主义的"镜子"理论,科学化的语言的内在要求也同样会构筑出详细的标准。

现代语言的某些形式采用了科学语言的形式无非表明这样一个事实:现代语言也如科学一样应该是世界主义的。尽管中国并没有像许多

---

[63]《藏晖室札记》卷十二、卷十三,引自《胡适研究丛录》,北京:三联书店,1989,页114—115。

知识分子设想的那样废除汉字、采用世界语,但是,科学规则及其语言被普遍认可为一种中性的规则和语言,因而也是一种世界主义的语言。晚清以降,中国的语言变革一直存在着一种世界主义的冲力。从以西方语言为规范建立自己的语言学(《马氏文通》),到"五四"时期废除汉字的激烈主张,再到三、四十年代的拉丁化运动和1949年后的拼音化运动,汉语在欧化取向支配下形成的世界主义倾向是极为明显的。较之日本、韩国的近代语言运动,这一点尤为突出。日、韩两国的文字运动首先是摆脱汉字的束缚,进而以方言为基础,创造新的文字。因此,日、韩两国的语言变革一方面为民族认同提供了资源,另一方面也是以民族主义为其动力。与此相对照,中国的语言变革是"走向世界"的文化运动的一部分,它的特点是废除语言的传统的或民族的特性,试图用一种普遍主义的(科学的、世界主义的)原则改造书面语。这当然并不意味着中国的现代语言变革与民族主义无关,相反,在科学的世界主义视野中,现代语言同时又是作为一种民族—国家的语言而被创造出来的。值得注意的是,"五四"新文化运动在一开始是一个语言的现代化运动,口语、白话、新式标点被理解为建立现代民族—国家的"国语"运动和形成现代文化和现代文学的启蒙运动,而它在文化上的取向却是世界主义的和普遍主义的。

白话文运动以言文一致相标榜,表面上是用口语改造书面语,但最后不仅书面语被改造了,而且现代口语也随之发生了变化:它是以普遍规范废除方言的特征——尤其是方言的语音——为基本取向的。因此,现代中国的普遍语言的形成过程具有了世界主义和民族主义的双重特征。在当时,这两种倾向都被看作是科学化的倾向。伴随着这一运动的深入发展和国家的直接参与(制定白话课本等),在20世纪20年代以后,中国的语言——首先是书面语——发生了根本性的变化。这一事实意味着:中国的现代日常语言、文学语言和人文话语都是在科学话语的实践中孕育成熟的,也是以科学化作为变革的方向和理由的。与这一事实相关的另一事实是:至少在1923年"科学与人生观"论战之前,中国现代人文学者的主要工作是从事现在被称为"文学"、"哲学"和"历史学"的"科学工作"。这一双重事实证明:在中国现代初期的文化语境中,科学话语不仅不是人文话语的他者，反而是人文话语的基础。从语言形式的变革来看，中国新文化运动与科学话语共同体的形成几乎是同一事件。科学话语与人文话语的这种"通约性"只是在1923年"科学与人生观"论战以后才逐渐分解，而它的前奏则是东西文化论战。

人文话语（humanistic discourse）的形成是西方现代文化的重要事件之一。所谓"人文话语"在最一般的意义上指的是与社会科学和自然科学相反的人文学科的语言。"人文的"（humanistic）一词暗示一切民族、所有时代的男人和女人拥有某种共同的本质，这种本质把人与动物和非生物区别开来。这一区别也是人文话语和科学话语相互区别的前提，因为人文话语被理解为人类主体本身的反思性的话语。人文话语与科学话语的这种现代分化在理论上的论证可以追溯到康德有关"纯粹理性"与"实践理性"不可通约的界说。当然，"人文的"一词在欧洲的语境中还与非宗教或反宗教的意义相关。科学的与人文的区别是宗教衰落的结果之一，也可以说是韦伯所谓西方文化的理性化的结果。哈贝马斯曾把现代性的知识后果解释成为知识、道德和审美等领域的合理分化，这一划分明显地与康德在他的三大批判中所作的纯粹理性、实践理性和判断力的区分有关，其中最为重要的是：现代性的知识体系被区分为现象的知识、道德的知识和审美的知识，而各自的原理具有根本性差异。科学认识只能解释现象世界，却不能解决道德和审美的问题，那是实践理性和判断力的领域。人文话语与科学话语的区别导源于纯粹理性与实践理性的区别。

作为一个自觉的语言创造过程，中国现代语言的创造者们试图以科学话语为蓝本创造新的人文话语，并力图用科学话语的语法建构人文话语的内在语言结构。现代人文话语当然有其传统的语言基础，但它的确又是按照现代语言的规范重新加以创制的结果。更为重要的是，中国现代文化的特征可以被描述为一个文化冲突过程，在这个过程中，各种问题——包括知识问题——均被组织到一个更为基本的文明冲突或文化冲突的框架中来展开。这个文明问题或文化问题的核心就是科学问题，因为现代文明/西方文明被理解为科学文明。正是由于现代性问题与文明冲突问题具有内在的联系，科学及其世界观才变得如此重要：它被指认为现代文明的特质。道德与艺术作为独立的领域,不是如欧洲社会那样从旧的宗教世界观中分化出来,而是从科学实践及其话语中逐渐分化出来,但这个过程已经是中国现代知识体系的内部分化。

现在我们需要讨论的是:在中国的近代文化运动中,科学话语共同体依据什么样的逻辑将现象知识、道德知识和审美知识整合为一种科学知识?这样提问仅仅是为了理解的方便,实际上的问题是相反的:对于当时的科学工作者来说,科学知识内部从未出现过所谓分化问题,文学、道德、历史和哲学不过是科学的有机部分。所以真正的问题是:科学知识在何时及何种条件下分化为自然科学、社会科学与人文科学的知识?从这个问题出发,我们才能讨论科学、道德和艺术这三个领域的分化(这种分化发生了没有?相关关系如何?)。在中国的现代性话语的形构过程中,为什么对传统世界观的反叛不是直接地表现为知识问题、道德问题和审美问题的理性分化?在这一历史前提下,知识问题的道德方面和审美方面是如何展开的?对这一问题的回答同时也是对我在本节开头提到的问题的回答:为什么中国科学家抱持这样的信念,即他们的与社会日常语言无关的科学语言可以解决社会的日常问题,他们的与社会日常生活无关的工作方式对社会具有示范作用?

为了澄清上述问题,让我对中国科学社及其机关刊物所表达的科学观加以系统的疏理。

第四节　胡明复与实证主义科学观

1. 在实证主义笼罩下对实证主义的怀疑

中国科学社的成员大多在国外接受了系统的科学训练。他们的知识的准备和论述的系统性远在《亚泉杂志》、《科学世界》和《科学一斑》等刊物之上。这些新一代科学家已经开始从科学认识的内部展开对于道德、政治和审美的论述,而不再简单地用政治、文明、时代等外在因素为科学提供合法性说明。中国科学社的同仁们对科学的观念、科学的知识分类、科学的宇宙观、科学的人生观等问题进行了长期的、较为系统的分析和论辩,最终在自然一元论的基础上提供了一个较为完整的知识的分类谱系。在我看来,"五四"新文化运动在知识方面的基础就植根在这一知识的谱系之上。科学/政治、科学/文明、科学/公理等修辞方式并没有消失,但获得了新的论述形式:科学作为一种对于自然的研究必须内在地包含政治、文明、公理以及相关逻辑。

正如这一时代普遍性的思潮一样,中国科学社同仁的科学观明显地受到近代实证主义科学观的影响。"求真致用"[64]是这个科学观的最基本方面。也正由于此,许多思想史家使用"科学主义"的概念来描述他们的科学概念及其运用,他们借助于波普尔和哈耶克的理论批评中国现代思想中的所谓"科学主义"和实证主义。"科学主义"这一概念预设了科学与社会的本质性区别,认为现代社会的诸多危机产生于一种方法论的误用,即将实证主义的科学方法错误地从自然对象转向人类社会自身。然而,科学主义不是一个单纯的思想方法问题,而是一个历史的关系和历史的过程,在这个过程中,科学发现不仅与工业、技术和军事等科学的运用过程联系在一起,而且也被看作是组织社会和国家的基本方式。实证主义的认识方法是这一过程的产物,而不是相反。科学技术对人类社会的渗透和重构是伴随着有组织的研究和生产过程一同发展起来的,从而科学方法和技术手段在人类生活中的运用从一开始就不是一种单纯的方法论错误的产物。中国科学社的组织、它的语言实践及其对于现代中国国家建设和社会组织的意义,再次证明了这一过程的广泛性。换言之,把科学方法运用于社会实践和各种知识领域是现代经济体系和民族—国家建构的基本需求,它的核心逻辑在于:科学的发现、科学对于工业的促进、科学对于现代化的意义依赖于相应的政治、社会和文化体制。当一个社

---

[64]《科学》月刊第一卷第一期《例言》,1915年1月25日,页1。

会进入现代化的竞争轨道之时,按照科学的模式重构国家、社会、伦理、文化和语言就成为这一进程的具体议程。因此,当人们批评中国科学家的科学观及其内含的科学主义时,还需要考虑这些理论与这一进程的关系。事实上,中国科学共同体内部包含着对实证主义科学观的怀疑因子,他们力图在科学领域与社会领域之间划出鲜明的界限。但无论是方法论上的自觉,还是知识领域上的分界,都没有阻碍科学群体和文化群体自由地将科学问题衍生至社会政治问题。因此,真正深刻的问题毋宁是:为什么对实证主义的批判和对"两种文化"的划分本身构成了科学的越界旅行的基本前提?

让我从科学的宇宙观、科学的精神与科学的方法等方面来探讨这个问题。《科学》月刊第一卷第一号刊登了任鸿隽的《说中国无科学之原因》一文,作者在文中批评中国自秦汉以来的文化重当然而忽略所以然,在方法上"骛于空虚而引避乎实际",从而没有产生研究科学之方法。对于中国文化的这种空洞但流行的批评建立在他的科学观念之上:

> 科学者,智识而有统系者之大名。就广义言之,凡智识之分别部居,以类相从,井然独绎一事物者,皆得谓之科学。自狭义言之,则智识之关于某一现象,其推理重实验,其察物有条贯,而又能分别关联抽举其大例者谓之科学。[65]

从这样的科学概念出发,他与同时代许多人一样将科学归结为方法,特别是归纳的方法。用任鸿隽的话说就是"归纳法者实验的也","归纳法者进步的也"。归纳法的合理性来源于实验和进步的双重标准,而实验和进步又是现代文化的价值标准。从这一点推论,知识的系统性问题并不是归纳法优于其他方法的真正根据,因为归纳的方法产生出系统的知识,"驰于空想,渊然而思,冥然而悟"[66]的传统不是也产生了系统的知识

---

[65] 任鸿隽:《说中国无科学之原因》,《科学》第1卷第1期,页8。
[66] 同上,页9。

吗？为什么前一种知识更真或正确呢？这里涉及一系列的价值判断问题，也涉及科学哲学长期以来讨论的问题：科学的知识和理论与其他知识或理论的界限是什么？归纳法的优越性建立在什么样的前提之上？以及如何界定"系统"和"知识"的概念，等等。

任鸿隽一方面认为科学是以实验及推理而得到的正确的知识，歌颂科学所带来的物质进步，但另一方面又把科学当作"穷理"之学，强调科学的目的是超功利的：

> 科学的本体，还是和那形上的学同出一源的。……这理性派的主张，就成了现今的玄学，或形上学（玄学也是哲学一部分）。实验派的主张，就成了现今的科学。他们两个，……虽然形象不同，却是同出一父。[67]

任鸿隽没有进一步讨论"正确的知识"与形而上学的关系，在实证主义科学观流行的语境中，他强调的是实证、实验的科学方法，以及科学在物质与精神等方面的实际后果。我的问题是，如果将归纳作为科学知识的方法论基础，那么，在现代中国的语境中，这种归纳的认识论原则是如何预设它的认识对象的？既然归纳被作为一种区别于想像或是推理等认识原则的科学方法，那么这两种不同的方法是如何预设各自不同的认识对象的？这两个问题用历史的方法来表述就是：当科学话语共同体确立科学作为一种真正的知识时，它还预设了知识的对象，即宇宙的本质。

从文化的变迁的角度看，科学概念的提出的真正含义是重新确认宇宙的本质。在这里存在的不只是科学家关心的问题，而是一切有思想的人都会感到兴趣的问题。如同卡尔·波普尔所说，"这是一个宇宙学的问题：了解这个世界的问题，包括了解作为这个世界的一部分的我们自

---

[67] 任鸿隽：《何为科学家》，《科学》月刊第4卷第10期，1919年6月20日，页920、921。另参见他的另一篇文章《吾国学术思想之未来》，其中说："科学为正确智识之源，而正确智识之获得，固教育之第一目的也。"见《科学》月刊第2卷第12期，1916年12月25日，页1294。

身,我们的知识的问题。"[68] 整个科学,包括它的形而上学部分,也包括科学家们所理解的科学方法,科学与非科学的分界问题,如同哲学一样,都涉及对宇宙学的理解。换句话说,在科学/传统的二元论中讨论归纳法的意义,核心的问题是用科学的宇宙观来代替传统的宇宙观,而宇宙观的改变必将涉及一系列的价值观的变化,因为伴随着宇宙观的改变,人与世界的关系变化了,人不得不重建自己在世界中的位置,而重建自己的位置的过程又涉及一系列的重新判断的过程。问题不仅在于是否重视归纳法,而且在于如何理解归纳法:它是科学得以产生的原则,还是建立在一种先验原理(无法用归纳法检验的)前提之上的方法?是科学的结果(用归纳的方法得出的结果)自明地产生一套宇宙观,还是科学也需要宇宙观的支持?在归纳与实证的观念流行的语境中,科学与宇宙观的关系经常被理解为生产与被生产的关系。1923年有关"科学与人生观"讨论集中于科学的结果能否产生正确的人生观,但科学的宇宙观(它经常被视为人生观的科学基础)究竟是一种假设,还是科学试验的客观结果,仍然悬而未决。这些问题最终涉及的是:近代中国的科学思想的世俗化运动是一种科学运动,还是一种形而上学运动?形而上学一词在此并无贬义。如果推进这个运动的科学家明确地知道这个运动的形而上学前提,那么,他们与实证主义的关系就不像表面的那样单纯。

早在1915年,胡明复就已经认真地思考过"科学的宇宙观"对于科学知识的成立所具有的决定性意义。在《近世科学的宇宙观》一文中,胡明复在界定科学的宇宙观的基本特征时指出:科学的宇宙观一方面是科学的产物,另一方面又是"科学发达的必须的动因":

> 自科学之观点观察宇宙,有上述之三特性。而上述之三特性,又为科学发达必需之原因。不有上述之三特性,则无科学;故欲有科学,则不可不先假设科学自己之可能为其起点,即不能不先假设宇宙之有此三特性。是以先有科学的宇宙观而后有科学,有科学而后科学的宇

---

[68] 卡尔·波普尔:《科学哲学的主要问题》,《科学知识进化论》,三联书店,1987,页4。

宙观有真正价值。则科学的宇宙观,科学之结果,亦科学之起点也。

胡明复所谓构成科学的前提的"三特性"指的是宇宙事物的三个特征:1.事物之相互关系,非临时的与例外的,而为不易的与公共的;没有关系,即无事物;因此,宇宙就是种种关系之总称;2.宇宙事物,严守通例;这是因为宇宙为一个统系而有一个不易之通律,凡事物皆其统系之一部分,凡事物之关系,皆其统系通律之一例,故事物皆因果相承,知其通律则可推知未来之事物;3.宇宙之组织为有秩序的。大的统系配列各小统系,而每一较小的统系又各自有其通律。不仅物质界是宇宙中之一统系,生物界是宇宙中之一统系,而且思想界也是宇宙中之一统系,因此,思想及其相互影响也同样遵守宇宙的基本规则。[69]

上述看法的重要性在于:中国现代科学世界观中包含着认识世界的两种根本不同和互不相容的方法。但是这种方法上的内在矛盾并存于同一个世界观中,并以这种并存的方式构筑了一个似乎统一的世界观。这种科学世界观的内在矛盾所以没有表现为尖锐的冲突,是因为这两个方面都不以对方为对立面,而是共同以传统世界观的某些方面为对立面。[70]一方

---

[69] 胡明复:《近世科学的宇宙观》,《科学》第1卷第3号,1915年3月25日,页255—261。

[70] 麦金太尔曾论证过18世纪欧洲思想中的一个重要现象,即经验主义和自然科学在同一文化中并存。经验主义的经验概念是17和18世纪的一种文化创造。这种概念是为解决17世纪认识论危机而创造的,人们想用它来弥合似乎与是、表象与现实之间的裂缝。与此相对照,自然科学的观察和试验概念则趋向于扩大似乎是与是之间的距离,在现象与实体、幻象与真实之间创造了新的区分形式。此外,经验主义者的概念倾向于对构成我们知识的和我们知识基础的基本要素进行区分,信念和理论是否能被证明为正确的,取决于对经验的基本要素的判断。但在这个意义上,自然科学家的观察就不是基础。因此,经验主义和自然科学在同一文化中并存,确是有点异乎寻常,因为它们代表了认识这个世界的两种根本不同和互不相容的方法。但在18世纪,双方不仅可以并存于同一个世界观中,而且可以以同一世界观来表达。这就意味着,这种世界观在根本上自相矛盾。而这种内在矛盾的含混不清,则是因为这个世界观在什么是要否定的和什么是要排斥的这一问题上的一致程度:他们一致否定和排斥的,在很大程度上是亚里斯多德的古典世界观的所有那些方面。A. MacIntyre,《德性之后》,北京:中国社会科学出版社,1995,页101—103。

面,胡明复完全按照实证主义的科学概念规定了宇宙的规则,另一方面,他又将这些实证主义的科学定理解释成为科学所以能够成立的假定前提(即未经验证的前提),进而明确地指出了科学不是自明的存在,而是以一种宇宙观(信仰)为其假设的基点。如果科学是以信仰作为出发点的,那么它在起源上就是无法实证的。就此而言,胡明复的科学宇宙观是对实证主义科学概念的重要修正。特别重要的是:他发现科学的结果也是科学的起点,亦即是说,按照归纳、实证和实验的原则所得出的具体的科学结果有一个假设的前提,因此不能被视为纯粹的客观的真。这里存在着一种阐释学循环。在这个意义上,胡明复对经验科学及其规则的强调并不是反形而上学的,相反,他对科学的宇宙观的阐述表明以实证和归纳为方法论特征的经验科学与形而上学之间并没有严格的界限。如果考虑到大多数中国近代知识分子都是以实证主义科学观为依据批判中国传统思想方法,特别是所谓"驰于空想"的形而上学方法,那么,胡明复的上述观点就显得别具一格。

2. 形而上学前提与对实证主义科学观的确证

根据上文的论证,胡明复的朴素观察与卡尔·波普尔1934年出版的《科学发现的逻辑》以及此后《猜想与反驳》等一系列重要著作对于自然科学的认识论的检讨非常接近。[71]但是,这种理论上的相似性并不意味着他们的社会判断也是相似的。相反,在相似的理论前提下,他们推导出了不同的社会政治取向。至于他们的取向为什么如此不同,则需要在另一种社会文化语境中另作分析。波普尔的出发点是归纳问题与分界问题。所谓归纳问题指的是归纳推理是否得到证明,或者在什么条件下得到证明的问题。简单地说,波普尔追问的是,一个建立在归纳基础上的全

---

[71] 参见 Karl Raimund Popper, *The Logic of Scientific Discovery* (London: Hutchinson, 1959); *Conjectures and Refutations: the Growth of Scientific Knowledge* (London: Routledge & K. Paul, 1969).

称陈述是否为真,如经验科学的假说及其理论系统是否可以按照归纳推理得到证实。[72]波普尔对归纳逻辑的批判直接地导向了分界问题。他明确地指出:摒弃归纳逻辑的主要理由正好是:它并不提供理论系统一个经验的、非形而上学性质的恰当的识别标志;换言之,它并没有提供一个恰当的"分界标准"。[73]现代实证主义者认为他们必须在经验科学同形而上学之间发现一种可以说在事物本性中存在的区别,进而以归纳逻辑证明形而上学和宗教陈述都是无稽之谈。因此,实证主义者真正想完成的与其说是成功地进行分界,毋宁说是最后推翻和消灭形而上学。但是,由于归纳主义者未能在科学系统和形而上学系统之间划出一条分界线,从而使二者处于同等地位;实证主义没有把形而上学从经验科学中清除

---

[72] 传统归纳主义认为,经验科学可以以他们所谓的使用"归纳方法"的事实为特征。根据这种观点,科学发现的逻辑就是归纳逻辑,即归纳方法的逻辑分析,其特点是从单称陈述(有时也称作"特称"陈述,例如对观察和实验结果的记述)过渡到全称陈述,例如假说或理论。但是,波普尔认为,经验的——观察或实验结果的——记述首先只能是单称陈述,不能是全称陈述。人们说从经验得知全称陈述的正确性,实际上是说,人们能用某种方法把这个全称陈述的真理性还原为一些单称陈述的真理性,而这些单称陈述根据经验得知是真的;这就等于说:全称陈述是以归纳推理为基础的。波普尔指出,问是否存在已知是真的自然定律,不过是用另一种方式问归纳推理在逻辑上是否得到证明,而要找到一种证明归纳推理的方式,我们就必须首先确立归纳原理。但是,根据波普尔的分析,归纳原理本身也是一个全称陈述。如果认为归纳原理的真理性来自经验,那么,导致归纳原理的引进的同样一些问题也就再次产生了。为了证明这个原理,我们应该运用归纳推理;而为了证明这些归纳推理,我们就该假定一个更高级的归纳原理;如此等等。这样,想把归纳原理建立于经验之上的企图就破产了。波普尔说:"归纳原理是我们能借以把归纳推理纳入逻辑上可接受的形式中去的一个陈述。""这个归纳原理不可能像重言式或分析陈述那样的纯逻辑真理。的确,假如有纯逻辑的归纳原理的话,就不会有归纳问题了;因为在这种情况下,所有的归纳推理就不得不被看作纯逻辑的或重言式的变换,正如演绎逻辑中的推理一样。因此,归纳原理必定是一个综合陈述,即必定是这样一个陈述:它的否定并不自相矛盾,而在逻辑上是可能的。因此就发生了为什么应该接受这样一个原理,以及我们怎样才能根据理性的理由证明接受这个原理的问题。"参见《科学发现的逻辑》第一章,见《科学知识进化论》,页16—17。

[73] "找到一个使我们能够区别经验科学为一方与数学、逻辑以及'形而上学'系统为另一方的标准问题,我称之为分界问题。"同上,页22。

掉,却使形而上学侵入了科学的领域。[74]按此逻辑,波普尔指出,应作分界标准的不是可证实性,而是可证伪性;证伪法不以任何归纳推理为前提,而只以其正确性没有争议的演绎逻辑的重言变换为前提。[75]非常清楚的是,波普尔的证伪观念的前提是,如果科学具有形而上学前提,那么就不能以证实的方式来证明某个科学结论为"真"。"真"(可证实性)与形而上学是对立的。

我在此将胡明复与波普尔的科学观相对比,绝不是为了用波普尔来证明胡明复的观点的正确性或谬误。我要提出的问题是:中国现代科学思想并不像许多人想像的那样完全是实证主义的,科学思想对传统形而上学的批判也并没有在逻辑上证明科学与形而上学的分界。然而,在对科学的形而上学前提作了肯定性的判断之后,胡明复却沿着与波普尔相反的方向发展了他的科学观:首先,在认知的层面,胡明复不认为"真"与形而上学截然对立,因为存在着真的形而上学(如科学的宇宙观)与假的形而上学(如传统的宇宙观)的区别,从而"真"本身成为了一个价值判断的领域,而不是事实的领域。其次,在社会文化的层面,他对科学的形而上学预设——正如实证主义科学观一样——不仅提供了贬斥传统世界观的最为有力的前提,而且发展出一种科学认识与社会国家及其他生活领域的关系的看法。因此,我们需要分析的是:在相近的前提之下,为什么胡明复与波普尔发展了完全不同的思想方向?

---

[74] 同上,页25—26。

[75] 波普尔没有宣称形而上学毫无价值,而是将形而上学区分为帮助或阻碍科学前进的形而上学。他倾向于认为,假如没有对纯思辨性质的、有时甚至相当模糊的思想的信仰,科学发现是不可能的;这种信仰,从科学的观点看来,是完全没有根据的,因而在这个意义上是"形而上学的"。波普尔说:"我不要求一个科学体系能一劳永逸地在肯定的意义上被选拔出来;我要求它具有这样的逻辑形式,它能在否定的意义上借助经验检验被选拔出来:一个经验的科学体系必须可能被经验反驳。""经验方法的特征是:它以一切可以设想的办法使受检系统接受证伪的态度。它的目的不是去挽救那些站不住脚的系统的生命,而是相反,通过比较,通过使所有系统处于最残酷的生存竞争中,来选择其中最适者。"同上,页28—29。

胡明复一方面承认科学具有形而上学前提,另一方面认为科学宇宙观作为一种正确的宇宙观有助于新社会的建设和日常生活领域的规划。这与波普尔的科学思想在政治领域的发展正好相反。波普尔对归纳作为科学的认识原则的怀疑发展成为"易错论":即使在最高成就中,原则上人的理性是可能犯错的,认识不断进步,但并不存在不能怀疑和不能修正的真理。波普尔的这种科学理论在他的政治哲学和社会哲学中成为基本的原则,这一点库恩说对了,他提供的不只是科学的分界标准和验证原则,而是一种意识形态和行动的准则。[76] 如果将科学领域的结论移用于社会领域就是科学主义的话,波普尔本人就是科学主义者。[77] 对于波普尔来说,当他确定无疑地相信科学中有效的在政治中也有效的时候,当他在原则上拒绝社会科学和自然科学及人文学科方法的区别时,他显然

---

[76] 在《历史决定论的贫困》(*The Poverty of Historicism*)、《开放的社会及其敌人》(*The Open Society and Its Enemies*)等书中,波普尔用他的科学的认识原则与柏拉图、黑格尔、马克思进行论争,把他们视为极权社会思想的主要来源。他的批判的核心在于:这些思想家试图在一种历史和社会的领域中,以因果律来预测社会变化的最终目的,进而把自己的学说理解为规定世界是什么、世界的目标是什么的原理和蓝图。柏拉图的善的理念、黑格尔的绝对精神、马克思的历史发展规律的学说,都体现了那种为假说作最终论证的倾向和把握总体意义的企图,都是不可反驳的科学,所有这一切都是和他的证伪观念背道而驰的。他批判将乌托邦设想转为社会实践,抨击极权的国家制度压制了日常生活中的自由活动,明显地是从他的批判的实在论引申出政治和道德的后果。他的开放社会的概念同样如此:波普尔从他的科学哲学的可错论出发,论证民主制度是唯一不用暴力就可以进行改革的政府形式,是一个与乌托邦式社会设计不同的并不完满的社会技术,是以减少痛苦而不是增加运气为目标的、能够承认自己的政治主张可能是错的政体。《开放社会及其敌人》与哈耶克(F. A. Hayek)的《通往奴役之路》(*The Road to Serfdom*)及《科学的反革命》(*The Counter-Revolution of Science*)都产生于第二次世界大战期间的黑暗年代,他们对"理性的滥用"(the abuse of reason)的批判性思考成为战后西方思想界对科学主义进行反思的理论源泉。

[77] 按照哈耶克的较为狭隘的定义,科学主义描述的是一种完全非科学的态度,这种态度机械地、不加批判地将科学的思想习惯用于完全不同的领域,在确认它的研究主体之前即声称知道研究这一对象的最合适的途径。因此,科学主义是和科学的观点相对立的偏见。Hayek, *The Counter-Revolution of Science* (Indianapolis: Liberty Press, 1979), p. 24.

也是一位科学主义者。[78]托马斯·库恩(Thomas S. Kuhn)从常规科学与非常规科学的区别出发指出的那样,波普尔"提供的是一种意识形态,而不是一种逻辑,他提供的是行动的准则而不是方法论规则"。[79]在我看来,科学主义不仅是一种简单的思想方法,而且是一个社会的构造法则:对于自然的征服本身必然包含了对于社会的控制和规划,从而社会的内部控制从来就是和发展征服自然的技术条件和社会条件密切相关的。在这个意义上,对于自然与社会的区分本身恰恰掩盖了征服自然活动的社会性质。因此,即使在理论上了解了科学方法的限度也并不必然保证把科学方法的运用范围限制在自然方面,相反,把自然科学的方法运用于社会领域也不必然直接导致社会控制的思想。波普尔是后一方面的例证,胡明复则为前一方面提供了说明。

胡明复确认科学方法建立在形而上学的预设之上,实际上证明了科学领域与其他日常生活领域没有明确的分界。如果科学是一种正确的信仰,那么,科学对人们的日常生活产生影响则是无疑的。我们需要追问的是:他是如何、或以何种方式将对自然的认识与社会国家的观念相关联的呢?问题需要在几个层面展开:首先,在肯定了科学的形而上学前提之后,胡明复并没有像波普尔那样对归纳原则进行批判,相反他仍然把归纳原则看作是科学的本质。在《科学方法论一,科学方法与精神之大概及其实用》一文中,他把科学的本质归结为科学的方法,这种科学的方法虽

---

[78] 他与哈耶克的共同之处只是在对理性的存疑态度,即相信理性是可错的。在这个意义上,不仅从实证主义的观点看,波普尔的证伪主义是否确定了一种科学的分界标准是有疑问的。此外,请参见艾耶尔:《二十世纪哲学》第四章第三节《卡尔·波普尔论归纳问题》。维也纳学派的当代传人艾耶尔(A. J. Ayer)从实证主义的方向对波普尔的证伪观念解决了归纳问题表示深刻怀疑,他说:"如果这些假说通过了检验并不能获得更大的可靠性,那么我们还检验它们干什么? 这不仅仅是遵守博弈规则的问题,而是要为我们的信念辩护。如果认为检验的整个过程都不能提供这种辩护,那么这种检验就是无意义的。""不仅如此,而且当我们考虑到归纳理论深深地侵入了日常的说话方式中时,要说我们并不是用归纳的方式来进行推论这种狂妄言论显得多么滑稽可笑。……",页152—153。

[79] 托马斯·库恩:《是发现的逻辑还是研究的心理学?》,见伊姆雷·拉卡托斯、艾兰·马斯格雷夫编,周寄中译:《批判与知识的增长》,页19,华夏出版社,1987。

然兼有归纳与演绎两种，但"余所欲特别注重者，为其归纳之性，不有此性，科学已失其为科学……"[80] 另一方面，胡明复认为这种归纳的科学方法实际上是一种"精神"，在方法与精神之间没有任何的过渡或区别。这是因为科学知识对于人类道德、思想和文化等非科学领域具有重大的影响：

> 于此遂不得不合科学之方法与精神二者为一谈。精神为方法之髓，而方法则精神之郭也。是以科学之精神，即科学方法之精神。[81]

精神作为一种形而上学领域为什么与实证的科学方法合二而一呢？这涉及问题的第二个层面：即如何理解归纳原则。基于对精神与方法的理解，胡明复将归纳的科学方法等同于"求真"的精神。这种"求真"的精神不但对于"排除迷信与盲从"具有重要的批判作用，而且在结果上可以伴随科学的发展而使得"风俗道德与宗教"更加纯粹，以达到一种"真境"。[82]

那么，这种"真"或"真境"在性质上是可以被归纳法证实的客观本质，还是一种主观的看法呢？如果是前者，归纳问题就可能被证明；如果是后者，归纳逻辑的真理性就需要重新考虑。胡明复在《科学方法论二，科学之律例》一文中发展一种近乎二元论的看法。"真"在这里被视为"事变之通则"。那么，这种通则是"自然的真理"即"真界之真正事变"，还是"外界事变印于吾脑中之影象"呢？胡明复指出：外界事物反映到人脑中时，中介层次极为复杂，因此，科学所发现的事物的规则不可能是客观的事变，而一定是"吾人脑中所有外物之影象耳"；"科学之律例殆非真正之真理，盖吾人意象中之真正事物也。"从这种主观论的观点出发，胡

---

[80] 胡明复：《科学方法论一，科学方法与精神之大概及其实用》，《科学》月刊第2卷第7期，1916年7月25日。关于科学与宗教的关系，胡明复主要参考的是 Andrew D. White, *A History of the Warefare of Science with Theology in Christendom*, 1914, Introduction, 页722。
[81] 同上，页722。
[82] 同上，页722、723。

明复不仅把"真"看作是有待证实的客观规律,而且把这种"真"或"规律"理解成人的主观创造("为人类之所产出")。"科学之目的无非欲于脑中构一简彻易通之意象的世界,以代表外方自然之真象,务求其毕肖而后已。"[83]按此推论,归纳法不是一种证实真理的方法,而是一种建构真理的方法。换言之,"求真"的科学方法对旧宗教旧道德旧风俗进行批判,目的并不是在原则上排除形而上学的信仰,而是"纯化"这种信仰。[84]归纳主义的科学原则对各种旧观念、旧习惯、旧信仰的激烈的批判表明的不是一种事实,而是一种未言明的立场和态度:这种立场和态度起着一种替代世界观的作用,而不是一种阐明事实真相的中性的科学工具。

胡明复的上述观点以一种含混的方式论证了科学的方法(归纳的方法)一方面具有认知的功能,另一方面具有创造意义的功能:

>……"知"真,则事理明(认知),是非彰(判断),而廉耻生(道德)。知"真"则不复妄从而逆行。此为中国应究科学之最大原因。[85]

非常明显,胡明复原则上不承认关于社会的知识与关于自然的知识具有性质上的区别,他说:"且夫社会之事变,亦自然之现象也,何独不可以科学之方法解决社会上之问题?"[86]但是,科学的社会后果(富国强兵、促进民智、民德发育等等)并不是科学的实用性的标志,相反,科学遵循的

---

[83] 胡明复:《科学方法论二,科学之律例》,《科学》月刊1916年9月25日,页957—963。这篇文章的参考书是 K. Pearson, *The Grammar of Science*, 3rd. ed., vol. I, Chs. II (London, 1911); W. S. Jevons, *The Principle of Science* Ch. XXXI (MacMillan, 1887)。皮耳生的著作在1923年"科学与人生观"的论战中,一再被引用。

[84] 胡明复说:"……此种精神……几无日不与旧迷信旧习尚旧宗教旧道德相搏战,然其结果则不特科学自身之发展而已也即风俗道德与宗教亦因之日进于纯粹,而愈趋于真境。"见胡明复:《科学方法论一:科学方法与精神之大概及其实用》,《科学》月刊第2卷第7期,1916年7月25日,页722—723。

[85] 胡明复:《科学方法论一,科学方法与精神之大概及其实用》,《科学》月刊第2卷第7期。同上,页723—724。

[86] 同上,页724。

是一种"纯智"的原则,"科学不以实用始,故亦不以实用终",作为科学精神的"求真"是一种超功利的"自然之势"。[87]这种"自然之势"的后果则是实用的,即在认知上导致科学的新发现和宇宙观的大改变,在日常生活中改变人的生活态度、交往方法、社会行为、道德思想,"于社会上造一新思潮,新文化",更不用说物质文明的发展。[88]

胡明复的"求真"规定中隐含了一种形而上学预设,即"自然之势"——自然本身中蕴涵了一种内在的逻辑,这种逻辑与人的主观的实用要求无关,却总是能够保证道德、智慧、审美和物质的发展与和谐:

> 夫未知其有用而终竭终身之力求之者,其间殆有一种不可思议之精神在。……朴完卡雷(Poincare)曰:"……且纯智中之至美,为自存,为无待,为无上自珍。为科学,故科学家乐为捐生,虽人生之乐利犹为其次焉"。
>
> 自然之美,在其简而通。……简而通,故宜于知识;宜于知识,故最宜于实用。……论者慎勿以为今日欧美之文化为其有科学之实用也,……其主原则则在其民族之爱自然之至美,爱自然之至美,故乐于求真理。……盖方法与精神本为一体,不有其精神而求通其方法,末由也。[89]

因此,胡明复的实证主义的科学原则是以一种审美主义的宇宙论为前提的。这种审美主义的宇宙论确认自然具有一种无为之为、无用之用的"势"或逻辑秩序。由于这种"自然之势",对于自然的审美情感能够转化为认知的意愿,而这种认知的意愿又能够逻辑地转化为"实用"。方法与精神所以是一体的,是因为方法不过是依循了自然的逻辑,而自然的逻辑是一种自然的形而上学,这种自然的形而上学一旦被人所把握就转化为方

---

[87] 同上,页725。
[88] 同上,页725。
[89] 同上,页726—727。

法。"自然之势"一方面是宇宙的形而上学,另一方面则是人的主观体悟,因为从主体的角度说,"自然之势"也无非是"简彻易通之意象的世界"。

简要地说,胡明复对"真"的理解建立在一种建构主义的基础之上。科学认识的建构过程不是随意的,不是一味地追求创造和利用,而必须依从"自然之势"。建构主义方式和顺应"自然之势"的取向与通常所谓实证主义的取向截然不同;沿着这两个基本预设,也完全推导不出滥用理性以控制世界的结论。

3. 作为关系的真与作为先验原理的社会和国家

胡明复认为自然科学与社会科学之间没有原则上的界限,自然领域与社会领域共享某种原理。这个看法与前述波普尔的看法是相近的。那么,他们主要差别何在?对于波普尔来说,人的理性是可错的这一原则同时也就是民主制度(作为一种承认自己可能是错的政体)的原则。这里,"人的理性是可错的"一语中的理性是指个人的理性。胡明复同样主张民主的国家制度和个人主义的文化,但是,这种社会思想却建基于上述的"自然之势",这种自然之势不是"个人的理性",而是一种自然的理性:

> 且夫社会国家之康健稳固,全系于社会国家中个人之责任心。人类无群,无以自存,故有社会,有国家。故国家社会为民有,为民造,为民主,而国民对于国家社会遂有其应尽之责。科学审于事理,不取意断,而惟真理是从,故最适于教养国民之资格。审于事理,则国家社会与个人之利害关系明。不从意断,则遇事无私。惟真理是从,故人知其责之所在。[90]

胡明复在这里已经将"国家"、"社会"、"个人"等现代范畴及其相关关系作为一种"自然的秩序"接受下来,并作为推论的前提。在以"故"作为转

---

[90] 同上,页724。

折词的句式中,因果关系被先验地确定了。然而,也正是这种先验的因果关系设定,我们看到了胡明复的"自然之势"的历史含义:社会国家作为一种自然存在的秩序建基于"个人之责任心"。在社会国家这一自然范畴中,个人以一种集体性的方式即"民"的方式而存在,个人责任表现为作为"国民"的责任。由于社会国家被理解为一种自然的范畴,因此,个人对于社会国家的责任被理解为对于自然真理的遵从。然而,个人并不能自然地理解并掌握自然之真理,而必须通过"科学"的方法和实践才能理解并把握这种"自然之真理",进而摆脱"臆断"。在胡明复的论述中,"真理"不能被还原为个人,或者个别事物、个别元素,而应该被表述为一种依存和利害关系,如国家、社会和个人的关系。这一论述方式清晰地说明了现代国家和社会的合法性对于自然主义范畴的依赖,尽管这一范畴本身已经烙上了科学的印记。

  胡明复的科学概念与波普尔的科学概念的主要差别最终体现在他们对社会、国家和个人及其相关关系的理解中,在方法论上,他们对"真"的论证分别被归结为关系和个体。就此而言,波普尔比胡明复更具有实证主义的特点。现代科学,包括自然科学和社会科学,按其方法论的特征,基本上可以被描述成是一种"个人主义的"科学,或者是一种分析还原和理智重建的原子论。这种个人主义的科学或原子论的科学,把整体——自然和社会——视为可以用还原分析的方法分解为它们的构成物,然后试图按其互动关系对这个整体进行理论重建。在现代科学——特别是实证科学——的上述认识论模式中有一个形而上学预设,即原子或个人是最终的真实存在,享有本体论的优先性。在社会领域中,这种思想模式可用"社会学的个人主义"(sociological individualism)来描述,它认为社会是个人的一种集合,个人之间的关系完全是外在的,社会安排被理解为对于具有能力、愿望和需求的个人的要求的一种回应。[91]在这个意义上,相对于个人,社会仅仅是第二现实,或者说仅仅是本体论意义上的第二状态,仅仅是孤立的个人的人为创造。尽管波普尔对逻辑实证主义给以无情批判,但是,就他

---

[91] M. Ginsberg, *On the Diversity of Moral* (London, 1956), p. 151.

的个人主义观念与科学方法的关系来说,他其实仍然是一位修正的新实证主义者。在著名的《开放社会及其敌人》一书中,波普尔说:

> 所有社会现象,特别是所有社会体制的功能,应当总是被理解成人类个体(human individual)的决定、行动、态度的结果……我们决不能满足于用所谓的"集体"(国家、民族、种族,等等)来解释。[92]

他在评论穆勒的心理主义时称赞说,心理主义(psychologism)坚持集体(如国家或社会群体)的"行为"(behaviours)和"行动"(actions)必须被还原为人类个体的行为或行动。波普尔坚持各种各样的现象——社会的、经济的、政治的等等都只能在集体或者个人的范畴中解释。他对柏拉图、黑格尔的批判集中在他们的这样一种预设即社会或国家较之个人更"真实",他确信这种思维方式最终会导致反个人的极权主义。从这样一种思维立场(either collectives or individuals)出发,波普尔激烈地强调个人较之社会更为真实,各种现象只能用一种纯粹个人主义的概念来加以解释。(这种个人主义的说明方式符合公理的、经验的科学要求,而绝非主观的或反思的)这是一种彻底的分析的经验主义。

胡明复的观念看似与波普尔相似,但有根本的不同,因为他不是把个人,而是把关系(作为人的先验本性)作为最终的"真"。胡明复说,社会国家的健康与稳固依赖于社会国家中的个人的责任心。因此,社会/国家/个人的相关关系已经作为一种先验关系而被接受,不存在超然于社会国家的个人。这样,一方面似乎是说国家社会依赖于个人,或个人较之国家社会更真实;另一方面则是说个人的责任心是以国家社会为基本指向。同时,国家社会的形成是由于"人类无群,无以自存",因而社会国家依赖于人类个体的一种先天的类本性,即"群"。我们不应忘记"群"这一概念在近代中国的语境中是"社会"和"国家"概念的代用词。国家是民造、民

---

[92] K. R. Popper, *The Open Society and Its Enemies* (London: Routledge and Kegan Paul, 1966), vol. 2, pp. 98, 91.

有、民主,作为"民"的个体因此对于国家具有责任。科学是对事理或真理的探讨,而胡明复断言这种真理能够证明国家/社会/个人的责任关系,进而有益于形成个人作为国民即集体之一员的责任感。个人的责任感是以社会/国家/个人的先定关系为前提的。

胡明复的这种推论方式虽然极为朴素和简单,并且也没有上升到完整的社会理论的层次,但是,作为一种建立在他的科学观念基础上的社会理论却包含重要的意义。他的这种推论方式不同于波普尔的社会学的个人主义,因为他从来没有预设一种原子的个人作为最终的实在。从这点出发,我们也许可以从一种悖论式的关系找到胡明复的这种科学观上的"社会主义"或"自然主义"与哈耶克的方法论的个人主义(methodological individualism)的相似之处。[93]哈耶克说,这是一种"真正的个人主义":

> 它主要是一种旨在理解那些决定人类社会生活的力量的社会理论;其次,它是一套源于这种社会观的政治行为规范。这一事实本身就足以驳倒那种最愚蠢的一般误解,即认为个人主义当然以孤立的或自足的个人的存在为先决条件(或把其观点建立在该假设之上),而不是从人们的全部性质和特征都是由其在社会中的存在所决定的这样一种思想观念出发。[94]

因此,我们在理解社会现象时没有任何其他方法,只有通过那些作用于其他人并且由其预期行为所引导的个人活动的理解来理解社会现象。[95]与方法论的个人主义者一样,胡明复相信个人不可能是单独的个人,而是群体中的个人,社会秩序与人类行为都不可能从单一的个人活动中得到

---

[93] 参见 Madison, par Gary B.:"How Individualistic is Methodological Individualism?"这篇论文是作者提交给学术会议的论文,感谢林毓生先生将此文的打印稿寄给我参考。我对波普尔和哈耶克之间的关系的理解和分析深受此文的启发。
[94] Hayek, F. A.:《个人主义与经济秩序》,贾湛、文跃然译,北京经济学院出版社,1989,页6,页15。
[95] 同上,页6。

解释。

但是,这种相似性是极为表面的,它们建立在不同的预设之上,因而也具有不同的理论取向。其中最为重要的区别是:胡明复虽然以社会行为为他的基本前提,但这种社会行为的前提是以一种超个人的、客观的自然和谐作为出发点的,他并不相信个人行为能够自发地导致社会的和谐。因此,所谓关系是一种先验的存在和规范,而不是经验的结果。换句话说,个人只有服从自然的和谐,社会才能够获得自己的秩序。胡明复的科学观明显地试图保留科学的形而上学前提,并且把这种前提作为一种客观性的依据。我们在这里看到的不仅是中国的"天"、"天理"与"公"伦理的结构,而且看到的是对近代情感主义和主观主义的社会伦理观念的抵制。正是在这些方面,胡明复的科学思想与康德以降的西方思想中的二元论区分开来,因为他的"自然"概念不承认诸如客体与主体、科学与伦理、纯粹理性与实践理性的二元划分。但是,胡明复不但没有回答"客观性"的真正意义是什么,他甚至也没有意识到这一问题,而仅仅是以一种武断的信念取代了对于这一问题的认真探讨。也许可以勉强地说,他粗略地思考了科学宇宙论是否以"真"为基础,以及以什么标准衡量判断"真"的问题,却从来没有涉及科学宇宙论及其人生论是纯粹的形而上学虚构,还是以某种社会体制为基础的知识这一更为关键的问题。换言之,他所预设的国家、社会和个人的关系是道德客观性的基础,还是科学合理性所要论证的秩序?这种社会体制的运行能够保障它的内部成员自觉地遵从和信奉这种宇宙论及其论证逻辑,还是为了保障这种社会体制的运行强制地要求它的内部成员信奉并按照预定的规则行动?离开了后一方面的分析,也就不可能提供所谓道德论证的客观前提。[96]

---

[96] 为了说明问题,我在此先简要地解释哈耶克的方法论个人主义的理论后果。哈耶克的看法针对的主要是有关社会的彻底的集体主义理论,这种理论认为能够直接把社会整体理解为自成一体的存在,并且独立于构成他们的个人之外。通过这样一种方法论的个人主义,哈耶克对于理性主义者的假个人主义进行抨击,因为这种假个人主义也会导致实际上的集体主义(这当然是指卢梭和重农学派)。无论是集体主义还是这种假个人主义都意味着一种理性的过度运用,而哈耶克的中心论点是所有人类事物

个人主义的政治含义在认识论层面表现为:理性(大写的 R)不能被理解为自我存在的个人的一个组成部分;理性基本上是主体间的存在。理性不是属于作为孤立的、动物式的个人,而属于作为社会成员的个人,属于置身于具体的主体间的、交往实践的复杂网络中的参与者。[97]在《科学的反革命》一书中,哈耶克说:

> 虽然我们的文明是个人知识积累的结果,但它并不是由个人脑海中的所有这些知识的自觉清晰的结合所造成的,相反,它的那些我们未作理解即加以使用的象征形式——如习惯、体制、工具和概念,社会之中的人从中得益,却不能完全地占有。人已经获得的许多最伟大的成就不是自觉明确的思想的成果,也较少地是许多个人的精心协调的努力的结果,而是一个过程的结果,在这个过程中,个人一直扮演着他从未充分理解的角色。[98]

从对个人知识局限性的认识,哈耶克得出了他的具有重要实践性的结论:需要对所有的强权或专制给以严格的限制。但是,哈耶克立刻补充说,他的真正的个人主义反对的是利用强权来产生组织或协作,而不是这种联系或协作本身,相反,坚定的个人主义者应该是一个自愿协作的人。因此,一方面真正的个人主义不是无政府主义,不否认强制力量的必要性,

---

中所发现的秩序都是个人活动的不可预见的结果,而不是人的精心设计的结果,那些由自由人的自发联合所制造的事物,往往比他们个人的头脑所能全部理解的东西更加伟大。哈耶克把从笛卡尔、卢梭及法国大革命到现代社会主义者处理社会问题的态度,看作是社会契约个人主义和社会制度"设计"理论的发展,而与之相对立的则是一种旨在使自发的社会产物之形成易于理解的理论。在假定人的理性是有限的、可错的,以及由此出发引申出政治上的反社会主义观点等方面,哈耶克与波普尔有重要的相似性,然而他们的推论方式却具有重要区别,哈耶克断然地拒绝对社会问题作一种原子论的分析。这是因为哈耶克坚信,人类的理性(Reason)并不如理性主义者假定的那样,存在于特殊的个人身上,相反,这种理性存在于一种人与人的交往或相互作用之中,任何个人的贡献都要受到其他人的检验和纠正。

[97] 同上,页 15。
[98] Hayek, *The Counter-Revolution of Science*, pp. 149-150.

并且任何有效的个人主义秩序必须是非常有组织的,另一方面,它所强调的不过是这样一种事实,即人类理性有意识创造的那部分社会秩序仅仅是全部社会力量的体现,也就是说,国家作为一个精心组织和有意识指导的力量的体现,应该只是我们所谓的"社会"这一极为丰富的有机体的一小部分。显然,哈耶克把认识论领域中对科学主义的批判引向政治领域,其结果就是对国家作为一个有计划的强制力量进行限制,力图将国家仅仅作为一种框架,在这个框架内人们可以在最大范围内自由联合(因此,不是有意识地指导)。[99]

胡明复的论述与哈耶克、波普尔的论述的主要区别既产生于理论上的差异,也导源于社会语境的差别。哈耶克对科学主义的批判有其知识源泉,[100]但是,更重要的问题在于,哈耶克的论述与波普尔一样产生于自由主义与社会主义的论战的语境中。他们两人在对待科学、理性等问题上的微妙而重要的差别,并没有在政治哲学上产生严重分歧。对国家权力的限制的设想,是和反对社会主义的理性设计、维护自由主义的民主制度的考虑紧密联系在一起的。在这里暗含的前提是——正如麦金太尔(Alasdair MacIntyre)在 After Virtue 一书中所谈及的那样——在现代政治论争中,"我们只有两种社会形态可以选择,其一由个人的自由和任意选择占主导地位,其二由官僚政治所统治,从而限制个人的自由和任意选择。在这样一种深刻的文化一致性条件下,现代社会的政治学在自由及

---

[99] Hayek, F. A.:《个人主义与经济秩序》,页 16—17,页 20—21。

[100] 哈耶克把哲学分成两大类型,一个是构造论理性主义(constructivist rationalism),另一个是进化论理性主义(evolutionary rationalism)。笛卡尔、霍布斯、卢梭、边沁被说成是构造理性主义,亚当·斯密、柏克、孟德维尔、托克维尔、休谟是进化论理性主义。按照他的看法,构造论理性主义是一个相信可以把演绎推理应用于人类事务的哲学学派。它相信社会、语言和法律是由人创造的,因此人可以按照一种人类生活的理性设计来对这些制度进行重新建构,甚至可以将他们彻底改变。社会主义思想就是对这种传统的逻辑结果。进化理性主义相信社会、语言和法律都是以一种演化的方式发展起来的,而不是由任何人设计出来的,因而也就不能以演绎推理暗示出的任何方式来加以重新建构。哈耶克本人属于此一传统。霍伊:《自由主义政治哲学》(C. M. Hoy, *A Philosophy of Individual Freedom*,),刘锋译,三联书店,1992,页 5—6。

集体主义观点之间摆动就是毫不奇怪的了,这种自由除了是缺乏个人行为的规则以外,就什么都不是,而集体主义的控制方式只是用来限制个人利益的无政府状态。"[101] 但是,如果这两种模式都让人难以接受,那么,是否还存在别的、哪怕仅仅是理论上的可能性呢?

大多数西方作者对于欧洲—民族国家的福利制度以及集权倾向的批判没有或很少涉及民族—国家的政治形式与他们向往和推崇的自由主义经济制度之间的内在的、难以分割的历史联系。从历史分析的角度看,欧洲思想家对国家集权的批判是以现代国家自主性的确立为前提的,问题仅仅是政治制度的选择,因而并不需要讨论国家和民族的认同问题。换言之,个人自由与限制个人自由的问题是在一个没有明言的前提下进行的,那就是民族—国家的前提。因此,个人自由与限制个人自由的讨论涉及的是在国家范围内权利及其限度的问题。与之相对照的是,胡明复对科学及其社会功能的考虑集中在如何促进个人的国家认同和社会认同,而不是集中在这个国家应该依据何种政治伦理原则,以及建立何种政体问题上。为什么对于胡明复来说,中国作为一个国家、一个社会共同体的整体意义是先验的?为什么他认为科学认识本身有助于中国人理解自己与社会国家的关系,并以这种关系为原则重新规划个人的伦理和行为方式?这是因为他试图在专制国家与个人权利之间作出有利于前者的判断,还是因为民族—国家体系的扩展正在把当代世界的所有地区囊括其中,以至个人的权利范畴必须纳入民族—国家的关系模式中才能得到法理上的确立?国家与社会在这一关系中所以是先验的,恰恰是因为它们并不是个人生活的经验的现实。在这里成为国家的合法性论证的并不是哈耶克指责的个人的理性,而是他在理论上特别加以申述的"关系"本身。换言之,民族—国家成为个人权利的先决条件,从而这一先决条件本身规定了个人权利的基本限度。哈耶克对社会契约论和自然权利观念的批判包含了对于民族—国家的权利体系的批判,但是,如果不能揭示这一权利体系与征服自然、扩展市场与民族国家体系的扩张的历史关系,而仅

---

[101] 麦金太尔(MacIntyre):《德性之后》(After Virtue, p. 35),页46。

仅把问题设定在国家和个人的关系的层面,就无法揭示这一过程的真正动力。他把制度本身(包括国家制度)看作是个人间的互动关系的自然产物,不仅包含了对于民族—国家作为一种共同体的潜在的预设,而且也模糊了民族—国家作为一种政治体系形成的深刻的经济、军事和政治性质。把个人理解为"公民"或"社会成员"是现代政治学的前提,而近代中国的知识分子的理论活动似乎就是为这一前提提供前提。在中国现代科学家那里,作为一种关系的个人必须按照这种关系行事,因为这种关系既是自然的本质,也是人的属性。在胡明复看来,科学的宇宙观不仅有助于中国现代认同(modern Chinese identity)的形成,而且也有助于个人的自主性(作为民族—国家的一种权利与责任的体系)的确立,它不但是一种关于自然的观念,而且是一种伦理的要求。科学的宇宙观所内含的普遍联系的观点提供了国家、社会、个人等范畴及其相互关系的认识论基础。在这里不存在利用强权建立协作和组织的任何暗示,但却包含了对于国家的预设。

在建立民族—国家、寻求富强的历史关系之中,胡明复没有摆脱中国现代科学思想中的那种科学/政治、科学/国家、科学/文明的论述模式,毋宁是以他的独特方式加强了这种论述模式。他一方面坚持了一种理想主义的科学观,认为科学的归纳逻辑建立在一种形而上学的前提之上,从而"科学不以实用始,故亦不以实用终";他还批评实证主义的原子论观点,并把"关系"(而不是原子)作为世界的基本要素。但另一方面,他又暗示非功利的科学能够达到富国强兵、增德开智的实际效果。在这样一种悖论式的方式中,隐含了既不同于波普尔,也不同于哈耶克的形而上学预设,我把这种预设称之为先验的"公"。这种"公"既不是个人的理性(reason),也不是人类的理性(Reason),而是一种自然的理性,用胡明复的语言说就是"自然之势"。这种"自然之势"是事物中的内在的、先验的关系,在社会/国家/个人之间/它体现为一种正确的秩序,这种秩序也是国家、社会、个人的先验的本质。科学的方法实际上是人的先验本质的一种展现,而人的先验本质就是"自然之势"本身。在这个意义上,科学的方法是以自然的先验本质为前提的。这当然是一种循环论证。这种循环论证的奥秘在于:它把国家、社会和个人等现代范畴及其相关关系的历史模式作为先验的本质,而科学作为一种探讨自然本质的方法,有助于人们理解这种本质,进而以这种本质为前提进行自我确认。由于"公"或"自然之势"既不隶属于个人,也不隶属于人类及其历史关系,从而是一种先验的、遍在的形而上学预设。因此,它既是自然的真理,也是道德和政治的真理,以及审美的真理。在这里,问题是:为什么"公"或"公理"式的科学观念能够提供对于国家、社会和个人及其相互关系的基本论证?为什么"自然之势"和科学的公理能够转化成为民族主义国家论述的哲学基础?这是由于实证主义的思想方法,还是基于中国思想中的"公"或"公理"的形而上学预设,以及运用这一预设的历史关系——形成现代国家及其权利体系的历史语境?我的回答是后者。

霍克海默曾说:"实证主义者所理解的现代科学,主要涉及关于事实的论断,因此预设了普遍的生活和特殊的知觉的分化。现代科学把世界作为一个事实和事物的世界,未能将世界向事实和事物的转化与社会过程联系起来。事实概念是一个产品——一个社会异化的产品;在这个概念中,交换的抽象目标在特定的范畴中被理解为所有经验目标的模式。"[102]在胡明复的论证中,特别值得注意的是,他明显地把关系而不是事实放在首位。他虽然没有反过来自觉地考虑事实概念的相对性,但特别强调科学作为一种精神原则的意义。他认为实证主义的科学原理是以无法实证的信仰为前提的,从而没有脱离人的主观性和社会性来讨论科学问题。他对形而上学前提的保留不是为了用科学来论证主观性本身,相反,在社会运用的层面,他试图用一种主客关系的模式来保留社会伦理和价值的客观性。"公"的意思不是指人的主观价值,也不是指作为认知对象的客观性,而是指一种宇宙中的关系。科学是"自然之势"的体现,从而它所体现的理性不是一般认知关系中的知性(这种知性赋予世界以结构),而是一种关系,它能够体现为人们对于世界的复杂关系的主观把握能力。同时,这种对客观性的保留也没有变成一种纯粹的客观性,因为

---

[102] M. Horkheimer, *Eclipse of Reason* (New York, 1974), pp. 81-82.

这种客观性是以科学宇宙观的设定为前提的。在科学观的层面,对客观性的保留体现为一种理想主义的科学观念,即否认科学本身具有功利目的。在下文中,我们将会发现这种理想主义的科学观(以形而上学自然观为依据)的核心并不在于科学有没有实际的社会后果(对于中国思想家来说,这是不言而喻的),相反在于它在否定了传统的外在权威(专制国家、等级制度,等等)之后,能否提供道德和价值的客观性的来源。为什么科学与"公"的自然秩序在近代中国思想中能够构筑起这样的关系?一个有待论证的假设是:这些思想家不是从主观的方面、而是从客观的方面,寻找道德和价值的合理性源泉。胡明复的看法与中国的天道观念与"公"的伦理结构似乎存在着难以察觉的关系。在我看来,这种联系的后果是双重的:它既是对于新的社会关系的合法性论证,又是对于这个新的社会关系的道德批评。用形而上学的"关系"观来否定实证主义的原子论恰恰源自对于国家与社会进行合法性论证的需求,而用"自然之势"来保留道德判断的客观性则是为了以科学为前提重建道德的法则。

第五节　作为"公理"的科学及其社会展开

1. 科学的、道德的与合理的

　　科学与道德的关系始终是中国现代科学观的核心方面,这在1923年的"科学与人生观"的论战中表现得很明显。在"五四"以后中国思想的氛围中,对于道德问题的论证已经直接地与柏格森的直觉主义、尼采的超人观念等非理性主义或情感主义相关联,"人生观"派论证的主要是主体的自由意志问题。科学家群体坚持科学能够解决人生问题,他们与道德主义者的分歧不是他们不关心道德问题,而是他们坚持道德应该具有某种客观的标准,或超出个人经验的标准。因此,在这个意义上,他们比道德主义者更坚持自然的形而上学性质。值得一提的是，中国科学社成立于第一次世界大战期间，其时欧洲知识分子正在思考科学与战争等不义行为的关系。中国科学社的科学宣传从一开始便带有一种内在的紧张，他们必须证明科学与"不义"之间并不存在任何必然的联系。他们的科学思想中渗透了一种更深的信念，即科学不仅仅是一种可以被利用的知识，而且是一种理想的政治、道德、审美境界的基础；科学知识不仅是西方文明的特质，而且也是普遍的宇宙原理。在这样的视野中，科学不是一种工具，而是一种内在的模型，整个世界将以这个抽象的模型为典范而展现出来。中国科学社对于科学的道德和审美特性的表述恰恰来源于欧洲战争危机，以及知识分子对于科学与战争的历史联系的思考；他们把科学提升为整个世界的未来规范和价值源泉，恰恰是要论证科学与社会危机的内在的对立。这一科学的道德冲动无疑强化了中国科学社的科学观念的内在张力：科学既是一种与社会无关的自然研究，又是一种能够以与社会无关的方式提供文明范例的知识实践。

科学的上述形而上学预设并不是胡明复个人的观念，而是科学家群体的普遍信念。科学是以宇宙的先验公理（我们已经知道，这种先验前提既是科学的出发点，也是其结果，即正确的知识）为前提的，这种先验的公理是一种普遍的原理，因此对科学的探讨不仅可以丰富人类的物质文明，而且能够培养人类的道德和审美趣味。在试图重建世界观的过程中，对科学的质疑经常来自道德领域，从而对科学的辩护也必须首先在道德领域发展起来。科学家共同体洋溢着对于科学的乐观主义氛围，这与同一时期（第一次世界大战前后）欧洲知识分子对科学文明的悲观看法正好形成对照。从斯宾格勒《西方的没落》及其社会反响来看，对理性的质疑是这一时期西方思想的基调之一。与此形成鲜明对照的是，当战争摧毁了许多人对现代的梦想的时刻，中国思想家要论证的恰恰是科学的合理性和必要性。这种必要性和合理性所以首先建立在科学与道德的关系之上，是因为第一次世界大战前后的危机激发起了欧洲和美国的许多知识分子对于科学文明的疑虑。中国科学家群体身处西方的语境内部，他们了解正在发生的战争危机，以及由此而来的深刻的悲观主义。换言之,他们对科学的乐观看法本身隐含了对于现代文明危机的思考,乐观主义的态度本身是对危机及其批评的反应。因此,他们的科学观一方面与中国的思想和社会语境密切相关,另一方面也与他们对文明危机的诊断有关,即现代的文明危机是科学的危机吗?如果现代文明危机的核心是道德的危机,那么是科学还是别的什么力量摧毁了道德的可能性和合理性?进而,现代道德危机的根源是什么?科学在解决这种道德危机方面能够发挥什么作用?总之,如果要捍卫科学的合法性就必须首先陈述科学与道德的关系。

《科学》月刊的《发刊词》明确地涉及了科学与道德、宗教的关系:

> 不宁唯是科学与道德,又有不可离之关系焉。……人之为恶,固非必以是为乐也。辨理之心浅。而利害之见淆;故有时敢为残贼而不顾。自科学大昌,明习自然之律令,审察人我之关系,则是非之见真,而好恶之情得。人苟明于经济学之定理,知损人之终于自损也,必不为以邻为壑之行。明于社会学之原理,知小己之不能独存,而人生以相助为用也,而人偶共作慈祥岂弟之心油然生矣。又况以科学上之发明,交通大开。世界和同。一发全身之感,倍切于畴昔。狭隘为己之私,隐消于心曲。博施济众。泽及走禽。恤伤救难。施于敌土。四海一家。永远和平,皆当于科学求之耳。奚假铄外哉。……为芸芸众生所托命者,其唯科学乎,其为科学乎![103]

科学所以具有道德的必然性,是因为包括经济学、社会学等科学知识是对宇宙间的关系的揭示,这种宇宙间的关系是先验的存有的公理,是与一切"私"(即孤立的或不正确的关系)相反的。《科学》月刊第1卷第4期是"战争号",科学家直接面对他们所倡导的科学在战争中所起的毁灭作用,但这并未妨碍他们对科学的道德信念。为什么如此呢?关键在于对科学的成果可以有不正确的使用,但科学本身的形而上学前提(公理)本

---

[103] 《发刊词》,《科学》月刊第1卷第1期,1915年1月25日,页5—7。

身并未因此而被摧毁。

这种论式与理学家的理气二分的观念如出一辙,传统天理观为科学家群体提供了超越科学技术与文明危机的历史联系的认识论框架。按照这一论式,主观的个人意志,甚至群体意志,都有可能影响科学的不正确使用,但是,科学的依据并不在人(包括个人和群体)的意志和选择,而在客观的宇宙原理(公的原理)。对于科学成果的不正确运用,将最终被科学的内在逻辑或先验前提所克服。杨铨在《战争与科学》一文中说:

> 科学者其原理应用一本之大同主义者也。吾人之有近世文明,实科学共和寡战三物之功。科学与吾人共和,而寡战乃得实行。……科学者人类平等之基也。……[104]

"大同主义"是科学的先验前提,因为"大同"是宇宙的自然关系。共和制度以科学为基础,这无异是说:共和制度是一种自然的制度,或体现了自然秩序和关系的制度。在这里,科学的道德意义明显地是经过了一种有关"公"与"私"的关系的阐释才获得的,即科学的认识是一种"公理",而"公理"则是对"私见"或"偏见"的克服。道德的合理性不可能来自个人主体本身,而是来自对个人之私的克服。这种克服过程就在认知过程中,表现为个人主体对既内在于自身、又遍在于客观世界的"公理"的发现与遵从。在这个意义上,道德作为一种具有先验性的公共性原则,是对"私"的克服,或对"私"的规范;科学与道德都是对"公"即绝对知识的一种确认方式。也是在这个意义上,科学与道德的关系被理解为《大学》所谓格物致知,如唐钺所说:"'大学'言正心诚意而推本于格物致知。是说也,骤观若迂阔而实有至理存焉……"[105] 在《科学与德行》一文中,他从若干方面讨论了科学与道德的关系,其中核心的论题是科学与道德虽然分属不同的领域,但是,就终极目的而言,对事实的认识与对公理的

---

[104] 杨铨:《战争与科学》,《科学》月刊第1卷第4期,1915年4月25日,页356、357。
[105] 唐钺:《科学与德行》,《科学》月刊第3卷第4期,1917年4月25日,页404。

体悟没有根本的差别:

> ……然公理一也;而见诸人事者,往往为小我(或一身,或一家,或一国皆是)之异所羼杂。人各以其所私为公,而公理遂为天下裂。此其弊惟科学为能救。科学者,以客观之事理为题,不与宗教政治之参术主观见解者同科。虽科学者所持学说间有不同,然学说者其过渡,非其终点。终点维何,事实是已。……是故科学定理,以人类为公。人惟于此有所浸润,而后服从公理之心切;而一切以私见为公理与夫不认有公理之蔽可以袪个人服公之心切,斯社会团合之力强。此科学之有裨于进德者四也。[106]

按照上述逻辑,科学定理包含了"以人类为公"的道德的和社会的必然性,科学的因果律也必然地适用于"寻常日用之间"。科学认知的精意与躬行实践的德行是相通的。

在这个意义上,实证主义的科学观念被用于道德领域,因为在自然规律与道德律令之间没有根本的、明确的界限:

> ……实证者,谓止于科学的根据也。自生物学实证群性为保种之要件及其他事实以来,人知道德律令乃自然律令,既非圣人之制作,亦非上帝之权衡;而道德乃有科学的根据。唯其有科学的根据,而后人生循理处善出于心悦诚服,而非由外铄我。此科学之有裨于道德者六也。[107]

把因果律、验证原则引入道德领域必然意味着决定论的逻辑同样适用于非科学领域,因为在原理上,不同领域之间分享共同的公理。唐钺把孟子的"逸居而无教则近于禽兽"看作"是伦理家之主前定说也",把近代法律

---

[106] 同上,页405—406。
[107] 同上,页407。

之不罪白痴视为"法律家之主前定说也"。"夫伦理,法律,以意志自由为根据者也;而施教行法,犹不能不采前定说。其他人事,更无论矣。"[108] 自由意志的领域就这样与因果律的领域发生了关联。由于科学是对先验公理的论证,因此无论科学在现实世界中的功用如何(是进德还是丧德),科学本身的意义不会改变。[109]

中国科学家群体对科学的尊重主要来自对于道德的客观性的尊重。这种客观性使得科学的原理与科学的运用过程区分开来。他们相信现代文明的危机乃是由于"私见"横行,即各种主观主义和情感主义主宰了现代社会道德领域。这种潜在的信念并未发展成为系统的理论,但在他们的整个论述方式中仍然是十分鲜明的。任鸿隽的《说"合理的"意思》一文更清楚地论证了"理"的先验性。服从这样的"理"既是一种道德命令,也是一种科学方法。他说,"合理的"意思是合于推理(反思和判断的连续作用)所得的一定方式;但"合理的"并不是合于推理的主观观念,乃是合于推理的客观的结果。那么,这种客观的结果是什么呢?

> 客观的结果,为推理所寻求,最重要而且有价值的,只有一件,就是天地间事物的关系。或这件事有时为那件事的原因,那件事有时为这件事的结果,我们也可以说是原因和结果的关系。[110]

但是,因果关系靠什么来验证呢?既然一件事物与另一件事物的关系是由人指认的,那么,谷物的成长与施肥的因果关系,又如何与谷物的成长与祈祷的关系相区别呢?任鸿隽分别举了"合理的"与迷信、盲从古说、任用感情的区别,实际上是说"合理的"是一种可以用实证的方式加以证明的定理。他特别指出,"合理的"一词虽然与西文中的理性相关,但这种"合理"之"理"并不是人的理性,而是客观的自然关系。正如波普尔论

---

[108] 同上,页409。
[109] 同上,页410。
[110] 任鸿隽:《说"合理的"意思》(1919),《科学》月刊第5卷第1期,1919年12月10日,页3。

证的那样,以实证的方法来证明哪种关系为"合理的"依赖于一种归纳的原理,但这种归纳原理不能够被归纳法所证明,而只能是先验的。波普尔以此为据对实证主义的科学观念进行激烈批判,而对已经确认了(无论是自觉的还是不自觉的)科学的形而上学前提的中国科学家来说,这并不证明实证主义的科学规则是错的,因为从一开始他们就为归纳原理提供了形而上学的(而非实证的)证明。"客观的"这个词在这个意义上就是"合理的",而作为客观的自然关系的"理"同时又是一种形而上学预设。这种逻辑上的困难无疑是说,人的理性虽然是可错的,但"理"是无错的(是客观的,因而也是形而上学的)。这也无疑是说,道德与认知是完全统一的,正如格物与致知是同一事件一样。从世界观的替代来看,这样的科学世界观当然是对理学世界观的一种结构性替代,但替代的过程中却留下了理学世界观的内在结构。在这个内在结构中,自然领域与伦理领域难以产生真正的分化。

"理"既然是普遍的,对"理"的探求也不会仅仅限于自然现象。如同黄昌谷所说,"科学的范围,不但是专说自然现象的学问,就是把一切哲理与政治诸学问,都包括在内。"[111] 在作了这样的解释之后,他特别将中国的知行观念与科学问题关联起来,因为在他看来,科学除了注重实证之

---

[111] 黄昌谷:《科学与知行》(1920年10月10日),《科学》月刊第5卷第10期,页960。从知行合一问题出发来讨论科学问题,一方面改变了知行概念的传统涵义,另一方面也揭示了中国思想家对自然的理解仍然具有深刻的主体论色彩,这在引用王阳明时表现得最为鲜明。如果我们将这种自然观与霍尔巴赫的《自然的体系》的无神论和唯物主义作对比的话,问题就更清楚了。在《自然的体系》中,所有的合目的性,所有的自然秩序都只不过是人类心灵中的现象。自然本身只知道原子运动的必然性,其中并无依赖于目的或规范的价值规定。自然符合于规律这条原则既存在于据我们看来系无目的的或不合目的性的、无规则的或异常的事物中,也存在于我们判断为符合于我们的意图或习惯以及我们同意为合目的的事物中;在两者中同样的逻辑严密性起着作用。智者应该把自然的冷漠无情变成自己的;他应该看透所有目的概念的相对性,没有真正的规范或秩序(参见文德尔班:《哲学史教程》下卷,页679—680,北京:商务印书馆,1993)。这种赤裸裸的自然主义不可能提供知行范畴的基础,因为知行范畴预设了宇宙和道德的目的。在知行合一的科学概念中,科学行为作为一种对自然的探讨是一种合目的的行为,这种目的是宇宙秩序提供的,也是道德行为必须的。

外,就是"认定求知求用的宗旨,力行无倦","此种精神,恰与王阳明所主张'知行合一'的学说相合……其结果非但学问和事业日渐发达,而道德人生方面亦间接接受其影响。"[112]值得注意的是,对于科学与道德实践的关系的理解,伴随着中国科学话语共同体对于中国道德衰败的历史判断。正是基于这种历史判断,科学的道德功能才会受到如此重视:

> 中国"知行"的问题,本来是一个道德的问题。中国对于道德一层,向来极看重,……然而千年来何以道德无进,反而日退一日?近来学者更是无行了:重名利,言不有信,行不顾言,比诸欧美,远不如了。这又何故呢?可见改良道德,决不是单讲道德可以成功的。……兄弟以为就是这个知行问题,论其所以在泰西与在中国不同之原因,还须在有科学无科学上着想。我们细究上说科学的两种特性(指实证与求知致用。——引者),可说完全代表"知行合一"的精神;在进一层说,此种"知行合一"的精神,在泰西可以说是科学的产物。……因为要讲知行合一,须求如何可以行,故须先致知。要求致知,故须格物。格物故须观察,须实验。观察实验犹不足,故又佐以理论,理论不全则复辅以实验。理论既立,则物理自明,即可进求应用,实行理想了。所以科学非特具求知求行的精神,且具致知与致行的能力:惟其有此能力,故其精神能常保存光大。此种精神,更镕化于教育中,渐渐推行及于社会生活上,即成了一种"知行合一"的美习惯。这样讲来,科学的功大矣。……正是中国救贫救病维一(原文如此——作者)的根本方法。[113]

知识、道德、美在"知行合一"的科学实践中完美地统一了,而这种统一正是中国复兴的目标和前提。通过对"知行合一"的科学解释,黄昌谷改变了"实践"概念的含义:实践不再仅仅是一个道德概念,而且更是一个科

---

[112] 黄昌谷:《科学与知行》(1920),《科学》月刊第5卷第10期,1920年10月10日,页960,961。
[113] 同上,页961—962。

学概念,但是,这个科学概念本身包含了道德的含义。如果用西方思想的范畴来叙述的话,新的"知行合一"论已经将理论实践与伦理实践统一在同一个过程中了。

对于科学的道德理解,是促成中国科学家在第一次世界大战的语境中仍然对科学持有乐观看法的主要原因。就在上引的同一篇文章中,黄昌谷曾经谈及德国和日本的科学发展,他认为德国的失败并非科学的失败,而是因为注重功利太过,丧失了科学的道德本义;而日本的明治维新,则受阳明学说的影响极多,"故虽受科学之赐,亦未尝不可归功于阳明学说。现在我们中国,正宜效法日本,从事研究科学,力求致知致行,急起直进。……"[114]这一乐观预言很快就被日本的军事扩张打破了,但这一预言所依赖的伦理却仍然是现代中国思想中的根深蒂固的主题之一。

2. 科学与政治及其他社会事务

科学与道德的上述关联方式也普遍地存在于科学与政治、科学与教育、科学与战争(与和平)、科学与哲学(与人生观)等关系之中:科学是对先验的公理的揭示,而政治、教育、道德等等的合理性都建立在这种公理之上。因此,科学为其他社会领域提供的,是通达公理的途径。

2.1 科学、大同与国际关系

正像杨铨谈到战争问题时说的,科学以大同主义为其原理,从而是人类平等的基石,和平反战的根据,"使科学进行不已,则大同之梦终将有见诸实事之一日。"[115]为什么科学具有天然的和平倾向呢?何鲁的《科学与和平》一文,首先从科学与道德关系论证科学为"入德之门"。他的论述逻辑是:科学是对真理的探求,而探求真理的人需要有判断力,这种判断力超越一般功利,从而使人能"诚":

---

[114] 同上,页967。
[115] 杨铨:《战争与科学》,《科学》月刊第1卷第4期,1915年4月25日,页357。

> 惟覃思精研,乃能揭造物之隐,亦所以寿也,其不屑于趋逐末利与不知廉耻……利之所在,人所争也。权之所在,人相倾也。凡此皆人群和好之梗也。惟真理之所在,则人人求所以阐明之。欧美科学团体,林立星罗,声誉隆然。牖相人类,社会阶级以及国界均自然破除。人类智识有限,宇宙事理无穷,不如此不足以有为也。……[116]

作者也从科学的功能方面论证科学改进了人类生存、交往的条件,"人群易以接近",则"大同之基"始成。这在功能层面证明,科学对和平的贡献主要来自它对自然原理的揭示,这种自然原理也是人的道德原理和人类社会的交往原理。"民族真正和平,其惟科学所致之和平乎!科学无国界,无种族界,无意识界,一归于真理。夫有据,故无争,无争即和平。……"[117]

2.2 科学与共和政体

科学与战争的关系涉及民族国家间的关系,科学与共和政体的关系则是民族—国家的内部关系。有关这一问题的讨论补充了胡明复对国家、社会和个人的先验公理的说明。这种关系在中国的语境中也涉及科学与革命的意识形态的关系。杨铨译述了美国印第安那大学教授哈格利(M. E. Haggery)的论文《科学与共和》,文中说:

> 革命者,今世界之一部分也。国之兴亡,键在齐民……革命之火不燃于表面;其起也在隐秘之所,而于幽处厚集其势力以推翻现存之学说……使吾人果得新共和,则科学以千百攻击,粉碎旧理想,廓清旧道学,而易以建新之材有以致之。……
>
> 第三而更精细之科学与共和之关系,则为二者皆不愿故步自封,亦不能因人为是。科学不能永守一己成之世界学说,共和拒绝永久

---
[116] 何鲁:《科学与和平》,《科学》月刊第5卷第2期,1920年1月10日,页123—124。
[117] 何鲁:《科学与和平》(续),《科学》月刊第5卷第4期,1920年4月10日,页328。

> 不变之律法。
>
> 欲绘世界图或建造一首尾连贯之思想制度者,常不得志于科学或科学之士。……科学家深入自然界复杂有形之实境,而知由此发见简单一致意念之难。……
>
> 共和亦然;……欲求稳固之政府者,求之帝制犹胜共和。……[118]

共和与科学之间具有原理上的一致性,因此科学的发展也能够自明地论证共和制度是一种最合理的制度。用科学的原理论证共和制度,并不等于科学的原理能够构筑出完整的共和制度的蓝图,因为科学本身并不意味着最终的知识,而是意味着对于最终的知识(公理)的无穷尽的探求。在这个意义上,作为共和原理的科学并不等同于对社会制度和社会过程的完整的理性设计。过探先在《科学》月刊第4卷第8期译述了康乃尔大学农学院院长培蕾的论文,题为《永久农业与共和》。在这篇文章中,作者针对中国农业社会的特点,试图对共和制度作历史化的处理,而不是把共和制度本身视为绝对的理想制度:

> 专制之君主,人以为共和之证。然其人民之程度,或与共和有霄壤之别。复一君主之王位,人以为共和失败之证,然真共和亦有以此而巩固焉。故共和云者,非政治之形式,乃社会中人人德智之发育,公共事业之自动,所致之现象。自由非共和,共和之人民,须受法律之制限,特其法律之制限,须出于自动耳。所谓自治是也。[119]

共和不仅是一种政治制度,而且是"个人感觉之表现",并且以日常生活、文明程度、知识之进步、职业的分配、思想的自由为基础。就作为农业国的中国而言,共和的前提是土地及其所有权之自由,如果不能摆脱土地垄

---

[118] 杨铨译、Haggery, M. E.:《科学与共和》,《科学》月刊第2卷第2期,1916年2月25日,页143—144、页151、页152、页153。
[119] 过探先节译、培蕾博士文:《永久农业与共和》,《科学》月刊第4卷第8期,1919年4月20日,页720。

断,共和即不能实现。[120] 由于科学思想正是唤起人们的道德要求、昭示世界的正确秩序的主要来源,因此即使在社会的实践层面,科学也是共和制度的基础和前提。

2.3 科学与学术和教育

正如《科学》月刊《发刊词》表明的,"世界强国,其民权国力之发展,必与其学术思想之进步为平行线,而学术荒芜之国无倖焉。"[121] 从欧洲的经验看,"文学复兴之后,人竞文彩,则赫胥黎斯宾塞尔之徒,又主张以自然科学为教育学子之要道",这不仅因为科学促进了知识的增长,而且对于道德的发展具有决定意义:"为芸芸众生所托命者,其唯科学乎,其唯科学乎!"[122] 在科学/文明冲突的论述方式中,中国的落后势必会导致中国学者反思中国的学术及其与西方科学的关系。

> ……何以今日中国的学问和事业仍旧这样不发达?这就是因为科学的致知致行的方法尚未得门径,所以求知求行之精神遂亦无从发育,无从光大。至于教育的方法,则更未研究,于致知致行的方法和精神上均不加注意,所以无致知致行的习惯。……[123]

如果科学与知行合一具有内在的关系,那么科学的匮乏就不仅是方法、技术的匮乏,而且是道德和美的匮乏。黄昌谷把中国科学的不发达归罪于"没有致知致行的方法"和"没有致行的习惯"两项,已经在整体性的文明比较关系中,认定中国在科学与道德两个方面都处于劣势:

> 为什么自东西交通以来,讲到学问和事业,无论是精神上的,或物质上的,只有中国人学西洋人……就是我们中国人自幼至老,毫没

---

[120] 同上,页717—724。
[121] 《发刊词》,《科学》月刊第1卷第1期,1915年1月25日,页3。
[122] 同上,页5、页7。
[123] 黄昌谷:《科学与知行》,《科学》月刊第5卷第10期,1920年10月10日,页962。

有养成实行的习惯。[124]

对于中国社会衰败的历史表述,最终体现为对中国学术历史的总结。

王琎在《中国之科学思想》一文中从历史与民性两方面分析中国学术的变迁轨迹。在作者看来,诸子学中隐含了许多与近代科学思想相同的内容,如墨家和名家的"定名之严确",如庄子对于"天然现象观察之微密",如惠施的"超脱及合理之思想",如墨翟、公输班等"贵思想之实地应用"。更明显的自然是宋儒的"格物致知"及对宇宙现象的观察思索。但是这一切并没有造成中国科学发展的历史形势:从方法论的角度说,1.宋儒所谓格物之物没有定义,因而也没有格物之方法;2.宋儒言天道,陷入了阴阳家的分配之说;3.宋儒之心性是内观之学,鄙视试验与观察;从历史方面看,中国的学术专制是中国学术未能获得发展的原因:

> ……惟以学术的专制而言,则全世界无逾于中国者。学术之专制,有政府之专制,与学者之专制。因有政府之专制,然后有学者之专制。开吾国政府学术专制之端者,厥为吾国之"先王"。有吾国"先王"神道设教之学术专制,然后有秦史治学术之专制,然后有汉阴阳家学术之专制,然后有唐宋词赋学术之专制,明清八股学术之专制。吾国数千年来,学风之隆替,学术之变迁,全视朝廷之提创与否。[125]

从科学角度对中国学术历史的总结,从思想层面发展到政治层面,得出的是对于专制制度及其文化的彻底否定。

这种否定的另一面,就是以西方近代教育为榜样,在小学的时候教会孩子观察自然现象和游戏的习惯,在中学的时候培养少年审求美恶、模仿实行的美德,在大学的时候更教以"有条理和统系的理论,同时复教以试验,令他们自己求知求行,以养成其爱实行的习惯。"最后将这些学校教

---

[124] 同上,页964。
[125] 王琎:《中国之科学思想》,《科学》月刊第7卷第10期,1922年10月20日,页1022—1023。

育的方法应用于社会。[126]为什么对于学生的训练以科学为中心,而不是更全面和广泛地涉及道德、审美和知识呢？这是因为中国科学话语共同体普遍地相信:"科学当然之目的,则在发挥人生之本能,以阐明世界之真理,为天然界之主,而勿为之奴。故科学者,智理上之事,物质以外之事也。"科学不仅"直接影响于社会与个人之行为",而且于审美之事亦相关,"美术无它,即自然现象而形容以语言文字图画声音者是矣。吾人之知自然现象也愈深。则其感于自然现象也愈切。……"科学对于教育的重要性"不在于物质上之智识,而在其研究事物之方法。尤不在研究事物之方法,而在其所与心能之训练。"如果说教育的本旨是"自知与知世界",那么科学就是"自知与知世界"的条件与方法。[127]

3."科玄论战"的序幕:科学与人生观问题(以杨铨为例)

1923年2月,北京大学教授张君劢在清华演讲,这篇演讲后来以《人生观》为题发表在《清华周刊》272期上。张氏的演讲引发了中国现代思想史上影响深远的"科学与人生观"或"科学与玄学"的论战。但实际上,科学与人生观的讨论远早于这场大论战。在1915—1923年这段时间里,《科学》月刊的作者已经就这个问题进行了很多讨论,而且"科学与人生观"论战的基本问题也已经在这些讨论中提出。在有关科学与道德及其他问题的关系的讨论中,实际上已经涉及了"科学与人生观"问题。我在上文曾经谈及科学话语共同体的基本信念:科学不仅促进了知识的增长和物质的发展,而且对于重建信仰、道德和审美习惯具有决定性的意义。"故无科学智识者,必不足解决人生问题矣。"[128]——这是任鸿隽在《科学与教育》一文中的断言。

---

[126] 黄昌谷:《科学与知行》,《科学》月刊第5卷第10期,1920年10月10日,页965。
[127] 任鸿隽:《科学与教育》,《科学》月刊第1卷第12期,1915年12月25日,页1343、1347、1349、1352、1344。
[128] 同上,页1344。

科学话语共同体普遍相信科学能够解决人生问题,但也并非毫无疑虑。就我所见,对"科学万能"的明确质疑也来自《科学》月刊。1919年间,《科学》月刊第5卷第8期"杂俎"栏发表署名佛(可能是杨杏佛,即杨铨。——作者)的文章,题目就是《非"科学万能"》。作者说:

> 科学万能之说创自何人,殆不可考。初涉科学藩篱者,每好以此称扬科学,毁科学者亦多集矢此说,其实皆非真知科学者也。科学之材料诚无垠,谓其研究万有可也。然研究万有者未必万能。试以科学所已知之事物与未知者较,犹微云之在太空耳。疾病,饥寒,天灾,人祸方相寻而未已。即此物质之世界,去吾人所梦想之极乐乡,尚渺乎其远,科学何以敢以一得遂自命万能乎。……
>
> 然以科学不能万能为科学病,又不可也。科学不以已有之成绩自豪,亦不以未知之无涯自馁。本其科学之方法努力前进,虽未敢以必达真理之终鹄许人,然循此以进,必率人类日趋光明之域,则可自信也。易言之,谓科学万能固非,谓科学必不能何事,亦非也。飞渡大西洋,世界通电昔视为诞语者,今皆为事实矣。未来不可知。科学,事实之学也,就事言事,科学之真值自见,能不能皆属玄谈,无关宏旨也。[129]

从已知与未知的关系来讨论科学,一面强调科学并非万能,另一方面则断言科学具有解决一切问题的可能性。在这种质疑中,作者并没有区分出科学与非科学的领域,从而未能构成科学能否解决人生问题的真正回答。

真正提出了上述问题的是那些接触到欧洲和俄国的反现代思想的人们。也在1919年,《新教育》2卷1期发表了蒋梦麟关于托尔斯泰人生观的论文,《民心周报》2卷5、6两期又发表了胡宣明、聂其杰两位同译的托尔斯泰名言。托尔斯泰的反战思想以及他对科学文明的非议态度,对中国思想界明显地产生了影响。就在这样的背景之下,《科学》月刊第5卷第5期发表了杨铨的《托尔斯泰与科学》的长文,以作回应:

---

[129] 佛:《非"科学万能"》,《科学》月刊第5卷第8期,1920年8月10日,页852。

> 托尔斯泰(Lev N. Tolstoy)十九世纪之大改革家,而亦文学界思想界之钜子也。……其所言行无不以人类幸福为归宿。……深慨宗教沦夷,近世文明流毒之甚,因抨击一切文化殆无完肤。……惟托氏语多有激而发,读者不察或不免断章取义之失。其攻击科学之言尤易滋误解。……[130]

由于托尔斯泰的巨大的道德声望,杨铨对科学的辩护不得不采取谨慎而仔细的分析态度。与"科学与人生观"论战中科学派的看法相比较,杨铨的看法和态度显然不那么独断。他一一介绍托尔斯泰对科学的批判的四大要点,逐一加以评论。其中第一点最为重要,即"科学不能解释生命之意旨",这也基本上是"科玄论战"的主要分歧点。杨铨将托氏论点分为四个小命题,核心的问题是:如果生命中存在永恒的意旨(物质性的死亡无法消解的意志),那么科学对物质世界的解释能力就与对生命问题的解释能力成反比;用人类形而下需要之研究,"以释此主要唯一之生命问题,是为不可能。"换言之,实证科学对于因果律的揭示无法解释人类的生命活动。[131]对于这个问题,杨铨的回答明显地具有妥协色彩:

> 吾人于此点所当察者第一为"生命"一名词之命意。托氏所指实为精神界之生命,此属于宗教与哲学之范围,科学当然不能过问也。科学所研究之事物以吾人官能知觉所能及为限;超乎官能知觉以外者,既非科学方法所能证验解释,则科学亦惟有自认不知而已。……
>
> 科学果涉及题外以强解生命问题乎?……使其所指为精神界之生命也,则当然不属于科学,虽有科学家强为之说,不成科学,但能视为其个人所发表之哲学观念而已。……[132]

---

[130] 杨铨:《托尔斯泰与科学》,《科学》月刊第5卷第5期,1920年5月10日,页427。
[131] 同上,页427、428。
[132] 同上,页428、429。

杨铨在捍卫科学的地位的同时,以能否验证为尺度明确了科学与宗教或哲学观念的分界,精神领域与物质领域作为两个性质不同的领域被区别开来。这种妥协用对科学的适用范围的限制坚持了实证主义的科学概念,又为"人生观"领域留下了形而上学的余地,在原理上背离了胡明复有关科学的形而上学前提的解释。

托尔斯泰对科学质疑的第二点是"科学不以人类幸福为目的"。[133] 托氏的看法是从社会等级与科学命题的选择的关系着眼的。托氏的观点是,科学命题的选择与科学家自己对问题的重要性的判断相关,而科学家多属上流社会,因而在选题上也多选与上流社会关心的问题相关的问题。在这个意义上,所谓"为科学尽力科学"是站不住脚的。更重要的是,在社会结构不合理的条件下,"一切征服天然之胜利,徒以增加此压制之力而已。"[134] 在这个问题上,杨铨的观点比较明确,他既不承认科学的选题以眼前之利定其去舍,也不承认科学之被利用是科学的责任。这样他也就把政治社会与经济制度之不良与科学的发现与应用区别开来。这也意味着科学的发现逻辑并不能自明地解决社会政治经济问题。

托尔斯泰的第三个论点是科学与迷信相伯仲,"科学与迷信,所异者不过其知识时代之先后。"[135] 杨铨对此问题的回答重复了科学之要素在其方法的论点,试图将知识与科学作出某种区分。"科学之要素在其方法,科学知识不过用此方法所得之结论耳;……"[136] 科学的知识可变,而实证的方法不可变。从这种实证主义的科学观念出发,他引证 W. F. Barrett 的 *Psychical Research* 一书中的论点,认为"凡指定之原因与悬拟之影响无关,所发生不根事实之信仰,及因以信仰可以祸福而行之迷信举动,均为迷信。"[137] 他的结论是:

---

[133] 同上,页429。
[134] 同上,页430。
[135] 同上,页433。
[136] 同上,页434。
[137] 同上。

> 使无科学之方法，虽益以新知识，不能变迷信为科学也。……迷信与科学所异不在知识之广狭，而在方法之有无，明矣。[138]

托尔斯泰对于科学的质疑的最后一个要点是"科学既为职业，则不得谓裨益人类。"[139] 职业化的方式是一种功利行为，而托氏所谓道德行为必须是超功利的。杨铨并未否定道德行为与功利行为的界限，而只是对科学家的工作重作界定而已。他的看法是，大多数重要的科学家并不以科学作为生活的手段，因为他们的正式职业是教育或工业等等。像"达尔文、厄斯台特、安培耳、法勒第、恺尔文诸人之发见发明，为世界之公物，文化之基础，无与于个人之衣食，更彰彰在人耳目，无待言矣。不特此也，即使科学家而以科学为职业；苟其功业有益人类，远过其所食社会之报酬，仍有受社会崇拜之价值。……"[140]

在文章的结尾，杨铨把卢梭的返自然与托氏的重人道相并提，充分地理解托氏对科学文明的批判的历史合理性。但他的结论是：

> 十九世纪欧美物质文明之进化一日千里，社会道德常有奔驰不及之势；托氏欲挽狂澜不惜屈求之，其迹可谅，其人格益不可及矣。吾国科学尚无其物，物质文明更梦所未及，居今而言科学之弊与物质文明之流毒，诚太早计矣。欧美物质势力集中于资本家，社会结构因以不稳，此又吾国习应用科学者所当引为前车，勿使未来之托尔斯泰复哀吾国也。[141]

由于从一开始，杨铨就接受了信仰、道德领域与实证科学领域是不可通约的这一判断，他对科学的辩解实际上反证了科学与人生观论战中人生观

---

[138] 同上，页434。
[139] 同上。
[140] 同上，页435—436。
[141] 同上，页436。

派一方的观点。如果人生意义的问题无法用科学的方法来检验和论证,那么,科学在文化变迁中的作用就十分可疑,因为科学既无法证明也无法证伪某种信仰或道德观念,这两个领域具有本质性的差别,不可通约。循此逻辑,杨铨实际上并不特别反对托尔斯泰关于欧美科学文明导致道德衰败的判断,只是修正说,中国在文明进化的现阶段,尚不存在此种危机而已。

也许正是意识到这种分析方式无法为科学提供真正的道德基础,杨铨对科学的人生观问题继续思考。1921年10月,他在南京高师附中补习班发表题为《科学的人生观》的演讲,后来又发表在《科学》月刊第6卷第11期上。在这篇文章中,杨铨把人生观看作是"生命目的之指南",而科学的人生观与其他人生观——如宗教的人生观、美术的人生观、战争的人生观、实利的人生观都有根本差别。这种差别主要表现在,上述各种人生观均以人的主观性为依据,从而在不同程度上是主观主义、情感主义、实用主义和功利主义的,而科学的人生观却超越主体的功利和情感、以客观性为基础。作者具体地分析说,像托尔斯泰所持的宗教人生观"悲天悯人,以救世为怀",其基础当然是一种主体的信念;像安诺德(Arnold)、葛尔德斯密斯(Goldsmith)和中国的诗人墨客所持的美术的人生观"趋重感情方面,以美术的眼光解释人生",其基础是情感主义;达尔文、尼采则持战争的人生观,因为物竞天择的生物学说用于人类,即是战争的人生观,而超人学说也同样是一种战争的人生观,因为它相信战争为人生重要之元素,战争绝迹能使优秀者退化,明显地是一种强者哲学;实利的人生观则以实用、实利为行为、学说的指归,中国学说大抵是这样一种功利主义和实用主义,"我国古今各书以人生观为宇宙观,专求致用。其所研究之学问不能轶出政治社会之范围,求其超然于人事之外纯粹研究宇宙现象者几不可得,壹是以利为归,此所以科学幼稚,始终不能发达也。"[142]

科学的人生观与上述诸种人生观完全不同,它不以主体的意志、信

---

[142] 杨铨:《科学的人生观》,《科学》月刊第6卷第11期,1921年11月20日,页1111—1119。

念、情感、力量和利益为基础,而是以宇宙的意志和规则为基础:

> 科学的人生观乃客观的,慈祥的,勤劳的,审慎的人生观也。何谓客观的?不以一己之是非为是非,凡一切事物俱以客观态度觇之。曷云乎慈祥?即与宇宙之形形色色表有同情。……曷云乎勤劳?以求真理为毕生之事。求真无终止之日也,故科学家亦无作工休止之日,……只求真理,不知实利……曷云乎审慎?凡有所闻,必详其事之原委条件,无囫囵入耳之言,亦无轻率脱口之是非。盖科学家对于一切事物俱存怀疑态度,忍耐求之,不达到真理目的不止也。[143]

科学的人生观是客观的,但绝不意味着这种客观的人生观会如尼采所指责的那样,形成客观的、无己的人(selfless man),因为坚守科学真理需要遗世独立、不屈不挠的浩然之气。

另一方面,科学的人生观虽然强调超然于实用与功利,但这种超然的人生观本身也具有实际的意义,这就是救亡图存的历史任务:

> 吾人当知武力之威权虽足以亡人国,而不能灭人格,惟学术之破产则人虽不亡我,而我且自亡矣。今日所以言科学的人生观者,以诸君皆抱学术救国之志,故愿以此互勉也。[144]

更重要的是,这种客观的人生观当然也是价值的选择,杨铨在论证科学的人生观是实事求是、自甘淡泊的人生观的同时,还指出这种人生观具有天然的德谟克拉西精神:

> 无强弱,有是非……其拥护真理也,无宗教,无阶级,无国家,惟知有真理而已……可知科学的人生观无阶级,无虚荣心,至平等,至

---

[143] 同上,页1112—1113。
[144] 同上,页1119。

高尚也。[145]

民主与科学都被理解为一种大同主义,而大同主义又被理解为一种宇宙的原理。无论是民族主义,还是绝对平等的价值观,当然都不是超历史、超民族、超阶级的理念和价值,但是,杨铨的论证方式恰恰证明了这样一种努力:他企图发现一套合乎理性而又绝对公正的道德原则。这种道德原则是普遍的和绝对的,是超越一切历史性的文化传统、宗教背景、政治秩序和道德结构的,因为它是以宇宙的自然秩序为基础的,或者说,它就是这种自然秩序本身。了解欧洲思想的人当然会发现,这种努力在18世纪的启蒙运动中,是如何地强烈和具有广泛影响力。

4. 对进化论的怀疑与现代文化论战

自晚清以降,进化论提供了进步的社会观念的自然观基础。现代变革的概念——政治变革、道德变革和文化变革——以进化的观念为前提。进化的概念提供了关于未来的指向,关于现在的界定,关于传统的批判框架,并把这种直线进步的理念伸展到社会和文化的各个领域。科学的道德基础的一部分也是由进化论的观念所构成的,因为不仅科学本身是进步的体现,而且科学对未知领域的无穷探索也是进化和进步的精神的自我展现。"新"的概念、"现代"的概念在19世纪末至20世纪的大部分时期,为中国的现代性的思维逻辑奠定了目的论的框架和价值的指向,而这一切都有其自然观的基础,这就是进化论。这里只是略略提及而无需作更多论证的是《新青年》、《新潮》等以"新"命名的刊物,它们对传统的批判的最为引人注目的特征之一,即是对科学和民主的阐扬,而这两大旗帜又都是以进化论为自然观和历史观的前提的。正是进化论为中国思想文化界提供了现代性的时间观念。因此,对待

---

[145] 同上,页1115、1116。

进化的态度,多少决定了中国思想文化界对待现代性的态度。在上文中所涉及的托尔斯泰和尼采对科学和物质文明的批判,突显出他们对现代性的激烈的批判姿态。中国科学话语共同体对托尔斯泰、尼采的抵制与批判,体现的是现代与反现代的冲突,这种冲突的首要表现即是时间观念的冲突。尼采思想中的永久循环的时间观念及其与进化观念所构成的悖论结构,托尔斯泰强烈地要求在自然与道德领域之间划分出截然有别、以致相反的界限的思想,都是对进化的自然观念与进步的历史观念的深刻质疑。

在当代学术的讨论中,对现代性的质疑的子题之一——对进步或进化的时间观念的质疑——已经成为中心议题之一。然而,大多数讨论只是把这一质疑视为人文领域的主题,例如对《学衡》派的重新评价,几乎没有人从自然科学的发现和运用的角度对此加以评述。然而,历史的事实告诉我们的是一个相反的现象:对中国现代性问题的检讨始终是和对科学主义的清算相联系的,这一清算的理论前提之一就是自然领域与人文领域的二元划分。然而,现代性的知识规划正是从这种将主体与客体截然分化的过程中产生的。从这样的视角对现代性的质疑,乃是现代性的知识结构的一部分。对进化论的批评首先是一个科学事件,而后才是一个文化事件。"五四"时代发生的诸多文化论战,如《新青年》与《学衡》的论战,有一个科学领域中的前奏,那就是科学共同体对进化论的科学检验。这里的重要事实是:尽管现代中国思想不断地引证科学思想、特别是进化论作为他们的社会观念的基础,然而中国科学家群体对社会进化论的态度却并非毫无保留。这一点多少有些令人意外。在1915至1923年这段时期里,从第一卷起,《科学》月刊在发表介绍和运用进化论的文章的同时,即发表了大量批评进化论的文章。这一事实——科学家群体对进化论的矛盾态度——几乎从未引起人们的注意:科学家群体为什么在中国反传统的语境中反复思考进化论的缺陷?《科学》月刊群体与《新青年》群体为什么在这一问题上的态度如此相异(虽然也有交叉)?如果进化观念为现代认同提供了自然观基础的话,科学家群体对进化论的质疑与他们对"现代"的态度

的关系如何?(我们当然不会忘记,科学和科学家在这一时期的文化语境中,正是进步、现代的代名词)

深入地分析上述问题,我们会发现科学家对待进化论的态度紧密地联系着他们的文化态度,但这是科学家共同体对进化论进行与文化无关的科学检测的社会后果。《科学》月刊对进化论的质疑始于该刊第1卷第7期钱崇树的《天演新义》一文。这篇文章引用英国遗传学家贝曾(William Buteson)的观点,从生物学角度对达尔文的生物进化论进行质疑,并没有涉及进化论在其他领域的意义。[146] 首先将这一讨论引入文化和其他领域的是植物学家胡先骕。这位幼读诗书的学者,1913—1916年间在加州大学伯克利分校念书。1923—1925年重返美国,在哈佛大学获得植物学博士学位,也聆听过白璧德(Irvine Babbitt)的新人文主义议论,不过那已经是他发表批判进化论的文章、参与"五四"时期的文化论战之后的事情。作为植物学家的胡先骕在"五四"新文化运动中成为《学衡》派的主将之一,他对新文化运动的批判与他对进化论的思考具有密切联系。如果考虑到他与胡适都在《科学》月刊上发表有关进化论的文章,而观点截然相反,那么,我们就不会认为有关进化论问题的争议无足轻重。

胡先骕的论文《达尔文天演学说今日之位置》连载于《科学》月刊第1卷第10期和第2卷第7期上。这篇文章试图对达尔文学说进行分疏,批判的矛头主要指向将进化论用于人类社会的达尔文主义。胡氏指出,在欧洲,特别是在德国,科学家对达尔文学说的批判虽然没有完全动摇其基础,但进化论的弱点已经不可回避。他把达尔文的理论区分为"天演

---

[146] 钱崇树《天演新义》:"……以为微异不可以历久而传;即传亦不能积微成著以生新种。盖物各有性,譬诸花色花香,皆本其香色之性;……而性又以物种而殊。……"见《科学》月刊1915年7月25日,页785。此外,鲍少游在第4卷第4期,1918年12月10日,页367—368上译述的《论人类之化学的成分》一文,从化学角度对生物进化论进行质疑,其言曰:"然而生物进化论者,果能发见人类之先祖乎?秉直言之,则生物进化论者之权能,只能断定人类与猿猴为同一先祖所生而已。……要之,人类先祖之诠索研究,宜脱离生物进化论者之手,而另讲求研究之法。""人类最先之先祖厥惟元素。故今有妙法可以探索人类之先祖者,则据生理化学以研究人类究为何元质所造成者是也。……本文但考察人类之化学的成分,欲以是解决人类先祖问题者也。……"

说"（达尔文主义）（Darwinism）、"有生天演"（有机进化论）（organic evolution）和"庶物同源"（物种进化论）（theory of decent）三种，并认为知识界的主要错误在于混淆了三者之间的差别。不同领域的"分化"，不同领域之间的不可通约性，是胡氏全部论证的基石。值得注意的是，这种"分化"和"不可通约性"不仅是后来《学衡》派的主要的理论前提，而且也是科学与人生观论战中"人生观"派的主要论点。"故达氏天演学之末运者，非有生天演或庶物同源之说之末运也"，而是进化论在社会领域中的运用即社会达尔文主义：

> 今日反对达氏学说之趋向。虽然，达氏学说之影响于人心者已深；五十年来群学哲学，倚以立论，政治宗教，因以易趋。一旦达氏学说摇动之谣生，人类思潮，将为之骚动矣。达氏学说，攻之最力者斯为德人。……故年来书报，要能以天演真象，详加讨论。……而天择不足独为种原之理，亦因以彰焉。然亦非谓达氏之说遂全遭指斥也。[147]

胡氏在文中并没有全盘否定达尔文的进化学说，但他引用杜里舒（Diresch）等人对进化论的严厉抨击，基本的倾向是批判性的。[148]

在1916年发表的续篇中，胡先骕又介绍了美国斯丹福大学昆虫学教授开洛格（Kellogg）的观点。他一一分析了生物进化论与宗教哲学、教育以及社会学的关系，最后的总结明显地是从基础上动摇近代以来在中国也十分流行的社会学观念：

> 自达氏学说首创以还，以生物而言群治者，一时蜂起，然治斯学者每知生物学不详，……如禀性之遗传，物竞之硕果，互助之发达（development of mutual aid）等，皆生物学中未定之论，而适为群治学

---

[147] 胡先骕：《达尔文天演学说今日之位置》，《科学》月刊第1卷第10期，1915年10月25日，页1161—1162。值得注意的是，在1923年"科学与玄学"论战中，杜里舒正是玄学一派引用的主要思想资源之一。

[148] 同上。

家立论所本也。……[149]

胡先骕对进化论的批判要点是:进化论不是一种普遍的法则,尤其不能适用于社会文化领域。在"五四"新文化运动中,这一要点成为《学衡》派区别自然科学与人文科学、反对激进反传统、试图以平和折中的态度解决文化问题的基础。换言之,胡氏对进化论的批评最终体现为他对现代性的历史观念的拒绝。

无论是从科学角度,还是从社会角度对进化论的批评,都触及了中国现代思想的核心问题。正由于此,欧美和中国科学界对进化论的质疑不能不引起激烈的文化论争。问题的展开首先依赖于对进化论的科学论证,因此就有了像钱天鹤译述的《天演新说》那样的关于进化论的科学解说。[150]但是,非常明显的是,关于进化论的讨论不仅是一场自然科学的讨论,而且是有关现代历史观的争论,其核心是以进化论为自然科学基础的时间观念或历史目的论是否为"真"的问题。问题不仅需要在科学的层面加以解决,而且更需要在文化、历史和社会的层面给以确证。

正是在这一关键性的历史语境中,1917年初,日后成为新文化运动领袖之一的胡适在《科学》月刊发表了《先秦诸子进化论》。除引论外,胡适一一论证了老子、孔子、列子、庄子、荀卿、韩非的进化论,从人文历史领域论证了作为公理的进化论:

> 先秦诸子的进化论……虽然不同,然而其间却有一线渊源不断

---

[149] 胡先骕:《达尔文天演学说今日之位置——美国斯丹福(Standford)大学昆虫教授开洛格(Kellogg)造论》,《科学》月刊第2卷第7期,1916年7月25日,页780—781。

[150] 钱天鹤译:《天演新说》,《科学》月刊1919年11月1日,页1209—1214。该文译自美国遗传学报1917年正月号。文首说:"进化者,进步也;发达也;分析也;数十年前已有其说,非近世科学之新产物。然囊者属虚想的,哲学的,而今则渐为理论的,实验的耳。……"在分析了 Geffroy St Hilaire, Lamark, Nageli, William Bateson, Darwin, Wallace,以及 Thomas Hunt Morgan 等人的各种学说之后,文末的结论是:"综上所述,可得一结论曰,动植物之有变异,由于生殖质之有变异;生殖质之有变异,由于所含遗传性之不同。遗传性所在地,为生殖细胞内之染质线。故染质线实为各遗传性之发祥地。……"

的痕迹。先有老子的自然进化论,打破了"天地好生""上帝""作之君作之师"种种迷信。从此以后,神话的时代去,而哲学的时代来。孔子的"易"便从这个自然进化上着想。……后来列子、庄子、荀子都承认这个"由简而繁"的进化公例。列子庄子时代的科学理想比孔子时代更进步了。墨子时代的科学家,狠晓得形学、力学、光学的道理。……所以列子、庄子的进化论,较之老子更近科学的性质……他两人都把进化当作一种无神的天命。因此生出一种靠天,安命,守旧,厌世的思想。所以荀子韩非出来极力主张"人定胜天"以救靠天的迷信。……却不料……被李斯推到极端。……[151]

从自然的进化论,到哲学的进化论,再到科学的进化论,在胡适的笔下,进化概念笼罩了整个历史的视野,并规定和论证了人在历史和生活中应当采取的积极的人生姿态。

另一位进化论的捍卫者唐钺也像胡适一样,试图重申进化的普遍法则与人的主观能动性的关系。他拒绝那些将尼采式的扶强抑弱归罪于进化论的指责,重申了严复所译《天演论·群治篇》中的"公理":

> 治化愈浅则天行之威愈烈。惟治化进而后天行之威损。理平之极,治功独用而天行无权。当此之时,其宜而存者,不在宜于天行之强大与众也;德贤仁义,其生最优。……故天行任物之竞以致其所为择;治道则以争为逆节,而以平争济众为极功。[152]

从胡适到唐钺,对进化论的辩护恰恰就是批判者所着意的方面,即这一科学定理完全适用于社会、历史、道德和政治。

关于进化论的讨论最终涉及的是对近代文明的评价。这种评价以及由此产生的分歧的焦点是:西方的现代历史进程,以及产生于西方的现代

---

[151] 胡适:《先秦诸子进化论》,《科学》月刊第 3 卷第 1 期,1917 年 1 月 25 日,页 40—41。
[152] 唐钺:《科学与德行》,《科学》月刊第 3 卷第 4 期,1917 年 4 月 25 日,页 409。

性方案,导致了历史的进步,还是历史的灾难?中国是否需要采纳这样的现代性方案?对于中国年轻的科学家群体来说,对近代文明的态度也同时是对科学的态度,因为西方近代文明被普遍地视为科学文明。1924年1月,就在"科学与人生观"的论战余音不绝之时,《科学》月刊发表社论回应这场论战,明确地指出了问题的核心所在:

> 欧洲大战既兴,全球震动,论者推原祸始,因国际资本主义之冲突而致怨于物质文明之过量发达,因物质文明而迁怒于科学,于是十九世纪托尔斯泰、尼采辈诅咒科学之论调复为当代救世之福音。昔之因物质文明而崇拜科学者,今则因同一之物质文明而诋毁之。潮流所被,中国亦沐其余波,此中国思想界之所以于今日学术荒芜民生凋蔽之际而忽有反科学之运动也。年来国事日非,风俗奢靡,工商业复一蹶不振,人心消极,对于一切新政新学皆抱怀疑之态度,宗教玄渺之思想遂乘之而起,此反科学运动之原于国内者,又其一也。故分析言之,今日反科学之思潮受国内国外之影响者各半,而其根本原因则皆起于误认西方文物为科学本身之一点。果如西国已食物质发展之惠,而蒙战祸,犹不能罗织株连归罪科学,而况中国之倒行逆施,自甘暴弃,本于科学风马牛不相及乎。夫科学之为科学,自有其本身之价值,不因物质文明之有无而增减。即物质文明之本身,亦但只利用厚生,造福人类,未尝教人以夺地杀人也。……
>
> 虽然,反科学运动于科学未始无功。打破盲从科学与附会科学之陋习,使科学之真精神因以大明,唤起提倡科学者之觉悟,知空言鼓吹清谈研究之无益于事,此皆今日从事科学事业者之药石也。……[153]

这里所引已是后话,但显然是科学共同体内部讨论多年达成的基本共识。

---

[153] 佛(应是杨铨):《科学与反科学》,《科学》月刊第9卷第1期,1924年1月20日,页1—2。该文是以社论的名义发表的。同期发表的还有另一社论《科学与教育》(署名永,估计是任鸿隽),也是针对"科玄论战"中的问题而发。

科学家共同体以科学为志业，并不断声称他们的工作不以科学之外的因素为目的，但是，第一次世界大战引发的各种文明论争，持续地对他们的工作意义提出质疑。为科学而科学的理想主义、为富强而科学的现实主义、为人生而科学的道德主义、为完美而科学的审美主义并行不悖，交替地出现在科学家共同体的科学观念之中。针对不同的问题，不断地变换上述立场，是科学共同体的自觉不自觉的论辩策略，其基本的取向则是为现代文明和科学辩护，并把科学与现代性作为中国社会发展的基本战略和未来方向。

问题首先涉及对中国文明和中国学术思想的评价。早在1916年，任鸿隽即将学术区分为"主观"的文学、"客观"的科学和介于二者之间的哲学。他重复了自晚清到现代中国知识界的流行说法，即中国的文化或文明及其学术思想是"文学的"，现代的发展已经昭示只有科学才是"正确知识之源"。"科学以穷理，而晚近物质文明，则科学自然结果，非科学最初之目的也"，科学是一种取向于客观的学术上的"物质主义"，却不是功利上的物质主义。如果不遵循这种科学的方法，"不足尽人之性"，更不能对现代的复杂的社会组织进行有效的管理。他反问道："吾人何以不持黄虞三代无为而治之义"，反而追求更复杂的政治思想呢？"曰：由科学进化之学，知返古之不可能也。"[154]

也正是从这种进化论的历史观出发，任鸿隽多年以后在一次讲演中断言：

> ……我所讲的近世文化，并不包括东方文化在内，因为我们承认东方文化，发生甚古，不属于近代的。……我们所讲的是西方文艺复兴以后发生的文化了。……我说近世的文化是科学的，和近人所说近世文化的特采是科学发明，科学方法等等，有点不同。因为前者是说近代人的生活，无论是思想，行动，社会组织，都含有一个科学在内，后者是说科学的存在和科学的结果，足以影响近代人生活的一

---

[154] 任鸿隽：《吾国学术思想之未来》，《科学》月刊第2卷第12期，1916年12月25日，页1289—1296。

部分罢了。[155]

任鸿隽所谓近代文化是科学的文化,意思是:文化的近代性或现代性本身是"科学的"或以科学为标志的。中国或东方文化尽管与近代文化同处于当今的世界,但却不是近代文化的一部分。东方与西方的文化冲突在这个意义上被处理为古代与现代的冲突,而在内容上则是非科学与科学的冲突。这种文化的历史描述的基调是进步的历史观念。他依照玛尔芬(Marvin)的看法,将现代社会的发展归结为知识、权力和社会组织的"进步"。知识和权力涉及的是对自然的了解和掌握,而社会组织的发展则涉及所谓整个现代资本主义社会的结构,其中最重要的是民主制度——政治参与权的普及——的建立、机会均等的平民体制的形成和追求效率的社会取向,这三个方面是对独裁政治、封建等级制度及其社会取向的否定。

任鸿隽把这个过程理解为"合理的"过程,因为人类对于自然、社会和道德的取向都以普遍适用的科学为基础。国家制度、社会组织——不仅包括民族国家内部的政治、经济和文化组织,还包括超越国界和种界的国际组织,如各种团体的国际组织和各种主义的世界同盟——以及追求效率的方式,体现了现代社会的基本特征,即科学的(也是"合理的")特征。与之相伴随的则是"合理的"人生态度和价值取向:

> ……我们晓得科学的精神,是求真理,真理的作用,是要引导人类向美善方面行去,……我们可以说科学在人生态度的影响,是事事要求一个合理的。这用理性来发明自然的秘奥,来领导人生的行为,来规定人类的关系,是近世文化的特采,也是科学的最大的贡献与价值。……"科学是服从人道的律令,要推广生命的领域的。"[156]

---

[155] 任鸿隽:《科学与近世文化》,《科学》月刊第7卷第7期,1922年7月20日,页629—630。该文是作者在1922年中国科学社春季讲演的第一讲,其时"科玄论战"尚未发生,但"科玄论战"所涉及的各种问题已经是"五四"新文化运动以来整个文化界的主要议题的一部分。

[156] 同上,页638—639。

科学等于合理,是因为科学不仅是对自然的规律的探求,而且是对人道的法则的遵循。如果近代文化是科学的文化的话,无异于说近代文化是合理的和人道的文化。近代的知识体系、控制系统和社会组织框架的合理性就此建立起来了。

科学、进步与近代文化的"合理"关系一旦建立起来,中国社会发展的基本方向也就明朗了。但是,面对西方科学界和社会思想界对进化论、科学文明和现代性的种种质疑,对历史发展的直线描述变得难以令人置信了。更重要的是,进化论的法则在历史领域是抽象的,进步的概念也不能提供社会变革的具体方案。即使科学话语共同体对近代文明持完全肯定的态度,也不能保证这一共同体中的不同派别在政治和文化的战略上保持一致。胡先骕等人对进化论的质疑最终体现为保守主义的文化态度和现实策略,这种态度和策略是和清末以降中国科学家群体的保守主义和改良主义的政治态度和政治策略极为吻合的,而与《新青年》等人文学者共同体完全不同。科学家共同体一方面要捍卫科学的尊严和普遍意义,另一方面也要建立区别于其他共同体的文化、政治态度和战略,便不能不对科学的历史观加以更复杂的解说。因此,我们看到:同样是以进化论为合理性的基础,科学家共同体并没有像《新青年》群体那样把进化论当作激进主义政治变革和文化变革的理由,相反,社会进步是在一种保守与革新的张力中完成的。

1918年春天,《科学》月刊第4卷第4期以头条位置发表了任鸿隽译述、Oberlin大学教授梅加夫(Maynard M. Metcalf)于1917年在中国学生会的演说,题为《科学与近世文明》。[157]在这篇论文中,作者用"相反之力相成"的力学原理解释从自然到社会的一切现象,指出进步的动力来自一种力学的平衡。这种新的历史动力学解释的意义是:对历史进步的描述不再是简单的直线进化,而是经由两种相反的力量相抗衡的结果,虽然这种抗衡本身并没有改变历史发展的基本趋向。那么,在社会领域,这种相反的力量分别是什么呢?

---

[157] Maynard M. Metcalf著,任鸿隽译:《科学与近世文明》,《科学》月刊第4卷第4期,1918年12月10日,页307—312。该文最初发表在美国的《科学月刊》(*The Scientific Monthly*)5月号上。

> 二力者何？曰保守，曰革新。易词言之，前者笃附旧习，社会之所以可久。后者趣重新知，社会之所以前进也。今欲觅相当名词以命此二力，前者吾得命之曰习旧主义（traditionalism），后者吾得命之曰科学精神（scientific spirit）。
>
> 今之科学家，动辄诋保守主义之为害，顾吾人于自然法则之研究，不尝见有惰性与动力二者之相互为用乎。且惰性之重要，固不视动力有所未减也。
>
> 其在社会，保守与革新二主义，诚宜各据所宜，相互为用。无如此二主义者，常不易调剂而得其平。欧洲中世纪黑暗时代，保守与习旧主义深中于人心，其结果则沉滞现象弥漫社会。反之，法国革命，是为革新主义当阳时代。溃决横流，不加裁制，其结果乃如烈火爆发，玉石俱焚。……[158]

在这篇文章中，作者对保守与激进作了一种折中的处理，实际上是在政治和文化的激进主义潮流中为保守主义提供学理上的依据。保守主义的意义不仅在于淬炼"新理"，使之在斗争中臻于完善，而且更在于保护和促进社会稳固，"习惯为社会生命之原，无之是无社会也。"而根据作者的看法，保守主义也有"有理"与"无理"之别，"科学精神"就大多包含"有理的保守主义"。[159] 现代文化激进主义强调个人的独立和解放，并认为这种个人的自由才是现代社会得以形成的前提。

然而，中国现代社会发展的关键一步恰恰是建立现代民族—国家，因此，社会整体的动员较之个人发展更为根本。我在上文仔细地分析了胡明复关于个人、社会和国家的看法，类似的论述结构在这里已经表现为对于保守主义文化政治的"科学论辩"：

> ……独立不羁之精神，乃其群生命之所系。但个人主义主张太过，亦足为社会之灾。守旧与独立，社会与个人，相反相为用，而后生

---
[158] 同上，页308。
[159] 同上，页309。

气乃出。[160]

然而,从中国的实际状况看,"中国受保守主义之统治,殆数千年,……今日之急务,莫如科学精神之普及,俾思想之趋于一偏者,得其平衡,而后有进步可言。"[161] 由此,作者的结论仍然是科学救国:

> ……个人及国家之要道,未有如发明真理,与其坚贞之志为真理役而不悔者也。中国复兴之机,必于此求之。[162]

进步的历史观经过某种改造,不仅提供了保守主义文化和政治的科学基础,而且也解释了直线进化观念所受到的挑战。不管进化论的历史观念受到了多么严厉的科学质疑,在科学家群体中并没有真正发展出对现代性及其时间观念的深刻批判。不过,这些质疑确实使得科学家群体对社会过程及其变革保有较之同时代文化知识分子更为审慎的态度。更为重要的是,对进化论的科学质疑第一次在科学内部提供了反思有关"现代"的各种神话的视角。

第六节 现代世界观与自然一元论的知识分类

不管科学话语共同体内部存在多大的差异,通过反复地讨论,一种普遍的、客观的知识体系还是逐渐地形成了。科学观念对现代思想产生如此重要的、甚至是决定性的影响,首先是由于科学话语共同体自觉地从具

---

[160] 同上,页310。
[161] 同上。
[162] 同上,页312。

体的研究领域中提升出具有普遍性的科学方法,其次是这种科学方法被普遍地认可为一种能够在形式上和内容上检验一切事物的途径和标准。通过科学方法的普遍运用,现代思想试图对整个经验领域重新进行解释,而这种解释活动迫切地需要一种系统的知识整体。在这里,知识整体的意思是,无论知识处理的是自然问题,或者社会问题,还是人自身的问题,都遵循同样的规则。科学不多不少等于全部的知识领域。就科学实践、社会实践与道德实践的关系来说,都是同一种实践。因此,整体的科学知识谱系不仅重新定义了知识的内容,而且定义了另一个相关的关键概念,即实践概念。

围绕着科学与人生观的关系、科学与近代文明的关系,以及进化论问题的争论表明,除非科学知识能够提供道德的基础和历史的目标,能够通过客观的知识论证提供社会正义的标准,能够解释认识主体的心灵活动,特别是权利、道德和信仰的根源,科学知识才能作为一种唯一的知识、科学实践才能作为唯一的实践得到确认。换言之,科学知识的整体必须证明:不存在超越科学的其他知识(如道德知识、宗教知识或审美直觉),也不存在超越科学实践的其他实践(如道德实践、信仰实践和审美实践)。根据我对科学共同体的科学观念的描述,我们已经清楚地看到,有关科学世界观的论证集中于两个层面:首先是科学方法如何预设宇宙间所有事物的普遍联系,其次是科学对自然的探讨如何同样适用于人类的道德和社会政治事务。这意味着不仅需要以现代科学史的模式解释宇宙和伦理的起源,而且还要按照现代科学史的模式理解人类的全部历史。但是,建立这种历史理解需要知识上的前提,首先是必须论证那些——无论在传统世界观中,还是在现代西方思想中——被理解为不可通约的领域,实际上服从同一种自然规则的支配,因此,对这些不同领域的解释不过是同一个知识体系的不同层面罢了。

问题首先表现在心理学、社会学、哲学与科学的关系上,即科学以及科学的方法能够解释人的心灵活动和信仰吗?早在《科学》月刊创刊号上,赵元任即发表《心理学与物质科学之别》一文,他的基本论点是:心理学研究经历之自然与直接之方面,物质科学研究经历之推想与间接之方面；心理学研究经历之系于个体及其存在各情形之方面，物质科学研究经历之不系于经历之人而关于自存事物者。[163]区别是明显的，但二者都是对经验的不同方面的研究。赵元任没有提及詹姆士的心理学研究，不过把问题落实于"经验"概念很可能是受到了他的启发。至于社会学，则更是科学的一支，"社会学，科学也。诸君习此学，不得以哲学目之，尤不得以文史等学之性质目之。……社会学之发达，实因生物学发达之故。"[164]在这段话中，重要的不是作者将社会学归入科学，而是他把科学与文史哲诸科严格区分开来。就科学与哲学等学科的关系而言，中国科学家群体并无独特的观点，主要的论述来自西方现代思想关于相关问题的讨论。例如，1920年，王琎翻译发表了威尔斯的（Prof. Wells）《哲学与科学》一文。这篇论文首先分析了希腊古典时代的物理学、化学、天文学、地质学等领域与现代科学的区别，特别指出只是在近代文明中，这些学科才从哲学或神学的领域中分化为独立的领域，获得自己独立的方法。根据作者的看法，哲学不能独立存在，"欲言哲学，必指明何物之哲学，如物理哲学，化学哲学，生理哲学，宗教哲学之类。"[165]在这个意义上，作者的结论是：

> 吾为斯言，非谓哲学之不成科学或无关于科学也。但欲明哲学之价值，不在科学之上，而在科学之中。科学在需要之界限中，当以哲学为器具，为方法。惟妄尊哲学，而不认其有辅助之职务，则非但有害于科学，而更有害于哲学。[166]

上述结论把哲学作为具体科学学科的方法论。这样，伴随自然科学逐渐从古典哲学和神学中分化出来的近代过程，哲学逐渐地丧失了笼罩一切知识的地位，并转化为各个分化出来的独立学科的一部分。这对于科学

---

[163] 赵元任：《心理学与物质科学之区别》，《科学》月刊第1卷第1期，1915年1月25日，页14—21。
[164] 秉志：《生物学与社会学之关系》，《科学》月刊第6卷第10期，1921年10月20日，页977。
[165] 威尔斯著，王琎译：《哲学与科学》，《科学》月刊第6卷第4期，1921年4月20日，页357。
[166] 同上，页358。

家群体建立普遍的知识谱系具有重要性,因为在这个谱系中不存在作为一种学科的哲学的位置。事实上,这种对哲学的理解方式是对中世纪神学和19世纪形而上学传统的批判。哲学作为一种反思的方法:这恰恰是古典希腊思想对哲学的理解。

《科学》月刊第2卷第8期和第9期连载了 J. Arthur Thomson 的《科学之分类》(Chapter IV, An Introduction to Science),译者是唐钺。作者首先介绍了培根、孔德、斯宾塞、皮耳生等人的科学分类,特别推重皮耳生(Karl Pearson)的《科学文法》(Grammar of Science)中的科学分类。[167]综合各种分类方法,作者最后将科学分为两种大的统系,即1.抽象的、范式的、方法学的科学(Abstract, Formal, or Methodological Sciences);2.具体的、描写的、或经验的科学(Concrete, Descriptive, or Experential Sciences)。抽象科学包括(由低到高)算学、统计学、名学、形上学;"抽象科中,算学为植基,而玄学为会极。"具体科学包括社会学、心理学、生物学、物理学、化学等五个基本科,每个基本科还派生出若干引伸科。[168]

通过特殊的分类方法,作者不仅把社会学、心理学与其他自然科学列为"五大基科",而且将形而上学领域也纳入了科学的范畴,从而改变了将科学与形而上学相对立的启蒙主义思想结构。在作者的具体分科中,显然也存在明显的不同领域的分化,例如作者将社会学、心理学与生物学、物理学、化学等区别为不同类型,而没有采取皮耳生的分类法,将社会学作为生物学的一个分支。这种分化的根据"不在其取材之不同,而在其所以处材之范畴(categories)之有异。两科之材料可同;不同者乃在其所赴之鹄,基本之概念,方法之条目耳。"[169]在上述分类法中,作者虽然也照顾到学科的对象的区别(即李凯尔特所谓"质料的分类原则"),但更为关键的分类原则是方法、范畴(即李凯尔特所谓"形式的分类原则")。对

---

[167] J. Arthur Thomson, *An Introduction to Science* (Chapter IV),唐钺译《科学的分类》(上),《科学》月刊第2卷第8期,1916年8月25日,页835—849。

[168] Thomson, *An Introduction to Science*,唐钺译《科学的分类》(下),《科学》月刊第2卷第9期,1916年9月25日,页964—977。

[169] 唐钺译:《科学的分类》,《科学》月刊第2卷第9期。同上,页973。

于作者来说,采用什么样的分类并不重要,不可忽略的问题是:这样一种明晰的知识谱系能够证明各种知识的相关关系,并印证这个知识谱系本身的"自完一贯与否"。[170]因此,作者的分类原则必须能够提供科学的普遍意义。在文中,他反复论证不同的学科之间的相互发明和会通之处,从自然到人类,从生物到历史,莫不如此。作者的最终目的显然是要"以科学的婧修为根据"建立"吾人纯智之世界观":

> 条分缕析之事终,而群科一贯之理见;吾人于此大有快慰之情焉。虽讨论异其书,讲演异其师,试验异其居,然此特为便事计而已;若究其极,则凡百科学均为一种训练之各部,一种方术之异例。其致力虽殊而赴的则一。此的无他,使自然秩序之大难题日趋明瞭(不曰解决者,盖此难题或永无解决之日也)而已。群科合而成真理之完体;科科之相剂愈殷,则其价值愈峻。哲家石也(即Philosopher's Stone。——引者注),学典也,大学也,最近之科学会通也,其蕲响莫不在是矣。[171]

科学话语共同体通过科学分类最终建立了一种统一的、一贯的世界观或"真理之完体"。从信仰、心理、社会、生理到各种自然现象,从认识的主体到认识的对象,都被组织到具有分科特征的公理世界观之中。在这个公理世界观中,虽然也存在着某种人文、社会、自然的区别,但这种区别是极为含混的,因为这种区别并不属于"异质"的领域,而只是某种范畴上的差别,从而是可以通约的。更重要的是,如果借助于特定的范畴、方法和训练,我们就能够了解包括我们自身在内的世界,那么,我们自身也就被构思为客观世界的组成部分。在这个一贯世界观中,不存在纯粹的主观直觉。如果世界本身的发展存在着某种目的的话,科学的实践就是一种合目的的行为,一种提供意义的行为。正是在这里,科学的分类体

---

[170] 同上,页973。
[171] 同上,页974。

系为五四启蒙运动提供了思想基础,在这个运动中,东西方文化冲突问题最终被理解为中国文明与客观的规则之间的较量,文明冲突也因此被理解为知识冲突。按照霍克海默和阿多尔诺对康德的解释,启蒙的理性不过是意味着,它按照自己的一贯性将个别的知识汇集为体系。理性的规律就是概念等级建设的指针。从启蒙的意义看,思维形成统一的科学的秩序,并且从原理中推导出对事实的认识,从而可以按照意愿得出公理、先天的观念或极端的抽象。[172]我们将会看到,在1923年的"科学与人生观"的论战中,正是这种一贯世界观或启蒙世界观受到了挑战:玄学派要求的是进一步的分化,犹如欧洲现代思想对宗教一贯世界观所进行的分化与重建一样。值得注意的是:这个分化过程要求将信仰、道德、审美等价值和意义的领域从现代科学世界观的"真理之完体"中解放出来,从而从人文领域的自主性的方向上重新确认了科学共同体在确立自身的特殊地位时的预设,即科学与其他社会领域的严格区分。

---

[172] Max Horkheimer and Theodor W. Adorno, *Dialectic of Enlightenment* (New York: Seabury Press, 1972), pp. 81-82.

第十二章

作为科学话语共同体的新文化运动

> 现在世上是有两条道路：一条是向共和的科学的无神的光明道路；一条是向专制的迷信的神权的黑暗道路。
>
> ——陈独秀

第一节 "五四"启蒙运动的"态度的同一性"

"五四"时代对中国知识分子来说不啻是一个辉煌的梦想，一段不能忘怀的追忆。它意味着思想的自由，人性的解放，理性的复归，永恒正义的为时已晚却又匆匆而去的来临。如果"神话"这个概念表达了一种以令人神往的独特形式所展示的未来，并通过一种具体行动预示着这个未来的实现，那么，"五四"就是这样一种神话。然而，"神话"还有另一面的含义，即这是一个为后人所建构的历史形象，一旦我们历史地面对"五四"所代表的文化的和社会的取向，就会发现这其实是一个庞杂的、缺乏内在逻辑的思想洪流：各种思想的流派，如无政府主义、马克思主义、实验主义、工团主义、社会主义、自由主义、国家主义等等，各种学术的知识，如经济学、心理学、美学、社会学、政治学，以及各种自然科学等等，构成了一个心智上的解放时代。

然而,庞杂和缺乏内在逻辑能否构成"五四"作为一个思想时代的否证呢?我的回答是否定的。正像卡西尔在论述18世纪欧洲的启蒙运动时所表述的:"启蒙思想的真正性质,从它的最纯粹、最鲜明的形式上是看不清楚的","在这种形式中,启蒙思想被归纳为种种特殊的学说、公理和定理。因此,只有着眼于它的怀疑和追求、破坏和建设,才能搞清楚它的真正性质。这整个不断起伏的过程是不能分解为个别学说的单纯总和的。"[1] 欧洲启蒙运动试图摒弃17世纪形而上学的抽象演绎的方法,并将分析还原和理智重建的理性主义方法贯彻到各个知识领域之中,从而尽管启蒙运动内部存在着相互矛盾或各不相关的方面,但"理性"的方法论仍然构成了欧洲启蒙运动的历史同一性。"五四"新文化运动力图用各种各样的新知识来代替以天理为中心的儒学世界观,并将这一意识形态的斗争扩展到社会生活的各个领域。如果说用"方法论"这一概念无法充分地揭示"五四"新文化运动的历史特征的话,我认为用"态度的同一性"来描述这一运动是合适的。[2] 胡适在总结"五四"新文化运动时回顾说:"据我个人的观察,新思潮的根本意义只是一种新态度。这种新态度可叫做'评判的态度'……'重新估定一切价值'八个字,便是评判的态度的最好解释。"[3] 这种评判的态度表现为两种趋势:一方面是讨论社会、政治、宗教和文学的种种问题,如孔教问题、文学改革问题、国语统一问题、女子解放问题、贞操问题、礼教问题、教育改良问题、婚姻问题、父子问题、戏剧改良问题……等等;另一方面是介绍西洋的新思想、新学术、新文学、新信仰,如《新青年》的"易卜生号"、"马克思号",《民铎》的"现代思想号"、《新教育》的"杜威号",《建设》的"全民政治"的学理,以及北京

---

[1] 卡西尔:《启蒙哲学》,济南:山东人民出版社,1988,页5。
[2] 用"态度的同一性"这一概念来描述"五四"新文化运动的特征是我在拙文《预言与危机:中国现代思想中的"五四"启蒙运动》(原载《文学评论》1989年3—4期)提出的。关于这一概念的内涵和运用,参见拙著《无地彷徨:"五四"及其回声》,杭州:浙江文艺出版社,1994,页3—50。
[3] 胡适:《胡适文存》卷四,上海:亚东图书馆,页1022—1023。

的《晨报》、《国民公报》、《每周评论》，上海的《星期评论》、《时事新报》、《解放与改造》，广州的《民风周刊》等报刊杂志介绍的种种西方学说。胡适把这两种取向归纳为"研究问题"与"输入学理"。

将"评判的态度"贯彻到各种知识领域和社会生活领域，这表明"五四"新文化运动包含着一种内在的自觉，即试图用一种新的价值、公理重构天理世界观覆盖下的知识和生活领域。因此，尽管"五四"的"态度的同一性"并不能被归结为一种"方法论"，但"方法论"也确实是它的一个有力的意识形态武器。正如科学家共同体试图将科学的信仰和方法带入政治、经济、社会和文化的各个方面一样，"五四"新文化运动也是一个科学话语共同体的运动，即一个将科学的信念、方法和知识建构为"公理世界观"的努力。甚至那些从道德、审美和人生观领域质疑科学原理的普遍性的潮流也是这一公理世界观建构过程的必不可少的方面。"五四"新文化运动的主流派可以被视为一些以"科学家"自命的人文学者，他们的使命与那些用即物穷理的方法探知天理并力图在日常生活实践中践行此天理的理学家们有着某种家族相似性。在这个意义上，"五四"新文化运动在反理学的旗帜下展开的建构科学宇宙观的努力也可以被理解为创建"新理学"的尝试。让我们在"科学话语共同体"的范畴内观察"五四"新文化运动，以及这一运动与科学家共同体的话语实践和社会实践的互动关系。[4]

第二节　作为价值领域的科学领域

人的认识图景的不断改变是科学对社会和道德哲学立即产生影响的一个直接的结果。从17世纪起，欧洲就开始了道德的和哲学的思想科学

---

[4] 有关这一运动的内在矛盾及其自我解构这里不能详尽讨论，请参阅拙文《预言与危机：现代中国思想中的"五四"启蒙运动》。

化的一个持续不断的过程。在它的最极端的表现形式中,科学主义的潮流试图与宗教、传统知识和哲学完全决裂。它超越了认识的界限,并且它在号称科学的基础之上促使社会向乌托邦转变。[5]类似的情形同样发生在近代以来的中国,中国科学家群体和启蒙主义刊物典型地表现了这一趋势。科学家共同体与其他文化工作者一道建立了一个完整的科学分类谱系,自然界和社会的一切问题都被纳入这个谱系中加以解释。国家、社会和个人的权利及其关系在这个谱系中得到说明,世界运行的基本法则成为人们面对世界、并在世界中活动的基本依据和道德原则。在"五四"时代,《新青年》和它的代表人物陈独秀、胡适从不同的角度和方面加强了这个谱系的权威性和科学方法的普遍意义。值得注意的是,《新青年》以及它所代表的新文化运动体现了现代中国思想的持久的激情,它的最为重大的成果就是推进语言、文化和价值的改革,但这个运动与我们已经讨论过的科学共同体推动的实证知识的科学运动其实是同一个运动。他们共同开创或发展了一种现代语言,共同解构或重构了传统知识,共同建立了关于宇宙、世界、国家、社会、个人和伦理的新的图式。例如,为了捍卫新的文学主题和伦理原则,周作人开始引证霭理斯的科学著作《性心理学》为郁达夫的文学作品《沉沦》辩解。各种文本可以按照科学谱系的分类法加以分类,但它们都隶属于那个更高的谱系。这一方式隐含的判断就是宇宙和世界的最终的同一性,以及探讨世界的不同方面时的方法论的同一性。我把以《科学》月刊和《新青年》为代表的相互交叉的两个群体称之为"科学话语共同体"。他们用不同的方式共同创造了一种新的关于"人"和世界的知识。

讨论陈独秀和以《新青年》为中心的"新文化运动"的"科学"概念及其使用,必须特别地注意他们的社会角色与其使用方式之间的关系。在这一时期,中国出现了一个在传统社会中从未出现过的知识分子集团,他们通常聚集在当时的大学体制(大学可被视为准科学共同体)

---

[5] 参见 Joseph Ben-David, *The Scientist's Role in Society*, chapters 6-9 (Englewood Cliffs, N. J.: Prentice Hall, 1971).

中。由于科举制的废除,这批知识分子失去了进入中国政治体制的途径,而他们与西方文化的接触使之成为一个介于两种文化之间的特殊角色;他们在一个正在改变的社会中寻求与他们的兴趣一致的知识结构,并以此为依据进行其思想的和智力的活动。大学体制在现代社会发生了变化,一方面,在知识分子看来,大学是这个国家的自由智力活动的唯一体制化组织,也即是在一个古老的专制社会中享有自由和民主特权的先例,因此他们在这一体制中的活动本身对于社会而言具有明显的示范作用;另一方面,大学的这种地位和特权不过是北洋军事政权的恩赐,而不是一项自由事业的发展结果,但它也是民族国家体系形成之后任何一个统治者为加强自己的力量而不得不作出的让步或选择。因此这是一种建立在统治者的诺言基础之上的不稳定的地位,国家的统治者把大学和它的成员视为培养专门人才的场所,允许他们利用自己的地位追求纯学术和科学。知识分子既需要作为社会先知进行活动,又不能失去大学的自由特权,于是最适合的方式莫过于把他们的思想活动和社会宣传同时视为一种"科学的"活动,一种以科学原理为依据的自由探索。[6]这一时期发生在新文化运动与林琴南之间的斗争以及蔡元培利用大学特权而作出的回答,正恰如其分地揭示了大学体制和身处其中的新文化运动者的双重位置。

陈独秀及其同伴不是科学家,而是试图把科学适用于社会政治和伦理道德领域并进而提出其变革方案的启蒙者。作为刊物的编者和撰稿人,他们实际上是以思想先知的身份推进一种广泛的群众性的运动,用科学及其他西方价值观去召唤那些迷失于旧世界观中的国人,进而改造社会。这样一种先知与布道者的角色规定了他们的"科学观"的基本方面,了解这一点甚至比了解其"科学"概念的文字规定更为重要。

---

[6] 刘半农、钱玄同所演的著名的双簧戏(即王敬轩信及答复)引起社会反响之后,陈独秀立即以"讨论学理之自由,乃神圣自由也"加以保护。见《答崇拜王敬轩者》(1918年6月15),《新青年》4卷6号,页628。1919年3月陈独秀又有《关于北京大学的谣言》一文,也表明身处大学体制内的新文化人物的特殊处境。

1. 陈独秀：从实证主义到唯物主义

作为《新青年》的主编，"反传统"思想运动的领袖，陈独秀关注更多的是"科学"能提供给他多大的反叛的或革命的思想力量，而不是"科学"自身的特点。尽管如此，我们仍然可以从他的众多文章里发现其有关"科学"概念的简单但却明了的定义。从《新青年》创刊到他接受马克思主义并成为中国共产党的最早领导人，他的"科学"概念在基本的方面虽然没有变化，但无疑也存在重要的发展，即从孔德、穆勒的实证主义"科学观"转向唯物主义的"科学观"。

在著名的《敬告青年》一文中，"科学"一词与"实利"、"常识"、"理性"、"实证"相关联，其对立面则是"虚文"、"想像"、"武断"等字眼。特别值得注意的是，他把穆勒（J. S. Mill）的"功利主义"和孔德（A. Comte）的实验哲学同倭铿（R. Euken）和柏格森（H. L. Bergson）等为1923年"科学与人生观"论争中"玄学"一派推崇的生命哲学家相提并论，这一方面表明陈独秀对西方思想了解颇浅，另一方面却更证明了他的"科学"概念特别注重人的主观性。陈独秀认为倭铿和柏格森"虽不以现时物质文明为美备，咸揭櫫生活（英文曰 life，德文曰 Leben，法文曰 lavie）问题，为立言之的"，在这里，"生活神圣"的概念是与"厚生利用"的概念相通的，也即从功利的意义上把穆勒和孔德与倭铿和柏格森统一起来。

"生活"不仅意味着目的，而且还意味着一个经验过程，一个主观与客观相互关联的领域，从而以此为根据的"科学观"必然具有经验主义的色彩：

> 科学者何？吾人对于事物之概念，综合客观之现象，诉之主观之理性而不矛盾之谓也。想像者何？既超脱客观之现象，复抛弃主观之理性，凭空构造，有假定而无实证，不可以人间已有之智灵，明其理由，道其法则者也。……
>
> 凡此无常识之思惟，无理由之信仰，欲根治之，厥维科学。夫以

科学说明真理，事事求诸证实，较之想像武断之所为，其步度诚缓，然其步步皆踏实地，不若幻想突飞者之终无寸进也。宇宙间之事理无穷，科学领土内之膏腴待辟者，正自广阔。青年勉乎哉！[7]

陈独秀把科学理解为主客观的统一，而主观之理性实际上是指已有的经验知识。因此，他的科学概念推崇经验归纳。在天津南开学校的题为《近代西洋教育》的演讲中，他引述孔德的观点，把人类进化分为"宗教迷信时代"，"玄学幻想时代"和"科学实证时代"，认为欧美自18世纪起已渐从第二时代进步到第三时代，"一切政治、道德、教育、文学，无一不含着科学实证的精神"。他进而主张学校教育应以日常生活知识、技能和实地练习为主，这显然是《敬告青年》一文中的"生活"概念之两重含义（即实用与实践）的具体化。[8]在发表于1918年8月的《圣言与学术》一文中，陈独秀批判历代论家"多重圣言而轻比量"，所谓比量系因明学术语，乃取众象以求通则之谓，在陈独秀看来，这与西方"归纳论理之术，科学实证之法"相近，而与之相对的"重圣言"即"取其言以为演绎论法之前提，保无断论之陷于巨谬乎？"因此，他的结论是："今欲学术兴，真理明，归纳论理之术，科学实证之法，其必代圣教而兴欤。"[9]

即使到1923年，陈独秀仍然坚持孔德的三个时代的进化说是科学的定律，但作为唯物主义历史观的信徒，他已不是把"生活"而是把"物质"作为其实证基础，因为"生活"概念留有心物二元论的色彩。总括地看，陈独秀的历史唯物主义的"科学"概念包含下述几个方面的内容：第一，人类与自然界都是一种客观的物质，因而都为自然法则所支配，都可以找到客观因果关系。"宇宙间物质的生存与活动以外，世人多信有神灵为之主宰，以宗教之所以成立至今不坏也。然据天文学家之研究，诸星之相毁，相成，相维，相拒，皆有一定之因果法则。"因而诸如地质、生物、人类

---

[7] 陈独秀：《敬告青年》，《新青年》第1卷第1号，1915年9月15日，页5—6。
[8] 陈独秀：《近代西洋教育》，《新青年》第3卷第5号，1917年7月1日，页1—4。
[9] 陈独秀：《随感录·十九》，《新青年》第5卷第2号，1918年8月15日，页156。

等等皆可以找出其客观规律,"一无逃于科学的法则"。[10]第二,既然人类社会与自然界都受制于客观的因果法则,那么科学的、实证的方法就不仅适合于自然领域,而且普遍地适合于社会生活的一切领域,因此科学的方法是万能的。陈独秀承认现实的科学发展尚未能解决所有问题,但他确信科学所显示出的进化潜能对于一切"宇宙之谜"均可作出有效解答。[11]早在1915年,他把科学精神称为"现实主义","此精神磅礴无所不至,见之伦理道德者,为乐利主义;见之政治者,为最大多数幸福主义;见之哲学者,曰经验论,曰唯物论;见之宗教者,曰无神论;见之文学美术者,曰写实主义,曰自然主义";[12]到1923年,他把这种"现实主义"精神更明确地解释为"科学的观察、分类说明等方法",并认为自然科学的方法完全适用于社会生活,其根本点在于自然界和人类社会的现象都是客观的、"死板板的实际"。因此,陈独秀认为科学的特征是寻找纯客观的实际之因果关系,而彻底地否定人的主观作用(这与现代科学中的"假说"观念有重大分歧)。[13]第三,唯物史观是对一切社会现象的科学解说,其核心是经济对于制度、宗教、思想、政治、道德、文化、教育等上层建筑的决定作用;他以此分析了张君劢所称九项人生观,一一指出其不同的客观因果关系,进而否认个人主观的直觉的自由意志的作用。[14]

陈独秀的"科学"概念本身较之严复和同时期的胡适更为简单粗糙,几乎只是一组相关的信条。但这恰好揭示了陈独秀"科学"概念的本质:这是一种准宗教信仰,是在传统价值破毁之后重新思构宇宙、世界和社会的秩序及相互关系并赋予它们以意义的观念系统,陈独秀不仅在历史的

---

[10] 陈独秀:《科学与神圣》,见《独秀文存》页551页,安徽人民出版社,1987。类似的说法在《今日之教育方针》(1915年10月15日)、《人类真义》(1918年2月15日)中也可见到,在前文中他用"现实"的概念替换了"生活"的概念。
[11] 陈独秀:《答叶挺》(1917年2月1日),见《新青年》第2卷第6号,页4;《再论孔教问题》(1917年1月1日),见《新青年》第2卷第5号,页1—4。
[12] 《今日之教育方针》,《新青年》第1卷第2号,1915年10月15日,页3—4。
[13] 《科学与人生观序》,《新青年》(季刊)第2期,1923年12月20日,页31—36。
[14] 参见《科学与人生观序》和《答适之》(1923年12月9日),见《科学与人生观》,上海:亚东图书馆,1923。

意义上把科学与人权（后又称为民主）视为现代文明之舟车的"两轮"，而且明确"主张以科学代宗教"，声明"人类将来真实之信解行证，必以科学为正轨，一切宗教，皆在废弃之列"乃是他的"信仰"。[15]在《克林德碑》一文中，他以先知和教主的姿态说道：

> 现在世界上有两条道路：一条是向共和的科学的无神的光明道路；一条是向专制的迷信的神权的黑暗道路；我国民若是希望义和拳不再发生，讨厌像克林德碑这样可耻纪念物不再竖立，到底是向那条道路而行才好呢？[16]

实际上，《敬告青年》一文中所谈"科学"乃是其"新教六义"之一，其根本精神在于指导"新青年"建立新的信仰和人生观。正由于陈独秀关注的是人生总体的问题，他本人在方法上就不能不倾向于他自己肯定的"归纳"原则的另一方面即"演绎"，这在他写于1916年9月的文章《当代二大科学家之思想》中即有所流露，从而使他的"科学观"显现了西周之迷恋"统一观"、严复之醉心"群学"相近的某种特征：

> 英史家嘉莱尔（Carlyle）所造英雄崇拜伦，罗列众流，不及科学家，其重要原因盖有二焉：其一，前世纪之上半期，尚未脱十八世纪破坏精神，科学的精密之建设，犹未遑及，世人心目中所拟英雄之标准与今异也；其一，当时科学趋重局部与归纳，未若综合的演绎的学说足以击刺人心也。二十世纪科学家之自负，与夫时代之要求，与前异趣。诸种科学，蔚然深入。综合诸学之预言的大思想家，势将应时而出。社会组织，日益复杂。人生真相，日渐明了。一切建设，一切救济，所需于科学大家者，视破坏时代之仰望舍身济人之英雄为更迫切。[17]

---

[15] 陈独秀：《再论孔教问题》，《新青年》第2卷第5号，1917年1月1日，页1。
[16] 陈独秀：《克林德碑》，《新青年》第5卷第5号，1918年10月15日，页458。
[17] 陈独秀：《当代二大科学家之思想》，《新青年》第2卷第1号，1916年9月1日，页1。

这篇文章介绍了俄国生物学家梅特尼廓甫和热力学定律的倡导者阿斯特瓦尔特,但陈独秀的兴趣却更在于科学家的科学发现在"道德意见"、"幸福公式"和人类文明中的意义。

2. 科学概念与反传统运动

"科学"概念在陈独秀这里似乎已与理学"格致"概念脱尽了干系,至少在语词上是如此。但是,他对"科学"概念的使用却总是令人想起二者之间确曾存在的关联。倘若我们使用"相关性"这个概念来表述陈独秀的"科学"概念与理学的关系,那么这种"相关性"可以从反面的和正面的不同层次来描述。

从表面看,陈独秀的"科学"概念与儒学,特别是理学具有明显的"反相关性",即他的"科学"概念的内涵是在与儒学的对立和否定关系中展现出来的。实际上,从《敬告青年》一文起,陈独秀为"新青年"所规定的人生六义就是和他所理解的儒学精神相对称的,他所描述的现代文明图景和理想之未来也是和儒学支配下的传统世界相对称的。"五四"时代的"反传统"集中体现于反孔运动,而"反孔"的更真切的内涵是反对宋代以来的礼教,因此这一运动实际上是对宋明理学及其物质形态的全面反叛和冲击。当时的尊孔者中有人把三纲五常作为名教之大防,以为礼教乃孔门精义;但亦有人把原始孔教与宋以后之孔教加以区别,以为前者是"民间化之真孔教",后者是"君权化之伪孔教",三纲五常之说出于纬书,原始孔教与此不同。陈独秀的看法是:中国的孔教是一以贯之的思想体系,"三纲说不徒非宋儒所伪造,且应为孔教之根本教义","朱子不过沿用旧义,岂可独罪宋儒?"[18] 这说明陈独秀之反孔包含宋明理学,特别是以三纲五常为核心的礼教。

陈独秀和《新青年》的反孔运动实际上是整个时代的"反传统主义"和"偶像破坏运动"的同义语,因为"孔教"在概念上几乎和"传统"、"偶

---

[18] 陈独秀:《宪法与孔教》(1916年11月1日),见《新青年》第2卷第3号,页4。

像"等词没有差别。1916年8月孔教会头领陈焕章上书复会后的国会，要求定孔教为国教，康有为则在《时报》发表《康南海致北京政府书》（1916.9.20）提出"以孔教为大教，编入宪法，复祀孔子之拜跪"，"今中国不拜教主，岂非自认为无教之人乎？则甘认与生番野人等乎？"同年11月12日，参、众两院中赞成孔教为国教的一百多名议员在京成立国教维持会，通电吁请各省督军支持。一时间，"国教请愿运动"在全国掀起。在这样的背景下，陈独秀、吴虞、钱玄同、高一涵等人在《新青年》上发表了大量反孔论文，李大钊等人也在《甲寅》等其他刊物相互呼应。

反孔教运动可以说是《青年杂志》创刊初衷的自然发展。虽然反孔运动具有直接的政治含义，陈独秀等人也是以思想自由、信仰自由和民主政治的原则作为其主要依据，但是，这一运动的内容又不仅仅是政治性的，它涉及道德、伦理、个人的发展、家族制度、国家体制和人类未来等各个方面，其中伦理道德和信仰的合理性问题则是一个特别重要的方面。在《驳康有为致总统总理书》中，陈独秀声言"信教自由，已为近代政治之定则"，从而把孔教与帝制视为具有内在联系的两方面；同时他又以科学和科学家的名义，"指斥宗教之虚诞，况教主耶？"[19]在《宪法与孔教》一文中，陈独秀引人注目地指出："盖孔教问题不独关系宪法，且为吾人实际生活及伦理思想之根本问题也"，"孔教之精华曰礼教，为吾国伦理政治之根本"，从而明确地把孔教问题引向伦理和社会其他方面：

> 故今所讨论者，非孔教是否宗教问题，且非但孔教可否定入宪法问题，乃孔教是否适宜于民国教育精神之根本问题也。此根本问题，贯彻于吾国之伦理、政治、社会制度、日常生活者，至深且广，不得不急图解决者也。[20]

陈独秀的"解决方式"除民主政治原则外，就是"科学"的原则："增强自然

---

[19] 陈独秀：《驳康有为致总统总理书》，《新青年》第2卷第2号，1916年10月1日，页2、页3。
[20] 陈独秀：《宪法与孔教》，《新青年》第2卷第3号，页1、页2—3。

界之知识,为今日益世觉民之正轨。一切宗教,无裨治化,等诸偶像,吾人可大胆宣言者也。"[21]

在讨论孔教与现代生活的关系时,陈独秀灵活地运用了进化论、热力学定律和经济学等科学"定律"。他说:

> 宇宙间精神物质,无时不在变迁即进化之途。道德彝伦,又焉能外?"顺之者昌,逆之者亡",史例俱在,不可谓诬。此亦可以阿斯特瓦尔特之说证之;一种学说,一种生活状态,用之既久,其精力低行至于水平,非举其机械改善而更新之,未有不失其效力也。此"道与世更"之原理,非稽之古今中外而莫能破者乎?
>
> 现代生活,以经济为之命脉,而个人独立主义乃为经济学生产之大则,其影响遂及于伦理学。故现代伦理学上之个人人格独立,与经济学之个人财产独立,互相证明,其说遂至不可摇动;而社会风纪,物质文明,因此大进。中土儒者,以纲常立教。……适与个人独立之义相违。……[22]

正是以此为"科学"根据,陈独秀展开了他对现代政党、妇女参政、男女交往、夫妇父子关系、礼法异同、丧葬仪式……等从人伦日用到家国社会各方面的观点,从而阐明了"法律上之平等人权,伦理上之独立人格,学术上之破除迷信,思想自由"的现代价值观。[23]

正是在对孔教的批判过程中,陈独秀把"科学"不仅作为孔教的对立物,而且作为孔教的替代物加以肯定。发表于1917年元旦的《再论孔教问题》郑重地声明"科学"是现代的信仰,而孔教则是传统的因袭,两者所要解决的问题都是"信仰"问题,只是方式对立:

---

[21] 同上,页1。
[22] 陈独秀:《孔子之道与现代生活》(1916年12月1日),《新青年》第2卷第4号,页2、页3。
[23] 陈独秀:《袁世凯复活》(1916年12月1日),《新青年》第2卷第4号,页3。

余之信仰。人类将来真实之信解行证，必以科学为正轨，一切宗教，皆在废弃之列；……盖宇宙间之法则有二：一曰自然法，一曰人为法。自然法者，普遍的，永久的，必然的也，科学属之；人为法者，部分的，一时的，当然的也，宗教道德法律皆属之。……人类将来之进化，应随今日方始萌芽之科学，日渐发达，改正一切人为法则，使与自然法则有同等之效力，然后宇宙人生，真正契合。此非吾人最大最终之目的乎？或谓宇宙人生之秘密，非科学所可解，决疑解忧，厥惟宗教。余则以为科学之进步，前途尚远。……真能决疑，厥惟科学。故余主张以科学代宗教，开拓吾人真实之信仰，虽缓终达。……[24]

余辈对于科学之信仰，以为将来人类达于觉悟获享幸福必由之正轨，尤为吾国目前所急需，其应提倡尊重之也，当然在孔教、孔道及其他宗教哲学之上……[25]

上述引文无非证实：陈独秀的"科学"概念虽然完全指称现代自然科学和社会科学，但其使用范围却主要在伦理道德和信仰的领域，"科学"在此是作为建立合理的人生原则、社会秩序和信仰的有效武器而被运用的，其功能是"修身之根本"，而"修身"或称"伦理的觉悟"则是赢得民族和国家的富强的基本前提。"科学"在西方近代社会的发展得益于启蒙主义的认识论倾向，即把人与自然、人与社会的关系理解为"主体—客体"关系，从而在二者之间建立一种认识与被认识、征服与被征服、掌握与被掌握的关系；因此，在这个意义上，"科学"认识是人类主体对于客观世界的一种活动，正是在这种活动中，人类征服自然的技术和科学日益发达，人类自我控制的社会体制日益精密。但是陈独秀和《新青年》同人应用"科学"概念的主要目的却是改造人的主观精神活动，或者说是通过"科学"而达到对自己的精神状态的再认识，也即"科学"是人进行自我反思的工具，人类社会的进步则是这种自我反思的自

---

[24] 陈独秀：《再论孔教问题》，《新青年》第2卷第5号，1917年1月1日，页1。
[25] 同上，页3。

然结果。

于是,在"科学"概念的运用过程中,其功能却在无意之中接近了儒学"格致"概念,尽管从最直接的动机看"科学"概念是用来反儒学的。因此"科学"概念的现代运用与儒学"格致"概念的"相关性"不仅是负面的,而且是正面的,其基本表现是:一、这两个概念均被置于道德伦理领域中运用;二、这两个概念都包含了一种关于"格致正诚修齐治平"的内在逻辑指向,尽管这几个动词后面的宾词在内容上已十分不同;三、这两个概念都在不同程度上涉及人与物的关系,但最终却被还原到人与自身的关系之中;四、这两个概念都具有准宗教倾向,都作了一种关于世界无限完美的预设。这是一个耐人寻味的现象:"格致"概念在历史演变过程中逐步地摆脱理学的范畴体系,最终在与西学的接触中成为 natural philosophy 和 science 的述词,转化为一个崭新的概念。随着人们对 science 的认识日渐深入,"格致"这一留有儒学印记的概念被彻底地替换为"科学"概念,但是,这个新概念在运用中却不知不觉地呈现了"格致"概念在儒学范畴中的某些根本性特征,这表明了历史对于反叛者来说有着多大的制约力量。我们不应忘记:这种历史的延续恰恰发生在使用者决定与历史彻底决裂的时刻。

陈独秀的"科学"概念在其运用过程中呈现的上述特点是"五四"启蒙思想的独特表现,从而也可以视为这一时代启蒙思想运动的一般特征。在《新青年》创刊后不久发表的一系列文章里,陈独秀反复地阐述了两个相关的问题。第一是中国社会的问题同时也是中国人的问题,因此改造中国社会的问题也就是中国人的自我反省与更新的问题(改造国民性):

> 盖吾人自有史以讫一九一五年,于政治、于社会、于道德、于学术,所造之罪孽,所蒙之羞辱,虽倾江汉不可浣也。当此除旧布新之际,理应从头忏悔,改过自新。……吾人首当一新其心血,以新人格;以新国家;以新社会;以新家庭;以新民族;必迫民族更新,吾人之愿始偿,吾人始有与皙族周旋之价值,吾人始有食息此大地一隅之资

格……[26]

这样,社会改造这一存在于人(主体)与社会(客体)之间的实践活动,就被表述为人(主体)与自身(主体)之间的道德实践活动,家庭、国家、民族、社会这一多层结构的问题的解决也自然地被表达为人"从头忏悔,改过自新"进而"一新其心血,以新人格"的自然结果。

那么,依靠什么才能"一新其心血"呢?这也即与上述问题紧密相关的第二个问题。合乎逻辑的回答不是明之中叶传入的"西教西器",不是清之初期传入的"火器历法",不是清之中世的"制械练兵之术",不是清之末季的"富强之策"和"变法之术",不是民国初元的"民主共和"及其与"君主立宪"之讨论,而在于"吾人最后之觉悟"。"觉悟"这一概念虽然有其对象,即对什么觉悟,但基本方面是在人的主观(心性)活动的范畴之内。"觉悟"对于陈独秀而言包含两个基本层次,首先是"政治的觉悟",即对自身作为公民的自觉和对现代政治潮流(即由专制政治趋于自由政治,由个人政治趋于国民政治,由官僚政治趋于自治政治这一"进化公例")的认识,其核心是"多数国民能否对于政治,自觉其居于主人的主动的地位为唯一根本之条件";其次是"伦理的觉悟",而正是"伦理之觉悟"才是较之政治觉悟更为基本的"吾人最后觉悟之最后觉悟",其原因从西方说则"西洋之道德政治,乃以自由、平等、独立之说为大原",从中国说则"儒者三纲之说,为吾伦理政治之大原,共贯同条,莫可偏废",从而社会政治、经济、法律的变革必然以个人、家庭的伦理变革为前提。[27]当陈独秀把"科学"作为获得此种"性理之知"(伦理觉悟)并进而达于"治平"目标的手段时,其运用方式也就变成了"格物致知"式的思维模式了。实际上,"觉悟"概念的含义本身就意味着对人生的意义与目的、世界国家人民之间的相互关系和位置、人的行为准则等等的洞悉。[28]

---

[26] 陈独秀:《一九一六年》(1916年1月15日),《新青年》第1卷第5号,页2。
[27] 陈独秀:《吾人最后之觉悟》,《新青年》第1卷第6号,1916年2月15日,页1—4。
[28] 同上。

3. 启蒙主义的科学概念及其意义

陈独秀的"科学"概念及其运用方式对于那一时代的知识分子来说具有普遍意义,我在此只能举例加以说明。例证之一是李大钊,他于1917年2月4日的《甲寅》日刊发表《自然的伦理观与孔子》一文,呼应《新青年》的反孔运动,其立论方式是把"自然之真理"规定为伦理观之源泉,即把道德规定为"宇宙现象之一",从而伦理道德现象必然"循此自然法而自然的、因果的、机械的以渐次发生渐次进化"。按此逻辑,社会政治以道德伦理为基础,而道德伦理(性理)又以自然之理(物理)为依归,那么人的道德自觉和政治自觉也就必得以认识自然现象、获得知识(格物)为途径了。

另一个明确地把人生观问题与科学问题联结在一起的例子是学生辈的傅斯年,他在分析了诸种人生观之后,把自然科学的原理用于人生社会,就人生的性质——生物上的性质、心理学上的性质、社会学上的性质、未来福利及求得方法,与人生的效果(生活永存的道理)两方面断定人生真义。傅斯年的道德怀疑论无疑是以"科学"为其起点与归宿的。傅的文章把柏格森、倭铿与达尔文、孔德、斯宾塞一并归入"进化学派",那种把"进化"作为宇宙公理的精神显然贯穿其间。[29]值得注意的是,"五四"一代已经注意到柏格森的"直觉"概念与实证科学的分析归纳的区别,例如刘叔雅在《新青年》4卷2号的《柏格森之哲学》一文中,即把生物学等实证科学的功能限制在研究"有形之符号",而"求其得绝对之实在而非相对之知,置身其内而非由外察,直觉而非分析,超脱一切言辞翻译符号,则独有形而上学耳",柏格森之"直觉哲学"亦即"无取于符号"之形而上学。但是,即使如此,那一代人仍然普遍地把 intuition 作为一种科学方法论,把 creative evolution 理解为"进化论"这一"科学原理"的最新运用。这一点与1923年"科学与人生观"论战中的情况既有联系又有区

---

[29] 傅斯年:《人生问题发端》,《新潮》第1卷第1号,1919年1月1日,页5—17。

别。最后,我想举陈大齐《辟灵学》一文为例,该文针对"上海有人设坛扶乩,取乩书所得,汇刊成册,名曰《灵学丛志》,并设灵学会,以徒事灵学之普及"等现象,用现代心理学的成果揭示人的变态心理等自然现象。但这一"科学"运用的范例最终又被引入社会政治及伦理范畴:陈大齐把"灵学"主张同康有为不设虚君国终不治的主张加以类比,从而以类比方式否定了康有为的社会政治观点。[30]

倡导"科学"不是为消灭信仰,而为了改变信仰,这样的逻辑必然重新把"科学"纳入准宗教范畴之中。早在"五四"之前,深受严复、章太炎影响的鲁迅在写了一系列有关科学的文章之后,重新考虑迷信、宗教与科学的关系。在1908年发表的一篇未完成的论文中,他认为宗教迷信起源于人对自然的不可思议的虔敬之心和超越现世生活的向往,它是人类生存的必不可少的凭依,"非信无以立,宗教之作,不可已矣"。正是依赖于信仰和宗教,人类才获得了秩序和意义,"愿吾中国,则夙以普崇万物为文化本根,敬天礼地,实与法式,发育张大,整然不紊。覆载为之首,而次及于万汇,凡一切睿知义理之事与事国家族之制,无不据是以为始基焉。"因此他疾呼"伪士当去,迷信可存"。那么这种宗教迷信又怎样与科学相并存呢?他的结论是:"以科学为宗教",他先是借海克尔(E. H. Haeckel)《作为宗教和科学之间的纽带的一元论》一书中的观点,主张建立"一元论的宗教",别立"理性之神祠,以奉19世纪三位一体之真者。三位云何?诚善美也",而后又引尼采超人学说,认为它"虽云据科学为据,而宗教与幻想之臭味不脱,则其张主,特为易信仰,而非灭信仰昭然矣。"[31]这是迄今所见较早、也较明确地把"科学"同宗教相提并论的文章。尽管鲁迅、《新世纪》的作者和严复等人对"科学"的理解不尽相同,各自与传统思维方式的关联也判然有别,但由于面临相似的"秩序与意义的危机",从而他们对"科学"概念的使用也显示了某种相似的特征。

"五四"一代的功利主义和准宗教的科学观与其"科学"概念的伦理

---

[30] 陈大齐:《辟灵学》,《新青年》第4卷第5号,1918年5月15日,页370—385。
[31] 鲁迅:《破恶声论》,《鲁迅全集》第8卷,北京:人民文学出版社,1982,页27—29。

化、政治化的使用方式是完全一致的,但我们不能由此得出结论说那一代人完全不考虑或不理解那种为认识而认识的、以科学自身为目的的理想主义科学观。实际上,正是陈独秀本人首先提出了"勿尊圣"、"勿尊古"、"勿尊国"的"学术三戒",[32]要求"学术独立"。他说:

> 中国学术不发达之最大原因,莫如学者自身不知学术独立之神圣。譬如文学自有其独立之价值也,而文学家自身不承认之,必欲攀附六经,妄称"文以载道","代圣贤立言",以自贬抑。史学亦自有其独立之价值也,而史学家自身不承认之,必欲攀附《春秋》着眼大义名分,甘以史学为伦理学之附属品……医药拳技亦自有独立之价值也,……必欲攀附道术…方"与天地鬼神合德",方称"艺而近于道"。学者不自尊其所学,欲其发达,岂可得乎?[33]

前面已提及的傅斯年在题为《中国学术思想界之基本误谬》一文中批评中国学术不"以学为单位"(即以学为科之科学)而"以人为单位"(即学人而非学学之学),且"好谈致用,其结果乃至一无所用。"[34]这无疑表明学术价值的独立乃是知识分子现代意识觉醒的内容之一,不过,这种对学术与知识的独立价值的重视本身也有明显的"致用"倾向:对传统学术价值观念和传统学术态度的批判与否定。独立的宣言恰恰表述了一种反叛的姿态。然而,作为一种价值观,这种"学术独立"的观念在一定程度上仍然影响了部分知识分子的纯知识追求。

如果要对陈独秀和《新青年》群体的科学观进行基本的总结的话,那么,非常明显的是,必须把他们的科学观与"启蒙"的使命联系起来。陈独秀不仅试图按照现代科学史的模式来理解人类历史,而且也试图按照这种模式来改造历史。这种启蒙的世界观包含了一些基本的前提:

---

[32] 陈独秀:《随感录(一)》,《新青年》第4卷第4号,1918年4月15日,页341—342。
[33] 陈独秀:《随感录(十三)》,《新青年》第5卷第1号,1918年7月15日,页76。
[34] 傅斯年:《中国学术思想界之基本误谬》,《新青年》第4卷第4号,1918年4月15日,页328—336。

首先,科学是理解宇宙真理、并通达完美的世界的一种方式。与理学家们的看法不同,对于陈独秀来说,完美的世界并不存在于先验的宇宙秩序之中,而仅仅存在于通过科学的方式所进行和推动的历史进步之中。因此,"进步"的概念是和"觉悟"的概念联系在一起的,因为所谓觉悟即是按照科学的方式来理解世界,并把这种理解付诸行动。很显然,上述理解的前提是:建立科学进步的概念与历史发展的概念的内在关系,即知识与实践的统一性。换句话说,陈独秀的科学观是和休谟以后许多西方思想家的看法相悖的,这些思想家认为道德理论和国家理论的规范原理完全不能从经验科学的原理中推论出来。在这里,科学进步的概念是建立在经验论基础上的,完美不是通过某种预设,而是通过一系列的科学实践而获得的。

其次,觉悟的概念把科学与正确的信仰和知识联系在一起,从而将所有的宗教、哲学、道德和政治的见解和信仰视为偏见。它们所以是偏见是因为它们对世界的理解与现代科学史的模式如果不是相互冲突,也是完全无关。正是在这个意义上,科学与启蒙的关系凸现出来了:科学作为一种"求真"的认识方式改变了既往的偏见,科学作为一种"求真"的机制成为社会和国家组织的典范。因此,启蒙的含义在这里就是通过传播科学的知识,促使社会摆脱一切政治、道德、宗教的偏见,完成公共教育的任务,为社会和国家的体制化的变革提供知识上的和信仰上的支持。这样,科学的概念是和政治制度的完善化和人类道德的完善化的理念直接相关的,从而科学不仅是回答世界的经验问题,而且也要回答有关规范的问题。在对世界的规律的认识和对人的道德能力的认识这两个方面,并没有任何的冲突。上述推论的前提是:所有传统的知识,无论是道德的知识,还是宗教的知识,或是其他形式的知识,要么经过科学的再解释而成为科学的问题,要么就是作为虚假的问题予以消除。

第三,假定我们能够按照自然科学模式来促进人的道德进步,那么,这种道德的进步就不仅涉及个人的道德实践问题,而且要求在文明化的共同生活形式上的改变。因此,陈独秀说的是"以新人格"、"以新国家"、"以新社会"、"以新民族",等等。上述推论的前提是:文化或文明不能被安排在多元主义和相对主义的框架中来理解,而只能被置于普遍主义的进化法则中来理解,在这种普遍主义的法则中,文化的相对性丝毫不能改变进步的必然性和必要性。因此,科学及其标准不仅是西方的个别的标准,而且是普遍的人类精神。

第四,陈独秀等人并没有解释科学的认识方式如何转化为技术的进步,转化为经济的发展,转化为合理的社会组织,他关注的是通过什么样的精神活动来传播知识、推动文明的进步。因此,文明的进步表现为按照规律运行的认识过程,也表现为传播知识的实践。由于引入了孔德的三个时代的概念和达尔文主义的历史观,科学的认识进步在社会的发展上也展现为一种自然的演化过程。工业革命、共和制度和社会组织的有序化都不仅是一种认识论意义上的设计,而且是一种合乎自然规律的演化。这样,人的意志和主动的行为(推动文明进步的意愿)与历史的自然法则之间获得了一种统一性:人的有目的的行为是自然规律的自然展现。

上述诸要点揭示了启蒙的科学观的基本内涵。

第三节 作为科学领域的人文领域

1. 胡适的科学方法与现代人文学术

罗素关于科学家的看法对于我们分析陈独秀与胡适的区别颇有启示。他说:"显出科学家本色的,并不在他所信的事,而在乎他抱什么态度信它、为什么理由信它。科学家的信念不是武断信念,是尝试性的信念;它不依据权威、不依据直观,而建立在证据的基础上。"[35]胡适不仅把科学的理论视为假说,而且当他把科学观念应用于人生观领域时,他称

---

[35] 罗素:《西方哲学史》下册,商务印书馆,1976,页46。

这种所谓的"科学的人生观"为"建筑在二、三百年的科学常识之上的一个大假设"。[36]这种"假设"观念表明,较之陈独秀的教主姿态,胡适应用"科学"概念的方式更具科学家本色。

作为一位自居为科学家的人文学者,胡适深信经验科学的研究方法同样适用于人文对象,因此,对"科学方法"的普遍适用性的信念正是他自居于"人文科学家"角色的理由。实际上,胡适的"科学"概念几乎等同于"方法论"的概念:一切体现出实证、归纳、实验等近代科学方法特征的研究都被视为"科学"——从达尔文的进化论到赫胥黎的实证主义,从杜威的实用主义到墨子、程朱和清代的中国学术,正是由于把"科学"与"科学方法"相等同,胡适才会把墨子、朱熹和清代朴学大师视为"科学家"。

有证据表明,早在接受系统的西学训练之前,胡适已从中国传统内部熟悉了那种纯机械论的因果关系观点(范缜、司马光是其主要来源),[37]理学与中古道教的那种宇宙运动不息、无始无终、无为而无不为的自然主义天道观为他接受"进化"(天演)的观念提供了基础。[38]程朱理学的"即物穷理"、"学原于思"等命题使胡适注意方法的重要性,而"格物致知"说所包含的"大胆的疑古,小心的求证"的"严刻的理智态度"[39]正是日后他在实证主义和实用主义影响下提出"大胆假设,小心求证"的所谓"科学的方法"的传统基础。这同时意味着,胡适对"科学方法"的理解深刻地受制于中国的传统学术,特别是宋学的"格物致知"和朴学的训诂考据的方法论。因此,讨论胡适的"科学方法"的适当途径是把它置于赫胥黎、杜威等西学理论与传统学术的双重制约之中加以观察。

胡适对程朱"格物致知"说的理解揭示了他自己的方法论的两个主要特点:归纳与疑古。"他们把'格'字作'至'字解,朱子用'即'字,也是'到'的意思。'即物而穷其理'是自己去到事物上寻出物的道理来。这

---

[36] 胡适:《科学与人生观·序》,《胡适文存》二集卷二,上海:亚东图书馆,1924,页27。
[37] 详见胡适1906年发表于《旬报》上的小说《真如岛》。
[38] 《胡适的自传》(口述史),《胡适研究资料》,北京:十月文艺出版社,1989,页325。
[39] 胡适:《读梁漱溟先生的东西文化及其哲学》,《胡适文存》第2集卷2,上海:亚东图书馆,页81。

便是归纳的精神"。[40]值得注意的是,胡适并不孤立地看待"格物致知"的方法论,他实际上是把程朱理学的出现视为"现代的中国文艺复兴"的一环,"是属于'现代'(这个范畴)之内的"——胡适所说的"现代中国"的概念是指对中古宗教的反抗、对佛教和一切洋教的怀疑。在胡适看来,宋儒在《大学》中找到的具有归纳精神的"格物致知"的方法论恰恰是反叛宗教的怀疑主义的新方法和新逻辑,其性质等同于培根的"新工具"(novum organum)和笛卡尔的方法论(discourse on method)。既然程颐把"物"的范围扩展至宇宙万物,那么,"'致知在格物'是把你的知识延伸到极限,这便是科学了"。[41]在胡适看来,朱子本人便是一位科学家,其标志就是他对古籍的处理每每使用新方法,不拘旧说,多有创新,因此清代学术并不是反对朱熹和宋学,恰恰相反,近三百多年来的学者是承继了朱子治学精神的。[42]

但是,胡适对程朱理学的态度是复杂的,这首先来源于他对理学的二重性的认识:"理学"既是中古宗教的反抗,又是"禅宗道家道教儒教的混合产品",前者主要体现为"进学则在致知"的方法论,后者则体现为"涵养须用敬"的宗教态度。[43]由于朱子期待的"一旦豁然贯通"的境界与程颐所谓"物各付物,不役其知"的观点都是没有假设的被动观察,从而这种观察也不可能得到主体的经验验证,正是在这一意义上,胡适才一面在实证的立场上批判陆王心学的"反科学"本质,[44]一面对陆九渊、王阳明"致良知"说所包含的自动精神和独立意识加以肯定,并在一定程度上暗示这种主观性的学说与"大胆的假设"的现代科学方法具有相通之处:

程朱的格物论注重"即物而穷其理",是很有归纳精神的。可惜

---

[40] 胡适:《清代学者的治学方法》,《胡适文存》卷2,页208。(注:《胡适文存》凡未标明集数而仅标明卷数者,均为第1集)
[41] 《胡适的自传》(口述史),《胡适研究资料》,页325—326。
[42] 同上,页327。
[43] 胡适:《几个反理学的思想家》,《胡适文存》第3集卷2,页112—113。
[44] 胡适:《读梁漱溟先生的"东西文化及其哲学"》,《胡适文存》第2集卷2,页81。

他们存一种被动的态度，要想"不役其知"，以求那豁然贯通的最后一步。那一方面，陆王的学说主张真理即在心中，抬高个人的思想，用良知的标准来解脱"传注"的束缚。这种自动的精神，很可以补救程朱一派的被动的格物法。程朱的归纳手续，经过陆王一派的解放，是中国学术史的一大转机。[45]

胡适认为程朱一系由于没有认识的程序和科学的器械，因而不得不把"物"的范围从"自一身之中，至万物之理"缩小到"穷经，应事，尚论古人"三项，而陆王心学虽然认为"意所在之事谓之物"，"格物"即"格心"，但既然"心外无物"，那么这物的范围看似极小，却又大到无穷；加之"六经为我注脚"、"虽其言之出于孔子，不敢以为是也"的独立精神，陆王心学恰恰可以救正程朱的"支离破碎"。中国学术的"转机"正在程朱陆王的相互撞击之中，其标志就是清代学者用陆王的主动精神来改造朱子的"格物致知"的实证方法，从而形成"实证"与"假设"兼备的"朴学"方法。如果说宋儒的"格物致知"缺乏认识的程序和方法的话，那么清学的特点就在于为认识对象提供了"下手处"。

胡适把"朴实"分为四个大类，除训诂学未作英文对译外，其他三大类均用英文对译：文字学对译为 Philology，校勘学对译为 Textual Criticism，考订学对译为 Higher Criticism。综合地看，胡适所谓"清代学者的科学方法"包括下述四个方面：第一，研究古书时每立一种新见解必须有"物观的证据"（即实证法）；第二，所谓"证据"完全是"例证"，而"例证"就是举例为证；第三，举例作证是归纳的方法，举例不多即是类推（analogy）的证法，举例多了便是正常的归纳法（induction）（二者无性质之别，只有程度不同）；第四，"朴学"的归纳不是"不役其知"的被动格物，而是以假设作前提的，因为举例作证之前已有了某种在观察了一些个例之后假设的通则，然后用这通则所包含的例来证同类的例。在这一意义上，这种以个例证个例的方法本质上是把这些个例所代表的通则演绎出来，因此

---

[45] 胡适：《清代学者的治学方法》，《胡适文存》卷2，页215—216。

"朴学"方法是归纳与演绎并用的科学方法。[46]上述各点可被归纳为两句话:"(1)大胆的假设,(2)小心的求证。假设不大胆,不能有新发明。证据不充足,不能使人信仰"。[47]

现在我们可以把胡适对杜威的"五步法"的解释与上述朴学方法加以对比。杜威哲学的基本观念是:经验即是生活,生活即是应付环境,知识思想是人生应付环境的工具。据此,他把思想的过程分为五步:"(一)疑难的境地;(二)指定疑难之点究竟在什么地方;(三)假定种种解决疑难的方法;(四)把每种假定所涵的结果,一一想出来,看哪一个假定能够解决这个困难;(五)证实这解决使人信用;或证明这种解决的谬误,使人不信用。"[48]杜威的"五步法"的特点是:第一,思想起源于实际生活的困境,也即起源于运用又终于运用,思想的过程也是经验知识的积累过程,是过往经验的运用过程;第二,思想的作用包括归纳与演绎两种基本方法,"五步法"中第一步到第三步偏向归纳法,第三步到第五步则偏向演绎法;第三,"五步法"中最重要的是第三步即提出假设,它是承接归纳与演绎的关键;第四,假设的观念是与实验的态度紧密联系的,因为假设必须用它的实践效果来证明。杜威一再强调"真正的哲学必须抛弃从前种种玩意儿的'哲学家的问题',必须变成解决'人的问题'的方法",[49]因而"五步法"在本质上是一种生活实践的方法。胡适把这"五步法"归纳为三步:"(一)从具体的事实和境地下手;(二)一切学说理想,一切知识都是待证的假设,并非天经地义;(三)一切学说和理想都须用实行来试验过,实验是真理的唯一试金石",[50]他进而把这三步同清代学术方法一样归结为"大胆的假设,小心的求证"。足见胡适认为朴学的训诂、考据与杜威的"五步法"在方法上是一致的。

在把朴学与实验科学相比时,胡适认为"尊重事实,尊重证据"的科

---

[46] 胡适:《清代学者的治学方法》,《胡适文存》卷2,页220—221。
[47] 同上,页242。
[48] 胡适:《实验主义》,《胡适文存》卷2,页120。
[49] 同上,页116。
[50] 胡适:《杜威先生与中国》,《胡适文存》卷2,页201。

第十二章 作为科学话语共同体的新文化运动

学方法在应用中也可被表述为"大胆的假设,小心的求证"。[51]这一转义实际上是为论证二者的本质一致性作理论依据。据此他得出结论说:西方近代科学与朴学都是这一方法的结果:

> 顾炎武、阎若璩的方法,同葛利略(Galileo)、牛敦(Newton)的方法是一样的:他们都能把他们的学说建筑在证据之上。戴震、钱大昕的方法,同达尔文(Darwin)、柏司德(Pasteur)的方法,也是一样的:他们都能大胆的假设,小心的求证。[52]

正是基于这一判断,胡适对杜威的"五步法"的解释"朴学化"了。他举的例子是毕沅、王念孙对《墨子·小取篇》"举也物"一句中"也"字的不同解释。

胡适对杜威"五步法"的"朴学化"解释并不能掩盖两者之间的差别,相反,当他力图用现代科学方法的术语解释朴学方法时,恰恰表明了他自己的科学方法的真正性质。就杜威的"五步法"与朴学方法的比较而言,起码有下述几方面应予注意:

第一,尽管胡适赋予朴学方法以"假设"的方法论特征,但他在此曲解了"假设"的真正含义。胡适把"大胆的假设,小心的求证"说成是"尊重事实,尊重证据"的"应用化表述",这本身就很勉强。如果说"实证"即"拿证据来"是胡适科学方法的中心概念,那么杜威的"五步法"的中心概念则是"假设"。胡适从赫胥黎的实证主义中看到了证据对于宗教信仰的冲击,他深信反宗教的科学在本质上应当是由"确凿事实"业经证明的知识,科学的诚实性要求放弃一切未经证明的东西。以证据为中心概念的怀疑主义深信任何一个表达了"确凿事实"的单个命题可以证伪一个普遍的理论,严格的逻辑演绎只能使我们推导(传导真理),而不能证明(确立真理),因此,对证据的强调也包含了对"归纳逻辑"的无条件信任。

---

[51] 胡适:《治学的方法与材料》,《胡适文存》第3集卷2,页188。
[52] 同上。

但是,"假设"概念实际上回避了知识即表达了"确凿事实"的"事实命题"这一判断,而把它作为一种应付问题的手段,其检验标准不是证据,而是效用,这样真理也就是有用的假设,既然"有用"总是特定条件下的"有用",因而"真理也随时改变",[53]真理是人造的、有效的、可证伪的、不确定的假设。假设这一概念含有对"事实命题"的确实性的怀疑。尽管胡适在介绍实用主义真理观时对此持理解与赞成态度,并一再加以宣传,但一旦进入方法论领域他立即站在传统经验论的立场,把证据而不是效用作为真理的唯一验证。对证据有限性的考虑没有导致下述结论:"在非常一般的条件下,不论证据是什么,一切理论的概率都是零;一切理论,不仅是同样无法证明的,而且是同样无概率可言的。"[54]因此,胡适从未达到对证据和举证方式的怀疑这一认识。在《五十年来之世界哲学》中,胡适把赫胥黎、克里福(William K. Clifford,1845—1879)的实证的怀疑主义与詹姆士对实证的怀疑加以对比(后者是实用主义假设观念的应用),他显然不能容忍这种"假设"观念的意志主义色彩和宗教气息,进而指责詹姆士的宗教态度是一种"赌博的态度"。[55]由于在抽象的理论上胡适完全信仰实用主义,因此他试图使用"假设"的概念来解释"朴学"的举证过程,但这种解释只是证明了胡适自己对"假设"的理解罢了:

> 汉学家的长处就在他们有假设通则的能力。因为有假设的能力,又能处处求证据来证实假设的是非,所以汉学家的训诂有科学的价值。[56]

这里的所谓假设通则其实只是"举例"法的一种补充。"假设的用处就是能使归纳法实用时格外经济,格外省力"。[57]

---

[53] 胡适:《实验主义》,《胡适文存》卷2,页98—102。
[54] 伊·拉卡托斯:《科学研究纲领方法论》,上海译文出版社,1987,页16。
[55] 胡适:《五十年来之世界哲学》,《胡适文存》第2集卷2,页250—257。
[56] 胡适:《清代学者的治学方法》,《胡适文存》第3集卷2,页188。
[57] 同上,页230。

其次，胡适把"归纳法的真义"理解为"举例"已经大大简化了归纳的复杂过程，而他把演绎视为以个例证个例的过程中暗含的通则作用表明他不理解科学的抽象。胡适意识到"举例法"无法穷尽例证，因此指出了假设通则的必要性，"有了这个假设的通则，若再遇着同类的例，便把已有的假设去解释他们，看他能否把所有同类的例都解释的满意。这就是演绎的方法了。"[58]朴学中的考据方法是鉴别古代文字的读音、字义和古代书籍之著作、文句的真伪，其作用是订正事实，不是研究理论，是鉴定事实的真伪，不是发现事实的因果法则，其中搜求事实、求出共相、分类排列等等虽然与近代实验科学有相通之处，但朴学显然没有发展出一套以概念来检验概念的理论体系。胡适在许多文章中曾多次谈到演绎的重要性，他说："弥尔和倍根都把演绎法看得太轻了，以为只有归纳法是科学方法。近来的科学家和哲学家渐渐的懂得假设和证验都是科学方法所不可少的主要分子，渐渐的明白科学方法不单是归纳法，是演绎和归纳互相为用的，忽而归纳，忽而演绎，忽而又归纳；时而由个体事物到全称的通则，时而由全称的假设到个体的事实，都是不可少的"。[59]但是，这种来自西方科学理论的观点一旦还原到具体的操作程序，胡适就表现出了中国学术传统——从"格物致知"的朱子学到清代学者的治学方法——注重经验实证和归纳的倾向。正如已有学者论证的：这既体现在胡适常常以历史考证来说明假设的提出和验证，而且还体现在他忽视"运用数学方法进行严密的论证推导"。[60]因此，尽管胡适在理论上较严复更重视演绎的作用，但并不真正理解演绎的意义。胡适对证据与归纳的偏重来源于"朴学"传统，又因赫胥黎的怀疑主义而加强。赫胥黎对证据与事实的注重是直接针对宗教神学的演绎体系的，面对一切迷信，一切传说，他的实证主义的根本原则就是"拿证据来"。胡适在"重估一切价值"的

---

[58] 同上。
[59] 胡适：《清代学者的治学方法》，《胡适文存》第3集卷2，页206。
[60] 王鉴平、胡伟希：《传播与超越》，学林出版社，1989，页120。该书对实证主义在中国的影响作了详细的分析。就笔者所见，现代思想家中对数学在科学方法中的作用作过深入论述的是李石岑，见《李石岑论文集》第1辑，商务印书馆，1924。

潮流中使用"实证"原则,也自然地把演绎视为传统神学信仰的方式:"一般人并不需要什么细密的逻辑。这些形式化的推理只有在一个信仰系统受到攻击、推翻至无可立足的情况下,才派得上用场",[61]"两千年来西洋的'法式的论理学'(Formal Logic)单教人牢记AEIO等等法式和求同求异等等细则,都不是训练思想力的正当方法"。[62]他始终强调"真切的经验"与"假设"的关系,[63]不了解现代科学中的初始的假设已变得越来越抽象,演绎性越来越强,许多科学定理是无法用经验加以验证的。

第三,对实证与归纳过于倚重构成胡适所总结的"朴学"方法与杜威"五步法"和近代科学的区别,在一定程度上,这种区别来源于这两种方法体系所应用的不同对象——实际上,无论是"朴学"还是胡适本人的方法论都着眼于文史训诂领域,都具有历史学方法论的特点。胡适对清学的对象及其局限虽有明确的分析,但对自己所设计的方法论的适用范围却未加以谨慎的限定。因此,他对清学的批评的某些内容对他本人是同样适用的。1928年9月,胡适发表《治学的方法与材料》一文,检讨从梅鸶的《古文尚书考异》到顾颉刚的《古史辨》,从陈第陈第的《毛诗古音考》到章炳麟的《文始》,指出这些研究"方法虽是科学的,材料却始终是文字的",并以此说明中西科学在近三百年中走过的完全不同的道路。这一总结不仅针对"朴学",而且涉及"五四"以来的"整理国故"运动,就胡适而言显然有自我反省的意味。胡适终于发现,研究对象不仅"规定了学术的范围,材料可以大大地影响方法的本身"[64]:文史考证只能搜求材料,却不能捏造材料,只能尊重证据,却不能创造证据,因而也就不可能达到近代科学的基本方法即实验方法或称创造证据的方法。胡适把实验的方法视为"自由产生材料的考证方法",即创造出原先不存在的条件以证明假设的方法。西方学者从自然界的实物下手,造成了工业文明,而"我

---

[61]　《胡适哲学思想资料选》(下),页108。
[62]　胡适:《实验主义》,《胡适文存》卷2,页126—127。
[63]　同上。
[64]　胡适:《治学的方法与材料》,《胡适文存》第3集卷2,页197。

第十二章　作为科学话语共同体的新文化运动　　　　　　　　　　1233

们的考证学的方法虽然精密,只因为始终不接近实物的材料,只因为始终不曾走上实验的大路上去,所以我们的三百年最高的成绩终不过几部古书的整理。"[65] 可以肯定的是,作为对自己尊重的"科学方法"的一种批评,对"实验方法"的推崇明显地含有对于学术的社会效用的关注。就杜威的"五步法"与"朴学"方法而言,"实验方法"正是前者独有,而后者全无的,很可能正是意识到这一点,胡适才在《几个反理学的思想家》中特别举出颜元,因为颜元把"格物"之"格"理解为"手格猛兽之格",即"犯手去做"。在胡适看来,颜元所谓"心中醒,口中说,纸上作,不从身上习过,皆无用也"的主张正是"颜李学派的实习主义(Pragmatism)"。[66] 这种补充论证可以视为一种对传统学术方法进行现代化释义的努力。

清代学术方法与杜威的"五步法"都被胡适归结为"大胆的假设,小心的求证"的"科学方法",但上述比较说明两者有微妙而又重要的区别:一、前者重实证和断定真伪,后者重假设和实际效果;二、前者重归纳,后者重演绎;三、前者重搜求,后者重创造亦即实验。这种各有侧重不是绝对的,但无疑又是明显的。胡适通过中国的学术方法来接近和理解西方科学方法,同时也把西方学术方法"朴学化"了。我不是从胡适对实用主义理论的直接介绍来理解其"科学观",而是从他对具体科学方法的解释来理解其"科学观",这是基于以下判断:胡适对西方科学方法的中国化的解释和对中国学术方法的现代化释义才真正揭示了他的"科学方法"的独特性质。必须说明的是,上述分析主要着眼于操作程序,并不能完整地说明胡适的"科学方法"。除了实证与假设的具体操作之外,胡适的方法论特别注重"历史的方法——祖孙的方法",即寻找一个制度或学说的前因后果,指出其历史背景,了解其历史地位,并根据其在历史过程中的结果来评判其价值。[67] 关于胡适的"历史方法"所包括的"明变"与"求因"两个环节及其与进化论的关系,关于这一方法所包含的"因果关

---

[65] 胡适:《治学的方法与材料》,《胡适文存》第3集卷2,页201。
[66] 胡适:《几个反理学的思想家》,《胡适文存》第3集卷2,页133。梁启超《中国近三百年学术史》亦直称颜李为"实证实用主义",认为其精神纯为"现代的"。
[67] 胡适:《杜威先生与中国》,《胡适文存》卷2,页200—201。

系"的理解及其局限,已有学者详加讨论,兹不赘。不过可以肯定的是,这种"历史的态度(the genetic method)"一旦进入操作程序,仍然会被纳入到前述的几种方法之中。

科学方法对于实验主义信徒胡适来说具有根本性的意义,因为胡适不仅把实验主义看作是"科学方法在哲学上的运用",而且认为它本身就是一种方法论或工具论,[68]其功能就是用实际的效果来规定事物(objects)、观念(ideas)和信仰(定理圣教量之类)的意义。实用主义作为一个完整的体系包括本体论、伦理观、真理论、实在论等等,胡适所以直称其为方法论是由于实用主义重新解释了"经验"概念。杜威认为世界的本原是"纯粹经验"或"原始经验",这种"经验"是"人和环境相互作用的统一体"。这种"经验"与"自然"的统一把自然界"统一"于人的主观经验之中,这样一来,一方面实在(reality)成为人类制造之中的和改造过的实在,经验成为第一源泉,另一方面,知识的对象就不是思维的出发点,而是思维的终结,是思维的探索和试验过程本身所产生的东西。据此,胡适认为"经验全是一种'应付的行为';思想知识就是应付未来的重要工具",[69]如同杜威所说:"认识就是行动",而不是消极的直观的记录事实,"所有概念、学说、系统,……都必须被视为假设……都是工具……它们的价值不在于它们自身,而在于它们所造成的结果中显现出来的功效"。[70]按此逻辑,经验等于应付的行为,而认识也是行为,于是知与行是完全统一的。作为认识方法的"五步法"既是认识的程序,也是行为的程序,甚至可以说它揭示了经验的结构。因此,胡适把实验主义完全作为方法论或工具论正是基于"知行合一"的"经验"概念,而"知行合一"恰恰是中国传统思想中的一个重要命题:胡适深好的墨子不仅有过"取实予名"的看法,而且它所谓"三表"("三法")是指判断言论的是非真伪必须根据圣王的历史经验("上本之于古者圣王之事")、百姓的直接经验("下原察

---

[68] 胡适:《五十年来之世界哲学》,《胡适文存》第2集卷2,页257—258。
[69] 同上,页262。
[70] 杜威:《哲学的改造》,北京:商务印书馆,1962,页78、85。

百姓耳目之实")和实际的政治效果("发以为刑政,观其中国家百姓人民之利");[71]至于朱熹的"知行常相须",王阳明的"以知为行"、"知行互含"、"知而必行"的"知行合一"说,都在一定程度上体现了"知行功夫、本不可离"[72]的思想。我们据此可以假设:胡适把实验主义理解为方法论既有其实验主义理论内部的根据,亦有中国的传统思想方式作为其认识的"前结构"。

2. 科学方法与人文科学家的社会角色

在讨论了胡适的"科学方法"的特点与性质之后,我们可以进一步研究和观察这种"科学方法"对于胡适的多重社会角色的意义。在我看来,不是胡适的多重社会角色规定了他的科学方法的性质,而是他的科学方法的性质决定了他的社会角色。对于胡适来说,科学的要义并不在于具体的技术存在,也不在于专门的科学研究对象,相反,科学的核心在于它的方法,这种方法与具体的科学的关系,类似于数学与各具体科学的关系。换言之,科学表现为它的元方法论,它可以被理解为一种形而上学。这种元方法论具有把一切事物对象化并植入稳定的秩序之中的本能。历史、语言、文学、思想和社会在科学的方法论视野中普遍地具有它们的对象性。这种对象性可以转化为具体学科领域的安排,从而被置于认知者(主体)与认知对象(客体)的单一的关系之中。语言、历史、文学、思想、社会等等因此而被组织成为具有"对象性"的领域。胡适的多重"身份"也因此可以被看作他的科学方法的具体的"展现方式"。

首先,胡适并不是严格意义上的科学家,而是按科学家的模式来修正自己的行为的人文学者。由于他把科学的本质理解为"科学方法"的应用,并通过严密的论证把中国传统学术方法(主要是"格物致知"的归纳法与朴学的训诂学、考据学方法)视为与西方近代科学方法性质相同的

---

[71]《墨子·兼爱下》。
[72] 王阳明:《传习录·答顾东桥书》。

"科学方法论",从而也就为他的人文研究规定了"科学"的性质。他把历史、文学、语言学等等人文领域视为经验的实在学科,并把哲学探索看作是经验科学研究的一种方法。人文学科在本质上不仅是美学的和道德教育的工具,而且是与经验科学性质一致的科学,甚至在一定意义上被作为经验研究的模型。约瑟夫·本-戴维曾把这种现象称为"人文学科的自我指认"(按自我指认即以理想中的某人或某物自居的心理)。作为在与经验科学无关的领域利用"科学"的威望的倾向,这种"人文学科的自我指认"涉及两个基本预设:1.科学的方法是普遍有效的方法;2.人文领域与自然现象没有本质上的界限,因而它完全可以同后者一样被加以研究。胡适不止一次地宣称:

> 我这几年做的讲学的文章,范围好像很杂乱,目的却很简单。我的唯一目的是注重学问思想的方法。故这些文章,无论是讲实验主义,是考证小说,是研究一个字的文法,都可说是方法论的文章。[73]

胡适不仅把"整理国故"的工作视为"大胆假设,小心求证"的"科学方法论"的运用,并以传播科学精神和科学法则为基本目的,而且他甚至把他的新诗创作也看作是一种科学实验:不管最初的动机如何,胡适的《尝试集》的题名与实验主义确有相关性,他把这本诗集作为"文学的实验主义"的理论假设的一种论证。[74]在讨论科学家共同体的语言实践时,我讨论过胡适及其同伴对中国语言的改造实践。在这里需要补充的是,胡适的文学实践是他的语言实践的一个部分。文学和语言首先被确定为一种特殊的对象,从而被安排在科学的秩序之中。胡适从语言问题转入文学问题是极为自然的,因为语言学内在地要求根据语法、词源学、文体学、音韵学和诗学去设想所需研究的语言,而胡适的诗歌创作实践是有关"白话能否成为诗歌语言?"这一语言学课题的研究

---

[73] 胡适:《自序》,《胡适文存》第3集。
[74] 《胡适研究资料》,页244。

的一部分。胡适的文学课题的别的部分则是根据有关学科的构想，借助于图书馆和资料的收集来详尽地研究文本的真伪、作者的家世及其与文学片断的关系。[75]胡适和整个新红学派的《红楼梦》研究的确实践了他们对科学方法的理解，这样的文学研究与其他科学的行动方式没有根本的区别。"一门这样操作的科学必然错过语言和文学创作的特有的和基本的东西。它使它们脱离开它们特有的世界，以便使它们成为它研究的对象。"[76]

按照胡适的逻辑，科学方法是一种普遍的、唯一有效的方法，任何问题都需要通过特定的方法的或技术的程序来展现它们的真相，因此，人在道德、审美等领域的自主性就不过是科学的对象之一。其结果，胡适不仅是倡导科学方法的启蒙宣传家，而且他也躬行实践，成为在语言、文学、历史和哲学领域进行探索的科学家。这种以科学家自居的人文学者身份具有双重效用：

其一，他把他的"反传统的"直接动机隐藏在"科学研究与实验"的旗帜下，从而以"科学"的名义宣判"一切成见"的死刑，公布"新思想"的价值。胡适这样谈论"整理国故"的含义："用评判的态度，科学的精神，去做一番整理国故的功夫"，"从乱七八糟里面寻出一个条理脉络来；从无头无脑里面寻出一个前因后果来；从胡说谬解里面寻出一个真意义来；从武断迷信里面寻出一个真价值来"，"各家都还他一个本来真面目，各家都还他一个真价值"；[77]又说："用精密的方法考出古文化的真相，用明白晓畅的文字报告出来，叫有眼的都可以看见，有脑筋的都可以明白，这是化黑暗为光明，化神奇为臭腐，化玄妙为平常，化神圣为凡庸，这才是重

---

[75] 海德格尔的下述看法对我们理解胡适的文学和语言研究的意义是有帮助的。海德格尔说："语言学使各民族的文学成为解释的对象。文学的书面的东西总是语言表达的东西。当语言学研究语言时，它对它的加工是按照对象的方面，这些方面由语法、词源学、比较语言史、文体学和诗学所确定的。"引自冈特·绍伊博尔德：《海德格尔分析新时代的科技》，第190页，宋祖良译，中国社会科学出版社，1993。

[76] 冈特·绍伊博尔德：《海德格尔分析新时代的科技》，第190页。

[77] 胡适：《新思潮的意义》，《胡适文存》卷4，页162—163。

新估计一切价值。他的功用可以解放人心,可以保护人们不受鬼怪迷惑。"[78]于是,"捉妖"、"打鬼"的"反传统"动机在这里被表述为"科学研究"的自然结果,是"历史真相"的客观展现。在胡适的史学方式和史学观念中,"条理脉络"、"前因后果"和"真意义"是科学方法的自然展现,它的主要特点是历史学的史源学考证。这也是他把科学方法与朴学传统相关联的主要理由。在他那里,史源学考证指的是原始资料的发现、整理、确证、利用、解释和保管的整个过程。他也把这个方法叫做谱系学(祖孙的方法)的方法。"祖孙的方法"把历史建构成为对象,也就把"过去"稳定为"消失的东西",同时也是有因果联系的东西。[79]

其二,他为科学研究建立了独立的价值准则,而这种"为真理而求真理"的价值立场又为以学术为职业的人文学者提供了职业依据。1919年8月,胡适在回答毛子水的文章中坚决反对把"整理国故"视为"应时势之需",因为那样"便是古人'通经而致治平'的梦想了",[80]他主张"用科学的研究法去做国故的研究,不当先存一个'有用无用'的成见",因为"做学问不当先存这个狭义的功利观念。做学问的人当看自己性之所近,拣选所要做的学问,拣定之后,当存一个'为真理而求真理'的态度。研究学术史的人更当用'为真理而求真理'的标准去批评各家的学术。学问是平等的。发明一个字的古义,与发现一颗恒星,都是一大功绩。"[81]在胡适的这段话里,我们感受到一个在大学体制中承担与自然科学研究

---

[78] 胡适:《整理国故与打鬼》,《胡适文存》第3集卷2,页211—212。
[79] 海德格尔的看法是,历史学的设想必然要求史源学考试作为"原始资料发现、整理、确证、充分利用、保管和解释等的全部过程。"绍伊博尔德解释说,在历史研究中,原始资料的存在只有在下列情况中才能对解释来说是可使用的,即当原始资料本身在历史解释的基础上得到确证。……通过这一方式,可以被看作历史文献的东西可能性,一般说来可以被看作"历史"的东西的可能性,都在科学上内在地被限定了。因此,历史学日益成为内在的、自身循环的活动。通过这样的活动,"恰恰确保了操作对存在者的优先地位。"冈特·绍伊博尔德:《海德格尔分析新时代的科技》,第183页,宋祖良译,中国社会科学出版社,1993。
[80] 胡适:《论国故学》,《胡适文存》第3集卷2,页286—287。
[81] 同上。

者相似职业的人文学者的内心压力：他必须赋予自己的没有直接效用的工作以与实验科学相似的价值。但更重要的是，他试图说明自己所做所为的"最终意义"——如同韦伯所说：只要涉及真正的"最终问题"，对于我们来说，目的恰恰不是既定的。胡适以极其矛盾的态度，试图把"知识价值"作为最终意义，以平衡特定历史情境对"科学"提出的功利要求。科学的动机与目的被还原到自身，这就对从事科学的人的诚实性提出了要求：以崇敬的心情把他们的自由激情转化为对对象的不带偏见的解释。然而，胡适没有意识到，科学研究的独立价值的前提，是按照科学方法的要求首先把自己建构成为科学认识过程的"主体"，而这个"主体"只是在他与他的对象的关系中才能确认。因此，"职业化的科学研究"是胡适信奉的科学方法在历史中的展现方式之一，其特征是在特定的情境中消灭人的生存的多义性，使他的活动获得明确的方向。

其次，对于胡适这样一位对社会政治抱有同学术研究一样兴趣的自由主义者来说，经验科学象征着一个尚未达到又不断被改进的目标：创建一种新的社会秩序及其调节机制，使事物能够通过理智的和客观的程序逐步得到改善，而不必用暴力或革命来改造社会。"科学"及其"研究方法"因此而成为胡适的政治哲学的依据，这表明：自居于科学家的自由主义者的角色建基于下述信念，即用对待具体的自然科学问题的实验方法来解决具体的社会问题是完全自然的，是无需论证而不证自明的。换句话说，在用科学方法研究社会之前，这种方法已经内在地把社会建构为一个对象，这个对象的形态只能在科学的方法和程序中才能展现出来。"社会"在这里也是科学及其方法论的自然的延伸。正是在这样的前提下，我们才能理解，为什么在"问题与主义"的论战中，自由主义者胡适不是以"自由主义"的政治构想与"马克思主义"或其他特指的"主义"论争，而是以他的"科学方法"为论战的武器。不是"主义"与"主义"的冲突，而是"问题"与"主义"的对立，构成了一种关于社会道路的讨论。"社会"首先是作为"问题"的领域进入讨论的视野的。论战双方的这种不对等的着眼点恰恰揭示了胡适参与论战的方式：以科学家的角色而非自由主义者的身份来表达其自由主义思想。胡适的社会哲学在步骤与逻辑上完全等同于他所谓"大胆的假设,小心的求证"的"三步法":一、"细心考察社会的实在情形"(即从具体的事实和境地下手);二、"一切学理,一切'主义'都是这种考察的工具"(即"都是待证的假设,并非天经地义");三、"有了学理作参考材料,便可使我们容易懂得考察的情形,容易明白某种情形有什么意义,应该用什么救济的方法"(即实验与验证)。[82]从方法上看,"怀疑——实证——假设——实验——求证"构成了其内在的逻辑程序。此后胡适把上述看法明确地规定为"三步功夫":

> 先研究了问题的种种方面的种种事实,看看究竟病在何处,这是思想的第一步工夫。然后根据于一生经验学问,提出种种解决的方法,提出种种医病的丹方,这是思想的第二步工夫。然后用一生的经验学问,加上想象的能力,推想每一种假定的解决法,该有什么样的效果,推想这种效果是否真能解决眼前这个困难问题。推想的结果,拣定一种假定的解决,认为我的主张,这是思想的第三步工夫。凡是有价值的主张,都是先经过这三步工夫来的。[83]

从理论上说,胡适并不否定"主义"的功用,他把"主义"理解为针对具体问题的假设。他与李大钊、蓝志先的分歧在于:他认为任何假设都必须从具体的问题下手,因而必须把注意的中心从目的转向具体的操作方法。他多次把社会问题比作病理现象,以为综合症的治理依赖于分析出具体的、个别的病因而对症下药,从而否定了综合的"根本解决"。胡适把他的具体实证法与效果验证法归结为"历史的态度":

> 凡对于每一种事物制度,总想寻出他的前因与后果,不把他当作一种来无踪去无影的孤立东西,这种态度就是历史的态度。我希望中国的学者,对于一切学理,一切主义,都能用这种历史的态度去研

---

[82] 胡适:《问题与主义》,《胡适文存》卷2,页147—148。
[83] 同上,页152—153。

究他们。[84]

胡适对于历史与社会的理解在此被表述为一个科学家对于研究对象的理解,从而他的"科学方法"不言而喻地、合乎逻辑地导出了他的历史观:

> 文明不是笼统造成的,是一点一滴的造成的。进化不是一晚上笼统进化的,是一点一滴的进化的。……解放是这个那个制度的解放,这种那种思想的解放,这个那个人的解放,是一点一滴的解放。改造是这个那个制度的改造,这种那种思想的改造,这个那个人的改造,是一点一滴的改造。
>
> 再造文明的下手功夫,是这个那个问题的研究。再造文明的进行,是这个那个问题的解决。[85]

胡适用"科学的"立论方式否定了"革命"在历史进程中的意义,建立了一种改良的社会改造观。"科学"及其"方法"而不是自由主义的理论原则,构成了胡适的自由主义社会观的重要基石。这种"科学"概念的独特运用令人想起程朱"今日格一件,明日格一件"而后始得总体的"次第工程"。"问题"与"主义"的论争是"支离"功夫与"根本解决"的论争,这种论争方式也多少令人想起理学与心学的对立方式。

最后,作为自居为科学家的人文学者,胡适还承担了同陈独秀一样的启蒙者角色,"科学"概念最终被适用于人生观领域,从而科学与大众意识形态取得了牢固联系。就科学本身而言,大众化的趋势即使不与科学的专业化、精确化完全对立,也无助于科学自身的发展。胡适在人生观领域对科学的绝对权威的捍卫表明:他试图用科学重建宇宙、世界、社会、个人及其相互关系的秩序系统,并为人生提供价值与意义的源泉。正是这

---

[84] 胡适:《问题与主义》,《胡适文存》卷2,页196—197。
[85] 胡适:《新思潮的意义》,《胡适文存》卷4,页164。

一动机使一向主张具体与实证的胡适向往某种"最低限度的一致"。[86] 胡适深信人生观与知识经验之间的对应关系,深信知识的普及可以使民众获得相对一致的人生观。因此,他实际上相信客观知识的习得恰恰是获得"统一观"的基本前提。值得注意的是,胡适讨论"科学的人生观"的方式较之陈独秀更具科学家本色:他用"科学方法"来表述他的人生观,从而潜在地表明了"科学方法"的普通适用性。胡适把"科学的人生观"视为建立在已知事实之上的"大规模的假设",是可以跟着新证据不断加以修正、因而也无往而不胜的信仰。[87]在为1923年"科学与人生观"讨论集撰写序文时,他为他的"自然主义的人生观"规定了十条教义,实际上是由各门自然科学和社会科学知识编织起来的一种宇宙图式,这种宇宙图式提供了宇宙、社会、人生的运动的因果解释与人生的本质和意义。[88]

那么,胡适把科学与自然主义人生观相联系,这与理学有何关系呢?这一点至为重要却几乎不被人注意。根据胡适的看法,所谓"科学与玄学"的争论其实"只是理学与反理学的争论的再起。丁先生是科学家,走的是那条纯理智的格物致知的路。张先生推崇'内心生活',走的仍是那半宗教半玄学的理学的路",[89]张君劢是"新宋学",尤其是陆王学派的复活,丁文江遵循的则是从"格物致知"到朴学的知识论传统。如果我们把胡适的这种看法置于他对理学的总看法中,问题就变得更为复杂。胡适认为宋明理学的兴起是宋儒反抗佛教和道教的出世宗教观的结果,但这种反叛同时留有佛道二教的深刻印记,那就是理学的"居敬"、"主静"、"无欲"的宗教气息。其结果,理学内部产生了两种不同的趋向,即"涵养须用敬"的宗教态度和"致知在格物"的知识取向,"中国近世思想的趋势在于逐渐脱离中古的宗教,而走上格物致知的大路",[90]朴学在这一意

---

[86] 胡适:《科学与人生观·序》,《胡适文存》第2集卷2,页23。
[87] 同上,页15。
[88] 同上,页27—28。
[89] 胡适:《几个反理学的思想家》,《胡适文存》第3集卷2,页155。
[90] 同上,页152。

义上可以被视为具有"反理学的使命"的运动。[91]胡适的上述看法可以被加以引申的解释:理学本身具有一种分裂的格局与趋势,其标志就是它的宇宙本体论和道德伦理规范与它的知识论处于对立状态。中国近世思想的发展"用程、朱来打陆王,用许慎、郑玄来打程、朱,甚至于用颜元、戴震来打程、朱、陆、王,结果终不免拖泥带水,做个'调人'"。[92]原因何在呢?原因就在"格物致知"的知识论只是独立地发展,却没有以此为根据重建宇宙本体观、道德伦理规范以形成涵括本体论、人生论和知识论的"统一观"——用一种完整的"新理学"来取代旧理学。正由于此,胡适特别地推崇吴稚晖《一个新信仰的宇宙观及人生观》——吴稚晖指出了"科学"与新信仰的关系,阐明了人生观与宇宙观、道德论与真理论的统一关系,以现代科学知识作基础建立了一种完整的宇宙秩序及其内在运动规则的假说。

由此,"格物致知"的知识论倾向与宇宙本体论、人生论不再处于分裂状态而达到了一种新的和谐,从而规定道德伦理关系、指导人生行为、提供价值与意义成为"科学宇宙论与人生论"的重大使命。正如胡适在讨论皮耳生的实验主义时所说:"科学的目的只是要给我们许多有道理的行为方法,使我们从信仰这种方法生出有道理的习惯。这是科学家的知行合一说",[93]科学对宇宙性质的理解最终被导向道德存在与社会存在。换言之,胡适推崇科学及其万能的方法在当时是想从传统社会及其意识形态的控制下获得自由,可是这仅仅是为了能使人们更加充分地受到自然的"支配":支配人对于自然本身的信念,要求人像科学一样把自己完全服从于自然的理想,总之,作为渴望自由的表达方式,"科学的人生观"寻求的恰恰是自然对人的支配。尽管胡适相信技术的进步提供了人的自由、想像力、美感和道德责任的说明,并把美、诗意、创造的智慧注入他的自然主义人生观,但"在那个自然主义的宇宙里,在那无穷之大的

---

[91] 胡适:《几个反理学的思想家》,《胡适文存》第3集卷2,页153。
[92] 同上,页158。
[93] 胡适:《实验主义》,《胡适文存》第3集卷2,页88。

空间里,在那无穷之长的时间里,……天行是有常度的,物变是有自然法则的,因果的大法支配着他——人——的一切生活,生存竞争的惨剧鞭策着他的一切行为,——这个两手动物的自由真是很有限的了。"[94] 就此而言,我们可以看到科学概念在人生观领域的运用与理学在功能上的相似性。实际上,正是这种功能上的相似性表明:"科学"是作为摧毁和替代传统文化形式的力量而进入"人生观"领域并获得其意识形态意义的。

胡适曾把"科学"定义为"一种思想和知识的法则",同时又"牵涉到一种心理状态和一种行为的习惯,一种生活方式",[95] 也许我们还可以补充说它还涉及一种政治哲学。"科学"的上述多方面含义明显地对应着胡适的多重社会角色:以科学家自居的人文学者、自由主义者、启蒙思想家。胡适对"科学"概念与"科学方法"的理解和运用与他所扮演的社会角色有重大关系,同时又深刻地受制于中国的思想和学术传统,那些在一般意义上被视为"科学主义"的特征与上述两方面有着密切的关系,因而理应获得更为复杂的理解。

中国思想家几乎是在对西方科学本身缺少系统学习和训练的情境下讨论"科学"问题,他们的"科学"概念是由孔德、赫胥黎、斯宾塞、罗素、杜威等人对科学的哲学解释与中国传统的知识论、道德论、宇宙论共同构成的。中国的固有概念提供了他们了解西方近代科学的前提,而他们所接触到的西方科学思想常常加强而不是削弱了传统思想方式的固有逻辑。当胡适等人自觉地寻找中国学术传统与西方近代科学的本质一致性时,他们是想以此证明"科学"的法则无论对于西方还是东方都是普遍适用的。这种论证方式不仅为他们对科学的认识提供了框架,而且把他们的理解牢固地置于传统的认识方式之中——对于以"反传统"相标榜的他们来说,这是令人深思的。

从一般现象看,中国思想家对实证主义和实用主义的科学概念感

---

[94] 胡适:《科学与人生观·序》,《胡适文存》第2集卷2,页27—28。
[95] 《胡适研究资料》,页269。

到强烈兴趣,这种兴趣很大程度上来源于对经验归纳方法的信任和"致用"的偏好。正如我已分析的,经验归纳方法与"即物穷理"的"积累"功夫相关,"致用"则是历史情势和知识传统的共同需要。不过,"科学"概念与传统知识论的联系还不仅仅在于对操作程序的理解,更重要的是,中国思想家在把科学理解为一种合乎理性的方法论的同时,还深信科学本身提供了一种关于宇宙、世界、社会、人生具有有机联系的图式,这个宇宙图式具有目的论和道德论的性质,它规定了宇宙运动的最终指向(真、善、美),昭示了人们应当怎样思考和行动的基本准则(从政治准则到道德准则)。这种认为自然界与社会具有本质一致性的看法,这种认为自然法则与人的道德准则具有内在联系的观点,这种把知识论和方法论最终导向宇宙论和道德论的逻辑指向,都是和中国传统思维方式,特别是宋明理学之天道观相关的。于是,我们看到,从"格致"到"科学"的过程表现为"格致"概念沿着"即物实测"与"经世致用"的思路逐步地摆脱理学范畴的过程,在其终点,"格致"概念在语词上替换为与理学无关的"科学"概念;然而,当这一概念在语词上摆脱了理学的束缚之后,它在被使用的过程中恰恰获得了"格致"概念在理学范畴中的某些根本性的特点。正是这些特点揭示了20世纪中国的"思想革命"在多大程度上是一种语言的幻觉。中国思想家讨论"科学"时的那种自相矛盾、含混不清的状态虽然也导源于西方对这一概念的论争与矛盾,但中国思想家在这种含混与矛盾状态中表现出的自信(而不是困惑)或许最典型地表达了他们对"科学"概念的理解方式。

但把丰富的历史归结为几条抽象的结论是不明智的。事实是:历史正是在这种含混与矛盾中发展,如果我们了解现代性问题得以发生的条件,我们就不会简单地认为上述现象仅仅是一种历史的"重复"与"循环"。科学概念与"世界观"的越来越紧密的联系表明的并不仅仅是中国思想家与传统的内在联系,而且是现代社会建构方式与我们视之为古代的社会的某种程度的同构关系。最为重要的是:现代社会与古代社会一样都需要用"自然的"范畴为等级化的社会提供合理性和合法性。

第四节　作为反理学的"新理学"

1. 吴稚晖与反传统主义科学观

吴稚晖不是一个深刻的和影响深远的历史人物,但他的科学概念的运用方式、内涵与性质及其与中国思想传统的关系特别清晰地反映了现代反传统主义的某些重要特征。作为一个坚定的科学思想的宣传家,吴稚晖的通俗化的表达形式适应着诉诸公众而非科学理性的启蒙目的,他所推进的科学思想的世俗化运动是一种对于传统宇宙观和人生观的"常识批判"。较之陈独秀、胡适的思想和表达方式,他的科学宇宙观和人生观也许更广泛地代表了那一时代已经逐渐成形的新的意识形态。吴稚晖的"科学"概念的文字表述虽然具有机械论性质,但他在运用过程中却又把生命、过程和目的等历史学范畴引入了对宇宙自然的描述,体现出有机论的特点或生物学宇宙论的色彩。他的科学宇宙论和人生论的"现代"性质同时揭示了它与中国传统天道观、特别是气一元论的内在联系,并且在从宇宙论过渡到人生论的结构特征和具体表述方面,都存在着与它所自觉反对的"理学"传统的相似性。

吴稚晖(1865—1953),幼名纪灵,弱冠前因极好宣城诗,取名朓,字稚晖,三十后改名敬恒,别字眺盦,晚年自号眺盦老人。考其生平,戊戌年前虽曾尝用拼音,但基本教育与一般传统士子无别,惟光绪二十八年壬辰(1892)始见"南菁书院"山长黄以周书斋中之"实事求是,莫作调人"座右铭,终身奉为圭臬。自戊戌年正月元旦上书光绪力请变法之后,吴稚晖开始了他的政治生涯,但仍以任教、办学、作文、倡群智为主。1903年卷入苏报案,1905年结识孙中山并入同盟会,终生为国民党元老,但作为著名的无政府主义者并未由此尽入仕途。从早年在家乡设馆办学到创办中法大学（里昂，1921），吴稚晖一生担任的各种教职不下数十，而影响至大者则是他的那些庄谐杂陈、嬉笑怒骂的文章。除政论外，遍及科学、教育、语言文字、音韵、哲学和无政府主义等领域。自1907年与张人杰（静江）、李煜瀛（石曾）等创办《新世纪》周刊始，吴稚晖就成了一位著名的科学宣传家，科学成为他的所有思想活动的基本前提和组织要素。从1910年译《天演学图解》、《物种原始》（亦名《荒古原人史》），1910年写《上下古今谈》，至1923年以《一个新信仰的宇宙观及人生观》为科学与玄学论战铁锤定音，1924年为《民国日报》作《科学周报编辑话》21则及发刊词，吴稚晖无愧为一位把科学革命与思想运动联系起来的最为重要的代表，他建立了现代中国第一个完整的、系统的和激烈反传统的科学宇宙观和人生观，并发明和运用了一整套普及技巧推动科学思想的世俗化运动。吴稚晖与政治、报刊和教育的特殊联系无疑扩大了他的思想的社会影响，综其一生，可谓生前显赫，死后哀荣，既得孙中山、蒋介石等政治家的推重，[96]又为胡适等知识界领袖所激赏。[97]不过，从思想学术史的角度看，吴稚晖虽曾引起高慕柯（Michael Gasster）、郭颖颐等学者的注意，但仍可谓门庭冷落，与他当时造成的广泛影响颇成对照，这大约是因其行文之通俗而缺乏耐人寻味的深刻性所致。然而，"通俗"恰恰表明了他的思想与一般社会的普遍而密切的联系，这对于研究"科学"概念的实际运用而言具有特殊意义。所以"通俗化的形式"恰恰是理解其思想史意义之下手处。

我把"反传统主义"与"科学观"这两个并无逻辑联系的概念拼合为一也许不甚准确，但仍有重要的历史理由。如果说科学革命的成果提供了新的思维习惯、新的探究方法，并改变了人们对整个宇宙的看法，那么，对于中国的激进的士子们而言，真正激动人心的并不是沿着科学革命的战略路线继续前进，而是把科学运动的成果作为"反传统"思想运动的理

---

[96] 参见蒋中正《吴敬恒先生百年诞辰颂词》，其中提及孙中山曾称其为"革命的圣人"。张文伯：《吴稚晖先生传记》（上册），台北：传记文学社，1969，页1—6。
[97] 胡适在《几个反理学的思想家》中把他与顾炎武、颜元、戴震相并立，称为"最具历史眼光的""反理学思想家"，《胡适文存》第3集第2卷，上海亚东图书馆。

论依据和"反传统主义"的逻辑前提。他们对宇宙图景的看法乃是基于人类历史生活与自然过程的一种独特类比。从这方面看,吴稚晖当得起是一位如 Alfred Forke 所称的现代中国有代表性的思想家。[98]

2. 通俗化的形式与常识批判

在1923年"科学与人生观"的论争之中,以丁文江和张君劢为代表的两派人物主要由一批著名的科学家、哲学家、教授或人文学者构成。不管他们对问题的阐述包含了多少混乱和自相矛盾,从形式上看,他们还是遵循了"学术讨论"的基本方式:各自引经据典,援例论证,虽然时有不合学者风度的攻击,但一般而言是以"学术论文"的形式说明各自的观点。论争涉及许多具体的专门的学科领域,学者们为压倒对手而引出了大量西方科学家、哲学家的名字及其对中国读者来说不知所云的理论。这种严肃的、学究式的方式具有一种自足性,即问题需要在知识进展的常规形式中得到解决,而不必诉诸"理性"之外的仲裁者。

吴稚晖几乎是本能地讨厌这种"主旨所在,大家抛却,惟斗些学问的法宝"[99]的"学理化混战",他撇开众多的技术性讨论,而把问题直截了当地归结为对待"物质文明"的态度,从而改变了论战的学术性质。在扫除了"科玄论战"的异常浓郁的学术色彩之后,他便在每一个可能的观念领域内同时开展了一场气势磅礴的科学思想的世俗化运动,从而揭示了这一论战与"五四"新文化运动及东西文化论战的直接联系。吴稚晖有意识地把科学思想中的那些经院化的语词转变为世俗的用语,充分发展了一种幽默的风格,天真而又诙谐,调侃而显机智,故弄玄虚而又让人明白,题目庄严而笔调滑稽,如同流行小说一样易于阅读,似乎是要让科学

---

[98] A. 福克:《中国哲学史》,汉堡,1938年德文版,页646,转见郭颖颐《中国现代思想中的唯科学主义》,南京:江苏人民出版社,1989,页27。
[99] 吴稚晖:《箴洋八股化之理学》,《吴稚晖先生全集》第6卷,上海,1927,页39。(下称《全集》)

宇宙观成为老幼咸宜、妇孺皆知的玩意儿。吴稚晖如此行文，不仅仅因为他的幽默的天性和传统的文人化的教育，还因为他自觉地意识到自己正处于一个普遍转折的关节点：科学世界观正在明显地成为一种更为普遍的思想习惯，而他显然力图加速这一进程。这场论战来得正是时候，它正好与整个正在衰败中的新文化运动结合为一整体——很明显，它本身并不完全是科学思想自身的逻辑产物。作为新文化运动的主要领导人之一，胡适清楚地看到了这一点，他惊呼："这才是真正的挑战！""从此以后，科学与人生观的战线上的押阵老将吴老先生要倒转来做先锋了！"[100]

> 我做这篇文章，是拿着乡下老头儿靠在"柴积"上，晒"日黄"，说闲空的态度，来点化我，解释我自己的一刹那的。我固然不配讲什么哲理，我老实也很谬妄的看不起那配式子，搬字眼，弄得自己也头昏脑胀的哲学……不如靠在柴积上的日黄中，无责任的闲空白嚼了出来，倒干脆一点了。[101]

1924年，吴稚晖为《科学周报》写了发刊词和21则编辑话，他依然自喻为不懂科学的"科渣"，说他自己的文章也是"学了杭育的朋友，每次胡诌几句故事，尽我杭育家说笑的职分"而已。[102]在《一个新信仰的宇宙观及人生观》这部重要著作中，他援例举譬，起而把自己（人）视同茅厕中的石头，终于又将庄严的人生观归结为"吃饭"、"生小孩"和"招呼朋友"三项。吴稚晖的轻佻、不正经的文字当然绝不意味着他的文章不具有严肃的思想，恰恰相反，正是他而不是丁文江，把科学与人生观的讨论从含混不清的争辩引入目标清晰的文化河床，从而确立了他作为中国最重要的科学思想的宣传家的地位。他的引人注目之处在于：作为一个谙练世故的人，他知道什么是时尚，他写出的恰恰是人们所需的；换言之，他的重要

---

[100] 胡适：《科学与人生观·胡序》，上海：亚东图书馆，1923。
[101] 吴稚晖：《一个新信仰的宇宙观及人生观》，《全集》第4卷，页8。
[102] 吴稚晖：《科学周报编辑话·一》，《全集》第1卷，页11—12。

性恰恰是他对科学的非学者化的态度和所谓"实事求是,莫作调人"的斩钉截铁的反传统姿态。

吴稚晖讨论"科学观"时采用的通俗化形式当然表现了他一贯的个人风格,但其含义是颇为丰富的。在进入他的科学观及宇宙观、人生观的大厦之前,我们不妨从远处眺望一下这座大厦的造型及其与周边环境的关系,或许会看到一些意想不到的风景。

首先,当科学家和哲学家对科学的性质、后果及其与其他领域的关系争执不下时,文人们介入了,他们以一种非常迅速的文学方式行使了另一种职能——把科学成就转变为一种新的生活观和宇宙观;完成这一转变的不是科学家本人,而是吴稚晖这样的饱受传统文人教育的文学家及其后继者。从这方面看,以吴稚晖作"科学"讨论的"先锋",这无异说推动科学成就的普及的伟大运动是一个文学运动,就是说,决定历史的下一个转折,决定中国现代社会发展进程的不是那个时期的科学发现,而是由吴稚晖、胡适、陈独秀等人推进的文学运动。吴稚晖谐谑的文风和荒唐的讨论方式正是这一运动的文学性质的适当表达。

其次,当吴稚晖以文学的方式介入这场席卷知识界的争论之时,他也改变了论战的基本方向:诉诸理性的普及读物,而不倚托于学术界,这一策略本身就有重要意义。这表明知识界的思想的和学术的论争不再诉诸科学理性这一仲裁者,而是诉诸于公众——主要是那些接受或同情现代文明的人们。吴稚晖的这种趣味盎然且又通俗易懂的写作方式改变了"理性"这个词的本意,它不再是那种分析还原和理智重建的认识方法,也不再是需要经过长期的、系统的和强化的训练才能获得的事情,而是我们今天应该称为"常识"的东西——任何一个具有"常识"(这些"常识"的对立面则是传统的观念和生活方式)的人都可以声称他有"理性"。在知识的纷争中诉诸公众的裁决,这一直是恪守传统的人的特权,因为公众的"常识"总是和传统知识相关的。吴稚晖敢于在这场论争中以如此方式诉诸公众,显然表明这一时期中国已经出现了新的社会力量,他们将保证知识界的领导权握于传播"新知"的人之手。

文学化的写作方式把科学、理性转变为"常识",实际上也就是把探讨真理的过程和方法——其方向和结果是有待证实的未知数——转变为确凿无疑的事实；在人们的广泛的应用过程中，常识是不需要进行反思和检验的出发点和依据。关于科学与常识的区别，吴稚晖曾说：

> 知识是跟时代进步的，说不定在现在所谓科学，三四百年后都会变常识，现在的理想，将来也许变成事实。[103]

这显示出科学的陈述只是一些有待证实的预设，而常识则是已经证实的知识，把科学作为常识来处理当然也就是唤起一种信任以至信仰的态度而非怀疑和实证的努力。实际上，吴稚晖的根本目的并不在于推进科学的发现，而是传播"常识"——一种与传统知识（迷信）完全不同的"常识"：

> 国民常识之有无及完全与否，质言之，即国之文明野蛮所由分。其常识之输入法，约略有二。
> 一、对于人生最不可缺之知识，又几乎为全世界人类普遍所应知之事物，可以编成系统者，则输入之以学校教育。
> 二、各适乎四周之现象，又四周现象所随时变动呈露之事物，不能悉循系者，则输入之以社会教育。
> ……其人与世界相见之常识，永永趋合于完全之状态，不至甚露窘缺者，非资于社会教育不可……。[104]

"国民"是其对象，"学校教育"、"社会教育"是其手段，"常识"是其内容。我们由此不难理解吴稚晖一生以"学校教育"和"社会教育"为基本职责的理由。"常识之有无及完全与否"涉及人生观和宇宙观的真切、正确与完善，故吴稚晖云：

---

[103] 吴稚晖：《科学与人生》，《全集》第1卷，页3。
[104] 吴稚晖：《中国之社会教育应兼两大责任》，《全集》第5卷，页28。

> 即如奥远的哲学,言感情的美学,甚至瞬息万变的心理,琐碎纠纷的社会,都一一立在科学的舞台上,手携手地向前走着。人们的思想,终容易疏忽,容易笼统,受着科学的训练,对于环境一切,都有秩序的去观察整理;对于宇宙,也更有明确的了解,因此就能建设出适当的人生观来。[105]

以传播"常识"的姿态传播"科学",这表明吴稚晖关心的对象不是自然本身,而是关于自然的观念,而整个传统的思想体系和心理习惯都是从这些错误的(不合科学的,已为科学证伪的)自然观念中滋生的。

从这一意义而言,吴稚晖对传统所作的常识批判是一种宗教批判——那些占统治地位的、形而上学的、政治的、道德的、法律的、国家的观念都是不合常识的观念,并束缚和限制着人们的思想和现实行为。因而吴稚晖合乎逻辑地向人们提出一种道德要求,要他们用科学的意识来代替他们现在的意识,从而消除束缚他们的限制。因此:

> 什么叫做科学?就是有理想,有系统,有界说,能分类,重证据的便是……[106]
>
> 如此,科学者,让美学使人间有情,让哲学使情能合理,彼即由合理得到真正合理之一部分。美学随宇宙而做工不完,哲学随宇宙而做工不完,科学区域,亦即随宇宙向日而扩大,永永不完。物质文明之真正合理者,固是他管辖,精神文明之真正合理者,亦是他管辖。[107]

由于把科学作为常识来处理,是否科学的问题才能转换为"是否合理"的问题;吴稚晖及其同道的科学概念的广泛运用是以这一转换为前

---

[105] 吴稚晖:《科学周报发刊语》,《全集》第1卷,页10。
[106] 吴稚晖:《补救中国文字之方法若何》,《全集》第3卷,页50。
[107] 吴稚晖:《一个新信仰的宇宙观及人生观》,《全集》第4卷,页138。

提的。由于吴稚晖的科学批判或常识批判模拟了一种宗教批判的方式，因此，他的思想世界中充满一系列二元性的对立：物质文明/精神文明、器艺/道术、社会主义/宗教、无政府/国家、新文学/旧文学、杂交/婚姻……所有这些二元对立都被他表述为科学/迷信、真理/谬误、常识/野蛮的对立。在这些科学/非科学的对立背后隐含的是合理/不合理的对立，因为在吴稚晖的运用中，科学作为一种普遍性的原理存在于自然与社会的所有领域之中。他说：

> 东方学者之意中，视物质与名理，每有形上形下之分……殊不知物质与名理，决不能分上下。理学至隐，必藉质学显之。故科学之名词，不专属于物质，其表则名数质力，其里则道德仁义。凡悬想者，为哲理，而证实者，乃科学。道德、仁义，不合乎名数质力者为悬想，为名数质力理懂之者，是为科学……[108]

如此，道德、仁义及其他范畴的问题均可用"科学"的实证来证明其合理与否，哲学与科学都是对于宇宙现象的解释。换言之，科学自身蕴含着一种道德理性，亦即"公理"。

我们不妨观察一下"科学公理"在吴稚晖及其同人的"革命思想"中的运用及其意义。早在1907年6月，吴稚晖同张静江、李石曾在巴黎创办《新世纪》周刊，宣传无政府主义革命，并把它视为"科学公理"。在该刊创刊号上揭载的《新世纪之革命》一文称：

> 科学公理之发明，革命风潮之澎涨，实十九、二十世纪人类之特色也。此二者相乘相因，以行社会进化自然之公理。盖公理即革命所欲达之目的，而革命为求公理之作用。故舍公理无所谓为革命，舍革命无法以伸公理。[109]

---

[108] 吴稚晖：《书神州日报"东学西渐篇"后》，《全集》第2卷，页99。
[109] 《新世纪之革命》，《新世纪》第1号，1907年6月22日，页1。

从吴稚晖一生的著述和《新世纪》的整个倾向来看,这种以科学公理为出发点和最终归宿的"革命思想"并不限于政治领域,而是遍及政治、道德、宗教、种族、语言文字等一切领域,这当然也和他们所谓"无政府主义革命"的广度和深度相关。

在吴稚晖及其同人的文章中,作为无政府革命的基础和目标的"科学公理"就是真正的自由平等,从而实现"公理"也就是实现"公正"或谓"良德之进化":

> 革命凭公理,而最不合公理者强权……强权最盛者为政府,故排强权者倾覆政府也。[110]

在达致无政府的途径方面,吴稚晖特别重视教育,这是因为无政府主义对自由的追求"乃本乎人人自具之良德"[111]:

> 无政府主义者,其主要即唤起人民之公德心,于个人与社会之相互……
>
> 公德者,教育之极则……所以无政府革命,无所谓提倡革命,即教育而已。[112]
>
> 故除以真理公道所包含之道德,——即如共同,博爱,平等,自由,等等,以真理公道所包之知识,——即如实验,科学等等,实行无政府之教育,此外即无所谓教育。[113]

吴稚晖深信科学自身就含有道德必然性,或谓科学有一种向善的冲动,如同人类本身就是"进化向善之一物,非有我无人之一物也"。[114]无

---

[110] 民:《续普及革命》,《新世纪》第17号,1907年10月12日,页2。
[111] 吴稚晖:《皇帝》,《全集》第7卷,页1。
[112] 吴稚晖:《无政府主义以教育为革命说》,《全集》第8卷,页72。
[113] 吴稚晖:同上,页74。
[114] 吴稚晖:《书神州日报"东学西渐篇"后》,《全集》第2卷,页101。

政府的目标是自由平等博爱的道德理想,但教育的内容却不必是直接道德性的,"足以当教育二字之名义者,惟有理化机工等科学实业也"。吴稚晖等人深信科学隐含着道德性的理想,即使这种理想尚未展现出来,科学却有一种在整个进化过程中超越自身的内在冲力。吴稚晖的科学概念的这种内在性与超越性的特点是和他的自然的观念的性质相关的,关于后者下文将有详细讨论。

宗教与无政府的对立也即与科学的对立;这里所谓宗教又并非仅仅实指诸如儒教、佛教、基督教等具体的宗教,而是指一整套不合科学常识的思想和道德观念。

> 与科学及公理为反对者,即迷信与强权也。于宗教中,用祸福毁誉之迷信,行思想之强权。于政治中,用伪道德之迷信,行长上之强权。于家庭中,兼用以上之两种迷信,行两种之强权。[115]
>
> (甲)宗教信神道,无政府尚科学(无神);(乙)宗教辅政府,无政府敌政府;(丙)宗教主安贫守分,无政府以平等为原理,以冲突为作用;(丁)宗教轻女子,无政府主男女平等。
>
> ……宗教乃伪德之迷信,无政府乃科学之真理也。[116]

很显然,科学作为客观真理的权威性实际上完全依赖于人们的政治信念。科学自身蕴含着道德必然性这一观念,仅仅是在确证自己的政治和社会观念的过程中才确立起来。吴稚晖从"实证"与"合理"的双重意义阐释宗教与科学的对立:

> 宗教之虚妄,早以科学之真实,为归纳法推定之,故以宗教之迷信,阻塞思想之自由,其发挥良德者少,以科学真理,发明道德为进

---

[115] 真:《祖宗革命》,《新世纪》第2号,1907年6月29日。
[116] 革新之一人:《续革命之原理》(真译),《新世纪》第23号,1907年11月23日。

化,其符合良德者多……[117]

科学与无政府主义的理念结合在一起,构成了一种激进主义变革观,在这种"普及革命"的思想体系中[118],宗教迷信与科学公理的冲突被表述为一切现存秩序与人类的道德理想的对立。

吴稚晖的激进的反传统主义科学观不单超越了对所谓"三纲五常"的否定,而且发展为对一切现存的伦理形式的批判。在婚姻关系问题上,他已不是一般的提倡恋爱自由,而且对婚姻形式本身持否定态度,《评鞠普君男女杂交说》一文站在"科学上之定理"的立场,指出"异类相交,则所生良"的事实,并相信"自由配合""亦为进化界中必然发生之事实";[119]在他终生从事的文字改革的事业中,吴稚晖的激进思想也是以"科学"为根据的。对于无政府主义者来说,改革以至废除汉字既是无政府思想的有机部分,也是科学公理的必然要求。吴稚晖和《新世纪》同人把废除汉字、普及"万国新语"(世界语)作为"求世界平和之先导也,亦即大同主义实行之张本也",[120] "苟吾辈而欲使中国日进于文明,教育普及全国,则非废弃目下中国之文字,而采用万国新语不可"。[121]吴稚晖说:

> 科学世界,实与古来数千年非科学的世界,截然而为两世界。以非科学世界之文字,欲代表科学世界之思与事物,牵强附合,凑长截短,甚不敷于应用……不能与世界共同进化而已。[122]

从世界主义的立场出发,他认为:

---
[117] 吴稚晖:《宗教问题》,《全集》第 6 卷,页 19—20。
[118] 参见民:《普及革命》,该文连载于《新世纪》第 15、17、18、20、23 号,1907 年 9 月至 11 月。
[119] 吴稚晖:《评鞠普君男女杂交说》,《全集》第八卷,页 19。此外,载于《新世纪》的文章《续革命原理》第 30 号,1908 年 1 月 18 日,页 1。对废除婚姻和家庭亦有非常明确的观点,以为此亦"社会革命之要端"。
[120] 醒:《万国新语》,《新世纪》第 6 号,1907 年 7 月 27 日,页 3。
[121] 醒:《续万国新语之进步》,《新世纪》第 36 号,1908 年 2 月 29 日,页 2。
[122] 吴稚晖:《书神州日报"东学西渐篇"后》,《全集》第 2 卷,页 99。

> 今日欧美的物质文明,并非西学,乃是人类进化阶级上应有的新学。[123]
>
> 世界既有其物,固必普及于人类者也。[124]

吴稚晖在科学世界/非科学世界的二元对立的格局内,不相信语言文字"都是'习惯'演成的",而要"人为"地"制造"新文字。[125]他考虑过径用世界语,亦考虑过先采英文或法文"为学校人人必习之文字",或"用汉语拼了音,另造一种新文字"。[126]

吴稚晖及其同人的"科学"概念的运用范围远不止此,几乎涉及了人类生活的所有领域。尽管他们对"科学"的信念及其对旧秩序的否定建立于"进化"这一普遍原理之上,但其结论却与自然科学意义上的进化理论无关。所谓:

> 进化者前进而不止,更化而无穷之谓也……
>
> 苟其不进或进而缓者,于人则谓之病,于事则谓之弊。夫病与弊皆人所欲革之者。革病与弊无他,即所谓革命也。[127]

从达尔文的进化理论中引申出激进主义的革命原理,而不是如胡适等人那样从这一理论的渐进观点出发建立改良主义的社会思想,这表明"进化"理论只是作为一种不言而喻的"理由"成为他们的思想出发点,并藉此促使社会向乌托邦的转化。马克斯·韦伯曾经论证科学的本质是变化,它无视与事物终极意义有关的命题,总是朝着存在于无限之中的目标挺进,那么,吴稚晖等人把"科学"作为"常识"来把握的方式却等于是在假定确实有已完成的科学,并可以据此建立一种假言演绎体系,使人们可

---

[123] 吴稚晖:《补救中国之方法若何》,《全集》第3卷,页50。
[124] 吴稚晖:《书神州日报"东学西渐篇"后》,《全集》第2卷,页99。
[125] 吴稚晖:《补救中国之方法若何》,《全集》第3卷,页36。
[126] 同上,页23。
[127] 真:《进化与革命》,《新世纪》第20号,1907年11月2日,页1。

以根据各种原则、公理来解释自然、社会并塑造出科学的人生观。至少就科学概念的运用而言,吴稚晖的看法确实揭示了现代社会的一个重要的特点。

吴稚晖的宗教批判与他的"科学方式"之间存在着矛盾。吴稚晖利用实证实验的科学揭去世界神秘的面纱,把关于这个世界的一切神圣观念清除出这个世界,并使世界成为一个服从因果法则、可加利用但没有意义的地方,因为经验论的世界观在原则上排除了旨在于世界内部寻找"意义"的思想方式。然而,也正是吴稚晖本人把科学革命的成果作为业经证实的公理,并从中演绎出了人类生活的最终意义和基本原则。宗教批判从一开始就具有宗教性的前提,吴稚晖对此有着自觉的认识,他把他的科学宇宙观和人生观称为"一个新信仰的宇宙观及人生观"。[128] 传播一种新的信仰这一事件本身就意味着诉诸公众而不是理性,其目的从一开始就不是追究真理,而是灌输常识,吴稚晖的通俗易懂、幽默风趣的文体正是"布道"的适当形式。

3. 自然过程与历史过程

如果说吴稚晖的科学观从一开始关注的就不是自然本身而是关于自然的观念,那么他的著述活动的中心任务自然也就是重新解释宇宙现象。对于吴稚晖来说,自然的观念乃是一切其他观念的基础或前提,因此,新的宇宙观不仅在形态上必须同旧的宇宙观相区别,而且这个宇宙观的核心即自然的观念还必须逻辑地引申出人的历史活动的理由、目的与方式。当我们从"外观上"观察了吴稚晖的"一个新信仰的宇宙观及人生观"之后,这一点已很清楚:自然科学并不是他在回答自然是什么的时候应该考

---

[128] 为了使自己的宗教批判同宗教区别开来,吴稚晖有意识地把宗教与信仰——特别是非宗教的信仰区别开来,他说:"故宗教一名词,最好严格的限制了以神为对象……若将许多无神的信仰,羼入宗教学,虽是学问家所许,必非宗教家所乐……"《一个新信仰的宇宙观及人生观》,《全集》第4卷,页12。

虑的唯一思想形式,对自然的陈述依赖于历史过程,这不仅是说"科学的事实"总是指"在某个时刻某种条件下已被观察到的"历史事实,而且是说吴稚晖用一系列"科学事实"建构其宇宙论的过程,不过是他利用"科学事实"解决他所面临的历史课题的过程。从这一点出发,我们便可以洞悉吴稚晖的哲学宇宙论中的两个部分即自然过程与历史过程的有机联系和相互制约。

从康有为对"诸天"的持久观察,到谭嗣同用"以太"对宇宙及其现象命名,直至吴稚晖的自觉的宇宙论构想,自然的观念始终是被反思的课题,并不断地获得新的特征。以此为基础的越来越激进的思想活动随之也被赋予了新的面貌。说中国近代的思想发展以自然的观念为基础,并不是说自然的观念是在脱离当时的社会政治及伦理思想的情形下首先产生的,也不是说当一种宇宙论成型之后,人们便在此基础建立激进的、反传统的思想体系;我所指的是一种逻辑关系而非时间关系,而在思想史的过程中,时间关系和逻辑关系常常正好相反。从特定意义上看,社会思想家对宇宙论的反思和运用,就如同一个从事具体科学研究的科学家对其工作原理的反思与运用。对于宇宙论的内部结构的观察是理解以此为基础的思想活动的前提。吴稚晖的宇宙论与传统天道观存在着某些联系,但其直接来源是西方现代科学革命的成果和以此为基础的宇宙论方面的发展。

3.1 科学的宇宙观:排除创世观念与宇宙过程的目的性

从表面看来,吴稚晖的宇宙观及人生观始终围绕着物质/精神的关系问题,并毫无疑义地倾向于物质一元论。在《与友人论物理世界及不可思议书》中,他说:

> ……居此人境,止有物质;并无物质以外之精神。精神不过从物质凑合而生也。用清水一百十一磅,胶质六十磅,蛋白质四磅三两,纤维质四磅五两,油质十二两,会逢其适,凑合而成一百四十七磅之我。即以我之名义盲从此物理世界之规则,随便混闹一阵……各自

分离而后止。……因用清水油胶等质团合之一物,从团合后之精神,发生思虑,必能出于物理之外……[129]

吴稚晖的这些说法使学者们相信他是一个机械论者或哲学唯物主义者,似乎他的宇宙观和人生观如同拉美利特的《人是机器》、霍尔巴赫的《自然的体系》一样,完全是建立在牛顿物理学的基础之上。[130]这种观点几乎完全没有考虑吴稚晖的宇宙论与中国传统天道观的关系(下文将详论),而且也忽略了吴稚晖的宇宙论的另一直接源泉即进化论对他的影响。

在深入吴稚晖的宇宙论内部之前,我们不妨先指明科学史的一个基本事实:把进化观念引入自然科学的一个否定的结果就是抛弃了机械的自然概念。一部机器基本上是一个完成了的产品,或说一个封闭系统,当它被制造之时并无机器的功能可言。所以它不可能发展,因为"发展"指的是一个东西致力于成为它还不是的东西(如从婴儿成长为成人),而机器自身在未完成状态干不了任何事情。机器的运转是循环式的,对它自身而言则是不断的损耗而非发展。因此,R.G.柯林武德曾经断言:

> 把一件事情描述成机械的同时又是发展的或又是进化的,这是不可能的。有些发展着的东西可以把自己造成机械,但它不可能就是机械,因此,在进化论中,自然中可能有机械,但自然本身不可能是一个机器,并且不仅它作为整体不能,而且它的任何一个部分都不能用机械的术语完全描述。[131]

但是,在逻辑上不能成立的观点在历史上却完全可能。吴稚晖就试图把宇宙描述成既是机械的又是进化的,他几乎完全没有意识到这种描述方

---

[129] 吴稚晖:《与友人论物理世界及不可思议书》,《全集》第4卷,页1。
[130] 郭颖颐:《中国现代思想中的唯科学主义》,南京:江苏人民出版社,1989,页33,39。
[131] R.G.柯林武德:《自然的观念》,吴国盛等译,北京:华夏出版社,1990,页15。

第十二章 作为科学话语共同体的新文化运动 1261

式有什么矛盾或悖谬之处,因为对于一个"科学"信仰者而言,这两方面都是以"科学"的定理为基础的。考虑到吴稚晖的科学宇宙论的直接任务是:1.肯定西方物质文明,掊击东方"精神文明",2.排除上帝这一造物主的地位和一切"创世"的宗教观念,他用明确的语言强调宇宙作为机械的"物理世界"便是可以理解的。

然而,吴稚晖的宇宙论在整体上有着更为强烈的有机论性质,却是一个具有深刻含义的事实。他说:

> 在无始之始,有一个混沌得着实可笑,不能拿言语来形容的怪物,住在无何有之乡,自己对自己说道,闷死我也!……说时迟,那时快,自己不知不觉便破裂了,这个破裂,也可叫做适如其意志,所谓求仁得仁。顷刻变起了大千宇宙,换言之,便是说兆兆兆兆要我。他那变的方法,也很简单。无非拿具有质力的若干"不可思议"量,合成某某子。合若干某某子,成为电子。合若干电子,成为原子。合若干原子,成为星辰日月,山川草木,鸟兽昆虫鱼龟。你喜欢叫他是绵延创化也好,你滑稽些称他是心境所幻也得。终之他是至今没有变好,并且似乎还没有一样东西,值得他惬意,留了永久不变。这是我的宇宙观。[132]

吴稚晖的宇宙观不同于古希腊的宇宙观,也不同于文艺复兴的宇宙观,[133]尽管它的表述方式是文学化的,但我们仍可以从中离析出这一宇宙观的现代特征:

第一,这一宇宙论的表达是基于一种自然过程与人类的生命过程亦即历史过程之间的类比,它不同于希腊宇宙观的那种大宇宙的自然和小宇宙的人的类比,也不同于文艺复兴的宇宙论的那种作为上帝手工制品的自然与作为人的手工制品的机械的类比。居于这一宇宙观的中心图景

---

[132] 吴稚晖:《一个新信仰的宇宙观及人生观》,《全集》第4卷,页37。
[133] 关于这两种宇宙观的命名,请参见柯林武德《自然的观念》一书。

的,是作为历史思想的基本范畴的过程、变化和发展等概念,而这些概念是和生物学领域的重大发现即进化理论相关的。正如生命过程一样,这个"怪物"的变化之中并无不变化的基底,也没有变化的发生所遵从的不变化的规律。如同柯林武德在讨论现代宇宙论时所说:

> 人的自我意识,在这种情形中的群体意识,以及他自己群体活动中的历史意识,再次为他关于自然的思想提供了一条线索。变化或过程这些科学上可知的历史概念,在进化的名义下被应用于自然界。[134]

实际上,正是由于吴稚晖是基于生命、历史与自然的对比来建立其宇宙论,他才能基于同一原理来同时阐述他的"宇宙观"和"人生观"。

第二,这一宇宙论借用了传统物理学中的"物质"概念来表达世界的一元性质,但这一"物质"概念却是超越物质/精神、有/无的二元范畴的概念,即物质的每一部分不是简单地位于这里或那里,而是位于一切地方:"举现象世界,精神世界,万有世界(有),没有世界(无),适用时间空间的,不适用时间空间的,顺理成章的,往来矛盾的,能直觉的,不能直觉的,合成一个东西",即他所谓"一个"。[135]尽管吴稚晖仍用"物质"这一概念来表述这个放弥六合、退藏于密的"一个",但这一概念已经具有生物学意义上的"生命"概念的特征,是一个介于物质与心灵之间的概念,故而吴稚晖说:"我所谓一个,是一个活物",由它转化或发展而来的现象也因而"通是活物",甚至包括"无"在内。[136]从整体上看,吴稚晖的宇宙论具有生物学宇宙论的一般特征,即世界是一个无始无终的生命的历史,她要造出更加具有生命力的、强壮而有效的机体。

第三,这一宇宙论用"质"与"力"这两个传统物理学概念暗示了"生

---

[134] 柯林武德:《自然的观念》,页13。
[135] 吴稚晖:《一个新信仰的宇宙观及人生观》,《全集》第4卷,页13。
[136] 同上,页17—19。

第十二章 作为科学话语共同体的新文化运动 1263

命力"这一概念。吴稚晖认为从茅厕中的石头到号称"万物之灵"的人都是"活物",而"活物的界说"即(1)要有质地,(2)能感觉。在这里,吴稚晖把导致人类感觉的神经系的功能及运转与石头的化合作用相并提,倘说他的观点是"唯物主义"的话,那么它的意思仅仅是指吴稚晖试图用物理化学结构来解释生理学的功能,而在强调"活物"这一点上则表明他已用生物学的观点改造了上述物理化学的概念。在此,我们应特别注意吴稚晖对质与力这个概念的解释及其与生命(活物)的关系:

……万物有质有力……无无质之力,亦无无力之质。质力者,一物而异名。假设我们的万有,方其为"一个"之时,就其体而言曰质,就其能而言曰力,加以容易明白的名称,则曰活物。及此一个活物,变而为万有,大之如星日,质力并存;小之如电子,质力俱完。故若欲将感觉的名词,专属于动植物,亦无不可……我以为动植物且本无感觉,皆止有其质力交推……譬之于人,其质构而如是之神经系,即其力生如是之反应。所谓情感,思想,意志等……质直言之曰感觉,其实统不过质力之相应……万有皆活,有质有力,并"无"亦活,有质有力。……[137]

吴稚晖把世界万物及其运动归结为质与力的观点似乎是机械论的,但值得注意的是作为"活物"标志的"力"却是物质自身具有的能量或冲动,并非如机械运转时的力是由一个外在于机械的他者输入的。从这一点来看,我们发现,吴稚晖把自然中的一切归为一个词"物质"的做法,同柏格森把生物学作为自己的出发点,最终把整个自然界还原为"生命"的做法,并无多大差别:他们强调宇宙是一个创造性的进化过程,这个过程既无外来的动力因,亦无预定未来的终极因,如同一个服从于自身固有的力量的宏大的即兴创作,无目的,无针对性,无内在的指导原则。正由于此,吴稚晖在批评张君劢等人借尼采、柏格森而为"精神原素"张目的同

---

[137] 吴稚晖:《一个新信仰的宇宙观及人生观》,《全集》第4卷,页26—27。

时,又说尼采的权力意志、柏格森的"宇宙是一个大生命",是"千对万对",唯一需要修正的是生命与意志等概念应被替换或归结为"质力"概念。[138] 透过这种差别,我们可以看到他们之间的共同前提,即宇宙是一种依据自身的创造性、导引性力量而运动的进化过程。就完全没有自觉的目标意识而言,它与物质相似而与心灵有别;就它是一个相连的过程,一个按自身的"感觉"不断适应新的环境而变化自身的过程而言,它又与心灵相似。"活物"这一概念暗含着的这种生命力具有内在论的特点:生命力与所有机体的联系既是内在的又是超越的,如同柯林武德在描述生物学宇宙论时所说的,所谓内在的,就是仅存在于这些机体之中;所谓超越的,便是它寻求自身的实现,这种寻求不仅在单个机体的生存之中,也不仅在某个物种的生存之中,而是总能够并且总要努力为自己在新的物种中找到更充分的实现。[139]

第四,这一宇宙论由于建立在进化论的基础上,从而将被机械自然观排除了的观念即目的论的观念,重新引入宇宙过程。就此而言,吴稚晖的宇宙论内部的确存在着机械论观点(质力交推无目的可言)与生物学观点的矛盾。这是由于这一宇宙观是建立在自然的运行与人的生命过程和历史过程的类比之上,而后者则把自然进化的概念转换成了进步的概念,吴稚晖自然地倾向于后者。从宇宙万物由无处不在的"物质"构成而言,"充塞宇宙者,事物二者而已",[140]"杂有善恶",其运动变化无穷,并无目的可言。但是,从人类史(作为宇宙进化的一部分)观点来看,进步概念虽然并未预示着一个凝固的终极目标,却意味着一个向着某种既定而永远不能达到的目标的前进过程。这一过程是自然的自发过程,它本无道德性可言,但是,人作为自然的平等一员理应遵循自然的规则,因此,进步过程以及人对进步的态度就具有了道德意义。吴稚晖生动地说:

---

[138] 吴稚晖:《一个新信仰的宇宙观及人生观》,《全集》第4卷,页31—33。
[139] 柯林武德:《自然的观念》,页149。
[140] 吴稚晖:《书神州日报"东学西渐篇"后》,《全集》第2卷,页69。

> 自从我们不安本分,不甘愿做那听不到,看不见,闻不出,摸不着的一个闷死怪物,变了这大千宇宙,我们的目的何在呢?我是不敢替我自己吹牛皮的,却逼住我不得不说他是要向真美善![141]

把"真美善"引入宇宙过程,这就为科学提供了合理性和合法性的基础。"科学"与理学、考据学以及美学、文学、宗教学的差别,被解释为在自然进化过程中的成熟与不成熟的差别;[142] 物质文明作为"人类进化阶级上应有的文明"[143] 是有其生物学依据的,"科学理想的细胞原虫,未尝不潜伏在吾人脑子之中,与人类的气化相应"。[144]

因此,这种以物质本性为基础的科学决定了人类生活的政治状态、道德状态和生活方式,"能倾翻较不正当的世界,进于较正当","要完全一切理想的道德,只有科学万能"。[145] 吴稚晖一方面说自由、平等、博爱、公理、大同的实现是自然的过程或品物进步的过程,另一方面又指出"人类向于进化,本由良德":

> 人者,能以人工补天行,使精神上一切理想的道德无不可由之而达到又达到者也。[146]

这不啻是说自然的进化过程同时又是人的自由创造过程或道德理想的实现过程。吴稚晖针对梁漱溟、梁启超等人问道:

> 当初漆黑一团,变动而为万有,绵延而亘无穷,时时倾向于真善美,难道整备如此的苟延残喘,敷衍这持中的么?所以反对物质文

---

[141] 吴稚晖:《一个新信仰的宇宙观及人生观》,《全集》第4卷,页39。
[142] 同上,页127,132。
[143] 吴稚晖:《补救中国文字之方法若何》,《全集》第3卷,页47。
[144] 同上,页50。
[145] 吴稚晖:《科学周报编辑话·十》,《全集》第1卷,页70。
[146] 吴稚晖:《书排满平议后》,《全集》第1卷,页70。

明,几无异自己萎缩其精神,还有什么精神文明可言。[147]

对于进化过程的道德评价是着眼于手段(物质的还是精神的,科学的还是宗教的)与目的(真善美)的关系作出的。吴稚晖的这种既无止境又有目标趋向的进化观念是一种历史观念,它意味着一个不断上升的过程和时间系列,世界始终为壮美的事物、广阔的未来敞开着,而绝不如康有为、梁启超那样把"三代之制"作为人类理性的顶峰,并把自己的一切作为归结为恢复这个最高点的理想。在质力相交的自然过程与趋向真美善的历史过程之间似乎存在着矛盾,但对吴稚晖而言这二者的类比是完全统一的。

总的看来,吴稚晖的宇宙论的形成是基于自然过程与历史过程、生命过程的类比,是机械论宇宙观与进化论宇宙观的独特结合,世界的运动是质力相交的物理运动,又是具有内在性基因和超越性自动力生命(有机体)的过程。它拒绝普遍的规则与秩序,又具有内在的趋势目标,并进而具有衡量事物的道德性的准则。如果说每一次宇宙论运动都引发出一个兴趣焦点由自然向精神的转变,那么吴稚晖的宇宙论从一开始就是把历史过程和生命过程作为出发点的。

3.2 科学的人生观:天理的衰亡与人的衰亡

对于吴稚晖来说,人生观与宇宙观的关系如同具体工作对于原理的关系,二者的联系如此紧密,以致所有关于人生的观点都建立在宇宙论的前提之上,后者通过前者的运用而显示出实际的意义,并为未来提供新的信念和一贯性。相对于宇宙论的抽象原理,人生观具有具体的历史针对性,而恰恰是这一人生观及其与它的论争对象的关系揭示了吴稚晖宇宙论的形成过程和历史(而非自然的)内涵。我已指出过:人生观对宇宙论的依赖是指逻辑关系而非时间关系。因此,当我揭示吴稚晖的人生观的诸要素及相互关系时,也将扼要地说明这些正面叙述背

---

[147] 吴稚晖:《一个新信仰的宇宙观及人生观》,《全集》第4卷,页61。

后的潜台词。

首先,吴稚晖对人作了一种纯粹生物学的解释。他用特有的滑稽语调说:"人便是宇宙万有中叫做动物的动物。人又便是动物万类中叫做哺乳动物的哺乳动物",他后脚直立,前脚为手,是"能作诸多运用的动物"。人脑较大,组织较复杂,但也不外是"内面有三斤二两脑髓,五千零四十八根脑筋,比较占有多额神经系质的动物"。[148]吴稚晖的这一表达基于他的宇宙论的一条基本原则,即宇宙万有尽管千差万别,但都可归结为他所谓"一个",这个"一个"本质上是物质性的,却又是"活物",因为他的"质"同时含有"力",而"力"则是驱动世界变化的动因。人作为一个有机体也由质力构成,在性质上与其他宇宙现象并无任何差别。

吴稚晖的这种描述方式的潜在含义是对宇宙诸现象中的等级差别的取消,其核心是对人作为宇宙中心或"万物之灵"的观念的否定。"宇宙除'一个'外无绝对性的东西,止有相对性的罢了"。从茅厕里的石头到其他动植物如苍蝇、树木等等,都是由质力构成的"活物",虽有差异却无高低。[149]在这个取消绝对性而只有相对性的世界中,一切事物如上帝或作为"万物之灵"的人等等绝无神圣性可言。从吴稚晖对"人"及宇宙的界定中,我们可以读出两层含义:(1)用世界的绝对统一性和相对差异性来取消中心,代之以一个多元的世界整体。这当然构成了上帝等神圣观念的取消,因为宇宙万有中并无任何居于其他事物之上的圣物,也不存在绝对的中心。这是用物质的普遍性对抗宗教的神圣性。(2)如果说文艺复兴时代的人们曾通过对人的礼赞来反叛宗教,亦即通过人这一中心的建立来取代宗教的神圣地位,那么,吴稚晖的相对主义(他的确受到爱因斯坦的启发)在否定宗教中心的同时,也取消了人这一中心,其核心是否定人的精神优越性。这就是吴稚晖用脑髓、神经系等物质性概念来描述人的特性的原因:既然有质即有力,那么"精神"不过是生物器官的功能(力)而已。

---

[148] 吴稚晖:《一个新信仰的宇宙观及人生观》,《全集》第4卷,页40—41。
[149] 同上,页22。

从这两方面看，吴稚晖对"人"的定义虽然没有涉及"精神"，却是在物质/精神的二元对立的框架中形成的。他的矛头所向，是梁启超、梁漱溟、张君劢的儒学伦理观以及他们所标举的尼采、柏格森、欧力克、倭铿等人，特别是他们的自由意志、精神原素、权力意志、生命直觉等概念。在1923至1924年的语境中，把人视为"万物之灵"已不具有"五四"前后的那种追求人的解放的意义，而是重新归向传统文化特别是以修身为核心的儒家文化的述词，这个概念是和西方的物质文明相对称的。梁启超、张君劢等人把尼采、柏格森与孔儒学说相沟通，以为他们的生命哲学也就是二千年前中国"生生为易"的人生观；在吴稚晖的眼里，超人哲学、生命意志学说再次把人奉为精神之王，无非是为宗教或玄学留下一席反物质文明的基地而已。[150]他在此用纯粹的生物学眼光描述"人"的概念，就是为了把"人"复归于自然的物质境界，并暗示"人"同自然物质一样不仅是平等的，而且是可以用科学方法加以观察和控制的。他的这一命题表明：伴随着天理、天道、天命或其他最高精神实体的衰亡，"人"也随之衰亡了。因此，当"五四"人物标举上帝之死的口号时，它们也预告了人之死。

第二，吴稚晖宇宙论的另一基本原则是宇宙及其万有不仅是物质性的机体而且还是过程，物质和活动不是两个而是一个东西，其关系是"体"与"能"的关系。这个过程是向真美善的创造性的推进，而不是无限的循环；在整个进化过程中，机体不断地获得并产生新形式。从这一宇宙论原则出发，吴稚晖推导他对"生"的定义：

> 什么叫做生？……便是兆兆兆兆刹那中，那位或造或幻或变的赵老爷，或钱太太，……从出了娘胎，到进着棺木……他或她，用着手，用着脑筋，把"叫好"的戏，或把"叫倒好"的戏，演着的一刹那，便叫做生……生者演之谓也……。[151]

---

[150] 吴稚晖：《一个新信仰的宇宙观及人生观》，《全集》第4卷，页32—33。
[151] 同上，页41。

作为所谓"整个儿'一个'的分裂的变相"之一，人的生命过程在本性上是不断求变的，它既不会反顾，也不会停滞。吴稚晖特别声明他说"人生"便是"两手动物唱戏"并非戏言，而是对人生的敬重，其含义是说他对人的进化过程持一种积极肯定态度，在当时则是直接针对梁漱溟关于世界文明的三种路向而说的。所谓"三种路向"即"意欲而前"的欧洲路向，"意欲向后"的印度路向，"意欲自为调和持中"的中国路向。梁氏宣称西方文化在危机之中，人类文化将出现"中国文化之复兴"，这无疑是对新文化运动的选择的宣判。吴稚晖把"生"作为宇宙进化的自然形式，目的是重新确认为新文化运动肯定过的所谓"意欲向前"的物质文明。这同强调"人"的物质性以对抗所谓"精神"（东方文明）的含义是完全一致的。[152]

第三，整个宇宙过程有两个主要特征，即时间和空间，它们共同构成了人生的舞台：

> 从"无始之始"，到"无终之终"，这条时间线，就是宇宙万有唱戏的季候。"人生"也在中间占有演唱的钟点。从"无内之小"，到"无外之大"，这个空间场，就是宇宙万有唱戏的台盘。"人生"也在那里头占有舞蹈的角隅。
>
> 所谓人生，便是用手用脑的一种动物，轮到"宇宙大剧场"的第亿垓八京六兆五万七千幕，正在那里出台演唱。请作如是观，便叫做人生观……[153]

吴稚晖最终归结说，他的人生观便是：吃饭，生小孩，招呼朋友三项。吃饭表明了生命的物质性需求，生小孩表明爱情之类精神现象不过是种的延续的内在要求，招呼朋友表明人类的道德（如自食其力，不阻碍他人，相互扶助）乃是宇宙过程的基本规则，而所有这一切都有赖于物质文明的

---

[152] 吴稚晖：《一个新信仰的宇宙观及人生观》，《全集》第4卷，页44—47。
[153] 同上，页43—47。

进步,因而也都可以用科学加以研究和控制。吴稚晖指出人可以"人工"补"天行",促进道德理想的实现,实质上是说道德理想的实现植根于人控制自然、利用自然的能力的进步。他对人的自由意志的称赞等同于对物质文明的肯定。

既然人类生活是由吃饭、生小孩、招呼朋友的物质性过程构成,那么一切非物质性的精神原素,如梁漱溟所谓"直觉—良知—非量—良心",如理学家们爱用的孟子所谓"四端"即"辞让"、"是非"、"恻隐"、"羞恶",都并非人的先验存在。在吴稚晖的世界里,既不存在超然于物质的"天理流行",也不存在脱离物质的先天直觉。人的认识能力是随着人对自然改造亦即品物的进步而前进的,这种进步是由人的理智对物质规律的把握程度决定的。从这一点出发,吴稚晖的唯物的、进化论的人生观包含了对理智的充分肯定:

> ……人……接触外物,则造感觉;迎接感觉,则造情感;恐怕情感有误,乃造思想而为理智;经理智再三审查,使特种情感恰象自然的常如适当,或更反叫理智之蔽,是造直觉;有些因其适于心体,而且无需审检,故留遗而为本能。如是每一作用,皆于神经系增造机械,遂成三斤二两脑髓,又接上五千零四十八根脑筋。[154]

本能、直觉、情感不仅起源于物质性的感觉,而且必须接受理智的过滤。如同胡适所说,吴稚晖的上述观点不过是"要人平日运用理智,养成为善的能力,造成为善的设备",其核心在于强调"为善"的道德要求与"能力"、"设备"的依存关系,[155]这就是他的"人生观"的意义所在。

吴稚晖最终把他的新信仰归结为七条:(1)精神离不了物质;(2)宇宙都是暂局;(3)古人不及今人,今人不及后人;(4)善亦进化,恶亦进化(暗示进化过程或走向真善美的过程是无限的,以及理智的重要性);

---

[154] 同上,页95—96。
[155] 胡适:《科学与人生观·序》,《科学与人生观》,上海亚东图书馆,1923,页26—29。

第十二章 作为科学话语共同体的新文化运动 *1271*

(5)物质文明将促使人类的合一,并解决各种疑难;(6)道德及文化结晶,文化(物质文明)的高低决定道德的高低;(7)"宇宙一切"均可以科学解说("科学万能")。[156]

总的说来,吴稚晖的人生观是从他的宇宙论的基本原则逻辑地推衍出来的,二者是高度一体化的。但从吴稚晖许多论点的直接针对性来看,科学的发现并不是他的科学宇宙论和人生论的直接起源,后者也不是前者的逻辑结果。吴稚晖的宇宙论和人生论所要解决的不是科学问题,而是历史问题,是走什么样的道路才能解决中国的危亡地位的问题,也是生存于宇宙中的人应确立何种人生准则的问题。从这一点看,吴稚晖基于一种历史过程和自然过程的类比来建立其宇宙论,便是毫不足怪的了。

3.3 是机械论还是有机论?

吴稚晖把他的宇宙论称为一种信仰,这表明他清楚地知道他的观点并未得到科学的实证。吴稚晖著作的意义主要是在思想史方面,而不是科学史方面。在对吴稚晖的宇宙论及人生论作了上述分析之后,我们可以先从西方宇宙论的发展角度观察其历史特性:它是机械论的吗?

在欧洲的宇宙论思想的发展过程中,机械论宇宙观(它也被柯林武德称为文艺复兴的宇宙论)是对希腊宇宙论的一次革命,后者具有有机论、内在论和目的论的特征。根据柯林武德的精辟的解说,希腊自然科学是建立在自然界渗透或充满着心灵(mind)这个原理之上的。希腊思想家把自然中心灵的存在当作自然界规则或秩序的源泉,而正是后者的存在才使自然科学成为可能。他们把自然界看作是一个运动体的世界。运动体自身的运动,按照希腊人的观念,是由于活力或灵魂(soul)。但是他们相信,自身的运动是一回事,而秩序是另一回事。他们设想,心灵在他所有的表现形式(无论是人类事务还是别的)中,都是一个立法者,一个支配和调节的因素。由于自然界不仅是一个运动不息从而充满活力的世

---

[156] 吴稚晖:《一个新信仰的宇宙观及人生观》,《全集》第4卷,页106—128。

界,而且是有秩序和有规则的世界,他们理所当然地认为,自然界不仅是活的而且是有理智的(intelligent);不仅是一个自身有灵魂或生命的巨大动物,而且是一个自身有心灵的理性动物。世界上的一切造物都代表了这种充满活力和理性机体的一个特定部分。可以说,被苏格拉底、柏拉图和亚里士多德所研究的心灵,始终首先是自然中的心灵,是通过对身体的操纵显示自己的、身体中的和身体所拥有的心灵。因此,希腊思想家一般总是当然地把心灵从根本上归属于身体,认为它与身体一起生存在一个紧密的联合体之中。很显然,希腊宇宙论乃是基于一个类比之上的:即自然界同个体的人之间的类比。[157]

文艺复兴的机械自然观是在哥白尼(1473—1543)、特勒西奥(1508—1588)和布鲁诺(1548—1600)的工作中,开始与希腊自然观形成对立面的。如果说希腊自然观基于自然与个体人之间的类比,那么,机械自然观则基于自然与机器之间的类比,但这一类比是以非常不同的观念秩序为先决条件的。首先它基于基督教的创世和全能上帝的观念,其次,它基于人类设计和构造机械的经验——上帝之于自然,就如同钟表匠或水车设计者之于钟表或水车。[158]这一类比的核心在于精神与自然是分离的,简单说就是:精神创造自然,或者说,自然是精神自主和自存(self-existing)活动的产物。柯林武德扼要地概括了机械宇宙论与希腊宇宙论的对立:

> 不承认自然界、不承认被物理科学所研究的世界是一个有机体,并且断言它既没有理智也没有生命,因而它就没能力理性地操纵自身运动,更不可能自我运动。它所展现的以及物理学家所研究的运动是外界施与的,它们的秩序所遵循的"自然律"也是外界强加的。自然界不再是一个有机体,而是一架机器:一架按其字面本来意义上

---

[157] 参见柯林武德:《自然的观念》的导论及第一部分第一、二、三章。
[158] 参见柯林武德:《自然的观念》的导论及第二部分第一、二、三章,R.霍伊卡:《宗教与现代科学的兴起》第一章,钱福庭、丘仲辉、许列民译,成都:四川人民出版社,1991。

的机器,一个被它之外的理智设计好放在一起,并被驱动着朝一个明确目标去的物体各部分的排列。[159]

像希腊思想家一样,文艺复兴的思想家们把自然界的秩序看作是一个理智的表现,只不过对希腊思想家来说,这个理智就是自然本身的理智,而对文艺复兴思想家来讲,它是不同于自然的理智——非凡的创造者和自然的统治者的理智。这个差别是希腊和文艺复兴自然科学所有主要差异的关键。

从上述比较来看,吴稚晖的宇宙论既不同于希腊宇宙论,也不同于机械宇宙论。作为一位宗教批判者,吴稚晖否认任何非物质性的原因存在,他强调整个世界及其运动是一种由质与力相交的物理运动,自然内部没有作为一种导引力量的心灵(有机论),自然外部也不存在精神创造者(机械论)。从他把自然归纳为"质力"的内在机质,并把精神活动视为物质运动而言,吴稚晖的宇宙论含有某种程度的机械论性质。但是,吴稚晖又认为自然的运动是一个"活物"的运动,在自然要素内部存在着一种自动力。从特定过程看,自然运动是无目的和偶然的,从整个过程看,自然运动又是一个趋向真善美的有目的的过程。这似乎又在暗示自然本身是一个有机的生命体,它存在着一种趋向真善美的内在基因,就如同植物种子中含有花果的生长基因一样。由此看来,吴稚晖的"质力"及"活力"的概念与希腊思想家的"心灵"与充满活力和目标的自然概念又具有相似性。更为重要的是,如果自然是一架机器,那么人就必须从它的创造者那里得到目标与规则的启示;如果自然本身蕴含着真善美的趋势,人们则需要依循宇宙自然的运动来建立自己的人生观。对于吴稚晖来说,他显然更倾向于后者。

吴稚晖的宇宙论的有机论特征直接导源于进化论。正是这一理论把自然解释成一个自然的变异或进化的过程。它启示人们:自然同人类史一样是由物竞天择、适者生存的规则所控制的。"物竞"与"适者"的概念暗示自然过程是一种有意志的生命过程,万物都为生存而奋斗,为存在的

---

[159] 柯林武德:《自然的观念》,页5。

权利而改变自己、使自己更强健。但同时,这又是"天择"的过程,是充满偶然性的纯自然过程。我们已提到过,希腊宇宙论是基于自然与个体的人的类比,机械论宇宙论是基于自然与机器的类比,而吴稚晖的宇宙论则是基于自然与历史的类比:历史是自然过程,又是有意志和目标的活动;历史充满了偶然性,又具有"进步"的特征;历史的动力是由历史内部的各种因素的关系而产生的,它没有外部的操纵者,但历史的过程又不同于个体生命那样是循环的(如同种子—植物—种子那样),而是不可重复地向前渐进的。进化理论坚持认为一切被视为不变的东西实际是变的,从而消除了自然界中变与不变因素之间非常古老的二元论。如同柯林武德所言:"在进化的自然观基础之上逻辑构造出的自然科学将追随历史的范例,将它所关心的结构分化为功能,自然将被理解成由过程组成,自然中任何特殊类型的事情的存在,都被理解成一个特殊类型"。[160]

吴稚晖不是一个自然科学家,但从他早年的译著和20年代被称为"杭育"的文章,我们可以说:现代科学的成果,特别是进化论和相对论都对他的宇宙观的形成具有重要意义。他的宇宙论的深刻的生物学特征是显而易见的。吴稚晖的"物质"概念中含有某种与希腊宇宙论相近的有机论性质,但其科学渊源却是现代的。吴稚晖在进化概念的启示下,把物质描述为过程和活动,或某种非常像生命的东西,但我们却不能说他的观点是泛灵论、物活论。如同柯林武德指明的,现代宇宙论只能产生于对历史研究的通晓,尤其是通晓那些置过程、变化和发展概念于图像中心的历史研究,而进化的概念则是产生这一新宇宙观的第一个重要的转折点。把吴稚晖的宇宙论同亚历山大、怀德海等人的现代宇宙论加以对比也许并不恰当,但我们仍可以说,吴稚晖的非学术的、多少有些逻辑含混的宇宙论的确具有某种现代特征:怀德海不是坚持实在是个有机体,自然是个过程,实体和活动不是两个东西而是一个东西么?

如果说机械论自然观隐含了一个外部的第一推动者,那么这一观念的确是和基督教传统中的创世观念相关的。吴稚晖的传统中没有这种基

---

[160] 同上,页17。

督教观念,他强调自然及其物质的自身运动,强调人的历史活动与自然的谐和性,这不仅是他的宗教批判的直接目标决定的,而且是他赖以思考的那个非基督教的文化传统决定的。这也就提出一个新的问题:以"反理学"为特征的新宇宙观与理学世界观的关系究竟如何?

4. 是"反理学"还是"新理学"?

吴稚晖介入"科学与人生观"讨论的第一篇文章题为《箴洋八股化之理学》,开宗明义,他把张君劢一派当作理学的现代遗存。四年之后,胡适在上海东亚同文书院讲演《中国近三百年的四个思想家》,借顾炎武、颜元、戴震和吴稚晖四人描述1600年以来中国思想中的反理学思潮。事过境迁,徘徊反省,胡适重吊"科学与玄学论战"的古战场,才真正体会了吴稚晖用"理学"喻"玄学"的深意:"原来这场争论还只是拥护理学与排斥理学的历史的一小段"。[161]他又进而发现张君劢的《人生观》所谓"精神文明"即孔孟至宋元明之理学家"侧重内心生活修养"之结果,而丁在君之"科学文明"也直指理学家的"精神文明"。故而胡适总结说:

> 丁先生是科学家,走的是那条纯理智的格物致知的路。张先生推崇"内心生活",走的仍是那半宗教半玄学的理学的路。[162]

以胡适的地位与声望,他竟把顾、颜、戴三大思想家与吴并列,落笔之重,评价之高已不待言。胡适注重的是"反理学"的彻底性。他标举顾炎武,重视的是他的考文知音的实证的"科学研究法"对于理学"主敬"态度的掊击;他推崇颜习斋,关键在于颜元的躬行实践形成了对高谈性命之理的宋明儒者的批判;至于戴震则不仅"是个很能实行致知格物工夫的大学者",而且"认清了理学的病根在于不肯抛弃那反人情性的中古宗教态

---

[161] 胡适此文后改题为《几个反理学的思想家》,收入《胡适文存》第3集第2卷,页154。
[162] 同上,页155。

度,在于尊理而咎行气,存理而去欲,故而他的新理学只是拼力推翻那'杂糠傅合'的,半宗教半玄学的旧理学",并从推翻理气、理欲二元论入手建立他的新理学。[163] 从具体的研究方法,到唯物论的宇宙论,这在胡适的眼中乃是科学精神在方法论和哲学中的体现,而科学精神在本质上就是反理学的。胡适认为,吴稚晖在这两方面表现出的坚定态度都超迈前人。

吴稚晖的宇宙论与人生论的确含有"反理学"的直接针对性。这种"反理学"特征可从下述几个方面来理解:第一,吴稚晖从比较文化史的角度把"理学"作为印度佛教的变种,在他的文化比较史论中,阿拉伯、印度等宗教性强的民族"一为神秘,一为玄虚,简直是半人半鬼的民族",而中国古代的传统却是"一老实农民,没有多大空想,能建宗教"。[164] 这种对理学的宗教性的排斥不仅含有对中国古代传统的体认,而且还让人想起北宋道学力排佛老、回归先秦儒学的努力。吴稚晖说:

> 现在读起十三经来,虽孔圣人孟贤人直接晤对,还是温温和和,教人自然。惟把朝奉先生等语录学案一看,便顿时入了黑洞洞的教堂大屋,毛骨悚然,左又不是,右又不是。[165]

通过恢复儒学的正宗来攻击理学的做法虽然可以说是颜元、戴震以来的一种反理学传统,但也是宋明儒学排斥佛老的一贯方式。

第二,吴稚晖用物质文明的尺度衡量道德水平,实际上是用物质一元论来取消以修身为特征的理学的所谓精神的或道德的优势。在他眼里,西方的工业革命和科学文明不仅具有物质优势,而且举凡仁义道德、孝悌、忠信、吃饭、睡觉,无不"叫做高明",这可以说是对"理学"的精神优先性观点的一次颠倒。

第三,从前两点出发,吴稚晖也如戴震一样试图用一种新的哲学来批

---

[163] 同上,页138。
[164] 吴稚晖:《一个新信仰的宇宙观及人生观》,《全集》第4卷,页120。
[165] 同上,页121。

判理学的理气、理欲二元论，进而形成他的"漆黑一团"的宇宙观和"人欲横流"的人生观。与丁文江等人相比，吴稚晖具有更深的历史眼光，他意识到张君劢人生观的问题并不在于他是"玄学鬼"，而是在于他的"玄学"本身是宗教性的。所以他说张的"人生观是误在他的宇宙观"。[166]因此，吴稚晖以建立科学的"新玄学"自命，"做一番大规模的假设"；[167]换句话说，吴稚晖决心用一种一元论的玄学去对抗二元论的理学，并从这种新的玄学中滋生他的人生观。

吴稚晖用一种结构完整的"新玄学"对抗旧理学，却在不意之间在结构形态上产生了与理学的相似性，即都是以重建人生观为己任而诉诸宇宙论，而后归结到人伦日常，亦即都是要从宇宙（天）过渡到人（伦理），使天人相结而合一。吴稚晖的宇宙论乃是基于一种自然与历史的类比，从逻辑上看，他的宇宙论先于人生观，但从时间关系看，他是为论证已有的人生观才用宇宙论来武装自己。他的宇宙论不仅起源于人生观与历史观，而且以后者为目标。所以他的宇宙论也并不是真正的宇宙论，而是一种信仰，它从属于人生观。从结构上看，吴稚晖的"新玄学"与宋明理学都具有本体论（自然本体）——宇宙论（世界图式）——人性论——认识论——伦理学（回到本体论）的内在程序。吴稚晖坚持从宇宙论的立场直接地推论他的人生观，他的特点在于严格坚持一元论宇宙观的逻辑，并把它推展到人生论中去，从而把人性理解为一种"物质性"，在一个与心学截然相反的方向上构成对理学二元论的批判。

现在我们可以回到胡适用"反理学"来描述吴稚晖的思想这一问题上来。作为哲学史家，胡适当然知道理学"是禅宗道家道教儒教的混合产品"，其主要观念"是古来道家的自然哲学里的天道观念，又叫做'天理'观念"。[168]但是，胡适实际上完全不重视周敦颐、张载和朱熹的宇宙论，而把小程子所谓"涵养须用敬"、"进学则在致知"作为理学的核心和

---

[166] 吴稚晖：《箴洋八股化之理学》，《科学与人生观》（下）。
[167] 胡适：《几个反理学的思想家》，《胡适文存》第3集第2卷，页168；吴稚晖：《一个新信仰的宇宙观及人生观》，《全集》第4卷，页15。
[168] 胡适：《几个反理学的思想家》，《胡适文存》第3集第2卷，页112。

近世哲学的两条路向之由来,他基本上是站在"格物致知"的路线上批判"主静"、"持敬"的宗教态度。这就不难理解,他在概括"反理学"思潮时,虽曾举出黄宗炎、毛奇龄对"太极图"等宇宙论的批判,却未作详论;他关心的是费密、颜元对心性之学的抨击,是颜元、戴震、袁枚对"不近人情的"理学人生观的揭露,是顾炎武、戴震、崔述对"求知识学问的方法"的寻求与建立。透过他对理学与反理学的描述,我们可以看到胡适所谓"反理学"的核心即:反对理气二元论的玄谈,反对理欲二元论并由此肯定世俗情欲,注重科学方法。他既没有分析理学内部的气一元论与理气二元论的关系,也没有从结构上考虑吴稚晖的宇宙论与人生论与理学的相似性。值得注意的是:吴稚晖的宇宙论及人生论与宋明理学都起源于一种"常识批判"。吴稚晖针对的是梁漱溟等人把精神文明和物质文明分割为对立两极的二元论,他要证明的是人的精神生活植根于物质生活这一常识。这种常识批判终于要上升到宇宙论的高度,乃是因为只有在理论上肯定了人与天作为感性物质存在的实在性和合理性,承认了这种存在处于不断的变化生灭运动的过程之中,才能充分肯定"渴饮而饥食,戴天而履地"的合法性和合理性。同时,人的日常生活及其方式总有一定目的,遵循一定的规范和秩序,因之在理论上也就得去寻找、探讨、论证这种普遍规则、秩序和目的(认识论)。[169]在讨论宋明理学对佛老二氏的批判时,许多思想史家都已经论证过理学家的斗争策略,即力图在有限的、感性的、现实的(也是世俗的、常识的)伦常物理中,去寻求和论证超越这有限、感性、现象的无限、理性和本体。这样也就逐渐地把规律、程序、目的从物质世界中抽象出来当作主宰、支配、统治后者的东西了。吴稚晖坚持他的物质一元论,从宇宙论的高度论证不存在物质世界之上的主宰、规范与秩序,后者只是作为物质自身的特性而存在。从这一意义上,吴稚晖的确是反理学的,但他是用一种新理学来反抗和替代旧理学:他把宇宙的物质特性作为规则抽象出来,要求人们服从它的指导与制约,从而以最为明确而简单的方式将天理世界观替换为公理世界观。

---

[169] 李泽厚:《中国古代思想史论》,页226。

第十三章

东西文化论战与知识/道德二元论的起源

> 近年中以输入科学思想之结果,往往眩其利而忘其害。
>
> ——杜亚泉

第一节 文化现代性的分化

"五四"新文化运动,特别是《新青年》、《新潮》以及其他激进的文化刊物,引发了文化界有关东西文化的文化辩论。《东方杂志》、《甲寅》、《学衡》、《国学季刊》等刊物及其作者与以陈独秀、胡适为代表的"新文化运动"展开文化辩论。1923年的"科学与人生观"论战(又称"科玄论战")是东西文化论战的一个自然的发展。那么,东西文化论战是如何过渡到"科学与人生观"论战的呢?以往的相关研究主要是在科学主义与反科学主义的范畴中论述"科学与人生观"论战的历史含义,而本章则试图将这场讨论与现代知识体系的重构和文化现代性的分化关联起来。简要地说,晚清以降的中国近代思潮以公理/科学世界观替代天理世界观,在知识上逐渐地形成了完整的科学知识谱系,在这个知识谱系中,道德、信仰、情感、本能等领域与其他知识领域并未发生严格的分化,它们都是科学知识体系的一个组成部分。但是,伴随中国现代社会的变化和"五四"以后文化冲突的加剧,知识领域也开始了相应的变化,其主要的特征就是一批深受西方思想影响的人文主义者力图将道德、信仰、审美等领域与知识领域分化为不同的领域。这是一个始终没有完成的中国现代思想的"主体性转向"的过程。在这个意义上,"玄学派"对科学世界观的批评不能被简单地理解为对现代性的批评,恰恰相反,他们的思想努力促成了知识领域的现代性分化。知识领域的分化不是一般地表现为关于客体的知识与关于主体的知识的分化,而是首先表现为东西文化论争的形式。理性与直觉、知识与道德、认识与情感等领域的分化,是从中国思想家有关东西文化差异的讨论中孕育出来的,不同知识领域的不可通约性产生于有关文化间的不可通约性的讨论。因此,"主体性转向"的直接结果不是关于主体的哲学和心理学的发展,而是关于中国文化的特征、意义的考查。在这个意义上,关于玄学、直觉与科学、认识的不可通约性的论述,直接地关涉在中国/西方的文化关系中建立中国文化主体性的问题。梁漱溟、张君劢成为现代新儒家的开创者与上述背景有关。东西文化论战的双方都预设了有关历史发展的宏伟叙事和科学论述的前提,从而也表明这场论战不能简单地被理解为现代与反现代的冲突。无论是文化论战,还是知识辩论,都是中国现代思想的内部冲突。

中国近现代思想的主要特征之一,是调和机械论世界观与目的论世界观,进而把科学技术的进步与社会政治、道德信仰以致审美领域的发展在知识上联结成为一个整体。所谓科学世界观指的就是这样一个普遍性的知识体系,它为现代中国社会的体制变革和文化发展提供思想依据和意识形态基础。在这种世界观中,科学和技术成为社会合理化的模式,或者说,科学技术具有了某种范式的特点。然而,把科学技术理解为历史进步的范例必须有一些前提,而最重要的就是,必须按照启蒙主义的思想和实证主义的观点来估价和理解科学技术本身,从而论证科学技术作为能够解决各种问题的机制也同样适用于人类的历史事务。从严复到吴稚晖,中经陈独秀、胡适和胡明复等科学家,中国现代思想一方面借助于科学的概念重新解释自然界和人类,另一方面又试图利用这种新的自然观念及其解释方法,为宇宙和人类社会提供一种合目的的历史品质。在我对吴稚晖的论述中,已经集中地讨论过这种宇宙观所具有的机械论与物活论的双重特征。

在中国现代思想语境中,这种调和论产生于现代思想与天理世界观的分离过程之中。在晚清至五四的历史时期里,从主导的方面看,中国思想家强调科学思想是对客观的现实世界(包括宇宙自然界和人类生活的世界)的研究和认识,试图用"客观知识"取代天理世界观,而不是从主观的或个人的方面对这个传统世界观进行反叛。按照这个基本目标,中国现代思想把各种问题——自然问题,社会问题,道德问题,审美问题,形而上学问题——汇合为一个基本的问题,即科学知识体系的问题,用当时的语言说就是科学的宇宙观和科学的人生观的问题。

科学宇宙观的形成既然是一个从传统思想中分离出来的过程,在其初期,它就只能在传统的思想方法中活动,而传统思想方法中的共同因素是它们的世界观中的道德中心主义或人类中心主义性质。在传统天理世界观中,形式上天理处于传统世界观的顶端,但实际上对天理的体认不仅首先是一个道德实践过程,而且天理本身的意义也只能体现在政治和道德的日常实践中。作为一种替代性的世界观,科学宇宙观似乎首先是对于自然的哲学解说,但它需要完成的却不只是关于自然的知识问题,而且是有关道德、政治和审美等各种人类生活的问题。科学宇宙观试图揭示出世界的整体性和目的性,并通过这种整体的和合目的的宇宙论解决政治、道德、审美等社会和人生问题。考虑到天理世界观与传统政治制度、家族制度和伦理体系的内在关系,科学世界观对天理世界观的替代明显具有结构性替代的特征。换句话说,科学世界观及其知识谱系并不是通过瓦解和分化天理世界观的内在结构而产生的,而是在特定的历史动力之下,完成对天理世界观的结构式的替代,因而在结构上恰恰保存了天理世界观的主要特点。

在韦伯和哈贝马斯的理论体系中,文化的现代性表现为一种理性分化的特征:从宗教和形而上学之中分离出三个自律的范畴,即现代科学、自主的艺术与伦理和法律的理性主义。这种分化当然是以宗教世界观中的认识潜能的分化为基础的,但是,这些认识潜能在传统世界观中却不是以如此对立的形式存在。哈贝马斯曾经试图用简明的方式对韦伯的合理化概念进行阐释,他指出上述现代意识结构产生于世界观合理化的普遍—历史过程,即宗教—形而上学世界观的脱魅。在韦伯的视野中,三重结构的现代意识与现代职业文化具有内在的联系,因为现代职业的分化既是现代意义结构的历史后果,也是信念伦理学的一种补充。文化价值的领域(认识的观念、规范的观念、审美的观念)与文化行动体系(科学活动、宗教活动、艺术活动)紧密关联。从意识结构的角度说,上述三个合理性领域的分化提供了看待世界的三种基本的观点,即客观化的(科学的)、符合规范的(道德和法律的)和审美的(艺术的和情感的);在这样的视点中,世界也被区分为客观的、社会的和主观的三个方面。这样,相应的观念(从科学和技术,法律和道德,艺术和"恋爱学"各个领域中提出的观念)与利益联系在一起,并体现在相应的不同的生活秩序中。

那么,上述"分化"是在什么意义上被理解为文化的合理化的呢?既然韦伯和哈贝马斯明确地将合理化过程理解为欧洲历史的特征,那么,我又是在怎样的意义上借用合理化的概念的呢?

"合理化"概念明显地与韦伯理论有关,也与哈贝马斯有关韦伯的解释有关。但是,我的这一临时性借用不仅旨在表明中国社会和思想的现代转变与韦伯所描述的西方现代性的发生所具有的深刻差异,而且还试图解释隐藏在这种差异背后的内在关联。我在本书的许多章节反复地分析了中国现代思想中的"科学"概念与中国思想传统的关系,并在这种关系中解释了这一概念的中国用法的种种特点,但我的目的并不仅仅在于论证中国现代思想的特殊性和差异性。"科学"概念的诞生和功能都必须在现代语境中给以解释,而所谓"现代语境"则体现为由西方资本主义的兴起而产生的广泛而剧烈的政治、经济、军事和文化的交往和冲突,这种冲突和交往导致了民族—国家的政治体系和国际劳动分工的经济体系的形成,并在许多方面把各民族、地区和国家组织到全球化的历史进程之中。这个全球化的进程在一定程度上可以被描述为消解或消灭文化差异性的过程,尽管差异性本身并没有彻底消逝。在这个意义上,科学及其制度性的实践为现代社会提供了普遍适用的范例或模型,从而也是消解这种差异性的最为重要的普遍主义力量。现代资本主义及其在全球范围内的扩张,最终也模糊、甚至消解了科学及其制度性的实践与欧洲理性主义的历史联系。在我看来,揭示西方理性主义的文化历史地成为一种普遍的文化,并不是一般地重申普遍主义的文化观点,毋宁是揭示(西方)文化的特殊性如何转变为控制当代世界的普遍性。

如所周知,韦伯是从这样一个双重性的问题入手来开始他的研究的,即为什么在西方——而且仅仅是在西方才显现出来的那些文化现象,存在于一系列具有普遍意义和有效性的发展中?[1]韦伯的确不仅把理性主义看作是在欧洲产生的普遍现象,而且也认为理性主义就是欧洲文化的一种特质。然而,问题也恰恰在于:通过资本主义关系的全球化,这种文化特质成为了一种"现代"世界的普遍特质。[2]哈贝马斯在讨论欧洲现代思想中的普遍主义时说:"韦伯在这场争论中(指历史主义和普遍主义的争论)采用了一种谨慎的普遍主义立场;他不认为理性化过程是西方的特殊现象,尽管理性化出现在世界所有的宗教中,但只是在欧洲才成为理性主义的一种形式,这种理性主义形式作为西方的特征是特殊的,作为现代性的特征却是普遍的。"[3]因此,"现代性"问题所要处理的是一种普遍的历史现象,这种现象所以是普遍的,是因为它脱离了

---

[1] 马克斯·韦伯著,于晓、陈维纲译:《新教伦理与资本主义精神》,北京:三联书店,1987,页4。

[2] 在论及韦伯的论点及其与普遍主义的关系时,哈贝马斯指出,"普遍主义的立场不必非得拒绝'人类文明'的多元主义及其历史表象的不一致性;但是,它认为这种生活形式的多样性仅仅限于文化内容,并认为,每一种文化,只要它要达到一定的'意识自觉'和'升华',就一定共享关于世界的现代理解的特定的形式特征。因此,普遍主义的预设涉及一些这样一些现代生活形式的必要的结构特征。" Jürgen Habermas, *The Theory of Communicative Action*, vol. 1, trans. Thomas McCarthy (Boston: Beacon Press, 1984), p. 180.

[3] Ibid., pp. 154-155.

产生它的特殊历史文化(即欧洲的基督教文化,更具体地说,是所谓西方文化的理性主义,Occidental Rationalism),并历史地具有了某种形式化的特征。

但是,这种形式化的特征并不意味着现代历史是超越文化的共生现象,在形式化的掩盖下是资本主义方式的全球扩张的历史和本土历史的断裂。正是在这一过程中,几乎所有民族和地区都被组织于国家/社会/个人的形式之中,几乎所有现代国家内部的个人都逐渐被组织在职业化的分工体系、行为模式和价值取向之中——尽管就具体内容而言,不同地区和国家仍然保留着某种文化的特点。在这个意义上,我所探讨的所谓"合理化"问题是一种资本主义条件下的普遍现象,而不是西方理性主义的表征。也是在这个意义上,全球化进程中的"资本主义"已经不是欧洲特定历史阶段中的资本主义。严格地说,全球化的历史进程不仅改变了各民族和地区的历史,而且也消灭了那种植根于欧洲历史文化中的资本主义。[4]我们所描述的现代"资本主义"不仅超出了民族—国家的范畴,而且其内部的组织形式和文化内容都不能以西方文化的理性主义加以概括。韦伯曾经指出过合理化现象的多样性,即从不同的视点和结果来看,存在着不同的"合理化"和"不合理化"。然而,"合理化"和"不合理化"作为一种形式特征却在全球化的历史进程中被组织到资本主义生产方式和日常生活的具体内容之中了。

无论是韦伯,还是哈贝马斯,他们对合理化过程的分析紧密地联系着欧洲历史,特别是新教伦理及其与现代资本主义的关系。对于我们仍然具有启示意义的是:韦伯是从意识结构的合理化这一视点来观察社会合理化的过程的。"世界观的合理化导致了文化的认识因素、判断因素和表现因素的分化,并在这个意义上,导致了对于世界的现代理解。"[5]也是在相似的意义上,中国思想家为了论证道德、艺术和社会领域的自主性

---

[4] 无论是马克思或是韦伯,他们对资本主义的研究和描述都没有脱离欧洲历史。按照他们的资本主义概念,当代"资本主义"已经不是资本主义。

[5] Habermas, *The Theory of Communicative Action*, vol. I, p. 176.

而反复强调这些领域与科学领域的分化。这种意识领域的分化的社会内容包括:(1)对于以科学发展为范例的现代社会而言,自主的道德和艺术领域是一种反现代的文化。但是,如果我们把思想领域有关道德、审美领域的自主性的论证与现代社会体制或社会行动体系相关联的话,这种自主性在功能上为现代社会的合理分工创造了前提。(2)以"分化"为特征的知识体系直接地为现代教育制度的学术分科提供了理论的基础,而"分科"的方式则是以早期的科学观念为范例的。如果说早期的"分科之学"主要体现为"富国强兵"的政治经济需要,那么,新的"分科"则表明中国社会结构正在发生制度性的重组:道德、审美和法律的领域伴随现代化进程而呈现出自身的独特性和规律。(3)伴随道德和审美的领域从科学领域中分化出来,以科学发展为范式的现代进程本身开始成为反思的对象。但是,这种反思在功能上仍然是社会现代化过程的一个部分。(4)通过意识领域的"分化",我们可以观察社会合理化的过程,其特点是合理化的社会分工。不同的知识领域被规划成为特定的领域,这些领域必须通过一定的教育机制和训练才能被掌握,即使是艺术领域也是如此。专门化的知识分工是社会生产和再生产的需要,这种生产和再生产需要一定的社会规模,也需要"标准化"。因此,我们能够据此推论说,现代社会的组织方式和它的评价系统是以科学作为范例的。在科学与现代社会之间存在着一种同构的关系,或者说,科学正是现代社会得以成立的基础。

晚清至现代时期,中国社会伴随都市的发展和教育体制的变革,显然也发生了新的知识的分化和职业的分化。"分化"在知识领域体现为新学内部的知识分科。我已经指出过,中国的科学概念是和新学的"分科"问题相关的。[6]但是,就意识结构而言,中国科学世界观的兴起与其说是一个传统世界观的分化的过程,毋宁说是一个结构性的替代过程,即用一贯的科学世界观替代一贯的天理世界观,而不是将天理世界观分化为知识、道德和审美等有效性的特定领域。对知识谱系重加整理,并在科学

---

[6] 汪晖:《赛先生在中国的命运:中国近现代思想中的科学概念及其使用》,《学人》第一辑,南京:江苏文艺出版社,1992。

思想的统一范畴内对各个知识领域进行重新安排,当然也具有韦伯所说的"合理化"倾向。但是,这种知识谱系的安排并没有促使知识、道德和审美分化为完全不同的领域。相反,道德、心理、审美等领域不过是普遍的科学知识的一个特殊的分支罢了。这在严复等人的思想中表现得极为清楚。吴稚晖等人甚至认为新学中无须设立道德伦理课程,因为自然科学——诸如物理、化学等——已经蕴含了道德的必然性,换句话说,德育与智育没有也无须发生分化。在他们的构想中,根本不存在作为一个领域或科目的德育。

晚清以后的社会变化,特别是社会团体、教育制度、法律和其他社会领域的改革提供了新的社会背景。在五四以后的时期里,意识领域的分化过程终于缓慢地发生了,其主要的特征就是在知识上将关于主体的知识与关于客体的知识逐渐区分开来。西方现代伦理学、心理学和文学的大规模译介,为这次转向提供了知识上的准备。但更重要的背景则是:伴随西方思想对现代性的反思,特别是对科学文明的反思,中国思想界对于科学及其世界观的有效性产生了程度不同的怀疑。借助于尼采、柏格森、倭铿等人的哲学,中国的人文主义者们对上述替代性的科学世界观及其知识谱系给予激烈的批判。正像尼采等人一样,他们对科学文明持悲观态度,并从伦理价值的取向上怀疑现代社会的合理化进程。在他们的社会理论中,科学技术丧失了范例的价值地位。但是,所有上述知识领域和教育体制的变化是和这样一个更为基本的问题相关的:在各种社会分工和职业化的训练之外或之上,现代国家通过教育体制把人训练成为公民,从而道德和法理教育不可避免地获得自己的独立地位,并经常被置于其他专业教育之上。

因此,在现代中国的历史情境中,新的知识领域不是从宗教和形而上学的世界观中分化出来,而是从统一的科学世界观中分化出知识、道德和审美等独立范畴。假定我们临时地借用韦伯的观点,把现代化理解为社会的合理化,把现代性理解为三个合理性(即科学、道德和艺术)的复合体及其紧张对立的关系,把意识领域的上述"分化"理解为文化现代性得以建立的条件,那么,玄学派对科学世界观和人生观的批判就不能简单地看作是对现代性的批评,而是文化现代性得以建立的分化过程的体现。

换言之，玄学一派对人生领域与科学领域的严格区分，以及这种严格区分在知识的现代分化和现代教育的学科建设中所起的作用，都是中国现代性形构过程中的重要事件。这里所说的不仅是人文领域与科学领域、人文话语与科学话语在思想和教育体制中因此而发生严格分化，进而重构了知识的基本结构；更为重要的是，在知识领域提出的这种分化的趋势，分别地对应着社会现代化的不同领域和"文化行动体系"，即科学认识的、道德和法律的与审美表现的世界秩序。在这个意义上，玄学派所做的工作首先是一种知识的分化工作。这种知识的分化工作以关于主体的知识与关于客体的知识的区分为轴心，不仅为现代学术和教育体制的内部安排提供了理论的支持，完成了现代性的知识构成和体制重组，而且为现代社会的"合理化"秩序和"文化行动体系"提供了意识的前提。中国作为现代国家的制度安排即是以这种知识的分化为前提的，当然，我们也可以反过来说，现代国家的制度安排本身为知识领域的上述分化提供了社会的和政治的动力。在这个意义上，通过完成韦伯所描述的那种现代性的文化安排，玄学派的"反现代"倾向真正促使现代思想在基本的结构上摆脱了传统的天理宇宙论。在这样的视野中，对于"科玄论战"的解释不能再停留在观念史的范围内，不能简单地将这场论战理解为科学主义与反科学主义的冲突，而必须将这场论战看作是现代知识体系重组的重要环节，这种现代知识体系的重组为中国现代社会和国家的制度安排和文化安排提供了合法性的论证。

我的分析集中于"五四"东西文化论战和"科玄论战"及其历史关系，但这决不应简单地理解为：这两场论战决定了整个中国现代知识体系的走向。我只是把它们作为中国社会思想和知识体系重构的一个有机的环节进行案例分析。"五四"东西文化论战的叙事及其内容涉及现代化过程中中国文化的主体性问题，或者说，寻求现代化过程中的文化认同问题。然而，在论辩的过程中，文化的问题逐渐地演变成为知识的问题，文化认同的问题也逐渐地演变成为现代知识体系的重构的问题。通过梳理和研究东西文化论战及其与科玄论战的历史联系，我试图揭示出在科玄论战的抽象论争中所隐含的文化问题。

第二节　东西文化论战的两种叙事模式

"科学与人生观"论战直接延续了五四时期东西文化论战的许多基本主题。但是,这场论战以明显的专业化的学术形式区别于此前有关文化问题的各种论战。所谓专业化的学术形式是指这样一种形式:参加讨论的人都是经过专业训练的学者,他们使用的语言也是由专业化的知识处理过的语言,而不是日常语言,他们都必须遵循某种共同认可的规范,尽管他们所持的具体观点大相径庭。专业化的讨论还意味着这样一个历史事实:在现代中国,已经出现了以学术为职业的社会群体,他们对文化的讨论在一定程度上已经与大众的日常生活脱离了具体的联系。在这场讨论中,学者们要区分的是科学的有效范围多大,是否存在不同性质的知识,讨论的问题也主要在原理的层面或元理论的层面展开,而不是在经验的层面或历史的层面展开。

尽管已经发生的论争没有达成真正的共识,在许多时候仍不免情绪化的谩骂,但是,采用元叙事的方式或哲学的方式进行论战已经表明:双方相信通过这种哲学讨论,能够获得一致看法,那就是正确的知识。假定文化论争的最终结果是确认各自的文化立场、重申各自的文化价值的话,"科学与人生观"的讨论的最终结论不是文化立场问题,而是真理问题,是真理与谬误的区分问题。换言之,各种文化的、社会的和政治的分歧在这场讨论中已经被处理为对某种公理进行科学论证和检测的问题。针对论战中的一些越轨行为,梁启超在论战开始后不久发表了著名的《关于玄学科学论战之战时国际公法》,试图为论战规定一个共同认可的规则。梁启超用战争中攻守双方来比喻科学和玄学双方,暗示了这场论战具有公平游戏的性质:争辩的目的是为了达成共识;以某种共同规则为前提;对话者相互平等。梁氏的"公法"包括两条:第一,问题集中,针锋相对,剪除枝叶。第二,措辞庄重,态度恳挚,不得谩骂。[7]这是此前发生过的所有文化论战都不具备的特征。梁启超不仅相信讨论中的公共规则,而且相信在这种规则的基础上的讨论能够达成某种共识或以达成共识为目的,因为论战的指向是唯一的真理。值得注意的是,梁启超在这场论战中明显地偏向于玄学派,而他对论战的上述基本预设却反映了一种被广泛接受的实证主义的科学信念:科学陈述必须受制于规则,并以达成共识为目的,而不能只专注于表达的实用性。

在《后现代状态:关于知识的报告》(The Postmodern Condition: A Report on Knowledge)中,利奥塔(Jean-Francois Lyotard)曾区分出两种相互冲突的合法化话语,即科学与叙事。他认为科学始终同叙事相冲突。由于科学在陈述有用的规则和探索真理的范围内不受限制,它就应该对它自己的游戏规则提供合法性证明。[8]科学知识不得不求助于公开的或隐蔽的叙事知识程序,因为科学语言游戏在追求真理性陈述的同时,并无方法和能力依靠自身来证明自己的合法性。但是,另一方面,从科学知识的眼光来看,叙事知识根本就不是知识,而只是寓言和偏见。[9]由此,利奥塔揭示出认识论的科学世界观所造成的合法性危机。[10]在深入分析"科

---

[7] 梁启超:《关于玄学科学论战之"战时国际公法"》,《科学与人生观》(上),上海亚东图书馆,1923。

[8] Jean-Franscois Lyotard, *The Postmodern Condition: A Report on Knowledge* (Minneapolis: the University of Minnesota Press, 1989), p. xxiii.

[9] Ibid., p. 29.

[10] 杰姆逊(Fredric Jameson)在讨论利奥塔的合法性危机的主题时说:"……更为科学的时代的特征之一,最为显著的资本主义本身,就是面对那些和科学或实证主义有关的抽象的、定性的、或逻辑及认知程序的知识时,叙事或说故事式的知识的主张便开始相对地退却了。这段插曲再次将《后现代状况》的论断复杂化了,因为它把自身变成了它所要诊断的状况的一种症候——正象它在本文中举出其他任何发展一样,它自身向叙事论式的回归充分表现了它自身也是陈旧的认识的和认识论的科学世界观的合法性危机的好例子。利奥塔确实勾画了科学分析中的一种新的发现:科学试验与许多较小的叙事或制造出的故事很相似。另一方面,悖论的是,这种本质上是关于'真理'的叙事观点的复兴,以及在现存社会体系中到处活动的小叙事单位的活力,伴随着这样问题:叙事功能普遍地经历着更加全球化的和整体性的'危机',因为,就我们所见的,旧的合法性的伟大叙事在科学研究中已经不起作用——这也意味着它在别的方面也不再起作用(如我们不再相信政治或历史的目的论,不再相信历史——民

学与人生观"论战的具体内容之前,我首先提出的问题正是形式方面的问题:为什么这场论战采用了"理论"方式,即元叙事的方式,而不是如同前此的文化论证那样采用历史或文化叙事的方式?中国现代文化论战是如何从历史叙事的基本形式过渡到理论叙事的基本形式的?五四启蒙运动的历史叙事如何内在地依赖于元叙事,科玄论战的元叙事又如何依赖于历史叙事?中国现代思想对现代性的质疑如何依赖于现代性的历史叙事,并促成了现代知识体系的重构?中国现代性的知识体系的结构是如何脱胎于有关历史和文化的叙事的?

在论述中国早期科学刊物的科学观念时,我曾经着重指出当时的科学概念是在科学/政治、科学/文明、科学/时代的修辞方式中提出的,这表明科学需要有关政治、文明和时代的历史叙事对自身进行合法性证明:科学的意义和价值是由它的政治、文化、时代的特殊功能提供的。在晚清民初中国的语境中,科学还没有能够用关于自身的元叙事来证明自身,它必须用"通俗"知识来论证自身。这一事实也表明,科学用何种方式进行合法性证明依赖于特定的社会语境,历史叙事和元叙事都有其历史性。

在现代中国的语境中,科学叙事与历史/文化叙事的差异当然还有更深刻的历史根源和思想前提。我在此首先提及,在下文中将作详论的,是民族及其文化与未来世界的关系。科学叙事体现了一种世界主义的倾向,即历史时间的推进将最终导致一个统一的、消灭了民族及其文化的世界;在这个世界里,所有的文化问题都可以通过(实证)科学的方式得到解决。文化叙事也同样包含了一种世界主义的倾向,但是,这种世界主义倾向需要通过文化的抉择来达到。这样,不同的民族文化孰优孰劣、能否调和、是否通约,就成为有关世界和民族命运的严重问题。

> 族国家、无产阶级、政党、西方——的伟大"推动者"和"主体")。我相信,如果采取进一步的分析的话,这个明显的矛盾能够解决,但利奥塔在现在的文本中似乎不愿这么做。这个进一步的分析就是:不是断言伟大叙事的消逝,而是断言它们的如同以往的潜在运作,它们在我们的当下情境中作为一种'思考'和行动方式的无意识结果的继续。"参见 Fredric Jameson, "Forword," in *The Postmodern Condition*, pp. xi-xii.

科学叙事和文化叙事,都不是针对具体历史问题的具体历史解答,而是重新解释我们与未来的关系的方式,通过各自的解释,它们为现实的社会变革提供价值的来源。

第三节　东/西二元论及其变体

上述情况在五四时期以鲜明的形式表现出来。

东西文化论战以历史/文化叙事的形式展开,双方对东西文化的合法性论证依赖于各自关于文化的历史叙事。这次论战以"文化"和"文明"为主题,论争的焦点是究竟以什么文化及其价值为准则或目标确立中国社会、文化、国家的变革方向。在晚清至五四时期,西方文明被论战的双方普遍地视为科学文明或科学文化,分歧仅仅是对这种文明的评价。这表明:科学的合法性是由特定的文化或文明形态提供的,而不是由科学的原理提供的。正如陈崧指出的,自鸦片战争以降,文化论战迭起,学校科举之争,中学西学之争,旧学新学之争,文言白话之争,东方文化西方文化之争,等等,环环相扣,从未间断,五四东西文化论战只是在规模和时间上将这些论战推向高潮罢了。[11] 从1915年《青年杂志》与《东方杂志》就东西文化问题展开论战起,论战持续了十余年,参与者数百人,发表文章近千篇,专著数十种。内容繁富,问题广泛,形式多样。在这样的形势下,论争不可能局限于专门化的学术讨论之中,只能采用"通俗"知识的形式:用"非科学的"政治、宗教、文化、文明、道德或一般常识性话语来论证科学的范围、限度、意义和危机。不过,非常明显的是,一般常识性话语也诉诸元叙事,那就是以进化论为基础的关于历史发展规律、历史的目的和意义的抽象解说,而分歧的焦点最终也会归结为对于

---

[11] 陈崧:《"五四前后东西文化问题论战文选"前言》,《五四前后东西文化问题论战文选》,北京:中国社会科学出版社,1985,页1。

这种元叙事的判断。

除了上述论争方式的变化之外,从五四文化论战到"科学与人生观"论战,最为重要的变化是前者的东/西二元论转化成为后者的科/玄二元论。这种转化主要是由非主流派完成的。实际上,在晚清以降的科学/文明、科学/时代、科学/政治的论述模式中,科学只是暂时地代表西方文明,因为从长远的观点看,科学是一切文明的基石和方向。在进化论的历史时间意识的支配下,东西文化的对立不过是新与旧、传统与现代的对立,这种对立终将伴随科学的发展而消失,并不能构成稳定的二元关系。改变这种一元论历史观的,恰恰是所谓"保守派"的东/西二元论,这种二元论用空间的关系替代新派的时间关系,从而将东/西作为稳定的表述范畴。从五四以前的东/西二元论到五四以后的科/玄二元论的转变,揭示了这两次论战的内在联系,特别是东/西与科/玄之间的历史关系。科学/道德/情感的区分并不是在认识论的逻辑中发生的,而是在特定的历史关系中发生的,虽然在科玄论战中,这种区分完全采用了认识论的形式。与此同时,这种转变也决定了这两次论战的重要区别。我在此首先分析这种转变是如何发生的,即东/西文化的二元论如何衍生为科学与人生观的二元论。

五四东西文化论战以文明问题为中心,因此所有问题都围绕东西方文明的特征、优劣而展开。东西文明的二元论是论争双方的共同预设,但如果我们将他们对这两种文明及其相互关系的判断纳入各自的历史观中来看,差异仍然是明显的。我把这种差别解释为整体论的历史观与二元论的历史观的差别。简明地说,各民族文化之间是否具有共同的本质,因而享有共同的价值标准、发展规则和未来目标?整体论的历史观对此持有肯定的回答,二元论的历史观对此则持有否定的回答。伴随当时形势的发展,特别是战后欧洲思想的变化,中国的东西文化论战也明显地出现了不同的阶段。按照学术界通常的划分,一般可以分为三个阶段,即1915—1919年的东西文明优劣论,1919—1920年的东西文明能否调和论,1920—1923年围绕梁启超的《欧游心影录》、梁漱溟的《东西文化及其哲学》而引起的对欧洲现代文化的再评价。每个阶段之间的连续性显而易见,但也存在明显的差别。为了说明问题,我在此用分析案例的方式简要解释这些不同论战的形式、问题和隐含的叙事。

东西文明优劣论并不是五四文化论战的独创,而是晚清以降中国思想的主要特征之一。洋务派为"师夷长技"而发明"西学源出中国说",用中国文化为科学技术提供合法性证明。在甲午战争失败后,严复、梁启超等人发展了中西对比的论述模式,坚持文明的异质性,为全面引进西方科学技术和社会政治经验提供思想依据。对东西文化进行举例式的对比,这种历史叙述明显地依赖于有关历史进化规律和最终目标的元叙事,否则这种历史叙述本身无法为变革自身的文化和社会提供价值的标准。如果不能将异质的文化安排在统一的历史进程之中,那么,人们有什么理由相信另一种文化能够为自己的文化提供变革的规范呢?[12]五四东西文化论战的双方都坚持文化或文明的异质性,并在东/西对比的论述模式中各执一词。为什么共同坚持东/西对比的论述模式,所得的结论却截然相反?这显然表明:在这种非常接近的对比式描述背后,还隐含着更为根本的历史叙事。正是这种隐含的历史叙事为文明的对比关系提供了取舍的标准。

1915年创刊的《青年杂志》第1卷第1号揭载了陈独秀的《法兰西人与近世文明》一文,将近世文明的特征描述为"人权说"、"生物进化论"和"社会主义"。贯穿在这篇文章中的文明框架是一种时间性的框架,而不是空间性的框架。陈独秀说:

> 近世文明东西洋绝别为二。代表东洋文明者,曰印度,曰中国,此二种文明虽不无相异之点,而大体相同,其质量举未能脱古代文明之窠臼,名为近世,其实犹古之遗也,可称曰近世文明者,乃欧罗巴人

---

[12] 关于西学源于中国说,请参见《筹办夷务始末》同治46.45a(台北:文海出版社,页4449)。严复在《论世变之亟》中比较"中西事理"说:"尝谓中西事理,其最不同而断乎不可合者,莫大于中之人好古而忽今,西之人力今以胜古;中之人以一治一乱、一盛一衰为天行人事之自然,西之人以日进无疆,既盛不可复衰,既治不可复乱,为学术政化之极则。……"《严复集》第1册,页1。

之所独有,即西洋文明也,亦谓之欧罗巴文明。[13]

陈独秀的历史叙事明确地将东方/西方的文明关系理解为古代/现代的文明关系,从而将东西方文化的时空并列关系改写为一种时间关系。

在汪叔潜的《新旧问题》一文中,这种时间关系被明确为新旧关系:

> 吾何为而讨论新旧之问题乎?见夫国中现象,变幻离奇,盖无在不由新旧之说,淘演而成。吾又见夫全国之人心,无所归宿,又无不缘新旧之说,荧惑而致。政有新政旧政,学有新学旧学,道德有所谓新道德旧道德,甚而至于交际酬应,亦有所谓新仪式旧仪式,上自国家,下及社会,无事无物,不呈新旧二象。……所谓新者无他,即外来之西洋文化也;所谓旧者无他,即中国固有之文化也如是。[14]

文明关系被定义为新旧关系,在这种时间框架中,"新旧之不能相容,更甚于水火冰炭之不能相入也。"正是在不可逆转的时间观念的框架中,欧美各国之家族制度、社会制度以至于国家制度"无一焉可与中国之旧说勉强比附者也。"[15]这种在时间框架中发展起来的文明比较论,再次重复了严复式的中西对比的二元论模式。然而,这种二元论是一种临时性的二元论,因为这种对立不过是要论证中国的变革必须以西方现代文化为准则和目标而已。陈独秀在《东西民族根本思想之差异》一文中,分别论证了东西思想的"若南北之不相并,水火之不相容"的三大差别:西洋民族以战争为本位,东洋民族以安息为本位;西洋民族以个人为本位,东洋民族以家族为本位;西洋民族以法治为本位,以实力为本位,东洋民族以感情为本位,以虚文为本位。[16]但清楚的是:在进步的时间轴线上,这

---

[13] 陈独秀:《法兰西人与近世文明》,《青年杂志》第1卷第1号,1915年9月15日,页1。
[14] 汪叔潜:《新旧问题》,《青年杂志》第1卷第1号,页1,页3。
[15] 同上,页3、页4。
[16] 陈独秀:《东西民族根本思想之差异》,《青年杂志》第1卷第4号,1915年12月15日,页1—4。

种文明差异只能被解释为先进与落后的差异,从而也是可以通过历史的进步而克服的差异。这是一种历史差异,而不是本质论的差异。

第四节　新旧调和论的产生与时间叙事

如果将这种东西文明的对比描述放置于空间性的叙事中,问题就可能发生变化。杜亚泉等人的东西文明论当然是最明显的例证。其至李大钊在采用了地理环境决定论的解释模式之后对文明差异的解释也具有了某种反时间的倾向。在《东西文明根本之异点》一文中,李大钊可能受到了论敌的影响,也将东西文明的差异理解为"静的文明"和"动的文明"的差别,并排列出自然/人为、安息/战争、消极/积极、依赖/独立、苟安/突进、因袭/创造、保守/进步、直觉/理智、空想/体验、艺术/科学、精神/物质、灵/肉、向天/立地、受制于自然/征服自然等各项对立。李大钊把文明的上述差异的动因归结为"自然之影响",特别是地理环境的决定作用:"南道文明者东洋文明也。北道文明者西洋文明也。南道得太阳之恩惠多,受自然之赐予厚,故其文明为与自然和解与同类和解之文明。北道得太阳之恩惠少,受自然之赐予啬,故其文明为与自然奋斗与与同类奋斗之文明。"[17] 这

---

[17] 李大钊:《东西文明根本之异点》,《言治》季刊第3册,1918年7月1日,页1。梁漱溟在评论李大钊的这篇文章时,一针见血地说,李大钊虽然暗示"两文化的调和",但却把"逼到眼前的题目看作未来的事业,"而他"说东洋文明的短处大约有数端,头一端便是'厌世的人生观不适宜于宇宙进化之理',已把印度化一笔勾销。又说要把静止的精神根本扫荡,而李君所以诠释东方文明的就是'静的文明'四字,那么与根本扫荡东方文明何异?李君却还要说'东西文明互有短长,不宜妄为轩轾',岂不太客套了么?……从前维新家的头脑是中西合璧的,是矛盾不通的,东方化就容留下了。现在新思想家很能领会西方化——这也因为问题渐渐问到文化的原故——他的主张要一贯的,要彻底的,那里能容东方化呢?"我们暂且不论梁漱溟的价值判断和文化立场,他对李大钊的东西文明论的实际内涵作了透彻的概括。见《"东西文化及其哲学"导言》,《梁漱溟全集》第1卷,济南:山东人民出版社,1989,页258—259。

种环境决定论的历史叙事明显地将文明差异置于空间关系中来观察,从而与关于文明关系的时间叙事相区别。

在这样的叙事框架中,东西文明的差异就不能简单地作价值判断。李大钊说:

> 东西民族因文明之不同,往往挟种族之僻见以自高而卑人,近世政家学者颇引为莫大之遗憾。平情论之,东西文明互有长短,不宜妄为轩轾于其间。[18]

李大钊的社会政治倾向与陈独秀没有根本差别,但战后欧洲思想对现代文化的反思和批判显然对他的文明观起了重要作用,他不可能简单以欧洲文明为未来发展的标准。问题是如果东西文明的关系不是时间上的新旧关系,而是空间上的并列关系,那么,李大钊就必须发展出超越两个文明的二元叙事来为变革提供依据:

> 以余言之,宇宙大化之进行,全赖有二种之世界观鼓驭而前,即静的与动的,保守与进步是也。东洋文明与西洋文明,实为世界进步之二大机轴,正如车之两轮、鸟之双翼,缺一不可。而此二大精神之自身,又必须时时调和,时时融会,以创造新生命而演进于无疆。……俄罗斯之文明诚足以当媒介东西之任,而东西文明真正之调和则终非二种文明本身之觉醒万不为功。所谓本身之觉醒者,即在东方文明,宜竭力打破其静的世界观,以容纳西洋之动的世界观;在西洋文明宜斟酌抑止其物质的生活,以容纳东洋之精神的生活而已。[19]

李大钊的社会主义倾向(通过对俄罗斯的推重)是通过文明调和的叙事

---

[18] 李大钊:《东西文明根本之异点》,《言治》季刊第3册,页3。
[19] 同上,页4。

表达出来的。文明的调和作为一种超越单一文明视野的叙事构筑了一种新的历史发展观,这种历史发展观具有明显的超验性和非历史性。在这种超验的历史叙事中,科学不再作为西方文明的特质出现,而成为一种超越种族、文化、地域和时间的普遍价值。李大钊引用吉普林(Kipling)的诗句发挥说:只有在上帝的裁决面前,东西双方才是绝对的,而来自地球两极的新青年则应拒绝东西畛域之见和种族血缘之分:

> ……竭力铲除种族根性之偏执,启发科学的精神,以索真理。奋其勇气以从事于动性之技艺与产业。此种技艺与产业足致吾人之日常生活与实验之科学相接近。如斯行之不息,科学之演试必能日臻于纯熟,科学之精神必能沦浃于灵智。此种精神即动的精神,即进步的精神。一切事物无论其于遗袭之习惯若何神圣,不惮加以验察而寻其真,彼能自示其优良者即直取之,以施于用,时时创造,时时扩张,以期尽吾民族对于改造世界文明之第二次贡献。[20]

文明调和论并没有改变李大钊对于中国文明的激烈批判,但却改变了东西文化论战的叙事方式。动的、进步的和科学的文化等原先被视为西方文明的特质现在被组织到一种超越具体文明和种族的更大的叙事之中,在这个叙事中,人们的行为以追索"真理"为目标,历史的发展也以"真理"的达至为终极。如果历史以追索"真理"为目标,那么作为追索"真理"的唯一方式的科学就成为现代人类生活的唯一方式;如果在东西文明二元论中科学需要文明和历史作为合法性论证,那么在现在的叙事中科学则成为了合法性的源泉和历史的元叙事。本质主义的真理概念是整个叙事的核心。在东西文化冲突的语境中,科学、进步等价值的中立化和客观化抚慰了中国人一面抵抗西方入侵、另一面接受其价值的内心冲突。其至陈独秀在《随感录》(一)中也同样提出了超越国家和历史的"学术"概念,他认为学术乃"吾人类公有之利器,无古今中外之别,""吾人之于学术,只当论其是不是,

---

[20] 同上,页7—8。

不当论其古不古；只当论其粹不粹，不当论其国不国。以其无中外古今之别也。"[21]新文化阵营的文明论依赖于超历史和超文明的科学叙事，因为在西方文明本身面对合法性危机的历史时期，只有这种超历史的叙事能够提供关于历史发展的方向和目标，在抽象的层次上重建为文明调和论瓦解了的时间叙事，进而为社会和文化的变革提供合法性证明。

围绕东西文明能否调和的争论一度甚为激烈。李大钊的例子表明，新文化阵营并非始终如一地坚持文明不能调和，论战双方对两种文明的独特性的论述也有许多重合之处。为什么论式上的相似性得出的却是截然相反的结论呢？对此显然需要在当时的社会政治语境中理解，特别是在袁世凯的改制及其失败的背景中理解。在1913年至1916年袁世凯策划扩大总统权力并实行帝制期间，如何制定国家体制曾经是几派政治力量较量的焦点。梁启超、杨度等人的立宪主张中即包含了关于新旧调和的观点，袁世凯的宪法顾问有贺长雄、古德诺的制宪理论中则明确地含有"求新旧思想之联络"的主导倾向。例如有贺氏说：

> 无论何国宪法一律不得与历史相离，现在国家权利之关系乃从已过之关系自然发展而来者也。……若将本国之过去置而不过，仅观外国之现在操切从事宪法之编纂，深恐法理上无须采用的规条亦一并采用，致遗后日莫大之货源，亦未可知也。[22]

---

[21] 陈独秀：《随感录》(一)，《新青年》第4卷第4号，1918年4月15日，页341。有意思的是，就在陈独秀为引进西学而倡导"勿尊圣"、"勿尊古"、"勿尊国"的学术"三戒"的同时，钱智修从相反的方向同样提出了"以学术为学术之目的"的看法。他针对的是新文化运动在倡导新学时的功利主义倾向，这种功利主义被归纳为以应用为学术之目的、以通俗主义和平凡主义为学术之形式、以多数人的意见和享受为学术标准、以排斥权威和领袖人才为学术之特征、以推尊欧美为学术的取向等"五事"。作者的结论是："亦惟以国家之力助少数学人脱离社会之拘束，俾得从容治学而已。"钱智修：《功利主义与学术》，《东方杂志》第15卷第6号，1918年6月，页1—7。钱早年毕业于上海复旦公学，曾在商务印书馆编译所任职，1920年杜亚泉辞去《东方杂志》主编后，钱任主编达十余年。对于钱氏的观点，陈独秀在《质问"东方杂志"记者——"东方杂志"与复辟问题》一文中曾经给以严厉批判，因为超越功利主义的观点在"东方杂志"派的论述中，无非是反对文化变革的借口而已。

[22] 有贺长雄：《观弈闲评》，1913年8月校印，页1—2。

强调与自身历史的联系的另一面是反对以西方国家的宪制为中国宪制改革的蓝本,从而为袁世凯的帝制自为提供理论的根据。[23]新文化运动激烈的西方化倾向也需要在这种特定的政治背景中理解。

然而,历史观方面的分歧也是极为重要的。从历史叙事的角度看,论战最终涉及承认还是拒绝现代性的时间目的论,亦即文明的冲突和调和是否应该而且能够被安排在进步和进化的历史时间框架之中。事实上,"调和派"正是通过对于整体论的进步时间观的消解,逐渐地完善他们的二元论的论述模式。伧父(杜亚泉)在1916至1917年间发表的文章,如《静的文明与动的文明》、《战后东西文明之调和》和《迷乱之现代人心》,是"五四"以后有关新旧文化能否调和的争论的先导。著名的《静的文明与动的文明》一文坚持文明的差异渊源于特定的社会历史条件,东西文明"乃性质之异,而非程度之差";社会形成的历史不同也决定了社会存在之观念全然殊异。作者承认文明的相互接近和调和"为势所必至",但中国社会和观念的基本形态却不必以西方文明为依归。[24]《战后东西文明之调和》一文以第一次世界大战为背景,分析现代文明的危机。作者认为"东西洋之现代生活,皆不能认为圆满的生活;即东西洋之现代文明,皆不能许为模范的文明。"[25]

在讨论战后文明的发展时,杜亚泉提出了"经济/道德"的二元论,这是他的文明二元论的一次发展:"文明之定义,本为生活之总称,即合社会之经济状态与道德状态而言之。"[26]经济/道德的二元论明显地承续

---

[23] 参见《有贺顾问之宪法讨论及总统月旦》(《宪法新闻》第8期,1913年6月1日,页1—2)、《古德诺拟中华民国宪法草案》(《宪法新闻》第13期,1913年7月27日,页1—18)、《古顾问之宪法谈》(《宪法新闻》第12期,1913年6月29日,页2—5)等。
[24] 伧父:《静的文明与动的文明》,《东方杂志》第13卷第10号,1916年10月10日,页1—8。
[25] 伧父:《战后东西文明之调和》,《东方杂志》第14卷第4号,1917年4月15日,页1—7。
[26] 伧父:《战后东西文明之调和》,《东方杂志》第14卷第4号。杜亚泉将精神与物质、道德与经济划分为不同的文明类型和领域的观点是重要的变化。他早期的文章并不如此,充分地表现出对宇宙的整体主义理解。如1905年发表于《东方杂志》第2卷第4号,1905年4月25日,页73—74上的文章《物质进化论》云:"宇宙间事事物物,……类别之为三:曰物质、曰生命、曰心灵。总括之则曰现象。""一切学术,虽科目甚繁,皆可以

了晚清以降在中国社会广为流传的物质(文明)/精神(文明)、科学(文明)/道德(文明)二元论,差别仅在于物质/精神或科学/道德二元论是两种文明的代称,而经济/道德的二元论虽然暗示了东西文明的差别,但也指任何一种文明所必须具备的条件。杜亚泉用经济而不是科学来表述西方文明的优势,实际上是把科学贬低为"发达经济之手段",从而将科学与任何更高的目标区别开来:

> ……近年中以输入科学思想之结果,往往眩其利而忘其害。……至科学上之学说,如竞争论、意志论等,虽各有证据,各成系统,但皆理性中之一端,而非其全体,当视之与诸子百家相等,不可奉为信条。吾人当确信吾社会中固有之道德观念,为最纯粹最中正者。……却不可以此自封自囿。世界各国之贤哲,所阐发之名理,所留遗之言论,精深透辟,足以使吾人固有之观念益明益确者,吾人皆当研究之。[27]

杜亚泉从经济、社会、道德等各个方面瓦解西方社会伴随科学、经济和现代政治制度的发展而进步的神话。按照他的判断,战后西方思想趋向于社会主义,在道德上接近于东方思想,因此,"吾人之天职,在实现吾人之理想生活,即以科学的手段,实现吾人经济的目的。以力行的精神,实现吾人理性的道德。"[28] 经济/道德的二元论作为一种历史叙事方式,仍然隐含了整体进步的历史观念,但较之直线进化的科学历史观,显然复杂得多。

此统之。何则?学也者,自客观言,乃就宇宙间本有之定理定法研究而发明之,以应用于世之谓。自主观言,乃由所感所知者,进于演绎归纳之谓。宇宙间三者以外,别无现象,则所谓定理定法者,即在此现象之中;所感所知者,亦感知此现象而已。故此三象者,一切学术之根据。其直接研究之记载之者为物理学(包化学博物学言)、生理学(包生物学言)、心理学。以此三科为根据地,应用其材料,而有种种工艺、航海、机械之学,医药、卫生、农林、畜牧之学,伦理、论理、宗教、教育、政法、经济之学;又统合三科,研究其此现象之实体,而有哲学。"

[27] 伧父:《战后东西文明之调和》,《东方杂志》第14卷第4号,页6—7。
[28] 同上,页7。

在"五四"以后，大约自1919年秋起，章士钊在上海、广州和杭州等地发表一系列演讲，引发了有关新旧"调和"、"折中"的论争。这场论争在许多方面重复和发展了杜亚泉的经济/道德的二元论。如果比较前一阶段以东西文明关系为中心展开的论战，这次论争的内容没有根本的改变，但重点落在新旧关系的讨论之中。把东方/西方、精神/物质、信仰/科学的二元论置于新旧的时间关系之中，这表明现代性的时间观念（时代概念）已经深入人心，并成为各种社会力量就文化问题进行论争的合法性资源。这显然也是因为，对于东方与西方文明各自特征的描述，并不能为当代的选择提供自明的标准。我们也可以看到，《新青年》与《东方杂志》对中国和西方文明的描述也有许多相似之处。因此，对文化问题的讨论不可能仅仅依赖于历史叙事，而必须诉诸于一个更高的元叙事。《新青年》派提出了以进化论为科学基础的历史观念，而《东方杂志》派则提出了新旧调和论。问题由此从历史描述和归纳转向了哲学层次，分歧的焦点在于是否接受现代性的历史观念，即历史是如同直线一般从过去发展到现在，进而走向未来吗？所有有关历史哲学和历史时间的讨论最终又将转化为历史叙事，这种历史叙事反过来提供当代文化选择的历史理由或历史合法性。《东方杂志》、《甲寅》、《学衡》等刊物对现代性的质疑是以对现代性的时间观念的承诺为前提的，因为他们也不得不把"时代"概念置于至关重要的地位。正由于此，我才把它们与新文化阵营的关系视为中国现代思想的内部关系，它们之间的分化也才能被解释为文化现代性的分化。

杜亚泉发表于1919年9月的论文《新旧思想之折中》充分表现了这一点。在这篇文章中，作者一反以东/西文明比较为主的论述方式，转而讨论新/旧的哲学关系。促使这一转变的要素之一是"时代"概念的重要性大大增强了。与《新青年》群体把"时代"概念与"新"的概念紧密联系的修辞方式形成尖锐对比的是，杜亚泉竭力通过时代的变化消除新旧之间的截然对立，进而瓦解现代性的时间目的论。[29] 在杜亚泉的论述中，新旧关系的哲学探讨与历史叙事相互依赖：

---

[29] 参见汪晖：《韦伯与中国的现代性问题》，《学人》第6辑，江苏文艺出版社，1994。

>……新旧二字,在现时之意义颇为复杂,若仅以单简之观念,为现时思想界派别之标志,则诚有似旧非旧,似新非新,浑混而不易明者。盖新旧二字,本从时间之观念发生,其间自含有时代关系。时代不同,意义亦异,即如戊戌时代之新旧与欧战以后现时代之新旧,意义自然不同。[30]

值得注意的是,杜亚泉对新旧关系的含混处理并没有真正消解"新"的优越性。他把戊戌时期的中国思想概括为"仿效西洋文明者为新","固守中国习惯者为旧",而根据他对战后欧洲社会和思想的了解,他认为真正的"新"思想是"创造未来文明者为新","维持现代文明者为旧"。[31] 现在,"新思想"是能够包容旧思想的思想,也是批判现代思想的思想。杜亚泉利用了"新"的权威性对中国的新思想进行抨击,这也表现在他对科学概念的运用中。一方面,他用"操科学以杀人,利于刀兵"来批评现代文明,并将科学与道德或精神完全分割为不同的领域;另一方面,他要求中国人对中国固有的文明"以科学的法则整理而刷新之,其为未来文明中重要之一成分",并争辩说:

> 然以时代关系言之,则不能不以主张刷新中国固有文明贡献于世界者为新,而以主张革除中国固有文明同化于西洋者为旧。故现时代之所谓新旧,与戊戌时代之所谓新旧,表面上几有倒转之观。然详察之,则现时代之新思想,对于固有文明乃主张科学的刷新,并不主张顽固的保守,对于西洋文明亦主张相当的吸收,惟不主张完全的仿效而已。若以戊戌时代之思想衡之,固在不新不旧之间也。[32]

杜亚泉用"新"、"科学"为保存旧文明、维护"公"观念、反对极端个人主义和消费主义辩护,实际上是以反现代的方式对现代性的承诺:这种论述

---

[30] 杜亚泉:《新旧时代之折中》,《东方杂志》第16卷第9号,1919年9月,页1。
[31] 同上,页2。
[32] 同上,页2—3。

方式表明"新"和"科学"已经成为合法性的基本的资源。

在新旧调和论的论战中,两派的真正分歧是一种态度上的分歧。正如福柯所说,所谓现代性主要指一种态度,而不是一个历史时期。他把现代性的态度理解为一种人与当代现实的关系模式,一种特定人群的自愿的选择,一种思想、情感、行动和行为的方式。[33] 蒋梦麟的《新旧与调和》一文如此生动地印证了福柯的描述:

> 新思想不能用时代来定,也不能以西洋输入的来做标准。……新思想是一个态度,这一个态度是向那进化一方面走,抱这个态度的人视吾国向来的生活是不满足的,向来的思想,是不能得知识上充分的愉快的。所以他们要时时改造思想,希望得满足的生活,充分愉快的知识活动。……"新"是一个态度。求丰富生活,充分愉快的知识,活动的态度,不是一个方法,也不是一个目的。"旧"是对于这新态度的反动,并不是一个方法,也不是目的。新旧既不是方法,又不是目的,所以不是两个学派。两个学派之中能容调和派,新旧之间是用不着调和派。[34]

在"调和派"对蒋梦麟的批评中,杜亚泉提出了一个新的二元论,即情感/理智的二元论,用以解释态度与思想的区别。[35] 这种情感/理智的二元

---

[33] Michel Foucault, "What is Enlightenment?" in *The Foucault Reader*, ed. Paul Rabinow (New York: Pantheon Books, 1984), p.39.
[34] 蒋梦麟:《新旧与调和》,《晨报》,1919年10月13、14日,第5版、第7版。
[35] 蒋梦麟的看法遭到杜亚泉(伦父)的反驳,他于1919年11月在《东方杂志》第16卷第11号上发表《何谓新思想》一文说:"态度非思想,思想非态度,谓思想是态度,犹之谓鹿是马耳。"杜亚泉把态度视为感情的表现,而思想则是理智的表现,从而态度与思想的区别被划分为感情与理智的二元论。他例举中西的各种思想,如民主的经济思想、互助的进化思想,公产的社会主义,或国家的社会主义等,指出他们并未揭橥"新思想"的旗帜;"而揭橥新思想者,其所谓新思想,并不属于前述种种,其惟一之主张,为推倒一切旧习惯,此种主张,适与新思想之定义相凿枘。新思想依据于理性,而彼则依据于感性……"(第2—5页)

论与此前的精神/物质的二元论和此后的人生观/科学的二元论遥相呼应。如果我们细加分析,这种将文化和社会问题纳入上述二元论模式的方式,已经渗透到新旧及其相关关系的解释之中,从而逐渐地改变了进化论历史观中的新旧关系。

1919年11月,章士钊在寰球中国学生会发表题为《新时代之青年》的演讲,直接引发了新旧调和论的论战。章氏的讨论仍从重新定义"时代"概念入手,即"新时代"是一个"崭新时期",还是一个"世世相承连绵相续"的过程?章士钊首先发展了一种整体的历史观,用以瓦解现代性的历史时间,特别是历史分期观念:

> 新知代云者,决非无中生有天外飞来之物,而为世世相承连绵不断,……是历史为活动的整片的,如电影然,动动相续,演成一出整剧,……上古与中古之分,中古与近代之分,在何年何月何日何时何分钟何秒钟,殆无史家可以言之。[36]

他进而将这种历史观念诉诸"宇宙最后之真理":

> 宇宙最后之真理,乃一动字,自希腊诸贤以至今之柏格森,多所发明。柏格森尤为当世大家,可惜吾国无人介绍其学说,总之时代相续,状如犬牙,不为枘比,两时代相距,其中心如两石投水,成连线波,非同任作两圆边线,各不相触。故知新时代之所谓新,亦犹前言一种权宜之词耳。……宇宙之进步,如两圆合体,逐渐分离,乃移行的而非超越的……则最后之新社会,……固仍是新旧杂糅也。……调和者,社会进化至精之义也。[37]

章士钊建立了一种特殊的推理叙事:宇宙的进步前后相续,故而社会的变

---

[36] 章行严:《新时代之青年》,《东方杂志》第16卷第11号,1919年11月,页159。
[37] 同上,页160。

化前后相续，因此，人们对社会与文化应持调和的态度。章氏的反现代性的态度同样诉诸于一种科学主义的元叙事，即把自然运行的原理、社会历史的变化和人的文化态度理解为同一的问题。这再一次表明，尽管章士钊与新文化运动处于对立的两极，晚清以降影响日渐深巨的现代历史观及其宇宙论已经是新旧双方共同认可的前提。

新旧相续的宇宙论和历史观当然是为了否定新文化运动的"创造"、"解放"、"破坏"等现代性命题。从东西文化关系转向新旧关系，明显地是从空间关系转向时间关系。这种转向表明了章士钊等人与现代性的历史观念的暧昧关系。但是，更重要的是，在这种时间关系中，章士钊再一次提出了物质/精神、科学/道德的二元论。在他这里，这种物质/精神、科学/道德的二元论不再仅仅是一种东西文明二元论的表达，而被置于一种普遍性的时间关系之中。换言之，宇宙和社会本身是由两种不同性质的东西构成，因此社会的进步需要展现为不同的方向。在"如两圆合体，逐渐分离"的"宇宙之进步"中，不仅存在新旧的复杂关系，而且不同性质的事物也具有不同的新旧关系。这样，在宇宙进化的时间关系中，出现了不同方向的"进步"，例如科学的进步与道德的进步很可能方向完全相反，但是，这种方向相反的运动都是"宇宙之进化"的一部分。正由于此，章士钊对"解放"、"进步"的现代观念的质疑不是一般地否定这些观念，而是首先问"其物之本质如何？"[38]在欧战结束的历史语境中，章氏找到了说明他的物质/精神二元论的最好例证。在他看来，欧洲战争是科学、物质、经济的战争，"经此结果，科学方面物质及经济方面之必生绝大变化，"但与此同时，"社会风纪，败坏不少。""总之，欧洲之所应为，一面开新，必当一面复旧。物质上开新之局，或急于复旧，而道德上复旧之必要，必甚于开新。……新机不可滞，旧德亦不可忘，挹彼注此，逐渐改善，新旧相衔，斯成调和。"[39]

新旧调和的命题不仅适用于物质与道德之间，而且也适用于东西文

---

[38] 同上，页161。
[39] 同上，页162。

化的道德领域之间。道德可以分为西洋的和中国的,但这两者并非绝对隔绝,而应相互调和。章氏批评中国道德过分注重个人的独善,而忽略了人的社会性,因而在国际竞争的环境中,难以凝聚成为有机的社会和国家。"今日国家之存亡,纯卜之于社会全体,而国政之出于何途,社会道德之养成何象,纯由社会自决。"[40]这显然是西方国家的政治成就。正是在这个意义上,章氏一方面主张保存固有之道德学问,另一方面又需要养成公民的意识,"求以人民之公意与共和之蟊贼相搏战,以搏最后之胜利。"[41]章士钊并没有明确提出"内圣外王"的命题,但他对东西方道德问题的阐述却与现代新儒家重新解释"内圣外王"完全一致。通过这样的解释过程,在时间轴线上展开的新旧调和论,同时又展现为东方与西方、精神与物质或者道德与科学的既相区别,又相渗透的二元关系。

章士钊在新旧相续的时间关系和"宇宙之进化"的基本原理中,再次分化出东方与西方、科学与道德的异质关系,显然对进化论的和目的论的历史观提出了质疑。新旧调和论触及了直线进化的现代历史观的要害,新文化阵营必须发展出更为复杂的历史叙事才能维持关于进步的观念和现代文化的合法性。张东荪的《突变与变》一文是对章士钊的反驳,这篇文章集中在新旧关系之中,完全没有涉及科学与道德、东方与西方的二元论。他用突变论重新解释进化关系,实际上是把黑格尔的辩证法用于解释自然和社会中的对立和统一。从量变到质变的突变论一方面论证了新旧之不可调和,另一方面又在时间的轴线上保证了事物的同一性。[42]更有分量的批判文字来自李大钊。《物质变动与道德变动》从理论上批判了章氏的"物质开新、道德复旧"的新旧调和论,其理论的资源是达尔文的进化论和马克思的历史唯物主义。通过进化论,李大钊论证了道德并非超自然的、超物质的存在,它的"基础就是自然,就是物质,就是生活的

---

[40] 同上,页163。
[41] 同上,页164。
[42] 东荪:《突变与渐变》,《时事新报》,1919年10月1日。

要求。简单一句话,道德就是适应社会生活的要求之社会的本能。"[43] 根据马克思的唯物史观,人类社会一切精神的构造都是表层构造,只有物质的经济的构造是这些表层构造的基础构造,因此,思想、主义、哲学、宗教、道德、风俗、法制、政策等等都伴随物质的变动而变动。基督教的灵肉对立、康德的二元论、费希特的主观的自我都是特定时代的社会状况和知识状况的表现。在现代,通过科学技术和生产力的发展,"自然现象、人类社会都脱去神秘的暗云,赤裸裸的立在科学智识之上,见了光明。以美育代宗教的学说,他就发生于现代了。"[44]李大钊的论述不仅否定了新旧调和论,而且否定了物质/道德的二元论。[45]

在新旧的时间框架或者现代资本主义的全球性扩张背景中来检讨科学/道德的二元关系,这表明问题已经从文化民族主义的范畴转向了对现代性本身的反思。论述的中心不仅是中国寻求现代性的努力是否得当,而且是作为一个世界性现象的现代性是否面临内在的危机。第一次世界大战无疑为这种反思提供了契机。李大钊、陈独秀等人当然承认西方社会、特别是资本主义的发展所引发的社会和文化矛盾,但是,他们显然把这种矛盾看作是历史进程的必然的和必要的部分。[46]他们对历史的解释方式也体现了马克思主义本身的理论特征。我指的是这一理论体系的双重特征,即反对资产主义现代性的现代性理论。在李大钊等人的理论实践中,对资本主义的理论批判同时建立在现代性的历史发展观念之上。

---

[43] 李大钊:《物质变动与道德变动》,《新潮》第2卷第2号,1919年12月1日,页211。
[44] 同上,页216。
[45] 李大钊的另一篇论文《由经济上解释中国近代思想变动的原因》则从现代历史的变化解释了东西文明问题。他一方面承续了东西文明为静的文明和动的文明的二分法,另一方面则指出,现代资本主义的扩张所引发的全球化过程已经改变了原有的东方社会的经济形态,从而适应传统经济结构的孔子伦理也一并失去效力。这实际上已经暗示,在资本主义时代,原有的东西文明的二元论已经不能成立。《新青年》第7卷第2号,1920年1月1日,页47—53。
[46] 陈独秀对新旧调和论的批判见于他的文章《随感录(七一)》。在这篇文章中,他把道德的衰败理解为东西方共存的状况,反对用东西二元论来解释道德与科学的二元论。他指明的共同方向是抛弃私有制,从而根本改变社会道德的腐败,因为道德的腐败是东西方共同的私有制的产物。见《新青年》第7卷第1号,1919年12月1日,页116—118。

第五节　总体历史叙事中的东/西二元论及其消解

在欧战所引发的对现代文明的怀疑情绪中,梁启超的《欧游心影录》和梁漱溟的《东西文化及其哲学》再次揭橥东方与西方的文化对立和差异,但这种东西文化的二元论与早期的中体西用论并不相同。他们对中国文化的倡导不是以论证文化的异质性或不可通约性为目标,而是以诊断和挽救现代性的危机为目的。在这个意义上,东西文化的二元论已经被安排在宏大的、总体的人类历史进程的叙事之中,从而表明梁启超、梁漱溟对(以西方文化为代表和源泉的)现代性的批判本身包含了对现代性的历史观念的承诺。他们的理论与马克思主义一样,也是一种反现代性的现代性理论。区别当然是明显的:马克思采用的是一种典型的科学叙事,而两位梁先生采用的则更多的是文化叙事和历史叙事。在欧洲语境中,对现代性的批判直接诉诸对现代性的生成原理的批判,如马克思对资本主义生产方式的分析,韦伯对官僚化过程的分析,尼采对资本主义精神的分析;这些分析并不涉及不同的文化和文明之间的选择问题。在中国的语境中,中国思想家对现代性的批判却首先表现为在东西文化之间进行选择,对现代性的检讨也主要基于不同的文化原理的比较分析。然而,这也并没有妨碍它们的共同之处:对现代性的批判本身同时接受了现代性的一系列前提,如民族—国家的历史叙事,如有关人类历史的宏伟叙事,如进化论和目的论的历史观,等等。欧洲思想的社会原理分析和中国思想对文化原理的分析都诉诸一种作为元叙事的历史哲学。

梁启超的《欧游心影录》连载于 1920 年 3 月至 8 月的《晨报》副刊,当即引起轰动。这篇名文对欧战以后的欧洲状况作了全面的分析。由于梁启超直接从见闻中研究欧洲状况,因此他对西方社会危机的分析没有如别人那样放在东西对比的模式之中。梁氏对欧洲和中国的分析已经被置于整体的人类历史和全球化视野之中。在他的分析中,第一次世界大战是"人类历史的转捩","不是新世界历史的正文,不过是一个承上启下的转捩段落罢了。"[47]因此,无论是他对西方社会的诊断,还是对中国社会和文化的期待,都是对作为一个总体历史问题的现代性的反思。从这样的视野出发,梁启超对欧洲危机的分析涉及现代性问题的诸多方面:民族自决(民族—国家问题)与国际冲突,资本主义经济危机,阶级冲突与社会革命,进化论和个人主义等西方社会思想的危机,科学及其"纯物质的纯机械的人生观"对宗教信仰和道德的毁灭,科学主义的文学活动(自然主义的文学活动)的困境,以及社会思想之矛盾与悲观。但是,梁氏并未因此对世界前途抱持绝对悲观,甚至也没有对西方现代性赖以建立的前提进行彻底否定。相反,他深信"个性发展"、"自我发展"提供了西方社会克服危机的动力。他的论据是:克鲁泡特金"从科学上归纳出来"的互助论、詹姆士"用科学研究法"提出的"人格唯心论"、柏格森的"直觉的创化论"等,都再次论证了"进化"的原理。因此,"个人主义、社会主义、国家主义、世界主义种种矛盾,都可以调和过来了。""就学问上而论,不独唯心唯物两派哲学有调和余地,连科学和宗教也渐渐有调和余地了。"[48]西方社会的危机并没有动摇梁氏对社会变革的信心,也没有导致他将西方的种种现代性设计看作是危机的根源,相反,他仍然相信现代性是一个未完成的方案。[49]

在梁启超的叙事中,中国及其文化的前途就被植入了有关世界历史的宏伟叙事之中。中国社会与文化的复兴在这种叙事中也因此获得了它

---

[47] 梁启超:《欧游心影录》之"欧游中之一般观察及一般感想"上篇"大战前后之欧洲",《"饮冰室合集"专集第五册之二十三》,页2—4,页4—18。

[48] 同上。

[49] 梁启超说:"以上所述几家学派,都是当本世纪初期早已勾出萌达,但未能完成,未能普及,便碰着这回大战。当战争中,人人都忙着应战,思想界的著述,实在寂寥,所以至今没见什么进步,将来能否大成,和康德、黑格尔、达尔文诸先辈的学说有同等的权威,转移一代人心,也不敢必。但是欧人经过这回创巨痛深之后,多数人的人生观因刺激而生变化,将来一定从这条路上打开一个新局面来,这是我敢断言的哩。"同上,页18。

的世界意义,成为论证总体历史发展的一个重要论据。在《欧游心影录》的下篇《中国人之自觉》中,梁启超对中国前途的意见完全是从他对世界历史的宏大叙事中衍生出来的。按照他的通向世界大同的世界历史观,他要求建立"世界主义的国家",从而在世界主义和国家主义之间获得某种调和;按照他的通向人类普遍解放的世界历史观,他要求抛弃阶级政治,走向全民政治,"从国民全体下功夫";他也把个人的自立和解放看作是"国家生存的第一义"。[50]尽管梁氏批判了现代西方文明的种种弊端,但是,他的未来设想并没有脱离西方提供的现代性框架,也并未脱离他本人早期所倡导的改革理想。略须提及的是,他放弃了战前深受德国思想影响的国家主义主张,转而强调社会的自治,在法制之下重组社会团体,从而一定程度上回到了他早期的关于"群"的观念之中。他对社会主义的批评基于一种"精神与方法"的二分法,即赞同社会主义的精神,但不赞成将社会主义作为一种方法引入中国的社会改造。[51]实际上,他认为在现代历史的发展序列上,中国尚未到达倡导社会主义的程度。所有这一切都表明,梁氏对中国问题的看法依存于有关总体历史的宏大叙事。

更为重要的是,梁启超认为获得个性解放(作为国家解放和人类解放的前提)的前提是"思想解放"和"彻底"地摆脱一切文化偏见。在此有两点值得特别注意。第一,梁氏提出思想解放的历史前提是"欧洲现代文化,不论物质方面精神方面,都是从'自由批评'产生出来。"这种自由批评经过匡正审择和相互浚发,"真理自然日明,世运自然日进。"换言之,思想解放——"将自己的思想脱掉了古代思想和并时思想的束缚,独立自由的研究"——是作为欧洲现代历史的特征而被发现的。[52]因此,思想解放虽然以求"真"为目的,却需要诉诸西方历史的叙事才能证明自己的合法性。第二,这种依赖于历史叙事的抽象原则追求的却是摆脱任

---

[50] 梁启超:《欧游心影录》之"欧游中之一般观察及一般感想"下篇"中国人之自觉",《饮冰室合集》第五册之二十三,页21—24,页32—34,页25—27,页27—28,页35,页35,页36,页37—38。
[51] 同上,页32—34。
[52] 同上,页25—27。

第十三章 东西文化论战与知识/道德二元论的起源　　　　　　　　　　　　　*1311*

何历史性和文化,设定出类似科学实验室的文化真空环境。梁氏说:

> 总要拿"不许一毫先入为主的意见束缚自己"这句话做个原则。中国旧思想的束缚固然不受,西洋新思想的束缚也是不受。……我们须知,拿孔孟程朱的话当金科玉律,说他神圣不可侵犯,固是不该,拿马克思、易卜生的话当作金科玉律,说他神圣不可侵犯,难道又是该的吗?我们又须知,现在我们所谓新思想,在欧洲许多已成陈旧,被人驳得个水流花落。就算他果然很新,也不能说"新"便是"真"呀![53]

梁氏针对的当然主要是惟"新"是从的文化倾向。但是,他提出的方案却比任何人都更接近于实证主义的科学原则。按照梁氏的看法,任何文化的和历史的因素都是偏见,都有碍于获得真理;任何按照某种历史的或文化的原理看待问题的方法都是错误的方法,都有碍于思想的解放和个性的发挥。而这两方面又同时构成了通往未来理想世界的巨大障碍。在梁氏未曾明言的层面,已经预设了脱离历史和文化的抽象人性和脱离历史和社会的抽象的认识空间。在这种严格的实证科学的预设之中,对于社会和历史的分析不再能够采用历史叙事和文化叙事的方式(即"不科学的方式"),而必须采用"科学叙事"或元叙事,才能得到"真值"。无论如何,在梁氏的论述中,科学叙事与历史叙事的差别已经十分清楚地显露出来,而通过西方历史叙事,科学叙事的合法性得到了确认。

按照梁氏自己的逻辑,他与许多中国文化的辩护者不同,因为他对中国文明及其意义的解释不是从中国文化的价值观出发的,而是从上述"科学的"认识原则出发的。他通过孔、老、墨及禅宗的思想得出的结论,并不是文化的结论,而是科学的结论。换言之,中国思想和文化的合法性不是来自孔、老、墨、佛,而是来自科学的叙事。不过,正如利奥塔所说,任何科学叙事都需要历史叙事作为合法性的来源。梁氏的实证科学的原则

---

[53] 同上,页27—28。

依赖于关于人类历史的宏大叙事,因为只有后者才能提供科学认识的意义和目的。梁氏说:

> 人生最大的目的,是要向人类全体有所贡献。为什么呢?因为人类全体才是"自我"的极量,我要发展"自我",就须向这条路努力前进。为什么要有国家?因为有个国家,才容易把这国家以内一群人的文化力量聚拢起来,继续起来,增长起来,好加入人类全体中助他发展。所以建设国家是人类全体进化的一种手段,就象市府乡村的自治结合,是国家成立的一种手段。[54]

在这样的前提之下,梁氏提出的文化方案是"拿西洋的文明来扩充我的文明,又拿我的文明去补助西洋的文明,叫他化合起来成一种新文明。"[55]但十分清楚的是,以欧洲的民族—国家为模式创建现代国家,是加入"人类全体进化"的基本方式。梁启超分明要捍卫中国的文化和学术,却又主张摒弃一切文化的偏见。这对梁氏来说并不矛盾:中国文化的重要性并不在于它是中国的,而在于它提供了克服现代文明危机的可能性。梁氏认为西洋文明"总不免将理想与实际分为两橛,唯心唯物各走两端",而孔、老、墨和禅宗学派虽殊,"'求理想与实用一致',却是他们共同的归着点","都是看出有个'大的自我'、'灵的自我'和这'小的自我'、'肉的自我'同体,想要因小通大,推肉合灵。"[56]这种"心物调和"的哲学不仅与欧洲新思想相通,而且有利于整个世界克服现代文化的危机。通过中西文化的"化合作用"而构筑出一个新的文化系统,"叫人类全体都得着他好处。"[57]

上述分析清楚地证明:梁启超本人的文化观点已经被安排在超越文化和历史的科学叙事和总体性的历史哲学之中。在梁氏的视野中,任何文化的叙事都是偏见。尽管梁氏本人并不十分熟悉科玄论战中所涉及的

---

[54] 同上,页35。
[55] 同上。
[56] 同上,页36。
[57] 同上,页37—38。

那些理论,但他对超越文化偏见的科学叙事和总体性的历史哲学的倡导,却预示了继东西文化论战而起的科玄论战必须采用的独特的论辩形式,即超越文化和历史来讨论(科学)知识问题。

第六节 总体历史中的"东西文化及其哲学"

梁漱溟出版于 1921 年底的《东西文化及其哲学》被视为梁启超的《欧游心影录》(1919)与张君劢的《人生观》(1923)之间的中间环节。这部影响深远的重要著作提供了与新文化运动相对抗的文化历史观。"文化"概念在梁氏的著作中既是中心论题,也是核心概念。通过完整的叙事,"文化"概念获得了精神生活、社会生活和物质生活等的复杂的含义。关于《东西文化及其哲学》的文化概念和相关的文化问题,许多学者已经作了详细的讨论。[58] 我在此侧重讨论梁漱溟在表达他的文化态度时所诉诸的叙事形式,特别是东西文化的范畴如何衍生出其他哲学、思想范畴,并通过这些范畴构筑出总体的历史观和宇宙论。

梁漱溟的"文化"论的第一个特点,是一方面强调东西方文化截然异质、不可调和,另一方面又认为这两种文化的关系问题是一个总体问题。在他的表述中,"西方化"和"东方化"都不是某一个民族或者国家的问题,而是"世界的问题"。[59] "所谓东西文化问题(的)不是讨论什么东西文化的异同优劣,是问在这西方化的世界已经临到绝地的东方化究竟废绝不废

---

[58] 请参见 Guy S. Alitto, *The Last Confucian: Liang Shu-ming and the Chinese Dilemma of Modernity*(University of California Press, 1986).中译本艾恺著,王宗昱、黄建中译《最后的儒家——梁漱溟与中国现代化的两难》,南京:江苏人民出版社,1993,第 4、5 章。

[59] 梁漱溟:《"东西文化及其哲学"导言》,《梁漱溟全集》第一卷,济南:山东人民出版社,1989。页 256,页 261,页 256。

绝呢?"[60]尽管梁氏被视为新文化运动的主要批判者之一,但实际上他的一些重要判断并不同于当时的一些文化保守主义者,而与陈独秀、李大钊等新文化运动的代表人物更为接近。例如他相信中国近代的改革运动的根本问题"既不是什么坚甲利兵的问题,也不是什么政治制度的问题,实实在在是两文化根本不同的问题,"从而同意了"五四"新文化运动的"思想革命"的前提。[61]或者说,梁漱溟与《新青年》同人是站在同一历史前提上展望中国和世界的未来。对于李大钊、梁启超以及美国的杜威、日本的北聆吉的不同程度、不同方式的文化调和论,梁漱溟表现出了更为坚决的态度:

> 现在西方化所谓科学(science)和"德谟克拉西"之二物,是无论世界上哪一地方人皆不能自外的。所以,此刻问题直截了当的,就是东方化可否翻身成为一种世界文化?如果不能成为世界文化则根本不能存在;若仍可以存在,当然不能仅只使用于中国而须成为世界文化。[62]

如果西方化和东方化问题是世界历史的总体问题,那么,又如何理解东西文化的异质性呢?对于梁漱溟来说,这个问题首先是一个哲学问题,即怎样理解文化的问题。按照他对唯识学的理解,"尽宇宙是一生活,只是生活,初无宇宙。由生活相续,故尔宇宙似乎恒在,其实宇宙是多的相续,不似一的宛在。"[63]在这个如同生命之流不断变动的宇宙中,"文化"是什么呢?

---

[60] 同上,页261。
[61] 同上,页256。
[62] 梁漱溟:《东西文化及其哲学》,《梁漱溟全集》第一卷,页338。梁氏特别指出,像陈独秀那样认为"假如采用西方化,非根本排斥东方化不可"是对的,"可以说是痛快之至。"关于西方化,梁氏一再说,"我观察西方化有两样特长,所有西方化的特长都尽于此。我对这两样东西完全承认,所以我的提倡东方化与旧头脑的拒绝西方化不同。所谓两样东西是什么呢?一个便是科学的方法,一个便是人的个性的伸展,社会性发达。前一个是西方学术上的特别精神,后一个是西方社会上特别的精神。"页349。
[63] 同上,页376。在另一处,他又说:"宇宙不是一个东西而是许多事情,不是恒在而是相续,吾侪言之久矣。宇宙但是相续,亦无相续者相续即无常矣。宇宙即无常,更无一毫别的在。而吾人则欲得宇宙于无常之外,于情乃安此绝途也。"同上,页432。梁氏的佛教宇宙论显然是在柏格森的启发之下发展起来的,在《东西文化及其哲学》的第

你且看文化是什么东西呢？不过是那一民族生活的意欲（Will）——此所谓"意欲"与叔本华所谓"意欲"略相近，——和那不断的满足与不满足罢了。通是个民族通是个生活，何以他那表现出来的生活样法成了两异的采色？不过是他那为生活样法最初本因的意欲分出两异的方向，所以发挥出来的便两样罢了。然则你要去求一家文化的根本或源泉，你只要去看文化的根原的意欲，这家的方向如何与他家的不同。你要去寻这方向怎样不同，你只要他已知的特异采色推他那原出发点，不难一目了然。[64]

在这里，梁氏的多元宇宙论是以不同的"民族生活的意欲"为单位的，而"文化"就是不同的"意欲"的展现方式。非常明显的是，梁漱溟对文化或文明的解释依赖于一种个体生命与文明的比喻关系，或者说，他是把文化或文明解释为一种生命体，一种具有意志和态度的存在。东西文化所以是截然相异、不可调和的，是因为作为文化的起源的"意欲"完全不同。

考虑到文化或文明在梁氏那里是民族生活的方式或者民族的"意欲"的结果，因此，我们可以据此推论，他将民族理解为一种具有意志的生命体。[65]这就是梁氏文化观的民族主义的前提。就民族主义和反现代（反科学、反机械、反工业）倾向而言，梁氏的文化观与德国浪漫主义也有相似之处：他们都拒绝承认欧洲启蒙主义的普遍"理性"和抽象个人，并用民族生活的"意欲"以及由此产生的文化同一性，取代启蒙思想家假

4章，他特别介绍了柏格森的看法说："宇宙的本体不是固定的静体，是'生命'、是'绵延'，宇宙现象则在生活中之所现，为感觉与理智所认取而有似静体的，要认识本体非感觉理智所能办，必方生活的直觉才行，直觉时即生活时，浑融为一个，没有主客观的，可以称绝对。"同上，页406。

[64] 同上，页352。

[65] 梁漱溟特别声明"文化与文明有别。所谓文明是我们在生活中的成绩品——譬如中国所制造的器皿和中国的政治制度等都是中国文明的一部分。生活中呆实的制作品算是文明，生活上抽象的样法是文化。不过文化与文明也可以说是一个东西的两方面，如一种政治制度亦可说是一民族的制作品——文明，亦可说一民族生活的样法，——文化。"同上，页380。

设的人类同一性。"意欲"既非普遍的理性,也非个人的"意欲",同时也不是自然的"意欲",而是民族的"意欲",或以民族生活为基本单位的"意欲"。在梁漱溟之前,梁启超对德国国家主义的有机体理论已经作过系统的介绍。不过,梁漱溟的文化理论并没有直接地转变为国家政治理论。更为重要的是,他的以民族生活为单位的文化是一种世界主义的总体文化,而不是民族主义的文化,因为他的以民族生活为单位的文化所要解决的不是个别民族的生存问题,而是世界文明的总体问题。梁氏"民族生活的意欲"概念在拒绝启蒙主义的普遍理性的同时,也接受了世界主义的一些前提。我在此提及梁氏的文化论与近代民族主义的关系,目的是要提醒人们注意梁氏理论不仅是对西方现代性的批评,而且也接受了西方现代性的诸多理论前提。民族—国家范畴仅仅是其中之一,有关总体历史的宏伟叙事则是更深刻的部分。不过,由于"意欲"与民族生活具有内在的联系,因此,由"意欲"之别而产生的文化的不可调和性,显然与民族的共同体的特质有关。

根据上述文化或文明与个体生命的类比关系,梁氏以"西方化"为比较的基准,区分出西方、中国和印度三种文化"路向",即:

> 西方化是以意欲向前要求为根本精神的。或说:西方化是由意欲向前要求的精神产生"赛恩斯"与"德谟克拉西"两大异采的文化。[66]
> 中国文化是以意欲自为、调和、持中为其根本精神的。
> 印度文化是以意欲反身向后要求为其根本精神的。[67]

这三条路向的相互关系在现代的语境中首先体现为梁氏所谓"东方化"与"西方化"的不可通约的关系。科学/艺术、科学/玄学、理智/直觉等等主题在梁氏的著作中无非是"西方化"和"东方化"的各自特征,是不同的

---

[66] 同上,页353。
[67] 同上,页383。

"意欲"的结果,而不像"科玄论战"双方那样将之处理为两种不可通约的知识。换句话说,"科学的精神"与"艺术的精神"、"科学的方法"与"玄学的方法"、"爱重自由"与"放弃人权"、"法治"与"人治"不是同一个空间和层面的不同的精神、方法和政治见解,而是完全不同的(有着各自起源的)、不可调和的文明特征,从而不能用科学讨论的方式决定其真理与谬误。[68]

更为重要的是,科学与玄学,或者理性与直觉的不可通约性,是由民族文化的不可调和性决定的,而不是因为这是两种不可通约的知识,即关于客体的知识与关于主体的知识。文化及其民族性成为科学、道德和审美领域发生分化的决定性的要素,从而深刻地揭示了中国现代知识体系分化的文化动力。在这里,值得注意的是从文化问题到知识类型问题的过渡。梁氏虽然是在讨论东西文化的差别,但在叙事的过程中,他通过一系列的修辞层面的置换和推理,把文化问题转变成了科学与玄学、理智与直觉的关系问题。知识类型上的差别由此又反过来成了文化类型上的差别。相应地,文化类型上的差别也构成了知识类型上的差别。我们大致可以将之归纳为:

东方=玄学=艺术=意见=玄谈=本体=私德=古化=第二、三路向

西方=科学=学术=知识=论理=现象=公德=今化=第一路向

如何决定这两者之间的关系,依赖于讨论问题的具体语境。梁氏没有利用纯粹理性和实践理性的康德式区分,建立知识领域与道德领域的不可通约性。然而,通过东西文化不可调和的论述,科学与玄学等领域之间,

---

[68] 梁氏说:"这种一定要求一个客观共认的确实知识的,便是科学的精神;这种全然蔑视客观准程规矩,而专要崇尚天才的,便是艺术的精神。大约在西方便是艺术也是科学化;而在东方便是科学也是艺术化。""西方的文明是成就于科学之上;而东方则为艺术式的成就也。"同上,页355。

已经分化出不可通约的鸿沟。这意味着张君劢的论题已经包裹在梁氏的文化论的内在逻辑之中了。不过差别仍然是明显的：在"科玄论战"中，科学与玄学是两个不同的领域，而在梁氏的文化论中，它们主要指称两种文化。"科学"并不只是知识问题，正如"玄学"并不只指道德问题，它们都是包罗万象的政治、经济、文化、伦理、道德的问题，即不同的文明问题——科学的文明与玄学的文明。在科学的文明中，所有科学、政治、经济、道德、法律、思想等等都是科学的、理智的、认识的，而在玄学的文明中，所有的科学、政治、经济、道德、礼法、思想等等都是玄学的、艺术的、直觉的。因此，在科学的文明中，不存在科学与道德的不可通约性，因为存在着科学的道德；在玄学的文明中，也不存在道德与知识的不可通约性，因为存在着道德的知识。不可通约性仅仅存在于两种文明之间。

在表层的叙述中，梁氏的讨论非常接近张君劢的论题。例如他一再指出：玄学的方法得到的是主观的意见、采用的是玄谈、讨论的是本体，而科学的方法得到的是知识、采用的是论理、讨论的是现象，"玄学所讲的，与科学所讲的全非一事。科学所讲的是多而且固定的现象……玄学所讲的是一而变化、变化而一的本体。"[69]如果不论梁氏讨论东西文化及其哲学的语境，这里的讨论似乎与"科玄论战"的论争没有差别。不过，如前所述，这种科学与玄学的对比描述仅仅是两种不同的"意欲"的展现，或者两种文化的表征而已，他的描述可以被理解为不同的文化取向。因此梁氏说："当知中国人所用的有所指而无定实的观念，是玄学的态度，西方人所用的观念要明白而确定，是科学的方法"，[70]从而将科玄之别与中西之别关联起来。他甚至完全违背自己的历史描述，断言中国"有

---

[69] 同上，页359。在另一处，他又说："西方人走上了科学的道，便事事都成了科学的。起首只是自然界的东西，其后种种的人事，上自国家大政，下至社会上琐碎问题，都有许多许多专门的学问，为先事的研究。因为他总要求客观公认的知识，因果必至的道理，多分可靠的规矩，而绝不听凭个人的聪明小慧到临时去瞎碰。所以拿着一副科学方法，一样一样地都去组织成了学问。"页355。

[70] 同上，页359，页359，页349，页355。

第十三章　东西文化论战与知识/道德二元论的起源

玄学而无科学",近代西方则"有科学而无玄学"。[71]这鲜明地表现出:科学与玄学的对立不是一个抽象的知识问题,而是一个文化问题,一个东西文化的根本差异问题。科学与玄学的分化,以及由此引申出的论理与直觉、理智与感情、客观与主观、社会与个体、现象与本体……的分化,起源于宇宙中的神秘力量,是由文化及其根源——"意欲"——的不同方向决定的。假定我们承认梁氏文化论的民族主义前提,那么,我们也可以说,在他的文化论中,科学与玄学的划分本身,起源于民族性的界定或者民族生活样式的划分。在"科玄论战"中,这种隐含的前提已经淹没在知识论的构架中了。

然而,当梁氏将"西方化"和"东方化"理解为总体的历史问题的时候,他就必须在同一种文化即所谓世界文化中处理科学与玄学等问题,而不是仅仅将二者处理为历史中的东西对峙关系。这意味着"科学"或者"玄学"等等不只是某一种文化的特征,而且也是一种特殊的知识类型,尽管这种特殊的知识类型或者知识取向可以被解释为某种文化的特征。需要特别提出的是,"世界文化"的概念与"东方化"或者"西方化"的概念是完全一致的,因为所谓"东方化"和"西方化"仅仅是东方化的世界文化或者西方化的世界文化罢了。在梁氏的论述中,玄学、艺术、直觉等等并不只是出现在他对东方的描述中,而且也出现在他对西方现代文化的描述之中。然而,那些出现在西方世界中的直觉、玄学和艺术等等不过是世界的东方化的未来预兆。因此,东方与玄学、直觉、艺术等特征之间仍然有一种天然的关系:玄学的、艺术的、直觉的就是东方的,东方的特征就是玄学、艺术或直觉,而不论艺术、直觉或玄学是出现在地域上的东方或西方。正如中国或印度也存在科学或者理性,但那并不是其东方性的标志,而是存在于东方的"西方化"的表征罢了。

在这个意义上,梁氏对"东方化"和"西方化"的描述存在着明显的含混,因为他显然是以近代西方和中国、印度为具体的论述对象,但同时,在他的整体论述中,"东方化"和"西方化"又是一种抽象的玄学本质,而不

---

[71] 同上,页359。

是具体的历史特征。按照这一论述逻辑,只要出现了诸如玄学或直觉之类的特质,无论它们出现在什么地域或什么时间范围,它们都是"东方化"的体现。实际上,无论梁氏承认还是不承认,"东方化"是在"西方化"的发展过程中有待发现或者已经发现的异己品质,这种品质——按照梁氏的三条路线次第进化的逻辑——又是世界历史的另一个阶段罢了。我在这里使用"次第"概念,是因为梁氏认为只有经过了西方化才能达到中国化,这也是他对科学与民主全盘接受的原因。离开了"科学"与"民主"的"西方化",我们不能了解什么是"东方化",也不可能达到"东方化"。甚至"直觉"这样的概念也不可能出现。所以梁氏说:"我民国七年(1918)夏间在北京大学提倡研究东方化,就先存了西方化的观察而后才发的。"[72] 在《东西文化及其哲学》一书中,马赫、皮耳生、彭家勒对早期科学主义的批判,罗素的宇宙论,柏格森的宇宙本体和直觉、生命、绵延等概念,倭铿的宗教观,克鲁泡特金的互助论,现代社会主义,特别是基尔特社会主义等西方思想,构成了梁氏重新解释现代历史变迁的主要依据。他对中国思想,特别是孔子思想的解释很大程度上依赖于西方思想对现代性的反思。

在梁氏的叙事中还存在着与上述问题直接相关的另一含混或悖论,即时间叙事的悖论。这一悖论与他对现代历史的判断相关联。梁氏对中国文明或者玄学的赞赏源自他对进化的历史观的批判。他把这种"贵新"的时间观理解为科学的"公例原则",而科学的原则仅仅是西方文明的特质或西方化的特质。按照他的次第进化的历史观念,科学原则只能适用于西方化的世界历史时期,而不是普遍适用的公理。因此,梁氏用一套更为宏大的历史叙事,取消了科学叙事的合法性。在这个意义上,梁氏对现代性的时间观念,特别是传统/现代、古/今、新/旧的二元区分的抨击,不过是要用他的东西二元论加以重新解释而已,而东西二元论已经被安排在次第进化的时间序列中了。梁氏说:

---

[72] 同上,页349。

科学求公例原则，要大家共认证实的；所以前人所有的今人都有得，其所贵便在新发明，……当然今胜于古。艺术在乎天才秘巧，是个人独得的，前人的造诣，后人每觉赶不上，其所贵便在祖传秘诀，而自然要叹今不如古。……明白这科学艺术的分途，西方人之所以喜新，而事实日新月异；东方人之所以好古，而事事几千年不见进步，自无足怪。……因为西方的文明是成就于科学之上；而东方则为艺术式的成就也。[73]

东西关系在这里被解释成为科学与艺术的关系、古与今的关系。通过对科学进行文化处理，科学进步的原则相对化了。不过，科学原则的相对化并没有影响梁氏用西方—中国—印度的次第进化的时间观念来解释世界历史。他一方面在价值上排斥科学主义的进步的观念，另一方面却在叙事的层面将进步的观念糅合到宇宙生命变化的观念之中，以之作为历史叙事的基本框架。这种总体历史的叙事框架与梁氏对现代历史的判断有关，即对于中国文化来说，现代历史仅仅是西方化的结果，以科学和民主为特征的现代历史是外来的历史，"现代"起源于断裂，而非延续。[74]这种断裂的西方化或者断裂的现代性一方面证明了中国文化与西方文化的不可调和，另一方面却也证实了现代历史正在成为总体历史，因为西方化通过与中国和其他文化的接触日益成为世界历史的现代特征。中国愈是西方化，也就愈接近于作为世界文化的中国文化，即作为西方化的未来的中国化。

在《东西文化及其哲学》的前三章，各种知识问题是笼罩在东西文化

---

[73] 同上，页355。

[74] 梁漱溟说："我可以断言假使西方化不同文明接触，中国是完全闭关与外界不通风的，就是再走三百年、五百年、一千年也断不会有这些轮船、火车、飞行艇、科学方法和'德谟克拉西'精神产生出来。这句话就是说：中国人不是同西方人走一条路线。因为走的慢，比人家慢了几十里路。若是同一路线而少走到别的路线上去，别一方向上去，那么，无论走好久，也不会走到那西方人所达到的地点去的！……中国人另有他的路向态度与西方人不同的，就是他所走并非第一条向前要求的路向态度，……即所谓人类生活的第二条路向态度是也。"同上，页392—393。

问题的视野之中的;但第四章《西洋中国印度三方哲学之比较》则为文明或文化的比较提供了完整的知识谱系。文明的差别是通过这个普遍性的知识谱系才呈现出来的。这个知识谱系明显地参考了康德以降西方思想对知识、道德和信仰问题的反思,特别是柏格森等人对科学文明的批判和对形而上学的研究,虽然梁氏声称他"研究知识所用的方法就是根据唯识学"或"唯识学的知识论"。[75]梁漱溟用"思想"或"广义的哲学"来命名他的知识谱系:即由思想(广义的哲学)派生出哲学和宗教两类知识,而哲学又可以区别为形而上学、知识、人生三类知识。这样一种知识分类为西洋、中国和印度三种文化提供了统一的比较标准,即从诸如宗教、形而上学、知识、人生等方面观察各种文化的态度、倾向和成就。[76]

梁氏不是将宗教和形而上学放在知识论中,而是将知识论与宗教、形而上学放在并列的、异质的位置上。在他的论述中,形而上学与知识的分化起源于英国经验主义对欧陆理性主义的批判,特别是休谟所谓"科学是知识,形而上学的说法不是知识"的观点,以及后来康德关于现象与本体、纯粹理性与实践理性的分疏。[77]值得注意的是,梁氏的直觉概念渊源于柏格森,但是,在涉及形而上学与科学的关系时,他显然强调分化的重要性,而不同意柏格森的整体论。"柏格森说'生命'、'绵延'是整的不可分的,这实在有点不对,因他堕于'常见'。"[78]他对唯识学的解释中,

---

[75] 在这一章的开始部分,梁氏说明他要研究的是思想问题;但他又说:"思想就是知识的进一步,观察思想首宜观其方法,所以我们要先为知识之研究。"按照他的唯识学的知识论,他指出知识的构成就是由于"现量"、"比量"、"非量","此三量是心理方面的三种作用,一切知识皆成于此三种作用之上。"不过,梁氏对这三量的解释,明显参照了现代西方的知识论。例如他将"现量"解释成为感觉(Sensation),将"比量"解释成为"理智"("我们心理方面去构成知识的一种作用"),将"非量"解释成为"直觉"。梁氏说:"以上所说是构成知识的三种工具。一切知识都是由这三种作用构成。虽然各种知识所含的三种作用有成分轻重的不同,但是非要具备这三种作用不可,缺少一种就不能成功的。"这样,三种不同的认识类型都统摄于"知识"之下。同上,页395—401。
[76] 请参见梁氏根据他的知识分类提供的文明比照表。同上,页396。
[77] 同上,页403。
[78] 同上,页414。

第十三章 东西文化论战与知识/道德二元论的起源

就包含了对经验领域与形而上学领域的严格区分。[79] 在梁氏的论述中存在着一种内在的冲力,即力图将现象与本体、自然与主体、知识与形而上学、知识与行为、科学与宗教、认识与情感、认识与直觉等等区分为不同的领域,否定以科学方式解决人生、道德、信仰、感情的普遍主义观点,从而在更大的谱系内(他所谓"思想")将科学与其他领域置于平行位置。换句话说,他相信诸如道德、信仰、审美、情感等问题,具有完全不同于科学知识的前提;而西方化社会的主要危机就在于试图用科学的观念和方法去解决不同领域的问题。梁氏当然没有意识到,尽管他的知识谱系与科学主义的知识谱系具有重大的差异,但是,无论在结构上,还是在方法上,他的新谱系都与科学知识谱系相似:都具有客观的、普遍主义的特征。[80]

这一点也完全适用于他的文化—历史观:即他的文明路向不是一种主张或主观的意见,而是一种客观的事实,就如同他的对手将进化论的历史观视为科学分析的客观结果一样。[81] 通过知识与宗教及形而上学的关系的论证,梁氏证明的是印度文化的成就和人类历史的第三条路向;通过科学与玄学或形而上学的关系的论证,梁氏证明的是中国文化的成就和人类历史的第二条路向。这种三元划分的轴心是知识和科学,亦即西

---

[79] 梁氏在《印度哲学概论》第三篇第三章讲知识之界限效用问题时,已经有详细的分析。在《东西文化及其哲学》中,他对此也作了说明。同上,页414。

[80] 例如,梁氏在讨论宗教问题时说:"所谓宗教的,都是以超绝于知识的事物,谋情志方面之安慰勖勉的",从而将宗教与(科学)知识分化为不同的领域。但是,他立刻声明他的看法与赫克尔、倭铿不同,因为前者的一元教、后者的精神生活"都是要变更宗教面目的",而他本人却是要追寻"宗教的本质——本来面目"。"它们的说法都是拿着自己意思去说的,我们纯就客观的事实为材料而综合研寻的,其方法原不同。方法所以不同,因为我们只想知道宗教的真相,而它们则想开辟宗教。凡意在知道宗教真相的,我们的说法大约无疑问的了。"梁氏没有说明他的宗教观与(实证主义的)科学方法的关系,但内在的关联是极为清楚的。同上,页417—418。

[81] 梁漱溟在《东西文化及其哲学》第五章的开头说:"我们讲未来文化,并不是主张世界未来应当用某种文化,只指示现在的情形正朝着某方面走去。完全就客观的事实来看,并没有一些主观的意见在内;个人的主意是无效的。我们从客观的观察所得,看出为现在全世界向导的西方文化已经有显著的变迁,世界未来的文化似不难测。"同上,页488。

方文化的成就和第一条路向。因此,我们可以说,科学(西方)/信仰(印度)/玄学(中国)等三个领域以科学为轴心建立起了三种文化的取向。用梁氏自己的话说就是:西洋生活是直觉运用理智的;中国生活是理智运用直觉的;印度生活是理智运用现量的。[82]

在梁氏的文化论述中,诸如科学、宗教和玄学等领域的分化,以及由此展开的理智与直觉、知识与情感等方式之间的分化,都是临时性的分化。按照梁氏的"世界文化三期重现说",文化发展的每一阶段都是以上述三种文化路向之中的一种为主导形式的;西方化阶段的科学、中国化阶段的玄学、印度化阶段的宗教都是统摄性的文化,在各自的历史阶段,知识、道德、信仰以至艺术都服从于占据主导地位的文化。例如在西方化阶段,道德、艺术都是科学的道德和艺术,而在中国化阶段,知识、信仰也都是玄学化的知识和信仰,等等。在这个意义上,诸如知识、道德和审美等领域并非不可通约的分化关系。按照梁氏的描述,现代社会正在经由西方化向中国化转变,而中国化的主要特征——据梁氏的解说——"其大意以为宇宙间实没有那绝对的、单的、极端的、一偏的、不调和的事物;……一切都是相对,没有自己在那里存在的东西",[83]因为宇宙不过是生生不息的大流,人们对待世界的态度"完全要听凭直觉"。[84]这就是中国文化的底蕴,是孔子思想的特质。在这个意义上,他本人似乎又回到了他已经批评过的柏格森的整体论。

在梁漱溟的论述中,知识、道德、审美等领域的分化起源于文化的分化,而这三个领域的同一性也渊源于文化的同一性,例如在西方化的世界

---

[82] 参见同上,页485—487。梁漱溟解释说,西洋对待自然、宗教、社会、艺术的态度都是理智的和科学的,但是,推动理智进行活动的却是"直觉"。中国对待自然、社会和艺术的态度是直觉的,但这种直觉不同于本能,而是产生于极早成熟的极高的文化,"为其圣人—天才领着去作以理智运调直觉的生活,却其结果只成了这非高非低浑沌难辨的生活、文化。"梁氏所谓印度的路其实指的只是佛教,而不是其他的印度文化,其核心是"最排斥理智和直觉——他们所谓比非量。……所以姑且就说印度生活为理智运用现量。"
[83] 同上,页444—445。
[84] 同上,页454—455。

里，知识、道德、审美等领域都具有科学化的特征。在这个意义上，分化与同一都植根于三种文化的区别与转化。梁漱溟将这个转化过程区分为事实层面、见解层面和态度层面的转化，而所有这些方面都涉及对所谓"西方化"或者现代性的批评。在事实层面，西方化的现代社会是以人与自然的分化，人与社会的分化，人与机器的分化，以至社会分工的分化为特质的，资本主义经济（消费本位的经济）和近世的国家就是这种分化的历史结果，而现代社会主义就是要以社会本位和分配本位来改造现代资本主义，从而自然地走向了中国文化的阶段。所谓见解的变迁，梁氏指的是心理学的变迁，即从对意识的关注转向对无意识的关注，进而发现"人类心理的重要部分也是不在知而在情和意。"[85] 这些发现最终用感情、直觉、伦理的方式取代了科学的认知方式，并转向了中国文化的礼乐文化。关于态度的变迁，梁氏指的是从向外观察转向向内观察，从科学、科学方法及其进化论，转向生命和人事。即从以理智来观察外界物质（西方化），转向用直觉来研究内在生命（中国化），再转向用现量来理解无生本体（印度化）。而世界历史的现阶段则显然处于从科学转向直觉的历史时期，亦即从西洋化转向中国化的历史时期。[86] 通过从西洋化时期向中国化时期的转变，他所描述的知识的分化也将最终消失在新的文化同一性之中。按照他的文化理论的逻辑，知识的分化本来就是文化分化的表征，如果不存在文化的分化，那么，这种知识上的分化也就不复存在。

梁漱溟的文化理论已经被广泛地视为现代新儒家的先声，也被看作是世界范围内的反现代化思潮的一个组成部分。通过上述分析，我们可以得出下述几点结论：首先，梁氏的理论包含了对现代性的反思和批判，但是，这种反思和批判却承认了现代性的一系列重要的前提，如民族—国家的前提，如知识分化的前提；其次，在叙事方式上，梁氏拒绝承认他的历史叙事是从特定的文化价值和视野出发的，转而强调他的叙事的"客观性"、真实性和价值中立性，从而在批判西方科学的各种表现的同时，把

---

[85]　同上，页496。
[86]　同上，页504。

实证主义的科学原则作为他的理论前提;第三,尽管梁氏的文化理论在内容上不同于"新文化运动"的现代方案,但与他的对手一样,梁氏的理论也是一种宏伟叙事,他的历史文化叙事正是以这种有关历史发展的叙事为内在的结构的。梁氏理论的上述方面证明:在中国现代历史中,以诉诸中国文化或传统对现代性的批判本身,已经深深地陷入了现代性的知识前提之中。

第七节 从文化观的转变到主体性转向

东西文化论战与"科玄论战"的最为显著的区别是前者采用了历史文化叙事的方式,而后者却如此明显地采用了知识叙事的形式。如果说"科玄论战"以"人生观"问题为契机,为现代知识谱系的重构,特别是科学、道德和情感作为不同领域的分化,提供了理论的准备,那么,根据我对东西文化论战的研究,这种分化并不是在"知识论"的构架中产生的,而是在东西文化论战有关文化差异的论战中孕育成熟的。在现代中国历史中,知识领域的分化的直接动因是文化的冲突。与之相应,"科玄论战"的知识冲突也不能掩盖它的文化冲突的内涵。对科学与现代性的反省,在中国的语境中,同时也是对晚清以降中国面对的文化冲突的反思,尤其是对西方文化和中国文化的关系的反省。

从梁漱溟的文化理论,到张君劢的"人生观"问题,中国现代思想中开始了漫长的、从未真正完成的"主体性转向"。这种主体性转向为中国现代知识体系的重构提供了重要的理论基础。在现代西方思想中,所谓主体性转向主要是对以存在及其规律为研究对象的理性主义哲学体系的批判,因为后者,特别是黑格尔哲学,建立了解释一切事物的体系,却忘却了每个个人的主观性。在尼采等人的视野中,哲学的任务不是通过科学的认识论、通过理性去认识和确定客观世界的存在及其规律性,而是要揭示和阐释存在的意义,从个人、个人的感情、情绪、体验中探索人的纯主观性,从而发现人的自由的、创造性的活动和人的真正存在的基础和原则。这种纯主观性是产生一切客观性的基础。西方思想中的主体性转向明显地产生于对现代性及其知识谱系的反思,在论述的形式上,则表现为对黑格尔的形而上学体系和启蒙运动的"主体—客体"的认识论模式的批判和拒绝。中国现代思想中的"主体性转向"受到西方思想的影响(尼采、柏格森等等),但在中国的语境中,问题仍然首先与文化问题相关。东西文化论战所显示的是:中国现代思想中的所谓"主体性转向",并不仅仅是从对客观世界(自然和社会)的认识转向对个体的内在世界的体察,而且是一种文化的转向,即以反思西方现代性为契机,重新发现中国文化的价值与意义。主体性问题在这里决不仅仅是个人主体性的问题,而且是民族文化的主体性的问题。[87]知识问题与文化问题如此密不可分,正如历史叙事与科学叙事无法分离一样。在比较性的视野中,这种"主体性转向"也同样导致了"本能、信仰和情感作为同理性一样重要或比理性更重要的力量重新出现"。[88]知识谱系的重构与欧洲现代性向世界扩张的全球化背景直接相关。然而,与欧洲相比,中国发生的上述变化首先意味着在一种全球视野中对文化变迁的重新描述。对这种总体历史变迁的观察支配了中国思想家对自己的文化的重新解释和发挥。正由于此,"主体性转向"在中国的思想语境中一方面具有深刻的文化民族主义内涵,另一方面这种文化民族主义又不过是现代资本主义全球化过程在中国的独特的一种文化表现罢了,它承续了欧洲现代性的一系列理论的和实践的前提。

---

[87] 在后殖民主义理论的影响下,这一现象很可能被置于主体/他者的框架中加以解释,梁漱溟等人的思想努力也可能被解释为将中国文化"他者化"的努力。不过,如果我们充分考虑到中国现代语境的复杂性,那么,我们也将发现这种思想努力并不仅仅是针对西方文化的反应,而且也是针对整个现代文化的反应,首先是对已经逐渐卷入现代过程的中国现代性问题的反应。
[88] 1995年12月31日,美国《华盛顿邮报》列出了14个"千年之最",上引句子是所列"千年之最"的第三条"最大的讽刺"。列举者显然是站在现代理性主义的立场来看待本能、信仰和情感作为巨大的力量的出现的,但是,从长的历史时段来观察,至少在欧洲思想的发展中,这一转变本身无疑是极为重大和深刻的历史现象。转引自《参考消息》1996年1月5日的法新社报道,中文题为《成吉思汗名列榜首》。

梁漱溟的例子充分地表现了中国知识分子试图通过恢复自己的传统而进入新的全球化过程的努力。值得注意的是,作为东西文化论战和"科玄论战"的一方代表,梁漱溟、张君劢后来都被看作是中国现代新儒家的开创性人物,这表明梁氏的文化理论、张氏的"人生观"问题,为新儒家的发展提供了理论的前提、知识的准备和基本的视野——虽然他们之成为新儒家的第一代宗师不过是后来人的追述而已。如果从现代知识体系的重构这一角度来观察,那么,我倾向于将新儒家的兴起理解为中国现代知识体系形构过程中的"主体性转向"的一部分。现在,我将转入"科玄论战"的知识论争来观察这次"转向"的细节和过程。

第十四章

知识的分化、教育改制与心性之学

> 若吾人略仿孔德时代三分之法,而求现时代之特征之一,吾必名之曰:"新玄学时代"。
>
> ——张君劢

第一节　知识问题中被遮蔽的文化

如果说东西文化论战用文化范畴遮盖了知识问题,那么,"科学与人生观"论战却在知识的表象中遮盖了文化的冲突。我的基本看法是,"科/玄"知识二元论与"东/西"文化二元论之间具有内在的、密切的联系。采用"知识论争"的形式不仅是以承认超越文化价值的"真理"即"科学"为前提的,而且是以承认只有这种特殊的论争形式才能通达"真理"为前提的。知识论争的形式不过是文化冲突的结果,即居于支配地位的文化成为普遍的文化的结果,但是,"知识"形式也并不能等同于历史地产生了这种知识形式的特定文化(西方文化)。张君劢试图用"人生观"问题批判科学的知识谱系,却事实上为新的知识分科提供了理论前提,其特征是将知识、道德、情感等领域分化为异质的领域,从而用一种分化的方式重建了知识谱系。值得特别提出的是,张君劢的知识谱系与现代社会分工、特别是现代教育体制的重组具有密切的关系,从而他对科学谱系的攻击,以及他的以"分化"为特征的知识谱系的重构活动绝不仅仅是一种纯粹的智力活动。知识谱系的合理分化首先是一种对于现代社会的合理化设计,其次也可以被理解为一种现代化的行动纲领。张君劢通过"人生观"问题重建知识谱系的努力与"五四"以后教育改革、特别是二十年代初期的学制改革具有内在的呼应关系。在批判西方科学文明的过程中,张氏重新提出了"心性之学"的问题,并被广泛地看作是现代新儒学的代表,但是,他的"心性之学"已经脱离了理学的语境,针对的是作为普遍的世界问题的现代性危机,即政治领域的国家主义和民族主义、经济领域的工商政策和知识领域的科学主义;"心性之学"不是作为一个历史的范畴,而是作为一个普遍的范畴出现在张氏的论述之中,因此,"心性之学"体现的不是特定文化的取向,而是普遍的知识体系的最为重要的部分,这个部分对于其他知识领域具有指导意义。简言之,张氏对现代性危机的诊断是现代性的文化设计和行动纲领的有机部分。

战后欧洲知识界对现代性的反思促成了中国思想界的某些方向性变化。梁漱溟、梁启超等人对以科学发展为特征的欧洲文明危机进行批判性思考,最终导致了这样的局面:科学不再能自明地提供社会变革的范式,中国现代思想也不能简单地从自然科学的形而上学中得到支持,他们必须重新思考"道德"——政治道德、社会道德、个体的伦理实践——的基础。[1]在稍后的段落中,我还将论证:这种思想的方向性变化伴随着社会的制度性实践,特别是教育体制的改革。

对科学文明的批判性思考在两个相关的方向上展开:在文化上,通过在与西方文明的对比关系中建立中国文化的主体性,否定西方文明的普遍意义;在知识上,通过"科学与人生观"的二元分化,伦理学、心理学和其他社会科学逐渐地从自然科学的完整体系中分化出来,从而否定科学

---

[1] 如张君劢说:"吾国自海通以来,物质上以炮利船坚为政策,精神上以科学万能为信仰,以时考之,亦可谓物极将返矣。"《再论人生观与科学并答丁在君》,《人生观之论战》(上),张君劢编,泰东图书局,中华民国十二年十二月出版(下同),页67。

公例或科学规则的普遍意义,实际上是在知识的领域重建人的主体性。[2]这两个方面既有呼应的关系,也有相互否定的关系,这是因为一方面人生观的诸特征被用来描述中国的文化特征,而另一方面,人生观问题是作为一种普遍的问题出现的,它并不特指某种文化。

用普遍的问题(人生观)来对抗普遍的知识(科学),而不是用特定的文化(中国)去对抗优势的文化(西方),这表明在中国知识分子的心目中,所谓"文明危机"已经不是某个文明的危机,而是整个人类文明的危机,这在梁漱溟的理论表述中已经非常清楚。在这个意义上,张君劢及其支持者提出人生观问题或玄学问题,也表明了他们对"时代"特征的把握:

> 此二三十年之欧洲思潮,名曰:"反机械主义"可也,名曰:"反主智主义"可也,名曰:"反定命主义"可也,名曰:"反非宗教论"亦可也。若吾人略仿孔德时代三分之法,而求现时代之特征之一,吾必名之曰:"新玄学时代"。[3]

"新玄学时代"的另一表述也可以说是反科学时代。在1923年的讨论中,对科学的质疑不是表现为一般地对科学及其后果的否定,而是试图对知识领域进行重新规划,把晚清以降逐渐形成的完整的科学谱系分化为不同类型的知识谱系,并将"玄学"置于这个知识谱系的顶端。知识领域的分化最初是以科学体系(分科之知识)的分类学为其知识学基础和前

---

[2] 他现代新儒学即以文化的自主性和个人的自主性为目标。例如贺麟在《文化与人生》(商务印书馆,1941)中发表了《儒家思想之开展》一文,他说:"就个人言,如个人能自由自主,有理性,有精神,则他便能以自己的人格为主体,以中外古今为用具,以发挥其本性,扩展其人格。就民族言,如中华民族是自由自主,有理性有精神的民族,是能够承继先人遗产,应付文化危机的民族,则儒化西洋文化,华化西洋文化也是可能的。如果中华民族不能以儒家思想或民族精神为主体去儒化或华化西洋文化,则中国将失掉文化上的自主权,而陷于文化上的殖民地。"引自《评新儒家》,罗义俊编,上海:上海人民出版社,1989,页33。

[3] 张君劢:《再论人生观与科学并答丁在君》(中),《人生观之论战》(上),页64—65。

提的,在那个分类的完整体系中,不同的知识领域虽有某种程度的区别,但仍有其内在的同质性。正如我已经论证的那样,促成科学体系最终分化为异质的领域的真正动力,是中国知识分子在东西文化冲突中寻求中国文化自主性的努力。知识领域的分化以东西文化二元论为文化动力,并最终以曲折的形式保留了文化与知识之间的隐秘的联系。

知识领域的分化以其迅速和简单的方式完成了自己的过程:重新检讨以自然一元论为基础的科学谱系及其分科原则,把研究的重点转向心理学领域,通过对经验主义认识论和感觉论的心理学提出尖锐挑战,对"科学的知识论"或"科学的宇宙观"的适用范围提出了质疑。在"五四"新文化运动之后的氛围中,对心理学问题的关注与当时的文学倾向是完全一致的:对于更深刻的人的自我的研究,对于人的感情的细致探索,对于人的心理动机的深入分析,对于新的道德基础的不懈思考。冷酷的因果律和必然性即使不能被抛弃,也必须被限制,个体的创造性及其与历史生活的关系需要重新解释。总之,自然科学的方法和规律不再能够提供道德与伦理的基础,以自然科学的发展为特征的西方文明也不再能够提供文化的示范,中国人既需要回到主体方面,也需要回到自己的文明之中寻求解决现代文明危机的途径。

因此,"东/西"文化二元论与"科/玄"知识二元论的关系是极为紧密的。对人的内在性和主体性的思考直接起源于对现代(西方)文明危机的反思,因为这种文明被理解为压抑和规范了人的自由的"物质性"的文明。在《再论人生观与科学并答丁在君》的下篇中,张君劢重新解释了精神文明与物质文明的二元论。他指出,尽管所有文明中都存在精神与物质的区分,但用这种二分法来指称中国和西方两种文明却有着明确的规定性。二元论的修辞方式包含了这样一种努力:以文化差异的描述为中心,建构自身文化的主体性。因此,文化主体性的基础不是自身的历史,而是与异文化(强势文化)的对比关系。换句话说,东/西二元论作为一种建构力量,并不把中国文化或者西方文化作为具有客观性的或者主体性的对象,而是把东/西关系作为对象;东/西关系具有一种纯粹的"关系性质",它们无法离开对方建立自己的主体性或客体性。在这种关系中,文化的自主性、异质性、神秘性被剥夺了，"关系"自身成为首要的和支配的力量。从文化的二元论到知识的二元论的过渡则更进一步，因为后者彻底清除了文化的历史性。在知识的二元论中，"关系"是一种形而上学的建构，主体与客体都被吸纳到等级性的关系之中。把"人生观"领域建构成为一个独立的领域是这样一种努力：拒绝把主体自身作为受制于"科学"及其规律的自主的主体。但是，当这个领域作为一种特定的、区别于科学的知识领域——如人文领域和社会科学领域——建构起来的时候，这个领域本身又一次地把主体及其"人生观"展现为单纯的对象，从而使之成为"知识"的等级体系中的存在物。因此，"人生观问题"的悖论在于：无论如何强调人的活动及其意志的自主性、无规律性和自由本质，当"人生观"作为一个与"科学"领域相区别的领域被提出的时候，它的自由本质已经是知识活动的对象，从而也被安排在"知识"的谱系之中。

根据张君劢的说法，西洋文明所以是物质文明，是由以下四个特征决定的：(1)以力学机械主义解释生物、心理、甚至人生的一切现象；(2)学术发展重在"有形之制作"，而国家充当"发明"保护者的角色；(3)全国的心思才力倾注于国内工业和国际贸易；(4)国家以拓地致富为惟一政策，从而形成经济和军事的殖民。[4]与此相对照，中国文明也有四个相应的特征：(1)"无定一尊之宗教"，因而对自然的研究欠缺；(2)以农立国，故工商和工业不发达；(3)以锁国为政策，不存在经济和军事的殖民主义；(4)人生观方面尚中庸，既没有机械主义和目的论，也没有个人主义与社会主义。[5]换言之，中国精神文明在这里不仅被设想为西方现代性的对立物，而且还提供了一些迥异于西方思想和社会构造方式的根本原则。

对于中国的思想界来说，这种反思的时代意义是清楚的：西方现代文明能否作为中国社会改革的范本？文化的发展是否在一个进化的序列之上？但是，我的论述的重心不仅在于揭示文化与知识的紧密联系，而且在于观察知识如何从文化中分化出来——尽管这种分化从未彻底实现。我

---

[4] 张君劢：《再论人生观与科学并答丁在君》（下篇），《人生观之论战》（上），页79。
[5] 同上，页79—80。

主要是在三个层面使用"分化"的概念:首先是知识如何从文化中"分化"出来,其次是道德、审美领域如何从普遍的科学谱系中"分化"出来,第三是这种思想领域的"分化"与社会体制的变化的关系如何。因此,也可以说,作为一种历史现象和一种理论视野,"分化"概念是我阐释"科学与人生观"论战的关键点之一。

张君劢从一开始就把问题放在"科学与人生观"的对立关系之中,目的在于用"人生观"的自主性、多样性、偶然性、单一性来反对普遍主义的"科学",因为"科学"是"世界主义"的,没有种族文化的差别。例如,"天文学,世界统一者也,未闻有所谓英国天文学法国天文学也";[6]而"精神科学",如政治学、经济学、心理学、社会学等等,却没有"牢固不拔之原则"。[7]值得注意的是,张君劢不止一次声明中国的文化主张德化之大同、反对种族之分立,但是,他的"文化"概念与梁漱溟一样却是以"民族"或"种族"为基本单位的。在这里,"人生观"的多样性是和"民族"文化的多元性直接相关的,在没有追问人生观与民族的关系的建构过程之前,"民族"已经成为人生观的有机内容。用精神的多样性来对抗科学的普遍性,用多元的文化和历史来对抗"科学文明"(西方文明)的普遍意义,用主体的差异原则来对抗"科学"的同一原则或公例原则,这就是"科学与人生观"作为一组对举的修辞模式的历史含义。我们可以把张君劢的"人生观"问题看作是寻求差异与偶然性的努力。在这种以差异性和偶然性为特征的文化观和社会观中,没有进化的必然法则,也没有发展的力学规律。如果考虑到他的人生观问题与潜在的"民族文化"的前提的关系的话,那么,多样性、偶然性、差异性的人生观问题及其对普遍性、必然性、同一性的"科学"的对抗,深刻地隐含了弱势的文化和民族对"普适性文化"的拒绝。因此,"人生观问题"可以作为民族主义的知识前提。

因此,并不奇怪的是:在科玄论战中,玄学派直接讨论的是个体的感情、心理和创造性等问题,但更为关切的是(民族)文化的自主性,以及道

---

[6] 张君劢:《再论人生观与科学并答丁在君》,《人生观之论战》(上),页29。
[7] 同上,页29。

德、社会和国家的构成原理。一方面个人需要从科学世界观的框架中解放出来，另一方面个人需要重新了解个人与他人、本民族与它民族、本国家与它国家联结在一起的原则——这种原则作为一种集体生活的原则又是超越于个人生活之上的。正是在这个意义上，"人生观"被定义为"我"与"他者"关系——从亲缘关系到社会关系，以至自然关系。实际上，无论是东西文化论战的双方，还是科玄论战的双方，文化、道德、社会和国家问题都是关注的中心。这两次论战是在同样的背景下提出新的社会伦理和道德实践问题。

但是，差异仍然是明显的：东西文化论战把这个问题放在文化范畴中考虑，而"科玄论战"则在知识范畴中检讨。对于前者，论战的核心是以哪一种文化及其价值为道德和审美的基础，对于后者，讨论的中心问题却是：道德、审美的基础是科学的领域还是人生观的领域？梁启超、张君劢等人试图以主体及其内在世界的独特性为出发点，重新解释社会生活和道德生活的原则，但是，这种"回到主体"的努力却与原子论的个人观念不相干。因为，与"精神"或"人生观"范畴相对抗的"科学"范畴不只是一种知识体系，而且还是一种特殊的文明类型，从而"精神"或"人生观"不只是一种"科学"之外的抽象领域，而且还是一种特殊的文明和文化的特征。

在18世纪欧洲启蒙哲学中，伦理实践问题是和原子论的类比相关的，即"为自然所规定的个人系原始的既与的事实，系简单的自明的事实，一切超越个人的关系都必须以个人作为解释的出发点。"[8]但是，即使像胡明复那样坚持实证主义的基本原则的人，也不是将个体而是将"关系"置于科学认识和伦理实践的中心。而现在，通过对科学世界观的批判，玄学派从主体的方面寻求道德基础：一方面这与重建民族文化的主体性直接相关，另一方面则是针对欧洲个人主义文化和科学文明危机所作的探索。在这个意义上，玄学派的逻辑中包含着内在的矛盾：他们讨论的是个体的心理、情感和创造性，而要探索的却是以这种个人主体性解决

---

[8] 文德尔班：《哲学史教程》，下卷，北京：商务印书馆，1993，页688—689。

个人主义文化的危机。

特别值得注意的是,在科玄论战中,历史文化问题终于转变成为抽象而普遍的知识问题,并采用了现代西方哲学的讨论方式:文化认同问题逐渐被知识问题所取代。我把这一过程称之为"分化"的过程。人生的意义、道德的本原、心理和情感的本体不再建立在文化的价值及其制度性实践之中,而需要到心理学、伦理学、美学等知识领域中寻求答案。知识不再是文化的一个附属物,它本身获得了自主性:自己的问题、语言和逻辑。对道德的坚守不再是对文化及其价值的坚守,而是在与科学知识的关系中坚守道德领域的自主性,并形成与科学认识相并而行的自主的道德知识领域。其结果就是:社会生活中的道德和情感需求被转化为关于道德领域的自主性的知识探索。普遍的科学知识体系开始分化为不可通约的、具有自主性的不同领域。

科玄论战把文化论战转化为一场学术论争,其未言明的预设正是这样一种信念:超越文化的知识形式可以解决文化问题。普遍主义的"知识"预设了某种"人的本质特征",并以这种"本质"的结构为自己的结构。这显然是"启蒙"的历史后果。但是,在历史学的意义上,这些知识形式本身并不是超越文化的,因为超越文化的知识形式无非是欧洲社会的科学、人文和社会科学知识罢了。因此,一旦把论战的"科学"方式视为普遍适用的、中性的方式,"西方"的方式作为普遍原则的地位便确定了,西方的"科学原则"对于其他的文化价值的优越地位也便确定了。在以后的段落中,我们还会看到,西方的"科学原则"最终贯彻到中国的教育体制和学术分科体系之中,从而以体制化的方式奠定了它的优越地位。

从命题上看,科玄论战几乎就是贯穿19世纪欧洲哲学的主要议题的重复,没有独创性可言。如果说丁文江的知识论主要来自英美经验主义哲学和知识论,那么,张君劢的理论资源则主要来自他曾留学的德国。作为一位立宪主义者,张君劢的政治思想一直深受英美政治哲学的影响,但在1913年至1915年间,他曾在柏林大学政治学系学习,开始对德国的哲学和社会主义思潮有所了解。1918年,他应梁启超之邀同赴巴黎和会,终于重返欧洲。1920年的新年,他在德国见到了倭铿(Rudolf Eucken,

1846—1926）并成为后者的信徒。通过倭铿，他开始对康德、黑格尔等德国哲学家大感兴趣。这种兴趣产生了重要的后果，那就是他试图通过德国理性主义重新规划中国的知识谱系和教育体制。在这样的背景下，我们可以理解张君劢在与丁文江相互指责对方"袭取"西方学术成果之后的一段话。他总结说：

> 今中国号为学问家者，何一人能真有所发明？大家皆抄袭外人之言耳。各人读书，各取其性之所近者，从而主张之。然同为抄袭，而有不抄袭者在，以各人可以自由选择也。适之何尝不抄袭杜威？公产党何尝不抄袭马克思？以吾观之，即令抄袭，不足为病；惟在君既已标榜不袭取主义，而其文字，不顾他人之版权，至于如是，……[9]

他甚至更进一步指出，丁文江与他之间的分歧，在学理上几乎就是英国经验主义与德国理性主义的分歧，虽然他本人期待的是"融会而贯通，以期超于英德之上而自成一家言"。[10]如果以梁漱溟的东西文化论作比较，那么，非常显然的是，作为文化范畴的中国与西方已经让位给"英国经验主义"和"德国理性主义"。就在"科玄论战"过后不久，罗志希在一本题为《科学与玄学》的书中将丁文江与张君劢的论争的主要分歧归结如下：

> 丁君方面之倾向　张君方面之倾向
> 洛克的经验论　对抗　康德二元论
> Lockian Empiricism vs. Kantian Dualism
> 马哈—皮耳生知识论　对抗　杜里舒生机论

---

[9] 张君劢：《再论人生观与科学并答丁在君》（中），《人生观之论战》（上），页44—45。
[10] 同上，页53—54。张君劢显然是想调和英德思想，但他的调和基点还是康德的"纯粹理性"与"实践理性"的二元论，或者说是"因果律"与"自由"的二元论，所谓"有觉摄而无概念，是为盲目；有概念而无觉摄，是为空洞。"因此，张氏希望，"继今以后，诚能本康氏之说：以施之于英德之哲学，英德之伦理学，英德之生物学，英德之教育学，必能有所发明，而于学术界有一称新贡献。"同上，页55。

Mach-Pearsonian vs. Drieschean Vitalism
赫胥黎存疑论对抗倭铿精神论
Huxleyean Agnosticism vs. Euckenian Spiritualism [11]

张君劢试图按照德国唯心主义哲学为中国提供一种区别于英美思想的知识模型,并以之作为现代中国的知识谱系、道德谱系和教育体制的前提。在这里,问题的重要性并不在是否援用西方学术的成果,而在为什么中国社会的文化问题需要用诸如心理与物理、直觉与理性、道德与认识等特殊的知识范畴来把握?为什么有关中国社会和文化问题的讨论转换成了西方不同的学术派别之间的理论差异?在科玄论战的模式中,中体与西用的差别、东方文明与西方文明的对峙已经退居次要地位,代之而起的,是科学与玄学、物理与心理、理性与直觉的对立。这种对立是超越文化差异的对立,是无论在东方还是在西方都存在的对立,是宇宙的存有方式,是一种元对立。基于这些二元对立而产生出的结论不是针对某一种文化和某一个社会的结论,而是对整个人类文明的结论。

换言之,用知识问题来取代文化问题意味着:这些产生于特定历史和文化的知识是普遍的知识,这些知识所要解决的问题是普遍的人类问题。"普遍的人类问题"必须用"普遍的"论争方式(即科学的方式)和"普遍的"概念和语言来表达,而这些"普遍的"因素只能通过"抄袭外人之言"达到。非常清楚的是,采用"知识论争"的形式是以承认超越文化价值的"真理"即"科学"为前提的,而"科学"与"抄袭外人之言"的论争形式的关系表明:在采用知识论争的形式(西方科学的形式)之前,我们已经承认了只有这种形式能够通达"真理"。因此,文化间的等差观念经由这种普遍的或曰"科学的"论争形式而合法化了。在这里,明显的悖论是,讨论

---

[11] 罗志希在丁文江的知识谱系中没有列入詹姆士,因为他认为詹姆士并不像丁文江那样抹煞或鄙弃玄学;在张君劢的知识谱系中没有列入柏格森,因为他觉得张氏的论调中倭铿与杜里舒的空气较柏格森为重。同时,他还指出,列出上表并不是说丁、张二氏就是上述各西方思想家的代表,因为这些思想家之间的关系是很复杂的。罗志希:《科学与玄学》,页5—6,上海:商务印书馆,1927。

的出发点是寻求"差异",而讨论的方式却为普遍性创造了基础。

在上述意义上,知识问题仅仅是遮盖了文化的冲突,但没有也不可能改变冲突的文化内涵。毋宁说,知识论争的形式不过是文化冲突的结果,即居于支配地位的文化成为普遍的文化的结果。我把张君劢等人抵拒科学的普适性的斗争理解为一种文化斗争,即拒绝承认不同文明间的等差观念的斗争。不过,这种反抗的方式已经决定了斗争的结局,因为"反抗"是在承认对方的规则为普遍规则的前提下进行的。正是在这个意义上,一旦承认了"科学"及其方式的普遍性,文明间的等差关系就被决定了。

但是,所有这一切都不应抹煞如下事实:在现代性的全球扩张中,中国知识界为捍卫自己的文化自主性作出了自己的努力。这种努力不再像梁漱溟那样主要诉诸"文化"及其差异,而是诉诸"精神"的自主性。但是,这两种取向都是对现代性的针砭。张氏的下述结论与梁启超、梁漱溟几无差别:

> 我的意思,就是要诸君认清今后发展之途径,不可蹈前人之覆辙。什么国家主义,军阀主义,工商主义,都成过去;乃至思想方面,若专恃有益于实用之科学知识,而忘却形而上学方面,忘却精神方面,忘却艺术方面,是决非国家前途之福。方今欧美先知先觉,在精神方面提倡内生活,在政治方面提倡国际联盟,这种人已经不在少数;只看我国人如何响应他,必可以达到一种新境界。而亚美两洲之中国美国,尤为地大物博,非若欧洲地小国多,故适于提倡大同主义,观威尔逊之热心国际联盟,于吾国大同思想之发达,是其证明。[12]

张氏的判断可议之处甚多,但也反映了当时知识界的重要动向。在反思现代社会危机的过程中重新回向传统,显然是梁启超、梁漱溟和张君劢以及《学衡》派的共同取向。

例如,就在引起这场争论的头篇文章《人生观》的后半部分,张君劢

---

[12] 张君劢:《科学之评价》,《人生观之论战》(上),页103—104。

在列数了诸种科学与人生观的对立之后,笔锋一转,说:

> 自孔孟以至宋元明之理学家,侧重内生活之修养,其结果为精神文明。三百年来之欧洲,侧重以人力支配自然界,故其结果为物质文明。[13]

这显然是在重复杜亚泉等人的观点。他又说:

> 方今国中竞言新文化,而文化转移之枢纽,不外乎人生观。吾有吾之文化,西洋有西洋之文化。西洋之有益者如何采之,其有害者如何避之;吾国之有益者如何存之,有害者如何革除之;凡此取舍之间,皆决之于观点。观点定,而后精神上之思潮,物质上之制度,乃可按图而索。此则人生观系于文化者,所以若是其大也。[14]

这无异于说,直觉、自由意志等抽象的哲学范畴仍然是"系于文化者",或者说,文化提供了这些范畴以实践的内容。

所有这些都揭示了知识论争所隐含的"东/西文化"问题。换言之,张君劢试图通过对"人生观"问题的探讨,把道德、感情、审美等领域从"科学谱系"中分化出来。这个分化过程涉及了心理学、伦理学和社会学等知识领域的特性,进而为人文学科和社会科学的自主性提供了理论前提。但是,讨论"人生观"问题的意义绝不仅限于此,更重要的意义是,能否独立于科学知识及其规律而提供另一种知识,这种知识明显地具有一种伦理学的职能,或宗教替代物的功能。如果我们把文化的危机理解为价值的危机的话,对"人生观"问题的思考就是以形而上学的方式来解决这种"价值的危机"的尝试。在知识上寻求差异的努力,不仅是为文化的差异提供证明,而且也为新的社会文化取向提供论证。这些取向大致包括:以君子为己之学对抗功名富贵之争,以审美和艺术

---

[13] 同上,页9。
[14] 同上,页11—12。

的态度对抗急功近利的态度，以生命意志对抗知识的必然性，以精神的自主性抵抗物质文明及其机械主义，以大同主义或国际主义对抗国家主义或帝国主义。

这表明：无论是对人生观问题的讨论，还是对文化及其差异性的坚持，都含有政治选择的意味；因此，人生观问题和文化问题都不是抽象的哲理问题，尽管这种抽象的讨论显然有其深远的知识学上的后果。消解历史发展的必然性意味着一种反动，一种对于新文化运动及其价值观的反动：无论是君主、民主，还是资本主义、社会主义，都不过是历史中的偶然现象，中国有什么理由一定走这样的道路？张君劢因此说：

> ……故曰人生者，变也，活动也，自由也，创造也。惟如是，忽君主，忽民主，试问论理学上之三公例，曰同一，曰矛盾，曰折中何者能证其合不合乎？论理学上之两大方法，曰内纳，曰外绎，何者能推定其前后之相生乎？忽而资本主义，忽而社会主义，试问论理学之三大公例，何者能证其合不合乎？论理学上两大方法，曰内纳，曰外绎，何者能推定其前后相生乎？[15]

这就是人生观问题所隐含的政治性。在"五四"文化论战之后，中国知识界关注的问题正在由"文化"转向"政治"，知识论争背后隐含的文化也日益地与政治选择密切相关。对历史必然性的拒绝同时也是对特定的政治主张的批判，例如对马克思主义的批判，已经是非常明显的事情。这也从一个侧面表明：从文化选择到政治选择，中国知识界关注的问题正在发生深刻的变化。诸如君主、民主、资本主义、社会主义这些现代世界中的"普遍"问题正在取代文化选择的内涵。中国正在卷入现代世界的"全球化"历史进程，面临现代世界面临的"普遍"问题，这些"普遍"问题需要"普遍"的知识形式来表达。不待言，这种"普遍"的知识形式表现为传统

---

[15] 张君劢：《再论人生观与科学并答丁在君》（上），《人生观之论战》（上），页35。

知识形式的有效性的丧失和中断,也表现为外来的历史及其知识形式成为"我们"的历史及其知识形式。"现代性"的全球扩张需要"现代性"的知识谱系为其提供合法性和合理性。这个知识谱系为人、社会、历史和自然提供了新的、完整的和普遍的叙事程序。"科学与人生观"的论战正是在这一背景中发生的。

第二节 张君劢与知识分化中的主体性问题

现代科学,以及工业、经济、国家等等按照科学方式进行的实践,对现代生活产生了巨大的影响,由此也产生了以科学的方式指导人们的生活、确定生活的意义的努力。科学的这种作用仅仅在"现代"时期才开始,而指导人们生活、确定生活的意义作为一种历史实践却自古而然。因此,现代性的含义之一,就是在生活的上述领域,科学及其方式替代旧有的世界观,成为观察和理解世界的基本原则。韦伯把这个过程称之为"脱魅":"合理的"经验知识开始重新解释世界,并把世界的种种现象纳入因果关系的机制之中。

在这个意义上,张君劢对科学及其适用范围的质疑明确地指出:科学对人们的日常生活领域缺乏指导的能力,因此,他要从事的似乎是一种相反的劳动——在日常生活领域祛除因果关系的机制,并把这种因果关系看作是一种纯粹的虚构。日常生活的领域必须重新置于神秘的、非决定论的范畴之中。这样,他的努力在知识上的结果就是:为社会、道德、信仰、审美等领域争得自主权。相应于心理的自主性,我们有了自主的心理学;相应于社会的自主性,我们有了自主的社会科学;相应于审美的自主性,我们有了自主的艺术;相应于信仰的自主性,我们有了自主的宗教;相应于道德的自主性,我们有了自主的伦理学……这些生活领域需要从普遍性中分化出来,这些知识领域需要从科学的谱系中独立出来。

然而,张君劢的思想努力面对了一个更为基本的悖论:当他在与科学及其对象的差别中建立人的主体性的时候,也同时把自然及其存在物建构成为没有自主性的"客体"或"对象"。从而,人的自由的另一面是人的对象的不自由,即能够被人所创造的技术规划、利用和研究的没有自主性的客体。科学技术思想得以确立的前提恰恰是作为主体的人的权威性和自由,人在宇宙中的主宰地位。[16]因此,在研究张君劢思想时,我们不得不一再追问的问题是:分化,从哪里分化? 自主性,从哪里产生? 独立性,独立于谁? 张君劢思想的历史含义就隐藏在这些问题之中,甚至他本人也并不清楚。为了回答这些问题,我首先进入张氏思想的推论过程。

1. 对心理学的人文主义理解

文德尔班曾经把决定19世纪哲学运动的因素归结为这样一个问题,即关于现象界的自然科学概念对于整个世界观和人生观应有多大意义的问题。[17]欧洲17世纪的形而上学和18世纪的启蒙哲学主要受到自然科学思想的支配。关于现实世界普遍符合规律的观点,对于宇宙变化最简单因素和形式的探索,对于整个变化基础中的不变的必然性的洞察——所有这些因素决定了理论研究,从而也决定了判断一切事物的观点:特殊事物的价值要以"自然的事物"作为标准来衡量。

但是,这种机械论的世界观受到了德国哲学的抵抗:科学方法所取得的一切知识不过是现象形式,只不过是内心世界自身符合目的地向前发展

---

[16] 张君劢关于主体的思想中缺少章太炎在《齐物论释》和佛学著作中的那种"遍在"的概念。在章太炎的思想中,个体并不是单指人,而且也指物,从而个体与本体之间保持了一种对话的关系,个体的自主性因而也包含了"物"所具有的自主性。"存在者为了新时代的人而规定自身;人唯一地获悉自己是主体,是基础的东西,正是因为没有本体论的自主再能与他对立。这个过程才使人有可能操纵和统治存在者。"冈特·绍伊博尔德:《海德格尔分析新时代的科技》,宋祖良译,中国社会科学出版社,1993,页194。

[17] 文德尔班:《哲学史教程》下卷,北京:商务印书馆,1993,页859。

的工具;对特殊事物的真正理解势必要决定该事物在符合目的的生活联系的整体中的意义。[18]换言之,精神生活在什么意义下、在何等范围内从属于自然科学的认识方式,构成了欧洲思想冲突的核心问题。围绕有关心理学的任务、方法、体系、意义等问题的激烈争论就是在这样的背景下产生的。例如约翰·斯图亚特·穆勒在观念和经验论上将人们带回休谟的联想心理学的观点。在他看来,人们用不着去追问物质本身和心灵本身究竟是什么,相反应该从这样的事实出发:物质状态和心理状态呈现为两种完全不能比较的经验领域,作为心灵生活规律的科学,心理学必须研究心灵所构成的事实本身而不可将这些事实归因于另一种存在领域的规律。[19]

有趣的是,张君劢正是借助于穆勒的心理学问题来提出他的"人生观"问题,并向机械论的科学宇宙观提出挑战。所不同的是,穆勒将心理学局限于纯粹的经验研究,在问题与方法的基本原则上完全与哲学脱离了。"它承认了观念和冲动的机械作用是解释心灵变化的唯一原则;它的认识论基础简直是彻底地实证主义的。"[20]正由于此,在19世纪一般的科学关系中别具特色的变化是心理学从哲学中解脱出来,因为在它力图为自己建立纯粹经验科学的立足点时,一开始便无力抵御科学方法的入侵;根据科学方法,心理学应该被当作生理学或普通生物学中的一门专门学科。[21]

但是,张君劢借助于穆勒和威廉·詹姆士心理学所要论证的,却是

---

[18] 同上,页859。
[19] 同上,页878—879。
[20] 同上。
[21] 沃勒斯坦等人在调查西方学术制度的过程中指出,心理学的研究基本上没有被归入社会领域,而主要地被归入医学领域。这意味着,心理学的合法性取决于它与自然科学关系的紧密程度。而且,实证主义者基于与孔德相同的前提("眼睛不能看自己"),也把心理学推到这个方向。只有建立在生理学乃至化学基础上的心理学才具有科学的正当性。因此,这些心理学家力图"超越"社会科学,把心理学变成一门"生物"科学。结果,在绝大多数大学里,心理学都将其阵地从社会科学系转移到自然科学系。当然也有某些心理学家侧重分析社会中的个体,但社会心理学未成功地确立起一种充分制度化自律性,它被心理学排挤到一个边缘位置上,在很多情况下,它被吸纳为社会学的一个分支学科,才得益幸存下来。沃勒斯坦等:《开放社会科学》,牛津大学出版社,1996,页23—24。

第十四章 知识的分化、教育改制与心性之学

"人生观"或精神领域、社会发展和文化变迁的基本原则，即形而上学、生命意志和自我意识，而其核心是人的自由意志。张君劢无意将心理学局限于纯粹的经验研究，相反，他要通过心理学与其他科学的差别来论证"玄学"的必要性，从而在方法上和原则上恢复被实证主义科学所摧毁了的形而上学和自由意志的尊严。因此，他的理论取向更接近于康德、费希特、叔本华和柏格森，而不是穆勒和詹姆士，后者不过是他论证道德领域和精神领域自主性的工具而已。

因此，对于张君劢来说，解决文化危机的途径不是否定科学的哲学基础，而是要求在科学及其分科原则之外，为其他文化领域，如宗教、道德、艺术、社会等建立哲学或玄学的基础。张君劢显然觉得，玄学本身并不是这些具体领域的替代物，例如心理学不是情感本身，宗教哲学不是实际的宗教，理论伦理学也不是实际的道德行为；但是，当这些精神领域的感情源泉开始枯竭的时候，玄学能够为重新发展这些领域提供理论的支持，进而导致知识领域的分化。因此，尽管"科学与人生观"论战直接反映了一种社会思潮的冲突，但其重要结果之一却是重建知识谱系。

1923年年底，张君劢应泰东图书局之请，编选出版了《人生观之论战》一书。在为这部论战汇编所写的序中，张君劢开门见山地引用穆勒出版于1843年的著作《演绎的和归纳的逻辑体系》（张译为《论理学》）中关于"人生问题未达科学之境"的慨叹，并指出这一问题在此后的80年间不仅纷争不绝，而且毫无解决之可能。张氏根据穆勒的著作，把上述问题归结为物理与心理的差别，从而将整个讨论的重心移向了心理学问题。他引用说：

> 人有两方，一曰物理，（中略）一曰心理：关于物理者，（指生物方面）已有若干条真理为专家所同认；（中略）若夫心理公例与社会公例，远不如物理方面，求其得人之部分的承认而不可得，故其能否成为科学，（严格之意义）亦尚相持未决焉！（伦理学第六卷五〇二三页）[22]

---

[22] 张君劢：《人生观之论战序》，《人生观之论战》（上），页2。

1346   现代中国思想的兴起

值得注意的是，穆勒对心理与物理的差别的洞察并没有妨碍他在方法上促进心理学和社会学的科学化，而张君劢的努力方向则正好相反，他明确地致力于心理学、社会学和政治学与物理学、天文学等科学领域的严格分离。张君劢批评穆勒所举心理公例，认为除联想说外，穆勒没有提供任何新的例证。穆勒意识到社会研究较之个人心理研究更难，但他仍然根据个人心理研究中的公例，认为社会也按照一定的公例活动；而张氏则说："穆氏所举个人心理公例，既不满人意，则其所谓社会公例之价值，亦可推见。"[23] 尽管心理学在过去80年中逐渐从哲理的发展为实验的，但并没有解决诸如"觉之测量，思之何自而成，自觉性与脑神经之关系，其异说纷起，百年前与百年后如出一辙！"[24]

张君劢与丁文江都曾举出威廉·詹姆士的心理学作为他们各自的论据。丁文江把詹姆士与赫胥黎、达尔文、斯宾塞、皮耳生、马赫等一道称之为"研究过哲学问题的科学家"，其理论的特点则是"存疑的唯心论"，理由是"他们以感官感触为我们知道物体惟一的方法，物体的概念为心理上的现象。所以说是唯心，感官感触的外界，自觉的后面，有没有物，物体本质是什么东西：他们认为不知，应该存而不论，所以说是存疑。"[25] 张君劢针锋相对，他引用詹姆士本人的话说：

> 盖今所谓心理学者，粗疏的事实之贯串耳，各人意见之争执耳，说明的性质之分类与总括耳，划分吾心为种种情态之成见耳，自信脑神经系为心理作用之条件之成见耳，除此而外，他无所有，若求有如物理之公例，依因果原则而穷其所届者，实无一事而已，何也，物理学上之公例，有所谓端焉，（下坠体之迟速，与时间为正比例，下坠体之迟速端也，时间亦端也）端既定，而后公例乃立；今端之不知，则公例

---

[23] 同上，页2—3。
[24] 同上，页3。
[25] 张君劢：《人生观之论战序》，《人生观之论战》（上），页4。丁文江：《玄学与科学——评张君劢的〈人生观〉》，《人生观之论战》（中），页11。

何自而成乎？故曰心理学非科学也，乃成科学之希望尔！[26]

他的结论是：

> 故心理现象不为科学支配之语，非我一人之私言，乃有识所同认焉。夫人生关键，不外心理，舍心理则无所谓人生，今心理既不为科学所支配，则人生问题，尚何公例，尚何科学可言乎？[27]

丁文江与张君劢在詹姆士问题上的争论当然也反映了詹姆士学说自身的特点。如同罗素所说的那样，"威廉·詹姆士的哲学兴趣有两个方面，一是科学的一面，另一面是宗教的一面。在科学的一面上，他对医学的研究使他的思想带上了唯物主义的倾向，不过这种倾向被他的宗教情绪抑止住了。"[28]他的彻底的经验论的特征之一是否定主体客体关系是根本性的关系，从而也否定了"认识作用"的事件，在此事件中，有个实体即认识者或称主体，察知另一个实体，即被认识的事物，或称客体。[29]与许多经验主义者一样，詹姆士对事物的描述也是从部分开始，并且使整体成为一个第二等的存在。作为休谟的后继者，他既不把个别事实拉到实体上去，为它所固有，也不把它们拉到一个绝对精神上去，以为它所创造。[30]

---

[26] 张君劢：《人生观之论战序》，《人生观之论战》（上），页4。
[27] 同上，页5。
[28] 罗素：《西方哲学史》下卷，页369，商务印书馆，1976。
[29] William James, "The Function of Cognition," in *Pragmatism and the Meaning of Truth* (Cambridge: Harvard University Press, 1975), pp. 179-198.
[30] 但是，詹姆士的彻底的经验主义的特点是认为"仅有一种原始的素材或材料"，世界的一切都是由它构成的。这种素材他称之为"纯粹经验"，认识作用就是纯粹经验的两个部分之间的一种特别关系。主客体关系是导出的关系："我相信经验并不具有这种内在的两重性"。经验的一个已定的未分割部分，可以在这种关系中是认识者，在那种关系中是被认识的东西。用詹姆士自己的话说就是："连接各经验的关系本身也必须是所经验的关系，而任何种类的所经验的关系都必须被算做是'实在的'和该体系里其他任何东西一样。"普通的经验主义者不顾这个事实，一向倾向于抹煞事物的各种连结，强调事物的各种分离。贝克莱、休谟、詹姆士·穆勒、约翰·穆勒无不如此；

张君劢对詹姆士的理解体现了一种人文主义的心理学观点,按照 J. P. 查普林(James P. Chaplin)和 T. S. 克拉威克(T. S. Krawiec)的看法,这种观点"同传统心理学没有联系(实际上它常常采取反对一般科学的立场),它却已经发展成为一个广泛的运动。"[31]这个广泛的运动不仅仅发生在心理学领域内,正如张君劢对心理学的评论并不是、或并不仅仅是心理学的问题。在人本主义的观点和有关的纲领中,人被视为一种自由的力量,有对自己的行为进行选择的能力。这种对个人的自由和尊严的强调在另一个方向上就是个人必须对他或她的行为和选择负责,从而把道德的基础建立在个人的主体性之上。

非常明显的是,张君劢对心理学的人本主义理解包含了对自然一元论、还原主义机械论和决定论的拒绝,因为决定论与机械论心理学(以及一般科学)被认为是同抽象的、人为的"本质"打交道并忽略了使人和低等动物区分开的那些特征。更为重要的是,张君劢将"科学"与"人生观"问题截然区分,不仅明确地指明科学在理解人性方面完全无效,而且与那些极端的人本主义者一样,认为现代社会的许多问题都是科学技术与专家政治蔓延滋长造成的,[32]从而心理学的人本主义理解被归结为现代文明批判的一部分。

其结果自然促使理性主义去努力加上一些超经验的统一者、一些实体、一些理智的范畴和力量,或者一些自我,来矫正它的各种不连贯性。在詹姆士看来,如果经验主义是彻底的,对各种事物一视同仁,不管是连接或者是分离,对每个事物都是按照它的票面价值来对待,那么其结果就不会招致像这样人为的矫正了。詹姆士的这种"彻底的经验主义"即使在罗素看来也具有两面性,即宗教的和科学的,而在丁文江和张君劢看来则分别是反宗教的和反科学的。又,詹姆士在谈及约翰·斯图亚特·穆勒时说,他"把物理的事物和自我二者都说成是由不相连续的一些可能性组成的,以及联念和心尘论之把整个的经验一般地化成七零八碎,都可以做为我上面所说的意思的例证。"威廉·詹姆士著、庞景仁译《彻底的经验主义》,上海:上海人民出版社,1987,页22—23。

[31] James P. Chaplin and T. S. Krawiec, *Systems and Theories of Psychology*, 4th ed. (New York: Holt, Rinehart and Winston, 1979), p. 15. 中译本《心理学的体系和理论》,林方译,北京:商务印书馆,1989,页34。
[32] Ibid. pp. 15-16. 中译本,页34。

我们当然不会忘记，张君劢的论敌正是利用了科学心理学的决定论和机械论特征为科学的普适性辩护，而这种决定论和机械论的心理学观点又为自然一元论的科学谱系提供了支持。在讨论中国科学社的早期活动和《科学》月刊时，我已经谈及科学家群体在西方思想的影响下建立完整的科学谱系的努力，例如早在1916年，唐钺在《科学》月刊第2卷第8—9期即已翻译J. Arthur Thomson的《科学的分类》，那篇译文有明显的自然一元论的特征。自然一元论的基本观点是把自然科学看成一个谱系，根系是物理学、化学和其他物理科学，而上部的分支是生物学、生理学和心理学。尽管这种谱系也承认物理学和化学与生物学、心理学的差别，但是，这种差别不过是由于前者研究最简单、最基本的物质形态，而后者则研究自然界最复杂的有机化合物。所以，查普林和克拉威克推论说，假如所有的科学都沿着单一的连续系统排列，那么，按照这一观点，心理学在理论上就可以还原为生理学；而生理学又可以还原为研究有机化合物的物理学和化学。[33]心理学中的因果决定论和机械论观点就是以这种自然一元论为知识上的前提的。

在张君劢的论敌中，最精通现代心理学的是唐钺，他也是自然一元论的科学谱系的主要倡导者。他曾经发表过两篇较为重要的论文，分别论述心理与情感是否受制于决定论和机械论的问题，明显地以自然一元论为假设的前提。《心理现象与因果律》一文开宗明义，声明"我这篇文的主意，在说明一切心理现象是受因果律所支配的！"[34]唐钺当然承认有因论并不意味着已经"证实一切心理现象都是有因的，然而

---

[33] Ibid. p. 23. 中译本，页23。
[34] 唐钺：《心理现象与因果律》，《人生观之论战》（中），页93。唐钺关于因果律的讨论没有什么新意，不过他论及康德的先验范畴时的话与本文所论内在的联系。他说："无因论者（为便利起见，我称主张心理现象，是不受因果律所支配的人做无因论者；下文仿此）一定要引康德的主张，说因果律是理性中所固有的，是先乎经验的范畴。……康德说一切现象，都是受因果范畴的支配，心理现象当然不能除外。因为他主张本体不可经验，所经验者都是现象。心理现象，是经验内的事，当然不是本体。"页94。

据我们的经验,许多心理现象是有因的。"[35]他从八个方面批评心理现象"无因论",其基本结论是重复德国哲学家鲍尔森（F. Paulsen）的观点,即有因与自由并行不悖。他深信因果律流行于心理界和自然界,并引用鲍尔森的话说:

> 两界中都没有孤立或无定律的元素;……人人默默地假定现在完全相同之内部的及外界的情境之下,一定有相同的结果;一样的观念,一样的情绪,一样的意志,必随一样的刺激而生。自由与得正当了解的因果性,完全没有冲突的;自由不是超越法律的支配。伦理学对于一种内生活的自由,等于无定律无条贯的,实在没有趣味的。反之,绝对不相联系的元素,与过去未来没有因果关系的孤立的意志,假如真有,就是意志的错乱,不！就是心灵生活的完全破坏。假如后事一点儿不为前事所决定,那末,当然不能有练习与经验这种的事情,主义与决心,教育与公共制度,也没有效力。总而言之,没有因果性,就没有目的性。[36]

唐钺的意思非常清楚:因果律提供目的性,而目的性提供伦理的基础和自由的内涵。以探讨因果关系为特征的科学,无论是自然科学还是社会科学,不仅不与自由意志（如果存在的话）相冲突,而且在知识上提供了自由意志的方向感或目的性。[37]

关于心理现象与因果律的关系涉及的是道德伦理与知识的关系,而关于情感是否可以分析则关涉审美与爱的领域是否在"科学"的范畴之

---

[35] 同上,页97。
[36] 同上,页105。
[37] 知识与意志的关系也被表述为知识与人生观的关系,因为人生观被论证为自由的、直觉的。因此,对因果律的论证就是要说明"人生观是因知识而变的"。唐钺说:"例如,柯白尼太阳居中说,同后来的达尔文的人猿同祖说发明以后,世界人类的人生观起绝大变动;这是无可疑的历史事实。若人生观是直觉的,无因的,何以随自然界的知识而变更呢？"同上,页103—104。

内。换言之,讨论心理学问题的意义在于:道德、情感和审美的领域是否具有自主性。唐钺的另一篇文章《一个痴人的说梦》副题为"情感真是超科学的吗",针对的是梁启超在《人生观与科学》一文中的著名观点,即:

> 人生问题,有大部分是可以——而且必要用科学方法来解决的。却有一小部分——或者还是最重要的部分是超科学的。[38]

梁氏所说的"超科学的"部分"或者可以说是生活的原动力,就是'情感'"。[39]对于唐钺这样的自然一元论者而言,梁氏问题的尖锐性并不因其调和的姿态而稍减。唐钺坚持认为:

> ……美不是超乎理智的东西,美感是随理智的进步而变化的。这种理智的成分,可以用科学方法支配的。其不可分析的部分,就是美的直接经验的性质;那是科学的起点,而且理智事项也都有这种不可分析的起点的。[40]

爱憎等感情也一样可以分析,"至于情感的事项的'超科学'的方面,不过是'所与性',是理智事项及一切其他经验所共有的,是科学的起点;我们叫他做'神秘',也未尝不可;不过这种'神秘',同'平常'的意义

---

[38] 《人生观之论战》(中),页85—86。

[39] 梁氏说:"情感表出来的方向很多。内中最少有两件的的确确带有神秘性,就是'爱'和'美'。'科学帝国'的版图和威权无论扩大到什么程度,这位'爱'先生和那位'美'先生依然永远保持他们那种'上不臣天子下不友诸侯'的身份。"梁启超表面说这只是一小部分,但同时又将人类生活的大部分归为神秘的爱情、信仰、主义和各种情绪。在梁启超的论说中,科学与美、爱等领域的对立渊源于理性与情感的二元对立。同上,页89—90。

[40] 唐钺补充说:"这种起点,就是所谓'所与性'(givenness)。'所与性'本身,不特不可分析,也是不必分析;我们所要分析的,是一个'所与'同别的'所与'的关系,就是要有审美其他'所与'而这一个'所与'才能发生。至于要分析'所与'的本体,是无意义的问题,好象问白色为什么是白色,或是问第一个以前还有第一个没有,一样。"同上,页111。

无别罢了。"[41] 唐钺保持了对"第一推动力"的不分析态度（即丁文江所谓"存疑的唯心论"），却捍卫了自然一元论的科学谱系的完整性。

张君劢与论敌的冲突不仅表现了不同的文化取向，而且也表现了不同的理论取向。如果"科学谱系"的捍卫者试图为人的道德行为和情感方式奠定客观的基础的话，那么，张氏则认为这种以"因果律"为特征的"客观性"损害了人的主体自由，从而也瓦解了道德和审美的基础。他对心理学领域的独立地位的辩护源自对人的主体的自由或自主性的捍卫，他把这种自由理解为目的的源泉和道德的前提。这种主观主义和情感主义的理论取向以科学与人生观的二元论为知识学基础，明显地促成了自然一元论的科学谱系的分化，即把"人生问题"置于"科学"谱系之外，并成为独立自主的领域。

正如我在论述梁漱溟时已经指出的，对于心理领域的自主性的辩护同时也是对于"中国文化"的主体性的辩护，因为这个"文化"在与"西方文化"的对比关系中被理解为心理的、直觉的和非理性的文化。但是，张君劢的自主性不仅是文化的自主性，作为一位热衷于社会主义政策和立宪政体的创制的人，他对人的自主性的要求密切地联系着人的社会权利和法律地位。没有这种自主性，我们该如何论证人在现实生活中的各种自主权利呢？

2. 对社会科学的人文主义理解

张君劢对社会学的批评与他对心理学的看法在逻辑上是一致的。他明显地接受了经验主义者的看法，将社会视为个人的一种积集，把社会现象看成是个人行为的一种结果。按照他的逻辑推论，如果个人的心理和行为不受因果律支配，那么，由个人行为而成的社会行为则无"公例"可循。值得注意的是，他选择了孔德和马克思作为科学社会学的典范进行批评，而他的出发点明显地带有人文主义倾向。

---

[41] 同上，页115。

张氏的问题仍然从穆勒开始。穆勒从人文主义角度批评孔德的实证主义社会学,张君劢引用说:

> 社会之现象,即人性之现象,由外界情状影响于人类而生也。假令人之思,觉,与行为之现象,(注意假令二字,谓有无公例,不敢断也。)受一定公例之支配,则社会现象亦受一定公例之支配。何也,社会现象果也,个人心理因也。然即令吾人关于社会之智识之确实,一如天文学,(注意即令二字)而谓遵其公例,可以推算千百年后之历史,一如吾人之于天体然,是必无之望也。[42]

张君劢对孔德社会学的批判明显地包含了对个人的自由与尊严的捍卫,这种个人／公例的二元对立源自一种人文主义与反人文主义的对立。但是,很明显的是,他对穆勒的解释是不全面的。穆勒虽然没有像孔德那样恢复"社会物理学"那样的概念,但他相信社会研究也能成为天体力学那样的科学。[43]在针对马克思的科学社会主义时,张君劢的看法则体现为对"社会进化公例"、特别是经济决定论的唯物史观的否定。他引用德国经济学家海克纳的话说:

> 马克思恩格尔之社会主义,所以与以上各派不同者,即在其生计的定命主义。其意味社会主义的秩序,不以人类之理智与善意为基础,乃由进化的趋向所生之必然之结果也。(中略)故吾人之职责,不在发现进行之应如何,而在但指示其变迁之何若,依其所言,似为一种听其自然之态度,顾马氏辈弊精劳神于劳动党之组织

---

[42] 张君劢:《人生观之论战序》,《人生观之论战》(上),页5。
[43] 穆勒说:"(涉及到人的科学)远不具备天文学领域中业已实现的精确性标准。不过,它没有任何理由不能成为像现在的潮汐学或以前的天文学那样的科学,当初天文学计算也只不过是掌握了主要的现象,而对各种摄动现象则无能为力。"John Stuart Mill, *A System of Logic: Ratiocinative and Inductive*, vol. 8, *Collected Works of John Stuart Mill* (Toronto: University of Toronto Press, 1974), p. 864.

者何耶？[44]

张君劢把问题归结为"生计条件为主"还是"人类心思才力为主"的对立，即历史的动力，诸如革命的发生，制度的创建和衰败，源自某种可以用科学公例衡量的因果关系，还是人的自由意志？张君劢重复了诸如物理／心理的差别，并用詹姆士对心理学状态的估价来描述社会学的特征。他的结论是：

> 个人心理与社会生活之超于科学外也若此，故我从而断之曰：人生观，主观的也，直觉的也，综合的也，自由意志的也，起于人格之单一性者也。……十九世纪以来，欲进人事于科学之迷梦，今可以觉醒矣？[45]

根据上述理由，张君劢把心理学和社会学归之于人生观领域，以之作为与科学性质不同的独立范畴。[46]科学寻求规则、公例和同一性，而人的自由意志却是自主的、创造的、差异的和不断变化的。

在"科学与人生观"的对抗之中讨论社会学问题不是偶然的，因为中国早期的科学观念深受孔德、斯宾塞的影响，例如在严复的思想中，社会学明显地居于科学之王的位置。因此，如果社会学必须置于科学谱系之外，那么，科学的合法性本身也将受到挑战。孔德说过："科学应当或以自己的方法，或以自己在各方面的成果，决定社会理论的重新组织。将来，一旦系统化后，科学就将与人类在地球上的活动共存，永远成为社会秩序的精神基

---

[44] 张君劢：《人生观之论战序》，《人生观之论战》（上），页6—7。
[45] 同上，页8—9。
[46] 针对胡适之"科学的人生观"，张君劢说："科学之大原则，曰有因必有果，既以求因果为归束，故视此世界为一切具在，而于此一切具在中求其因果之相生。换词言之，以各物为闭锁的统系（Closed system）是也。此法也，施之物质，以其本为空间之体，故天文物理化学之公例，因以发现焉，反是者，人生之总动力，为生之冲动，就心理言之，则为顷刻完变之自觉性，就时间言之，则为不断之绵延。惟如是，欲改造之为闭锁的统系，决不可得施！"同上，页11。

础。"[47]如所周知,孔德社会学是仿照自然科学的模式建立的,不仅就其经验主义方法和认识论基础而言是如此,而且就其服务于人类这一功能而言也是如此。他的学说的两大支柱是社会动力学和社会静力学,即关于社会进步和社会秩序、社会变化和社会稳定问题的探讨。这种自然主义的社会学既可以解释人类的历史发展,又可以预见其未来的进程。[48]

不过,张君劢在"规律"问题上对孔德的批评并未击中要害,因为孔德对历史规律的信任是有信仰的前提的,即科学预见的产生以人们相信社会发展遵循一定规律为前提,如果人们认为社会事件"总是面临立法者、人和神的偶然干预的干扰,科学的预见就不可能产生。"[49]换句话说,孔德社会学包含了教导人们认识并利用规律去实现自己的集体目的的特殊功能。[50]在这个意义上,张君劢与孔德思想的真正分歧并不在于社会现象是否具有规律,而在于人们的行为应当接受科学及其揭示出的规律的指导,还是遵循我们的自由意志?在社会行为的层面则是:是否承认社会秩序对于人们行动的制约,以及人们能否在这种必然性的范围之内自由地安排自己的社会?[51]道德、审美和情感的目的是符合客观的秩序和规律,还是主体的自由创造?

[47] 奥古斯特·孔德:《实证政治体系》,第四卷,附录,页161,《对科学和科学家的哲学研究》(1825年),引自雷蒙·阿隆著、葛智强等译:《社会学主要思潮》,上海:上海译文出版社,1988,页1。
[48] 刘易斯·A·科瑟著:《社会学思想名家》,石人译,北京:中国社会科学出版社,1990,页1—2。
[49] 哈里特·马蒂诺编译:《奥古斯特·孔德的实证哲学》,第2卷,伦敦:Bell,1896,页215。引自科瑟:《社会学思想名家》,页2。
[50] 孔德说:"我们将发现,除非使社会现象服从于各种永恒的自然规律,否则就无法实现秩序与和谐,这些规律将给各个阶段确切地规定出社会行动的限度和性质。"《奥古斯特·孔德的实证哲学》,第1卷,页216。引自《社会学思想名家》,页3。
[51] 孔德认为,一旦人们承认了科学在指导人类事务中的权威地位,他们就会放弃对"自由研究权利或者毫无拘束的道德自由信条"的虚幻要求。只有那些愿意服从科学方法论的严格限制而尊重科学根据的人才能在指导人类事务中享有发言权。个人意见的自由在天文学或物理学中毫无意义,将来,这种自由在社会科学中也同样是不合适的。科学研究迫切需要对无效的和不受拘束的乌托邦主义加以严格限制。《社会学思想名家》,页4。

张君劢对孔德和马克思的批评都着眼于"进化"的规律,而很少区分他们有关"进化"的解释之间存在的深刻差异。[52]孔德和马克思的思想中都包含了人类进步的法则,但是,孔德的三段论具有强烈的精神论或唯心论倾向,而马克思则把人类物质条件的进化以及人类为生存而结合的不同方式作为他的出发点。孔德把人类历史划分为神学的、形而上学的和科学的三个阶段,明显依据了一种人类历史与个体成长的历史之间的隐喻关系。尽管他把人类的每一精神时代与相应的特殊社会组织和政治统治类型联系起来,也承认诸如人口的增长、分工的发展对社会进化的强大推动力,但是,他解释人类进步的主要依据仍然是智力的演进和心灵的发展。[53]马克思对社会的理解具有鲜明的整体论——普遍联系的——的特点:社会不仅是有序的整体,而且是发展着的整体,其中任何一个部分,无论是法典、教育制度,还是宗教制度、艺术制度,都不能从它们本身来理解。人生来即面对着财产关系亦已确定的社会,从而也是社会关系的总和。[54]就人生观或世界观问题而言,马克思相信"统治阶级的思想在每一时代都是占统治地位的思想。这就是说,一个阶级是社会上占统治地位的物质力量,同时也是在社会上占统治地位的精神力量。支配着物质生产资料的阶级,同时也支配着精神生产的资料。"[55]各种政治、伦

---

[52] 张君劢虽然也指出马克思与穆勒、孔德相异,但主要是说"马氏著书,与两氏同不脱十九世纪中叶之彩色,即社会进化有一定公例,而为科学方法所能适用是也。马氏自名其主义曰科学的社会主义,以别于翁文辈之乌托邦的理想,且推定生计上之进化,遵正反合之唯物史观之原则,故资本主义之崩坏为不可逃之数。"《人生观之论战序》,《人生观之论战》(上),页6。

[53] 参见科瑟:《社会学思想名家》第一章,阿隆:《社会学主要思潮》第二章。

[54] 关于物质生活与人的意识的关系,马克思在下述这段耳熟能详的话中有精确的表达:"人们在自己生活的社会生产中发生一定的、必然的、不以他们的意志为转移的关系,即同他们的物质生产力的一定发展阶段相适合的生产关系。这些生产关系的总和构成社会的经济结构,即有法律的和政治的上层建筑竖立其上并有一定的社会意识形式与之相适应的现实基础。物质生活的生产方式制约整个社会生活、政治生活和精神生活的过程。不是人们的意识决定人们的存在,相反,是人们的社会存在决定人们的意识。"《马克思恩格斯全集》,第13卷,人民出版社,1965,页8。

[55] 《马克思恩格斯全集》,第3卷,人民出版社,1965,页52。

理、哲学和宗教的世界观产生于社会分化成阶级的过程中,体现着现存的阶级关系。社会历史的进步是社会关系冲突的结果。

张君劢对上述差异的忽略建立在他的"科学与人生观"的二元论式之上:科学表现为因果律和公例,而人生观则体现为人的自由意志。在张氏看来,孔德和马克思在不同的方向上将他们的理论建立在因果律和整体论的公例规则之上,因而都是对人的自由意志的否定。张氏显然更注重对马克思的批判,这与陈独秀等人的理论实践有关。在为《科学与人生观》所作的序中,陈独秀从唯物主义的基本原则出发推定张氏所举的九项人生观都能够为社会科学所解释,例如他断言"大家族主义和小家族主义,纯粹是由农业宗法社会进化到工业经济军国社会之自然之现象"等等。[56]张氏反驳说,陈氏所举不过是社会科学家的事后说明,而不是"对于此九项之态度之变迁之动因,何自而来也。"[57]张君劢对于社会发展"规律"——特别是从经济角度推论资本主义的崩溃和社会主义的胜利——的批判不是一种政治批判,而是一种知识批判,即以具体例证否认社会"规律"的存在,进而将社会科学排除出"科学"之外。但是,这种"知识批判"并非没有"政治性",[58]则是显而易见的。

事实上,张君劢在访欧期间,接近过考斯基(Karl Kautsky, 1854—1936)和伯恩斯坦(Eduard Bernstein)等欧洲社会主义运动的理论家和领导人,认同德国社会民主党的路线,主张一种合法的社会主义或者说议会道路的社会主义。因此,他提供给中国的是一条既非资本主义,也非基尔特社会主义,又非共产主义的立宪社会主义道路,一种既非传统式,也非英美式,更非俄国式的德国政治模式和哲学模式。在1920年,他曾就费

---

[56] 陈独秀:《"科学与人生观"序》,《科学与人生观》(上),上海亚东图书馆,1923,页5。
[57] 张君劢:《"人生观之论战"序》,《人生观之论战》(上),页7。
[58] 张氏说:"然自今日观之,以欧洲而言,资本主义之成熟,英远在俄上,顾劳农革命,何以不起于英而起于俄乎?以俄与德较,则德资本主义之成熟又在俄上,何以德之革命成绩,反居俄后乎?且以俄论,私有财产之废不及二年,而已许私人买卖私人土地所有权,且大招致外国银行与外国资本家,不知此等翻云覆雨之局,又遵科学的社会主义全书中何种公例乎?……"《"人生观之论战"序》,《人生观之论战》(上),页6。

边主义和苏维埃等问题与张东荪进行论战。张君劢认为革命是变革旧生活的合法途径,而革命正是起源于人的自由意志。张君劢的革命观是建立在他对理性的信任的前提下的:一方面理性是自由的,另一方面理性又不是情感主义的。他用前者反对英美的经验主义,用后者反对俄国的激进革命思想。正是因为这种德国哲学式的理解,他拒绝环境决定论和历史决定论,也拒绝那种激进的宗教狂热式的革命(如列宁的革命),这两者都构成对人的自由意志的否定。作为一个终生的立宪主义者,张君劢信奉德国的社会民主和社会革命:以立宪形式建立代议制和直接民主相结合的政体。在张君劢这里,自由意志问题为民主(社会民主)的基础——人民公意,而非英雄意志;立宪,而非暴力革命;公平的混合经济(既不是私有化也不是国有化),而非垄断——提供了理论的前提。我们不妨把他的哲学理论与他论述中国政治的文字(如《中国前途》)参照阅读。

通过将心理学、社会学排除出"科学"的范畴,"科学与人生观对举"的修辞方式的含义逐渐明确了:以寻求因果规律为归宿的科学无法解决人生和社会的问题,因为人生和社会的范畴,即"人生观"的范畴,是自由的范畴。严格地说,这个范畴也不是知识的范畴。因此,人生观问题的提出涉及的是知识及其分科原则的有效性问题。

正如我在别处已经论证的那样,晚清以降,知识谱系及其分科原则不仅是汉语中"科学"("分科之学")概念得以产生的基础,而且分科的知识谱系是作为天理世界观及其分类原则的替代物出现的。正如天理世界观及其分类原则与古代世界的政治制度和伦理原则直接相关一样,分科的知识谱系不仅构筑了现代的知识类型,而且为现代世界的社会分工和制度性实践提供了知识上的证明。在这个意义上,张氏的"人生观问题"对分科的知识谱系构成了尖锐挑战,这种挑战不只是为人的自由和自主性寻找证明,而且也是对现代社会制度及其分工原则提供理论的再论证。正是基于上述理解,我不是直接从他的"人生观"的九项原则开始讨论,而是首先探讨他对心理学和社会学的理解,以及这种理解对整体论的科学谱系的挑战。在这样的背景下,"人生观"问题的含义才逐渐地清晰起来。

第十四章 知识的分化、教育改制与心性之学

3. "人生观"问题与重建知识谱系

除了为《人生观之论战》一书所作的序言之外,张君劢在这场论战中总计发表了五篇文章,除了在清华的演讲《人生观》和《科学之评价》,张氏的其他三篇论文实际上是一篇长文的上、中、下三部分,即《再论人生观与科学并答丁在君》。从人生观问题的提出到同一问题的归结,问题的含义显然发生了变化。我所要揭示的是这种变化中的文化逻辑——虽然我知道张君劢本人大概不会喜欢这个概念本身,他的理论特征是拒绝逻辑和规律的。

张君劢的《人生观》一文是在清华大学的演讲,听众是即将赴美的理工科学生。他的演讲虽然提到了人生观与科学的区别,但与知识分科问题基本无关。张氏的目的显然是对这些以科学为职业的中国学生进行"人生观"教育:科学不是世界上的一切,西方的文明不是唯一的标准,人生观问题说到底还是一个文化问题。

但是,张君劢讨论问题的方式本身颇为别致:他并没有说中国的文化及其价值怎样,也没有提醒学生们如何恪守中国的传统,而是首先论述人生观的含义和范围,而后分析人生观与科学的基本区别,最后解释人生观的几组不同取向。张氏对人生观的定义是从"人生观之中心点"即"我"与"非我"的几组关系中推出的。这几组关系包括:1. 生育关系——父母;2. 配偶关系——夫妇;3. 团体关系——社会、国家;4. 财产关系——私有制、公有制;5. 物质关系——精神文明、物质文明。他依据这五类关系,列出九项人生观问题及其不同的取向。[59]张氏没有明确指出他赞成哪

---

[59] 这九项人生观问题及其不同取向是:1. 就我与我之亲族之关系:a. 大家族主义,b. 小家族主义;2. 就我与我之异性之关系:a. 男尊女卑,b. 男女平等,c. 自由婚姻,d. 专制婚姻;3. 就我与我之财产之关系:a. 私有财产制,b. 公有财产制;4. 就我对于社会制度之激渐态度:a. 守旧主义,b. 维新主义;5. 就我在内之心灵与在外之物质之关系:a. 物质文明,b. 精神文明;6. 就我与我所属之全体之关系:a. 个人主义,b. 社会主义(一名互助主义);7. 就我与他人总体之关系:a. 为我主义,b. 利他主义;8. 就我对于世界之希望:a. 悲观主义,b. 乐观主义;9. 就我对于世界背后有无造物主之信仰:a. 有神论,b. 无神论,c. 一神论,d. 多神论,e. 个神论,f. 泛神论。张君劢:《人生观》,《人生观之论战》(上),页2—3。

一种人生取向,而是紧接着指出,人生观"无一定之解决"。也正是从这一点出发,他分析了人生观问题与科学的五大差别:科学为客观的,人生观为主观的;科学为论理学方法所支配,而人生观则起于直觉;科学可以分析方法下手而人生观为综合的;科学为因果律所支配,而人生观则为自由意志的;科学起于对象之相同现象,而人生观起于人格之单一性。[60]

人生观的上述特点规定了科学的限度。张君劢说:

> 科学无论如何发达,而人生观问题之解决,决非科学所能为力,惟赖诸人类自身而已。而所谓古今大思想家,即对于此人生观问题,有所贡献者也。……彼此各执一词,而决无绝对之是与非,盖人生观,既无客观标准,则惟有反求之于己,而绝不能以他人之现成之人生观,作为我之人生观者也。[61]

张氏的人生观问题明显而简陋地表达了主观论的倾向,不承认人生观问题有任何客观的标准,也不承认他所说的"我"与"非我"的关系的历史性。不过他还是通过分析几组人生观问题,暗示了他对"正确的"人生取向的看法:1. 在物质与精神的关系中,不宜重外轻内;(批评物质主义)2. 在男女之爱方面,不必将男女恋爱、反抗家庭制度作为人生之第一义;(批评恋爱至上主义)3. 在个人与社会的关系中,知识发展应重个人;财产分配,应均诸社会;(主张社会协调发展和社会平等)4. 在国家主义与世界主义的关系中,主张和平,向往大同,但亦应注意国家主权。但是,既然没有客观标准,确定价值的取向或人生观是否正当,就成了一个难以解决的问题。

直到现在,我仍然把张氏放在康德主义的思想序列中进行分析,这显然是由于他的二元论的思想方式。沿着这种二元论的思想方式,张氏不仅否定了伦理认识论,即以物理学方法导出的伦理观,而且也否定了伦理自然主义,即按照演化论的模式发展的伦理观。但这并不意味着他是一

---

[60] 张君劢:《人生观》,《人生观之论战》(上),页4—8。
[61] 同上,页8—9。

位彻底的康德主义者，或者形而上学论者，尽管他的"人生观"问题包含了对人的自主性的捍卫。张君劢的核心论点之一是：在人生的领域，不存在绝对的真理，也不存在客观的标准。那么，康德的绝对命令的位置也显然是非常可疑的了。

现在的问题是：为什么张氏《人生观》一文引起的争论主要不在"人生观"的取向及其标准方面，而在"科学与人生观"的关系方面？为什么"科学与人生观"问题发展成为科学的知识论及其分类原则是否可靠的问题？首先，从人生观问题的讨论转向科学与人生观的关系的论辩，除了张氏本人的因素外，丁文江对张氏《人生观》一文的回应起了决定性的作用。在这篇题为《玄学与科学——评张君劢的"人生观"》的文章中，丁文江的第一个问题就是："人生观能否同科学分家"？能否在科学方法之外寻求人生观的是非真伪？而根据他的定义，"科学方法不外将世界上的事实分起类来，求他们的秩序。等到分类秩序弄明白了，我们再想出一句最简单明白的话来，概括这许多事实，这就叫做科学的公例。"[62]科学能否同人生观分家的问题，以及科学方法能否适用于人生观领域的问题，由此便被转换为"科学的智识论"的问题：科学的知识论及其分类原则如何处理人生观与科学、精神科学与物质科学的关系。[63]

丁文江的知识论在处理物质与精神的关系时明显地在经验论上回到了感觉论的心理学，特别是休谟和穆勒的联想心理学观点。他引用摩尔根（C. Lloyd Morgan）的《动物生活与聪明》（*Animal Life and Intelligence*）一书，将外界的物称为"思构（Construct）"。按照这种"思构"的物质观，物质被理解为"许多记存的觉官感触，加了一点直接觉官感触。"[64]至于"思想如何复杂，总不外觉官的感触——直接的是思想的动机，间接的是思想的原质。但是受过训练的脑经，能从甲种的感触经验，飞到乙种；分析他们，联想他们；从直接的知觉，走到间接的概念。"[65]丁文江推论说，

---

[62] 丁文江：《玄学与科学——评张君劢的"人生观"》，《人生观之论战》（中），页3。
[63] 同上，页6。
[64] 同上，页6—7。
[65] 同上，页7—8。

物质本来就是心理上的觉官感触,由知觉而成概念,由概念而生推论,而"科学研究的不外乎这种概念同推论,有什么精神科学,物质科学的分别?又如何可以说纯粹心理上的现象不受科学的方法的支配?"[66] 既然感官感触为我们知道物体惟一的方法,物体的概念为心理上的现象,那么,科学的知识论也就是涵括一切的完整体系。

因此,以丁文江的挑战为契机,张氏的论述重心开始转向知识论问题,特别是知识领域的区别与分化。在他的《再论人生观与科学并答丁在君》的上、中、下三篇中,前两篇分别以物质科学与精神科学在"公例"问题上的差别和科学的知识论是否正确为论述的中心。在上篇第一节《物质科学精神科学之分类》中,张氏指出各国科学家和哲学家均普遍承认科学之可以分类,但分类的方法各不相同。他本人的物质科学/精神科学则脱胎于德国哲学家翁特(Whilhem Wundt)的确实科学(Exakte Wissenschaft)/精神科学(Geisteswissenschaft)的二分法。[67] 不过,翁特的分类中虽然承认这两个领域的差别,但仍然是在科学分类法的范畴内部,而张氏则认为"精神科学,依严格之科学定义,已不能认为科学,则即此标准,已足以证之。"[68] 换言之,张氏坚持物质与精神领域的不可通约性,即心物二元论。

坚持心物二元论的理论含义是在人生观领域拒绝客观的、因果律的法则,这种法则在历史观方面的体现就是进化之公例。因此,对于心物二元论的理论解说包含了对科学史的重新解读,特别是对以近代物理学方法为基础的各种科学的再认识。[69] 值得提出的是,正是通过进化论,普

---

[66] 同上,页 8—9。
[67] 翁特所谓确实科学包括数学、物理学、化学和生物学,精神科学包括心理学、文字学、历史学、文字历史的学、社会学、法律学、生计学。见张君劢:《再论人生观与科学并答丁在君》(上),《人生观之论战》(上),页 18。
[68] 同上,页 19。
[69] 张氏说:"十八世纪以降,有欲以物理学之方法施生物之现象者,于是有李尔之地质学(Lyell,1797—1875),有拉马克之动物学(Lamarck,1744—1829)。至达尔文之《物种由来》一书既成,而后各国翕然宗之。以在君之语言之,则以为生物学之进化论皆已解决矣。虽然,果解决耶?果未解决耶?"《再论人生观与科学并答丁在君》(上),《人生观之论战》(上),页 21。

适的科学法则才逐渐地成为衡量文明之进步与落后的标准。科学的观念首先是进入历史领域，而后才成为心理、道德和审美的准则的。对于张君劢来说，詹姆士、柏格森、杜里舒等人的哲学，以及现代生物学对达尔文主义的批判，为重新界定科学的范围提供了条件。首先，他借助于英国生物学家托摩生（Sir John Arthur Thomson, 1861—1933）的理论，论证生物进化过程中因果关系的含混性，进而将生物学与物理学区分开来；其次，他检讨汉姆霍尔兹（Hermann von Helmholtz）、米勒（Georg Elias Müller, 1881—1921）等人的实验心理学，特别是范希纳（Fechner）的范希纳－韦伯公例（Weber-Fechner Law）（即感觉与刺激之对数为比例），指出"所谓实验心理者，大抵所试验者，以五官及脑神经系为根限，若此者，谓为生理的心理学则可，谓为纯正心理学则不可。……若不问思想，……是所实验者，乃生理非心理也。"[70]因此，心理学不仅不是确实科学，而且较之生物学距离科学更远。他引证柏格森和詹姆士，阐明"人生本为自觉性"，决无公例可言。[71]

张君劢对科学"公例"的质疑也受到本世纪初的科学发现的启发，如1905年爱因斯坦狭义相对论发表，1908年明可夫斯基（Hermann Minkowski）的四度几何说公布，1915年爱因斯坦广义相对论成立，所有这些重要的发现改变了近代物理学的视野。张君劢显然已经注意到他所描述的心理学等领域的特点并不仅仅适用于这些领域，甚至现代物理学的新发现也不能被理解为近代物理学的逻辑发展。但是，张君劢显然不准备就这些新发现发展一套新的科学哲学，他也并不想认真讨论科学史中的范式转换与信仰等领域的关系——如托马斯·库恩所做的那样。所有这些科学领域中的重大发现都被他组织到有关科学领域与精神领域不可通约的论证之中，从而在理论上使他更接近于康德学说两种理性的传统。根据他的看法，科学适用于事物的空间关系，而不适用于时间领域，因为时间与生命或生活力（Vital Force）有着内在的联系。据此，他归结出四

---

[70] 同上，页23。
[71] 同上，页24。

条规则,论证科学中的进步法则无法适用于人生领域:

  第一、凡在空间之物质易于试验,而生物学之为生活力 Vital Force 所支配者,不易试验,至于心理学则更难。
  第二、凡在空间之物质,前后现象异于确指,故其求因果也易;生物界前后现象虽分明,而细胞之所以成为全体,其原因已不易知,若夫心理学则顷刻万变,更无固定状态可求。
  第三、三坐标或四坐标,验诸一质点之微而准者,可推及于日月星辰,此尤为生理学所不能适用之原则。
  第四、物理上之概念,曰阿顿,曰原子,曰质量,曰能力,此数者得之抽象而绝不为物体之具体的实在 Concrete Reality(此名之义见詹姆士书中)所扰,至于生物学,有所谓种别,有所谓个性;而心理学为尤甚,因而生物心理两界日为个性之差异所扰,而不易得其纯一现象(Uniformity)。[72]

张氏按照上述四项原则,把心理学、经济学(生计学)、政治学、社会学和伦理学都归之于"精神科学",因为这些学科没有坚固不拔之原则,也没有物理学中的那种精确不易之公例。[73]值得注意的是,张氏把他所谓"精神科学"中的种种变化归结为无"公例",却不认为爱因斯坦对牛顿物理学的冲击也是无"公例"的表现。这表明:张氏并不想深究知识的形成

---

[72] 同上,页27—28。
[73] 例如,他引用穆勒的话说:"余之《生计原理》一书之目的,于前人等,曰在所假定之状态下,求种种原因之作用之科学的了解。虽然,于前人异者,不以此种状态为一成不变的。盖生计学中概括之论,不生于自然界之必至,而起于社会之制度,故为暂时的,因社会之进步而变迁也。"他有以政治学为例说:"岂惟生计,政治亦然。近年以来,狄骥(Duguit)、拉司几(Laski)、柯尔氏(Cole)反对国家主权说,乃欲以社会职司(Function, Service)之说代之,自其说出,于是治者被治者之关系为之一变焉。议会之选举,曰不以地域为标准,而以职业为标准,又为之一变焉。既无主权,而一切人同居于服务之地位,则权威义务之说,必从而铲除,又可知焉。读者试一思之,号为科学者,而其根本观念可以一朝推翻若是其易,是尚得谓为科学乎?"同上,页30—31。

第十四章　知识的分化、教育改制与心性之学　　　　　　　　　　　　　　1365

问题,而注重于划出知识与非知识、科学与非科学的界限。他引证英国经济学教授欧立克(E. J. Urwick)的《社会进步之哲学》(*Philosophy of Social Progress*)一书说:

> 科学之所能为力者,不过排除某种行为之方法,不过确定所以达某部目的之条件。至于全社会大目的之决定,吾人所应选择之方向之决定,则非科学范围内事。……全社会之大目的,吾人名之曰社会幸福,无定的也,无限的也,人类生存之第一条件,即在将其所谓大目的,时时加以划定,以达于更美之境。而此划定之行为,谓为一部分起于生活变化之冲动的可也,谓为一部分起于有目的之半理性的可也,谓为一部分起于理想化的亦可也。[74]

换言之,社会的目的、幸福和价值都在科学范围之外。

张氏区分物质科学与精神科学是从他对精神与物质、理智与情感、理性与直觉的区分中引申出来的,这一点显示了他与梁漱溟等人的文化论的内在联系,但他的表述本身已经没有任何文化意味。对于人生的偶然、自由和创造性的思考开始把他导向欧洲思想传统中的不可知论。他一再引用康德的断言命令(Categorical Imperative)、倭铿的"精神生活"、柏格森的"生命力"、詹姆士的"经验"、欧立克的"生活冲动"和"精神元素",以及直觉、自由意志等概念,为精神领域的自主性创造理论基础。在这个意义上,他显然超出了区分精神科学/物质科学的意图,而把人生观置于科学之上的地位:"人生观超于科学以上,不能对抗,故分家之语,不能成立。"[75]值得注意的是,对于张氏来说,人生观与科学的对峙已经不只是东/西文化的对峙,而且更是唯心/唯物的对峙。他这样表述他与丁文江的关系:

---

[74] 同上,页32—33。E. J. Urwick, *Philosophy of Social Progress* (London: Methuen & Co., 1920).

[75] 同上,页40。

> 在君如能弃其唯物主义或唯觉主义(如皮耳生是也)从我而为唯心主义者,则人生观虽出于自由意志而不至于不可以一朝居者,其义自可豁然贯通。[76]

正是在这种对峙关系中,张君劢不仅要确定科学与人生观领域的界限,而且要确定人生观问题对于科学问题的优先性。这突出地表现在他对"科学的知识论"的批判之中。

张君劢根本不承认"科学的知识论"这一概念,因为他拒绝接受科学的分类谱系有任何客观性。"知识论者,哲学范围内事也,与科学无涉者也。……千差万别,几于不可爬梳。"[77] 针对丁文江等人的经验主义或唯觉主义知识论,张氏反复引证德国理性主义传统,捍卫人的主观性。丁文江一再引证皮耳生、马赫,而张氏也依据德国思想传统一一驳斥。例如他批评皮耳生将世界的最终的不可分析的元素归结为官觉之印象,因为根据他的看法,当人们给各种感觉命名的时候,已经存在着一种论理的意义。[78] 又例如,他认为人类之于世界,辨真伪求秩序为惟一要义,而辨真伪求秩序之标准即"论理的意义也。"[79] 再如,马赫、皮耳生都把因果律解释成为"现象之先后秩序"而非必然性,而张氏则坚持说,因果律内含坚实的必然性,但只适合于物理现象。[80]

张君劢本人非常清楚上述分歧并不是他与丁文江的理论分歧,而是英国和德国的思想传统的分歧。根据他的解释,英国思想"以外释内,故为后天主义,唯觉主义";德国思想"以内释外,故为先天主义,唯心主义"。前者在哲学上体现为洛克、休谟的感觉论和经验主义,在伦理学上体现为边沁的功利主义,在生物学上则体现为达尔文的生存竞争微爱积淀说,在心理学上则体现为英美行为主义,在教育学上则体现为环境适应

---

[76] 同上,页41。
[77] 张君劢:《再论人生观与科学并答丁在君》(中),《人生观之论战》(上),页46。
[78] 同上,页48。
[79] 同上。
[80] 同上,页50。

说；后者在哲学上是康德的纯粹理性说，伦理学上是康德之义务说，生物学上是杜里舒的生机主义，心理学上是思想心理学，教育学上是注重精神之自发。[81]然而，张氏并不主张全面地倒向德国思想传统，相反，他认为应当调和二者，回到康德的折中主义，即纯粹理性与实践理性的二分法。有趣的是，他认为中国学者最适合担当此任，这不是由于他们自己的思想传统，而是由于他们是在英德传统之外，没有先入之见。因此，中国思想的任务便不再是阐发自己的传统，而是"以调和英德之说为己任，则于学术界必能自辟途径，而此业正为吾国人所应努力。"[82]

张君劢所致力的调和努力当然有其知识论的结果：通过对"科学之限界"的反思，提出新的知识谱系。这种知识谱系能够包容科学与"科学以外之知识"。"科学以外之知识"概念的提出意味着：那种把科学当作全部知识的看法，那种把科学实践当作一切实践的观点，需要彻底重组。科学不再是不多不少等于全部知识，而仅仅是全部知识中的一部分，而且并不是最为重要的一部分；实践不再是不多不少等于科学实践，而仅仅是实践中的一种实践，而且是不甚重要的一种实践。非常明显的是，建立在自然一元论基础上的科学谱系尽管包含了知识分科的原则，但同质性程度很高；而建立在心物二元论基础上的知识谱系则含有不可通约的知识部类，这些知识部类的自主性程度足以为自身提供内在的原理和逻辑，它们之间并不享有同一性：无论是公例，还是方法，或者别的什么。

张氏举出道德（如忠信）、审美（如品乐）、生死问题等"科学"之外之"知"来检讨科学的界限，他的基本结论并无独创性可言，基本上仍是重复托摩生的观点，即除了科学知识之外，至少还存在哲学、美术和宗教等三种不同的知识。哲学（形而上学）处理科学方法不能处理的宇宙本原问题，美术处理科学方法无法处理的审美和情感问题，宗教则处理科学方法难以解决的意义问题。这样，"科学"不再是包容一切的知识，相反，它是知识之一种。形而上学、审美、宗教以及道德领域已经从"科学"的谱

---

[81] 同上，页53—54。
[82] 同上，页56。

系中分化出来,并与之并列为独立的知识领域。

但是,这种并列关系中仍然有统摄与被统摄的关系,因为"分科"本身需要诉诸各科之上的原理——形而上学:

> 虽然分科之研究,不得已也,分科之学之是非,当衡诸于诸学上之最高原理,而融会贯通之,是之为形而上学。形上学者,诸学之最终裁判官也。[83]

科学的范围被限于物质领域,分科的规则由形而上学统摄,自由意志是人类活动的根源和责任的基础。张氏的理论渊源明显来自詹姆士、柏格森和倭铿,但在分科的原则和内容上也非常接近于日本近代思想家、"科学"一语的首创者西周:他曾把哲学视为"科学的科学",把"统一观"的形成看作是最为重要的使命。张氏的独特性仅仅是:他不再承认"科学"是一切"知识"。对他来说,形而上学不是"科学的科学",而是"知识的知识"。根据上文的分析,张君劢不只是要求在科学知识领域之上保留"形而上学"的领地,而且还要求在科学知识之外,建立自主性的心理学、社会学、政治学和经济学等领域。值得注意的是,政治、社会和心理等领域的自主性不仅在知识的分类中得到表现,而且也一定要在制度化的实践中体现出来。[84]

---

[83] 张君劢:《"人生观之论战"序》,《人生观之论战》(上),页15。

[84] 张君劢的老师梁启超早在1896年就曾上书张之洞,议改书院课程,提出"日本变法以学校为最先,而日本学校以政治为最重",进而建议用政治学院之意,设立经学、史学、地学、算学课程,以时务一门课程为诸学之归宿。(梁启超:《上张南皮张尚书论改书院课程书》,舒新城:《中国近代教育史资料》下册,北京人民教育出版社,1961,页934—936。《中国近代教育大事记》,上海教育出版社,1981,页74。)又如,1897年,贵州学政严修奏请设经济专科。一为岁举,一为特科。先举特科,次行岁举。特科内容"或周知天下郡国利病,或熟谙中外交涉事件,或算学律学,擅绝专门,或格致制造,或创新法,或堪游历之选,或工测绘之长",分为内政、外交、理财、经武、格物、考工六事。等等。在这些早期分科之中,经济、政治等领域的地位的形成,明显地与社会政治需要相关。参见总理衙门、礼部:《会奏遵议贵州学政严请设经济特科疏》,舒新城:《近代中国教育史料》第4册,页81—85。《中国近代教育大事记》,页80。

第三节　知识谱系的分化与社会文化的"合理化"设计

1. 知识分科与现代社会分工

通过检讨和重构知识谱系，张君劢奠定了他对知识问题的基本原则。在科学与玄学的关系上，这个基本原则的理论含义是"科学决不能支配人生，乃不能不舍科学而别求一称（种）解释于哲学或玄学中（或曰形上学。）"[85]根据张氏的自述，这一判断可以分为三个要点：

> 一、官觉界以上，尚有精神界。学问上之是非真伪即此精神界之综合作用之表示。
> 二、官觉与概念相合知识乃以成立。然除学问上之知识外，尚有宗教美术，亦为求真之途径。
> 三、学问上知识之成立，就固定状态施以理智之作用。若夫生人所以变迁之故，则出于纯粹心理，故为自由。伸言之历史之新陈代谢，皆人类之自由行为故无因果可言。[86]

张君劢对科学谱系的攻击，以及他的以"分化"为特征的知识谱系的重构活动绝不仅仅是一种纯粹的智力活动。知识谱系的合理分化首先是一种对于现代社会的合理化设计，其次也可以被理解为一种现代化的行动纲

---

[85] 张君劢：《再论人生观与科学并答丁在君》（下），《人生观之论战》（上），页69。
[86] 同上。

领。[87]值得注意的是,张君劢并不是以综合来对付科学谱系的分化,相反,他是以一种更大规模的"分化"来批判科学内部的分化或分科。通过论证信仰、道德、审美、科学等领域的不可通约性,或者说,通过把信仰、道德、审美等领域从科学谱系中分化出来,张君劢建立了一种更加广泛的分类的原则。正是在这个意义上,张氏一方面反对以科学的分类方式设计社会的合理化模式,另一方面,他又是在一种分类原则的基础上提出他的社会设计。因此,我仍然把他的教育改革方案或社会改革方案看作是一种合理化设计,这种合理化设计本身的确包含了对各种启蒙的合理化模式的批判。或者说,他的这种合理化设计是对启蒙的科学范例进行批判的结果。

作为一种合理化设计和行动纲领,张君劢与他的论敌一样,把"学习"作为理解世界和改造世界的基本方式。不过,丁文江等人强调的是科学对未知世界的无穷探索能够获得最终的真理,而张氏的看法却不是以科学的"求真"为目的的:

> 教育之方法,无论或隐或显,常以若干人生之理想为标准。标准定而后有科目之分配。我之视人生观为自由意志的,故教育方法为一种。皮耳生与在君以人生观为可以统一的,故其方法又为一种。[88]

但无论如何,上述两种"学习"都包含了"实用的价值问题。"[89]"学习"

---

[87] 我在下文中将解释我在什么意义上使用"合理化"概念和为什么使用这一概念。鉴于韦伯的合理化概念与新教伦理的关系,我在此提及一个与本文关系不甚明显的问题,即晚清末年的教育制度的合理化实践与基督教的关系。早在1896年,中华教育会召开第二届大会,主席潘慎文作《教育会与中国整个教育的关系》的演讲,提出:"作为基督教教育家协会,我们要用在我们能力范围内,以各种方法控制这个国家的教育改革运动,使之符合于纯粹的基督教的利益。"大会根据他的意旨,组织"改革教育委员会",研究如何为中国拟定"合理"的教育制度。《中华教育杂志》第17卷第7号(1896),页345—348。
[88] 张君劢:《再论人生观与科学并答丁在君》(下),《人生观之论战》(上),页70。
[89] 同上,页70。

的特征是通过一套制度化的实践,将学习者培养成为现代社会和国家的公民和专门家。

因此,"学习"及其制度,特别是教育制度,不仅涉及学习和教育的具体内容,而且还包含了一种社会的合理化设计。这种合理化设计不仅构成了教育的目的,从而规定了教育的内容,而且也是一种社会的合理化模型。学科和课程的安排对应着社会和国家的制度性安排,教育制度的结构不过是社会制度结构的理想化形式。正由于此,张君劢在开展他的批判之前,曾引用皮耳生讨论"科学与公民"的观点说:"事实之分类也,求其先后之序也,乃科学之所有事也。此袪除成见,以事实为本之精神,不独科学家应有之,即一般国民亦无不有之。"[90]事实的分类和求证真实都是科学研究的基本特征,把这种科学的模式作为社会的模式不仅是启蒙的理论后果,而且也是社会"合理化"的特征。[91]因此,"合理化"概念在这里意味着认识论意义上的科学进步与特定时代的道德和政治实践的一种联系,从而也预设了理论理性与实践理性的某种统一性。在这个意义上,张君劢的科学与人生观的二分法即使在他自己的用法中也并不是完全贯彻到底的。如果公民的产生是知识规划的结果,那么,知识的规划与国家的关系就是必然的了。在这个意义上,张君劢并没有真正摆脱把科学和技术作为历史范例的观点。

但是,如果科学和技术能够作为社会发展的范式的话,那么,科学和技术也必然能够替代形而上学而成为解决人类的意义问题的机制。也正

---

[90] 同上,页70。

[91] 哈贝马斯在分析西方社会思想中的社会合理化论题时首先分析了孔多塞(Condorcet)的《人类心灵进步的历史图景概要》(*Sketch for a Historical Picture of the Progress of the Human Mind*),他指出,在这部书中,自然的数学科学提供了合理性的模式,牛顿物理学就是这种模式的核心,它揭示了研究自然的真正方法。孔多塞注意的是科学的"文化意义",即在方法上获得保证的理论知识的增长对人类心灵,以及整个生活的文化语境的发展究竟产生了什么影响。哈贝马斯说,孔多塞想按照现代科学史的模式来理解人类历史,也即把人类历史理解为合理化的过程。Jürgen Habermas, *The Theory of Communicative Action*, trans. Thomas McCarthy, vol. 1 (Boston: Beacon Press, 1984), pp. 145-146.

是在后一点上,张君劢对科学文明保持悲观看法,他不仅认为现代文明的危机是科学的危机,或由科学的发展导致的危机,而且他从伦理价值的取向上认为科学已经丧失了它的范式的价值地位。[92]因此,他需要发展出一种既具有科学分类意义又超出科学范式的社会机制,为合理化的现代社会寻找道德实践的基础。

他对现代教育的批评集中体现了他的合理化设计。这种批评并不构成对"知识与公民"、"教育与国家"等前提的挑战,相反,他正是以这些重要的关系为出发点的。他的问题毋宁是单纯的"科学教育"能够培育出现代的公民吗? 玄学教育与公民教育的内在联系部分地解释了张君劢集"心性之学"的阐释者与立宪活动的推动者二任于一身的事实。正是在这里,张君劢在科学谱系之上重新分类的意义凸现出来了:分类的原则依据的是他对现代社会的合理化安排的理解,而教育制度则是现代社会结构的理想化模式。张君劢对以科学分类模式为范式的现代教育制度表示了深刻怀疑,[93]并提出了相应的改良措施。他归纳出的五大弊病是:(一)19世纪后英德各国列自然科学于学校科目之中,但这些科目如物

---

[92] 在这方面——既对合理化过程抱持悲观看法,又试图用合理化的观点观察历史,张君劢有些与韦伯类似的地方。哈贝马斯在讨论韦伯的理性主义(Rationalism)时说:"在历史哲学中,科学和技术是一种合理化的模式。韦伯并不拒绝它们的范式特征。然而,就其作为进步概念的模式而言,科学和技术必须在启蒙和实证主义的意义上进行估价;即它们的被特征化了的解决问题的机制同时对物种历史能够产生重要影响。19世纪晚期的资本主义文化批评——尼采及其同时代人的生活哲学即是其最有影响的代表——直指这种替代形而上学的重估。韦伯也持有对科学文明的这种悲观评价。他从伦理价值的取向出发,对他在现代社会中观察的合理化过程深为怀疑,以至在他的合理化理论中,科学和技术丧失了它们的范式特征。韦伯的研究集中于目的—合理行为的体制化的道德实践基础方面。"Ibid.,p.155。

[93] 张君劢说:"十九世纪之初,科学的信仰,如日中天,故赫胥黎辈毅然与宗教家抗,要求以自然科学加入学校教育科目中。今其行之也,暂者数十年,久者已百年,利害得失,皎然大明。谓将自然现象详细分类,且推求其秩序,谓将望远镜仰察天空的虚漠,用显微镜俯视生物的幽微……已足以尽教育之能事乎? 不独此所不适用(教育上不能无伦理,即教育非自然科学所能范围之明证),以云今后,更无论矣。"《再论人生观与科学并答丁在君》(下),《人生观之论战》(上),页74。

理、生理等等均以官觉为基础,从而导致"官觉发达之过度";[94](二)科学以对待(Relative)以因果为本义,物理、生理、心理、生物、社会等科目都以因果解说,使学生"几忘人生在宇宙间独往独来之价值";[95](三)科学知识谱系把人生意义局限于官觉所及之物,人生完全为物质的欲望、一时之虚荣和权利义务的观念所笼罩;[96](四)科学以分科研究为基本方法,因而"答案常限于本范围内";分科的细密"致人之心思才力流于细节而不识宇宙之大";[97](五)现代教育以现时的经济制度为准,人才的培育是以社会的分工为目标的,从而完全忽略了"全人格之活动"和"全人格之发展"。[98]

在上述五条中,第四、五两条明显地有一种对应关系,即教育的分科和社会的分工之间的对应关系。针对这些弊病,他的建议有三条:(一)学科中应加超官觉超自然(Supernatural)之条目,使学生知宇宙之大,减少物质的欲望,"发达其舍己为人为全体努力之精神";[99]换句话说,张氏建议在现代教育制度中设立政治学、社会学、伦理学、哲学等科目;(二)学科中应增加艺术之训练,使人获得悠然的享受和丰富的精神创造力;[100]从而能够从因果论的机械关系中摆脱出来;(三)"学科中应发扬人类自由意志之大义,以鼓其社会改造之勇气",[101]目的是打破学院与社会的藩篱,以公民伦理改造职业伦理。

张氏对全面发展的自由人的期待包含了对以科学发展为范例的社会

---

[94] 张君劢:《再论人生观与科学并答丁在君》(下),《人生观之论战》(上),页73。
[95] 同上。
[96] 同上。
[97] 同上,页74。
[98] 同上。
[99] 同上。
[100] 同上,页75。
[101] 同上。值得注意的是,张君劢对自由意志的呼吁包含了对社会历史中的革命现象的观察,他显然把革命看作是自由意志的产物,是摆脱历史规律的例证。如说:"以云自由意志之教义,世界之社会革命党已行之而大奏功,德俄两帝国之推翻,皆此种教育为之也。"

合理化模式的反感,他认为科学的分科和社会的分工都是对人的精神的阉割,并把人束缚在因果律和进化规则之中。张君劢希望用人的自由意志打破"规律"的约束,而"革命"就是自由意志突破自然规律的束缚的历史例证。他举出了德国和俄国的革命,举出了社会改造派的教育思想作为范例。正是在这个意义上,张君劢的"人生观"问题及其知识规划可以被理解为对现代性的质疑。

但是,张君劢并不是一般地反对知识的分科和社会的分工,他的理论主张的核心是在科学分类谱系之上重建知识谱系,这个知识谱系包含了五个方面的内容,即形上、艺术、意志、理智、体质。

> 要之,自欧洲社会革命与其青年运动观之,理智以外之人类潜伏的心能,隐而未发者,正未可限量。诚能迎机道之,则物质制度与精神自由之间,抱持现状与打破现状之间,自有一条平和中正之道。[102]

张氏试图提出一种平衡发展的知识的和制度的分类体系,通过训练和教育建立合理的社会:每一个受教育者不仅应当成为专门知识的占有者和使用者,而且还应该是合格的"公民"——追求正当、合乎道德的生活,遵守正当、合乎正义的秩序,从而把专业化的训练和工作转化成为一种目的—合理的行为。非常明显的是,张君劢的理论方式接近于《学衡》派或阿诺德(M. Arnold)的人文主义理想,即要求人性圆满和谐的发展、自由的思想、摆脱成规、唤起自主的意识,[103]然而,这种人文主义理想并非基于某种完美的人性,而是基于一种社会的需要并必须诉诸某种规范式的训练。正如西方大学的自由民教育(liberal education)一样,张君劢所构想的人文教育也是一种职业教育。这种教育的真正结果不是人性的完整,而是现代社会通过教育制度而进行的一种"公民"训练或模塑。因

---

[102] 同上,页77。
[103] 参见 Matthew Arnold, *Culture and Anarchy*, edited with an introduction by J. Dover Wilson (Cambridge: Cambridge University press, 1959), p.134.

此,关于道德和人性的探讨不断地被转换为知识分科的问题就丝毫不奇怪了。有关这一点,我们可以在上述讨论与教育改制的呼应关系中更为清楚地表现出来。

2. 教育改制、分科设置与知识谱系的划分

张君劢的上述分类谱系是以"五四"前后的教育体制改革为背景的。

辛亥革命以后,民国既立,伴随政体革命的是教育革命。1912年1月19日教育部颁布了普通教育暂行办法通令。[104] 在这次学制改革中,"普通教育废止读经,大学校废经科,而以经科分入文科之哲学、史学、文学三门,是破除自大旧习之一端。至现在我等教育规程,取法日本者多,……日本学制,本取法欧洲各国,惟欧洲各国学制,多从历史上渐演而成,不甚求其整齐划一,而又含有西洋人之习惯;日本则变法时所创设,取西洋各国之制而折衷之,取法于彼,尤为相宜。"[105] 1912年的教育改革的宗旨是"注重道德教育,以国家为中心,而以实利教育与军国民教育辅之。"[106] 美育也列入了中小学及师范院校的教则内。当时也有人提出应将世界观问题列入教则,未获通过。值得注意的是,文、史、哲三大学科是作为经科的替代物而得以建立的。

1912年学制的制定是以发展资产阶级民主和促进资本主义经济为出发点的。国民教育和专业分科相结合构成了它的主要特点。袁世凯当政时期,配合着恢复帝制的需要,北洋政府也实施新的教育改革。这次教育改革的主要特点是一方面继续晚清以降日益发展的科学技术和实用教育,另一方面则把1912年学制的国民教育中的公民道德教育改为"尊孔读经"。一些学者在比较1915年与1912年的教育方案时,认为1915年

---

[104] 参见《1912年1月19日教育部公布普通教育暂行办法通令》和《1912年1月19日教育部公布普通教育暂行课程标准》,朱有瓛主编:《中国近代学制史料》第三辑上册,页1—6。

[105] 参见《1912我一:临时教育会议日记》,同上,页8—9。

[106] 同上,页12。

方案不仅主张"尊孔读经",而且也反对以促进资本主义经济为出发点的实用教育,看来并不是恰当的评价。事实上,自晚清以降,特别是1905年新政之后,科技和实业教育已经日渐成为教育体制改革的核心,也是新旧两派的共识,即使袁世凯也不能——其实也不想改变科学技术作为现代世界中不可或缺的力量这一现实。1915年初,北洋政府以大总统令形式先后公布《特定教育纲要》和《颁定教育要旨》。《特定教育纲要》第三项概述教育宗旨为"注重道德、实利、尚武,并运之以实用",并将道德、实利、尚武、实用视为当时教育中最为缺乏的内容。"是宜重加规定,以道德教育为经,以实利教育、尚武教育为纬;以道德实利尚武教育为体,以实用主义为用(实用教育,以各学校注重理、化、博物等实科之实验为始;尚武教育,以自初等小学注重体育卫生,加以军队束伍进退之法为始)。"[107] 1915年"纲要"对1912年学制的最重大的变动是在道德教育方面,核心是配合帝制运动。"纲要"改变了采用日本单一制的普通教育体制,改取德法制,关键内容是要在普通教育中恢复平民和贵族的等级制教育。[108] 同样以道德教育为经,但1912年学制废除读经,"公民道德"的内涵则是自由、平等、博爱的资产阶级价值观,而1915年的"纲要"和"要旨"却尊孔、尚孟、研究性理、崇习陆王之学,并在中小学重设"读经一科",大学则设经学院。

新文化运动在批判孔教、传播科学与民主思想的同时,以民主教育和科学教育为中心提出了一系列的改革措施。1918年12月,教育部曾组织由范源濂、蔡元培、陈宝泉、蒋梦麟等参与的教育调查会,于1919年4月,提出教育宗旨应为"养成健全人格,发展共和精神",并对此作出具体解释。所谓健全人格,即(1)私德为立身之本,公德为服役社会国家之本;(2)人生所必须之知识、技能;(3)强健活泼之体格;(4)优美和乐之感情。所谓共和精神,即(1)发挥平民主义,俾人人知民治为立国之

---

[107]《1915年1月袁世凯:特定教育纲要》,同上,页44。
[108] "纲要"说:"按中国普通教育,采日本单一之制,小学只有一种。在只求识字之平民子弟与有志深造之士族子弟,受同式之教育,于人情既有未顺,于教育实际亦多违碍。……是宜取法德制,分小学为二种:一国民学校,……一预备学校……"同上,页45。

本;(2)养成公民自治习惯,俾人人能负国家社会之责任。[109]

上述宗旨与张君劢的想法基本是一致的。但由于新文化运动特别注重科学教育,并普遍地认为科学教育本身的重要性"不在于物质上之智识,而在其研究事物之方法。尤不在研究事物之方法,而在其所与心能之训练",[110]因此,所谓公民教育落到实处,便是科学教育。例如蒋梦麟就说:"欲养成头脑清楚之国民,科学其圣药也。"[111]"五四"知识分子普遍地把观察、实验等科学实践视为祛除私见、获得"真实正当之知识"的唯一途径,[112]以至一些教育家开始以实验、测量等科学方法研究教育问题,促进教育的科学化。[113]针对"尊孔读经"的道德教育,新文化运动者普遍地相信,科学教育和科学研究本身包含着一切道德内容。因此,新文化运动虽然与先前的各种教育改革运动一样关注道德问题,但"道德问题"在一定意义上却已经被理解为"科学"问题。

也正是在这样的背景下,由蔡元培任校长的北京大学开始进行改制(1917),并深刻地影响了全国的高等教育改革。改制的宗旨是要把大学办成研究学问的专门学府,以研究学问为天职。[114]虽然当时也在校内组织了进德会,但目的是改变读书做官的习气,号召学生端正态度,专心于学问。专业教育既是知识分类的结果,也是社会分工日益细密化的需要。在学科和课程设置方面,北京大学改变了文、法、理、商、工五科并立的格局,逐渐将学校改造为现代综合性大学的体制。经过几次变革之后,1919年,北大废除了文、理、法科之名,改门(如史学门、地质学门)为系,全校共设数学系、物理系、化学系、地质学系、哲学系、中文系、英文系、法文系、德文系、俄文系、史学系、经济系、政治系、法律系等14个系。废除科、门

---

[109] 《教育杂志》第11卷第5号,1919年5月20日。参见陈学恂主编、高奇分卷主编:《中国教育史研究·现代分卷》,上海:华东师范大学出版社,1994,页7。

[110] 任鸿隽:《科学与教育》,《科学》第1卷第12期,1915年12月25日,页1352。

[111] 蒋梦麟:《世界大战后吾国教育之注重点》,《教育杂志》第10卷第10号,1918年10月20日,页136。

[112] 任鸿隽:《科学与教育》,《科学》第1卷第12期,页1343—1352。

[113] 陈学恂主编、高奇分卷主编:《中国教育史研究·现代分卷》,页10。

[114] 蔡元培:《就任北京大学校长之演说》,《蔡元培选集》,中华书局,1959,页23。

而改为诸系并列的格局,在分类原则上明显地受到自然一元论的科学谱系及其内部分科原则的影响。不同的类别构成了独立的学科,从而也是隶属于更加广泛的科学研究的有机部分。学术的专业化特征包含了基本的科学原则:将上述各学科作为客观的对象加以研究。在这个意义上,并不存在有关主体的知识与有关客体的知识的性质差别。用张君劢的语言说,这种教育制度把各种知识纳入因果关系的框架,从而忽略了"全人格之活动"。

张君劢的知识谱系包含了形上、艺术、意志、理智、体质的分类原则,作为一种设计,它明显地具有对于现代专业化教育的批判意向。张君劢的知识分类方式一方面针对的是新文化运动的"科学观",另一方面则是针对专业化的现代教育。在这个意义上,张氏的知识分类原则不仅是批判性的,而且是建设性的,因为他的知识分类原则也为在现代教育制度中建立对应的分科体系提供了理论前提。"五四"前后的教育改革、特别是普通教育改革已经包含了这种分类原则。在这个意义上,张氏的见解也有制度性的实践为依托。[115]

从1915年第一次全国教育联合会上湖南省提出改革学制系统案,到1922年9月教育部在北京召开学制会议,其间先后出现过十几个省的学制改革方案。1922年可以说已经形成了一个学制改革讨论的高潮,许多学者、教育家和教育团体纷纷发表关于学制改革的见解。[116]在这样的背

---

[115] 有关这次教育改制,许多教育史专著都已经作了较为详备的介绍。本文主要依据的是陈学恂主编、高奇分卷主编的《中国教育史研究·现代分卷》。

[116] 陈学恂主编、高奇分卷主编的《中国教育史研究·现代分卷》页19—20对这方面的情况作了如下描述:1922年1月,舒新城在《教育杂志》上发表《中学学制问题》;陶行知在《新教育》上发表《我们对于新学制草案应持之态度》;《教育与职业》杂志于1922年2月也发表了不少教育界人士对于新学制草案中关于职业教育的意见。6月《教育杂志》还出版了"学制课程研究专号",发表了关于课程学制改革的文章30余篇,载有李石岑、黄炎培、庄启、俞子夷、舒新城、余家菊、吴研因、廖世承、周予同等人的文章。7月中华教育改进社在济南召开第一届年会讨论了学制改革的问题。这些讨论除对全国教育会联合会制定的学制草案提出优缺点外,还积极地阐述了他们的改进意见和学制改革的主张。如陶行知著文制定学制"应当用科学的方法态度,考察社会

景下，教育部于1922年9月召开学制会议，对全国教育会联合会提出的学制系统草案进行讨论和修订；并于同年11月1日以大总统令公布了《学校系统改革案》，这就是出名的"壬戌学制"。[117] 由于"壬戌学制"包括了初等教育、中等教育和高等教育三个等级的学制改革方案，而初等和中等学制中尚不能如高等学制那样实行完全专业化的教育，因此，这个学制的若干方针多少包含了"全人格之活动"的因素。尽管中等教育以普及教育为主，但也兼设各种职业科，除了一般中学外，也设职业学校。[118] 这个学制明显地采用了美国"六三三制"，这与"五四"前后大批留美学生归国，且国人对日本普遍反感有关，因为此前的中国教育在取向上师法日本为多。至于职业教育的兴起，则反映了第一次世界大战期间中国民族工商业的发展对教育提出的需求。

张君劢在清华的演讲是在1923年的2月，壬戌学制则公布于1922年11月，而新课程的设置则是在1922年至1923年间陆续完成的。1922年10月全国教育会联合会第八届年会在京组织第一次会议，组织了"新学制课程标准起草委员会"，对中小学课程拟定了纵横坐标，此后在12月又在南京开会，通过中小学毕业标准；1924年4月在上海举行第三次委员会会议，制订小学及初中课程纲要，6月制订高中课程总纲。对于大学和专门学校的课程，一时尚未着手，仍按民初课程标准参照执行。上述中小学纲要于1923年6月由全国教育会联合会刊布。这套课程标准虽非政府教育部门制定，也未经政府正式颁布，但教育部曾经通令试用，各地

个人之需要能力，和各种生活事业必不可少之基础准备，修正出一个适用的学制。至于外国的经验，如有适用的，采取他；如有不适用的，就回避他。本国以前的经验，如有适用的，就保存他；如不适用就除掉他。去与取，只问适不适，不问新和旧。能如此，才能制成独创的学制——适合国情，适合个性，适合事业学问需要的学制。"陶行知：《我们对于新学制草案应持之态度》，《陶行知全集》第一卷，湖南教育出版社，1985，页191。

[117] 这个学制系统是根据下述7项标准制定的：1. 适应社会进化之需要。2. 发扬平民教育精神。3. 谋个性之发展。4. 注意国民经济力。5. 注意生活教育。6. 使教育易于普及。7. 多留各地方伸缩余地。见陈学恂主编、高奇分卷主编《中国教育史研究·现代分卷》，页21。

[118] 有关壬戌学制的具体内容，请参见《中国教育史研究·现代分卷》，页24。

也均照此施行。[119]

首先，根据小学课程标准纲要，小学课程分为国语、算术、公民、卫生、历史、地理、自然、园艺、工用艺术（旧称手工）、形象艺术（旧称图画，新加剪贴及塑造）、音乐、体育，共十二科目。值得注意的是，为了表明各科性质，以及力求与初中衔接便利，上述十二科目按照六个学科加以说明：1. 卫生、公民、历史、地理属社会科；2. 地理的一部分属自然科；3. 园艺附入自然科，兼属艺术科；4. 工用艺术属艺术科，兼属社会科；5. 形象艺术属艺术科；6. 音乐属艺术科，或以方面得附于体育科。从知识分类的角度看，这六科实际上只不过是社会、自然和艺术及体育四科的变数。

其次，在初级中学的课程纲要中，课程分为社会科（公民、历史、地理）、语文科（国语、外国语）、算术科、自然科、艺术科（图画、手工、音乐）、体育科（生理、卫生、体育）等六科。高级中学课程标准纲要的课程设置较为复杂，因为采用了综合中学制和学分制、选科制，并依地方情形分设普通科和职业科。职业中学当然以职业为主要目的，分为师范、商业、工业、农业和家事诸科。而普通科也开始分为注重文学及社会科学和注重数学和自然科学两组。这两组的差异主要表现在分科专修科目的设置方面，文科必修课中包含特设国文、心理学、论理学、社会学及自然科学等，而理科必修课中则包含三角、高中几何、高中代数、解析几何大意、用图器、物理、化学、生物等。但是，值得注意的是，这两组的公共必修课程却完全相同，即国语、外国语、人生哲学、社会问题、文化史、科学概论和体育。较之小学课程，中学课程除了在知识领域的扩张外，特别设置了人生哲学和社会问题以及文化史的科目。

第三，师范教育除了高级师范以外，还有初级、后期和高中师范三种。后期师范和高中师范科的公共必修课程与高中普通科相同，但增设了音乐一科。专业必修科包括心理学、教育心理学、普通教学法、各科教学法、小学各科教材研究等，选修科目则分为文科、理科和艺术科三组。

---

[119] 以下各项资料均参见陈学恂主编、高奇分卷主编《中国教育史研究·现代分卷》第一章《新文化运动推动下的教育改革与壬戌学制》。

壬戌学制和课程纲要都是在美国教育的影响下产生的,学科的设置和课程的标准内容较为复杂。在20世纪20年代的中国,能够施行这些学制和课程的学校只是大城市中的少数学校,因此在试行几年之后,教育部对之进行了多次的调整和修改。不过,壬戌学制和课程纲要所体现出的分科原则对于本文的研究而言仍然是极为重要的,因为这个学制和纲要一方面体现了明显的注重实用的倾向,另一方面则将文化讨论中的知识谱系及其分科原则贯彻为制度化的教育实践。公民教育、道德教育、审美教育、自然知识教育、职业教育和体育逐渐地构成了完整的分科体系。这种分科体系在结构上与知识界在文化讨论、特别是"科学与人生观"论战中提出的知识分类谱系具有结构上的相似性,从而也揭示出知识论战与现代社会设计的内在的关系。张君劢等人提出的"人生观"问题当然并不是直接地讨论学制问题,但是,他对科学教育和职业化教育的批评,特别是他的知识分类原则,都与现代教育体制、特别是分科原则具有内在的联系。这当然不是说他的看法直接影响了学制的改革,而是说,他的知识谱系及其分类原则从意识的方面为我们了解现代社会的教育体制、现代社会的分工原则提供了理论的视野。而后者也为我们理解"玄学"与现代性的关系提供了契机。

　　亨特(Ian Hunter)在讨论人文学科的自我理解时说:"自由民教育(liberal education)并不是没有目的,而是具有多种不同的社会目的;事情因此不是文化与功用相互对立,而是培育工作的功用价值(有多大)的问题。""这种教育所包含的文学艺术、身体规训、自我管理和表达的技巧,都以公民质素作为人格培养的目的。这是一种包含礼貌修养、雍容仪表、品味体态、举止应对、交际技巧等在内的特殊配套。"[120]因此,"完人"教育不仅不是非功利的,而且它本身就是一种特殊的文化产品或者特殊的职业教育。用罗斯布赖特(S. Rothblatt)的话说:"自由民教育所关注的是明确的目标和可见的特质、(受过这种教育的)明证就是表露在行为中的

---

[120] 亨特:《充当一种志业的人格》,《学科·知识·权力》,香港岭南学院翻译系文化/社会研究译丛编委会编,牛津大学出版社,1996,页133—134。

风格、品味、时尚、仪态……礼貌教育是有用的,它能够缓和阶级差异,容许某种程度的社会流动。"[121]张君劢所讨论的人生观问题及其在知识分科方面的表现当然不能简单地等同于18世纪英国的自由民教育,因为那时的英国还仅仅是一个自主的行业公会,没有形成统一的国民教育制度,重要的公职人选都是由有名望的人推荐,没有竞争性的选拔制度,而管治的网络还没有通过新的官僚技术配置伸展到社会生活各方面去的政治地理空间。因此,用亨特的话说:"自由民教育被功能性地整合到社会空间里去,以及其功用可以被计算的程度,本身(其实)也是历史上机缘凑合地出现的事情,视乎某种管治技术的配置和计算的形式。"[122]而张君劢提出人生观问题的语境是完全不同的,其主要的特征是中国作为新生的现代国家正在建立它的完整的国民教育制度,并通过竞争性的选拔制度,配合社会的劳动分工。在这样的情况下,道德和审美教育被功能性地整合到社会的空间里,则是必然的了。在这个意义上,我在此讨论张君劢的人生观问题与社会功能的关系问题并不是要把这一问题简化为一般社会功能问题,而是着眼于在现代国家制度建设的语境中,道德技术如何获得社会配置的问题。这种社会配置过程与思想家、甚至制度设计者的原初动机并不见得完全一致,甚至也可能没有直接的关系。

3. 心性之学与现代化的文化设计

现在的问题是:在什么意义上,张君劢对知识和教育的思考可以被解释成为一种"合理化设计"呢? 更为重要的是,这种设计是在怎样的文化视野中形成的,它预定了怎样的文化后果?[123]

---

[121] S. Rothblatt, *Tradition and Change in Liberal Education: An Essay in History and Culture* (London:Faber & Faber,1976),p.26.
[122] 亨特:《充当一种志业的人格》,《学科·知识·权力》,页136。
[123] 哈贝马斯承认韦伯的理论包含了一些相对主义的预设。如果韦伯不是从一种文化的特殊性中追溯西方理性主义的特殊性,而是从现代资本主义状况下的理性化过程的选择模式中追溯这种特殊性,那么这些相对主义预设就不存在。韦伯自己也谈及合

正如韦伯一再提醒的那样,"合理性"概念可能意味着非常不同的东西,例如它既可以表现为用精确的概念对世界的理论把握,也可以表现为运用精确的计算进行社会实践。但最终它们仍然不可分地联系在一起。[124] 尽管韦伯对理论合理性与实践合理性作出了区分,但是,他的主要兴趣显然在实践的合理性方面。正如哈贝马斯所说,目的—合理行为的概念是理解合理性这一多重概念的关键,"当目的、手段和附带的后果成为行为的取向之时,这种行为就是目的—合理的(purposive-rational)行为。"[125] 韦伯阐释这种"合理的"行为的出发点之一是"技术",他曾经把"依据经验和反思而进行的自觉的和系统的手段"之运用称之为"合理的技术"。[126] "技术"概念在此是一个没有特殊化的普遍概念,例如可以有祈祷的技术、审美的技术、思想的技术、教育的技术、政治统治的技术等等;任何一种能够允许再生产的行为规则或规则系统,无论是方法论的规则或是习惯的规则,只要参与者能够从观察者的视野预测或计算它,那么,这种规则或规则系统就是一种"技术"。[127]

我也正是在这个意义上将张氏的构想看作是一种合理性的设计。因

理化概念的多样性,他说:"所有上述事例涉及的是特殊构成的西方文化的'理性主义'问题。现在,用这一概念许多各不相同的事物能够被理解……例如,存在着神秘内省的'合理化',而从生活的别的立脚点来看,那是一种特别的'不合理的'的行为;经济生活、技术、科学研究、教育、战争、法律处理和行政的合理化也完全一样。更进一步,这些领域的每一个从非常不同的最终观点和结果看是合理的,而从另一观点看则是'不合理的'。因此,具有极不相同特征的合理化存在于各种文化及其生活的各方面。从文化历史的角度区分这些合理化的差异,就必须是哪些领域、在哪个方向上合理化了。这就是为什么我们首先要历史性地研究和解释西方理性主义的特殊性,以及现代西方理性主义的特殊性。"J. Habermas, *The Theory of Communicative Action*, vol. 1, p. 181.

[124] Max Weber, "The Social Psychology of the World Religions," in *From Max Weber: Essays in Sociology*, eds. Gerth and Mills (New York: Oxford University, 1946), p. 293.

[125] 德文为 Zweckrational, 也译作"instrumentally rational", in Max Weber, *Economy and Society: An Outline of Interpretive Sociology*, G. Roth and C. Wittich eds., vol. 1, (Berkeley: University of California Press, 1978), p. 26.

[126] Ibid., p. 65.

[127] J. Habermas, vol. 1, *The Theory of Communicative Action*, p. 169.

为，尽管张君劢的"人生观"问题具有很深的反科学和反技术倾向，但是，通过重建知识谱系及其分科原则，特别是把这种知识分科问题贯彻到专业化的教育体制和社会化的行为规范之中，他试图在社会实践上形成一套有效的社会组织方式。换句话说，张氏的"人生观"问题及其知识分类一方面强调的是道德、审美、信仰等反技术的倾向，但另一方面这些反技术倾向本身却是通达合理化社会的一种途径，一种技术，一种制度性的设计。也正是在这个意义上，张君劢对知识谱系的重构和教育体制的设想也是一种"技术"——一种能够克服现代社会的危机的"技术"。张君劢在理论上不承认道德、情感、审美活动是可以预测和计算的，但是，作为一种社会行动的方案，他在知识上已经将道德、情感和审美建构为一个独立的、拥有自身规则的领域，从而也将这些领域作为通达合理社会的方式或"技术"来处理了。在此需要补充说明的是，张氏此时的论述重点在道德和情感领域的自主性，基本上没有涉及法律的自主性问题，但是，正是他本人一直致力于宪政改革，并被看作是中国现代民主制度的主要理论设计者之一。

张氏曾经明确地谈论过"人心或思想的合理性"问题，他是在精神的自主性与现代社会的关系中界定这种合理性的。他说："人的理智自主是现代的真正动力。……在宗教方面，它叫良心自由；在哲学和科学方面，它叫做理性论（rationalism）与经验论（empiricism）；在政治和经济方面，它叫做人权与自由竞争。虽然在不同领域中有各种不同的表现，但它们却出于同一个来源，那便是人心或思想的合理性。"[128]换句话说，思想的自主性是社会合理性的源泉和工具，它不仅不是纯精神性的和形而上学的，而且是社会的、政治的、经济的、法律的、伦理的、知识的合理性的基础。思想的自主性也不是反科学的，相反，它是科学的前提。他也曾用"理性主义"和"德智主义"表明他的思想的自主性或合理性的含义："德智主义，即德性的理智主义，或曰德性的唯心主义"，"在知识方面为范畴

---

[128] 张君劢：《中国现代化与儒家思想复兴》，王禹九译，见《中西印哲学文集》（上），程文熙编，台湾学生书局，1981年版，页581。

为论理方法,在行为方面为道德为意志自由。"[129]值得特别注意的是,张氏是把"人的理智自主"当作"现代的真正动力"的,这一点与西方启蒙思想家的"现代性方案"如出一辙。例如哈贝马斯就把"主体的自由"视为"现代性方案"的标志,他指出,在社会领域,"主体的自由"的实现就是由民法保障的对自己利益进行合理性追求的空间(张氏所谓"自由竞争");在国家领域,"主体的自由"表现为参与政治意志形成过程的平等权利(张氏所谓"人权");在私人领域,"主体的自由"体现为伦理的自主和自我实现(张氏所谓"良心自由");在公共领域,"主体的自由"展现为社会和政治权力合理化的过程,这一过程是通过反思的文化实现的;[130]在科学领域,"主体的自由"则保障了知识的积累来源于个人的自由的和创造性的工作;"主体的自由"还是自主的艺术和普遍的道德和法律得以建立的前提。如果张君劢通过把精神与物质、人生观与科学建构为不同的领域,并赋予前者以鲜明的、强烈的自主性的话,那么,这种建构活动当然可以被理解为一种建设现代社会的合理化的技术方案。这一方案的哲学基础是德国理性主义,政治构想是德国社会民主党的温和的社会主义及其立宪政治。

但是,这种方案的"技术性"并不是一般的技术,而是一种反技术的"技术"。"技术"包含了对感情和习惯的摒弃,而体现为一种对世界和自我的方法论的处理,也即运用一定的方法论的程序将世界和人生客观化,从而使之成为可以观察和研究的对象。因此,所谓把文化问题处理成为知识问题,也就是对文化及其价值进行技术化的处理的过程。通过这样一种技术化的处理,对世界现象的批判便不再是基于文化的、感情的和习惯的好恶,而是基于一种"客观的"观察和反思。为了获得这种"客观的"视野,知识必须从文化中分化出来,成为一种非历史的、从而也是非文化的领域。更重要的是,新的知识谱系适应着教育体制及其学术分科的现

---

[129] 张君劢:《学术方法上之管见——与留法北京大学同学诸君话别之词》,《中西印哲学文集》(上),页148。

[130] Habermas, *The Philosophical Discourse of Modernity*, trans. Frederick Lawrence (Cambridge, Mass: The MIT Press, 1987), p.83.

代需求,进而成为对现代人进行社会训练和知识训练的机制或"技术"。知识及其制度性的实践是生产国家公民和专业人员的唯一合法途径。

然而,问题似乎相当复杂:一方面,张氏通过对"人生观"问题及其知识分类谱系的阐释,把文化问题转变成为一种知识问题;另一方面,他在论争的总结性的部分又重新提出了"中国文化"或"可以安心立命"的中国"精神文明"的意义问题。[131] 在这里值得注意的是,张氏提出"文化"问题的方式是一种文化方式,即从一定的文化或历史视野出发讨论中国的文化价值,还是一种知识方式,即从一种客观的观察者的立场探讨中国文化的特定价值的时代意义?在经过了从文化到知识的转变之后,我们不能不问:张氏为什么以及在什么意义上又回向了文化?

我的看法是:张君劢所谓"文化"在这里是克服资本主义的社会设计的一部分,它要完成的使命不是中国文化的使命,而是作为现代资本主义的对立物的"社会主义"的使命,这就是他一度标举"社会主义"的原因。在1920年代的初期,社会主义不仅被普遍地看作是资本主义的替代物,而且也被看作是某种具有与中国的文化特性相关的历史阶段。既然资本主义与科学构成了现代西方文明的特征,那么东方文明作为西方文明(资本主义和科学)的"它者"也天然地倾向于社会主义。张君劢的老师梁启超在他的《欧游心影录》中就曾有过相关的论述,虽然在现实的政治选择方面,他并不是社会主义者。对于张君劢而言,"社会主义"需要"文化"的资源,而"文化"在资本主义的历史情境中又必须以"社会主义"为目的。张氏用"国家主义"、"工商政策"、"自然界之智识"概括"现代欧洲文明之特征",并针对性地引用1922年沪上"国是会议"宪法草案说:

> 我国立国之方策,在静不在动,在精神之自足,不在物质之逸乐,在自给之农业,不在谋利之工商,在德化之大同,不在种族之分立。[132]

---

[131] 张君劢:《再论人生观与科学并答丁在君》(下),《人生观之论战》(上),页80。
[132] 同上,页84。

中国文明的特点是在对举式的方式中建构起来的,因而自然地被描述为现代西方文明的对立物:对进步观念的否定,对消费主义的批判,对工业—贸易文明的拒绝,对民族主义的怀疑。张氏清楚地知道,面对欧洲资本主义的经济扩张主义、军事和政治的殖民主义,中国不可能安守旧章,他的对策不是简单地回向传统,而是"赞成发展工商之策","反对富之集中,故主张社会主义之实行。"[133] "社会主义"和中国文化都被理解为克服现代西方文明危机的有效途径。

"社会主义"在此是"公道"的代名词,也是社会财富的分配体系的公平原则,其对立面是以效率和功利为目的、以财产的私人占有为形式的社会体制。[134] 换句话说,社会主义与资本主义是两种所有制形式,两种"合理的"社会体系。"社会主义"不是历史的复活,而是根据某种"合理的筹划"而产生的一种现代性的创制,在具体规划上,它最接近于德国式的社会民主和立宪制度。与资本主义一样,这种社会主义是一种能够再生产的制度。值得注意的是,正是在提出了"社会主义"主张之后,"中国文化"作为一种对策、一种"社会主义"的文化资源、一种能够克服社会主义自身的矛盾的力量出现了。按照张氏的说法,他提出"文化"问题是要克服以"公道"为本的"社会主义"在教育学术和财富创造方面产生的负面影响,[135] 从而"文化"成为"社会主义"的补充。因此,尽管张氏最终从知识问题回向了文化问题,但在政治层面,他的"文化问题"意味着一种解决现代困境的方法和"技术",一种自觉的创造性活动。文化传统在这里成为"国人之努力"和"国人之创造"的源泉。[136]

在这个意义上,我们可以概括地了解张氏重新提出儒学问题——特别是"心性之学"——的两个基本前提:(1)"心性之学"已经脱离了理学的语境,它针对的是作为普遍的世界问题的现代性危机,即政治领域的国家主义

---

[133] 同上,页83。
[134] 同上。
[135] 同上,页83—84。
[136] 同上,页84。

和民族主义、经济领域的工商政策和知识领域的科学主义;[137] (2)"心性之学"不是作为一个历史的范畴,而是作为一个普遍的范畴出现在张氏的论述之中,因此,"心性之学"体现的不是特定文化的取向,而是普遍的知识体系的最为重要的部分,这个部分对于其他知识领域具有指导意义。

基于上述两个前提,张君劢重新阐释了心性之学与考据之学的关系。我已经说过,对于张氏而言,"心性之学"与"考据之学"不仅是中国历史中的两种学派,而且主要是知识领域中的两种相互冲突的普遍倾向——所谓"普遍倾向"即超越历史和文化差异而存在的倾向。换言之,"心性之学"与"考据之学"的冲突不是中国学术史中的汉宋之争,而是人类思想、特别是现代思想中的两种不同的知识取向的冲突。他对二者的把握与他对英国经验主义和德国理性主义的理解如出一辙。这两种知识取向的位置需要通过知识谱系的系统安排给以决定。因此,张氏的所谓"心性之学"和"考据之学"都具有深刻的反历史倾向,它们都可以被理解为人类理智的构造。[138]

---

[137] 张君劢倡导修身正己,"以言治国,则富国强兵之念在所必摒,而惟求一国之均而安可矣。吾惟抱此宗旨,故于今日之科学之教育与工商政策,皆所不满意,而必求更张之。然以今日之人类,在此三种网罗(指国家主义、工商政策、自然界之知识等现代西方文明的三大特征——引者注)之中,岂轻轻提倡'内生活'三字所得而转移之者? 故在锁国农国时代,欲以'求在我'之说,厘正一国之风俗与政治,已不易矣;在今日之开国与工商(原文误为国)时代,则此类学说,更不入耳。然吾确认三重网罗实为人类前途莫大之危险,而尤觉内生活修养之说,不可不竭力提倡,于是汉学宋学之得失问题以起。"《再论人生观与科学并答丁在君》(下篇),《人生观之论战》(上),页85。

[138] 张灏在谈及20年代中国思想的论争时曾对新儒家与实证派(指古史辨派)的冲突加以解释,他也提及这两派的讨论令人想起清代汉学与宋学的长期之争。"汉宋之争的关键也是在于了解孔子学说与中国文化遗产的进路上彼此互不一致。汉学主客观的、经验的、考据的进路;宋学则持主观的、义理的进路。'五四'后的论争双方对于是否承续汉宋之争已不在意了。当对方经常以清代朴学家自视之际,相对的,新儒家却以宋明理学之义理进路的现代斗士自居。实则,这两次论争之间并没有什么承续关系可言。'五四'后的论争是发生于当代思想危机的脉络里,而汉宋之争则是传统中内在发展的结果。外国的影响并没有参与到汉宋之争,可是却在最基本的方面影响了新儒家及其对方。……新儒家反科学主义之源于西方的冲击,就如同源自传统的影响一般;而导致使新儒家去肯定传统的进路,缘于与西方的接触和传统哲学的钻研。"张灏:《新儒家与当代中国的思想危机》,见《评新儒家》,罗义俊编,上海人民出版社,1989,页55。

张君劢对心性之学和考据之学的解释建立在一种具有普遍意义的比喻之上，这个比喻简单得没有任何历史和文化的牵挂。这就是人的内外之别：

> 以一人之身言之，衣履外也，皮肉亦外也，脑神经亦外也，其足乎己而无待于外者，果何物乎？吾盖不得而名之矣。举先圣之言以明内外之解释。孟子曰："求则得之，舍则失之，是求有益于得也，求在我者也。求之有道，得之有命，是求无益于得也，求在外者也。"孔子曰："君子素其位而行，不愿乎其外，……正己而不求于人则无怨。"孟子所谓"求在我，"孔子所谓"正己，"即我之所谓内也。[139]

"考据之学"与"心性之学"——或曰汉学宋学——首先被界定为内外之别，而内外之别又被视为通达同一目标——即"尧舜禹汤文武周公孔子之道"——的不同"方法"。[140]但是，"尧舜禹汤文武周公孔子之道"并不只是中国文化的"道"，而是普遍的"道"。"若夫汉宋之争，与（欧洲思想中的）唯心唯物之争，则人类思想上两大潮流之表现，吾确信此两潮流之对抗，出于心同理同之原则。"[141]这样，不仅"道"是普遍的，而且通达"道"的方式也是普遍的：内外之别等于汉宋之别，汉宋之别等于唯心唯物之别。

基于上述比喻关系，张氏列出了两个表来证明汉宋之争与唯心唯物的类同关系，第一表列出培根、洛克、边沁、休谟等"欧洲唯物派之言"与王引之、顾亭林、阮元、戴东原、章学诚等"汉学家之言"，一一对比它们之间的相似性；第二表列出康德、柏格森、倭铿等"欧洲唯心派之言"与孔子、孟子等"孔孟下逮宋明理学家之言"，捉对相较它们之间的类

---

[139] 张君劢:《再论人生观与科学并答丁在君》（下），《人生观之论战》（上），页84—85。
[140] 同上，页85。
[141] 同上，页86。

同。[142] 他的结论是：

---

[142] 第一表分两栏：
　　欧洲唯物派之言：
　　倍根云，事实之收集。
　　陆克云，一切意象由经验而入。
　　唯用主义者云，意象之有益于人生者为真。
　　边沁云，宇宙之两主宰，曰苦曰乐，乐为善，苦为恶。
　　英美学者好用沿革的方法。
　　休谟氏云，经验之往还不已，于是有习惯上之信仰。

　　汉学家之言：
　　王引之云，遍为搜讨。
　　顾亭林云，多学而识。
　　阮元云，学者……实事求是，不当空言穷理。
　　顾亭林云，文之不关于……当世之务者，一切不为。戴东原云，仁义礼智，不求于所谓欲之外，不离乎血气心知。
　　章学诚云，六经皆史。
　　阮元云，理必出于礼，又云理必附于礼以行。

　　第二表亦分两栏：
　　欧洲唯心派之言：
　　康德分人之理性为二：其在知识方面，曰纯粹理性，能为先天综合判断；其在人生，曰实行理性，能为自发的行动。
　　康德云，关于意志之公例，若有使之不得不然者，是为断言命令。
　　康德云，伦理上之特色，为自主性，为义务概念。唯心派好言心之实在。
　　柏格森云，创造可能之处，则有自觉性之表现。
　　柏格森云，本体即在变中。
　　倭伊铿云，人生介于物质精神之间，贵乎以精神克物质。

　　孔孟下逮宋明理学家之言：
　　孟子曰，人之所不学而能者，其良能也；所不虑而知者其良知也。又曰，仁义礼智，非由外铄我也，我固有之也。
　　孟子曰，舜之居深山之中，……闻一善言，见一善行，若决江河，沛然莫之能御也。
　　孔子曰，为人由己，而由人乎哉？又曰古之学者为己，今之学者为人。
　　又曰君子喻于义，小人喻于利。
　　理学史上有危微精一之大争论。
　　子曰，惟天下至诚……能尽物之性，则可以赞天地之化育。

> 吾以为汉宋之争(原文误为事)即西方哲学界上心为白纸非白纸之争也。惟以为白纸也,故尊经验。惟以为非白纸也,故觉摄与概念相合而后知识乃以成立。汉宋两家之言亦然。……[143]

张氏并不否认汉宋之学各有所长,唯心唯物各有其理,但是他无疑倾向于"心性之学"或德国唯心主义。这种将朱陆之辨和汉宋之争比喻为欧洲的理性主义和经验主义的方式,最为明显地解释了张君劢的思想特质。理性主义与经验主义的分歧的核心在于"知识"的解说,而宋明理学有关"理"的争论并非指认知之理,也不是讨论知识问题。用欧洲思想中的问题解说中国思想的问题,突出地说明张君劢的儒学观念已经无法回避"知识"这一现代社会的中心问题。

尽管张氏对汉宋之学与欧洲思想的关系的比附性说明忽略了各自的历史性,但他的论争方式本身却并非没有历史理由。这种历史理由就植根于晚清以降"扬汉抑宋"的思想史倾向。比附不自张君劢始,而恰恰是从他的对立面开始的。为了倡导科学思想,中国思想家试图从中国的思想传统中寻找"科学"的合法性,从而也对传统作了"科学化"的阐释。梁启超的《清代学术概论》已有明显的痕迹,而胡适不仅对清学推崇备至,而且反复地说明朴学的方法与西方科学方法的一致性。丁文江也认为"科学方法和近三百年经学大师治学方法是一样的。"[144]这样,"考据之学"的取向被理解为"科学",而"科学"又被理解为现代西方文明的主要特征,因此,作为"考据之学"的对立物,"心性之学"便成为抵抗现代西方文明所引发的社会危机的精神源泉。在这个意义上,"心性之学"与康德、

> 子曰,易不可见,乾坤或几乎息矣。
> 子曰,克己复礼为仁。
> 子曰,君子终日乾乾,夕惕若,厉无咎。
> 以上见张君劢:《再论人生观与科学并答丁在君》(下),《人生观之论战》(上),页86—88。

[143] 同上,页91。
[144] 转引自张君劢:《再论人生观与科学并答丁在君》(下),《人生观之论战》(上),页89。

柏格森、倭铿等人的思想一道,成为反科学和反技术的"技术"。

但"心性之学"不仅是"技术",而且是一种理论:

> 抑自理论实际两方面观之:宋明理学有昌明之必要二:惟以心为实在也,故勤加拂拭,则努力精进之勇,必异乎常人。柏格森云:"人类中人类之至精粹者中,生机之冲动而无所阻,此生机的冲动所造成之人身中,则有道德的生活之创造流以驱使之。……道德的人者,至高度之创造者也,其行动沉雄,能使他之行动因之而沉雄,其性慈祥,能焚烧他人慈祥之炉火,故道德的人……形上的真理人之启示也。"此言也,与我先圣尽性以赞化育之义相吻合。乃知所谓明明德,吾日三省,克己复礼之修省功夫,皆有至理存乎其中,不得以空谈目之。所谓理论上之必要者也。[145]

由于心是实在,因此道德生活是人的主要特征,道德实践也必然具有理论的必要性。不过,"新宋学之复活"主要的还是在于它的实践意义:

> 当此人欲横流之际,号为服国民之公职者,不复知有主义,不复知有廉耻,不复知有出处进退之准则,其以事务为生者,相率放弃责任,其以政治为主者,朝秦暮楚,苟图饱暖,甚且为一己之私牺牲国家之命脉而不惜!若此人心风俗,又岂碎义逃难之汉学家所得而矫正乎?诚欲求发聋振聩之药,惟在新宋学之复活,所谓实际上之必要者此也。[146]

张氏反用管子的话说:"知礼节而后衣食足,知荣辱而后仓廪实。"[147]通过"心性之学"建立道德的基础,而道德充实的后果则是衣食仓廪的足实。换言之,"心性之学"与"考据之学"、人生观问题与科学世界观、唯心主义与唯

---

[145] 同上,页92。
[146] 同上,页92—93。
[147] 同上,页93。

物主义预设了相似的社会目标,但同时也预设了不同的方法和途径。通过"心性之学",张君劢为他的社会设计提供了"新宋学"或"新儒学"的视野,亦即通过道德实践及其准则的施行,建立人与他人、社会、国家、世界和自然的合理关系。在这个视野中,他的知识谱系及其分类原则,他依据这种知识谱系和分类原则而提供的制度化的蓝图,以至他对道德问题的考虑,都是"合理的"设计——一种针对现代资本主义的"合理化"过程的"合理的"设计。

伴随着"心性之学"与"考据之学"被理解成为两种不同的普遍性知识,"汉宋之争"的历史含义消失了。中/西之别首先被解释成科/玄之别,而后又被看作是汉/宋之别,以及心/物之别。在这种以分化为特征的逻辑中,问题的历史性逐渐淡化,文化问题逐渐地转换成为知识问题。通过上述转换,中国文化与西方文化实际上成为两种知识范畴,从而它们之间的差异以知识的形式普遍化和稳固化了。张君劢与后来的"新儒家"不尽相同,他的"心性之学"没有多少家法的含义,他的"道统"则是心同理同的普遍"道"。因此,无论是"心性之学"还是"道"的观念都不是对特定的文化的坚守,而是对普遍的真理的寻求,尽管这种普遍真理表现为对人生观的差异性的坚持。如果以熊十力之后的"新儒家"为参照系,张君劢和梁漱溟都不能算做是谨守家法的"新儒家",他们的文化观具有明显的世界主义倾向。然而,我仍然确信,"新儒家"的问题意识正是在这种特定的知识背景中产生的。[148]

---

[148] 1957 年,由旅居美国的张君劢提议,唐君毅起草,经过多次往还商讨,牟宗三、徐复观、张君劢和唐君毅四人于 1958 年 1 月在《民主评论》及《再生》杂志同时刊出了著名的宣言,即《为中国文化敬告世界人士宣言——我们对中国学术研究及中国文化与世界文化前途之共同认识》,又名《中国文化与世界》。这篇宣言被视为当代新儒家的重要文献,因而张君劢也与梁漱溟、熊十力一道被后世新儒家指认为现代新儒家的第一代宗师。在有关现代新儒家的研究中,"科学与人生观"论战也自然地被理解为"当代新儒家的方向起源"。(参见林安梧:《当代新儒家述评》,《评新儒家》,页 143;罗义俊,上海人民出版社,1989。)不过,如果把新儒家作为一个学派,我更同意余英时的观点,即"新儒家应以唐君毅、牟宗三、徐复观三位先生为代表,……张君劢先生和他们三位的思想仍有很大不同。"(参见余英时:《从传统迈入现代的思想努力》,同上书,页 193。)

第十五章

总论：公理世界观及其自我瓦解

第一节 作为普遍理性的科学与现代社会

科学概念的广泛运用构成了20世纪中国思想的主要特征之一。在晚清以降的中国思想氛围中，科学是解放的象征和召唤，也是各类社会文化改革的客观根据。作为一种替代性的公理世界观，科学不仅证明了新文化人物所期望的变革的必要性，而且也提供了这种变革的目标和模式。科学的力量在于它将普遍主义的世界观与一种民族主义的/世界主义的社会体制密切地关联起来，最终通过合理化的知识分类和社会分工将各种类型和取向的人类生活囊括在它的广泛的谱系内部。

作为一种对客观真理的理解的科学概念为新文化运动提供了社会历史变革的"必然性"，从而后者能够以客观真理的概念跨越事实与价值的二分法。[1]从新文化运动的主流来看,陈独秀、胡适、吴稚晖、丁文江等人是当时知识分子的激进派,他们的"科学兴趣"源自对社会、政治、经济及文化的关怀。例如,在实用主义的影响下,胡适把科学等同于方法论,他自己并没有意识到当他把这种方法运用于政治、道德和人文学术时,其中已经蕴含了一种认识世界的框架。从新文化运动的边缘群体来看,那

---

[1] 事实的真理与价值的真理能否如此明晰地区分开来,是另一需要探讨的问题。这种二分法的普遍化是和近代西方思想的发展密切相关的。我在本书的若干章节陈述了中国思想的某些原理,其中之一即是价值和事实无法区分的宇宙观。这种宇宙观发生的动力与哈耶克论述的科学主义的认识方式并没有直接的相关性。值得注意的是,道德知识与自然知识的清楚区分是在特殊的宗教语境中建立起来的,培根在阐述人类控制自然的观念时,曾把宗教和科学看作一种共同的努力,即补偿被逐出伊甸园所受到的伤害。"人由于堕落而同时失去他的清白状态和对创造物的控由。然而,这两个失去的方面在此生中都可能部分地修复,前者靠宗教和信仰,后者靠技艺和科学。"(*The New Organon*, in *The Works of Francis Bacon*, eds. J. Spedding, R. L. Ellis, and D. D. Heath, vol. IV, London: Longman, 1862-74, pp. 247-248)威廉·莱斯解释说,这个论述的后续部分建立在两个前提之上:首先是关于原罪引起的两种不同结果的原先的区分,即道德清白的丧失和控制的丧失;其次是这样一种宣称,即两种不同的机制(宗教和科学)被用于消减伴随的罪恶。这个区分能够让培根相信,通过科学的进步控制自然的观念不妨碍上帝的计划;相反,正是通过这些艰难的步伐,神的旨意"你额上的汗水浇灌了你口中的面包"被实现了。但是,培根意识到,在反对社会促进科学发展的背后,是对人会因扰乱了自然事务的秩序而惹怒上帝的恐惧,因此他竭力强调科学工作的清白。培根说:"判断善与恶是道德知识的野心勃勃的和狂妄的要求,最终,人可以反叛上帝并为自己制定法规,是诱人的形式和方式。"("Preface to The Great Instauration", *Works*, IV, p. 20)这样,价值问题构成了"科学的"知识领域之外的一个独立的课题,自然知识与道德知识的区分逐渐地成为现代思想的基本原则,并延伸出事实与价值的区分。培根是通过对堕落的解释和他的相关观点即有关自然运行的知识无法增进我们对上帝的计划的认识建立了这种区分。自然就像是工匠制作的产品,它表现了制作者的能力和技巧而不仅是他的形象。培根的论述中潜存着一种二元关系:一方面,控制自然的合法性——亦即技艺和科学的"道德清白",控制自然正是由它们完成的——产生于神所授命的人和自然的关系,换言之,培根是诉诸人在堕落前的状态来为人对自然的控制加以正当化的;另一方面,通过技艺和科学恢复对地球的统治对于重建清白状态毫无帮助,因为那是一个完全不同于宗教领域中的道德知识和信仰问题。然而,莱斯问道,为什么恢复神的遗产不是道德进步的结果而只能是科学进步的结果呢?William Leiss, *The Domination of Nature*(Montreal & Kingston: McGill-Queen's University Press, 1994), p. 52.

些对科学的绝对统治地位进行质疑的知识取向也被纳入了一种合理化的知识体制之中:无论是从"文化差异"出发对西方科学文明的挑战,还是从道德、审美或情感等领域的自主性出发对科学主义的质疑,都被转化到一种体制化的、合理化的和科学化的知识分类和体制框架内部。梁启超、梁漱溟、张君劢以及《学衡》派的思想的、知识的和社会的努力体现的正是"文化"、"道德"、"审美"、"情感"等范畴逐渐被转化为现代教育和研究体制的特定领域的命运。科学及其引发的自然观的变化不仅支配了我们关于自然的知识,而且也规划了我们对于社会和我们自身的认识。[2]从这个角度说,科学的"公理世界观"改造、置换和取代传统的"天理世界观"的过程构成了现代思想转变的一个基本方面。这一新世界观为现代社会的知识的和体制的分工和专业化过程提供了根据。从科学及其社会运作与国家建设的关系来看,科学问题本身就是一个社会问题,科学的公理观取代天理世界观的过程体现了社会主权形式的巨大转变。

为什么我们可以将科学及其霸权的形成与近代社会的主权形式的转变联系起来? 首先,科学世界观的支配地位建立在国家对于知识、技术和工业发展的依赖之上,也建立在社会的基层结构的转变之上。从晚清时代到民国时期,天朝帝国正在各种力量的推动下发生深刻的转化,而科学世界观及其知识谱系正是实现这一转化的重要动力之一。天朝帝国是一个以农业为主的社会,其内部主权的最为集中的表达即在全国范围内集中的土地所有权。帝国的土地所有权既可能表现为传统国家土地国有制形态(通过屯田、营田、垦田、草田、公田、官田、占田、均田、露田对劳动力进行军事的和政治的编制),也可能表现为豪族或庶族的地主所有制,以

---

[2] 丁·拉维茨概括所谓的科学的"意识形态",即科学家和非科学家都具有的科学概念,他认为这种意识形态历来具有三个成分:科学作为对工业具有重要意义的技术,科学作为有其自身价值的知识形式,和科学作为摆脱独断态度的一种手段。William Leiss,《自然的控制》(The Domination of Nature, Beacon Press, 1974),岳长龄、李建华译,重庆出版社,1993,页4。该中文本与我使用的英文本版本不同,该版中的序言在后来的版本中阙如。故本文凡引用该版序言处均用中文本,其余则用1994年英文版。

及帝国扩张过程中形成的分封性的贵族体制，如蒙旗制和土司制。上述土地占有关系的政治或社会形式是宗法、乡约、保甲制以及边疆区域的分权形式。所有这些权力关系均在礼仪和制度的规划下从属于以皇权为中心的王朝国家，后者以这一对内主权为依托构筑以朝贡网络为其礼仪形式的世界关系的格局。朝贡体系是一种由内及外的主权形式，它既包括帝国共同体内部的多元权力中心之间的经济、政治和礼仪关系，也包括帝国与其他帝国或政治共同体的外交关系。朝贡体系与民族—国家间的条约体系的主要差异在于朝贡体系没有制定一种形式化的平等主权关系。这并不是说朝贡关系的等级形式不包含某些实质性的交互性和平等性，例如，清朝是朝贡体系的中心之一，它在朝贡范畴内对朝鲜、越南和其他朝贡国行使册封权，但朝贡国对朝贡和册封关系也拥有自己的解释权，它们经常以各种礼仪形式表达与中心的某种对等关系。朝贡—回赐关系中的经济补偿则是这一体系内部的交互性的另一表达形式。因此，朝贡体系所体现的主权关系是一种形式的等级性与某些内容的交互性相互交织的体系。

现代国家的主权是一种世界政治体系和经济关系的产物。伴随现代国家在贸易、军事和外交等方面的主权地位的确立，社会内部的经济、政治和道德关系也随之变化，其标志为：一、以民族—国家的形式主权体系改造原有的帝国体系，在单一主权的概念之下建立人民与国家的统一关系，一方面瓦解原有的多元权力中心的帝国体系，另一方面以单一主权的形式确立民族—国家与其他政治实体的国际关系；二、帝国权力或皇权代表着一种多样文化关系中的群体关系，而民族—国家则将这一多元文化关系的群体关系构想为一个整体的人民主体，从而将主权与一个具有单一意志的人民纳入民族的框架之内。这就是"民族之人民"的概念的起源。这一人民主权概念的形成与民族—国家体系的主权关系的形成是相互促进的。现代国家对人民的构想并不仅仅是一种意识形态的工程，而且更是以国家主权为依托进行的社会再造工程。三、人民的形成需要以法的形式将个人从族群的、地域的和宗法的关系中抽象或分离出来，并建构成为形式平等的国家公民，后者以个人的或集体的形式参与到国家主权的活动之中。这一政治过程同时伴随着工业的发展、都市的扩张、货币权力的增长、行业性社会组织的形成,以及市场体制的建立等等,所有这些方面极大地扩张了对自由劳动力的需求。现代国家的法权体系最终以个人财产权为核心来建立形式平等的个人权利即是这一双重过程的产物。在这个意义上,现代法权体系的非身份性的个人原则体现了社会体制变迁的内在要求:民族—国家的主权形式与帝国时代的法律多元主义不能匹配;以士绅和村社为中心的地方性的社会网络也无法适应国家的和工业的社会组织形式。这两个方面都要求着在自然权利观念或契约论主导下的一种个人的自主性。在这一背景之下,实证主义和原子论的科学观从自然观的方面提供了一种新的社会构成原理,即将个人视为社会的形式平等的原子,并通过自我或主体性的概念将个人从各种血缘、地缘和其他社会网络中抽象出来,从而一方面瓦解了天理世界观与宗法、血缘及地缘共同体之间的内在联系,另一方面改变了政治主权的构成原理。科学思想在反对宗法、实行共和等道德/政治方面所获得的道德优越性是以上述社会主权关系的转化为根据的,而科学话语共同体有关科学与共和的关系的讨论也以此为背景。

因此,我们可以从原子论的科学观与社会构成的关系上清楚地观察到科学世界观与社会体制的合法性的内在联系:公民的非身份性是在原子论基础上的一种法律抽象,它从自然观和社会本体论方面确认了新的道德/政治权利的合法性和合理性。现代主权的建构是以将个人从区域和家族等社会网络中解放出来为前提的,自由和解放的核心在于将一种非身份性的、形式平等的权利主体作为建构国家和社会体系的基础范畴。在现代主权关系中,个人与国家构成了最为活跃的两极:无论是资本主义的私人占有形式,还是社会主义的集体所有或国家所有形式,这两种对立的社会体制均将公民在法理上视为非身份性的个体。这一公民权利体系构成了按照一定的社区及其身份系统所确立的契约关系和道德谱系的深刻挑战,而科学世界观为这一新的主权关系提供了合法性:在晚清民初,以原子论为核心的科学实证主义风行一时,瓦解了作为王朝政治和宗法、地缘关系的合法性理论的理学世界观;在"五四"时代,科学世界观反对家族制度及其伦理关系,为原子论式的个人主义及其在婚姻和社会事务方面的合理性提供了论证;在中华人民共和国成立之后,科学世界观为构筑较为完善的宪法体系并将公民组织成为一个按照一定目标行动的具有意志的整体提供了依据。所有这一切都表明:科学世界观不仅是一种文化运动的旗帜,而且也是现代国家的合法性基础——它的权利理论和法律基础是以原子论的抽象个人为前提的。抽象个人与原子论的这一历史联系说明原子论并非建立在实证原则的基础之上,而是建立在一种抽象的假定之上。原子论自然观与理学世界观的冲突产生于道德谱系与制度背景的转化之中:道德论述的背景条件正在从地缘、血缘共同体转向现代国家的抽象的法律主体。

现代国家的主权形式及其法理基础的变化与新的知识和意识形态的生产过程密不可分,从而重构教育体制和知识谱系成为现代主权建构的重要方面。1906年,维持了1300年的科举制及其知识谱系瓦解,新式教育制度及其科学知识谱系的合法性得以建立。民国政府和短命的袁世凯帝制于1912年、1915年和1923年分别颁布了以日本、欧洲和美国为典范的学制,从此之后的每一次国家变革都伴随着教育体制及其知识谱系的变化。尽管存在着各种变异的条件,欧洲普遍主义不可避免地通过这一体制化过程而成为这一教育和知识体制的主宰性因素。晚清民初学制的制定与晚清以来的留学生政策以及官员、士大夫的出国考察有着密切的关系。1915年学制得到了欧洲人的直接指点。正如现代国家的建立是民族—国家体系扩张的有机部分一样,现代中国的教育制度包含了双重的面向,即通过专业性的分工和知识分类谱系将民族教育体制与全球教育体制综合在一个过程之中,从而为新的劳动分工和社会运转方式提供了知识体制的保障。在这个体制内部,知识的生产逐渐地转变为专业行为,即使以启蒙者自任的知识分子也必须是以大学或研究机构为基地的专业化的学者。学制改革和科学共同体的建立为一种新的知识权力提供了前提,它在知识权威的保障下重新审定"常识",剔除不合规范的知识,决定知识的分类标准。在新的知识谱系中,传统世界观及其知识谱系只能作为新学教育的某些组成部分和因素(如道德课程、传统教育等等),从而不再具有"世界观"的特性。从"东西文化论战"到"科玄论战",对文化的自主性、独特性和内在价值的肯定最终被纳入一种合理分化的知识谱系之中。对伦理、审美、情感和文化等领域的自主性的辩护的最终结果是确立了它们在合理化的知识体制或科学帝国内部的一席之地。国民教育和以新的社会分工为根据形成的专业教育构成了教育体制的基本框架。

与教育制度的改革相配合,在国家的支持下,专业性的科学研究体制逐渐形成。在晚清和民初,这个体制以英国皇家学会及其宗旨为楷模;在20世纪中期以后,这个体制以苏联科学院及其宗旨为榜样;在20世纪末年,这个体制转而以西方(主要是美国)体制为变革的方向。每一次体制性的变革都预设了普遍主义的模式。科学共同体的组织原则与民族—国家的组织原则大体相似,它的行为方式为国家及其公民提供了榜样。这是现代知识体制和权力关系与现代主权形式之间的同构关系的前提。科学研究制度促进着科学、工业与国家的结合,这种结合一方面为工业生产力的成倍增长提供了条件,另一方面则为国家在国际竞争中取得优势地位提供了前提。正由于此,一方面,国家把大学和科学研究体制当做知识(生产力)的生产基地,从而也在一定范围内给予这些体制以某种自由特权,例如允许遵循国际的通用标准,并在专业主义的前提下为知识生产提供一定的自主空间;另一方面,科学共同体也以真理与民族利益之间的关系为根据,为科学探索寻求自主空间。在稳定的体制条件下,国家对教育和科研的直接干预限制在那些与敏感的政治和社会问题直接相关的领域内,从而大学和科学研究制度——尤其是自然科学和技术科学的研究——的一定程度的独立性得到保护。但国家与教育体制和科研制度的关系是不稳定的,在若干历史时期,国家及其主导意识形态完全主导了教育和科研的方向,从而暴露了民族—国家的法律体制所保障的文化自主性的脆弱地位。大学知识分子与国家的关系不同于通过科举获得地位的士大夫与朝廷的关系,他们以专业化的形式介入社会活动,但通常并不直接介入官僚政治活动。通过科学共同体和大学的活动,"科学文化"成为社会生活中的特殊部分,从而现代社会以"两种文化"及其分界作为自己的特征之一。

传统与科学的二元性对立构成了近代国家推动的社会改造运动的标志性的特征,从而国家建设过程也可以视为一个传统的改造过程。在上述意义上，科学世界观及其体制的霸权与国家理性的霸权的确立是同步的。在20世纪的初期，伴随着中国科学社这样的科学研究团体以及随后的更为专门化的学会的出现，科学的方法论的和专门化的特征变得日益鲜明，但这一方法论的和专门化的研究形式（一种与日常社会生活形式相互区别的形式）并不意味着一种非社会的或非国家的形式的出现，恰恰相反，科学研究的体制本身与国家理性之间存在着密切的联系。值得注意的是，正是在欧洲国家卷入两次世界大战的时刻，科学世界观在中国社会确立其至高无上的霸权地位。主权国家之间的毁灭性的战争、由于科学技术的发展而发生的新的暴力形式，以及人们对于科学与道德、科学与文明之关系的反思，均没有动摇科学世界观的霸权，相反，这一竞争式的世界图景强化了主权国家对于科学和技术的需求，从而推动了科学技术的发展、职业化的研究方式、国家对于科学和技术的控制，以及科学世界观的支配地位。事实上，尽管两次世界大战及其灾难激发了人们对科学技术及其现代运用的反思，但战后科学技术在工业和军事方面的运用却有增无减。因此，下述悖论式的历史现象并不令人惊讶：当第一次欧洲世界大战激发起欧洲知识分子对于科学和科学主义的批判性反思时，中国正在经历它在20世纪的第一场以确立科学世界观的霸权地位的启蒙运动；当第二次世界大战期间的有组织的或民族—国家的高技术暴力震惊世界之时，中国知识分子正在为民族解放而奋斗，那些针对科学霸权及其技术运用的反思性的思想和概念没有引起人们的丝毫兴趣。民族—国家及其竞争模式为科学技术霸权的扩张提供了政治的依据，而资本主义市场的利益最大化原则又从另一层面为技术的更新提供了经济的动力。在这一条件下，即使全球化促使了民族—国家地位的改变，科学技术的霸权地位也不会动摇，因为由市场原则为轴心所构筑的社会模式仍然依赖着非身份性的个人权利体系和效益最大化原则。国家和市场的动力均与科学的世界观及其技术性的延伸有着密切的关系。

  19世纪和20世纪的思想史始终笼罩在事实与价值、认知与实践、纯粹理性与实践理性的二元论的影响之下，以致无数的著作贡献给了在这两个领域之间建立明确分界的努力，其动力即在通过这一区分限制"物"

的世界的霸权。但是,科学及其知识谱系并没有因此从一种普遍主义的宣称和知识谱系的位置上向后退却,恰恰相反,通过将实证性的科学的领域退入自然科学的范畴,科学的边界反而极大的扩张了。实证主义的、原子论的科学观受到了来自两个方面的严重挑战:一方面,科学的领域不再是古典物理学所代表的领域,另一方面,科学知识的领域合理地分化为自然的知识、社会的知识、道德的知识、审美的知识。然而,自然科学、社会科学和人文科学的划分不但复制了分类性的科学谱系的原则,而且以一种形式化的分工模式规定了这些领域的专业原则。在这个意义上,对原子论的和实证主义的科学概念的挑战最终不是限制而是扩展了科学原则的霸权。例如,民国成立后,科学家共同体以他们特殊的方式广泛地讨论科学与道德、科学与社会政治、科学与人生观、科学思想中的进化论问题,在严格的方法论基础上描绘出分类的知识谱系——这个知识谱系囊括了旧有世界观涉及的各范畴,如道德、政治、信仰等等,但与这些范畴在旧有世界观中的含义不同,它们现在是作为一种科学分类谱系中的、按照实证性程度的高低进行排序的特定领域出现的。在"五四"时代,这一实证主义的知识谱系遭到了严峻的挑战,以致梁漱溟、张君劢和《学衡》派对普遍主义的科学概念的攻击导致了知识谱系和知识体制的重新结构,但其结果却是道德、审美和情感等范畴被作为一种合理化的知识领域镶嵌入知识的谱系和体制之中。知识谱系的内部关系发生了变动,但合理化的分类原则及其体制化过程并没有改变。在这个意义上,对自然科学领域的限制和对一元论科学主义世界观的批判恰恰成为科学领域和科学理性无限扩张的前奏。

第二节 科学世界观的蜕化

我们不妨从内在危机的角度观察"科学世界观"的自我解构如何促成了科学理性及其霸权的进一步扩张。"科学世界观"的第一个危机是它的"世界观"特性与它对科学方法的宣称之间的悖论关系。"科学世界观"用于摧毁旧有价值观的主要工具是现代科学的实证方法，按照这种方法论原则，一切不能通过实验加以验证的知识都是"伪知识"，是形而上学的迷信。然而，"科学世界观"无法摆脱它自身的形而上学特性和整体论的方式。一方面，"科学世界观"对变革力量和新制度的合法性论证需要整体论的论述方式，另一方面，"科学世界观"用以摧毁旧制度和旧观念的实证方法也构成了对自身的整体论观念的挑战；前者需要宇宙论、本体论、信仰的支持，而后者却否定任何终极基础和统一原则的存在。在严复的世界里，社会学构成了囊括宇宙自然和人类社会的知识体系的灵魂，因为社会学能够提供知识体系以一种目的论的指向（"群"、"公"的价值）。但是，社会学作为科学的权威性建立在它对实证方法的贯彻之上，而这一方法并不能保证"群"和"公"的道德取向，从而社会学作为科学的特性与作为"世界观"的特性之间存在着内在的裂痕。如果知识与道德目标之间缺乏内在的联系，那么，普遍的知识谱系、实证性的方法、学问的专门化，及其工业化的运用，与严复和梁启超所确立的以"群"为中心的那个目的论的知识谱系就成为两重截然不同的东西。我们无法将严复的易学宇宙论及其运转模式与科学技术的生产和运用过程内在地联系起来，我们也无法把梁启超的能够产生出道德含义的实践方法与科学发明和运用的认知、发明和运用过程联系起来。科学方法的霸权是通过否定科学与价值的直接联系（这是科学作为一种世界观得以成立的前提）才获得的。

　　科学世界观与国家的制度性实践的悖论关系是科学世界观遭遇的第二个危机。在实证方法的有效性动摇了早期科学世界观所依赖的"终极基础"和"统一原则"之时，现代国家的知识制度加速了这种"终极基础"和"统一原则"的瓦解。现代国家依靠的是分科的、专门的、具有可操作性的、制度化的（科学）知识实践——无论这种知识是关于自然的知识，还是关于社会的知识，有效性和可操作性始终是内在于这一制度运作的首要尺度。在这一制度语境中，早期科学世界观的道德目的论与以效能及其对国家的贡献为唯一原则的科学体制构成了深刻的冲突。辛亥革命以前的科学刊物——如《亚泉杂志》、《科学世界》和《科学一斑》——展示了一种功能主义的科学观,科学的意义被置于科学/政治、科学/文明、科学/时代的论述模式之中,从而科学自然地被赋予了道德/功能的必然性。然而,分科的知识谱系及其制度化实践致力于该学科的发展,其分科原则与特定的道德目的没有任何关系,从而功能与价值之间缺乏内在的联系。[3]尽管国家试图赋予这种新的知识和从业方式以道德的含义,但这种道德含义无非是在国家理性规划下的功能关系。道德与制度的分化不仅是现代社会制度、包括教育制度的主要特点,而且也是这一体制的主要目标。正是在这一条件下,梁启超追问:那些凭借高分考入学校或者出国留学的人,那些在专门领域获得了地位和能力的人,究竟是不是道德的人呢? 学校究竟应该是知识的贩卖所,还是应该像三代的大学那样成为人的全面成长的途径呢? 这种追问与程颐等理学家对科举与道德的关系的质疑遥相呼应。

科学研究团体的建立同样如此。科学共同体(如中国科学社,1915)保持着对社会、政治、道德、伦理的强烈兴趣,并在自然一元论的基础上把他们的科学知识的运用扩张到社会领域,但其宗旨是通过实验的手段进行科学研究,促进科学的技术化运用及其与工业的联系。科学共同体一方面信仰自然一元论的科学谱系,另一方面又以制度的方式把自然与人类、物质与精神、物理世界与社会精神世界的二元论固定化,从而保障科学共同体在现代社会中的特殊地位。在现代条件下,科学研究已经转化

---

[3] 洋务运动导致了一些西式学堂的建立,但这些以军事实业为中心建立起来的学堂完全外在于科举制度。换句话说,尽管严重的危机迫使清朝政府开始学习西方的科学技术和军事知识,但"体"与"用"仍然是以教育制度的形式固定化了的。在戊戌变法期间,贵州学政严修曾向光绪建议,为提拔新政人才,应于八股取士的普通进士科外,另设一种特别的进士科——经济特科,凡长于内政、外交、理财、军事、工程等人才,无论已任未任,仿过去博学鸿词科例,由大官推荐。凡被推荐的人,即可参加考试,录取后,其地位、出路即与普通的进士相等。他还主张这种考试应即举行,"以后或十年一举,或二十年一举,候旨举行,不为常例。"光绪接受了这个建议(光绪二十四年正月,即1898年2月),可惜未及举行考试,政变即发生了。见《清德宗实录》卷四一四,页4—5,载"中国近代史资料丛刊"《戊戌变法》第二册,神州国光社,页9。

为一种有组织的研究体系,从而国家理性能够迅速地将科学领域的成果和方法转化到其他社会领域之中。例如,科学家共同体拟定科学专名的工作、首先使用横排和西式标点(1916)的尝试,以及白话汉语的使用,都得到了国家和社会的承认,并转化为制度性实践(教育和媒体等)的一个部分。中国的现代人文语言和日常语言的某些规范(如标点、横排)是在科学语言的实践中逐渐形成的,以致在初始阶段,我们很难将这种语言截然地区分为科学语言和人文语言。[4]这一制度性实践隐含了有关科学发展与文明进化的关系的理解,即科学的发展模式应该是文明进步的模式,科学研究的理性化也是社会发展的目标。当各种科学专名通过媒体、课本进入人们的日常生活时,试图依托传统资源阐释科学和世界的努力便黯然失色了。

在讨论科学共同体的知识实践的社会/文化意义时,不能不提及科学共同体的边界的不断扩展,以致在描述现代文化活动的主体时,"科学话语共同体"的概念是一个较之科学共同体的概念更为有效的概念。科学共同体是科学话语共同体的一个虽然重要但却有限的部分。科学话语共同体是指那些运用科学的或准科学的语言、利用科学的公理化的权威从事社会文化活动——其中也包括科学和技术活动——的知识群体。《新青年》、《新潮》等知识分子群体可以视为科学话语共同体的重要部分,尽管他们并不直接从事自然科学的研究和运用。这些文化知识分子不仅赋予自己的文化活动以科学的意义,而且在话语形式上也开始模仿科学的语言,以致他们讨论问题的方式、建立文化团体的形式都包含了对科学共同体及其规则的模仿。科学话语共同体利用大学、报刊、课本广泛地表达他们的思想倾向、价值判断,并不断地试图影响社会和国家的实践。科学家共同体把自己看作是一种区别于一般社会主体的主体,即一批在分科

---

[4] 关于方言、现代语言运动与民族主义的关系,请参见拙文《地方形式、方言土语与抗日战争时期"民族形式"的论争》,《学人》第10辑,南京:江苏文艺出版社,1996,页271—312;另见:Wang Hui, "Local Forms, Vernacular Dialects and the War of Resistance against Japan: The 'National Forms' Debate" (part 1 and part 2), *The UTS Review* 4, no. 1 (May 1998):25-41, and *The UTS Review* 4, no. 2 (November 1998):27-56.

的和专门的知识体制中活动的人物,他们拥有客观的认识对象、使用客观的方法、获取特殊的训练和从事专门的研究。与此同时,这一特殊的社会主体的组织和行为方式又能够成为一般社会群体的楷模,因为按照自然一元论的科学知识谱系,道德、信仰、情感、本能等领域是科学知识体系的一个组成部分,从而科学活动本身蕴含着道德的必然性。换言之,科学共同体的活动包含了普遍的和分化的双重原则。那些主张限制科学的运用范围的知识分子和人文学者的基本立场即以其分化的原则攻击其普遍的原则,主张将道德、信仰、审美等社会生活领域从(自然的或科学的)普遍的知识领域中分化出来,以形成自身的自主性。如果把这一"主体性转向"理解为中国现代人文学科的诞生的话,那么,所谓人文学科不是产生于对"人"的理解或者对"人"作为一种复杂的社会关系的理解,而是产生于对于那些无法在经济规律、政治权利和科学实践的范畴中加以解释和规定的领域的界定和区分。在这个意义上,人文学科与其说是对人的发现,毋宁说是对那些(个人的或集体的)道德、审美以及无意识、潜意识领域的发现。[5] 现代人文学科是对"人"的瓦解,而不是对人的完整性的重构,因为伴随人文学科从科学中分化出来,人的概念也从自然的客观性和社会经济的客观性中分离出来。人现在是道德的主体,是和自然相区别的主体,亦即伦理学、心理学、文学、历史学等学科研究的对象。这种对于"人"的分化的理解是和知识的分化和制度化相关的:在这个知识和制度的谱系之中,"人"的现实关系需要按照分化的原则来进行理解。[6]

因此,人文学科的自主性是对科学共同体得以建立的那个分化原则

---

[5] 福柯认为古典知识中不存在人。而在我们发现人的地方存在的是表现事物秩序的话语的权力,或者说表现事物秩序的词语秩序的权力。这一敏锐观察对于我们也许不无启发意义。参见 David Macey, *The Lives of Michel Foucault* (London: Hutchinson, 1993), p. 170.
[6] 在晚清时代,"群"、"社会"和"国家"范畴的引入导致了对人的重新界定,即人是"国民";在20世纪三十年代以后的知识活动中,这种关于"人"的现实关系的理解被建立在"阶级"概念之上。如果说现代制度设计与有关"人"的分化关系的理解密切相关,那么,现代革命的道德基础则是建立在重构"人"的现实完整性之上的。

的普遍性的重新确证。有关知识类别的讨论与现代社会分工、特别是教育和科学研究体制的重组关系密切。知识谱系的合理分化首先是一种对于现代社会的合理化设计，其次也可以被理解为一种现代化的行动纲领。在这个意义上，张君劢对科学谱系的攻击，以及他的以"分化"为特征的知识谱系的重构活动绝不仅仅是一种纯粹的智力活动。张君劢通过"人生观"问题重建知识谱系的努力与"五四"以后教育改革、特别是二十年代初期的学制改革具有内在的呼应关系。他对"心性之学"的重构被后人广泛地看作是现代新儒学的滥觞，但这一"心性之学"明显地脱离了理学的语境，致力于在知识和社会的体制中为道德、审美和情感等领域的自主性和知识谱系的重组提供理论的根据。在张君劢那里，"心性之学"的功能和德国唯心主义的功能没有什么差别。在这个意义上，玄学知识分子对现代性危机的诊断是现代性的文化设计和行动纲领的有机部分。

科学及其制度的普遍化为不同文化提供了普遍适用的衡量标准，从而为不平等的、等级化的全球关系和国内关系创造了文化前提。从上述分析来看，为此作出贡献的不仅是科学思想的传播者及其科学制度的实践者，而且也包括科学及其制度的批判者和挑战者。在现代中国的语境中，以文明论为话语方式的民族主义思潮构成了对科学知识谱系的第一个严重挑战和批判。如果说"科玄论战"以"人生观"问题为契机，为现代知识谱系的重构——特别是科学、道德和情感作为不同领域的分化——提供了理论的准备，那么，这种分化并不是在"知识论"的构架中产生的，而是在晚清以降的东西文化论战有关文化差异的论战中孕育成熟的。东西文化论战的各方都用中国／西方、静的文明／动的文明、中学／西学、精神文明／物质文明等二元论作为建立自己论据的基本前提，并在这一框架内把科学、知识、理智、功利与西方、动的文明、物质文明联系起来，把道德、精神、直觉、审美与东方、中国、静的文明、精神文明联系起来，从而原先的文明论的二元论蜕变为科学／道德、知识／情感、理智／直觉等新的知识论的二元论。换言之，知识的分类与文明论的分类法密切相关，但却采用了更为客观的、中立化的形式。在现代中国历史中，知识领域的分化的直接动因是文化的冲突。与之相应,"科玄论战"的知识冲突也不能掩盖它的文化冲突的内涵。对科学与现代性的反省,在中国的语境中,同时也是对晚清以降中国面对的文化冲突的反思,尤其是对西方文化和中国文化的关系的反省。

杜亚泉、梁漱溟、《学衡》群体、张君劢等人在20世纪二十年代开创了现代中国的一套新的道德论述,并以此对抗主流的现代意识形态。但是,他们的中心论题是以现代性的纲领及其中心思想范畴为前提的。因此,他们的反科学主义的道德中心论或文化论仍然是现代性的思想纲领和命题的内在的、固有的内容。由他们推动的思想潮流促进了中国思想的主体性转向,但其结果却是普遍主义知识霸权的扩张。欧洲思想中的所谓主体性转向直接表现为对黑格尔的形而上学体系和启蒙运动的"主体—客体"的认识论模式的批判和拒绝,并转而从个人、个人的情感、情绪、体验中探索人的主观性,而在中国现代思想中,所谓"主体性转向"首先是一种文化的转向,即以反思西方现代性为契机,重新发现中国文化的价值与意义,从而中国/西方作为一种文化的和知识的二元论构成了这一论述的基本轴心。这一轴心的形成是以寻找民族文化的独特性、差异性或本真性为目标的,与赫尔德所发展的那种浪漫主义的民族主义更为接近。梁漱溟的"意欲"概念、张君劢的"人生观"问题都以民族主体性为前提,在文明论上都是特殊主义的,因而也可以看作是民族主义的理论前提。然而,历史悖论是:知识的分化渊源于文化差异的论述,但知识论争的形式却掩盖了这一冲突的文化内涵。通过激烈的论战和科学知识谱系的重组,中国和西方的不平等的文化关系最终被纳入了知识领域的分类关系,并以制度化的形式得以确认。由此可见,以差异和分化的知识观和文明论为内核的文化理论不是削弱而是强化了普遍主义的前提。分化的知识论在现代思想冲突中居于弱势地位,但在现代社会体制的形成过程中却是普遍遵循的一般原则。上述思想家所代表的文化潮流代表了现代道德运动的主要方向,而缺少这个道德的面向,现代性的纲领和分类原则就无法完整地笼罩现代世界的生活领域。这就是现代道德主义的真正位置。[7]反传统主义的科学纲领、反科学主义的道德/文化中心论,再加上马克思主义的革命理论,为我们提供了现代社会秩序的关键的理论联系方式。正是在这个意义上,现代性的纲领并不是由某一个思想群体单独完成的,它的分类原则也不是由某些理论家制定的;恰恰相反,现代性的纲领的各个组成部分及其分类原则是在相互冲突的思想之间逐渐形成的。因此,理解这些思想的含义,首要的,就是理解构成它们之间相互关系的背景条件。

第三节 现代性问题与晚清思想的意义

在上述意义上,现代思想的兴起不但可以表述为科学世界观获得霸权地位的过程,而且也可以表述为科学世界观本身的蜕变过程,其主要的

---

[7] 与我的上述论述形成参照的,是麦金太尔在欧洲语境中所阐述的关于韦伯的世界观与尼采主义的关系。麦金太尔指出尼采的非理性主义以及马克思主义对官僚统治的批判都包含了韦伯世界观的那些前提,尼采对于道德谱系的揭示、马克思主义的革命理论,最终都回到了由韦伯所代表的那种现代性的前提之中。我认为现代新儒学及其前驱对现代社会的道德批判同样如此,他们的理论与马克思主义的革命理论一样,都有助于重新建构新的合理化的社会建制。麦金太尔说:"当代已把它自己表现为以韦伯的思想为主导;并且我也注意到了,尼采的中心论题是以韦伯的中心思想范畴为前提的。因此尼采预言式的非理性主义(说他非理性是因为他的问题自然没有解决,而他的解答又否定理性),仍然是我们文化的韦伯式管理方式内在固有的,不论什么时候,那些深受这个时代的官僚政治文化影响的人,每当他们在他们是什么和他们做什么这个问题上找遍了别的,最后想到其道德基础时,总会发现那隐蔽的尼采式的前提。因此,可能可以有信心地预言:在这个极成问题的官僚政治管理的现代社会背景条件下,将会周期性地并恰恰体现预言性非理性主义的社会运动,尼采的思想是这种非理性主义的先驱。实际上,恰恰因为和就当代的马克思主义在实质上是韦伯式的而言,我们不仅能够预期右翼的预言性非理性主义,而且也能预期左翼的预言性非理性主义。60年代学生的激进主义在很大程度上就是这种非理性主义。" MacIntyre,《德性之后》,页143—144。

形式是知识的分化原则和体制的专业化原则逐渐剔除其"世界观特性"的过程。如前所述,科学世界观对天理世界观的反叛具有结构性替代的特征,而一旦这一世界观的霸权地位得以确立,它自身亦即面临"分化"的命运。分化得以发生的动力在于:一方面,实证主义的科学概念无法将科学领域与形而上学领域真正区别开来,从而它对实证方法的诉求在瓦解传统世界观的同时也瓦解了科学世界观的形而上学的基础;另一方面,科学公理严格地建立在科学共同体的规范和实证和实验的方法之上,传统意义上的道德共同体与科学实践过程缺乏内在的联系,从而科学公理与伦理世界的关系存在着深刻的暧昧性。科学世界观声称科学自身蕴含了道德的必然性,但它的方法论和制度性实践均无法转化为具体的政治、伦理和审美实践。这一"科学世界观"的"脱魅"标志着科学体制的发展已经是一个自我合法化的过程,科学实践从伦理、审美等领域的退出标志着科学体制及其运行已经不再需要一个外在的世界观的合法性论证。

我们不妨从晚清公理世界观的构筑、内在矛盾、转化以及解体来观察这一过程。晚清思想的主要特征是天理世界观的崩溃和建构新的公理观的努力,以致我们可以把这个时代称之为"世界观的时代"。晚清思想从两个不同的方向不断地回向"原初":一方面是回向"原初问题",如宇宙的本原、人类的起源、社会的公理等等,另一方面是回向伟大的创始者及其理想的制度,如孔子、老子、墨子、佛祖和三代之礼乐等等。这些"公理世界观"具有"可教义化知识的形式",它们从各自不同的方向上论证着终极式基础、统一化原则,并把世界作为一个整体(自然和人类世界)来加以解释。经今文学运动、经古文学运动、荀学复兴运动、墨学复兴运动、唯识学复兴运动,以及道家思想、法家思想的复兴潮流在晚清时期应运而生,也随着历史的变化和它们在社会意识形态中的位置的变化而消长,但所有这些思想运动都力图构筑一种关于世界的完整的解释,亦即一种普遍主义的公理世界观。"世界观"复兴在一定程度上可以看作是西潮冲击的产物,但它们大多建立在传统资源的基础之上,并与民间习俗保持了一定的亲缘关系。在"千年未遇之大变局"中,晚清知识分子试图重构公理世界观,全面地解释宇宙运动的法则、世界变动的规律、政治/道德的基础、情感/审美的根据，以及能够发现真理的普遍方法。科学思想在当时所以是"世界观的"，是因为它正在以天理世界观的结构方式取代天理世界观。"世界观"的复兴意味着彻底重组传统的时间观和空间观，并在这种新的时空关系中确定新的社会体制的位置和运动的方向。

"世界观"复兴的标志之一是大量新概念的传播。晚清思想采用的那种复兴古代学说的方式使得这些新的概念经常表现为古代概念的重新使用，但无论是这些语词的内涵还是它的运用方式都发生了根本性的变化。借用叔本华的概念，社会世界涉及的是"意志与表象"的世界，因而各种新概念和旧语词的传播和复活标志着重新建立世界的表象。作为意志与表象的世界既是心理学意义上的表象，也是戏剧和政治意义上的表象。世界观的建构过程本身是社会世界及其不同的力量争夺语词的斗争过程——词语的改变亦即世界表象的改变，从而改变语词也是改变事物的一个方法。如果说词语在很大程度上制造了事物，那么改变政治从本质上也是改变词语的过程，从而政治变革和社会变革不得不从反对词语的斗争开始。[8]在近代中国思想中，那些最大规模地和最有效地传播和使用新语词的作者和刊物，也可以说就是对近代中国思想产生最大影响的作者和刊物。新的概念及其相关关系正是在重新构筑"现代中国"的表象时建立起来的，而这一表象的建立依赖于新的概念及其分类法，例如公/群、国民/种族、个人/社会、阶级/国家、自然/社会、自由/专制、统治/人民、改良/革命，以及社会关系中的各种等级构造。

科学的权威性正是在不断引进西方现代科学技术，并在教育制度中设置新的学科的历史情境中逐渐地建立起来的。这一过程伴随着一个用新的语词重构世界观的过程。在进化论和实证主义的视野中，任何有效的"世界观"及其对"公理"的承诺均必须以"科学"及其概念为前提。科学世界观的建构过程可以概括为"科学的公理化"过程，其任务是把科学纳入世界观的论述之中，从而形成一种科学的世界观。"科学的公理化"

---

[8] P. Bourdieu,《文化资本与社会炼金术》，包亚明译，上海人民出版社，1997，页135—136。

与"公理的科学化"有所区别,后者指在科学霸权形成的条件下,任何公理性的论述均必须被论证为科学的论述,而前者的合法性仍然需要一种公理性的论证。在晚清时代,由于科学的权威性尚待建立,从而文明、进步、发展、国家、道德等范畴均被用于对于科学的意义和价值的确认。也正由于此,在这一过程中被公理化了的并不仅仅是科学,而且也包括人们认可的各种自然、政治、道德的公理。自然、政治、道德的三重结构是科学世界观和天理世界观这两个相互斗争又相互渗透的公理观的普遍特性。在这个意义上,"科学世界观"("公理世界观")既是西学东渐的结果,又脱胎于中国的天理世界观。我们可以在"群"、"公"、"个人"、"公理"、国家和社会等晚清思想的核心主题中找到上述两种公理观的双重因子。

严复以理学、易学和实证主义为背景建立起来的公理观、梁启超以心学、今文经学和德国唯心主义为背景建立起来的公理观、章太炎以唯识学和庄子思想为背景建立起来的反公理观,构成了关于现代世界和中国的多种改造方案的三个代表性的方案。它们之间的悖论或相互解构为重新思考现代性问题提供了不同的视角。在上述三个以公理为中心建构起来的思想体系之中,严复和梁启超代表了两种主流的方向:[9]作为理学世界观和一元论自然观的一种结合,严复的公理观强调世界的内在同一性,认为可以通过格物穷理或实证的方法来理解宇宙、世界和人自身的内在规律性;而由心学、今文经学与二元论哲学(特别是德国唯心主义哲学)综合而成的梁启超思想则强调在自然世界与道德世界之间存在深刻的鸿沟,唯一能够沟通这两个世界的方式是"知行合一"的实践。上述两种"科学世界观"都预设了认知(科学)与实践(道德)在方法论上的同一性:格物致知与知行合一既是认识世界的方式,也是去私存公的道德实践。值得注意的是:理学世界观综合了宇宙论方面的理气二

---

[9] 梁启超的反思性的思考的高峰是在"五四"以后的时期,但我在这里不是按照时间的顺序将他的反思纳入"五四"范畴之中,而是从思想的形态上将其视为晚清思想的延续。

元论和认识论方面的主客二元论倾向,但在晚清思想的脉络中,由这一理学世界观出发所建立的科学世界观却具有一元论的特征;与此相反,心学在与理学的论争中强调心物一元,但在晚清思想的脉络中,从王学出发建立道德学说的思想家却多半采取物质/精神、科学/道德的二元论。在这个意义上,上述理论差异最终导致了"五四"时代两种科学观的分化。

严复首先引入了进化论和以社会学为基础的科学知识谱系,在他的宇宙一元论框架内,进化论和实证知识的方法本身包含着道德的含义和目的。正如欧洲一元论宇宙观一样,这个"新宇宙论所设定的无限宇宙,在空间广延和时间绵延两方面,都是无限的,其间永恒的物质依照永恒而必然的法则,无止境、无目标地运动着。这个无限宇宙秉承了神的一切本体属性,不过也仅仅秉承了这样一些属性,其余的都被远遁的上帝随携而去了。"[10] 与欧洲宇宙论有所不同的是:在严复这里,新宇宙论保留着"易学宇宙论"的基本框架。在这个框架内,作为一个自然的进程,宇宙统合了天、地、人的基本公理,并将单线进化与循环变化的双重逻辑综合为一。正如理学宇宙论相信道德真理是宇宙运行的自然呈现一样,严复一方面赋予宇宙进程以总体的和合目的的特性,另一方面又认为必须通过人的主动的努力建立科学、技术、工业、国家以及各种制度与某种更高的目的的内在的联系,从而完成宇宙自然进程的道德目标。正由于此,严复的易学宇宙论与一个以社会学为中心的知识谱系相互支撑。严复的"易学宇宙论"认为宇宙的运行先验地预设着"公"的理想,现代社会的分化最终将统摄于"天演"或"公理"的合理关系之中,这一乐观信念建立在上述以社会学为中心的知识谱系的逻辑构造之上。在这个体系中,天演概念不能化约为进化或进步概念,因为这一概念也包含了由易理所阐释的循环论的历史观和宇宙论。

为什么近代科学知识谱系必须以社会学为中心?社会学及其统辖的

---

[10] Alexandre Koyre, *From the Closed World to the Infinite Universe* (Baltimore: Johns Hopkins University Press, 1957), p. 276.

知识谱系在中国的出现不能仅仅被看作是一种知识的传播活动和翻译活动,它与"社会"的兴起恰好发生在同一时刻并不是偶然的。"社会"范畴是一种创制,它首先是被这些接触了西方知识并对西方近代社会有过近距离观察的人构造出来的,而构造的方式之一即建构一种适合于"社会"规划的知识谱系,使得"社会"知识成为一种普遍主义知识的有机的和最为重要的部分。在这个意义上,"社会"从家庭、家族、伦理关系,以及皇权中分化出来与其说是一个自然的过程,毋宁视为一个突发的事件或知识规划和国家干预的结果。这里所说的"社会"指的是在一种目的论的规划中形成的新秩序,而不是作为历史演化的产物和日常生活领域的要素。在社会学的规范式叙述中,"社会"是把作为历史的要素(如家庭、村社和交换关系等等)组织到新型秩序中的一种规划。正由于此,社会与家族、皇权、宗法等社会组织形式的二元论构成了知识分子启蒙话语和现代国家话语的重要内含。汉娜·阿伦特(Hannah Arendt)在讨论欧洲社会的兴起时曾把"社会"的兴起与经济学的出现关联起来,她的表述恰恰与我在前面讨论的"以社会学为中心的知识谱系"问题构成对比。她说:"近代的平等是以内在于社会中的顺从主义(conformism)为基础的,它之所以可能,是因为行为(behavior)取代了行动(action),成为人类关系的最主要的形式。""正是这同一种顺从主义(它假定人们是守规矩的,并且彼此之间都不会针对对方采取行动)奠定了近代经济科学的基础。经济学的诞生与社会的兴起恰好发生在同时,它携带着其主要的技术工具,即统计学,成为一门标准的社会科学。只有当人成为社会生物,并一致遵循某些特定的行为模式,从而使那些不遵守规则的人能够被看成是反社会的或反常的时,经济学(直到近代为止,它一直都是伦理学和政治学的一个不太重要的部分,并建立在这样一个假定之上,即人们在经济活动方面与在其他方面一样均以相同的方式行动)才获得了一种科学的性质。"[11]作为一种"科学"的政治经济学在亚当·斯密等人那里的出现是和"社

---

[11] Hannah Arendt, *The Human Condition: A Study of the Central Dilemmas Facing Modern Man* (Garden City & New York: Doubleday Anchor Books, 1959), pp. 38-39.

会"的兴起直接相关的,因为这种"社会"的兴起过程创造了自由主义经济学家称之为"经济人"而马克思主义者称之为"社会化的人"的动物。然而,在晚清中国,经济学和其他科学均从属于以社会学为中心的科学知识谱系,这一差异构筑了在中国语境中观察经济与社会相互关系的一个视野:与其说经济的变化促成了社会的变动,毋宁说现代经济及其行为模式的确立是重构"社会"秩序的结果。

严复对分科知识所内含的道德目的的强调是和他对现代社会的劳动分工和专业化的认识密切相关的。[12]在日益发达的社会分工和知识分工的过程中,如果学问自身没有道德必然性,就必须从外部强加给学术以道德规则,从而构成对于知识的自主性的极大妨碍。严复一方面通过他的翻译活动建构新的、等级性的知识谱系,另一方面则力求赋予这一知识谱系以道德的含义,目的是把宇宙自然进程和科学探索过程与"诚"、"公"和"公理"等价值关联起来。在这个意义上,由"以社会学为中心的知识谱系"所完成的知识的(也是社会的)规划不止是要求科学的发展,而且是要求人们的行为遵循特定的模式,并将那些不遵守规则的人和行为视为反社会的、反常的和不道德的。这一正常与反常的划分密切地联系着对合目的的(正常的)和不合目的(反常的)的宇宙和人类现象的界定。在通过宇宙论来维持正常/反常的关系模式这一点上,严复的知识谱系与理学是极为相似的。以社会学为中心的科学知识谱系体现了一种内在的一致性,它表达的不是一种自然的关系,而是一种关于"社会"及其环绕着它的宇宙自然的政治理想。按照这种理想,社会将被完全淹没在常规化的日常生活之中,它与内在于它自身中的科学观达到了和谐一致。这种对于世界的同质性规划已经成为当代社会的主要特征之一,但在当时却包含着对于传统政治形式的否定,即对由某一个人或某一种血缘形式对社会进行统治的模式的否定。按照科学的规划,现代社会应该是一个由原子论个人组织起来的分工系统的自

---

[12] 他说:"国愈开化,则分工愈密,学问政治,至大之工,奈何其不分哉!"严复:《论治学与治事宜分二途》,《严复集》第1册,北京:中华书局,1986,页89。

然运作。[13]很明显,这个知识重构过程包含了对皇权和宗法社会及其合法性的解构,并为大众社会的萌芽提供了根据。无论严复思想内部包含了多么复杂的、甚至悖论性的因素,构成他的社会思想的主导方面的,仍然是以天演论和以社会学为中心的知识谱系所构筑的完整的现代性方案。在这个意义上,严复是中国历史中构筑现代方案的纲领性的人物。

知识与社会及其相互关系也是梁启超思想的中心问题。他通过报刊、结社和其他方式促成近代"社会"形成,并用一种知识的规划为这一"社会"的构筑提供合法性的论证。基于一种道德自主性的认识,梁启超担心科学的过度扩张最终阉割人的道德主体性和审美主体性,因而拒绝将整个社会和人的行为纳入统一的、由科学法则指导的模式之中。正由于此,他的"社会"概念和"国家"概念植根于一种"群"的道德理想,是一种具有道德一致性的、与传统社群具有亲缘关系的共同体。如果说严复的知识论带有原子论的、实证主义物理学的特质,那么,梁启超的知识论却具有更为深刻的道德论色彩,其社会范畴较为强调共同体的意义和个人之间的调适。例如,他的社会概念与儒学对于古代学校的理想极为相似,灵活的社会分工、"公其是非"的政治思想、紧密的社群关系和道德主义是这一社会模式的内在特点。梁启超把德国唯心主义(尤其是康德主义的二元论)与王阳明的心学结合起来,辅之以三代之学制和汉唐之学的构想,力图缓解"科学规划"所造成的道德危机。他对宇宙演变的描述

---

[13] 限于篇幅,我没有能够详尽地探讨严复对穆勒的《群己权界论》和斯密的《原富》的翻译和注释(我将在别的地方对此进行专门探讨)。界定人的自由和权利、规划不受干涉的市场模型都是当时的"社会"建构的一部分。晚清思想研究中经常涉及所谓"国家建设"(nation-state building)问题,却完全没有讨论社会建设(society building)、市场建设(market building)和个体建设(individual building)问题,从而忽略了现代中国问题的总体性,也忽略了现代各种社会理论的基本模型与历史之间的复杂关系。阿伦特指出:"整齐划一的行为适合于统计学的规定,因此也适合于具有科学正确性的预见,它不能用'利益的自然和谐'这一自由主义的假设(它是'古典'经济学的基础)来加以解释。引进'共产主义神话'的是自由经济学家而不是马克思,他们假定,整个社会有一个单一的共同利益,它通过'看不见的手'指导人的行为,使他们彼此冲突的利益达到和谐。"(*The Human Condition*,p.40.)这意味着统计学法则将在此后的社会中扮演越来越重要的角色。

第十五章 总论:公理世界观及其自我瓦解

环绕着科学与自由意志、客观世界与认识主体、作为自然规律的真理与作为道德法则的公理之间的关系而展开,从而在自然与社会、纯粹理性与实践理性之间划出了明确的界限。作为现代教育改革的倡导者,梁氏按照政、教、艺的结构进行知识的划分,一面促进自然科学的发展,另一面探寻自主的道德领域的成立。他所构想的以"群"、"公"为依归的社会范畴有些类似儒学的礼乐共同体,是一种能够将社会行为与道德评价的客观机制连接起来的系统。在这个系统里,科学的认知过程甚至能够转化成为"去私"的道德实践,以致那些无益于道德实践的知识、方法、机制可以被排除出"科学"实践的范畴本身。

如果把梁启超的看法与严复加以对比的话,分歧并不在对先验的"公理"或"天理"的预设,而在人与这种先验本质的关联方式:严复认为可以通过实验的方式建立人与物的认知关系,并经由一套认知程序,抵达最终的真理;梁启超则试图在实践(知行合一)的概念之上重建最终的真理的概念(天理或良知),亦即把人的社会和道德实践与"公理"问题在根本上结合起来。这也深刻地影响了他对进化论的看法:进化论不是对于世界万物由来和演化的科学描述,而是对宇宙有目的的证明,因而物竞天择是具有内在的目标的。如果一种行为有损于人类多数利益和道德目的,那么它就是对天演和进化的自然律的悖逆,从而进化论的标准是一种有利于"群"或"公"的价值实现的标准。在1923至1924年的学制改革时期,梁氏反复强调王阳明的知行合一论、颜习斋的"践履"与"事功"论对于现代教育的意义,都是为了克服知识的专门化导致的认知与规范、理论与实践的分离。与严复的易学宇宙论相比,梁启超的公理观具有内在化的特点,即公理不是直接从宇宙的运行中演化出来,而是从人的内在的道德实践中体现出来。因此,必须建立内在的道德标准才能判定宇宙和世界的运行是否合乎"天演"的自然法则,从而关键的问题不是"天演"过程自身有无目的,而是必须建构一种社会伦理以界定这一过程的道德含义。在梁启超的世界里,"群"是一个核心的观念,它既指称一个具有高度自治能力的、自由的、由下而上构筑起来的社会,又指称一种建立在这一民间社会之上的道德原理。在这里,"群"或"社会"不是作为国家的对立物或者民间/国家二元关系中的范畴而是作为社会的构造方式而存在的。

科学的公理化一方面起源于科学自身的合法化需求,另一方面则起源于对于科学技术的社会后果的道德限制。然而,对于章太炎来说,"公理"不过是一种压迫和支配性的权力,现代社会在"公理"的名义下实施对个人的压迫,其程度远甚于古代社会及其以"天理"概念为中心的伦理体系。章太炎同样利用了现代物理学的原子概念,并把它用于社会领域:个体犹如原子,是世界的原初因子,任何群体性的事物及其运行法则都是压迫个体的权力和虚假的幻象,甚至原子概念本身也是幻象。在唯识学和庄子《齐物论》的基础上,他构筑了一个与"公理世界观"截然相反的世界观,我把它理解为"否定的公理观"或自我否定的公理观,其特点是对各种现代性方案——国家建设、社会建设、个体建设——的全面的否定。因此,"否定性的公理观"注定是一种批判性的世界观,它无法、也不愿提供"现代性方案",因为它从根本上否定了现代性的时间目的论。这个以佛教唯识学为理论框架的公理观的感召力来自佛教立场与儒学和礼教的对立——在晚清时代,后者被广泛地视为皇权和满洲王朝的合法性资源。章太炎把现代革命的道德基础和政治议题组织到他的抽象思考之中,赋予他的抽象思考以现实的尖锐性。他以否定的方式攻击儒学、礼教和皇权,并将这一攻击扩展至他的论敌所倡导的各种现代性方案。如果严复、梁启超的公理世界观是对现代国家和现代国家体系的合法性论证,那么,"否定的公理观"对公理的否定则必然包含对于民族—国家和民族—国家体系的否定;如果晚清时代的大多数知识分子仅仅注意个别政权(晚清政府)的病态并由此论证国家建设的必要性,那么,章太炎则试图将对个别政权的否定与对国家模式本身的否定联系起来。这是一个民族主义者对于民族主义方案的攻击,这一悖论本身揭示了章太炎的自我否定的个人主义和自我否定的民族主义的特色。

章太炎对"科学公理"的揭露建立在两个基本原则之上。首先,他利用主观认识论的原则区分出两种自然概念:科学所研究的自然不是自存的自然,而是被纳入特定视野和范畴中的自然(即为科学所建构的自然),从而这一自然是缺乏内在本质的(没有自性)的自然,它呈现自身的唯一方式是因果律。从这一论点出发,他得出一系列结论:"唯物"和"自然"的观念是虚妄的,作为解释体系的科学并不能解释世界自身;"公理"、"进化"不是宇宙的原理或先验规则,而是人的观念建构;"公理"的创制过程与其说是(作为自然本性的)"公"的展现,毋宁是"私"的曲折的表象。因此,"公理"是控制和支配的代名词。其次,他把自然的运行从目的论的框架中解放出来,否定进化的道德含义,从而拒绝把个体与进化论的历史目的论相关联,拒绝承认个体的道德取向依赖于社会整体的运行法则,拒绝把个体看作是群体进化的工具:个体不是国家和法律的公民,家庭和社会的成员,历史和道德的主体,"主(人)—客(自然)"关系中的主体……总之,个体不能通过它与其他任何普遍性事物的联系来界定它的意义和位置。这种原子论观念的彻底运用恰恰颠覆了在实证主义科学观的基础上建构起来的社会概念。

章太炎的独特的个体或个人观念的历史含义需要在"现代社会"建构的过程中加以理解。严复和梁启超均承认"个人"对于"社会"建构的重要意义,他们或者从自由主义政治学和经济学、或者从传统思想中的"私"观念出发,重新寻找个体的合法性基础。17世纪以来的欧洲政治学说的基本公式——从契约与交换的抽象法律形式中发展而来的以个人为构成元素的社会模式——构成了他们各自社会观的核心部分。在这个基本公式中,现代社会(商业社会)是孤立的合法主体的契约关系的综合,而这一契约关系得以建构的前提即原子论的观念,用福柯的话说,个体是"规训"的特殊权力技术所制造的一种实体:"当时存在着一种将个人建构成为权力与知识的相关因素的技术。个人无疑是一种关于社会的'意识形态'呈现中的虚构原子。"[14]换言之,严复、梁启超用知识的谱系构筑"社会"的前提条件是同时构筑出构成该社会的原子的"个体"。由于科学的知识谱系将原子(个人)视为理所当然的基本的和自然的单位,从而掩盖了"个体"在创制"社会"过程中的被生产和创制的过程。章太

---

[14] Michel Foucault, *Discipline and Punish: The Birth of the Prison*, trans. Alan Sheridan (New York: Vintage Books, 1977), p. 194.

炎的个体概念与晚清以降中国思想的主流完全相反，他拒绝承认个体与"社会"、"国家"等集体性范畴之间的逻辑联系，从而把个体作为揭露"社会"和"国家"的虚幻性的出发点，并最终将个体自身视为主观建构的领域。因此，他的个体概念不仅是一个临时性的概念，而且是一个自我否定的概念。唯识学思想为章太炎提供了一种特殊视野，即一切事物和现象都是在相待的关系和条件下产生的，因而是因缘合成的、相对的和短暂的。个体对于公理、进化、唯物、自然以及政府、国家、社会、家族等等具有优先性，但这种优先性只是由于它更接近于、而非等同于"自性"而已。在完成了其解构使命之后，个体也应如其他没有自性的事物一样归于虚无。在章太炎的否定性的公理观中，个体的虚无化不是整个宇宙和世界的虚无化。他从个体的自我否定出发，发展了"无我之我"的概念和"齐物平等"的自然观：所谓"无我之我"是指真如、阿赖耶等独立不变、自我存在、自我决定的主体或世界的本体；所谓"齐物平等"，即以宇宙之本然差异为自然的平等。章氏要求"自识为宗"、"敬于自心"，似乎是对个体价值的重视，但在否定的公理观内部，所谓自识、自心并不是个体的自我意识或个体的内心体验，而是超越个体之我。这个超越个体之我构筑了对现实世界的各种构造的否定关系。"齐物平等"的自然概念产生于同一种原理，其特征是把个体范畴从人扩展到物。章太炎用庄子的"齐物"概念解释平等的意义，但这个平等不是严复、梁启超的"公理"思想蕴含的现代平等观，即不是天赋人权意义上的平等，而是一种自然状况：不是人类的状况，而是自然的状况，不是世界的状况，而是宇宙的状况。简言之，"公理"观念要求建立一种平等的"关系"，而"齐物"思想则是对一切"关系"的否定。由于"关系"总是通过语言和命名来呈现，从而以破除关系为特点的"齐物"状态就是对一切语言和名相的破除。宇宙本体摆脱了名相（语言）的束缚，也就摆脱了自/他、你/我、彼/此、内/外、大/小、爱/憎、善/恶的差别与关系，从而成为自本自根、无始无终、无所不在的自然。宇宙之自性存在于它的否定性之中。

"齐物论"的自然观是对现代科技的自然意识形态的一种否定，在这种意识形态中，自然不过是作为在质上不可分化、量上无限可变的"它者"和"物质"。在章太炎看来,只要世界的"关系"性质没有改变,在个人、社会集团、国家和自然之间就必定存在着广泛的等级结构和分配不均,名相和一切等级性的世界关系就将作为控制的工具起作用。科学的发展、社会的建构与新兴阶级和被压迫国家进行的争夺平等权利的斗争相互联系,从而包含了解放的意义,但这一解放并不致力于彻底改造以等级关系为基本形态的社会关系,从而向平等社会转变本身变成了新的等级化的压迫形式的重构。因此,章太炎试图在个体/本体的关系中建立平等观念,用以区别各种在个体/社会、社会/国家、国家/世界的模式中形成的社会理论。他的论证逻辑如下:A,宇宙万物均为个体,从而物与物、人与物、人与人的关系是同构的;B,既然人与物均为个体,那么恢复物的自主性也是消除支配的关系的前提;C,人的自主性的建立以人与物的不平等关系为前提,从而原子论个人及其契约模式不是一种本体论意义上的平等。章太炎的"本体的公理观"或者"齐物论的世界观"不是对世界的某个方面的构想,而是整体的世界构想。因此,当他提出新的"自然"概念的时候,实际上是在提出一整套与严复、康有为、梁启超、孙文等人的现代性方案完全不同的原则。这个原则无法在国家、商会、学会、政党、士绅—村社共同体,以及其他社会体制形式中实现,与其说这个原则是现实制度的改革原则,毋宁说是一种"否定性的乌托邦"。[15]

这个否定性的乌托邦的实践意义并不都是否定的。以知识与教育问题为例,章太炎基于他的平等自然的观念强调教育对国家控制的摆脱,[16]断言现代教育制度仍然受制于朝廷或国家,必然导致学术的衰败。[17]从注重私学、反对官学的传统出发,他承续的是明清之际书院制

---

[15] 请参见拙文:《个人观念的起源与中国的现代认同》,《中国社会科学季刊》总第九辑,1994年秋季号。

[16] 近代学会的设立看似民间行为,但实际上与国家体制的关系极为紧密,这与传统私学与官学的关系并没有那么大的差别。章太炎反对这种关系,强调学会只能由民间设立。章太炎:《论学会有大益于黄人亟宜保护》,《章太炎政论选集》,中华书局,1977,页12—13。

[17] 《与王鹤鸣书》,《章太炎全集》卷四,上海人民出版社,1985,页152—153。

度的反叛性格,所谓"群流竞进,异说蜂起,"[18]是非曲折,由学者自己选择,而无需国家设定的标准。他的学校体现的是"自拔于草野之间"的自然精神。[19]另一个与现代科学思潮直接对立的例子是倡导"文学复古"论和对小学的研究。[20]章太炎破除名相,反对康有为、吴稚晖把语言降格为工具(康有为)、把汉语贬低为"野蛮"(吴稚晖)的工具主义语言观,但不是一般地否定语言的作用,而是强调语言与人之间的自然关系。"文字者语言之符,语言者心思之帜。虽天然言语,亦非宇宙间素有此物,其发端尚在人为,故大体以人事为准。人事有不齐,故言语之字亦不可齐。"[21]"齐物世界观"否定文/野、圣/凡的分别,也拒绝在语言上接受强权的支配。

章太炎的"齐物的世界"与严复的"名的世界"是两种完全不同的世界构想。"名的世界"是一个力图通过知识的合理化而抵达的合理化的世界体制,"名"的关系的界定主要建立在事物的功能关系之中;而"齐物的世界"是对"名"及其逻辑关系的摒弃,从而物的关系建立在由语言所界定的功能性关系的否定之上。通过功能性关系的界定,"名的世界"实施了对世界的各种关系的控制,并把它们置于一种等级结构之中;而放弃对世界的功能关系的界定则意味着对一切等级结构的否定,从而也是对一切等级性的制度实践的否定。在章太炎的视野中,摆脱"强制"和"等级"并不同于当代社会理论在社会/国家的二元论中建立起来的观点(如国家不应直接干涉市民社会和市场),他揭示的毋宁是国家和社会团体的构造方式本身的压迫本性。如前所述,章太炎是激烈的民族主义者和

---

[18] 引自汤志钧:《章太炎年谱长编》,中华书局,1979,页793。
[19] 黄宗羲说:"所谓学校者,科举嚣争,富贵熏心,亦遂以朝廷之势利一变其本领,而士之有才能学术者,且往往自拔于草野之间,于学校初无与也。……于是学校变而为书院。有所非也,则朝廷必以为是而荣之;有所是也,则朝廷必以为非而辱之。伪学之禁,书院之毁,必欲以朝廷之权,与之争胜。"黄宗羲:《明夷待访录·学校》,《黄宗羲全集》第一册,页10—11。
[20] 参见木山英雄:《"文学复古"与"文学革命"》,《学人》第10辑,江苏文艺出版社,1996,页239—269。
[21] 章太炎:《规新世纪》,《民报》第24号,1908年10月10日,页15。

共和制度的开创者,在他的理论与实践之间存在着深刻的鸿沟。通过创造了一种自我否定的或临时性的个人主义和自我否定的或临时性的民族主义,他得以在推动社会运动的过程中反对运动对于个体的压抑,在强调个人自主权的同时实施自我否定。

晚清时期的两种不同的公理观与两种取向上有所差异的民族—国家的理论存在着内在的关系:一种是以"公"、"群"观念为核心,在共同体的功能必要性(适者生存的国际环境)和道德实质的双重基础上,发展个人、社会与国家的学说;另一种是以个体观念为核心,以个体与民族之间的临时性关系为中介,发展出一种临时性的和自我否定的个人、社会和国家学说。这两种学说都曾借助于原子论的个人观念用以批判理学世界观,但又都没有停留在原子论的基础之上;它们都曾论证国家和社会的必要性,但又都没有把国家和社会及其相关关系看作是最终的目标。在他们的运用中,"公"、"群"和"个体"概念保存了对于某种"自然状态"的理解,并以此为依据,在建构现代方案的同时对这个方案进行批判性的反思。晚清公理观内含的这种自我否定的逻辑不是现代科学谱系及其制度性实践的产物,而是渊源在传统世界观内部的形态有所区别的公理观本身。在社会科学自身正在致力于"否思"的时刻,这一公理观提供了一种批判性地反思现代性及其危机——尤其是现代知识谱系(作为反思性科学的人文学科和社会科学)与现代性的相互生成关系——的智慧的源泉。

第四节 作为思想史命题的"科学主义"及其限度

从科学作为一种国家的和社会的理性的角度来看,那种将近代思想中的科学问题放置在"科学主义"范畴内的思考方式有着先天的缺陷,因为它未能揭示出科学世界观在现代世界的真正地位。在19世纪后期和20世纪的前期,作为启蒙运动的一个有机的和特别重要的组成部分,科学世界观致力于解构身份性的社会体制和价值观,从而激发了几代人的批判灵感和乐观主义。因此,在20世纪80年代中期之前,几乎没有人怀疑科学及其价值观在现代中国历史中的持久的解放作用。对于科学主义的批判性思考是在80年代后期的世界性转变的背景下发生的,这个世界性转变的基本特点即全面总结社会主义的历史及其意识形态特征,正是在这一潮流中,科学主义概念被用于描述社会主义的国家体制及其意识形态的总体论特征。约瑟夫·本-戴维(Joseph Ben-David)的《科学家在社会中的角色》(*The Scientist's Role in Society*)、郭颖颐(D. W. Kwok)的《中国现代思想中的唯科学主义》(*Scientism in Chinese Thought* 1900-1905)相继于1988和1989年译为中文,而哈耶克从方法论的个人主义的角度对科学主义的分析也几乎在同时成为中国知识界的话题。上述著作的领域和取向各有不同,但他们均试图以事实与价值、实然与应然、科学与道德等二元论反击一元论的科学主义,并以这一二元论为框架明确地将科学与科学主义区分开来。迄今为止,有关国家主义和极权主义的讨论都是在欧洲思想的框架和欧洲的历史经验中形成的,其中右翼可以哈耶克的思路为代表,他认为极权主义产生于唯理主义对理性的信任和滥用;左翼则可以马尔库塞的思考为代表,他认为危机渊源于17、18世纪的理性主义和乐观主义的哲学传统与非理性主义合流,它们共同产生了一种关于种族和民族的特殊学说,以致那种将人视为哲学主体的一般理论被现代思想抛弃了。前者将危机解读成为理性的滥用,而后者则把危机解读成为血缘和国家的力量剥夺了理性的能力。在这两种截然对立的思路背后,我们也能够找到某些相近的理论前提,例如他们都批判将自然科学的逻辑与社会科学的逻辑合而为一的实证主义。然而,正如我在上文中表述的,自然与社会的性质区分、自然科学与社会科学的方法论差异并没有瓦解科学的普遍主义,毋宁在另一个分类原则上扩张了这一普遍主义的适用范围。

欧洲思想对"科学主义"及其社会特征的描述极大地影响了人们对近代、特别是"五四"以来倡导科学的社会文化运动的看法。在这种"科学主义"的解释视野中,人们开始认为中国现代思想具有与欧洲历史中的"科学主义运动"相似的特征,科学概念的社会运用不再被诠释为一种解放的力量，而是一种专制的根源。换句话说，科学主义之成为批判性反思的对象在一定程度上是社会主义失败的产物，以致科学主义与社会主义可以视为一物之两面。社会主义的国家实践大规模地诉诸科学主义话语，并以最为典型的国家理性形式突显科学的价值，从而以科学主义及其危机来解读社会主义的国家实践无疑接触到了某些实质性的问题。然而，科学世界观的霸权并不仅仅隶属于社会主义的国家实践，恰恰相反，新的社会体制的霸权正是在科学精神对于社会主义实践的解构性批判的过程中确立的。在这个意义上，社会主义国家实践的瓦解并没有导致作为一种普遍理性的科学的瓦解，后者通过不断地瓦解不适用的社会体制和价值（将其贬低为非科学的）而强化和重构自身的霸权。

在这个意义上，对于现代思想中的科学问题的思考需要从反思科学主义概念本身开始。科学主义概念带有浓厚的英美自由主义特色，在一定程度上，它是对于启蒙运动的理性主义传统的批判。这一概念也为那些研究科学史的学者所接受。例如，本-戴维曾对17世纪法国的科学主义运动（Scientistic Movement）进行研究，他认为Scientistic Movement这一概念较之Scientific Movement更准确地揭示了科学主义运动的本质及其与专门科学家的活动的区别。这一运动是"那些在一般意义上与科学有关系的人的行为"：

> 科学主义运动的参加者是这样一群人，他们相信科学是求得真理和有效地控制自然界以及解答个人及其所在社会中问题的一种正确途径，即使这些人可能并不懂得科学。在这种观点中，经验科学和数学科学是解决普遍问题的一种模式，也是世界无限完美的一个象征。"运动"这个词的含义是指该集团努力奋斗以传播自己的观点，并使其成员作为一个整体而被社会接受。当运动达到了它的目标，并且社会实际上采纳了它的价值观时，体制化就开始了。[22]

---

[22] Joseph Ben-David, *The Scientist's Role in Society* (Englewood Cliffs, N. J.: prentice Hall, 1971), p. 180.

这一描述预设了一种与社会过程无关的"科学"实践,从而得以在理论上把科学主义与科学区分开来。约瑟夫·本－戴维的通俗表达并未致力于揭示"科学主义"理论流行一时的更深刻的历史内涵,即在西方知识界由新康德主义激发的有关自然科学和社会科学的方法论差异的讨论,以及这一方法论讨论中深藏的政治内涵。[23] 他从科学史的角度提供了科学主义运动与科学的差别,却没有真正深入地分析特定的历史氛围、社会条件与科学发现之间的复杂关系。在这里,真正的问题是:科学主义的存在方式可以采用体系化的意识形态形式,但也可以采取反意识形态的体制化方式;科学主义与其说是一种意识形态,毋宁是现代社会的构造法则,它并不能通过诸如事实与价值、实然与应然、科学与道德等二元划分加以克服,因为后者同样被纳入了现代社会的合理化过程。

科学主义在 20 世纪 80 年代的中国的复兴与二元论世界观的复兴有着密切的关系,现代新儒学和康德哲学的回流都是这一思潮的反映。那些最敏感的知识分子把专制主义理解为一元论世界观的结果,并在理论上划分出实然与应然、主体与客体的界限,进而建立一种二元论的世界图式。正是在这种二元论的视野中,近代中国思想中的科学概念及其运用呈现了一元论的特点,从而它的主要缺陷被归结为没有恪守认知与规范的严格分界,从而把自然科学的方法运用于社会文化领域。"科学主义"概念为这一现象提供了最好的说明。然而,我们究竟应该将科学主义理解为一种意识形态,还是一种社会体制的合法性源泉?在深入分析这一问题之前,我们首先需要说明的是:中国思想对科学概念及其方法的广泛

---

[23] 自从狄尔泰和新康德主义的西南学派以来,历史科学和自然科学采用原则上不同的方法已相沿成习。狄尔泰把自然科学所特有的因果"解释"的方法,同历史、人文科学所特有的直观"理解"方法区分开来,而文德尔班和李凯尔特则更加激烈地把实在分割成两个截然不同的部分。康德学派把自然理解为规律支配下的事物的存在,自然科学的"合规律的"性质正与这种观点相呼应;历史则被认为由大量受价值支配的、基本上没有联系的、只具"个别性的"事实集合而成,而只有描述性的"个性描述的"方法才能理解这些事实,依此而成为处于一切理性分析的彼岸的东西。参见 Alfred Schmidt,《马克思的自然概念》(Der Begriff der Natur in der Lehre von Marx, Frankfurt a. M.:Europ？ische Verlagsanstalt,1962),商务印书馆,1988,(下同)页 41—42。

运用并不是单纯追随实证主义方法论的后果。[24]只有着眼于社会体制的转变过程本身,我们才能理解为什么作为一种解放力量出现的科学主义的意识形态能够迅速地转化为一种知识的和体制的霸权;反过来,要理解这一社会体制的转变过程又需要摒弃科学主义概念内部所包含的那种"科学的/科学主义的"二元论。[25]近代知识分子从各自的社会需要出发诉诸科学的"公理",目的是为自己从事的社会事务提供合法性的论证,从而科学概念的内涵与运用者的多重社会身份具有密切的联系。在这个意义上,在诠释科学概念的运用时,重要的是说明人们在什么样的社会条件和文化条件下运用这一概念,而不是在科学与科学主义的简单区分中分辨人们能否将科学的概念和法则运用于社会生活。从思想史的角度看,现代中国思想中的科学概念不断地跨越事实与价值、描述与判断、科学与批判、理论与实践的严格分界,它专注于具体的历史问题,而并不关心如何处理认知与规范的关系这一休谟式的哲学问题。因此,近代中国思想的真正问题与其说是如何处理认知与规范的关系问题,不如说是在怎样的历史条件下、基于什么理由,认知与规范的关系没有成为问题?或者,在怎样的历史条件下、基于什么理由,这一问题构成了问题?换言之,我们需要处理的不是休谟和康德的普遍命题,而是这一命题与它的背景条件的关系。

首先,将国家极权和总体计划的经济模式的思想方法根源归结为

---

[24] 从思想资源来看,孔德的社会学思想影响了中国的科学概念的形成,但远不如斯宾塞的社会学对中国思想的影响那样直接,而按照理查德·霍夫施塔特的观点,斯宾塞恰恰是一个"放任的个人主义"和具有古典经济正统观念的哲学家。参见理查德·霍夫施塔特:《美国人思想中的社会达尔文主义》,波士顿,1955。见本杰明·史华兹:《寻求富强:严复与西方》,叶凤美译,江苏人民出版社,1989,页53。

[25] 从概念方面看,现代中国思想中的科学概念包含了自然、道德和政治三方面内容,它一方面是在扬弃古代的格致概念的过程中产生的,但另一方面又保留了理学世界观的那种体系性的特征,即使是在语词的变迁中也显现出了格致(以及天理)概念与科学(以及与公理)概念的历史关系;因此,这一科学概念与 science 的关系并不像字面翻译的对应关系那样简明。但是,科学概念在运用过程中呈现的特点不能仅仅被归结为传统思想方式的作用,它还需要置于近代中国的世界观转变和社会结构的变化中理解。

科学主义是自由主义者和某些左翼理论家的共同看法，但这一洞见没有能够提供科学主义得以产生的社会动力。在哈耶克等人的理论的影响下，人们将科学主义与一种整体主义的思想方法密切地联系在一起。例如，有人把中国思想的整体论特征与斯宾塞（Herbert Spencer）、亚当·斯密（Adam Smith）等中国现代思想的"西方源泉"相比较，结论是：中国思想未能真正理解这些西方先贤的经济自由的概念和社会/国家的理论，最终导致了国家至上论。这种整体主义的认识论就是科学主义的表现。但是，他们没有提及的是：当斯宾塞、亚当·斯密在谈到一个"社会"（society）时，主要是指他们熟悉的民族—国家的社会，因此，社会（society）、民族（nation）和国家（country）这些词是可以互换的，[26]而中国近代思想家在阐述国家和社会这样的范畴时，不是谈论某种他们身在其中、十分熟悉的社会，而是试图用这些概念重构自身的社会关系，并将民族—国家、法制化的社会组织和市场经济作为这一重构过程的基本方向。换句话说，"民族—国家"、"社会"以及"市场"并不是一种熟悉的自然存在，也不是已经定义得很好的、界线非常明确的实体，它们是社会变革的主要目标，也只能在与外部的、同样没有得到清晰界定的力量的关系中获得把握。因此，中国近代思想的整体论和目的论特征与这一"现代性"建构或创制的过程存在密切的关系，从而不能被简化为某种思想方法的结果。在我看来，与其用科学主义范畴批评近代思想的历史解释方式，不如把问题转向对"民族—国家"、"市场社会"及其动力的追问：它们是一种自然进化的产物，还是在外部压力之下、由某些社会力量进行主导和建构的结果？因此，问题隐含在命题的背后：当人们把市民社会、自由市场以及个人权利的范畴作为与"国家"及其极权主义对立的范畴运用时，并没有追问"社会"、"市场"和"个人"是否像"国家"一样也是一种"科学规划"的结果，没有相应地考虑"国家

---

[26] 如《国富论》的原题是 *An Inquiry into the Nature and Causes of the Wealth of Nations*，亚当·斯密给其中的一章定题为"How the Commerce of the Towns Contributed to the Improvement of the Country"，史华兹：《寻求富强：严复与西方》，页109。

建设"与"社会建设"(society building)、"市场建设"(market building)和"个人建设"(individual building)是不是一个连续的、相互支撑的过程。这些理论家通过批判近代中国思想中的"科学主义",重申国家/社会、计划/市场二元论(即认为国家是规划的结果,而社会和个人是自然的存在),却很少从历史过程本身出发论证自由"不是一种自然的状态,而是一种文明的造物。"[27]

鉴于哈耶克的科学主义概念在当代中国思想和思想史研究中的影响,我在下文将对此作详细的分析。这里需要约略提及的是:哈耶克社会理论的主要目标是重构存在于社会世界中的各种自生自发秩序。这一主要目标说明:自生自发秩序存在于社会事务之中,但却不能等同于社会事务或社会世界。[28]哈耶克所反对的"设计"(design)可以被归结为一种认识论谬误,却不能被理解为对于各种有意识行为和制度创制的否定。在这个意义上,自生自发秩序与社会组织的区别必须在一种严格的理论意义上才能界定,因为在实际的社会运动中,自生自发秩序与社会的组织秩序是难以截然区分的。哈耶克特别关注自生自发秩序与组织秩序的区别,并在这个层面检讨国家、法律与这种自生自发秩序的关系,却较少明确地区分"自生自发秩序"与"市场"范畴及社会范畴的差别,这或多或少是因为在规范的层次上,他正好是以价格体系的运动作为论证自生自发秩序的切入点,而没有对现代价格体系的形成进行历史性的分析。哈耶克理论的这一特点使得他的许多追随者把"市场"和"社会"范畴直接等同于自生自发的秩序,而没有意识到必须在作为历史演化范畴的"自由"

---

[27] Friedrich A. von Hayek, *The Constitution of Liberty* (Chicago: The University of Chicago Press, 1960), p. 54.

[28] 哈耶克把这种自生自发秩序与按中央指令行事相对立,这是他的理论鼓励了某些追随者用市场/计划二元论解释社会现象的主要原因。但是,从哈耶克本人的行文来看,他仍然是把"自生自发秩序"看作是隐藏在社会事务内部的秩序,而不是把自生自发秩序等同于"社会事务"本身。参见 Hayek, "Kinds of Rationalism," in *Studies in Philosophy, Politics and Economics* (London: Routledge & Kegan Paul, 1967), p. 71.

与近代的"社会"范畴之间给出理论上的划分。[29] 事实上,如果市场和社会范畴可以等同于"自生自发秩序",那么,就没有必要发明这一含混的概念;如果"自生自发秩序"可以等同于某种特定的社会形态,那么,"自生自发"的含义就极为可疑。这一理论上的暧昧导致了明显庸俗化的意识形态后果,这就是:把现实中的或历史中的"市场"、"社会"范畴看作是与"国家"范畴截然对立的、自由的和自发的范畴,从而掩盖了近代"市场"、"社会"与近代"国家"同时生长、相互交错的历史过程。出于同样的原因,科学主义概念一般也限制在描述思想方法的谬误及其在"国家"实践中的后果,却很少被用于分析"市场"和"社会"的活动。然而,自然演化是否包含人们的有意识的创造过程?它们之间又是什么关系?从历史的角度看,现代市场秩序和社会秩序与其说是自然演化的结果,毋宁被视为有意识的创制;现代市场社会不能被自明地看作是一种"自生自发的秩序",毋宁是对"自生自发秩序"(包括旧有的市场和社会关系)的规约、控制和垄断。如果这些被视为"自生自发秩序"的范畴也与人的主观意志的范畴存在着历史联系,那么,我们如何能够断然地将"市场"和"社会"视为自由的范畴,并以之与国家这一"专制的根源"相对立呢?

其次,西方思想界对科学主义的批判是和休谟提出的那种事实与价值、描述与评价、科学和批判的截然划分的传统直接相关的,经验主义的哲学和社会思想传统把这一划分看作是我们的第一原则。在认识论层面,科学主义被看作是一种实证主义的错误,它严重违背了上述第一原则,即把有关事实的陈述直接地转换成为价值的判断。然而,从事实中无法引申出价值这一判断究竟是一个普遍的命题,还是一个历史的命题呢?

---

[29] 例如,G. C. Roche III 说:"在很大程度上,我们要感谢哈耶克的洞见,是他使我们现在认识到了自由与社会组织的密切关系以及自由与法治的密切关系……'自生自发的秩序'概念是哈耶克最伟大的发现,亦是其法学和经济学的根本原理。这项发现可以追溯到亚当·斯密及其'看不见的手'的比喻,亦即认为'市场'是人类社会内的陀螺仪(gyroscope),它不断产生着自生自发秩序。" "The Relevance of Friedrich A. Hayek," in *Essay on Hayek*, ed. F. Machlup (London: Routledge & Kegan Paul, 1977), p. 10. 转引自邓正来:《知与无知的知识观——哈耶克社会理论的再研究》,《自由与秩序:哈耶克社会理论的研究》,南昌:江西教育出版社,1998,页76。

回答这一问题的最好方法是重新分析"事实"概念的历史谱系。"事实"概念具有古老的根源,但在古典时代,这一概念本身就包含了评价的内涵。麦金太尔因此断定,只是在这一概念从产生它的背景条件中分离出来的时候,"事实"与"价值"的分离才成为一个"普遍的"哲学命题。[30]这一判断的含义是:近代思想把"事实"从一切评价中分离出来、建构成为一个中性的、客观的领域,因而这一概念不是自明的客观实在,而是实证主义对于"客观"的现代建构。此即19世纪欧洲哲学中"认识论"的起源。这一时代的理性主义和经验主义都力图从形而上学上为客观领域划定界线,并为自然科学的价值提供逻辑—心理学的基础。自胡塞尔以来,哲学和社会理论的根本特征之一就是反思这种建立在实证主义基础上的事实/价值的分裂,进而试图克服经验/规范的断裂,以及由此派生的理论与实践的分离。这一努力集中于哲学的层面,表现为不同的形式和方向,但核心问题是清楚的,即重新构思理论真理的概念,建立真理与自由之间的内在的关系。[31]在晚近西方社会思想对现代性问题的反思中,认知、规范与判断之间的悖论关系一直是各派别的理论关注的焦点,而重新沟通认知与规范、理论与实践的目的之一就是克服科学主义及其社会后果。换言之,不是确认事实与价值的二元论,而是寻找沟通事实与价值的途径,构成了现代性反思的主要方向。在这一脉络之下,我们究竟应该如何理解中国思想中的那种不断跨越事实与价值、实然与应然的二元对立的思想方式呢?[32]

中国当代思想对科学主义的检讨与20世纪80年代后期的文化氛围

---

[30] Alasdair MacIntyre, *After Virtue: A Study in Moral Theory* (Notre Dame: University of Notre Dame Press, 1984).

[31] Thomas McCarthy, "Translator's Introduction," in Jürgen Habermas, *Legitimation Crisis* (Boston: Beacon Press, 1975), p. x. (下同)

[32] 1987年,夏绿蒂·弗思(Charlotte Furth)的博士论文《丁文江——科学与中国的新文化》(*Ting Wen-jiang*, Harvard, 1970)中文译本由湖南科学技术出版社出版,1989年,郭颖颐(D. W. Kwok)的著作《中国现代思想中的唯科学主义》(*Scientism in Chinese Thought 1900-1950*, New Haven: Yale University Press, 1965)由江苏人民出版社出版。尤其郭颖颐的著作,明确地诉诸科学主义范畴,对中国现代思想中的科学观及其在其他领域的运用进行了系统的批判,并对当代中国思想产生了一定的影响。

紧密相关,它主要地不是有关"知识"的检讨,而是关于文化、政治和意识形态的反思。这是一个孕育着巨大的历史变动的时期,对现代化问题的思考与对国家社会主义及其制度形式的反思紧密地联系在一起。如果说在思想解放运动初期,"科学"原则及其广泛的社会运用曾经是批判专制主义的有力武器,那么,现在,这一原则及其社会运用又被理解为专制主义的根源。在这一时期,文学和思想的领域内都开始出现了对现代化的意识形态进行重新思考的迹象。例如在一系列的寻根文学的文本中,"传统"不再是反叛的对象,而是我们自身行为价值的依据;"自然"不再仅仅是无生命的客体,相反却成为具有生命的存在,因而也被用于对"文明"(作为征服自然的结果和形式)的抵抗;在思想方面,一些具有重要影响的当代知识分子开始关注现代"新儒家"的理论,现代化过程中的伦理和道德问题成为思考的主题。在轰动一时的有关主体性问题的讨论中,康德式的二元论构成了对唯物主义自然观和历史观的挑战,科学与道德、理性与非理性的二元对立的论述模式已经隐隐出现。主体性概念在抽象的陈述中表达的是对政治自由和征服自然的意愿,在1978年以来的主导性的思想框架之中,这一概念致力于对极权主义的历史实践(总体性的经济、政治和意识形态模式)的批判,并为朝向全球资本主义的改革意识形态提供某种哲学基础。换言之,在制度变革的语境中,对现代性的反思被纳入对中国社会主义实践的批评之中,却没有能够把这一反思扩展成为对于启蒙运动以来的现代历史及其后果的反思。对科学主义的检讨一方面满足了批判"现代性后果"又保存现代价值的心理愿望,另一方面又是一种政治意识形态批判(以科学/道德二元论对抗科学一元论)。

西方思想界关于科学主义的理论思考产生于第二次世界大战和战后的政治、经济和文化氛围之中,它也可以被看作是西方知识界对法西斯主义和斯大林主义的反思。[33]有关"科学主义"的理论思考以检讨启蒙运

---

[33] 例如哈耶克就说,有关18世纪以降的理性的逐渐的滥用的一般描述必然伴随着有关在极权主义之下的理性的衰败的讨论,后者指的是法西斯主义和共产主义。这一说明简要地揭示了他的《科学的反革命》一书与《到奴役之路》的内在的联系。See The Counter-Revolution of Science (Indianapolis: Liberty Press, 1979), p.11. (下同)

动以来西方的社会理论和知识架构为己任，但其历史含义却主要是对计划经济模式及其极权主义政治的批评，因此，有关科学主义的思考自然地倾向于自由主义，特别是哈耶克式的自由主义。我们几乎无法将哈耶克（F. A. Hayek）的《科学的反革命》(The Counter-Revolution of Science) 与他的《到奴役之路》(The Road to Serfdom) [34]以及《个人主义与经济秩序》(Individualism and Economic Order) [35]分离开来理解。我们甚至可以进一步地推论说，自由主义的结论和对社会主义的批评比有关科学主义的理论思考更深刻地支配了中国思想界和美国中国学界关于"科学"问题的反思。这一逻辑如此强烈，以至近代中国思想的内在政治冲突都被忽略不计，胡适这样的自由主义者、吴稚晖这样的无政府主义者、陈独秀这样的马克思主义者都被看作是科学主义的信徒，而"科学主义"则是极权主义的思想根据。在这样的条件下，我们不得不考虑：在理解现代思想及其政治后果的过程中，"科学主义"这一范畴是否过于抽象而缺乏真正的解释力？

这种含混的推论方式并不只是中国研究领域的独特现象。哈耶克对把科学领域的认识方式移用于社会领域深恶痛绝，而波普尔却自然地将他对科学问题的思考运用于社会政治领域，但他们对极权主义和总体计划的厌恶却如出一辙。几乎与他们同时，德国思想家雅斯贝斯的名著《历史的起源与目标》(1949)在更为宏大的历史视野中对现代科学和现代技术进行反思，他的结论之一同样是对社会主义和总体计划的否定和对"自由的市场经济"和不干涉主义的隐秘的迷恋。[36] 1989年，雅斯贝斯的这部著作与哈耶克的《个人主义与经济秩序》几乎同时译为中文出

---

[34] 参见 Friedrich A. von Hayek, *The Road to Serfdom* (London: Routledge & K. Paul, 1976)。
[35] 参见 Hayek, *Individualism and Economic Order* (Chicago: University of Chicago Press, 1969)。
[36] 雅斯贝斯的下述说法是颇具代表性的："我们可以看到我们面前的两种主要倾向，如果我们明确地行动，我们总是要二者择一，作为我们决策的根据。要么我们在自由选择中面对各种各样的命运。在各种力量相互影响的种种机会中我们是有把握的，尽管它们频频引起许多荒谬，但总是有纠正它们的机会。要么我们面对伴随着精神和人性毁灭而由人们从总体上计划的世界。" Karl Jaspers, *The Origin And Goal of History* (New Haven: Yale University Press, 1953); 《历史的起源与目标》，魏楚雄、俞新天译，华夏出版社，1989。

版。这些著作都是对纳粹德国国家主义、战后欧洲的福利主义和斯大林主义的反思。相互冲突的理论逻辑(如哈耶克、波普尔、雅斯贝斯之间)并未导致相互冲突的结论,这表明对科学主义的理论反思并不仅仅是"理论的",而且是"意识形态的"。在战后欧洲知识界和 20 世纪 80 年代中国知识界,"科学主义问题"的提出反映了重新思考极权主义国家体制、经济体制和意识形态的理论旨趣。

但是,同样是对极权主义的思考,马尔库塞、卡尔·博兰尼的理论实践和历史研究却与上述作者的看法极为不同。他们从各自的角度认为自由主义与极权主义、自律性市场与法西斯主义之间并不是对立的关系。马尔库塞把现象学和经验论视为世界进入极权主义的标志,而博兰尼则从英国资本主义的历史中发现了自由放任主义(Laissez-faire)曾经是一种好战的信条。[37] 换句话说,计划经济与市场经济都存在着通向极权主义的可能性,那种把反思极权主义垄断为某一种、甚至某一派理论的特权的做法,特别是将其他思考极权主义的理论归入极权主义的做法,就如同标举市场化而实行垄断的资本主义一样,如果不是毫无反思能力的结果,就是精心结构的思想专制。在这里,问题的核心并不在于是否应该对计划经济和极权主义进行清算,而在于如何理解计划经济和极权主义的起源,以及对计划经济和极权主义的否定是否仅仅逻辑地指向某一正在退场的社会形态,从而为另一不平等的、垄断的、也是真正现实的社会秩序提供合法性。因此,我的基本的理论立场是:坚持社会理论和社会批判的内在整体性。对现实的社会主义的批判或对现实的资本主义的批判,都不应简单地被导向肯定它们各自的对立面。相反,马克思主义和某些自由主义者所揭示出的不同社会形态的内在矛盾,应该被看作具有内在关

---

[37] 麦金太尔曾批评马尔库塞仅仅根据海德格尔和金蒂雷(Gentile)这两个极其例外的人物就作出如下论断,他指出,维也纳学派的哲学家是激进分子和社会主义者,是全体一致地反纳粹的。现象学家的政治记录也是良好的。按照这一逻辑,无论在欧洲,还是在中国,对极权主义的批判经常采用了马克思主义的思想形式,那么,前述人物试图把欧洲思想的理性主义传统看作是极权主义起源的看法,也同样是有疑问的。参见 Alasdair MacIntyre, *Marcuse* (New York: The Viking Press, 1970)。

联的方面。在我看来，某种学说的观点只有置于一定的社会的和历史的背景中才是可理解的，但是如果我们要从哲学理论和社会结构类型两者的联系中归纳出更一般的观点，就必须深入这项理论提出和运用的具体语境，而不能在观念论的层面进行一般推论。

在中国现代思想的领域中，关于早期科学思想的探讨迅速地转变为关于上述社会、政治和经济实践的批评，"科学主义的解释模式"显然提供了阐释的方向。在这一思想氛围中，对科学主义的检讨过分地囿限于内部的视野来观察半个世纪以来中国的政治经济实践（以计划经济与无产阶级专政为特征），而忽略了科学及其方法论的广泛运用与整个现代历史（资本主义发生以来的历史）的内在关系。从西方思想的方面看，对纳粹主义和斯大林主义的批判如果不能与对整个现代性问题的批判性思考联系起来，就会把这种批判转变成为对于现存的政治经济制度的辩护，从而掩盖社会专制的真正起源，掩盖殖民主义的历史及其在当代的遗产。事实上，纳粹主义与斯大林主义产生于不同的经济和政治基础和不同的社会文化条件，把它们的重大差异混为一谈本身就包含了对重大历史差异的掩盖。在回顾和反思近代和现代中国的历史时候，人们总是习惯地把某一个历史时期或历史过程（如中国革命）看作是一个整体加以否定或肯定。这种整体主义的历史观不仅掩盖了复杂的历史图景，而且总是把对过去的否定或肯定引向对于当代社会的肯定或否定。我们需要追问的是，为什么作为对现代资本主义的批判的社会主义运动最终采取了民族—国家的形态？国家形态与现代资本主义经济和政治结构的历史关系如何？现代中国历史与当代社会的技术发展和社会变化表明，不论其制度形式如何，东西方社会都有可能陷于"极权的福利国家"或者"计划控制的社会"的相似情境。如果现代社会——无论是社会主义的还是资本主义的，是东方的还是西方的——不是一个简单的整体，而是一个复杂的、具有内在矛盾和张力的社会，那么，过往的历史实践能否提供一些新的选择的可能性呢？在知识已经成为支配性的资源的历史情境中，"科学主义的解释模式"无法提供理解当代社会变化的历史视野。

就中国现代思想研究而言，"科学主义的解释模式"所产生的教条主义谬误也是非常明显的。这种谬误来自它的反历史方法,来自它对科学自身的捍卫和对科学的意识形态的非历史的谴责。在现代中国历史中,"科学"是一种控制的力量,但也是一种解放的力量。例如晚清以降,特别是五四时代,"科学"的意识形态曾经为新一代提供了各种想像的可能性和实际的解放力量。在当代历史的某些时刻(如70年代末期和80年代的初期),"科学"几乎同时发挥了它的控制和解放的双重职能。从表面看,科学的"解放"和"控制"功能主要表现在人与自然的关系的改变,更为根本的含义则是人与人的关系亦即社会关系的改变。科学的解放与控制功能的发挥依赖于具体的社会条件,依赖于由谁来运用以及如何运用科学的权威力量。"科学主义的解释模式"对于科学的意识形态的批判完全不能区分它在特定历史情境中的功能性差别。法伊尔阿本德(Paul Feyerabend)的如下解说揭示了"科学主义的解释模式"在历史研究中的根本错误:

> 这种态度(我们姑且称之为"科学主义的态度"——引者注)在17、18世纪甚至19世纪中是完全有意义的,那时科学只是许多相互竞争的意识形态的一种,国家还没有宣布支持科学,对科学的决意研究被其他观点和其他机构大大地抵消了。当时,科学是一种解放力,这并不是因为它发现了真理或正确的方法(虽然科学的辩护者们假定这就是理由),而是因为它限制了其他意识形态的影响,因此给了个人以思想的余地。当时也没有必要坚持考虑问题B。当时仍然十分活跃的反对科学的人试图表明科学的方向错了,他们贬低科学的重要性,而科学家不得不回答这一挑战。科学的方法和成就经历了批判性的争论。在这种情况下,一个人献身于科学事业是完全讲得通的。产生这种献身精神的环境把科学变成了一种解放力。[38]

---

[38] Paul Feyerabend,《自由社会中的科学》Science in a Free Society(London: Verso/NLB, 1982),兰征译,上海译文出版社,1990,(下同)页77—78。引文提及的"问题B"是指

这并不等于说这种献身精神必然具有解放作用。在科学或任何其他意识形态中，没有什么东西能够使它们生来便有解放力。意识形态可以退化，成为独断的宗教。因此，"解放"和"控制"是一个变动的过程。无论是解放的力量还是控制的力量，这里的"科学"都是指它的意识形态功能和社会构成力量。"解放"和"控制"之间的关系不能像科学主义的解释者那样分属"科学自身"和"科学的意识形态"。换言之，如何评价现代中国思想中的科学问题，并不取决于我们对于"科学的本质"或者"科学的意识形态的本质"的理解，而取决于我们对于不断变动的意识形态状况或社会形势的理解。

第五节 哈耶克的科学主义概念

自20世纪70年代末期以来，布鲁诺·拉陶尔（Bruno Latour）和斯蒂夫·沃尔迦（Steve Woolgar）等人就发展了一种科学人类学方法，他们象研究土著的人类学家那样，对科学家群体的研究过程进行近距离的观察。这种人类学分析的最为重要的特征就是摆脱那种把科学活动区分为"社会因素"和"技术因素"的二元论，而传统的科学社会学就是建立在这种二元论之上的。"这种区分（指科学活动的社会因素和技术因素的区分——引者）是非常危险的，这不仅因为它完全不能检验技术问题的本身，而且还因为社会的影响仅仅在外部干扰的最为显著的例子中才是明显的。

关于科学的任何讨论中都会产生的两个问题之一。这两个问题是：(A)什么是科学？——科学如何进行？什么是它的结果？它的标准、程序、结果如何不同于其他领域的标准、程序、结果？(B)科学的真正伟大之处何在？——什么东西使得科学优于其他形式的存在、因而使用了不同的标准、获得了不同的结果？什么东西使得现代科学优于亚里士多德派的科学，或优于霍皮人的宇宙论？法伊尔阿本德特别提到：在回答"问题B"时，我们不得用科学的标准来判定不同于科学的学科。在试图回答问题B时，我们考察的就是这种标准，所以我们不能使它们成为我们判定的基础。同上，页75。

1438　　　现代中国思想的兴起

更重要的是,这个区分的使用不能检讨它作为科学活动的资源的重要性。"[39] 通过检验科学文献、实验室活动、科学的制度性语境,以及使得发明和发现被接受的手段,拉陶尔等人不仅论证了只有通过科学的实践才能理解科学,而且也表明:社会语境和技术内容对于适当地理解科学活动都是必要的。

因此,他们关心的是"科学事实的社会建构"(the social construction of scientific facts),以及"如何通过社会来理解科学家和工程师"(how to follow scientists and engineers through society)。[40] 但这里所谓"社会建构"并不是指科学研究中的那些非技术因素,如规范和竞争等等,而是指科学知识的社会建构过程,亦即科学家使得他们的观察获得意义的过程。例如科学家必须从无序的观察中整理出秩序,以使某一观察得到表达(接受),而要让自己的解释获得合法性,又必须从自己的语言和概念中排除掉"社会的"因素,从而在"技术过程"中接受共同体的检验。拉陶尔认为科学家从自己的语言和概念中排除"社会的"因素这一过程本身就是一种社会现象。[41] 我们也可以在女性主义有关科学是一种社会实践的论述中得到印证。[42] 然而,科学人类学的这些发现并没有真正改变社会理

---

[39] Bruno Latour and Steve Woolgar: *Laboratory Life: The Social Construction of Scientific Facts*, Beverly Hills and London: Sage Publications, 1979, p. 32.

[40] 这分别是 Brono Latour 的两部著作的副题,一部即《实验室的生活》(*Laboratory Life*),另一部是《行动中的科学》*Science in Action* (Cambridge, Massachusetts: Harvard University Press, 1987)。他的《法国的巴氏灭菌法》*The Pasteurization of France* (Cambridge, Massachusetts: Harvard University Press, 1988) 也同样遵循了"科学人类学"的方法。

[41] Bruno Latour and Steve Woolgar 在 *Laboratory Life* 一书中为了检查科学事实的建构过程,介绍了这个由不熟悉科学的人建立的实验室的一般组织(Chapter 2),揭示了实验室的部分成就的历史如何被用于解释一个"不容质疑的"事实(a "hard" fact)的稳定性(Chapter 3),分析了事实得以建构的宏观过程的一部分,以及事实一词的悖论(chapter 4),观察了实验室中的成员如何为他们的事业和具体工作获得意义(chapter 5)。

[42] 女性主义者断言:"与经验主义教条所言恰好相反,使用同类的分析范畴来理解科学和社会同样有效……对物理和化学内通常产生的信念,我们应该以解释人类学、社会学、心理学、经济学、政治学和史学探究中产生的信念的同样方法来解释。"这包含了两个步骤:将科学知识非自然化(denaturalizing),确认赖以进行非自然化的诸种史学、

论对于科学问题的观察方式,科学主义概念在当代理论中的活跃就是明证,因为这一概念正是建立在拉陶尔等人竭力摆脱的那种社会(social)/技术(technical)二元论之上的。在这个意义上,科学主义概念不仅产生于对社会现象的错误观察,而且也产生于对科学实践的错误理解。如果社会/技术的区分是科学活动的重要资源,那么,我们也需要追问:这种二元论在社会实践中的含义是什么呢?

我在此试着对哈耶克的早期著作《科学的反革命》(The Counter-Revolution of Science)一书(特别是它的理论部分)作出简要的分析。这部著作最初发表于1952年,主要思想形成于40年代,它用一种关于知识的理论建构自己的社会哲学。哈耶克本人的知识观和社会理论在1950—1960年间发生了一些变化,但这种从知识理论推导社会哲学的方式可谓一脉相承。[43]《科学的反革命》一书的中心任务是思考社会理论的方法论问题。这部著作所以能够成为"科学主义解释模式"的重要理论资源,是因为它从观念史的角度清理欧洲思想中的理性主义和实证主义传统,提供了把科学主义与社会主义关联起来的理论逻辑。[44]哈耶克分析的不

批判理论和精神分析的方法。女性主义者批判物理学的典范地位,宣称:较诸物理学,"批判和自省的社会科学"能够为其他科学提供更适当的研究模式。Sandra Harding, *The Science Question in Feminism* (Ithaca: Cornell University Press, 1986), p. 92 and p. 44。David R. Shumway & Ellen Messer-Davidow, "Disciplinarity: An Introduction," *Poetics Today* 12, no. 2 (Summer 1991): 201-225.

[43] 关于哈耶克的思想变化,参见邓正来《自由与秩序:哈耶克社会理论的研究》,页105—106。他从概念层面观察哈耶克的变化,认为这一变化是由于引入"无知"这个概念而引起的。这是一个从"分立的个人知识观"到"无知"意义上的"默会知识"(tacit knowledge)观的转化。"诸如'知识'、'意见'(opinions)、'信念'(beliefs)、'理念'(ideas)等术语开始为'无知'(ignorance)、'必然的无知'(necessary ignorance)、'不可避免的无知'(inevitable ignorance)等概念所替代。"在《科学的反革命》一书中,作者的用语还多停留在知识、意见、信念和理念等概念上,但这些概念正是哈耶克后来论证的"必然的无知"的概念前提。

[44] 哈耶克的《到奴役之路》、《个人主义与经济秩序》和《自由秩序原理》的中文本相继出版,但这部有关科学主义的理论著作迄今为止仍未译为中文。不过,许多读者从这些著作之间存在着的相互映证关系,已经在完整地阅读之前接受了这部著作的一些浅显的结论。例如,在《个人主义与经济秩序》第1章第3节,哈耶克把英国思想家的

是科学的近代发展及其与社会历史的关系,而是自法国百科全书派、圣·西门直至孔德、黑格尔以来的社会理论的发展及其认识论谬误。换言之,哈耶克关心的不是科学的结论和方法能否影响人们的日常思想和价值,以及这种影响是否有效和正确,而是社会科学对科学方法的不加限制的运用及其社会后果。对科学主义的检讨在认识论上构成了对哈耶克本人曾经信奉的实证主义(特别是实证主义经济学)的否定,也使他的著作成为反思实证主义和唯理主义的当代经典。

哈耶克对实证主义的批判是建立在自然与社会二元论之上的。这种二元论的核心观点是:自然科学方法的内在合理性并不意味着可以将对象没有的秩序强加于对象(社会)。因此,我在这里使用的自然/社会二元论主要是指哈耶克试图在研究对象的区分上建立自然研究与社会研究的方法论差异。他在批评经济学中的各种实证主义倾向时说:"我认为,目前许多关于经济理论和经济政策的争论,都源于对社会问题的本质的误解,而这种误解又源于我们把处理自然现象时养成的思维习惯,错误地

"真正的个人主义"与法国笛卡尔学派的个人主义加以对比,他说:"倘若我们从笛卡尔、卢梭以及法国大革命到仍然富于特征的工程师们处理社会问题的态度,来进一步追溯一下这种社会契约个人主义或社会制度'设计'理论的发展,一定是很有趣的事情。"在为这段话所做的注解中,他提到了他发表在 *Economica*(1942)上的论文《科学主义与社会研究》("Scientism and the Study of Society")。在稍后的段落中,他又指出:"社会设计的理论必然导致这样一种结论,即只要社会过程受人类理性的控制,它们就能够为人类的目标服务,因此,这就直接导致了社会主义。"至于《科学的反革命》一书的较为深刻的部分,则未曾有人进行研究和分析。我在此不是以郭颖颐的著作为分析对象,而是以哈耶克的著作为分析对象,一方面是为了较为准确地概括有关科学主义的理论,另一方面则是因为哈耶克在20世纪八十年代以至今天的中国知识界都具有重要的影响。1989年以后有关激进主义和英国自由主义的讨论的理论资源之一,就是哈耶克式的自由主义。应当说明的是,哈耶克在书中的论述并没有直接地研究计划经济和社会制度问题,但是,他对社会科学中的科学主义的研究明显地寓含着对于社会主义、极权主义和计划经济的思考。我所说的"科学主义的解释模式"并不是严格地指哈耶克的理论,而是依据这种理论对中国历史进行解释的思想史和社会史模式。较之哈耶克的理论,中国研究领域中有关"科学主义"的讨论完全没有达到应有的思想深度,从而我们不能在哈耶克的理论与这些论述之间划等号,但为了在理论层面澄清我对问题的看法,直接地叙述哈耶克的理论可以使问题更为明朗化。

专用于社会现象。"[45]哈耶克揭示了科学不是对自然本身的认识,而是一种主客体关系的建构;他还指出,科学知识并不是全部知识的概括,因为还存在着许多许多未经组织的却极为重要的知识,"即有关特定时间和地点的知识,它们在一般意义上甚至不可能称为科学的知识。"[46]然而,这种关于科学知识的限度的洞见没有发展为对认识自然的活动本身的社会性质的检讨。既然哈耶克认为科学认识的对象不是自然本身,而是人们对于自然现象的主观建构,那么,认识和控制自然为什么仅仅是科学本身的事业,而不是一项广泛的社会任务呢?[47]在这一语境中,技术扮演着与科学远为不同的角色,因为它和人的欲求的领域、社会关系的领域和权力的领域有着更为密切的关系。在这个意义上,我对哈耶克有关实证主义的批评的批评建立在两个层面:第一、科学认识过程对社会性的排除本身就是一种社会现象,因而绝不能用科学知识与社会知识的二元论来加以区分;第二、即使在建构主义认识论的构架里解释对于自然的研究,也不足以解释科学主义的谬误,这是因为社会控制与对于自然的控制是具有历史的联系的。

哈耶克本人曾经非常明确地批判了渊源于希腊思想中的"自然"(natural)与"人为"(artificial)的二元论。他说:"古希腊人的这种关于

---

[45] 哈耶克:《个人主义与经济秩序》,贾湛、文跃然译,北京:北京经济学院出版社,1989,页75。哈耶克对古典经济学的批评可以说是集中要害的,但他对实证主义的检讨仍然建立在自然与社会的二元论之上。在我看来,问题恰恰在于这种自然与社会的分化本身应该是检讨的对象。因为当自然转变成为科学的对象,并且只能在主体与客体的二元关系中呈现自身的时候,自然的性质发生了根本的改变。科学技术时代的兴起是和人们对自然的理解的变化密切相关的。科学主义的论式捍卫的正是这种自然/社会二元论。

[46] 哈耶克:《个人主义与经济秩序》,页76—77。

[47] 哈耶克后来受到迈克·波拉尼的《个人知识》(*Personal Knowledge*)影响,在《感觉秩序》(*The Sensory Order*, London: Routledge & Kegan Paul, 1952)中,他承认人的心智本身就是一种社会和文化构成的产物,并认为知识实质上是实践性的知识。但即使如此,他仍然拒绝知识社会学的概念,因为他认为既然人的心智是社会和文化构成的产物,没有能力使自身与那些使它进行分类的规则相分离,那么,心智也就不可能充分地解释其本身的运作。(参看邓正来:《自由与秩序:哈耶克社会理论的研究》,同前,页108—114)《科学的反革命》一书对曼海姆的知识社会学的批评,可以说就是上述思想的前奏。

'自然的'与'人为的'二分观后来演变成了理论发展方面的重大障碍;这种二者必居其一的排他性二分观,不仅是含糊的,而且确切地讲也是错误的。"[48]这种二元论是现代唯理主义或"伪个人主义"的思想渊源。正是从对于这种二元论的批判出发,哈耶克把自己的社会理论及法律理论建立一种三分观之上,"它须在那些自然的现象(即它们完全独立于人之行动的现象)与那些人为的……现象(即它们是人之设计的产物)之间设定一种独特的居间性范畴,即人在其行动与其外部环境互动的过程之中所凸显的所有那些产生于人之行动而非产生于人之设计的制度或模式。"哈耶克关注的中心问题是自然/人为二元论有可能导致在自然/社会二元论范式中形成"一元论的社会观",以及"以人之理性设计的立法为唯一法律的社会秩序规则一元观";他的理论不仅是对计划经济或福利国家的批判,而且也包括了对于自然法理论、法律实证主义和多数民主式的"议会至上"论的批判。[49]在这个意义上,哈耶克对实证主义的批判的确要比波普尔这样的思想家彻底一些。

但是,哈耶克并没有彻底摆脱自然/社会二元论的影响。这不是因为他对自然/社会二元论保持着同情的态度,而是因为他对科学主义的批判没有发展成为关于科学的社会理论,却通过将"科学主义"排除出科学的范畴,转而为科学及其历史的自主性辩护。哈耶克说:

> 就这一概念的真正含义而言,科学主义描述的是一种绝对非科学的态度,它涉及的是将(科学的——引者)思想习惯机械地、毫无批判地用于那些不同于形成这些思想习惯的领域的方面。科学主义观点区别于科学观点,……在它确定自己的主题之前,它即已宣称知道探讨这一主题的最为合适的途径。[50]

---

[48] Hayek, *New Studies in Philosophy, Politics, Economics and the History of Ideas* (Routledge & Kegan Paul, 1978), pp. 4-5. 关于哈耶克有关自然/人为二元论的分析,参见邓正来:《社会秩序规则二元观——哈耶克法律理论的研究》(未刊稿),页3—4。
[49] Ibid., p.96。译文引自邓正来《社会秩序规则二元观》(未刊稿),页6。
[50] Hayek, *The Counter-Revolution of Science*, pp. 23-24.

在这里,"科学主义"概念的前提之一,是重新研究科学方法的特征及其与社会研究的差别,而没有注意科学方法本身包含的社会性,也没有讨论科学认识过程对于社会性的依赖。哈耶克认为,现代科学逐渐从古代思想的方式中解放出来,其标志之一,就是它从研究观念转向研究"客观的事实"。换言之,现代科学不再研究人对世界的看法,也不再把习用的概念看作是真实世界的表象。[51] "科学感兴趣的世界不是我们的概念的世界,甚至也不是我们的感觉的世界。它的目标是生产出一个有关我们对于外部世界的全部经验的全新的组织"。[52] 科学的世界因此可以被看作是能够让我们在不同的知觉经验之间建立起联系的一组规则,它不仅需要修改我们的日常概念,远离官觉,而且需要用一种不同的分类法来取代它们。[53]

[51] 传统的思想方法一直致力于人的观点和意见的研究,这不仅因为那时的主要学科是神学或法律,也不仅因为人们普遍地相信事物的理念包含着超越的实在,通过对理念的研究才能真正地接近事物的特质,而且人们总是按照自己的形象阐释外部世界。因此,对外部世界的兴趣总是转向对心灵的解释。Ibid., pp. 28-29.

[52] Ibid., pp. 38-39. 现代科学的主要任务是通过系统的实验不断地修正和重构概念,目的是得出普遍适用的规律。在这一过程中,日常经验、感觉、概念和观察必须让位于一种对于外部世界进行分类和有序化的新的方法。

[53] 哈耶克没有分析"外部世界"在科学方法的视野中发生的变化,因而也没有如胡塞尔那样分析这个为科学所重构了的"外部世界"与日常生活世界的关系,对他来说,问题不在于科学家构筑的图景在多大程度上合乎事实,而在于他所建构的另一个世界如何把个体变成了这个世界的一部分。值得注意的是,概念及其分类法把混沌的无序的感觉和知觉材料组成一个贯通的结构,从而产生了精确知识的经验形式。这一看法本来也可能导致对"控制"的反思,例如霍克海默尔就曾指出,"不管公理的自我限制,它把自己建构成为客观的和必然的:它把思想转变成为一个事物,一个工具——这就是它自己对它的命名。"思维的演绎形式"反映了等级和强制"并第一次清楚地揭示了知识结构的社会特性:"思维的普遍性,由推理逻辑而得以发展——对概念领域的控制——是建立在对现实的控制基础上的。"逻辑范畴假定普遍对于特殊的权力,在这方面它们证明了"社会和控制彻底的统一性",就是说,证明了在人类社会中个人服从整体的普遍存在。(Max Horkheimer and Theodor W. Adorno, *Dialectic of Enlightenment*, trans. John Cumming, New York: The Continuum Publishing Company, 1972, p. 25, and pp. 20-29.)然而,哈耶克坚持在认识论的层面讨论"理性"问题,从而切断了从科学方法论的反思发展出有关科学的社会理论的可能性。

那么,在这个方法论的转换中,我们如何观察现代科学与现代社会的内在的关系呢?如何分析科学与需求的领域、与投资的领域的关系呢?如何观察科学研究与生产和销售的关系呢?哈耶克的理论基本上没有探讨这一问题。正是在这个意义上,我认为哈耶克关于自然科学与社会科学的方法论差异的讨论并没有彻底摆脱自然/社会的二元论。古代的自然概念(无论是希腊的还是中国的)均有"本然"的含义,而不是在自然/社会二元论框架中的现代自然概念,古希腊哲学中的自然/本性(nature)与人为(nomos or thesis)的区分与我在这里所说的自然与社会二元论存在着重要的区别。"自然"范畴经历了从总体范畴转向一个能够作为对象加以把握的范畴的过程,正是在这一过程中,自然与社会的对立和差异才如此鲜明地凸现出来。这种差别的含义意味着这种二元论的一个现代倒转,即社会范畴(人为的)变成了自然的(不能控制的)范畴,而自然范畴变成了可以控制的范畴。换言之,在有关认识自然(科学)与认识社会(社会科学)的方法论差异的讨论中(这种方法论差异最终被归结为对象差异,即自然现象与社会现象的差异),省略或遮盖了由于科学技术活动而产生的自然与社会的关联。因此,这一陈述方式的更深刻的前提是,控制自然与控制社会没有、也不应该有任何关系,相反,自然是可以控制的(它不会导致社会控制),而社会则应当是自主的(它既不是控制自然的结果,也不提供控制自然的动力)。

"科学主义的解释模式"在批判"理性的滥用"的同时,包含着对社会的自主和自然的控制的双重肯定。哈耶克论证说,社会科学研究的不是事物之间的关系,而是人与事物、人与人之间的关系,[54]从而也可以被

---

[54] 哈耶克在解释社会科学的对象时说:"在一定程度上,人有一个固定的图像,作为能思想和能被理解的人的整个存在的图景是相似的。在科学用文字方式完成它的工作,并且在人的智力过程中未留下轻微的未加解释的残余之前,我们心灵的事实必须保留的不仅是需要被解释的数据,而且还是这样一种数据,那些精神现象指导的人类行为的解释必须奠基其上。这里出现了一组科学家不能直接处理的问题。也不清楚的是,科学一直使用的特殊方法是否适用于这些问题。这里的问题不是人的外部世界的图像距离事实有多远的问题,而是由于他的行为,并在他拥有的观点和概念支配之下,人如何建造另一个人在其中成为其一部分的世界。'人们拥有的观点和概念'并不是仅仅指他们关于外部自然的知识。我们指的是一切有关他们自己、他人、外部世

描述为道德科学,因为它所研究的是人的有意识的行为。社会科学的对象不是科学所界定的"客观事实",而是人类行为,这种行为是由行动着的人自己界定的。因此,社会科学的对象是人的有意识的和反思的行为。[55] 在自然科学中,客观事实与主观意见构成了简单对比,但这一对比完全不适用于社会科学,因为社会科学的对象和"事实"(facts)也是"意见"(opinions)——那些行动着的人的意见,他们的行为构成了我们的研究对象。换句话说,社会科学不过是一种人文科学,它研究的是个人心灵的现象或者精神现象,而不直接处理物质现象。这些现象所以能够被理解,仅仅由于我们的研究对象具有与我们结构相似的心灵。[56] 哈耶克后来对科学与社会研究作了如下区分:"科学家倾向于强调我们确知的东西,这可能是极为自然的事情;但是在社会领域中,却往往是那些并不为我们所知的东西更具有重要意义,因此在研究社会的过程中采取科学家那种强调已知之物的取向,很可能会导致极具误导性的结果。"[57] 这一看法构成了对实证主义社会理论的否定,但在另一方面也限定了社会科学的认识范围,因为"如果社会学不能以一种彻底的方式被用于对科学知识的分析,那也即意味着科学不能科学地理解自己。"[58]

哈耶克指出社会科学必须区分两种不同的观念,进而提出了方法论

　　界,简言之,所有决定他们的行为的一切,包括科学自身的知识和信念。这就是社会研究和道德科学召唤他们的领域。" Hayek, *The Counter-Revolution of Science*, p. 39. 又见 Hayek, "Scientism and the Study of Society: Part I," *Ecomomica* 9(August 1942): 277-278.

[55] 例如人的劳动工具不能简单地被界定为客观事实,它取决于人如何看待它。"工具"之为工具是在行动着的人的界定中呈现的。"工具"的物理特性不能构成社会科学研究的对象。

[56] 社会科学研究的是人的历史,因此,社会科学的理论陈述的有效性就在于它对人的历史的陈述。如果我们观察的对象不具有与我们相似的心灵,那么,这样的历史研究就与自然科学没有区别了。当我们谈论人的标志时,我们总是暗示某种熟悉的精神范畴的存在。就此而言,德莫克利特说得对:人为一切人所知。Hayek, *The Counter-Revolution of Science*, pp. 138-139.

[57] 哈耶克:《自由秩序原理》,邓正来译,北京:三联书店,1998,页19—20。

[58] 这是 David Bloor 在 *Knowledge and Social Image* (London: Routledge, 1976)中的话, Bruno Latour 和 Steve Woolgar 把这句话写在他们的著作 *Laboratory Life: The Social Construction of Scientific Facts* 的卷首, see *Laboratory Life*, p. 7。

的个人主义。这种方法论的个人主义把社会设想成为一个交往的领域,认为每一个个人对决定市场(以及社会)秩序的因素具有"必然的无知"。[59]在自然科学中,研究对象和我们的解释之间的对比是和观念与客观事实之间的区别相一致的,而在社会科学中,我们则必须在两种观念之间划出界线:一种是构成了我们所要解释的对象的观念,另一种是我们自己(也包括我们正在研究其行为的人)已经形成的关于这些现象的观念。例如,社会、经济体系、资本主义、帝国主义等仅仅是人们形成的有关集体的观念和临时性的理论,社会科学家必须避免把这些"伪实体"视为"事实"。[60]社会科学的出发点应当始终是指导个人行为的概念,而不是他们有关自己行为的理论化的解释。哈耶克把这一点称之为"方法论的个

---

[59] 哈耶克对"必然的无知"的阐释集中于他后期的社会理论,但是,从他早期著作中有关个人知识的限度的研究中,我们已经能够发现通向这一"无知"的知识观的道路。参见哈耶克:《致命的自负》,刘戟锋、张来举译,北京:东方出版社,1991,页124;《自由秩序原理》,页19。

[60] 哈耶克的这种观点与纯粹经验论的还原主义表面上是冲突的,但仔细分析还是有着内在的相关性。还原主义内含的逻辑是为了理解实在,我们必须把实在还原到它们的最小的可分成分,而哈耶克则强调从社会观念中分离出个人行为的概念。他们对集体性观念的排斥是完全一致的,他们从对集体性观念的排斥发展到对社会契约理论的否定的逻辑也是一致的。例如边沁就曾说,为了方便起见,人们在同一个名称下把许多事物联结在一起,但严格地说来,这些名称只是一些"虚构"。有一些虚构观念是有用的,使我们可以方便地描述许多属于同一种类的事物,诸如财产、社会或国家。但其他一些虚构则是容易导致误解的,它们本不是事物的名称,但人们却通常以这种方式来使用它们。这些概念包括责任、权利、义务、荣誉、共同体——如果我们把它们当做代表着独立自主事物的名称来使用,它们就会成为危险的名词。诸个体出于其本性追求它们自己的利益,因此,一个共同体在其各个成员的利益之外不会再有什么额外的利益。边沁认为,一旦我们能够解释出这样一些虚构观念的本质,大部分社会问题就会迎刃而解。如果一般概念在分析中可以"分解"为它们的要素,那么我们最终就可以制订出一张政治伦理学的理性词汇表,并在此基础上确立一个稳固的"思想结构"。我在此无意将哈耶克与边沁哲学混为一谈,哈氏绝不会赞同边沁设计的那种适合于某个处女地的法律程序,也不会赞同边沁思想中的权威主义和干涉主义,因为边沁口头上赞成斯密和李嘉图的自由主义经济理论,但他希望国家以另一种方式干预经济生活,如他希望英格兰银行国有化,希望由政府机构控制教育和研究,希望政府确定价格并保证最低限度的工资收入。参见 William Thomas,《穆勒》*Mill*(Oxford:Oxford University Press,1985)。李河译,中国社会科学出版社,1992,页11—12,28。

人主义"(methodological individualism),这种方法论的个人主义是和社会科学的"主观主义"(subjectivism)紧密相关的。[61]

尽管哈耶克举出了一些具体的例子用以论证上述两种观念的差别,但并没有任何明确的标准能够将二者清楚地区分出来。如果不是从理论立场和结论、而是从推论过程来看,"新左派"的代表人物、自由主义的敌人马尔库塞也同样持有相似的看法。在《单向度的人》一书中,他认为先进社会的技术产生了社会同一化的后果,这种同一化后果通过满足社会各阶层的物质需求,产生了一种奴役力量,进而消解了人们的批判理性。基于他的批判立场,他要求区分两种需要,一种是"虚假的需要",即"那些特殊的社会利益集团为了压制个人而加之于个人之上的需要,"而另一种则是真实的需要。[62]这两种需要只能由自由的个人来回答,但只要他们生活在发达资本主义的社会中,他们就不是自由的。麦金太尔针对马尔库塞的问题问道:马尔库塞怎样获得了谈论别人真实需求的权利?他如何逃脱影响其他人的那种思想灌输?[63]这个问题对哈耶克来说几乎是完全适用的,他和马尔库塞同属于一个思想时代,这个思想时代的特征之一就是:"事实"范畴成为一个与评价相对立的领域,从而主观/客观、事实/价值的二元论变成了所有推论的基本前提。关于这一问题,我在有关宋明理学中的"物"概念的讨论中已经作了详细的分析。

哈耶克对科学主义的批判正是建立在社会科学证据的"主观的"特征之上。根据他的看法,科学主义的谬误是双重的,因为它将实证主义的谬误转向了另一个不同于自然的领域,从而导致了"理性的滥用"。这种"理性的滥用"表现为三个主要的特征:

---

[61] 与此相对照,科学主义方法恰好相反,它不愿从决定个人行为的主观概念出发,从而导致了它所力图避免的错误,即把那些集体当作了事实,而那些集体不过是抽象化或一般化的理论结果。科学主义者不了解,并不存在超然于组织的具体形式而存在的抽象的社会生产能力,社会领域中的唯一事实就是具体的人的存在,他们为具体目的而行动,并且拥有关于行动手段的具体的知识。

[62] Herbert Marcuse, *One-Dimensional Man* (Boston: Beacon Press, 1964), p.5.

[63] MacIntyre, *Marcuse* (New York: The Viking Press, 1970);中译本《马尔库塞》,邵一诞译,中国社会科学出版社,1992,页82。

(1) 与"主观主义"相对应的"客观主义"。[64] 这种客观主义指的是竭力消除人类心灵活动的主观特征的社会研究。对主观性的否定意味着，社会研究者能够拥有一种特殊的心灵和绝对的知识，从而无须关注研究对象的看法，因为他能够预知和决定一切。[65] 在哈耶克看来，社会研究中的"客观主义"为以"总体计划"和精英政治为特征的社会方案提供了认识论的基础。

(2) 与方法论的个人主义相对应的"方法论的集体主义"。这种集体主义把诸如社会、经济、资本主义、特殊的工业、阶级或国家等整体视为给定的对象，并相信通过观察这些整体的活动，我们就能够找出它们的规律。[66] "集体主义"的谬误被归结为：它误把人们用以解释个别现象之间关系而建构起来的那些临时性的理论、模式当作了科学研究中的事实，不了解个案与整体的关系仅仅是我们的认识模式的建构，那种认为整体的观点能够使我们依据客观的标准辨别整体的看法不过是一种幻觉。

---

[64] 哈耶克认为，客观主义的科学理论的潜在含义是，科学已经告知我们，一切事物能够最终被化约为能量，人也因此应当按照他的计划处理各种事情，不是根据他们具有的具体用途，而是把这些事物作为抽象的能量的互换单位加以处理。此外，更为普遍的例子是，社会产品的生产及其数量的"客观的"可能性使得这种社会产品作为物理事实成为可能。社会产品经常在作为整体的社会的假设的"生产能力"的数量估计中找到表达。关于人的客观需要的说明也具有相似的性质，在那里，"客观的"仅仅是一种名目，它实际表达的是对于某个人有关人们应当要什么的观点。*The Counter-Revolution of Science*, pp. 91-92.

[65] "客观主义"拒绝承认这一事实：不仅诸如概念、理念等精神实体，而且所有的精神现象、官觉和意象，都只能被看作是由大脑进行的分类活动；我们所观察的属性不是客体的特征，而是据以对外部刺激进行分类和组织的途径。"客观主义的"方法如同自然科学一样把人类行为看作是"事实的"领域。（参见 Chaper 5, Ibid., pp. 77-92.）哈贝马斯在批评胡塞尔对客观主义的批判时说："胡塞尔虽然批判科学的客观主义式的自我了解，却受制于另外一种客观主义，这种客观主义通常附属于传统的理论概念。"换言之，胡塞尔对实证主义的批判隐瞒了知识与人类兴趣的关联（哈贝马斯：《知识与人类兴趣：一个概观》，收入黄瑞祺著《现代批判社会学》，台北：巨流图书公司，1985，页251）。哈耶克对社会科学的"客观主义"的批判是有理由的，但是，如果这种批判导向对自然科学的"客观主义"的看法，则同样隐瞒了知识与人类兴趣的关联。

[66] 换句话说，"集体主义"方法不是从对象的内部、从构成对象的要素（个人态度的知识）出发来理解社会，而是从外部直接地观察社会整体。参见 Chaper 6, Ibid., pp. 93-110.

(3)与社会理论的建构主义相对应的"历史主义"。[67]历史学家在反对理论的错误运用过程中造成了一种印象,即社会科学方法和自然科学方法的区别也就是理论和历史的区别,从而把历史学看作是对社会的经验研究。[68]历史主义者未能理解的是历史研究中的系谱方法其实与理论方法一样包含了理论的抽象,诸如政府、贸易、军队和知识等概念并不只是个别观察到的事实,而只能在一种结构关系中才能被理解,这种结构关系只能用系统的理论加以界定。历史主义(从黑格尔到马克思)对历史发展规律、阶段的解释是典型的科学主义谬误。[69]

根据哈耶克的解释,上述三个方面共同导致了一种结果,即由于缺乏社会现象的建构理论(compositive theory of social phenomena),社会科学无法解释许多人的独立行为如何构成连贯的整体和持续的关系结构,从而误把这种社会结构看作是精心设计的结果。[70]所谓"理性的滥用"

---

[67] 哈耶克解释说,把历史主义看作是科学主义的产物多少有些令人惊异,因为通常人们把历史主义看作是处理社会现象时应该遵循的、不同于自然科学模式的对立方法。但他仍然把历史主义看作是科学主义的典型形态。哈耶克分析了新旧两种历史主义:旧的历史主义把历史学家的任务与科学家的任务加以对比,拒绝承认历史的理论科学的可能性;新的历史主义则相反,它把历史看作是通向社会现象的理论科学的唯一道路。然而,这两种历史主义的极端形式是极为接近的,因为它们都为历史学家的历史方法向科学主义的历史主义的过渡创造了可能性,这种历史主义力图使得历史学成为一种"科学"、一种社会现象的唯一的科学。不过,哈耶克还是对以伯克(Edmund Burke)和亚当·斯密(Adam Smith)为代表的历史学派表示了某种同情,他们反对将社会体制看作是有意识设计的结果,而把它们视为许多个人的孤立行为的未预期的后果,从而暗示了建构主义理论的运用。See Chaper 7, Ibid., pp.111-140.

[68] 哈耶克说,历史主义不是由历史学家们创造的,而是由那些专门化的社会科学家创造的,特别是那些渴望找到一种通往他们的学科理论的经验道路的经济学家创造的。在他们那里,历史学成为有关社会的科学的源泉,它既是历史的,也能生产出我们希望获得的有关社会的理论知识,例如历史发展的规律、阶段、制度等等。Ibid., p.114.

[69] 从黑格尔、孔德、特别是马克思,直到桑巴特、斯宾格勒都是哈耶克所谓的历史主义的代表。他批评说,通过这些理论,特别是马克思主义,科学主义获得了如此广泛的影响,以至许多马克思主义的敌人也按照它的理论概念思考问题。

[70] 哈耶克对知识社会学的方法给以尖锐批评,他认为知识社会学是从外部而不是从内部观察世界。他针对曼海姆的理论说,如果我们知道我们当下的知识的形成条件和决定因素,那么它们即不再是我们的当下的知识。宣称我们能够解释我们的知识也就

(the abuse of reason)(哈耶克著作的副题)就是指这样一种要求,即对一切事情——包括人的心灵的成长——加以控制。这种认识论上的客观主义、集体主义和历史主义直接地导致了政治上的极权主义、经济上的集体主义和历史目的论。[71]换句话说,科学主义是社会控制的意识形态基础。正如我在前面的一个注释中已经提到的,哈耶克的"社会现象的建构理论"与经验论的还原主义——即把事物分解为其最小要素的习惯——并不像表面看来的那样抵牾,它们都批判那种假定国家是源于某种契约关系的看法和美国和法国革命者所宣称的自然权利理论。对国家、法律的支配范围的限制的构想,正是从方法论的个人主义中逻辑地产生出来的。因此,对科学主义的认识论批判与哈耶克的经济自由主义理论密切相关:这两个方面都反对对社会和市场的有计划的控制和支配,并把社会和市场设想成为一个自然的、依循某种自身秩序的发展领域。

例如,在《个人主义与经济秩序》中,他对个人知识的有限性的思考转向了对价格体系的研究以及对于中央控制的经济方式的批评,他的结论是:方法论的个人主义的最为完整的体现正是"人类偶然发现的、未经理解而学会利用的"价格体系,它不但使劳动分工成为可能,而且也有可能在平均分配知识的基础之上协调地利用资源。在这个意义上,市场价格体制就是一种交流信息的机制,它"能协调不同个人的单独行为,就像主观价值观念帮助个人协调其计划的各部分那样。"[72]个人知识必然是

是说我们知道得比我们知道的更多。Hayek, *The Counter-Revolution of Science*, p. 159.

[71] 哈耶克尽管承认方法论的集体主义与政治集体主义的逻辑上的差别,但他显然相信这两者之间的连带关系。没有方法论的集体主义,政治集体主义也就被剥夺了它的知识基础:如果不相信有意识的个人理性能够掌握社会和人性的所有目标和知识,那么有关这些目标能够被有意识的取向所获取的信念便失去了基础。持续地追求这一目标必导致这样一种制度,在其中,所有的社会成员成为单个的指导性的心灵的单纯工具,一切自发的社会力量也因此而被摧毁。这就是哈耶克所说的科学文明时代的危机。Ibid. , pp. 161-162.

[72] 哈耶克最为反对的观点就是把价格协调机制本身看成是人类精心设计的结果。因为价格体系是一种人类偶然发现的、未经理解而学会利用的体系。哈耶克:《个人主义与经济秩序》,贾湛、文跃然等译,北京:北京经济学院出版,1989,页81。

有限的(或在某种程度上无知的),因此,社会经济问题"只能以非集权化的方法来解决它",因为只有这种方法"才能保证及时利用有关特定时间和地点之具体情况的知识"。[73] 哈耶克的这些观点是建立在知识与市场的逻辑关系中的,但绝不仅仅限于市场、也绝不仅仅限于经济学,"它与几乎所有的社会现象,与语言以及大多数文化遗产都有关系,它真正构成了一切社会科学的中心理论问题。"[74]

　　哈耶克通过知识的个人性质、知识的分立特性(division of knowledge)以及由此产生的"必然的无知"来论证市场模型和社会自治的合理性,通过价格体系的理想模型来论证他的知识论的正当性。他认为人类能够发展起劳动分工这一现代文明的基础,是因为人类碰巧发现了一种使其成为可能的方法。如果人类没有发现这种方法,他们可能仍会发展起另一种完全不同类型的文明。[75] 哈耶克把劳动分工看作是一种方法论的后果,而没有从具体的生产和贸易过程研究劳动分工的起源。从价格体系出发研究自生自发秩序的特点可以理解为是一种规范式的叙述,但是,如果把劳动分工的形成看成是碰巧发现了一种方法的结果却令人难以理解,因为这种规范式的理论难以产生出一种关于经济过程和社会过程的实质性的研究。因此,当我们转向观察现实的市场社会和价格体系的形成的时候,这个从知识论出发的规范式研究就不得不转向一种社会史的解释。例如,价格体制是中国市场改革的关键环节,在国家的主导之下进行价格闯关是20世纪80年代最大的国家行为,这个行为的完成密切地联系着20世纪80年代末年剧烈的社会转变、冲突和国家暴力。这一历史转变清楚地证明了如下事实:如果没有国家的干预和暴力的实施,市场制度就不可能形成。哈耶克的晚期著作中的一些观念表明他对这些问题也有某种程度的自我意识。他从"必然的无知"观出发提

---

[73] 哈耶克:《个人主义与经济秩序》,页79—80。
[74] 同上,页83。
[75] 哈耶克认为劳动分工起源于价格体系的作用,这在理论上是有根据的。他的错误在于:他把所有这一切归结为一种方法,而不是归结为一个交往的历史过程。参见《个人主义与经济秩序》,页83。

出"自生自发秩序"的观念,并认为这种自生自发秩序不仅是在行动者的交往行为中产生的,而且也是在行动者与他们并不了解但却支配他们行为的社会行为规则的互动关系中形成的。然而,这种所谓第三范畴无法提供明确的判断尺度,用以确认在什么范围内计划的运行超出了自生秩序的范畴。试想:如果人们总是在某种"无知的"状态下行动,那么,我们如何区分自由与计划呢?事实上,我们无法在知识论的层面对这两种行为作出明确的、界限分明的区分,而只能在社会史的层面讨论这一问题。在这个意义上,人们通常追问的那种问题——究竟是市场调节好,还是计划支配好?理性能力的边界在哪里?理性设计重要,还是传统的演化更妥帖?我们是否有能力了解支配我们的行为规则的那些规则?——几乎都是一些没有最终答案的问题。更有意义、也更为真实的毋宁是一系列历史问题:(1)市场社会是历史进化的自然结果,还是有意识的政治干预才最终促成的历史事件?(2)市场社会的一般行为规则是文化传统的自然传承,还是特定制度安排进行规训的结果?(3)市场社会是由单纯的价格机制协调运作的领域,还是各种政治、经济、文化和其他因素角逐的战场?(4)计划经济及其后果是在怎样的政治、经济和文化条件下出现的?这里的关键是经济与政治的关系问题:在什么意义上,在何种程度上,近代欧洲已经经历的、当代中国正在经历的经济与政治的分离是一种"分离",在什么意义上、在何种程度上,这种"分离"根本没有发生?

在这个意义上,认识论意义上的事实/价值的二元论、社会理论意义上的自然/社会的二元论、经济学意义上的市场/计划二元论和政治学意义上的社会/国家二元论之间不仅存在着内在的联系,而且也相互支撑。对于"计划"和极权主义政治的批判与一种所谓"理性的滥用"的"认识论谬误"密切相关。因此,我们有必要从科学认识论层面的自然/社会、客体/主体二元论的分析,转向对市场/计划、社会/国家二元论的检讨。自由主义社会理论对极权主义政治和经济的研究是建立在科学认识论的基础上的。如果自然/社会二元论是一种认识论的谬误,那么,市场/计划、社会/国家的社会理论范式是否需要重新加以检讨呢?

第六节 作为社会关系的科学

1. 自然/社会二元论

在此,有必要将社会/国家、市场/计划二元论同自然/社会二元论在理论上密切地联系起来,在认识论的和历史的双重视野内对这三种二元论进行分析。哈耶克对社会理论的批评是在自然领域与社会领域的对比中进行的,当他在原理上论证现代科学的方法论特征时,并没有思考为什么这种方法论与古代的自然学说发生了差异?[76]在哈耶克的理论中,缺少关于科学和技术的"内在的"联系的详尽讨论,他对科学方法的主观建构特点的阐述没有涉及这些概念是可操作的、因而先验地适合于技术应用的概念,这使它与先前的科学区别开来。核物理学家海森堡(Werner Hisenberg)曾把人类对自然的态度的变化形容为"从沉思的(a contemplative one)转变为实用的(the pragmatic one)",而所谓"实用的"是指:科学探索的实际目的"不再是自然自身,而是它有什么用",从而自然科学变成了技术科学。科学描述的不是自然本身的图画,而是我们与自然的关系。[77]因此,让·拉特利尔才会说:"科学作为理解实在的方法主要不是

---

[76] 约翰·赫尔曼·兰道尔(John Herman Randall)在比较亚里士多德与现代的理论的时候,发现前者的认识重点是事物的"为什么",而后者作为一种对改革世界方法的研究,主要问"怎么样"。John H. Randall, *Aristotle* (N. Y. : Columbia University Press, 1960), pp. 2-3. 实际上,许多学者都曾谈到,古代人对自然的研究并不必然地与征服自然的技术动机有关,科学和技术的这种关系只是在近代才发展起来的。

[77] Wemer Hisenberg, *Physics and Philosophy*, trans. A. J. Pomerans (London: Hutchinson, 1958), pp. 196-197; *The Physicist's Conception of Nature* (N. Y. : Harper and Row, 1962), p. 24.

依靠想像,而是依靠行动,这就是'知识就是力量'之含义。……科学不再只是获取知识的方法,也不再只是知识体系,而是极为重要的社会文化现象"。[78]哈耶克对自然科学方法的研究揭示了现代科学具有一种根本的工具主义的概念结构,却没有由此推导这种概念结构的先验的技术特征,进而把科学理解为一个行为体系,而正是后者明确地把科学与控制自然的活动直接地关联起来。[79]事实上,哈耶克的方式并不是偶然的,现代思想发展了对科学的哲学思考,却没有产生相应的"技术哲学",这就是明证。[80]

这样,一方面,哈耶克对科学方法的分析实际上已经暗示了现代科学无法脱离人对自然现象的探求来研究自然现象,并只能在人与外部自然的相互作用中寻找研究的题材;但另一方面,他却放弃了分析为什么现代科学不再是对自然的沉思,而是一种我们与自然的(实用)关系的建构这一历史问题。如果现代科学及其方法是人类对待自然的一种历史形式,

---

[78] Jean Ladriere:《科学和技术对文化的挑战》,北京:商务印书馆,1997,页2。

[79] 简单的批评总是不公正的。哈耶克指出了"自然"在科学世界中的工具性特征是极为深刻的看法。例如他说:"对于科学而言,人的业已形成的、足以指导他的日常生活的世界图像,以及他的感知和概念,不是研究的客体,而是一个有待完善的不完美的工具。科学不是对科学与人的关系感兴趣,也不对这样一种方式感兴趣,在这种方式中,现存的世界观指导人的行动。它毋宁是这样一种关系,或者这样一种改变这些关系的持续的过程。当科学家强调说,他研究客观事实的时候,他的意思是试图独立地研究人们思考和从事的世界里的事物。对他而言,人们持有的关于外部世界的图景总是一个有待克服的阶段。"(*The Counter-Revolution of Science*, pp. 38-39.)我在这里仅仅是说,哈耶克在谈论"外部世界的图景总是一个有待克服的阶段"的时候,没有接下来分析这个"克服"过程的社会性,并且他所谓工具也没有直接地与控制概念关联起来。总的说来,哈耶克的理论中缺少科学与技术的必要的联结的论述。

[80] 关于这一问题,Mary Tiles & Hans Oberdiek 出版的新著 *Living in a Technological Culture: Human Tools and Human Values* 进行了值得注意的讨论,他们拒绝简单将技术看作是应用科学。他们问道:"我们常常说生活于一个技术的时代。这究竟意味着什么?技术这一概念还包含了什么含义?生活于一个'技术的文化'中意味着什么?"(见该书 p.9, London and New York: Routledge, 1995。)技术和科学并不是天生地联结在一起的,把技术看作是一种运用科学或科学的运用仅仅是一种现代理解。在这个意义上,科学和技术的临时的联系恰好创造了一种"技术的文化",而这种"技术的文化"把现代文化与先前的文化区别开来。

那么，我们就不仅需要追问作为科学对象的自然与先前的自然的差别，还要追问这种作为对象的自然与社会的关系，以及自然科学方法形成的社会动力学。在对自然科学方法的社会动力学的追问中，控制"自然"与社会控制之间的关系必将占据重要的地位。在这里，自然是指作为对象的自然，即不仅存在于客体/主体的认识关系，而且存在于对象/占有者的历史关系中的自然。哈耶克把这样的"自然"看成是"理性"的范畴，而卢卡契则把这样的"自然"看作是一种社会范畴。[81]作为社会范畴的"自然"概念是从资本主义的经济结构中产生出来的，因而无法脱离具体的历史关系来加以把握。

"科学主义的解释模式"所内含的自然/社会二元论本身揭示了这一解释模式的反历史倾向，因为它不承认自然与社会的对立不过是控制自然的历史过程——特别是资本主义过程——的产物（意识形态）。[82]在科学方法的范围内讨论人对自然的掌握，而不是在社会关系的范畴内讨

---

[81] 这是卢卡契在《历史与阶级意识》一书中表述的著名观点。卢卡契说："在资本主义社会中的人面临着他自己（作为阶级）创造的现实，这种现实对他来说将是异化的自然现象。……这种概念根本在于资产阶级分子在他与世界的关系中理解自身。这样，自然这个词就包含了多层意思。我们早已注意到康德阐述得最为清楚，但自开普勒、伽利略以来，作为控制已发生的'规律系统的总和'的自然概念，本质上并没有发生变化。这一概念是从资本主义的经济结构中产生的，这已得到了反复的证明。与这一概念并行发展的还有另一种自然概念，它包含着完全不同的含义，价值概念就是与第一种自然概念完全不同的。"（乔治·卢卡契：《历史和阶级意识》，张西平译，重庆出版社，页152）不过，这个观点的更为经典的阐释者是马克思。马克思在《德意志意识形态》中说："我们仅仅知道一门唯一的科学，即历史科学。历史可以从两方面来考察，可以把它划分为自然史和人类史，但这两方面是密切相联的；只要有人存在，自然史和人类史就彼此相互制约。"（《马克思恩格斯全集》第3卷，人民出版社，1965，页20。）对于马克思来说，自然界和人类的对立是意识的构造，这种意识形态的构造从历史中排除掉人对自然的生产的关系。

[82] 人从自然中分化出来被看作是人类形成的必要一步，因此，从初民时代起，人与自然之间就存在着某种对立，但这种对立从未像资本主义时代这样具有整体性质。古代社会的神话、巫术世界观用一种特殊的方式把人与自然的关系表达出来。科学建立了一种完全不同于日常生活世界的概念体系，只是在这之后，这个体系与生活世界的关系才真正分离开来。

论支配自然的实践,也就回避了有关支配自然的主体的社会分析,因为科学知识本身的确并不直接导致对外部世界的控制。[83]在认识论的范畴中,科学,及其经由技术对自然的占有,经常被描述为人类与自然的关系的新的变化,但是,这一描述通过对"人类"这一抽象主体的表述而遮盖了控制自然的活动实际上总是和特定的社会冲突相关的,也即与社会领域中的控制和反控制的冲突相关。这种冲突既表现为某个社会共同体内部的阶级的或其他的社会关系,也表现为不同的社会共同体(特别是不同民族—国家)之间的不平等关系。实际上,只有把自然科学和社会科学的差别局限于方法论的层面,自然与社会的关系才能以如此截然的方式分离开来。[84]但这种分离本身不过是一种虚构。"一旦自然和社会分离的幻觉被放弃,社会发展作为一系列日益复杂的自然状态的真正性质就变得明显了。"[85]正是在这个意义上,自然(客体)/社会(主体)的二元论是一种现代意识形态,在这种意识形态中,自然范畴作为社会的对象没有任何自主性可言,因而是可以控制的,而社会范畴相反却应该是"自

---

[83] 威廉·莱斯的如下讨论是极为有力的:技术能力的水平是规定一定历史时期社会冲突将采取的形式的一个重要因素。这就是为什么谈论"人对自然的征服"或"人对自然的统治"是荒谬的:这项事业的假定的主体是不存在的。这里的"人"是一种抽象,当它以这种方式被使用时,只是隐蔽了一个事实,即在人与人的现实暴力斗争中技术工具发挥一部分作用。隐含在人的概念中的普遍性——人类作为一个整体,在和平的社会秩序中联合起来并最终决定它在自由条件下的生存的观念——还尚未实现。Leiss, *The Domination of Nature*, pp. 121-122.

[84] 下述引文典型地说明了哈耶克在方法论层面建构"人"或"我们"(自然的对立物)作为这一抽象主体的方式。他说:"但是,这个事实的后果是什么——人们通过知觉和概念来理解世界及其相互关系,而这些知觉和概念被组织在一个对所有对象完全一样的精神结构之中? 对于这个活动的网络我们能说些什么呢?——在这种网络中,人被他们拥有的这类知识所指导,在任何时刻,这个网络的绝大部分对人而言是共同的。尽管科学在所有时候都忙于修改人所占有的外部世界的图像,尽管对于科学而言这个图像总是临时的,但如下事实作为特定事件的巨大原因和结果的现实并未改变:人拥有确定的图像,所有我们认为能够思想和理解的存在的图像在一定程度上是相似的。" *The Counter-Revolution of Science*, p. 39.

[85] 自然与社会的"这种分离正像人类社会一样古老;然而只是在现代西方社会它才提升到指导人类行为的自觉原则的地位"。威廉·莱斯:《自然的控制》,页5。

然的",即不受控制的。"科学主义的解释模式"通过论证自然科学与社会科学的差别,再一次确证了自然与社会的对立——这种对立不仅保障了"社会"对自然的控制能力,而且也遮盖了"社会"为争夺对自然的控制而产生的冲突。[86]

建立在上述二元论基础上的解释模式具有明显的观念论倾向,它不是直接地分析政治经济过程,而是在认识论的层面推论政治经济实践的谬误。哈耶克对科学主义认识方法的分析有许多深刻的洞见,但是,如果由此认为极权主义政治和计划经济的实行不是其他历史条件及其合力的产物,而仅仅是一种错误的认识方式所导致的后果,那就过分简单了。在这一推论的过程中,科学认识中的实证主义方法和社会运动中的社会主义理论和实践具有方法论上的同质性。然而,把科学主义的思想方式与社会主义相关联不过是一种历史隐喻,这种历史隐喻没有涉及科学主义产生的社会动力,也拒绝承认控制自然与控制社会的必然联系,却把社会

---

[86] 哈耶克把自然科学领域看作是一个受到人的理性控制的领域,而社会领域则应当是"自然的"或"个人主义的"领域,也即通过自然的交往行为而形成自由的社会。但是,一个不能自我控制的社会也不可能控制自己对自然的无休止的剥夺。在法兰克福学派看来,对自然的控制受控于人的理性,而由于资本主义社会受它的自身的生活过程所支配,因而它的理性带有非理性的、神秘的和宿命的性质。霍克海默尔把资本主义生产的无政府状态表征如下:"这个过程不是在自觉意志的控制下完成的,而是作为一种自然的过程实现的。日常生活是以盲目的、偶然的、片面的形式,从各个个人、各种工业、各个国家的混乱而无秩序的活动中产生的。"(《唯物主义和道德》,载《社会研究杂志》,第二卷,第二册,莱比锡,1933,页167;转引自 A. 施密特:《马克思的自然概念》,商务印书馆,1988,页33。)因此,核心的问题不是自然与社会的关系,而是社会生产的方式。A. 施密特说:"未被社会组织起来的对自然的控制,无论怎样高度发展,也依然从属于自然。"这一看法与马克思迄今为止的人类社会历史视为"自然史的过程"密切相关,马克思说:"经济学规律,在一切……无计划生产中作为人对它们没有支配力的客观规律,采取自然规律的形态与人们对立。"(《反杜林论》,转引自同上书,页35)施密特解释说:"马克思把'社会经济形态的发展'当做一种'自然历史过程'来对待,这意味着他从严格的必然性来看待历史过程,而和先验构成的或心理的解释原理无涉。他把个人的活动方式理解为客观过程的各种功能,在迄今为止的历史中,个人一直不是作为自由的主体,而是作为'经济范畴的人格化'出现的。"(同上,页36)

主义的历史运动看作是某种观念的结果。在集体主义的认识方法与总体计划之间、在建构主义的认识论与市场经济之间建立起必然的联系，明显地遮盖了以控制自然为目标的科学发展与资本主义及其伴生物（社会主义和各种社会保护运动）的历史关系，也遮盖了社会控制与以追求控制自然相标榜的现代化运动的必然联系。现代社会面临的困境如果仅仅是一种错误的思想方法的后果，就没有必要检讨整个的现代历史进程，包括科学技术发生和发展的社会历史过程。换言之，在观念论的层面对现代社会问题的检讨不会导致对现代性的全面反省。在这里，问题的焦点不是赞成或是不赞成计划经济或市场经济、集体主义或个人主义，而是如何分析和理解现代社会面临的危机，特别是这种危机的动力何在。

然而，我在这里对国家/社会二元论的批评并不是对于这两个范畴的否定，甚至也不是对于哈耶克的自生自发秩序观念的简单抛弃。我所要求的是把对于社会控制的研究不仅建立在一种方法论的基础上，而且建立在一种历史关系的基础之上。国家或其他社会组织对个人或日常生活领域的过度干预常常是由一些无组织的力量推动的，例如金融资本主义的破坏作用导致了对于新的干预的需求，因此，如果我们放弃对于这些社会力量的实质性的研究，而仅仅在规范层面论证"理性的滥用"，那就不可能揭示现代社会控制及其形式的真正动力。确实，哈耶克的国家范畴并不是简单地自外于自生自发秩序的范畴，因为国家——作为一种最大的组织——并不仅仅是一个行动者，而且还是一个"遵循规则的行动者"，[87]但如果放弃对于实质性的社会过程的分析，我们如何才能把国家在自生自发秩序中的特定行动与它们所遵循的特定性质的社会秩序规则结合起来进行分析呢？在这里，自生自发秩序概念提供的理论洞识恰好因为它的形而上学性质而无法提供具体的历史分析的根据和途径。从历史研究的角度说，我对社会/国家二元论的反思并不是对中国研究领域中的社会史研究范式的否定，它要求的是在这类研究中充分注意"社会"

---

[87] 邓正来：《社会秩序规则二元观》（未刊稿），页3。

这一概念本身内含的组织因素。国家和社会都不是外在于传统的历史关系的存在,也不能等同于自生的秩序。在现代历史的发展中,各种原有的习俗、传统和秩序不断地被组织到社会或者国家的范畴之中,因而如果不对这些因素的转化进行历史分析,而是简单地把它们作为自生自发的存在,那么,我们怎么有可能理解现代社会的内在危机呢?

2. 市场/计划二元论

哈耶克认为科学主义的最为严重的后果是导致了国家以总体计划的形式直接干预社会事务,从而破坏了社会的自我运作功能。国家的社会专制和经济计划化在这里被归结为一种植根于实证主义之上的错误的科学观念的产物,而等价交换的自律的市场和自由交往的市民社会又为这一认识论批判提供了内在的历史依据。事实上,哈耶克关于个人知识有限性的讨论最终被用来论证"价格体系如何能够""协调不同个人的单独行为"的问题,"就像主观价值观念帮助个人协调其计划的各部分那样。"[88]但是,价格体系的这种协调作用仅仅是一个社会创建市场制度时的组织原则和信念,它的形成是各种社会力量交互运动的结果,从而不能化约为一种单纯的方法。从历史的观点看,价格体系的运行深受各种社会因素的影响,如果把哈耶克在规范层次的叙述转化到现实的市场之中,那么,它就不仅是一种虚构,而且也是一种掩饰——对于隐藏在市场表象背后的垄断或支配力量的掩饰,也是对无辜人民在市场关系中所遭受伤害的掩饰。[89]在理论层面,这种叙述完全离开了哈耶克理论的语境,却也显示出一种规范式理论的运用限度。例如根据国际清算银行的统计,全世界每天在国际金融市场上的外汇交易量平均一万亿美元。从道理

---

[88] 哈耶克:《个人主义与经济秩序》,页80—81。
[89] 参见 Chapter 12 "Birth of the Liberal Creed", and Chapter 13 "Birth of the Liberal Creed (Continued): Class Interest and Social Change", in Karl Polanyi, *The Great Transformation: The Political and Economic Origins of Our Time* (Boston: Beacon Press, 1957), pp. 135-162.

上说,只有在国际贸易发生的时候才会有外汇交易的需要。但实际情况是世界每天国际贸易发生量只占这个数字的0.02%。也就是说,一年的全球实物贸易也不够外汇市场一天的外汇交易量。因此,在信用高度发展的金融王国里,虚拟经济的发展确实可以不顾实物经济的情况而独立运作,实物经济确实已经失去了对虚拟经济运作的影响力。[90]东南亚金融风暴的原因之一,正是这种虚拟经济的变幻莫测的力量。在这样的现实面前,认为市场社会就是通过价格机制运作的"自由"领域,不是十分荒谬吗?

按照哈耶克的科学主义概念,极权主义既非起源于马克思关心的阶级关系和阶级冲突,也非卡尔·博兰尼分析的市场的不断扩张(自由主义的组织原则)与抵抗这种扩张的社会保护措施的冲突及其长远的制度压力,更不是韦伯讨论的官僚化过程,而是一种过于相信理性能力的认识方法,一种基于这种认识方法的政治经济支配。值得提出的是,哈耶克的方法论的个人主义及其"必然的无知"概念本来包含着对古典经济学的尖锐批判,因为按照他的看法,"经济运算所依赖的'数据'从未为了整个社会而'赋予'一个能由其得出结论的单一头脑,而且也绝不可能像这样来赋予。"[91]这一论点不仅构成了对计划经济模式的否定,也构成了对于那些崇尚统计的经济学范式的否定,这些经济学范式是以"理性人"或"经济人"的预设为前提来计算或确定经济运行的规律的。事实上,哈耶克本人也不是一般地反对"计划",而是集中讨论"应该怎样制定计划:是由一个权威机构为整个经济体系集中地制定?还是由许多人分散地制定?"[92]但是,由于他只是在"知识在社会中的利用"的层面检讨中央计划、个人计划和有组织的工业计划之间的差别,因而没有能够从一种历史

---

[90] 罗峪平:《人民币怎样跨世纪——访中国银行国际金融研究所所长陶礼明》,《三联生活周刊》1998年第2期(1998年1月30日),总第56期,页21。
[91] 哈耶克:《个人主义与经济秩序》,同前,页74。
[92] 哈耶克在三个层面谈论计划,即"……中央计划,即根据一个统一的计划管理整个经济体系。而竞争则指由许多单独的个人所制定的分散的计划。居于这两者之间的是代表有组织的工业的计划,这种计划许多人谈及但一旦看到便很少有人喜欢,它就是垄断"。哈耶克:《个人主义与经济秩序》,同前,页76。

的视野考虑这几种计划的互动关系。哈耶克顽固地拒绝知识社会学,这一态度使他丧失了检讨"认识论"视野的限度的可能性,丧失了理解科学和技术活动与社会结构的相互作用的可能性。正由于此,他没有能力对自由资本主义转化为垄断的资本主义的历史过程作出分析,也没有能力对社会主义运动如何从资本主义的市场关系中孕育和发展而来作出理论解说。在有限的理论视野中,他把这几种"计划"仅仅视为"不同种类的知识"所导致的结果。[93]

在我看来,哈耶克社会理论的那些独特的洞见没有为当代自由主义提供灵感,相反,它的一些理论特点(例如他不得不在规范层面叙述他的中心范畴,而无法对此进行实质性的社会研究)却限制了人们的理解。"庸俗的自由主义者"经常越过哈耶克对实证主义社会理论和古典经济学的批判,把他对各种集体主义经济学或社会主义的经济计划的批判性剖析转化成为对现实市场秩序的合法性论证。他们关心的仅仅是为现实秩序辩护,而不是对正在大规模实践的制度改革进行批判性反思。这些"自由主义者"所以能够如此庸俗地利用哈耶克的理论,部分地应该归咎于这一事实:尽管哈耶克对自然/人为二元论有着明确的认识、对实证主义进行了批判,但他并没有能够彻底地清理科学/社会科学、自然/社会、社会/国家、市场/计划的二元论,没有提供理解市场形成和计划模式形成的历史分析。但是,在哈耶克与他的某些中国信奉者之间作出区分是完全必要的,因为这些信奉者不仅没有解决上述理论困难,反而掩盖了哈耶克理论中包含的洞见。在当代中国的庸俗讨论中,这些"自由主义者"以批判传统社会主义为掩护,用各种古典经济学预设论证现实的市场范畴

---

[93] 因此,哈耶克认为,中央计划、个人计划和组织计划的优劣"就在于不同种类知识的重要性:是那些更可能为特定个人所支配的知识重要? 还是那些我们认为更会被经适当挑选的专家所组成的权威机构所掌握的知识重要?"他所强调的自然是一种个人的知识的重要性,这种知识被称之为"有关特定时间和地点的知识,它们在一般意义上甚至不可能称为科学的知识。但正是在这方面,每个人实际上都对所有其他人来说具有某种优势,因为每个人都掌握可以利用的独一无二的信息,而基于这种信息的决策只有由每个个人作出,或由他积极参与作出,这种信息才能被利用"。哈耶克:《个人主义与经济秩序》,同前,页76—77。

及其不平等结构的合理性。正是在这种精心营造的历史迷雾中,他们不仅复活了(也许从未死去)那些甚至已经被哈耶克本人所摒弃的古典经济学前提(如经济人的预设),而且也在英国经验主义的旗号下恢复了实证主义的权威性以及原子论的个人观。他们意识到社会的自我保护运动包含了破坏市场运行法则的可能,因而将之归结为违背"经济人"或"理性人"规范的"民粹主义",却没有意识到新的社会冲突正是市场制度扩张的结果。因此,我认为这些"庸俗的自由主义者"从来没有真正的"社会"观点。鉴于哈耶克理论及其传播过程的上述特点,我在下文中对市场/计划、社会/国家二元论的检讨与其说是对哈耶克的理论清理(我在这里来不及探讨哈耶克的保守主义理论与贵族主义的关系),不如说是针对更为广泛的社会思潮和理论思潮进行的理论的批评和历史的分析。

在社会/国家、市场/计划的二元论式中,"社会"范畴可以被看作是一种受到自律的经济活动支配的范畴,因此,自律的社会可以被理解为市场社会。主流的自由主义和马克思主义经济学(我在这里指的不是马克思本人的理论,而是以社会主义计划经济为核心的社会主义经济学)在许多方面截然相反,但都把现实的资本主义等同为理想的"自由市场",从而接受了"自由市场"模型这一假设,并以之作为各自理论的出发点。[94] "自由市场"模型建立在一系列有关个人行为的预设之上,其核心是:消费者在有限预算的约束下为了追求利益的最大化而作出"理性选择",从

---

[94] 参见许宝强:《反市场的资本主义》,《香港社会科学学报》第 8 期,1997 年秋季号,页 179。他在文中指出:"这两种经济学说(即自由主义的和马克思主义的)均接受了把现实的资本主义等同为理想的'自由市场'这种假设;而在分析架构上,它们亦是同宗同源。这也是为什么'分析的马克思主义'(Analytical Marxism)能容易地采用主流经济学所发展出来的分析工具,例如一般均衡模型(General Equilibrium Model)和理性选择(Rational Choice),但却同时可以对主流经济学作出(主要在结论上)严厉的批评。(见 Roemer 1988;Gintis and Bowles 1990)"许文的讨论明显地受到了 John E. Roemer 的 *Free to Lose:An Introduction to Marxist Economic Philosophy*(Cambridge,Mass:Harvard University Press,1988)以及 Herbert Gintis and Samue Bowles 的 *Democracy and Capitalism:Property,Community,and the Contraditctions of Modern Social Thought*(London:Routledge & K. Paul,1986)的影响。

而构成对货品和劳务的需求；生产者为了获得利润的最大化而作出"理性的选择"，从而构成了货品和劳务的供应。上述两个方面的互动决定了市场价格，成为消费者与生产者的"理性"竞争行为的唯一参照系。因此，市场的运作不仅被看作是个人寻求利益的自然现象，而且也理解为"理性"选择的结果。[95] 在这里的确存在如何理解亚当·斯密所谓"无形之手"的问题。在庸俗的经济学家那里，"无形之手"建立在"经济人"或"理性人"的假说之上。[96] 所谓"经济人"和"理性人"的预设总是从个别行动者开始，因而要论证"寻利"的自然动机，就必须把个人从社会关系中分割出来。这一方法论隐含的前提是：否认社会安排和文化所造成的人类行为的差异。然而，不仅早期的社会、甚至当代世界的某些地区，如中国华北和西北农村，经济——即确保人类生计的安排——埋藏在社会关系之中，受到宗教、文化、政治和其他的社会安排的制约，[97] 个人的经济获利取向只扮演了次要的角色。换言之，自由主义和社会主义经济学都

---

[95] 同上，页178。

[96] 哈耶克认为亚当·斯密不能为"经济人"的假设负责，并指出这一概念是那些"社会心理学家"对斯密的误读。但同时，他也承认这一误解有其历史原因：19世纪古典经济学家，尤其是约翰·斯图亚特·弥尔和赫伯特·斯宾塞所受的法国和英国传统的影响几乎一样多，"因此，所有完全违背真正个人主义的概念和假设已经被当做了个人主义理论的基本核心。"哈耶克对"经济人"概念的批评起源于他对"真正的、反理性主义的个人主义和假的、理性主义的个人主义之间的"明确区分。他认为"经济人"概念本身就是一个完全违背真正个人主义的概念和假设。他指出，"经济人"是许多庸俗的经济学家"根据严格的理性行为假设以及错误的理性主义心理学得出来的，因此这些结论有很大缺陷。但是实际上，亚当·斯密及其信徒们根本没有作此假定。……斯密并不十分关心人类处于最好境遇时可以暂时取得的成功，他关心的是个人处境最坏时，应该尽可能地减少使他干坏事的机会。斯密及其同代人所提倡的个人主义的主要价值在于，它是一种使坏人所能造成的破坏最小化的制度，而对这一点则很少有人谈及"。哈耶克：《个人主义与经济秩序》，同前，页11—13。

[97] 参见 Karl Polanyi, *The Livelihood of Man*, ed. Harry W. Pearson (New York: Academic Press, 1977), pp.5-56. 关于中国农村的讨论参见黄宗智（Philip Huang）的有关著作，如《华北的小农经济与社会变迁》，香港：牛津大学出版社，1994；《中国研究的规范认识危机》，香港：牛津大学出版社，1994；《长江三角洲小农家庭与乡村发展》，北京：中华书局，1992等。此外，《读书》1996年第10期上的一组讨论，总题为《乡土中国的当代图景》，其中释然对中国西北农村的讨论涉及的正是这一问题。

犯了违反历史事实的错误,即把只有在19世纪欧洲的自律的市场社会中居于主导地位的原则看作是在整个人类历史中居于主导地位的原则。从话语实践的角度看,"理性人"概念不过是要求人成为社会生物,一致遵循某些特定的社会模式,进而将那些不遵守规则的人视为反常的或反社会的。正是在这个意义上,汉娜·阿伦特断言近代的平等建立在顺从主义(conformism)的基础之上,而近代经济学的科学地位正是以这种顺从主义(适合于统计学的整齐划一的行为方式)为前提的。[98] 在今天,我们有理由进一步追问:现代市场社会究竟是一个自律的、自然发生的范畴,还是制度安排的结果?就中国资本主义和市场社会的产生而言,我们可以确定的是:无论是晚清时代,还是20世纪的后叶,中国的市场社会一方面是国家改革政策的结果,另一方面则不得不接受已经形成的国际市场制度的规范。在任何意义上,中国市场社会都不是自然进化的产物,也绝非"自然的"或"自由的"领域。政府活动与市场活动的相对分离本身就是一种制度安排,它的实质是把国家转化成为一种内在于市场调节的因素。

因此,我们必须追问:"经济人"或"理性人"的预设是如何构筑的?汉密尔顿(David Hamilton)的论文《亚当·斯密与教室的道德经济学》("Adam Smith and the Moral Economy of the Classroom")对于我们理解这一问题颇有意义,他把我们引向了一个意想不到的方向,即教室的发明与政治经济学的关系。[99] 根据汉密尔顿对教室的系谱研究,他发现发展了分班教学法的,是在1774到1827年担任格拉斯哥大学(Glasgow University)逻辑学教授的迦丁(George Jardine),而更早的源头就是迦丁的老师、于18世纪六十年代任该校道德哲学教授的亚当·斯密,他的《道德情感理论》(《国富论》可以被视为该书的延续)就是当时道德哲学课的讲义。在这部著作中,他提出了关于自我的两个部分的解释,即作为审察者的我和裁判的我与被审察者的我和被裁判的我的区分。这个区分克服了霍布斯在《利维坦》(Levia-

---

[98] Arendt, *The Human Condition*,这里采用了刘锋的译文。见汪晖、陈燕谷主编:《文化与公共性》,北京:三联书店,1998,页74—75。

[99] David Hamilton, "Adam Smith and the Moral Economy of the Classroom," *Journal of Curriculum Studies* 12(1980):281-298.

than)中的疑难:自利的个体是不理性的,因而理性的社会必然需要专制的统治者。这是因为自我的"审察者"或"裁判者"部分能够控制另一半,从而取代了外在的裁判者或管理者,主体为自己提供自动的导向。在这样的基础上,才有可能设想追求自身利益不是单纯的自私自利,主体的"理性"最终能够统合个人利益与社会利益。然而,汉密尔顿的研究证明:这种新的哲学解决方案只是教学规训方法被转向经济学领域的结果,"经济人"或"理性人"只是考试/审查这种规训形式的产儿。"斯密其实是格拉斯哥大学首创的一种以考试为基础的学习方法的先行者,这种方法强调在课室这种教育新场所内的竞争与合作。斯密的'理性'新主体,只不过是那种经常把考试的教育实践方式内化了的主体。它完全不是纯粹理性的载体,而只是盛载着学科规训制度下的权力/知识关系。"[100] 霍斯金(K. W. Hoskin)和麦克夫(R. H. Macve)不无讽刺地发挥道:"……表面上保证经济学维持主要优势的基石,即经济学家及经济人的'理性',竟然只是经济学不可能在学科规训制度框框以外存在的标志。过去被确认的事实崩溃了,经济学内会计概念的重要性呈现了新的意义。"[101] 汉密尔顿的研究从一个特定的方面论证了自由的主体与制度安排的关系。

那么,历史中的"自由市场"模型究竟怎样呢? 许多经验研究已经证明:各种生产因素(劳动力、土地和资金)的不完全自由正是资本主义生产方式的核心。[102] 早在20世纪40年代,卡尔·博兰尼(Karl Polanyi)就驳斥了那种认为19世纪资本主义乃是中世纪以来市场活动持续扩张的自然

---

[100] K. W. Hoskin and R. H. Macve, "Accounting as Discipline: The Overlooked Supplement," in *Knowledges: Historical and Critical Studies*, eds. Ellen Messer-Davidow et al (Charlottesville: University of Virginia, 1993), pp. 25-53. 该文中译文题为《会计学:一门学科规训》,见《学科·知识·权力》,页85。此外,刊于同书的 Keith W. Hoskin:《教育与学科规训制度的源起》("Education and the Genesis of Disciplinarity: The University Reversal, Knowledge: Historical and Critical Studies in Disciplinarity")也引述并阐释了 David Hamilton 的成果。见同上书,页23—55。

[101] Ibid., pp. 85-86.

[102] Immanuel Wallerstein, *The Capitalist World-Economy: Essays* (Cambridge & New York: Cambridge University Press, 1979), p. 134.

结果的观点,他指出,在19世纪以前,由于种种社会、宗教和传统规范,资本主义发源地——欧美地区——的市场从来没有全面"自由地"发展起来,成为社会的支配力量,相反,国家对市场的管理限制了它的影响。英国从商业化的重商主义社会转变为市场社会,既非不可避免,也不是自然进化的结果,全国性市场的出现恰恰是由于国家的有计划的重商主义政策,亦即某些建国策略的副产品。重商主义是欧洲绝对主义时代的主导原则,用赫克谢尔(Hecksher)的话说,"国家是重商主义经济政策的主体又是其目标。"为什么如此呢?"因为重商主义无疑要消灭地域障碍以便在全国范围内进行贸易,并为商品生产努力建立起统一的国内市场。由于重商主义深信世界的商业与财富发展是有限的,因而,为增强与他国国力相关的本国国力,就要鼓励商品出口,严禁金锭金币出口。"[103] 从表面看,重商主义政策与以政治经济体系的严格分离为特征的自由放任主义相互冲突,但它们在历史中的关系却是相互纠缠的。"16世纪以降,市场既为数众多,又很重要。在这种市场制度下,它们事实上成为政府的主要关切方面;但还没有出现通过市场控制来控制人类社会的征兆。相反,调节和管辖较之以往更为严格;并不存在自我调节的市场的概念。"[104] 因此,要了解这一转变,就必须了解19世纪发生的前述转变。在分析了市场机制与工业生产的关系之后,博兰尼指出劳动力、土地和货币为了工业生产的需要而在市场之中被组织起来,并成为被买卖的商品。这类虚构的商品为整个社会提供了重要的组织

---

[103] 佩里·安德森(Perry Anderson):《绝对主义国家的系谱》(*Lineage of the Absolutist State*),郭方译,上海:上海人民出版社,2001,页21。

[104] Karl Polanyi, *The Great Transformation* (Boston: Beacon Press, 1957), p.55. Fred Block and Margaret R. Somers 发挥博兰尼的观点指出:全国性市场的造成只是某些建国策略的副产品;在这些策略中,经济发展被视为国力的基础。可是即使是全国性市场的出现,仍不足以促成市场社会的充分发展。市场社会的充分发展,有赖于其他方面的变革:土地、货币和劳动力的商品化。见该书中译本《巨变:当代政治、经济的起源》,黄树民、石佳音、廖立文译,远流出版事业股份有限公司,1989,页3—52。此外,请参看 Perry Anderson: *Lineages of the Absolutist State* (London: New Left Books, 1974); John Merrington, "Town and Country in the Transition to Capitalism," *New Left Review* 93 (Sep.-Oct. 1975): 71-72.

原则,并以各种方式影响到社会的所有制度。按照这个组织原则,一切能够妨碍市场机制运行的安排和行为都是不能允许的。

然而,这一假定同时又不能适用于劳动力、土地和货币,因为如果允许市场机制成为主宰人类命运、自然环境和购买力大小的唯一力量,社会就会趋于毁灭。[105]这就是为什么国家与企业对自由市场的精心创造必然地伴随了自发的、未经计划的保护运动,包括英国在内的所有欧洲国家都经历了在自由贸易和自由放任之后的干涉主义时期。"19世纪社会史因而是一个双重运动的产物:与真正的商品相关的市场组织的发展伴随着它在虚构的商品方面的限制。因此,一方面,市场扩展到全球,货品数量增加到不可思议的程度;另一方面,一整套手段和政策已经被整合到强有力的机制之中,它们被用于限制与劳动力、土地和货币相关的市场行为。尽管金本位制下,世界商品市场、资本市场和金融市场的组织为市场机制提供了前所未有的动力,但同时也产生了另一个更为深入的运动以对抗市场经济的有害影响。社会保护自己,反对内在于自我调节的市场制度的危害——这就是这个时代的历史的综合特征。"[106]最近的金融危机和世界各地对于金融管制的需求,证明博兰尼的上述断言至今没有过时。如果自由市场与保护运动的冲突逐渐破坏了19世纪稳定的基础,从而导致了第一次世界大战的发生,那么,当代世界面临的危机又如何呢?

---

[105] 劳动力这种商品的任意堆积、无限制使用或不加使用都必然影响到人类个体——他恰巧是这种商品的拥有者。在处置劳动力的同时,市场制度不可避免地要处置这个人的生理的、心理的和道德的特质。剥离了文化制度的保护罩,人类也就会在这种社会暴露的影响下消失;他们作为罪恶、是非颠倒、犯罪、饥荒等社会动乱因素的牺牲者而死亡。自然蜕变为它们的元素,街坊和风景受损,河川污染,军事安全破坏,生产食品和原料的能力被摧毁。最终,受市场调节的购买力也会周期性地消灭一些企业。参见 Polanyi: *The Great Transformation*, p. 73.

[106] *Ibid.*, p. 76. 博兰尼描述市场社会的基本矛盾说:"其中之一是经济自由主义的原则,其目的是要建立一个自我调节的市场,它受到商业阶级的支持,并在很大程度上把自由放任主义和自由贸易作为手段;另一原则是社会保护的原则,目的是保护人类、自然及生产组织,它依赖于最直接受市场制度所伤害的人的支持——主要的但不完全地是劳动阶级与地主阶级,它使用保护性立法、限制性的公会,以及其他干涉工具为其手段。" Polanyi, *The Great Transformation*, p. 132.

当代世界的一些现象被归结为全球主义,它的核心是用市场的跨国运动取代国家的概念,从而改变那种将民族或者国家作为定义市场或分割世界市场的等级单位的习惯观点。但是,无论在民族—国家内部,还是在外部,自由市场的观念都不是现实。以鸦片战争时代的贸易关系为例,西方和中国的某些学者把中英冲突归结为清朝不能容忍英国的自由贸易,但实际上在鸦片贸易发生之前,中国的商品如茶叶和生丝持续地出口欧洲,而欧洲的白银相应地流入中国。在这一背景之下,西欧等国的重金主义者对白银的流出持批评态度,并寻求一种不用白银结算而能获得中国商品的办法。最终他们利用英国、中国和英国殖民地印度的三角贸易关系形成了鸦片贸易,这种贸易的实质是一种走私贸易,而不是自由贸易。林则徐在禁烟运动中并没有禁止其他商品的自由贸易,而是禁止非法的鸦片贸易。因此,鸦片战争的爆发不是自由贸易与反自由贸易的斗争,而是西欧国家用武力威胁把走私性质的鸦片贸易合法化的结果。[107]根据布洛克(Fred Block)对美国经济的研究,直至19世纪中期,农业部门仍占美国生产总值的60%,而在此部门的经济活动中,不少是自给自足的家庭经营方式,也有不少是奴隶或合作种植的方式,市场竞争机制并不居于主导地位。在制造业方面,小生产商是当时美国制造业的主要经营单位,生产活动则多是通过外发(putting out)或外包(subcontracting)来进行,生产合约的价格并不是由供求决定,而是由外发商与承包者通过集体商谈,根据传统的社会规范所决定。由于劳动者大部分是自雇,所以劳动市场是欠发达的。这就是说,资本家之间或劳动者之间的竞争是不完全的,从而不存在理论上的"自由市场"关系。[108]

---

[107] 滨下武志对鸦片贸易的过程重新进行分析,他特别提及了英国商人在英国、印度和中国之间的多边贸易中的作用,并得出结论说:"看来,'自由贸易'这一主张并非是英国近代工业资本家阶层独自垄断的名词,同时也是地方贸易商人为实现自身利益时使用的时髦口号。"见氏著《近代中国的国际契机——朝贡贸易体系与近代亚洲经济圈》,朱荫贵、欧阳菲译,北京:中国社会科学出版社,1999,页11—12。

[108] Fred L. Block, *Postindustrial Possiblilities – A Critique of Economic Discourse*(Berkeley & Oxford:University of California Press,1990),pp.56-59. 参看许宝强的《反市场的资本主义》,《香港社会科学学报》第8期,1997年秋季号。

另一个反对国家造就市场的更为有力的说法来自当代的全球化过程本身，即贸易全球化以及独立于国家的自主市场——如电脑空间和欧盟——的形成。这些事实证明市场的跨国运动已经成为当代世界的重要现实，也表明了以民族—国家为单位界定市场关系已经过时。在这里需要把市场制度的制定与民族—国家观念区分开来。国家与市场的传统联系从来没有证明市场是可以用民族或国家来界定的，殖民主义时代的市场活动从来就是跨越国家边界的活动，布罗代尔把这种长途贸易看作是欧洲资本主义的起源。但这一切并不证明市场与国家政策无关，对市场的占领、对信息的控制以及对工艺技术的掌握已经成为比对领土的征服更为重要的外交政策的筹码。当代全球化的经济活动不但与民族—国家关系密切，而且还与民族—国家行为方式的改变有关。早就有欧洲的评论家指出，当欧洲联盟想要"调节"交通或通讯的时候，它就会制定出一些规章制度。欧洲竞争法案就是一部巨大的用来制定反对规章制度的规章制度的机器。在全球化进程的最大推动力的美国，国会已经通过了对35个以上的国家实施经济制裁的表决，它们涉及世界贸易总额的20%左右。这表明，对市场的控制并不仅仅是资本主义发展初期的情形。在资本主义发展过程中，旧有的非"自由市场"因素显著减少，但新的非"自由市场因素"却不断涌现，除了不断出现的国家对经济干预的增加之外，另一个非"自由市场"因素便是大企业集团及其特殊的垄断形式的兴起，而不管这些集团是国内的还是跨国的。[109]因此，资本主义"一贯地、顽固地依靠法理上的和事实上的垄断，不顾在这方面反对它的激烈行动。今天，人们将其系统称为'组织'，这个组织继续在绕开市场。人们认为这是个真正新的事实。

---

[109] 例如美国国营部门在19世纪中期仍然微不足道，但到20世纪中期，却占全国工资支出总额的11.7%。其他西方福利国家的情况就更为明显。大型企业集团经常通过内部资源调拨来取代市场交易，并不惜忍受短期损失以扩大垄断能力，它们的运作逻辑不但不依据市场竞争规律，反而是反市场的。（参见许宝强《反市场的资本主义》，《香港社会科学学报》第8期，1997年秋季号，页180。）哈贝马斯在《合法性危机》一书中的基本观察也大体相似，他从合法性角度阐述了反市场资本主义导致的全面的社会危机。

然而,错了。"[110] 正是在这个意义上,布罗代尔把资本主义看作是反市场的。

资本主义是各种手法、程序、习惯、竞争性能的总和,这是布罗代尔经过仔细观察得出的结论。作为一小部分人的特权,资本主义必然是社会秩序的一种现实,也是政治秩序的一种现实,甚至是一种文化现实。这一点无论在一个社会的内部关系中,还是在国际性的关系中都是如此。[111] 如果我们简单地用经济学的规则来说明资本主义与自由市场的关系,就会掩盖货币、城市和交换等古老的因素被组织到资本主义霸权形成历史中的复杂图景。从国际贸易来看,"自由贸易"起源于棉纺工业的说法只是一个神话,18世纪到19世纪的英国对自由放任的解释仅仅是指在生产上免于管制的自由,贸易并不在内。只是到了19世纪30年代之后,经济自由主义才开始具有十字军般的热诚,而自由放任则成为一种好战的信条,一种不妥协的残暴行为的动力。正由于此,卡尔·博兰尼认为国际自由贸易就是一种信仰。[112] 我并不是说世界上从来没有过自由贸易,而只是说它仅仅是偶发的特例,贸易保护主义才是常态。许宝强的概述性研究表明,欧洲社会和美国在19至20世纪的大部分时期里,贸易保护主义占据明显的优势。[113] 换言之,"自由贸易"论如此盛行不过是资本主义霸权意识形态控制公众舆论的结果。博兰尼和布罗代尔都已经证明:长途贸易往往比内部市场更早出现,它不是基于人类寻利的倾向自然地从内部市场延伸出来,而是由探险、掠夺和战争等活动引发,为了达到某种

---

[110] Fernand Braudel,《资本主义的动力》,杨起译,北京:三联书店,1997,页76。

[111] Braudel:《资本主义的动力》,页10,43。

[112] Polanyi, *The Great Transformation*, pp. 137-139.

[113] Paul Bairoch 指出,欧洲在19和20世纪这二百年中,只有四分之一时间,即1860至1892年间,以及1970年以后,可以算是对外贸易相对自由的时期,其他四分之三时间,以及16至18世纪的"重商主义"黄金时代,贸易保护主义明显占优势。美国的情况则更为明显,在Smoot Hawley关税法案实施后的1932年,美国的平均关税率曾上升至59%的水平。虽然此后关税率不断下降,但一些非关税保护措施,例如"自愿出口限制"(voluntary export)、"多织维协定"(multifiber agreement)、"产品标准需求"(product standardization requirements)却不断增加。参见许宝强《反市场的资本主义》,同前,页182。

第十五章 总论:公理世界观及其自我瓦解

传统宗教、习俗和法律上的目的而产生。"我们的结论是:虽然人类社群似乎并未存在于外部贸易之前,但这种贸易却不一定伴随着市场。对外贸易起初更主要地是起源于冒险、勘探、狩猎、抢劫和战争,而不是以货易货的交易。它也很少意味着作为双边的和平,即使它包含了双方,也是基于互惠主义原则,而不是交换原则。"[114]

在《15 至 18 世纪的物质文明、经济和资本主义》中,布罗代尔拒绝像经济学家那样用经济法则来解释交换的不平等,因为他发现"经济不平等纯属社会不平等的翻版。"[115] 这一思想的最直接的体现就是他在资本主义和市场之间作出基本的区分:市场是联系生产和消费的纽带,而资本主义只关心交换价值。因此,市场以竞争为主宰,在市场经济条件下的交换是平等的,而资本主义则制造和利用其垄断地位,从而造成交换的不平等。布罗代尔不止一次揭露"自由放任主义"或斯密的"无形之手"创造出的"自动调节的市场"如何是一个幻象:"在生产与消费之间,市场仅仅是个不完善的连接件,光是它的'局部性'就足以说明它是不完善的了。"[116]在个人的交易活动与国内市场之间、在国内市场与远程贸易之间并不存

---

[114] Polanyi, *The Great Transformation*, p. 59. 后期的长途贸易当然带有一定的寻利性质,但在中心与边缘的依附关系中,内部市场的发展仍然步履维艰。

[115] 布罗代尔把不平等看作是迄今为止人类社会的一个基本特征,"因为人是社会的动物,人在一定程度上是社会集体的受害者;没有不平等,没有等级制,集体也就不可能存在。经济不平等是社会不平等的必然后果。"布罗代尔:《资本主义论丛》,顾良、张慧君译,北京:中央编译出版社,1997,页 9。

[116] 布罗代尔使用"市场经济"与"资本主义"这两个概念,目的是把这两个领域区别开来。"让我们再重复一遍,这两类活动——市场经济和资本主义——直至 18 世纪仍是势单力薄的,人类行动的主要部分被包含、淹没在物质生活的广大范畴中。如果说市场经济在扩展,已经覆盖了很广阔的地盘,取得了可观的成就,它却常常缺乏厚度。我或对或错地将欧洲旧制下的现实称作'资本主义',它属于一个光辉的、精良的但是狭窄的层次,它还拢不住经济生活的全部,没有创造出——例外正可证实规律——独有的、自身趋于普及的'生产方式'。这个资本主义通常被人们叫做商业资本主义。它还远远未能抓住和左右整个市场经济,尽管市场经济是其不可或缺之先决条件。然而,话又说回来,资本主义在国内、国际、世界范围内所扮演的角色已是很明显的了。"如果我们要理解他所说的市场经济和资本主义,那么,我们就必须把它们放在与"物质生活"这一范畴的关系中加以考察。布罗代尔:《资本主义的动力》,北京:三联

在自然的发展关系。相反,在那一时期里,由于西方殖民主义的逼迫,拉美、南亚、非洲、东南亚等经济落后地区的贸易政策相对欧美等地反而"自由"得多。[117] 这不仅说明了全球性市场的不平等条件,而且揭示了经济不平等仅仅是社会不平等的必然结果。斯塔夫里亚诺斯(L. S. Stavrianos)因而指出:"所谓第三世界,既不是一组国家,也不是一组统计标准,而是一组关系——一种支配的宗主国中心与依附的外缘地区之间的不平等关系,这些地区过去是殖民地,今天是新殖民地式的'独立'国。"[118] 因此,从历史的角度看,没有各种超经济的社会力量,特别是政治权力的干预,市场经济就不可能产生。市场经济不是自然进化的结果,而是一种创制。

按照博兰尼的看法,自律性市场必须将社会在体制上分割为经济领域与政治领域,这一二分法从社会整体的角度看只不过是对自律性市场的存在的说明。无论在早期欧洲的部落社会、封建社会或重商主义的社会,还是在晚清以前的中国社会,都未曾出现分离的经济体制。例如,周代的贵族政治与井田制度相伴随,所谓"普天之下,莫非王土;率土之滨,莫非王臣。"冯友兰曾说:"所谓王土王臣,在后世视之,只有政治的意义,然在上古封建制度下,实兼有经济的意义。上述社会之诸阶级,亦不只是政治的,社会的,而亦且是经济的也。盖在上古封建制度下,天子、诸侯及卿大夫,在政治上及经济上皆为人民之主。"[119] 这种经济/政治/文化相互缠结的方式并不是中国的独有现象,按照博兰尼的理解,欧洲只是在19世纪才经历了摆脱这一模式的"巨大的转变"。"在19世纪社会,经济活动被抽离并输入到一个独特的经济动机之中,这确实是一个奇特的转折。

书店,1997,页29,25—26。

[117] Paul Bairoch, *Economics and World History-Myths and Paradoxes* (Chicago: The University of Chicago Press, 1993), pp. 41-42, 172-173.

[118] L. S. Stavrianos:《全球分裂》,上册,迟越、王红生译,商务印书馆,1995,页17。

[119] 他举例说,周以土地封其子弟为诸侯,即使其子弟为其地之君主兼地主也。诸侯再以其地分与其子弟,其子弟再分与庶人耕种之。庶人不能自有土地,故只能为其政治的经济的主人作农奴而已。见冯友兰:《中国哲学史》,上海:商务印书馆,1934,页32—33。

某种程度上服从于它的需求,这样的一个制度是无法运作的。一个市场经济只能存在于一个市场社会。这是我们在分析市场制度时所得出的结论。"[120]

但是,如何理解这一"巨大的转变"仍然是一个有待探讨的问题:它是制度安排的结果,还是市场自然发展的产物?被描述为"在国家之外的市场",是否真的是一个自由的领域?19世纪经济史和当代世界的垄断现象表明:市场的运作不仅带有制度安排的鲜明印记,而且从未摆脱支配性权力的操纵。自由放任本身就是由国家强制实行的,自由市场的大路建立在干预主义的地基之上。因此博兰尼才会说:经济自由是一个社会计划,自由放任不是达成某一目标的手段,而是有待达成的目标。自由市场的引进不但没有消除对干涉和控制的需求,相反却扩大了它们的范围。[121]在这个意义上,博兰尼所说的"巨大的转变"(其标志是经济与政治的分离)很可能根本没有发生,发生的不过是经济与政治的关系的某些重要的改变。如果说在自然经济条件下,价值规律保持着它的透明性,而市场社会的特征之一却是经由垄断和制度安排而获取超额利润。市场社会不仅不像有些当代中国经济学家和知识分子期待的那样保护私人领域,相反,市场与支配性的权力之间的"看不见的"关系不断地将"私人领域"转化成为"社会的"领域。市场社会是对"价值规律"的否定,而不是对"价值规律"的肯定。正是在这个意义上,"个人对财富的占有,如同积累过程的社会化一样,归根结蒂不会尊重私有财产。一切意义上的私人性都只会妨碍社会'生产力'的发展,因此私有制必须被推翻,而代之以社会财富的越来越快的增长过程。这一认识并非马克思的发明,而是这个社会的本质所在。"[122]阿伦特的上述断言揭示了现代社会主义运动得以发生和发展的动力,这种动力是植根于市场社会的运行法则内部的。假定从发生学的角度讨论各种社会计划的话(包括社会主义的国家计划及其后果),我们显然不能单纯地在两种不同的知

---

[120] Polanyi, *The Great Transformation*, p.71.
[121] Ibid., pp.135-150.
[122] Arendt, *The Human Condition* (Garden & New York: Doubleday Anchor Books, 1959), pp. 59-60.

识类型和知识论的对立之中给予解释。例如从政治体制的角度看,国家总体计划是现代民族—国家体制的产物,而民族—国家体系乃是全球市场的政治形式。离开了这种政治形式,国际劳动分工就不可能实现。

社会/国家、市场/计划的二元论完全建立在民族—国家的内部关系之上,然而,市场社会关系的扩展明显地是一个全球事件,否则我们根本不能理解中国社会在近代发生的重大的、从内部来看几乎是偶然的转变。但是,这一转变不能被简化为如下结论,即中国或者亚洲的市场是完全从外部强加的,或者市场仅仅是近代资本主义的产物。恰恰相反,作为交换活动的市场如此古老,以至我们难以确定它存在的久远年代;现代世界强加给我们的不是市场,而是一套新的制度安排,以及从这种制度安排中获得利益的权力关系。当中国以计划经济模式及其政治形式出现的时候,丝毫不意味着它彻底地摆脱了市场,毋宁说,它以特定的内部组织形式加入到以民族—国家为其政治形式的国际市场及其经济/政治/军事竞争之中。促成这一制度选择的动力,除了意识形态方面的考虑,更为重要的是民族—国家之间的竞争和效率问题。如果认为公有制和计划经济是一种违背效率原则的经济形式那就错了,因为它是为了加入国际竞争而发展起来的、以高效率为目标的经济形式。换言之,社会主义的国家实践原以为是对市场社会或资本主义社会的摆脱,最终却不过是扮演了市场社会的一种特定的政治经济形式。

从历史的角度看,市场/计划的二元论建立在封建主义/资本主义/社会主义的三重时间关系之中,它们分别被界定为前市场制度、市场制度和后市场制度。然而,最近几十年来有关前现代社会的研究已经证明:前现代社会并不是自然经济范畴中的一个封闭的、完全自给自足的结构,因为在前现代社会里到处都有市场,以至有学者认为:中国历史中的小经营生产方式(特别是农业领域),"是支撑现在中国的开放政策和所谓'社会主义市场经济'的发展的主要条件之一。"[123] 中国学者关于明清经济史的

---

[123] 中村哲:《中国前近代史理论的重构》,《中国前近代史理论国际学术研讨会论文集》,武汉大学中国三至九世纪研究所编,武汉:湖北人民出版社,1997,页9。

大量的实证研究清楚地证明了市场并不是一个简单的现代产物。东亚地区不仅存在着吴承明、黄宗智所讨论过的那些非资本主义的市场和商品交换，而且还存在着由滨下武志和茂木敏夫研究过的朝贡体系，他们在不同方面描绘了中国和东亚地区存在的相当活跃的市场和贸易体系。在一篇提纲挈领的文章中，印度学者乔杜里研究了1800年以前亚洲的商业资本主义和工业生产，他指出亚洲经济发展之所以不同于欧洲，原因不在马克思提出的生产方式理论，而需要用远程贸易演变的条件来解释。[124]至于社会主义国家，"第一、分析家们越来越一致地认为，社会主义和共产主义国家并没有真正地、最终地摆脱世界市场；第二、在每个社会主义国家内部都进行过一场长期的辩论，其主题是，在国内市场实行某种放开会得到什么好处。在辩论中甚至产生了一个新概念：'市场社会主义'。……人们通常将竞争和垄断看成是资本主义市场的两极，而布罗代尔则视之为不断斗争的两个结构，在这两个结构之中，他只把垄断定性为'资本主义'。"[125]

在这个意义上，我们必须把现代"国家"的产生及其对内部社会的重新塑造与市场时代的降临密切地关联起来，而不能仅仅把"市场社会"的形成看成是一个单纯的经济事件，或者简单地把国家与市场作为对立的两极加以处理。当代社会流行的市场/计划二元论掩盖的正是资本主义与政治的关系。如果我们承认资本主义与垄断的持久的关系，那么，也需要同意另一个判断，即一切垄断皆具有政治性。"如果没有一种政治保证你就永远不能支配经济，永远不能扼杀或限制住市场的力量，要想设立非经济性的壁垒，不让人家涉足经济交易，要想将非分的价格强加于人，要想保证非优先性的采购，不依靠某个政治当局的力量是做不到的。认为没有国家的支持、

---

[124] 他说："三大类亚洲工业产品（纺织、五金、陶瓷）在整个印度洋地区开展大宗贸易，甚至远销地中海。商人在远方市场和地方性生产之间起着必不可少的纽带作用。但是，不可能把商人和工匠之间存在的十分特殊的社会和经济关系归纳为马克思规定的从封建生产方式过渡到前资本主义生产方式必须经历三个阶段的公式。……"乔杜里：《1800年以前亚洲的商业资本和工业生产》，见布罗代尔：《资本主义论丛》，顾良、张慧君译，中央编译出版社，1997，页18—19。

[125] 布罗代尔：《资本主义的动力》，页84。

甚至在反对国家的情况下也能成为一个(布罗代尔定义下的)资本家,那简直是一个荒诞的想法。"[126]因此,一方面,国家过于强大的地方,市场或市民社会及其运作就会受到破坏,另一方面,一个市场社会的形成又依赖于国家的干预和安排。按照博兰尼的分析,自由市场依赖于国家的计划,而国家对市场的限制却是自然而然产生的。这一判断与我们的日常知识似乎完全相反,却更符合实际,即自由放任是精心刻划的结果,而计划经济却是自然产生的。如果我们要清算计划经济的罪过,那么,我们就必须检讨计划经济模式从自由市场的内在矛盾中产生出来的漫长历史过程。

3. 晚清国家对"市场"和"社会"的创制

现代国家是作为一个国家系统出现的,这个国家系统产生于"欧洲世界经济"——由欧洲国家统治的世界市场——之中。[127]换言之,现代国家是资本主义制度运作的一个组成因素,这是因为以欧洲为中心的世界体系的扩展不仅是一种经济和军事关系的扩展,而且还是一种国家体系的扩展,它把其他地区的传统政治形式——如中国及其朝贡关系——贬低为次要的、附属性的形式。中心与边缘的力量分化并不意味着任何一个单一的国家都已获得控制世界范围内各种交换关系的力量,它仅仅意味着现代国家的形成不仅与内部的经济环境有关,而且也与外部的经济环境有关。[128]国家主权的特定形式是根据与其他国家的主权关系而确定的,这种主权关系不能仅仅被理解为一种国际的政治关系,而且也必须被理解为一种国际市场中的经济关系。为了获取经济关系中的平等机会,第三世界国家以民族独立的方式争取自决权,并利用国家主权保护自己的利益。这一问题明显地需要在资本主义发展的全球关系中给以

---

[126] 布罗代尔:《资本主义的动力》,页85。
[127] Immanuel Wallerstein, *The Modern World-System* (New York: Academic Press, 1974).
[128] J. Habermas, *Communication and the Evolution of Society*, trans. Thomas McCarthy (Boston: Beacon Press, 1979), p. 190.

解释。[129]

　　让我们回到晚清以降的中国历史中来观察上述结论。近代中国的"主权"意识是在国际商战及其对关税壁垒的保护性需求中诞生的,这生动地说明了市场社会体系与民族—国家的内在的、决定性的关系:民族—国家和民族—国家体系乃是现代国际和国内市场社会的上层政治结构。换句话说,我们必须从19世纪市场制度的扩张(国际自由贸易、竞争性劳动市场及金本位制联为一体)与民族—国家的建构的关系着眼,观察经济自由主义为何能够转变为一种世俗的信条。康有为曾说:"凡一统之世,必以农立国,可靖民心。并争之世,必以商立国,可侔敌利……古之灭国以兵,人皆知之;今之灭国以商,人皆忽之。"[130]在《日本书目志》中,他针对"经济帝国主义"的威胁,要求政府改变重农轻商政策,为工业化和市场提供相应的条件。康有为的观点不是放弃农业,而是要把农业从维持生产者的生计的运作方式,转向大量生产,投入市场,赚取利润,亦即是要求用市场经济的方式从事农业生产,并为工业和商业的拓展提供条件。[131] 1870—1890年代,郭嵩焘、薛福成、马建忠、郑观应、陈炽、康有为和其他清朝官员都曾先后呼吁政府采用重商主义政策,师法西洋的经济政策,为市场经济作出相应的制度安排。

　　通过国家的制度安排形成市场经济并不是晚清中国特有的现象。萧公权在谈及康有为的经济改革计划与日本明治维新的关系时曾说:"康氏的计划与日本经验相合之处,不止一端:诸如政府起领导作用,皇帝扮

---

[129] Mostafa Rejai 在他和 Herbert Waltzer, Alan. Engel 等合著的书中谈到:"殖民地民族主义的基本目标,是在终止帝国主义的统治;而在其自己的土地上,创立一个与其他主权国家立足平等的国族(formative nationalism)。"(恩格尔等著:《意识形态与现代政治》,张明贵译,台北:桂冠图书股份有限公司,1985,页51)但是,他和许多研究殖民地人民的民族主义的人更多地关注殖民地民族主义的暴力倾向(如他们特别关注 Frantz Fanon 所说的那种"殖民地人民发现其自由是在暴力中,并且透过暴力找到自由"的宣称),却对殖民地在反抗外来势力时的制度创制及其动力问题缺少深入的说明。
[130] 见翦伯赞等编:《戊戌变法》,第2册,上海:上海人民出版社,1957,页145。
[131] 萧公权:《康有为思想研究》,汪荣祖译,联经出版事业公司,1988,页285。

演重要角色,私人企业为基本动力,以及教育与经济现代化齐头并进。"[132] 清朝政府并没有完全实行康有为的计划,但它逐渐地推行一套能够发展市场和贸易的政策,则是非常清楚的事实。在某种意义上,清朝政府对市场的干预既是现代国家的起源,也是市场社会(按照博兰尼的看法,市场社会与市场是两个不同的概念)的起源,而它的最为深远的动力就是全球市场社会及其运行规则与民族—国家的政治体系的互动关系。近代中国改革运动的经济目标始终是利用国家的力量为市场社会提供制度性的安排,而国家力量的衰败使得许多中国的知识分子感叹中国无法像明治维新时代的日本那样拥有政治的统一意志。因此,以发展经济为理由而加强统一国家的力量成为自晚清以降中国历史中的重要现象。国家的强大的组织和干预能力恰恰起源于市场社会的基本逻辑之中。民族—国家和民族—国家体系应该被理解为国内市场和国际市场关系的政治结构,这个政治结构不仅保护市场社会的运作,而且也调节市场与社会之间的冲突,因为它本身就是市场社会的一个内在的因素。因此,对于国家控制或社会控制的研究必须重新建立在对市场社会的活动方式的持久的和广泛的观察之上,因为市场与国家的关系从来不能简化为一种二元论的关系。古典经济学一直采用政治经济学的方式,正是因为经济与政治难以截然区分。在经济日益发展为一种自律的领域的过程中,经济与政治的关系发生了重大的、难以估量的变化,但二者之间的那种相互渗透关系从来没有终止。市场与权力的内在关系证明的无非是:现代世界不平等的起源既是政治性的,也是经济性的。对于历史研究来说,这是一个必须时刻牢记于心的问题。

在国际性的关系中界定国家主权、呼吁公民对国家目标的认同,这与在国内关系中设定国家对社会的干预边界或程度没有直接的关系。社会/国家、市场/计划的二元论首先产生于经济自由主义对干预主义的批判,但这一批判不仅与强大的国家相并存,而且还保留了更早时期市民社会在与封建国家争夺空间的斗争中形成的理论兴趣。欧洲近代社会思想

---

[132] 同上,页319。

是在资产阶级市民社会和资产阶级民族国家的共时性扩张中产生的，市民社会的发展与国家的强大具有密切的关系。在这样的背景下，我们才能理解亚当·斯密、大卫·李嘉图等政治经济学家利用个人主义、自由的市场和经济规律的范畴抵制国家的干预政策的历史含义。如果说对干预主义的批判前提是强大的、自足的国家，那么这个前提在晚清和民初时代并不存在。例如，晚清社会的主要趋向是地方分权现象的出现和中央权力的急剧缩减。一方面，镇压太平天国的过程导致了地方军事化和地方权力的增强，这是一个被迫的国家放权过程，另一方面，晚清改革过程中的一些制度设计则是国家进行自我改造的例证。早在光绪元年（1875），军机大臣文祥就曾密奏光绪皇帝，建议采用欧美议院制作为改革的范本。身为商人的郑观应和身为大臣的康有为都曾讨论过议会制和颁布宪法的必要性，这表明晚清改革运动不能够简单地从国家／社会的对立关系加以观察。经过戊戌变法及其失败，这些建议最终成为晚清政府的"新政"措施之一。实际上，戊戌变法运动本身就是晚清国家的自我改造运动，这一运动的失败并不意味着这一自我改造运动的终结，相反，从那时开始，国家的自我改造采取越来越激进的方式。1905—1906年的新政改革的措施甚至较之康有为在戊戌变法时期的建议还要彻底。

　　以分权为特征的改革运动是一种国家改革运动，它试图通过加强地方士绅和地主阶级的力量重组社会秩序，提高国家的运作效能。然而，清朝国家的自我改革运动面临的威胁不仅来自王朝内部，而且也来自直接针对王朝自身的下层革命运动。晚清和民初的革命思想和革命运动首先是对异族统治和皇权的批判和否定，而后又发展成为对士绅地主制度的批判和否定。晚清革命者已经意识到加强地方乡绅／地主制度的力量以及地方分权改革都是晚清国家建设的一部分，因而这些制度和改革是和皇权的合法性密切相关的。在辛亥革命之后，这一看法日渐流行。这就是晚清改革的悖论：王朝合法性对地方自治的依赖与地方自治对王朝合法性的瓦解相并存。如果说明末清初的"封建"思想（如顾炎武）是通过确认地主土地所有制来限定君权所有制，那么，清末民初的均田主张却包含着对土地私有制的激烈的批判，这种批判的根据之一是对皇权及其社会基础的否定,另一根据则是清代中期以降日渐发展的土地兼并。

胡汉民、刘师培、孙中山的平均地权的主张各有不同,却都表达了对私人财产权的怀疑和否定。但这种怀疑和否定首先针对的是皇权之大私和过度的兼并,它在思想的脉络上更接近于黄宗羲在《明夷待访录》中以恢复井田的名义表达的平均土地理想。[133] 换言之,在辛亥革命前后,限制私有权的思想并不是国家的政策,而是那些与国家为敌的人的主张,因为在他们看来,这种制度不仅制造了社会的不平等,而且就是专制制度的经济基础。因此,在晚清时代,限制私有权的思想与国家计划毫无关系,它是针对土地兼并和皇权扩张作出的自然反应,而不能被简单地看作是反市场的或主张计划的。人们可以批评这些革命者的观点不符合当代自由主义的原理,却不得不承认这种限制私有权的思想是晚清共和思想的有机部分,它与在政治上建立立宪的、保障个人基本权利的、民主参与的共和国的构想紧密地联系在一起。晚清共和主义者们认为,当时的土地所有制(包括地主所有制)与专制皇权之间的确存在着相互支撑的关系。这与明末的情况有所不同,因为那时的田制论和封建论是以对抗皇权、要求地方自治或分权的形态出现的,黄宗羲关于井田制的观点看起来是要恢复古代的土地国有制,针对的却是有明一代的官田所有制。如果我们仅仅简单地谴责近代中国思想中的反私有权思想,认为这种思想否定了经济自由、导致了国家所有制的出现,那么,我们又如何理解皇权与地主土地私有制的相互支撑的关系呢?这表明,对于现代中国历史和思想中的基本问题,需要置于更为长远的历史关系中加以考察。我在此绝不是在倡导传统的公有制,而是着重指出一个基本思想:限制私有权的思想与限制国有权的思想均产生于具体的历史关系、特别是特定的政治/经济结构之中,它们都不是单纯的某种思想方法(如相信个人知识的有限性,或者相反,相信人的理性能力)的结果。我们无法根据一个最佳的理性选

---

[133] 参见黄宗羲:《明夷待访录》中的《田制》一、二、三各篇,见《黄宗羲全集》,第一册,浙江古籍出版社,1985,页22—35。

择对它们进行筛选和评判。

近代中国社会思想的产生一开始就面临了一种全球性的经济、政治和军事关系,"共同体"的问题如此真实,以至它无法通过还原主义的方式归结为个人的具体事务。换言之,我们既不能从个人的经济动机出发解释中国社会的结构性变化,也不能从个人的政治动机出发解释中国的国家结构的革命性转变。近代社会改革必须被看作是在一个更为广泛的制度安排中实施的,"社会"和"市场"都可以被看作是一种由国家直接推动的制度安排,甚至国家本身也是在世界性的变迁中自我重新变革的结果。晚清国家必须从它的传统形式转化为民族—国家,无论在国际事务中,还是在国内事务中,国家及其合法性都面临深刻的危机。因此,"社会"主要不是产生于资产阶级抵御国家干预的自我保护功能,而是处于衰落过程中的国家进行自我改造的产物,即力图通过制定改革政策建立特定的社会团体,以取代一部分国家功能,重建国家的合法性,进而为新的民族同一性的形成创造前提。国家对经济活动的制约方式在很大程度上植根于如下事实:国家必须以特定的方式参与国际市场的经济活动和民族—国家的政治体系。从基本的方面看,资产阶级市民社会与国家的对立并不构成晚清社会的主要内容,晚清社会思想也根本不是在这种对立之中进行的。当晚清思想家利用"公"和"群"的概念论证社会和国家的必要性的时候,他们否定的是一家一姓的"私"的王朝,而要形成的则是现代国家和社会。在一定意义上,"社会"是他们建构国家的途径。我们甚至可以说,"社会"和"市场"是经由部分改革知识分子的设计、由晚清王朝和初期的民国加以体制化的结果。换言之,"社会"和"市场"是国家计划的一部分,是国家的改革政策的产物,从而它们无法成为一种"自主性"或"自律性"(autonomy)范畴。我这样说,并不是否认中国历史中早已存在的那些区域性市场和社会交往机制,恰恰相反,我强调现代"社会"和"市场"是对早先的各种社会因素和制度因素的改造和重构,这种改造和重构从一开始就是通过社会的上层结构(国家)的干预实施的。

正由于此,我们发现,那些诉诸社会和市场的自律和自由的知识分子最终仍然是一些国家主义知识分子,他们从未像"关心社会的国家功能"那样关心社会的自我保护——我在这里指的是下层社会的自我保护运动,如工人、农民、妇女、少数民族和其他边缘群体的命运和社会运动。那么,为什么现代知识分子总是趋向于精英式的制度设计、趋向于从"国家"问题的角度考虑社会问题呢?对于这一问题,我们可以从不同的角度加以解释。但有一个原因却难以回避,这就是:在晚清以降的思想氛围中,"国家"的必要性不是从社会内部的关系中加以论证的,而是在殖民主义时代的国际关系中提出的。人们普遍地相信,只有通过国家把民族组织成为一种法人团体或政治、经济和军事单位,才能够有效地保障社会内部的安全。世界资本主义关系为国家的"必要性"提供了论证,而这种"必要性"论证又掩盖了借助于国家建设形成新的社会统治的过程。无政府主义在晚清时代和民国初年极为盛行,但大部分无政府主义者逐渐转化为国民党人或共产党人,这种转变的关键不能仅仅从他们的个人动机中猜测,而必须考虑他们是在怎样的世界关系和国内关系中转向了形态各异的政治活动。殖民地国家在民族独立和解放运动中普遍地强调社会的优先性,并最终造成了对个人自由的损害。这一历史现象不仅仅产生于"传统"(这绝不是说传统不重要),而且也和现代世界体系的历史关系存在着基本的联系。这个世界体系是以民族—国家作为其政治形式的。本书的若干讨论显示:"社会"和"市场"连同它们的创造者"国家"在某种意义上都与"知识规划"的过程密切相关。因此,我们需要认真探讨的是现代社会形成的动力学及其多样的历史后果,而不是僵化地在市场/计划、社会/国家的二元论中做二者择一的取舍。

在晚清民初的民族自强运动中,中国知识分子对世界的整体解释可以被理解为对国家的合法性的一种论证,但他们要证明的不是原有的政治秩序的合法性,而是如何、以及为什么必须通过变革去运用政治力量,实现那些对构成社会同一性具有意义的各种价值。哈贝马斯曾说:"合法性冲突不得不与集体同一性的定义相联系,而集体同一性又只能以这样一些结构为基础,这种结构使统一得以建立,并保证着共识——诸如语言、种族背景、传统或者(确实还有)理性——的进行。"[134]欧洲社会的合法性的冲突与阶级结构和经济关系密切相关,而在晚清社会,国家组织及其社会同一性则是民族冲突的必然前提。正是在这样的条件下,晚清时代的知识分子论证变革和新的社会政治体制的正当性,就必然赋予他们的"科学思想"以世界观的性质,即对宇宙、世界、政治和伦理作出整体解释。"科学"成为创制新的制度形式的根据。我们可以说这种论证具有整体论的特征,但我们却不能将之归结为科学主义——这种科学主义可以被看作是市场/计划、社会/国家的二元论的认识论基础。[135]

在晚清直至当代中国的历史语境中,市民社会与国家的对立从来没有构成人们关注的中心问题。从晚清思想来看,"公"、"群"概念既指国家,也指社会,它们为国家和社会提供了自由和谐的宇宙论基础。在形成社会的同时形成国家,或者通过社会组织的建立(如商会、学会、媒体以及国会)来重建国家的制度,是晚清社会思想的中心主题。加强国家的力量与加强社会的力量在这里是同一问题的两个方面,它们都依存于适应国际经济体制和政治体制的基本目标。这就是严复、梁启超的思想活动的基本含义:他们对"群"、"公"和"社会"范畴的解释是一种话语实践,目的是形成与民族国家相对应的"社会"。在这个意义上,晚清社会思想的任务并不仅仅是要形成民族国家,而且是要形成相应于民族国家的社会形式。"国家"和"社会"都是一种现代性的创制。在古老帝国跻身民族—国家体系的困境中,当代社会理论中的社会/国家二元论不仅无法恰当地解释晚清时代中国思想的历史意义,而且也误导了有关中国社会民主化改革的政治想像。值得注意的是,当代社会理论有关社会专制起源的讨论一直是建立在社会/国家二元论基础之上的,如果我的上述推论合理的话,那么也就意味着:在晚清语境中,"社会"或"市场"范畴难以

---

[134] Habermas, *Communication and the Evolution of Society*, p.182.
[135] 这一问题的提出是针对那种过分简化的理论模式,而不是为了论证某种经济和政治理论的合法性。在晚近有关东亚国家在经济发展中的作用的分析中,也都是从效率角度即组织发展资本主义经济方面分析的。如何建立关于苏联、东欧和中国等社会主义国家的国家实践的理论解释,仍然是一个悬而未决的问题。

构筑出与国家范畴相对应的领域,在这个意义上,我们必须重新探讨社会专制及其可能性的起源。在这里,问题的核心是需要从总体上把握现代社会的基本特征。我在讨论严复的思想含义时已经涉及了这一问题。

卢卡契在讨论历史唯物主义的职能变化时,曾把18、19世纪初理论科学的极大高涨看作是资产阶级社会结构和进化的结果。"经济、法律和国家在这里(这些理论中——引者注)作为严密的体系呈现出来,这种体系借助于它们自己的力量达到完善,借助于它们自己固有的规律,控制着整个社会。"[136] 换言之,历史唯物主义不过是资本主义社会的自我认识。卢卡契把马克思主义中经济(基础)和政治(上层建筑)的区分归结为资产阶级社会中的经济和政治的分离,而在我看来,更为准确的说法应该是:经济基础和上层建筑的区分起源于资产阶级社会有关这一分离的自我认识。这一自我认识可以被归纳为:在资本主义社会中,国家不干预市场的经济运作,而在前资本主义时代,"国家并不是社会经济管理的一个协调,它不过是未被协调的统治本身。"[137] 这一自我认识所以是可疑的,是因为资产阶级民族—国家体系正是现代资本主义的政治形式,国家不是外在于市场社会的存在,而是市场社会运作的内在要素。因此,与其说国家与经济发生了分离,不如说国家与经济的关系发生了某些变化。在这个意义上,自由主义和社会主义经济学都以社会/国家、市场/国家的二元论为理论的元范式,从而都是资本主义社会结构和进化模式的自我

---

[136] 乔治·卢卡契:《历史和阶级意识——马克思主义辩证法研究》,张西平译,重庆出版社,1989,页247。

[137] 同上,页63。他还指出,在那种社会中,商业的作用较小,社会各个部分的自治程度更高(例如在农村中的公社),要不然就是在社团的经济生活中和生产过程中完全不起作用。在这种情况下,国家作为已组织起来的统一体,在社会的现实生活中继续保持着一种极不稳固的支撑作用。社会的一部分仅仅是生活在那种完全不依赖国家命运的"自然"存在之中。这个看法,与马克思的观点是一致的。马克思说:"这种自给自足的公社不断地按照同一形式把自己再生产出来,当它们偶然遭到破坏时,会在同一地点以同一名称再建立起来。这种公社的简单的生产集体,为揭示下面这个秘密提供了一把钥匙:亚洲各国不断瓦解,不断重建和经常改朝换代,与此截然相反,亚洲的社会却没有变化。这种社会的基本经济要素的结构,不为政治领域中的风暴所触动。"《马克思恩格斯全集》第23卷,北京:人民出版社,1956,页396—397。

第十五章 总论:公理世界观及其自我瓦解

认识。社会/国家、市场/计划的二元论是资产阶级借助于市民社会的政治经济活动与封建国家争夺生存和发展权利的斗争的理论表达。在解释近代中国和当代中国的社会转变时,这种模式的解释力是十分有限的。

第七节　技术统治与启蒙意识形态

在"科学主义的解释模式"中所暗含的那种自由与计划的二元论几乎完全不能描述当代世界的图景。科学及其技术后果在全球经济和政治制度的变化和差异性之中是一种超越一切差异的力量。哈贝马斯曾指出,科学和技术已经成为主要的生产力的来源,它独立地创造着剩余价值,逐渐地取代市场经济中的等价交换原则,进而成为保障资本主义体制合法性的意识形态。科学技术(作为生产力)在实现对自然的统治的同时,也以意识形态的方式实现了对人的统治。[138]"科学主义的解释模式"对总体计划的揭露与哈贝马斯对晚期资本主义社会中国家干预的分析不是没有相近之处的,它们都可以被看作是对科学主义的批判,也都可以被看作是对自由资本主义的某种理想化描述。[139]

但这种相似性同时表明,科学主义或者技术统治是自科学技术成为

---

[138] Habermas, *Legitimation Crisis*, trans. Thomas McCarthy (Boston: Beacon Press, 1975).(下同)

[139] 哈耶克的个人主义强调的是没有外部强制干预的个人间的理性,而哈贝马斯则致力于研究"交往行为"。他们两者都把社会科学中的实证主义看作是科学主义的方法论根源。例如哈贝马斯说:"历史—诠释科学也可以按照自然科学的模式,构成一种科学主义意识。甚至口头流传下来的科学思想似乎也可以在理想的共识性中汇集成一个事实的宇宙。尽管人文科学(历史—诠释科学)通过理解去把握它的事实,尽管人文科学对于发现普遍规律并不怎么关心,然而,人文科学和经验—分析科学却有着共同的方法意识,即用理论观点去描述结构化的现实(或现实结构)。历史主义已经成了科学的实证主义。"哈贝马斯:《知识与人类兴趣:一个概观》,中译文收入黄瑞祺著《现代批判社会学》,台北:巨流图书公司,1985,页247—248。此处译文经曹卫东根据德文原文校译,有重要的改动。

世界的最为重要的构成力量以来的普遍现象,而不是社会主义的专有物。伴随着西方工业社会从"自由的"资本主义向"组织的"资本主义的过渡,经济领域的集中化、组织化和管理化逐渐成为重要的趋势,而国家对社会生活的干预幅度也明显地增强。[140]哈贝马斯曾把战后资本主义发展概括为三个方面:在生产力方面,科学技术成为第一生产力;在生产关系方面,资本的集团所有逐渐向资本的国有化转化;在上层建筑方面,形成了以"经济计划化"为中心的运行机制。科学技术作为意识形态的职能在另一方向充分地展示出来:它把社会生活中的人与人的关系不断地转换为人与自然的关系,从而导致了政治参与意识的衰落、社会关系的技术化和单向度的人。

与此相应,在冷战结束之后,中国、东欧、前苏联国家以及其他亚洲国家明显地加速了市场化改革,国有企业的私有化运动是这个市场化改革的国内目标之一,而进入全球市场则是这个改革的国际方向。在一定程度上,这些国家的市场化改革正是国家计划的一个部分。[141]更为重要的

---

[140] 市场经济的"自然法则"的观念体现了一种反对控制的看法,因为这种规则被认为是自然的,而不是人为的。但是,资本主义经济危机摧毁了这种信念并为广泛接受管理的资本主义(即国家广泛地对市场进行调控的资本主义)铺平了道路。威廉·莱斯把这种市场经济的"自然法则"看作是古代自然主义的遗存。但是,恰恰是资本主义本身破坏了自然主义行为模式赖以建立的一切社会基础。在古典自然主义中,社会等级被视为自然的秩序。然而,资本主义发展了一切个人完全平等的观念,以及自然和社会之间对立的观念,而恰恰是社会与"自然"的分离放松了对社会交往的限制并为生产力的巨大发展创造了条件。这就是控制自然发展成为一种基本社会意识形态的历史背景。Leiss, *The Domination of Nature*, p. 182.

[141] 有关东亚经济起飞的讨论对此是可以作注释的。一般说来,解释东亚经济奇迹的理论大致可以分为两派,一种是文化论,一种是制度论。文化论者是对韦伯命题的再解释,他们强调儒家文化对现代化的支持作用;制度派强调儒家文化圈内部的发展差异,从而强调制度安排在东亚经济中的作用。以中国为例,20世纪70年代末期开始,国家实行改革开放政策,大幅度地改变原有的制度和政策,经济状况发生了迅速惊人的变化。这种情况就只能在制度安排的框架中解释。国家在经济过程中的作用极为复杂。相关讨论参见:庞建国:《"国家"在东亚经济转化中的角色》,苏耀昌、赵永佳:《综论当前关于东亚发展的几种观点》,见罗金义、王章伟编:《奇迹背后:解构东亚现代化》,牛津大学出版社,1997,页25—56,1—24。

是，在实施对自然的有组织的控制，并通过这种控制行为组织社会方面，东西方社会不仅没有根本的差别，而且也相互促进。值得思考的问题是，在自由的市场经济中，是什么力量促使它选择了新的控制形式？在计划经济的模式中，是什么动力促成了它向市场的转化？它们的相互渗透构成了全球资本主义体系的新的形式。

马克思曾经深入地分析对自然的控制与劳动过程的关系，从而表明他试图把科学和技术理解为一种社会关系。马克思指出：在资本主义社会中，人们对自然的控制总是受到雇佣劳动这一特定形式的影响，从而预言只有在无阶级的社会条件下，才能实现真正的自由，即"社会化的人，相互联合的生产者合理地安排他们与自然之间的物质交换，使它处于他们的共同控制之下，而不允许它的盲目力量来左右他们。"[142] 然而，"马克思恩格斯无法预料在理性的控制下引起人与自然物质相互转换的某种全球统一社会秩序形成的可能结构。他们无法预见科学和技术的发展已成为社会主义和资本主义国家之间残酷斗争的重要工具，或者说社会主义内部的'社会化过程'会因来自资本主义社会的强大军队和意识形态压力的影响而变形。"[143] "科学"的控制特性既没有随着计划经济的变革或传统的社会主义运动的消亡而消失，也没有伴随资本主义全球化的过程而减弱，相反，它通过科学技术与现代化目标的结合成为最为有力的统治意识形态和最为突出的"现代性之后果"。因此，这里首先涉及的不是对国家干预模式的价值判断，而是这种模式的社会起源，以及如何估价计划在国家政治生活中的实际效能。[144] "科学主义的解释模式"致力于对极权主义及

---

[142] 马克思：《资本论》第三卷，北京：人民出版社，1963，页800。恩格斯进一步断言：在社会主义条件下，人将第一次成为"自然的真正主人，因为并据此，他们成了自己社会化过程的主人。" Frederick Engels, *Anti-Dühring* (Moscow: Foreign Languages Publishing House 1954), p. 392.

[143] Leiss, *The Domination of Nature*, p. 85.

[144] 麦金太尔曾经议论说："计划的思想、中央权力有效性的思想，恰好是在计划必定是无效率的（除去在极小的范围内）的历史时期占据了统治地位。我们这时代令人印象最深刻的政治事实，是政府被迫接受的大多数政策所具有的偶然性质。这种偶然性质是由种种无法控制的事件的合力作用造成的，虽然那些当权者坚持认为这些事件是为

其意识形态的批评,却未能说明现代科学技术成为一种普遍力量的历史动力,特别是它的运用过程与资本主义过程的历史的和逻辑的联系。这一解释模式把现代社会的危机归结为思想方式(以及由此而产生的社会构造方式)的危机,从而无法把科学问题作为一个现代文明问题来思考,即现代文明是一个科学技术的文明,它的构造方式本身就是由科学技术为原形和以征服自然为动力的。把问题设定在"理性的滥用"的层面,就无法对"理性的形式"——科学和技术——的社会起源及其后果进行反思。如果社会控制产生于社会制度和经济制度的理性设计方式,那么,它就不过是一种对于自然科学方法的误用的结果。这一结论有意无意地是在暗示:在自然的控制与社会的控制之间没有必然的联系。在我看来,"科学主义的解释模式"集中讨论社会科学对自然科学方法的误用,实际上正是在加强(虽然不是直接地)启蒙运动以来的科学意识形态,即科学的"真理"诉求与它的方法论的必要性联系在一起,因而科学能够免于社会和历史处境的影响。科学是真理,并由于此而能够用它的程序来表达它自身,经由这种程序它的研究对象获得了理解。由此,科学的自我批评就在它自身的规范性结构的疆域内进行。科学的学科制度坚持着一个不容质疑的原则,即只有那些被吸收为科学共同体的人(经过训练,拥有资格证明)才有资格承担科学工程所需的革新。[145] 资本主义的社会关系的普遍化和超越文化和制度差异的科技的普遍化是同步的,[146] 以至

计划思想所支配,事实上却是他们主观意愿的产物。"他进而指出,正因为发达工业社会是不连续的和不和谐的,非技术的因素可以发挥重要的动因作用。政治传统、文化制度、决策行为都可能不期然而然地产生比在过去较统一的社会中更大得多的影响,这些因素可能导致不同的发达工业社会朝向不同的方向变化。麦金太尔(MacIntyre):《马尔库塞》邵一诞译,中国社会科学出版社,1992,页92—93。

[145] Stanley Aronowitz, *Science as Power* (Minneapolis: University of Minnesota Press, 1988), p. viii. (下同)

[146] 值得提出的是,无论是资本主义的社会关系的普遍化还是科学技术在全球范围内对各种文化和制度的渗透,都使得当今的资本主义日益脱离它得以产生的历史,并获得它自身的形式。"全球资本主义"的这种反历史特征与科学技术的形式化特征具有内在的联系。

我们今天更有理由像雅斯贝斯那样断言:

> 自从有记载的历史开始以来,没有一个事件像它那样里里外外地彻底改变了世界。它带来了前所未有的机会与冒险。我们在技术时代生活了刚刚一个半世纪,这个时代只是在最近几十年中才获得充分的统治地位。这一统治现在正增强到其无法预见的地步。至今为止,我们只不过部分地认识到这惊人的后果。现在,整体存在的新基础不可避免地奠定了。[147]

无论是戴维式的通俗描述,还是哈耶克的理论分析,都局限于科学与非科学的界限,他们都没有发展出真正的有关科学的社会理论。阿伦诺维茨(Stanley Aronowitz)说:

> 启蒙的意识形态,特别是它的科学和技术的模式,一方面以个人驱动的市场关系的预设为出发点,另一方面又以关于理性的普遍性的诉求为前提,因此,这一内在的矛盾阻碍了社会理论的产生。至多,自由主义占据保守的社团主义作为基地。但是,原生的自由主义暗示社会是由个人构成的,个人选择是集体联系的基础。由此产生了作为科学发现场所和科学真理的法庭的"科学共同体"的社会学概念。也因此,科学共同体是由联系的个人组成的,他们之间的联合则取决于他们的训练和知识,这个群体使得决定哪一种陈述在科学上具有有效性成为可能。
> 　　很明显,这样的社会概念起源于占有的个人主义。没有社会生活的真正"结构",也没有超越个人决定的任何关系。[148]

从这一观点来看,"科学主义"概念极易导致这样一种判断,即科学主义

---

[147] 雅斯贝斯(JK. Jaspers),《历史的起源与目标》魏楚雄,俞新天译,华夏出版社,1989,页73。
[148] Aronowitz, *Science as Power*, p. 34.

运动仅仅是科学共同体之外的运动,它暗示这个运动与科学实践没有任何关系,它还暗示科学共同体与任何政治、经济和文化的实践没有任何关系。这一有关科学自主性和科学发现机制的自主性的看法包含着更深的含义:那些与科学相关的社会文化运动不过是"伪科学的"活动。这种明确的区分掩盖了科学共同体的科学活动与政治经济活动的内在联系,也捍卫了科学的绝对权威性。

在这方面,福柯有关话语结构(discursive formation)的观念对于我们的理解具有启示意义。这一概念把社会群体与话语在空间上关联起来,坚持话语与权力的内在的联系,从而表明各种话语共同体也是一种政治/经济结构(political/economic formations),那些被视为知识的东西也总是处于特定的支配关系之中。[149] 阿伦诺维茨指出,现代社会中的权力不是自成一体地运作,即既不是强制地实施,也不是经由制度的支配。就政治经济领域的权力运作而言,当代世界的权威的诉求越来越依赖于合法化知识的占有,而在这种合法化知识中,科学话语是最高的知识形式。尽管科学共同体可能被描述成参与国家的关键决策的显著的权力中心,但是,科学的权力远远地超越了特殊的科学机制本身。[150] 只要科学不被理解成为一种话语的实践而居于绝对公理的地位,它的绝对权力就不会削弱。

因此,需要检讨的不仅仅是对科学的"误用",而是科学作为一种社会关系的特性。"科学主义的解释模式"通过社会领域与自然领域、社会知识与自然知识的分离,进一步地遮盖了科学的这种社会关系的特性,它在分析科学方法的"误用"的同时,实际上又一次从反面讲述了关于人类控制自然的伟大成就的故事。"科学作为对真理的约束、契约和对真理生产的仪式化的程序,千百年来已经横贯全部的欧洲社会,如今已经被普及为所有文明的普适的法则。这种'真理的意愿'的历史是什么,它的后果如何?它与权力的关系如何交织在一起?"[151] 在"科学主义的解释模

---

[149] Ibid., p. 34.
[150] Ibid., p. ix.
[151] 福柯(Michel Foucault):《关于权力的地理学》,见《权力的眼睛——福柯访谈话录》,严锋译,上海人民出版社,1997,页202—203。

式"中,我们无法回答这样的问题。在"科学主义"的范畴内解释极权主义和总体计划的起源,并把这一解释简单地指向现代社会主义的实践,实际上正是遮盖了现代性问题的总体性特征。如果福柯的上述问题值得回答的话,我们就不得不认真地思考以民族—国家体系为基本政治形式的资本主义与社会主义的共有历史前提:对进步的信念,对现代化的承诺,民族主义的历史使命,以及自由平等的大同远景,特别是将自身的奋斗和存在的意义与向未来远景过渡的这一当代时刻相联系的现代性的态度,等等。正是对这些问题的思考把我们带入现代思想得以发生的各种历史条件和久远的历史过程之中,因为现代性充满豪情甚至傲慢地加以拒绝的历史本身蕴含着克服现代性危机的可能性和启示。

附录一

地方形式、方言土语与抗日战争时期"民族形式"的论争

现代民族—国家的形成与以方言为基础创造书写语言的过程明显地具有历史联系,这一点已经为许多学者所关注。[1] 雅各布·布克哈特在《意大利文艺复兴时期的文化》中曾经描述过但丁的方言写作如何在与拉丁文的对抗中使得托斯卡纳方言成为新的民族语言的基础。[2] 此后,欧洲许多国家都发生了类似的情况。在东亚地区,日本和韩国相继采用自己的方言抵抗汉语的影响,创造了自己的民族书写语言。正是基于这样的原因,柄谷行人在讨论德里达《书写语言学》(*Of Grammatology*)一书时反复强调的是:语音中心主义(phonocentrism)并不仅仅是"西方的"问题,而是在民族国家形成过程中"世界各地无一例外地出现了同样的问题。"[3]

---

[1] 参见柄谷行人:《民族主义与书写语言》,《学人》第9辑,江苏文艺出版社,1996,页95。
[2] 雅各布·布克哈特:《意大利文艺复兴时期的文化》,页371—372,商务印书馆,1979。布克哈特还描述说:"更重要的是人们普遍无须争辩地把纯正的语言和发音当作宝贵而神圣的东西来尊重。这个国家一个地方接着一个地方地正式采用了这种典范语言。"同上,页373。
[3] 柄谷行人:《民族主义与书写语言》,《学人》第9辑,页94。

但是，中国的情况似乎有所不同。第一、白话文运动与现代民族主义运动的关系虽然显而易见，但它完全不能被看作是一个方言运动，作为一种书面语系统，白话文对文言的替代也不能被描述为语音中心主义。在这里，并不存在用一种民族语言去取代另一种帝国语言的问题，如用意大利语、法语、英语取代拉丁语的问题，也不存在用日本方言或韩国方言取代汉语的问题。这里存在的是用一种汉语书面语系统取代另一种汉语书面语系统的问题。第二、以语音为中心的运动并不仅仅是现代民族主义的特产，而且也是帝国时代的遗存。例如，雍正八年，因为福建、广东人不通官话，朝廷下令在四个城市设立正音馆教学官话发音，并规定举贡生童不能说官话的人不得参加考试，以三年为限。雍正十一年，又展限三年。从帝国时代的文化政策来看，这一王者"整齐民风"之政实际上是以书写语言为中心的，因为正音的标准是官话的发音，而官话在这里不是一般的京畿地区的方言，而是以官方书写语言为内在规则的语言，所有俗字俗语并不进入正音的范畴。在中国新文学运动的历史中，多次出现过有关方言的讨论、研究和运用的运动，其中最为重要的一次是抗日战争时期有关"民族形式"的讨论。在这次讨论中，地方形式、方言土语与民族主义运动取得了直接的联系，并构成了对现代白话文运动的挑战。但是这次挑战最终以失败告终，现代白话文作为一种普遍的民族语言的地位并未动摇。

本文试图通过对"民族形式"讨论中相关问题的研究，对上述问题作出解答。紧接着三十年代的文艺大众化运动，在1939年至1942年间，"民族形式"的讨论在中国文艺界轰动一时。1943年以后讨论虽然逐渐趋缓，但仍余音不绝，"民族形式"问题成为中国思想和文艺发展中的持久主题。讨论首先在延安展开，柯仲平、陈伯达、周扬、艾思奇等人参加了讨论，随后重庆、成都、昆明、桂林、晋察冀边区以及香港等地数十种报刊卷入讨论，先后发表了近二百篇论文与专著，其中最为引人注目的，是向林冰与葛一虹等人围绕"民间形式"是否民族形式的中心源泉的论争。这场讨论涉及了文艺的民族形式、民间形式、大众化等问题，而隐含在各种分歧的观点背后的，则是关于如何评价"五四"文学运动，如何在民族战争的背景下重新审视"五四"所确立的新/旧、现代/传统、都市/乡村的二元对立关系,如何处理1928年"革命文学"论争和三十年代左翼文艺运动所建立起来的阶级论的文艺观,如何在语言和形式上具体地理解地方、民族和世界的关系,等等。我把这些问题大致归纳为:地方形式与民族形式、旧形式与民族形式、民间形式与民族形式、大众文化与民间形式、民族形式与国际主义、民族形式与文化领导权问题。所有这些问题都绕着"抗战建国"和如何"抗战建国"的"民族"目标。文学及其形式在讨论中成为形成"民族"认同和进行"民族"动员的重要方式。

本文既不准备重复已有的讨论,[4]也不准备涉及上述所有问题,而只是首先从一个很少被人涉及的方面开始我的讨论。这个方面就是"民族形式"讨论中的地方形式问题,特别是方言土语问题。

第一节　作为"民族形式"的"中国作风"与"中国气派"

——共产主义运动中的民族主义政治与文学问题

众所周知,"民族形式"的讨论正式起源于毛泽东的讲话。1938年10月,毛泽东在中共中央六届六中全会上作题为《中国共产党在民族战

---

[4] 如阪口直树:《关于"民族形式"的论争》,日本《野草》杂志1974年4月号;杉木达夫:《有关文艺的"民族形式"的论争》,日本《中国文学研究》杂志1977年12月号;黎活仁:《"民族形式文艺"论争》,1973年4月香港《文津》创刊号;刘泰隆:《关于"民族形式"论争》,《学术论坛》1980年第3期(7月15日),《试谈民族形式论争的评价中的几个问题》,《中国现代文学研究丛刊》1981年第1期;戴少瑶:《"民族形式"论争再认识》,《重庆师范学院学报》,1982年第2期(4月15日)。此外,中国大陆较为重要的现代文学史著述均对"民族形式"论争作了介绍和研究。特别值得提出的是,广西人民出版社于1986年出版了由徐迺翔编选的《文学的"民族形式"讨论资料》一书,收录了许多难以查找的资料文献和资料索引,为进一步研究提供了线索。本文引述的相关文章,大多已收入该书。可惜的是,近些年来有关这一问题的研究几乎没有进展。

争中的地位》的报告，并于同年11月25日以《论新阶段》为题发表于延安《解放》周刊57期。这篇文章的《学习》一节主要讨论"马克思主义在中国具体化"的问题，并不直接涉及文艺问题。毛泽东强调将革命理论、历史知识和实际运动结合起来，他说：

> 成为伟大中华民族的一部分而和这个民族血肉相联的共产党员，离开中国特点来谈马克思主义，只是抽象的空洞的马克思主义。因此，使马克思主义在中国具体化，使之在其每一表现中带着必须有的中国的特性，即是说，按照中国的特点去应用它，成为全党亟待了解并亟须解决的问题。洋八股必须废止，空洞抽象的调头必须少唱，教条主义必须休息，而代之以新鲜活泼的、为中国老百姓所喜闻乐见的中国作风和中国气派。[5]

三十年代中后期至四十年代初期是毛泽东思想形成的重要时期，在这一时期的众多文章中，毛泽东试图从历史的角度重新思考中国问题的特殊性和中国革命的特殊性。民族战争促使毛泽东重新界定中国社会的主要矛盾，并将中国革命的任务更密切地与民族革命问题联系起来。在同一篇文章的开头，毛泽东首先讨论国际主义和爱国主义的关系，他提出"只有民族得到解放，才有使无产阶级和劳动人民得到解放的可能。……因此，爱国主义就是国际主义在民族解放战争中的实施。"[6]值得注意的是，毛泽东所说的"中国作风和中国气派"是在国际/中国的关系中提出的，即在民族战争的背景下，国际共产主义运动应该与被压迫民族的民族斗争结合起来。民族问题，而不是阶级问题，成为抗日战争时期中国共产主义运动的主导性问题。在国际共产主义运动和马克思主义的理论框架内，"民族"问题是相对于"国际"问题——无产阶级的普遍解放——的

---

[5] 毛泽东：《论新阶段》，1938年11月25日延安《解放》周刊第57期，页4—36。又见《中国共产党在民族战争中的地位》，《毛泽东选集》，页522—523，北京：人民出版社，1966。

[6] 同上，508—509。

"地方性"问题。[7]我们当然不会忘记,在共产主义运动的范畴内提出"民族"问题有着具体的政治含义和历史背景:通过诉诸"民族"问题,获得共产主义运动内部的民族自主性。更通俗的说,摆脱共产国际的支配,使中国共产党成为一个具有独立自主权的政党。

在大众化讨论和民族战争的背景下,毛的讲话在文艺界引起的直接反响就是文艺的"民族形式"问题。什么是或如何才是"中国作风和中国气派",怎样形成"中国作风和中国气派",逐渐成为"民族形式"讨论的核心问题。"中国作风和中国气派"的概念不仅揭示出"民族"概念与"中国"概念的直接关系,而且也暗示了"民族形式"的讨论与中国特色的马克思主义的关系。首先将毛泽东的讲话与"民族形式"问题关联起来的是柯仲平。1939年2月7日延安的《新中华报》发表柯仲平的《谈"中国气派"》一文,他按照毛泽东的提法加以发挥,提出"每一个民族,都有自己的气派。这是由那民族的特殊经济、地理、人种、文化传统造成的。""最浓厚的中国气派,正被保留、发展在中国多数的老百姓中。"[8]在这里,"每一个民族"是在现代民族国家的意义上使用的民族概念,即在现代民族国家的范围内,各少数民族和各地方(地区)与主体民族一道共同构成统一的现代民族。"中国作风和中国气派"指涉的是现代民族国家体系中中国的文化同一性问题。

第三世界民族国家的形成是现代性的历史成果之一。在对抗帝国

---

[7] 共产主义运动成为民族主义运动的一个组成部分,或者,民主主义运动成为共产主义运动的一个组成部分,是现代中国历史中值得注意的现象。欧洲民族—国家的形成与资产阶级社会发展的历史密切相关,因此,所谓民族—国家在欧洲主要是指资产阶级民族—国家。国际共产主义运动的兴起不仅针对资产阶级社会,也针对资产阶级民族—国家,所谓"工人阶级无祖国"的口号即是与此相关的例子。但是,在包括中国在内的许多第三世界国家,共产主义运动历史地成为民族主义运动的一部分,并逐渐摆脱共产国际的控制或操纵,在共产主义运动内部形成"民族自主权"。在这个意义上,共产主义运动本身也成为创建民族—国家的政治的和文化的动力之一。以"左翼"文化界为主产生的"民族形式"的讨论,显然也表现了中国马克思主义与民族主义的历史关系。
[8] 柯仲平:《谈"中国气派"》,1939年2月7日,延安,《新中华报》第4版,1939年2月7日。

主义的殖民活动过程中,新的、超越地方性的民族及其文化同一性逐渐形成,为独立的、主权的现代国家创造了条件。"民族—国家"模式基本上是以近代欧洲主权国家的形成为原形的,这一模式诉诸种族、语言、宗教等等作为民族主权的基本理由。在殖民主义时代,第三世界国家的民族自决运动也明显地诉诸欧洲民族国家的主权模式。但是,在世界范围内,单一民族国家是极为罕见的,许多研究欧洲历史的学者也证明即使在传统上被视为单一民族的国家也不是单一民族。就中国而言,建立现代国家的过程,并不仅仅是一个民族自决的过程,而且也是创造文化同一性的过程,即创造超越并包容地方性和汉族之外的其他民族的文化同一性。文化同一性的创造不仅诉诸种族、语言和传统,而且也诉诸时代,因此,这种文化的同一性被理解为"新"的同一性。20世纪四十年代发生的"民族形式"的讨论就是形成和创造现代民族文化同一性和主体性的努力之一。

值得注意的是,讨论发生在延安、重庆、成都、昆明、香港、桂林、晋察冀等地区,显然超越了阶级和党派的范围,但无论从讨论的直接起源来看,还是从讨论的主导方面来看,"民族形式"的讨论主要是在"左翼"文化界进行。与此同时,尽管讨论不可避免地诉诸柯仲平所说的经济、地理、种族和文化传统来界定和说明"民族形式",但几乎所有的讨论者都认为"民族形式"并不是现成的形式,而是需要创造的新形式。这显然意味着在"抗战建国"的总目标下,各派政治和文化力量都认为"民族形式"是一种现代形式。"民族形式"既不是"地方形式",也不是"旧形式",既不是某个多数或少数民族的形式,也不是某个阶级或阶层的形式。所有这些已有的或现存的形式仅仅是"民族形式"的素材或源泉,却不是"民族形式"本身。其理由显然是:在帝国主义的殖民体系中,中国作为一个"民族"既不是某个地区,也不是某个种族,而是一个现代国家共同体。由此,"形式"不是某种地方性的形式,也不是某个种族的形式,而是一种现代的、超越地方性的形式,是一种新的创制。"创造性"是"民族形式"的主要特点之一,从而也表明了"民族形式"问题与现代性的关系。

第二节 "地方形式"概念的提出及其背景
——战争对乡村与都市关系的重构

那么,创造新的民族形式的资源是什么呢?"民族形式"讨论中的一个重要但常常被忽略的问题即"地方形式"的问题就是在这个意义上提出的。对这一问题的探讨最终引发了"民间形式"是否"民族形式的中心源泉"的大争论。

在进行现代民族总动员的战争背景中,提出"地方性"问题初看起来有些奇特,但深入分析却理固有然。首先提出这一问题的是陈伯达。他在1939年4月16日《文艺战线》第3期发表《关于文艺的民族形式问题杂记》呼应毛泽东有关"中国作风和中国气派"的观点,在文章的第13节,他提到了"地方形式"的概念:

> 民族形式应注意地方形式:应该好好研究各地方的歌、剧、舞、及一切文学作品的地方形式之特性。特别是各地方的文艺工作者应注意在自己的地方形式上发挥起来。但这不是说,除了地方形式,就没有别的。可注意的:中国各地方的语言极不一致,而许多地方风俗习惯也有极大的差别,在国内不同的民族中更其是这样。但是曾经有人说到,在中国占最大多数的汉民族中,却有一种统一的汉文字,这点是对的。不但文言,就是白话,一样的东西在各地方的汉民族中,大体上都是可以看得懂的。《三国演义》《红楼梦》《水浒》《儒林外史》,这些伟大的民族作品,在各地方的汉人中,只要是稍受过教育的,都是可以看懂的东西,这是事实。这就是全国性的民族形式。又如"京戏",在全国也相当普遍。这些全国性的东西,不但不应抹

煞,而且要更大的注意,更大地加以发挥。[9]

"地方形式"的概念表明"民族形式"既是一个总体概念,也是一个可分的概念,因为存在着"全国性的民族形式"和地方性的"民族形式",后者还包含了"国内不同的民族"的"地方形式",如方言和地方习俗等。陈伯达所谓"在国内不同的民族中"一语揭示了他的"民族形式"概念中的"民族"一词完全是在现代民族—国家的意义上使用的政治性概念,而不是一般的种族或族群概念。"少数民族"概念与"地方"概念的互换使用也表明"民族形式"讨论中的"民族"概念是和现代国家的概念不可分割的。"地方形式"的概念既包含了大众化的问题,也包含了"民族形式"的特性问题。在讨论"地方形式"问题时,陈伯达提到了地方语言和书面语的问题,特别是汉文字的统一性。那么,在中国民族战争背景下,为什么会提出"地方性"的问题?"地方形式"与中国新文学的传统是怎样的关系?

为了分析这一问题,我先简要地讨论"民族形式"问题提出的历史条件。

促使"民族形式"讨论发生的动力之一是文学家的社会流动,即近代以来第一次出现的大规模的由都市向边缘地区的文化流动。中国新文学的形成过程是和大批知识分子从边缘区域、乡村以及海外向北京、上海、南京等都市流动和集聚的过程相伴随的。由于大学、报刊和国家机构在中国都市迅速发展,晚清以降,中国的文学家和知识分子以大学、报刊和部分国家机构为根据地,逐渐地形成文学和知识群体。早期的乡土文学都是离乡背井的文人在都市中的写作实践。在大都市的背景中,故土的文化或者西洋的文化需要经过都市文化的过滤和洗礼才能被不同的人群所接受。都市文人的多元的乡土背景也决定了单一的地方文化难以被人们所普遍接受。在现代都市文化中,特别是现代都市的印刷文化和教育

---

[9] 陈伯达:《关于文艺的民族形式问题杂记》,原载1939年4月16日《文艺战线》第3期。

体制中，逐渐地形成了以传统书面语为基础而形成的超越地方语言的现代"普遍语言"，尽管在具体的创作实践中，这种"普遍语言"也可能具有某种程度的"地方特色"，例如采用一些方言词汇和语式，甚至利用某些方言音韵。

但是，自抗日战争爆发以后，北平、天津、上海、南京、武汉等大都市相继失陷，原先集聚在这些大都市里的文学家主体开始往西南、西北等地区转移。这一过程还伴随着一系列的大学的迁徙，文化产业的转移，新、老刊物在边缘地区的兴起等文化事件，重庆、成都、延安、昆明、桂林、香港等地成为新的文化中心。文化中心转移当然不只是文化机构和文化人的转移，而且还是读者群和整个社会环境的变化，特别是城市与乡村关系的变化。整个抗日战争时期的中国文学面临自觉的调整和被迫的转移，这都是和上述历史性变迁直接相关的。自觉的调整如1938年3月27日中华全国文艺界抗敌协会（简称"文协"）成立于武汉，各种不同政治倾向的文艺家在抗日的旗帜下结成同盟，推动抗日文化活动"下乡"和"入伍"，鼓励作家深入抗战的现实，组织作家战地访问团，等等。1938年4月郭沫若主持的军委会政治部第三厅在武汉创建。同年八月，"第三厅"将各地来武汉的救亡戏剧团体和文艺工作者，以上海的救亡宣传队为骨干，组成九个抗敌演剧队，四个抗敌宣传队，一个孩子剧团和电影放映队等，出发去全国各地巡回演出，进行抗日的文艺宣传。[10]"地方性"问题是和文艺家离开都市、进入不同方言区同时发生的。在面对边缘区域的文化环境时，文学家的创作本身不得不重新调整，以适应读者群和地方性的文化，这就是"被迫的转移"。

实际上，不仅是"民族形式"的论争，而且更是上述文化迁徙活动本身，深刻地重构了都市与乡村的文化关系。这就是所谓"民间"问题出现的历史契机，正如向林冰在与郭沫若的争论中说的："我们要将都市化、文士化的民间文艺和本格的，农村的民间文艺区别开来。在后者之中，是左邻右舍的话柄代替了古典，以口头韵代替了诗韵及'十三道辙儿'，以

---

[10] 参见唐弢、严家炎主编《中国现代文学史》第三卷，北京：人民文学出版社，1980，页5。

土语方言代替了文言成分。"[11]"民族形式"讨论中的"地方形式"问题的提出,也是对以都市为中心的"现代文化"的挑战,因为都市文化与殖民文化不可避免地存在着深刻联系。在这样的挑战中,核心的问题就是"民间语言"的问题。例如高长虹甚至断言"民间语言,是民族形式的真正的中心源泉"[12],而他所谓"民间语言"也主要是指乡村的民间语言。

文学的平民化和大众化是五四以来中国新文学讨论中的持久主题。但是,"五四"文学革命的所谓"明了的通俗的社会文学"[13]和"平民文学"[14]主要是针对贵族文学和古典文学而言的;而三十年代有关文艺大众化的探讨则和阶级问题直接相关。[15]从"五四"的"文学革命"到三十年代的"革命文学",内容发生了巨大的变化,但从形式和阅读对象来看,它们基本上是都市文学。[16]以白话为特征的现代书面语通过中小学课本和报刊杂志广为流行,成为一种现代统一国家的"普遍语言"。但是,所谓"普遍语言"也主要是都市生活中的书面语,它的流行并没有取代方言的存在。后者主要地体现为口语的语式、词汇和方音。广大的农村地区由于识字率极低,书面语并不是广为流行的"普遍语言"。抗日战争时期的"文学大众化"讨论明确地将大众化问题与民族问题联系起来,其最初的契机是读者对象的变化。诸如"战壕文艺"、"乡村文艺"的口号[17]

---

[11] 向林冰:《关于民族形式问题敬质郭沫若先生》,1940年8月6、7、9、16、19、20、21日重庆《大公报》副刊《战线》,第四版。

[12] 长虹:《民间语言,民族形式的真正的中心源泉》,1940年9月14日《新蜀报》副刊《蜀道》。

[13] 陈独秀:《文学革命论》,1917年2月《新青年》第2卷第6号,页1。

[14] 周作人:《平民文学》,1919年1月19日《每周评论》第5号第2版,署名仲密。

[15] 鲁迅:《文艺的大众化》,1930年3月1日,《大众文艺》第2卷第3期,页639—640。

[16] 例如胡风就说:"以市民为盟主的中国人民大众底'五四'文学革命运动,正是市民社会突起了以后的,累积了几百年的,世界进步文艺传统底一个新拓的支流。"胡风:《论民族形式问题底提出和争点——对于若干反现实主义倾向的批判提要,并以纪念鲁迅先生逝世四周年》,1940年10月25日《中苏文化》第7卷第5期,页32—49。

[17] 郭沫若、老舍、张申府、潘梓年、夏衍、臧云远、郁达夫、吴奚如、北鸥:《抗战以来文艺的展望》,1938年5月10日《自由中国》第1卷第2期,其中"战壕文艺"、"乡村文艺"的口号为潘梓年所提,见《三、抗战以来文艺工作者的任务》。

和"文章下乡"、"文章入伍"的号召[18]表明,文学大众化的讨论目的在于使艺术成为"唤醒大众、组织大众的武器"[19],利用"旧形式"的问题或者"旧瓶装新酒"的问题主要是"从一定的政治宣传的效果上出发"[20]。这一时期广泛出现的小型文艺作品,如战地通讯、报告文学、街头剧、街头诗、朗诵诗、通俗文学等等,都是以一般大众为主要对象。应当特别提及的是,在进行广泛的抗战动员过程中,抗战时期的文学形式已经不仅仅是书面文学形式,而且还大量地包括了各种戏剧、戏曲、说唱、朗诵等表演形式。在广大的乡村,印刷文化不再是唯一的主导文化。方言土语和地方曲调问题所以成为一个突出的问题,显然与文学体裁及其表现方式的变化有关。

第三节 "地方性"与"全国性"问题

问题在于都市文学运动,特别是白话文运动是和现代国家的创制直接相关的文化活动。超越方言的普遍的现代语言的形成,是中国作为现代"民族—国家"的文化前提之一。换言之,现代白话是典型的"民族形式",但在抗日战争的特殊形势下,这种超越地方性的"民族形式"却受到质疑。

"民族形式"的讨论一方面是文学大众化讨论的延续,另一方面将"民族"作为新艺术的内在要素(形式与内容)提出。在全国性的民族动员过程中,新艺术首先面对的是"民族形式"的创造与"地方形式"的关

---

[18] 中华全国文艺界抗敌协会(简称"文协")1938年3月27日在武汉成立。"文章下乡、文章入伍"的口号就是在"文协"成立大会上提出的。
[19] 田汉:《抗敌演剧队的组成及其工作》,1942年7月《戏剧春秋》第2卷第2期。
[20] 吴奚如、胡风都持这种态度。见胡风、绀弩、吴组湘、欧阳凡海、鹿地亘、艾青、奚如、池田幸子:《宣传文学旧形式的利用》(座谈会记录),1938年5月1日《七月》第3卷第1期。

系，而不是三十年代都市文学论争中的文艺与阶级性问题。这首先是因为当时的战争不是阶级战争，而是民族战争，其次则是因为由于日本占据了北京、上海等大都市，中国的文艺家主体从都市进入了广大的乡村和边缘城市。在新的历史条件下，民族形式问题和大众化问题不是抽象的理论命题，而是具体的创作问题：用什么形式，特别是语言，以谁为对象。

较之陈伯达，领导民众剧团在陕北和晋察冀地区活动的柯仲平对此问题的讨论就更加具体。他在《介绍"查路条"并论创造新的民族歌剧》一文中形容他们的抗日戏剧是"以民主为基础，而同时是具有旧戏形式的优点，从吸收了旧的艺术技巧而发展的秦腔新剧。"《查路条》采用了秦腔和郿鄠的一部分曲调，不仅在乡村演出中获得成功，而且在延安公演时也颇受知识分子的赞美，柯仲平因此相信"这剧有地方的特点，而同时是已经超出地方戏的境界了。"在这篇文章的第二部分《关于"查路条"》的最后部分，他总结说：

> 当我们在陕北民众中公演时，因演员都是本地人，说本地话，唱本地调，本地民众尤其感觉亲切有味的。在今天，我们的大城市，主要的交通路线被敌人占领，很多地方的联系都是非常困难的。我们的动员工作，最主要的，不能不是各地的乡村。在乡村活动，艺术上的地方性，是被提到首要的地位上来了，不过，一般地方性也是可以转化为全国性（尤其今天，人口流动性极大的时候）。因中国地方原是中国的一部分，除比较特殊某些部分外，都有可以使全国通过了解的现实生活，有相距不很远的共通语言。某种创作，在强调地方性时，而又能发挥地方性中所存在着全国共通性，那末，这创作就能是地方性的艺术，而又是全国性的艺术了。《查路条》一剧，已开始表现出这个优点。
>
> 若在其他地方演这个剧，可以把这地方一部分土语，改用那地方的同意义的言语，以便增加上演的效力。[21]

---

[21] 柯仲平：《介绍"查路条"并论创造新的民族形式》，1939年6月25日《文艺突击》新1卷第2期。

与陈伯达一样,柯仲平认为"地方形式"有利于或能够转化为"全国性"的资源。换言之,"地方形式"并不是、也不应该是地方认同的资源,而是民族认同的资源。演剧过程可以不断地改变方言形式,因为方言的运用在此不是为了形成地方认同,而是"民族认同"。

这一点是文艺家们提出"地方形式"问题的前提。冼星海在《论中国音乐的民族形式》中强调说:

> 中国民族既是伟大的,因而文字、语言、风俗、习惯都有很复杂和特殊的不同。如果真正要应用民族形式而得收效的话,第一、我们要统一语言和文字。第二、我们要改良固有的古乐,使这些古乐经过现在科学的改造和方法,能够应用在乐曲里面,表示着更民族化的音色。[22]

杜埃也说:"我们要在这些各各不同的地方形式中,找出它们之间的共通性,全国性,这才是完整的民族形式。"[23]宗珏甚至断言:

> 最有地方性的东西,在民族生活的深广的意义上说,也就是最有民族性。因为一个大民族的形成,大抵是从许多地方性的特点上融合沟通起来的。

按照这一逻辑,"'有地方性就有世界性',也就是有民族性。"在他的视野中,地方形式问题还包含了西南和西北的少数民族文艺的问题,"这问题,在统一抗战中的今日,并且还有着特殊深刻的政治意义。""我们必须要在一个大前提下,把他们的民族形式发展起来,使之成为抗战文学中底一支有力的民族部队。""不论是全国性的民族文艺形式,或是地方性的,少数民族的文学,它都必然是以抗战为内容的。这和政治上的民族统一

---

[22] 冼星海:《论中国音乐的民族形式》,1939年11月16日《文艺战线》第1卷第5期。
[23] 杜埃:《民族形式创造诸问题》,1939年12月11—12日香港《大公报》《文艺》副刊。

战线的要求,无疑的正相一致。"[24]

问题在于"地方形式"、"少数民族形式"与"民族形式"之间,"地方性"、"少数民族"与中国"民族性"之间的关系,并不是完全一致的关系,在某种条件下,"地方性"可能成为"全国性"的障碍。在"民族形式"的讨论中,没有证据表明"地方性"问题与地方政治和地方文化认同的直接联系,从都市进入乡村和边缘区域的知识分子并不代表地方性的文化。但是,我们不能不考虑中国现代历史中的长期的政治和军事割据的现实,也不能不考虑少数民族的生活区域及其文化的特殊性。在清代的地方军事化的过程中,[25]伴随中央主权的弱化,地方的政治军事力量在整个国家的结构中日益重要。辛亥革命以后,以各省的督军和军阀为主要的政治军事力量,形成了地方割据的政治格局,地方文化与地方政治的关系显然是当时政治文化版图的重要内容。即使在抗日战争时期,各派政治军事力量在抗日的旗帜下接受国民政府的领导,但这并没有改变地方的政治军事的分割局面。加以交通困难,普遍口语不可能在这些地区普及。方言的运用是不可避免的。

从新文学发展的历史来看,对于民族性与地方性的关系的关注,可能导向两个方面的结论。一个方面是站在"五四"新文学的立场,即"国语的文学、文学的国语"的立场,批判和改造方言和地方形式,进而形成普遍的民族形式;另一方面则站在地方形式的立场或乡村文艺的立场批评五四新文学的都市化或欧化倾向。其中最为敏感和重要的问题是方言与普通话的关系。但是,直到"民族形式"讨论兴起之前,对"五四"文化运动的批评主要是从阶级论的立场出发的,几乎从未将"地方性"或"方言土语"作为批判的出发点。离开都市、进入特定区域(地方)的文学家的活动不太可能完全回避该地区的政治军事和文化的现实。如果地方形式和方言土语问题与地方政治认同发生直接的联系,那么,对于统一的民族

---

[24] 宗珏:《文艺之民族形式问题的展开》,1939 年 12 月 12—13 日香港《大公报》《文艺》副刊。

[25] 参见 Philip A. Kuhn: *Rebellion and Its Enemies in Late Imperial China: Militarization and Social Structure*, 1769-1864(Cambridge: Harvard University Press, 1980)。

国家的形成而言则是重要的威胁。因此,在不得不使用方言的情境中,不断地强调地方性与全国性的辩证统一关系便是非常自然的了。

第四节　方言问题与现代语言运动

黄药眠分析这一问题说:

> 第一个问题是普通话和方言之间的矛盾的问题。李大钊先生曾经提到,我们如果要真正做到大众化和中国化,我们必须更多的应用地方土语,这是完全对的。可是在这里有人说,如果作家们都用他们家乡的土语,那末结果他们的作品只有他们的同乡能懂得完全,而别的地方的人就很难懂,这样一来,岂不是反而不大众化吗?我想在这里的确存在有一个矛盾,而这个矛盾的解决的办法,就是以目前所流行的普通话为骨干,而不断的补充以各地的方言,使到它一天天的丰富起来。虽在最初的时候,看起来未免有点生硬,或甚至还要加以注释,但习惯用久了,它也就自然的构成为语言的构成部分。此外,我们也不妨以纯粹的土语来写成文学,专供本地的人阅读,这些本地文学的提倡,一定可以发现许多土生的天才。这些作品,我想在将来的文艺运动上,是必然的要起决定的作用的。[26]

黄药眠虽然意识到方言与普通话的矛盾,但他基本上认为方言能够丰富普通话,进而成为普通话的有机的构成成分。

然而,问题显然较之黄药眠在这里分析的要复杂,因为向林冰等人已经将包括方言在内的"民间形式"作为"民族形式"的中心源泉,并以此为出发点对"五四"以来的文化成果进行严厉的批评。在民族战争的背景

---

[26]　黄药眠:《中国化和大众化》,1939年12月10日香港《大公报》《文艺》副刊。

下,以地方性为特征、以方言土语为媒质、以地方文艺为形式的"民间形式"构成了现代文化运动的批判的否定。在《论"民族形式"的中心源泉》一文中,向林冰指出:"在民族形式的前头,有两种文艺形式存在着:其一、'五四'以来的新兴文艺形式;其二、大众所习见常闻的民间文艺形式。那么,民族形式的创造,究竟以何者为中心源泉呢?"[27]他的结论是:

> 民间形式一方面是民族形式的对立物,另方面又是民族形式的同一物;所以所谓民间形式,本质上乃是一个矛盾的统一体,因而它也就是赋有自己否定的本性的发展中的范畴,亦即在它的本性上具备着可能转到民族形式的胚胎。[28]
>
> 民间形式的批判的运用,是创造民族形式的起点;而民族形式的完成,则是运用民间形式的归宿。换言之,现实主义者应该在民间形式中发现民族形式的中心源泉。[29]

向林冰已经明确地用"民间形式"作为批判"五四"文化运动的出发点。他认为如果像"五四"那样用新兴的形式作为民族形式的中心源泉,而将民间形式溶解、拆散在新的文艺形式中(如将民间语汇组织在现代白话文中),"则由于口头告白性质的被去势,必致丧失大众直接欣赏的可能。"[30]向林冰在这里提到了民间文艺的"口头告白性质",表明他的"民间文艺"概念与口语、方言以及其他表演形式具有内在的联系。这种民间文艺取向,明显地与在都市文化中发生的现代语言运动的基本取向相冲突,尽管二者都以民族主义为基本的动力。

现代白话的形成和倡导是中国知识分子寻求现代性的历史产物,我们至少可以在两个最基本的方面理解现代语言运动与现代性的关系。首

---

[27] 向林冰:《论"民族形式"的中心源泉》,1940年3月24日重庆《大公报》副刊《战线》,第四版。
[28] 同上。
[29] 同上。
[30] 同上。

先是现代语言运动是一个反传统的、科学化的和世界化的语言运动,其次是现代语言运动是形成现代民族国家的普遍语言的运动。近代以来的文学变革总是伴随着语言的变革,学术界通常认为现代白话运动的基本的线索是言文一致,也就是日常口语与书面语的一致。从黄遵宪的"我手写吾口,古岂能拘牵",到"五四"白话文运动,现代文学运动及其推动者明显地把这场运动理解为日益口语化的语言运动,这种口语化运动包括了口语的语法结构、词汇和语音。

就"言文一致"的取向以及这种取向与民族主义的关系而言,中国的现代语言变革与日本、韩国的情况相似。[31]但是,从民间范畴或方言土语的范畴对现代语言运动进行质疑,却提出了"言文一致"的实际历史含义究竟是什么的问题,即在什么意义上,现代语言运动是以口语化为取向的呢?从语言变迁的角度,"五四"以来的文化运动的含义如何?

我们先来看看 日本、韩国的情况。公元5世纪前后,汉籍传入日本,成为流行的日本的书面语系统。然而,日本人是用自己的读音训读汉字。大约在六世纪左右出现的万叶假名利用了汉字,[32]但在使用中无论读音还是含义都发生了变化。这样在日本就形成了两套阅读系统,一套是万叶假名这一日本本土的语言符号,虽然符号本身是汉字。9世纪出现了平假名和片假名,在符号上部分地替代了汉字。[33]但是,万叶假名的语法结构与汉语完全无关。另一套阅读系统是经由朝鲜传入日本的汉语文献,从汉字符号、词汇和句法都保留了汉语的原貌。明治维新之前方言的使用非常普遍,不同的诸侯的领地(藩)使用不同的方言,相互很难交流。伴随交通的发展,明治维新以后(明治18年),三宅米吉在言文一致

---

[31] 中国的言文一致问题也明显受到日本的影响。如黄遵宪于1897年撰写的《日本国志》,共40卷,主张了解世界,了解外事,了解当代。他主张重视声、光、化、电等自然科学的研究,并就日本如何解决民众识字问题,提倡中国文言与语言必须统一,要求创造一种"明白晓畅,务期达意","适用于今,通行于俗"的新文体。(《日本国志》卷三十三)与日本相比,这里的关键是:中国知识分子提倡的是一种文体的创造,而不是文字的创造。
[32] 《万叶集》的成书年代大约在7—8世纪,记载民间歌谣和宫廷贵族的诗歌创作。
[33] 假名的对立面是真名,《万叶集》即用真名即汉字,假名有临时性的意思。真名又称男假名,因男人才能接受汉字典籍的教育;女手是指平假名,《源氏物语》即用平假名。

附录一 地方形式、方言土语与抗日战争时期"民族形式"的论争 *1509*

运动的背景下，提出在全国进行方言调查，意思是要用方言为共通语的资源，而标准化的基础则是东京方言。岛野静一郎于明治18年提出采用东京语作为言文一致的基础。[34] 片山淳吉将言文一致问题与小学课本联系起来。以小学教科书为首的、以庶民为对象的普通民众的读物，都要实行言文一致：口语与书面语的统一。因此，言文不一致除了在句法、词汇方面表现出来之外，还在声音与文字的差别中表现出来。江户末年和明治初年出现的言文一致运动，一方面要求在文体、句法和词汇方面采用日常口语的方式，另一方面则用假名部分地取代汉字系统，而假名是一种拼音文字。明治33年（1900），文部省颁布了《小学校令施行规则》，其中第三条国语条，提出了注重普通话的问题。次年又颁布了《高等师范学校寻常小学国语科实施要领》，正式提出教授国语的语言应以东京中产阶级以上通行的正确的发音和语法为基础。[35] 总之，现代日本语的形成是以方言为基础、用拼音的方式创造不同于汉语的书面语系统。

韩国的情况与日本的情况也很相似。早在15世纪韩国即已制定了"训民正音"，但处于支配地位的仍是汉文。民族文字的普及是在门户开放的近代化过程中发生的，那时出现了继承谚文体的国文体和国汉文体。与中国的白话相似，谚文体在古典小说和日常生活中曾部分地使用过，是最接近言文一致的文体。到开化时期，这一文体发展为言文一致的国文体。但是，这种国文体并没有成为通用的文体，而是新确立的在汉文体上加助词、与言文一致有距离的国汉文体成了通用文体。最终则是以国汉文体为基础，形成了言文一致的国汉文混用体，并被固定下来。伴随这一过程，国文运动中出现了另一个重要的课题，即谚文拼写方法的标准化。在训民正音制定之后的五个世纪中，由于没有国文化和通用文字化，它的

---

[34] 东京语言包括雅文、公文和日用文，作为全国通用的文字汉字（其特征是言文不一致）有价值，因为平假名的发音非常不统一，在这个基础上用东京的语音。

[35] 本文关于日本语言问题的讨论均来自下列两部著作的有关部分：《常用国语便览》，冢田义房、加藤道理等编著，邦岛书店，昭和六十年第5版，页6,10,48；《近代文体发生史的研究》，山本正秀著，岩波书店，1993年6月7日第3次印刷，页262—298。上述资料都是在孙歌女士的帮助下查阅的，特此致谢。

拼写方法逐渐混乱,因而到了19世纪末期,人们迫切希望对不同的拼写方法加以研究,并进行统一。1907年开始研究、1909年完成的"国文研究议定案"是开港时期国文研究的总结。它阐明了国文的渊源、字体以及发音的沿革,主张删去原"训民正音"中制定的而到开港时期已经不用的8个字母。这样就大幅度地对当时混乱的国文标记法进行了整理。这个"议定案"与后来殖民地时期的国文研究相结合。1933年制定了"国语正字法统一案"。我们可以归纳出韩国语言变革的几个特点:摆脱汉字的束缚,谚文拼写方法的标准化,语音的统一。[36] 日本、韩国的语言运动与民族认同的形成直接相关,在语言上以民族书面语和标准语音为取向摆脱汉语的束缚,创造出新的或新旧互用的现代书面语系统。由于语言运动与民族主义有直接的联系,而民族主义的取向在这里直接地体现为以口语(方言)为中心重新创制语言,因此,普遍的民族语言的创造是和民族"语音"问题(方言)紧紧地关联在一起的。

中国言文一致运动与日本、韩国的言文一致运动在方向上是相似的,即创造出新的民族语言。但是,中国的语言运动,特别是白话文运动不存在摆脱汉字符号的问题,也不存在以语音为中心重新创制书面语系统的问题。(试图摆脱汉字的努力,如下文将要论及的国语罗马字运动和拉丁化运动均告失败)由于不存在用"民族语言"("民间语言")取代帝国语言的问题,白话文运动并不是在本土语言/帝国语言的对峙关系中提出问题,而是在贫民/贵族、俗/雅的对峙关系中建立自己的价值取向。白话文运动的所谓"口语化"针对的是古典诗词的格律和古代书面语的雕琢和陈腐,并不是真正的"口语化"。实际上现代语言运动首先是在古/今、雅/俗对比的关系中形成的,而不是在书面语与方言的关系中形成的,即白话被表述为"今语",而文言则被表述为"古语",今尚"俗",古尚"雅",因此,古今对立也显现出文化价值上的贵族与平民的不同取向。

例如1908年《民报》停刊后,章太炎、钱玄同即合办白话杂志,称为《教育今语杂志》,这表明晚清至"五四"的白话文运动的发生在价值的取

---

[36] 姜万吉:《韩国近代史》,北京:东方出版社,1993,页302—305。

向上是和"今"、"新"和其后的"现代"观念相关的，虽然白话本身并不仅仅是现代的。现代白话的主要源泉是古代的白话书面语，再加上部分的口语词汇、句法和西方语言及其语法和标点。在中国的书面语系统中，已经存在着文言与白话的对峙，这种对峙不能简单地被理解为文言与口语的对峙。以白话书面语为主要来源的现代白话的基本取向不仅是反对文言，而且也是超越方言，创造出普遍语言。其后来的结果就是以北京语音为标准音、以北方话为基础制定"普通话"方案，即创造以方言为基础又超越方言的普遍口语。[37]

"口语化"的内涵是反对古典化和要求通俗化，在形式上表现为文白

---

[37] 类似的过程不独现代为然，古代亦复如此，超越方言的过程显示出语言变革过程的政治性，即中心与边缘、正统与地方、上层与下层的等级关系。例如《论语·述而》载："子所雅言，《诗》、《书》、执礼，皆雅言也。"按照近世看法，"雅"训为"夏"，西周都丰镐被指认为夏故都，所谓雅言、雅诗都是以西周京畿的方言为官话、语音为标准音。刘台拱《论语骈枝》曰："夫子生于鲁，不能不鲁语，惟诵《诗》读《书》、执礼，必正言其音，所以重先王之训典，谨末学之流失。"其子刘宝楠《论语正义》卷八曰："周室西都，当以西都音为正。……夫子凡读《易》及《诗》、《书》、执礼，皆用雅言，然后辞义明达，故郑以为义全也。后世人作诗用官韵，又居观临民，必说官话，即雅言也。"雅言之为正言，雅音之为正音，即为此也。《毛诗序》谓："雅者，正也。"又谓："言天下之事，形四方之风，谓之《雅》。""以一国之事，系一人之本，谓之《风》。""风"者地方性和方言之谓也。如《汉书·地理志下》："凡民涵五常之性，而其刚柔缓急，音声不同，系水土之风气，故谓之风；好恶取舍，动静亡常，随君上之情欲，故谓之俗。"应劭《风俗通义·自序》："风者，天气有寒暖，地形有险易，水泉有美恶，草木有刚柔也。俗者，含血之类，像之而生。故言语歌讴异声，鼓舞动作殊形，或直或邪，或善或淫也。"又曰："圣人作而均齐之，咸归于正；圣人废，则还其本俗。"《左传·襄公廿九年》"为之歌小雅"疏曰："天子以政教齐正天下，故民述天子之政，还以齐正而为名，故谓之雅。"《诗经·毛诗序》郑注曰："雅既以齐正为名，故云以为后世法。"今人于迎春说："'正'与'政'通。《毛诗序》既训雅为正，又以政解之，以'言王政之所由兴废'为雅，这虽然是根据儒家政教观点的进一步发挥，但在王道政治哲学源远流长的中国文化传统里，却也算不得于古无据的虚语妄言。'言王政事，谓之雅'（《释名·释典艺》），这成了汉代乃至其后若干世纪中学人士夫无可动摇的共识。"（以上均参见于迎春：《"雅""俗"观念自先秦至汉末衍变及其文学意义》，《文学评论》1996年第3期，页119—120。）关于古代语言与文字的分歧及其在文学上的体现，请参见郭绍虞：《中国语言与文字之分歧在文学史上的演变现象》一文，《照隅室古典文学论集（上编）》，上海古籍出版社，1983。

对立,在内容上则是雅俗两分。这种对立并不自现代始,只是现代人赋予这种对立以"现代"的意义而已。[38]换句话说,文白对立的格局并不是民族问题发生之后产生的问题。反对古典的死文字必然会涉及活的用语,从而也会涉及方言问题。20世纪二十年代,以"北京大学方言调查会"(1924年1月)的成立及其对民间歌谣的研究为开端,开始了中国语言研究的描写语言学时期,其特点是以活的语言为对象,描写语音,并以之与切韵音系比较,寻找从古到今的音变规律。[39]但是,直到20世纪五十年代以后,方言研究的重点才从具体方言及其古今流变转向方音与普通话的比较。寻求方言与普通话的对应规律,当然是为推广普通话服务的。[40]可以说,在那以前,方言与普通白话的对比关系主要建立在书写语言方面,如方言词汇的运用等等。白话的"口语化"主要是在语法结构和词汇方面,而主要不是在语音方面。在这个意义上,它与文言一样是一种书面语系统,并没有标准不变的发音系统。[41]

换言之,所谓"口语化"仅仅发生在现代标准书面语的形成过程中,因为就口语(声音)而言,只有方言,而没有普遍的口语。显然,北京话和北方话也是方言,它们所以成为一种"普遍的民族共同语言"是因为现代

---

[38] 王充:《论衡·自纪》云:"经艺之文,贤圣之言,鸿重优雅,难卒晓睹。世读之者,训古乃下。盖圣贤之材鸿,故其文语与俗不通",已经谈及俗言与文语的对立。应劭《风俗通义序》:"言通于流俗之过谬,而事该之于义理也","今俗语虽云浮浅,然贤愚所共咨论,有似犬马,其为难矣。"至于话本小说的白话与诗词散文的文言的对峙,则明显地表现出语言的阶层性和价值的取向。
[39] 参见周振鹤、游汝杰著《方言与中国文化》,页12—13,上海:上海人民出版社,1986。"北京大学方言调查会"发表方言调查书,提倡调查、记录和研究活的语言,设计了一套以国际音标为基础的记音符号,并且用它们标注了十四种方音作为实例。赵元任的《现代吴语的研究》(1928)是第一部以现代语言学方法调查方言的经典著作。在他和李方桂等人倡导下,由中央研究院史语所进行过六次规模很大的方言调查。三、四十年代出版过十来种方言著作。见同上,页13。
[40] 1956年起,有组织地在全国范围内进行以县为单位的方言普查,共完成了1849个点的调查,写出了1195种调查报告,正式出版有关于江苏、河北、安徽、四川等地的方言调查。此外,还有许多学术论文、专著和资料出版。参见《方言与中国文化》,页13。
[41] 在汉藏语系中,汉语是最重要的语言,它包括七大方言,即官话、吴语、赣语、客家话、湘语、闽语、粤语,其中官话的使用人口占汉族总人口的70%以上。

附录一 地方形式、方言土语与抗日战争时期"民族形式"的论争   1513

国家的制度性的实践和规定。索绪尔说:"一旦被提升为正式的和共同的语言,那享有特权的方言就很少保持原来的面貌。在它里面会掺杂一些其他地区的方言成分,使它变得越来越混杂,但不致因此完全失去它原有的特性。"[42]这种索绪尔称之为"文学语言"的语言不仅指文学作品的语言,而且在更一般的意义上指各种为整个共同体服务的、经过培植的正式的或非正式的语言。[43]就其与现代民族主义的关系而言,"普通话"是进行社会动员、形成民族认同的重要资源之一。在"五四"新文化运动时期,白话文的倡导主要是书面语问题,基本不涉及方音问题。[44]这是因为在近代民族主义的潮流中,中国社会动员的基本取向,是将不同地区和阶层组织到民族主义的目标之中,完成建立现代统一国家的任务,而不是形成地方割据,语言运动则是这个民族主义运动的有机部分。在没有普遍语音的前提下,只能通过书面语的统一达到"国语"的目标。[45]"国语"概念的提出和使用表明,"五四"白话文运动的基本方面不是召唤用真正的口语(即方言)来进行文学创作,而是以白话书面语为基础、利用部分口语的资源形成统一的现代书面语。这就是为什么"国语"概念一方面明显地针对传统书面语,另一方面则以方言为潜在的对立面。"五

---

[42] 索绪尔:《普通语言学教程》,商务印书馆,1985,页273。
[43] 索绪尔说:"文学语言不是一朝一夕就能普及使用的,大部分居民会成为能说两种语言的人,既说全民的语言,又说地方上的土语。"他举法国和意大利为例,在中国这种情况也是相当普遍的。见同上,页273—274。
[44] 声音的问题与罗马字问题有更密切的关系,"五四"前后,钱玄同、傅斯年、蔡元培、黎锦熙、赵元任等人都发表文章讨论过这一问题。不过,胡适、陈独秀的文学改良和文学革命论主要的是讨论书面语问题,特别是文学书面语问题。关于拼音化问题,下文将另作讨论。
[45] 书面语的特征之一就是摆脱方言的限制,这一点古今皆然。例如阮元《文言说》(《研经室三集》卷二)曰:"且无方言俗语杂于其间,始能达意,始能行远。"钱穆《读"诗经"》(《中国学术思想史论丛(一)》,东大图书有限公司,1976)曰:"在中国古代,语言文字,早已分途;语言附着于土俗,文字臻于大雅。文学作品,则必仗雅人之文字为媒介、为工具,断无即凭语言可以直接成为文学之事。"关于言文分殊及其与雅俗问题的关系,参见于迎春:《"雅""俗"观念自先秦至汉末衍变及其文学意义》,《文学评论》1996年第3期。

四"前后有关罗马字拼音的讨论关注的是统一语音的问题,而不是方言问题。"国语"运动在语言上为现代统一国家提供依据和认同的资源,而方言及其与地方认同的内在关系,则有可能是进行国家动员的障碍。总之,尽管方言被理解为普遍语言的构成要素,特别是词汇的资源,但是,现代语言运动却绝对不可能以方言为变革取向。

在上述背景下,我们也就可以理解为什么现代书面语的一些基本规范并不是口语或方言提供的。例如首先使用横排和新式标点的刊物是1915年创刊的《科学》月刊,该刊采用这种形式是为了刊登科学论文和科学公式,在形式上完全是用西方语言的方式为规范的。中国近代民族主义运动和文化上的西化运动相伴而行,在中国现代语言改革运动中,这种西方化的趋势表现为以西方拼音文字为取向的语言世界主义。吴稚晖等人在辛亥革命前曾经主张废除汉字,即使不能马上使用世界语,也可以先用英语或法语。[46] 五四一代中很多人认为汉字是蒙昧大众的工具,是罪恶传统的最难以对付的敌人。例如钱玄同说:"欲废孔学,不可不先废汉文。"[47] "汉字不革命,则教育不能普及,国语的文学决不能充分的发展,全世界的人们公有的新道理、新学问、新智识决不能很便利、很自由的用国语写出。"[48] 在白话文运动之后,语言问题始终是文艺论争的中心问题之一,例如,1930年以降的大众化运动,1932年关于"中国普通话"(文学语言)的论争,1934年的大众语论战,以及拉丁化运动,等等。所有这些语言变革运动都与创造新的民族语言有关,而在取向上则深受西方拼音文字的影响。事实上,从《马氏文通》以来,中国的文法也是按照西方语言的基本规范建立的。

中国现代文学运动的持久影响之一,是为现代书面语的形成创造条件、规范和习惯,进而形成一种"普遍语言"。这种普遍语言在功能上为

---

[46] 醒:《万国新语》,《新世纪》第6号,1907年7月27日,页3。吴稚晖:《补救中国之方法若何》,《吴稚晖先生全集》,卷三,罗家伦、黄季陆主编,台北:中国国民党中央委员会、党史史料编撰委员会,1969,页23。

[47] 钱玄同:《中国今后之文字问题》,《新青年》第四卷第4号,1918年4月15日,页350。

[48] 钱玄同:《汉字革命》,《国语月刊》第一卷第七期"汉字改革号",民国十一年八月二十日,页5—25。

统一国家提供了语言上的依据，同时，在取向上，又与西方语言逐步接近，即所谓科学化、逻辑化、拼音化。换言之，这种新的普遍语言具有世界主义和民族主义的双重取向和双重功能，即用"科学化"的方式形成普遍的现代民族共通语言，这就是普通话。这当然不是说现代中国语言和文学运动中没有利用"方言"的尝试，但是，从总的方面看，这些尝试——如刘大白、刘半农用方言写作的诗歌——显然没有能够成为主流。大众语运动也曾涉及方言的问题，但是，大众语问题与阶级问题明显有关，而下层阶级的语言作为一种"语言"提出，主要不是在地域性"方言"的范畴之内而是在阶级性"方言"范畴内。不过应该注意的是，阶级问题是超越民族性的问题，阶级论的框架明显地具有世界主义的倾向，而世界主义倾向经常能够容纳地方性，但却排斥民族性。当然，这几个方面的关系并没有逻辑上的必然性，而主要是由历史情境决定的。例如，与大众语运动关系密切的拉丁化运动就产生了十余种方言方案，而在抗日战争的历史条件下，方言方案本身又为进行广泛的群众动员创造了条件，成为民族主义运动的有机部分。

如果我们把注意力更多地集中于晚清以降的汉字改革运动与拼音化的关系方面，亦即书写语言与声音的关系方面，现代中国民族语言的形成与西方化的历史联系（亦即其世界主义取向）就更加明显。正如语言学家已经注意到的，清末的拼音文字运动与西方传教士的传教活动有着密切的关系，其渊源可以上溯到明万历三十三年（1605）利马窦在北京出版的《西字奇迹》一卷，这是第一份系统运用拉丁字母拼注汉字读音的方案。明天启五年（1625）法国耶稣会传教士金尼阁（Nicolas Trigault，1577—1628）对利马窦的拼音方案加以修订，完成了用罗马字注音的汉字字汇《西儒耳目资》。[49]他们的简易的拼音方法立刻引起了中国好些音韵学家对于这种拼音文字的向往。[50]如同陈望道所说："他们所作是为他们同伴的方便，常用罗马字母来注汉字的读音，就此引起了汉字可用字

---

[49] 参见黄德宽、陈秉新：《汉语文字学史》，安徽教育出版社，1994，页340。
[50] 如方以智就说："字之纷也，即缘通与借耳。若事属一字，如远西因事乃合音，因音而成字，不重不共，不尤愈乎？"《通雅》卷一。

母注音或拼音的感想,逐渐演进,形成二百年后制造推行注音字母或拼音字母的潮流。"[51]他把这个"为西人自己计划便于学习汉字的时期"称为"拼音、注音的潮流"的第一阶段。[52]值得注意的是,在晚清时期,把拼音与方言联系在一起的,仍然是传教士的活动,即陈望道所谓"随地拼音、专备教会中人传道给不识字人之用的时期",这就是"教会罗马字运动"。为了传教的需要,传教士陆续将《圣经》译成各地的口语体,有些用汉字,有些就用罗马字。据统计,19世纪末到20世纪初,至少有十七种方言用罗马字拼音,不同方言译本的《圣经》广为流行。[53]"教会罗马字运动"与汉字体系明显地发生了冲突,一些传教士进而主张用罗马字拼音代替汉字,推行拼音文字。这表明,早期语言运动中的口语化运动不仅是一种方言口语的运动,而且是西方宗教文化和语言对中国文化和语言的侵蚀,它并不是一种语言上的民族主义运动,毋宁是一种语言上的殖民主义运动。

但是,非常明显的是,这场运动对其后的中国现代语言改革运动产生了重要的作用,并逐渐地从方言注音转向统一语言和语音的创制,即在民族主义的动力之下,以拼音化为主要方式促进统一语音的形成。从1892年福建同安人卢戆章(1854—1928)出版《一目了然初阶》(中国切音新字厦腔)到1911年辛亥革命,开始了中国拼音文字创制的第一个时期,其间有28种切音字方案问世,以王照(1895—1933)和劳乃宣(1843—1941)的方案影响最大。王照在日本假名的影响下创制"官话字母",于1900年出版《官话合声字母》,以北京音为标准音,采用双拼制,拼写白话。[54]劳乃宣的"合声简字"是根据王照的"官话字母",补充南方话特有的因素,拼读南方方言的拼音方案,他的目的是"以土音(南方方言)为简易之

---

[51] 陈望道:《中国拼音文字的演进——明末以来中国语文的新潮》,复旦大学语言研究室编:《陈望道文集》第三卷,上海人民出版社,1981,页157。

[52] 同上,页159。

[53] 倪海曙:《中国拼音文字运动史简编》,时代出版社,1950年再版;黄德宽、陈秉新:《汉语文字学史》,合肥:安徽教育出版社,1990年11月,页341。1850年厦门话罗马字《圣经》即已印行,到1926年销售达四万余部。1921年闽南教区发行的146,967部出版物中,有五万部是用方言罗马字印刷的。1891至1904年,罗马字《圣经》的总销售数量达137,870部。

[54] 王照:《官话合声字母原序》,参见《汉语文字学史》,页343。

阶,以官音(北京音)为统一之的",进而普及教育,统一国语。[55] 1910年,严复在审查"陈请推行官话简字"的六件说帖后拟出报告说:"大旨谓我国难治之原因有二:教育不普及也,国语不统一也,而皆以不用官话拼音文字之故。"[56]这表明,创建现代民族国家的运动与以方言为基础创制共同语言的过程相伴而行。民国成立后,国语统一的进程明显地加快。

与教会罗马字运动相比,中国知识分子和现代国家推进的语言改革运动在语音问题上是极不相同的:前者表现为方言罗马字注音,后者则表现为用统一注音来克服方言的差异。民国成立后的"注音字母"方案是晚清切音字运动的结果。1912年北京召开"中央临时教育会议"提出"采用注音字母案",1913年教育部召开"读音统一会",审定一切字音的法定国音,核定所有音素总数,采定表示每一音素的字母。[57]统一语音的"注音字母"方案提供了"五四"白话文运动兴起的背景:白话文运动虽然不是以声音为中心重新创制书面语的运动,却包含了重新审定统一发音的过程。就在胡适发表《文学改良刍议》,从内容与形式两方面讨论文学改良问题不久,钱玄同、傅斯年等人开始从废除汉字和拼音化等方面提出更加激进的语言改革方案。《新青年》、《新潮》、《国语月刊》等刊物先后发表文章,讨论汉字改革,例如傅斯年的《汉语改用拼音文字的初步谈》一文,明确提出应该用拼音文字代替汉字;[58]钱玄同的《汉字革命》认为汉字的根本改革就是"改用罗马字母式的字母"。[59] 1923年钱玄同向"国

---

[55] 劳乃宣:《简字丛录:致中外日报书》,转引自《汉语文字学史》,页343。
[56] 转引自同上书,页344。
[57] 参见《汉语文字学史》,页344—345。"读音统一会"会长为吴稚晖,副会长为王照,会议共审定国音6500多字,每字下注明"母"(声母)、"呼"(四呼)、"声"(四声)、"韵"(韵部),另外附带审定了600多个俗字和学术新字。会议还决定采用以章太炎"纽文"、"韵文"改造而成的审音用的"记音字母",经过修订,形成一套正式的"注音字母"方案及七条推行办法。
[58] 傅斯年:《汉语改用拼音文字的初步谈》,《新潮》第一卷第三期,页391—408。民国八年三月一日。此文后又重新节录刊载于《国语月刊》一卷七期的"汉字改革号",1922年8月20日,页187—196。
[59] 钱玄同:《汉字革命》,《国语月刊》一卷七期"汉字改革号",民国十一年八月二十日,页19。

语统一委员会"提出了《请组织国语罗马字委员会案》,目的是组织一个"国语罗马字委员会"具体研究、征集各方意见,"定一种正确使用的'国语罗马字'来。"1926年9月,"国语罗马字拼音委员会"正式开会议决通过《国语罗马字拼音法式》,并呈请教育部公布。[60]中国汉语史专家认为,"国语罗马字是清末汉字改革运动以来第一个接近成熟的拼音文字方案,它不仅考虑到文字体系的完整性和汉语本身的某些特点,在符号的选择上还具有国际化观点,理论和技术上较以前的各种拼音文字方案都有新的创造和发展,在汉字改革运动史上,国语罗马字运动有着重要的地位。"[61]

中国现代民族语言与"国际化观点"之间始终存在紧密的联系。1933—1934年间,正当国内有关"文言、白话、大众语"讨论发生之际,发生在苏联远东的拉丁化新文字运动也开始介绍到国内,并迅速引起反响。[62]拉丁化运动与大众语问题具有密切的联系,其文化上的动力已经包含阶级论和国际主义的观点,而不只是民族语言问题。拉丁化运动宣告了国语罗马字运动的结束。在取向上,拉丁化运动没有特别强调"国语"问题,反而出现了大量的方言拉丁化方案,如上海、广州、潮州、厦门、宁波、四川、苏州、湖北、无锡、广西、福州、温州等方言都有了拉丁化方案。与本文讨论的"民族形式"问题直接有关的是,在抗日救亡运动高涨之际和抗日战争全面爆发之后,拉丁化运动适应了动员群众、普及教育、宣传抗日的需要,迅速席卷全国。不仅出版物之多前所未有,而且诸如成千上百的难民新文字班、"农民新文字夜校"、大批"拉丁化干部训练班",以及各类

---

[60] 1926年11月9日,由"国语统一筹备会"非正式公布了此方案;1928年9月,北伐之后,在蔡元培的努力下,大学院(教育部)始将此方案作为"国语字母第二式"正式公布。但一般社会对此方案反应冷淡,仅在文化人中间有些讨论。参见黄德宽、陈秉新:《汉语文字学史》,页347。

[61] 同上书,页347,倪海曙:《中国拼音文字运动史简编》,页113页。

[62] "拉丁化新文字"方案的出现与苏联的文化扫盲运动关系密切。1921年代,瞿秋白在苏联首先研究汉语拉丁母的拼写问题。1928年,他和吴玉章、林伯渠、萧三及苏联专家郭质生、龙果夫经过一年的研究最后写成了《中国拉丁化字母》,规定了字母及几条简单的规则。此后,这项运动在远东工人中展开,并取得显著成绩。参见《汉语文字学史》,页348。

相关协会组织的建立,都是清末以来拼音文字运动的高峰。[63]事实上,拉丁化运动在取向上与国语罗马字运动的冲突在当时即已显露,一些主张国语罗马字的学者予以坚决抵制,发表过一些极为尖锐的批评文字。[64]拉丁化运动最终失败的原因固然很复杂,但没有形成真正的"文学语言"(索绪尔意义上的文学语言)则是可能的原因之一。

可以肯定的是,中国、日本、韩国的现代语言运动都是以民族主义为动力形成"民族语言"的过程。除了早期"教会罗马字运动"和拉丁化运动之外,中国的语言改革运动的基本方向是向统一的书面语系统和统一的国语发音系统努力,为形成新的统一的民族语言创造条件。因此,以白话文运动为标志的现代语言改革并没有创造新的书面语符号,也没有用一种方言语音为中心再造书面语系统。统一语音的努力并不是为了再造汉字,而是为了克服方言的语音差异。方言问题始终不是中国现代语言运动的核心问题,毋宁说,克服方言的差异才是现代语言运动的主流。[65]

正由于此,"地方形式",特别是"方言"问题在"民族形式"讨论中凸现出来,与近代以来的语言运动的基本方向是相冲突的。战争造成了事实上的割据形势,也迫使文人远离大都市,置身于陌生的方言环境。新文

---

[63] 参见同上书,页349—350。据统计,从1934年8月到1937年8月,全国各地成立的有年月可考的拉丁化团体有70多个,出版书籍61种,发行达12万册以上,创办刊物36种,40多种报纸杂志曾登载提倡拉丁化文章或出版专号,67种刊物采用拉丁字母作报头,制定和公布拉丁化方案13个。1937年抗战爆发后,仅上海一地1937—1940年就出版拉丁化书籍54种,创办刊物23种,成立团体6个,在48所收容所办了一百几十个难民新文字班。仅延安一地,1935年冬设立"农民新文字夜校"达100所,红军战士能写新文字的至少有两万人;1940年11月成立"陕甘宁边区新文字协会",毛泽东、朱德、孙科等七人为名誉理事,林伯渠、吴玉章等45人为理事。

[64] 参见同上书,页350。

[65] 例如,早在1912年民国成立之初,为适应新的形势,中央教育部特组织临时教育会议,征集全国教育家于北京,决定实行新的学制,其中涉及国语统一办法。据《1912年我一:临时教育会议日记》载:"其中有一大问题,是国语统一办法。现在有人提议初等小学宜教国语,不宜教国文;既要教国语,非先统一国语不可。然而中国语言,各处不同,若限定以一地方之语言为标准,则必遭各地方之反对,故必有至公平之办法;国语既一,乃定音标。"见朱有瓛:《中国近代学制史料》第三辑上册,上海:华东师范大学出版社,1990,页9。

学的创造者们首次直接地面临都市的"普遍语言"与乡村的"方言"的对立。从方言立场或地方形式的立场对新文学的历史提出挑战,是和实际的政治形势相关的。但是,这种特定的政治形势并没有改变或偏离建立自主的民族——国家的民族主义轨道。因此,地方形式问题所引发的争论不能不按照现代民族主义的基本逻辑向前发展。例如潘梓年把"民族形式"问题理解为"中国化"的问题,在论及语言问题时,他指出语汇和语法是当时中国语言上的迫切问题。他举歌德对德语的贡献和普希金对俄语的贡献为例,指出中国在现代语言上缺乏那样的创造性:

> 譬如说,到现在中国语言还没有一部文法,马氏文通要算是一部比较完善的中国文法,但第一因为这本书是用外国文法来注释中国语言的法则,不是从中国语言自身抽绎出它自己的法则的文法书,所以一方面仍不免有些牵强附会的地方,而另一方面,中国语言在文法上的特点没有能够被研究到,因而不能作为真正的中国文法书,第二因为它所研究的只是中国的文言——古代语,而不是中国的口头语,现代语,所以它至多也只能是一部中国的"文"法而不是我们所需要的"语"法。[66]

潘梓年区分出"文"法和"语"法正是注意到了中国语言改革的致命弱点。因为按照他的看法,"五四"新文化运动之后,白话文似乎战胜了文言文,但实际上充其量也只是产生了"白话的文言",而"没有产生出和一般老百姓日常用语合致的真正'白话'"或"从一般老百姓日常生活中产生起来的中国民族语言,有的只是文言文,有的只是外国语,结果,虽然一时把文言文推倒了,找不到新的东西来代替,只好或者使用不文不白的'语体文',久而久之且回归到文言怀里去,或者使用不中不西的'欧化句子'。"[67]潘梓年将现代民族语言的形成归结为两个要点即丰富的词汇和完整的语

---

[66] 潘梓年:《论文艺的民族形式》,1944年2月15日《文学月报》第1卷第2期,页78。
[67] 同上,页78—79。

法,而后一个方面似乎更为重要。"完整语法"规范下的民族语言不可能是方言,而是一种新的标准语言或普遍语言。所以他说:

> 先要有充分的普通语或可以普通化起来的方言土语,提供出来做材料,才能从足够的材料中研究出一个中国式的语法来。[68]

问题是怎样才能断定何种语言为"普通语",何种语言是可以"普通化起来的方言土语"?

在这里,被省略掉的是地区间的政治关系,因为确定哪一种方言是共同语言并不是语言自身决定的,而是由政治、文化和经济的支配性关系决定的。马克思认为自然语言被提高为民族语言"部分是由于现成材料所构成的语言的历史发展,如拉丁语和日耳曼语;部分是由于民族的融合和混合,如英语;部分是由于方言经过经济集中和政治集中而集中为统一的民族语言。"[69]索绪尔则说:"选择的动机是各种各样的:有时选中文化最先进的地区的方言,有时选中政治领导权和中央政权所在地的方言,有时是一个宫廷把它的语言强加于整个民族。"[70]对于中国来说,北方方言之成为共同语言当然有"现成材料所构成的语言的历史发展"因素在内,因为百分之七十以上的汉族人口使用的是北方方言,但更重要的显然是政治领导权的作用。北方方言中也存在内部的差别,而普通话显然也是排斥这种差别的。潘梓年论及"语法完整的语言"的来源包括古典作品、民间语言和外国语言,但始终没有说明"语法完整"的含义:如果还没有"语法",又如何断定某种语言是"语法完整"的呢?我们可以清楚地看到,"语法完整的语言"不可能是方言土语,也不可能是纯粹的口语,而是一种"簇新的新形式"。[71]

---

[68] 同上,页79。
[69] 马克思、恩格斯:《德意志意识形态》,中共中央马克思恩格斯列宁斯大林著作编译局译,北京:人民出版社,1961,页490。
[70] 索绪尔:《普通语言学教程》,1985,页273。
[71] 潘梓年:《论文艺的民族形式》,1944年2月15日《文学月报》第1卷第2期,页79。

1939年12月15日,黄绳在香港《大公报》《文艺》副刊发表了《民族形式与语言问题》一文,他的论述逻辑几乎与潘梓年一致。他指出:

> 民族形式创造,标记着文艺发展的一个新的阶段,意味着文艺上的一个改革运动。这阶段的开始,这改革的实践,我们便要遇到语言这个难关。民族形式的运动,必伴随着文艺语言的改革运动。[72]

黄绳从语言的角度,特别是口语的角度思考"民族形式"问题,并将"民族形式创造"作为"五四"以来文艺上的一个改革运动,明显地对"五四"的白话文运动的限度提出了疑问,即:

> 在民族形式创造的要求下,怎样处置五四以来的文艺语言呢?[73]

黄绳文章的重要性还不仅在于他明确地从语言问题入手来考虑"民族形式"问题,更重要的是,一方面,他十分自觉地意识到"民族形式"、特别是方言土语与"五四"白话文运动的西方化倾向的冲突,并对"五四"语言改革运动的局限性展开批评,另一方面,他最终仍然重申了"五四"基于西方语言的特征而展开的对中国民族语言的批评。这显然是因为:首先,如果以方言土语为"民族形式"的语言特征,也就取消了统一的"民族形式"形成的可能性,实际上也就在语言的层面将"民族"问题"地方化"了;其次,方言土语在两个层面上与"五四"以来的语言运动相冲突,一个是与拼音化、科学化、逻辑化的世界主义倾向的冲突,另一个是与"大众语"的阶级论框架相冲突。黄绳一方面指责"五四"白话文运动的局限和中庸性,"真正活的口语,和文言一样居于辅助的地位",另一方面又批评"外来语言的采用,欧洲文法日本文法的随意纳入,却又使文艺的语言脱离大众",甚至重申瞿秋白在大众语运动中对白话文的严重指责,即白话文是

---

[72] 黄绳:《民族形式与语言问题》,1939年12月15日香港《大公报》《文艺》副刊。
[73] 同上。

"上层的资产阶级与一般知识分子的所有物,而且它那么一下子就停下来,甚至早早回向妥协与投降的路上,而造成了一种全不能为大众所能懂的,充满了欧化气与八股气的买办文字。"[74]

正是在这两层意义上,黄绳得出结论说:

> 民族形式是五四以来文艺形式的否定,在文艺语言上也不能不是五四以来文艺语言的扬弃。[75]

在阶级论的框架内对"五四"进行批评在语言方面主要表现为进一步大众化的要求,却不构成形成"普遍语言"的基本取向的否定。但是,如果对"五四"白话文运动的批判与方言或地方性问题联系起来,则有可能与上述基本取向相冲突。这在民族主义的历史进程中是无法接受的。因此,黄绳在作了上述判断之后,立刻"辩证地"补充说:"要注意的是所谓扬弃,不是完全的荒置,而是一面废弃,一面保存和发展。对于五四以来文艺语言,我们不能不保存和发展它的积极的进步的部分,十分害怕'大众不懂',而要完全回避新文艺中的语汇和语式,是愚笨的。"[76]

为了说明"欧化的白话"的历史合理性,他从两个方面展开论证。第一、他利用了时代和进步的概念,把语言问题与"时代意识"问题关联起来,从而用新/旧时代的总体替代关系化解"知识分子"与"大众"之间的截然对立关系。"语言随社会意识的变化而变化。封建时代的语言,代表着封建意识;民主革命时代的语言,代表着民主革命意识。所以'五四'以来文艺语言,无疑比以前进步。在民族形式中,必要承受其中的一部分。悉意回避它,不特贬损了语言艺术,而且必定妨碍着前进内容的表达。"第二、他利用了现代文化的科学化倾向,批评中国语言的特征,重申学习西方的语言观。"语言的贫乏和组织不紧密,是我们民族的先天缺

---

[74] 同上。
[75] 同上。
[76] 同上。

憾,向外汲取语言是一个弥补的办法。外来的语汇和语式,确曾把我们的文艺语言丰富起来,有其积极的进步的意义。所以在民族形式中,对于欧洲的日本的词汇和语式,还是要加以有机的溶化。事实上思想的复杂性,无论如何需要语言的丰富多彩和结构之紧密。作品的形式要接近大众,而思想的深入和繁驳,对于大众也不可少。文化工作者一面要接近大众,另一面也要吸取先进国家复杂的语言构造来教育大众。"[77]

无论是诉诸时代概念,还是诉诸西方语言的逻辑化特征,黄绳对语言的民族形式的思考都是对现代性的重申,也是对语言变革的世界主义和民族主义倾向的重申。他对方言土语的重视只能被置于上述现代性的前提之下。这样,原先所要回答的是"在民族形式创造的要求下,怎样处置五四以来的文艺语言"的问题,现在却转换成为另一个方向似乎完全相反的问题:

> 在民族形式创造的要求下,怎样处理旧形式——民间文艺的语言呢?[78]

对语言现代性的反思现在转换为语言现代性的命题,"民族形式"对现代白话构成的挑战转化成为对"旧形式"的批判。经过这一转换,黄绳的结论完全改变了:社会意识的变迁导致大众中流传的作品的语言成为"旧小说的死白话";"旧形式"中的文人作品夹杂许多文言成分,是"旧文人的滥笔";"民间文艺的语言有许多是简单的,'现成的','反创造性的',因袭的。……很少变化";御用文人作品中流布着"宿命论和封建的反动意识,连大众作品中也不可避免。那么,与这样的意识相依存的语言,便是有毒的语言。"这样,虽然理论上说"民族形式"是"五四"以来语言变革的一个新的阶段,但实际上却是重申"五四"的价值观,清算民间的、封建的和文人的语言遗产,增加的仅仅是重视"采用大众的语言"、并使之"重

---

[77] 同上。
[78] 同上。

新创造"的一般口号：

> 所以我们主张向大众学习语言，主张批判地运用方言土语，使作品获得一种地方色彩，使民族特色从地方色彩里表现出来。自然，我们不主张滥用方言土话，不承认会有所谓"土话文艺"。土话大部分是落后的，芜杂的，不讲求语法的。经过选择，洗炼，重新创造，它在文艺上才有意义。[79]

现在我们可以看到，现代语言运动的主流（白话文运动）不仅是以消灭口语的多样性为代价的，而且还伴随着一种文化的过滤。现代国家在文化上的支配地位的形成也在这个意义上与现代语言运动具有密切的联系。

第五节 "五四"白话文运动的否定之否定

事实上，沿着这样的逻辑看待"民族形式"问题，就只能肯定"五四"创造的新形式也是"民族形式"。例如巴人说：

> 五四以来的新文学形式，主要可说是都市生活形式的反映。而这也正是接受于西欧文艺形式的基调。但这也成为我们文学历史上的民族形式了。虽然这形式没有得到我们人民大众的广大的接受，但它显然是带有进步性的。它虽然是离开了大众实际语言的单纯构造的形式，但它显然是已能部分地传达出比较细密的思虑与情意了。这并不是必须抛弃的优点，恰恰相反，它还须我们承继与发扬的。[80]

---

[79] 同上。
[80] 巴人：《民族形式与大众文学》，1940年1月16日《文艺阵地》第4卷第6期，页1389。

从语言变革和"民族形式"的倡导,最终回向了现代历史。就文艺而言,首先是回向了关于"五四"的反思。不同的主张需要在这个基本起点上展开。可以肯定的是,通过重新肯定五四的历史意义,重申现代性的价值取向,正是"民族形式"讨论的主流方向,也是论述"地方形式"和"民间形式"的基本准绳。例如周扬就说:

> 从旧民间形式中找出了白话小说,把它放在文学正宗的地位,这只是"五四"文学革命的工作的一部分;另一部分工作是相当大量地吸收了适合中国生活之需要的外国字汇和语法到白话中来,使它变为了更完全更丰富的现代中国语,把章回小说改造成了更自由更经济的现代小说体裁,从旧白话诗词蜕化出了自由诗。在"五四"初期的白话小说白话诗里面就保留有旧小说诗词的写法与调子的鲜明痕迹,但那已经不是旧形式,而是新形式了。不能否认,由于新文学历史的短暂,由于中国文字与语言的长期分离,文艺之民族新形式还没有最高完成,语言形式的缺点还严重存在。但是新形式比之旧形式,无论如何是进步的,这一点却毫无疑义。字汇更丰富了,语法更精密了,体裁更自由活泼了,那就是准确地去表现现实的那种力量,即对于现实的表现力更提高了。[81]

潘梓年、黄绳和周扬的例子表明了"民族形式"内含的顽强的、不可动摇的普遍主义。方言和口语的运用必须服从这种普遍主义的逻辑。事实上,这种普遍主义的语言逻辑不仅是民族主义的,而且是"国际主义"或世界主义的。正由于此,以方言口语为特征的"地方形式"就被纳入一种普遍语言的规范之中,尽管这种普遍语言及其规范本身尚未真正形成。不过,如果我们读了胡风的《论民族形式问题底提出和争点》,我们就能够理解:规范仍然是由都市语言和西方语言决定的。

---

[81] 周扬:《对旧形式利用在文学上的一个看法》,1940年2月15日《中国文化》第1卷第1期,页35—36。

在这篇文章中，胡风叙述了有关文艺大众化问题产生的历史过程。在谈到三十年代"大众文艺"的讨论时，他回顾说，那场争论的出发点是对于"'五四'新文艺底'白话'的否定，说那是'和平民群众没有关系'的'欧化的新文言'，革命的大众文艺应该改用'新兴阶级的普通话'，'在五方杂处的大都市里面，在现代化的工厂里面，他们的言语事实上已经在生产着一种中国的普通话'。"[82] 胡风把"大众文艺"用语的讨论看作是"争取发展的大众化运动所尝试的自我批判"：

> ……因为，大众化运动一被移到创作实践（能表现大众底生活，能被大众懂得）上面，就不得不碰到文艺言语和大众口头言语的差异，这个构成文艺形势的基本材料的言语（文字）问题。……这一问题的提出……在理论上却没有得到什么收获，除了对于"五四"新文艺底"白话"的批判，以及对于这个批判的反批判（分析地证明"新兴阶级的普通话"并不存在和"欧化新文言"底应有评价）这两方面底论点都包含了部分的（仅仅是部分的）真理以外，就是方言文艺和方言土话拼音化的要求这两个问题底提出，做了接踵而来的，伟大的新的语文改革运动底预告。[83]

胡风把"大众化运动"的主要贡献归结为"方言文艺和方言土话拼音化的要求"是意味深长的。这表明现代语言改革运动并非用口语（方言）改造书面语，而是通过拼音化运动创造新的发音，以配合现代书面语的形成，进而形成一种"普遍语言"即普通话。在这个意义上，以言文一致为特征的现代语言运动并非以现存的口语为中心改造书面语，而是在拼音化的方向上创造新的语言，包括口语和书面语。在评价1934年的语文改革运动时，胡风特别在"大众"概念前面加上了"国民"的定语，显然是为了适

---

[82] 胡风：《论民族形式问题底提出和争点——对于若干反现实主义倾向的批判提要，并以纪念鲁迅先生逝世四周年》，1940年10月25日《中苏文化》第7卷第5期，页32—49。

[83] 同上。

应抗日战争的民族主义内容,从而也与"五四"的"国语"概念遥相呼应。他说:

> ……当大众语运动发展到了拉丁化新文字运动,问题底性质就早已从文艺用语这界限突破出去,成了也要通过文化活动去争取解放的国民的群众运动底一环。这一运动,不但以鲁迅为首在理论上说明了:文字要能够是国民口头言语底记录,选炼和提高,能够反映国民生活底内容,底色泽,底韵律,因而能够被国民自己用作反映生活批判生活的武器。这就是从高度多元的发展(方言文化,方言文艺运动)去争得有如国民生活本身那么丰富的内容的一元的统一(未来的民族统一语文和国民文艺)……而且青年语言学家们还在实践上开始了坚实的活动:北方话字母方案底制成和一些书报底出版,上海话、宁波话、广州话、厦门话等字母方案底制成,地方语刊物、课本底编印,地方语研究会、学习班底成立……这就建立了一个虽然远不能和现实要求相应,然而却可以由这开发的基础。所以,大众语运动,不但通过文艺用语问题把大众化底内容扩展到了整个创作领域上面,而且,通过国民的语文改造问题,使大众化底内容在群众对于旧意识的斗争和对于新意识的争取里面作为国民的、群众的政治解放运动底一翼的,国民的、群众的文化斗争在具体的过程上联结了起来。在许多论者一再注意得内容上的"前进的意识"这一说法上面,这联结就表现得非常明显。[84]

胡风提到了口头语言的记录,更提到了选炼和提高,以及从形式上的多元发展为内容上的一元的统一。拉丁化运动被胡风描述为"对于方块字拜物教的斗争",[85]但是,恰恰是方块字提供现代汉语的统一方面或"一元的统一"。胡风在肯定方言研究和方言文艺的必要性的同时,又反过来

---

[84] 同上。
[85] 同上。

肯定"'五四'新文艺以及它底'白话文'",反对将白话视为"欧化的新文言"。[86]他引用论者的话说,在形式上,白话文的基本词汇和语法,也是劳苦大众口语底基础部分;在内容上,白话文创造了不少进步作品,是理论翻译的唯一工具。[87]正是在这个意义上,胡风坚持"大众化不能脱离'五四'传统,因为它始终要服从现实主义的反映生活批判生活底要求,'五四'传统也不能抽去大众化,因为它本质上是取向着和大众的结合。"[88]

"地方形式"和"方言土语"的问题最终只能构成"民族形式"讨论中的附属性问题不是偶然的。在寻求建立现代民族国家的过程中,普遍的民族语言和超越地方性的艺术形式始终是形成文化同一性的主要方式。在新与旧、都市与乡村、现代与民间、民族与阶级等关系模式中,文化的地方性不可能获得建立自主性的理论根据。在以后的段落中,我将着眼于新/旧、现代/民间的关系,进一步探讨支配"民族形式"讨论的现代性逻辑。

---

[86] 同上。
[87] 同上。
[88] 同上。

附录二

亚洲想像的谱系

第一节 "新亚洲想像"的背景条件

新自由主义的全球化概念与"反恐怖"战争中重新出现的"新帝国"概念相互呼应,极为深刻地揭示了隐藏在当代世界变动背后的支配力量:前者以新自由主义的市场主义原则——与私有产权相关的法律体系、国家退出经济领域、跨国化的生产、贸易和金融体制等等——对各种不同的社会传统加以彻底改造,后者则以这一新自由主义全球化过程所引发的暴力、危机和社会解体为由重构军事和政治的"新帝国"。"新帝国"构想的核心是一种能够在世界范围内发挥作用的控制机制和暴力功能,它离不开国家的或超级国家的政治和军事组织等等,从而构成了与新自由主义全球化概念的某种区别:市场主义的"全球化"以经济范畴取消所有的政治干预的合法性,从而回避了新秩序对于某个或某些权力中心的依赖,而"帝国"概念则以超民族—国家的市场一体化及其对秩序的需求为由,明确地提出了全球化过程与一个以民族—国家或民族—国家联盟为中心的跨国政治和军事权力的内在联系。但恰恰是这两个表面看来有所区别的概念将军事联盟、经济合作组织、国际性的政治机构连接在一起,构筑了一个囊括政治、经济、文化和军事等各个层面的总体性秩序。我们可以称之为"新自由主义的帝国或帝国主义"。

"帝国"构想是新自由主义市场论述的补充形式,它恰当地揭示了如下事实——正如19—20世纪的国际劳动分工需要民族—国家体系的政治和军事结构一样,所谓"全球市场一体化"同样离不开政治和军事结构的支持。在这里,唯一不同的是:19世纪的主流是以"民族—国家"反对"帝国",而当今的潮流恰好是这一逻辑的颠倒:以"帝国"反对"民族—国家"。塞巴斯蒂安·马拉比(Sebastian Mallaby),这位《华盛顿邮报》的专栏作者向他的国家建议:

> 我们可以建立一个与世界银行、国际货币基金组织相同的管理体系,专门从事"国家建设"的新国际团体。她既不必像联合国安理会那样受到各种烦人的限制(比如苏联和中国的否决权);又不用受联合国大会一国一票复杂系统的折磨。一个新的国际重建基金,可以由经济合作与发展组织(OECD)的富国,以及现在给国际货币基金组织提供资金的那些国家赞助成立。她可以集中"国家建设"的经验和力量,并且可以在由美国领导的委员会同意下随时采取行动,从而可以代替目前要么乞求要么施压的维和方式。她的产生并不直接等于帝国主义的复活,却可以弥补帝国时代以后遗留下来的安全漏洞,就像在第一次世界大战后,奥托曼帝国结束时实施的国际联盟委任托管体制。[1]

这一"新帝国"构想是一种维持全球秩序的机制,它以全球主义的姿态动摇了(如果不是取消了)民族解放运动和解殖民运动的基本成果,即第三世界国家作为形式平等的主权单位参与国际交往的基本权利及其可能的制度条件。但没有人怀疑这一以"帝国"超越"国家"的姿态背后的"国

---

[1] See Sebastian Mallaby, "Reluctant Imperialist", *Foreign Affairs*, March-April 2002.

家"阴影。

英国首相布莱尔的外交政策顾问罗伯特·库伯(Robert Cooper)在《观察家报》也发表了题旨相似的文章《为什么我们仍然需要帝国?》。库伯的"新帝国"建立在对于当代世界的国家类型的三分法的基础之上:第一类是索马里和阿富汗等前殖民地国家组成的"前现代国家"或"失败国家",它们的混乱无序导致各种非国家力量以之为基地,威胁其他国家的安全;第二类是以欧洲的前殖民国家组成的"后现代国家",其代表即欧盟或北约,它们超越了民族—国家之间的势力均衡关系,以透明性、相互依赖性为原则形成多元性的社会共同体;第三类是由中国、印度和巴基斯坦等国组成的"传统的现代国家"。在他的分类中,"后现代国家"的两个典型类型是作为"合作帝国"的欧盟和作为"自愿的全球经济帝国主义"的国际货币基金组织和世界银行,这两个组织都由一整套法律和法规协调运作,而不像传统帝国那样依赖于一个中心化的权力。库伯的"合作帝国"构想以及"邻国帝国主义"(the imperialism of neighbours)概念是在巴尔干战争和阿富汗战争的阴影中提出的,它把"人道主义干预"的概念与一种新型帝国主义的概念结合起来,从而使得"人道主义"合乎逻辑地成为"帝国"的理论前提。[2]按照这一新帝国论,欧洲国家奉行内外关系的双重原则,即对内超越主权原则,对外实行"新帝国主义",从而这个所谓的"帝国"可以被概括为一种泛民族主义的模式。史密斯(Anthony D. Smith)曾在一本讨论民族主义的著作中谈论过这种"泛民族主义":"一方面,它们似乎建议为了更大的超国家和超民族的利益,应该摒弃现存的民族国家。另一方面,它们通过把民族国家和一个更宽泛的'受保护'的国家的范畴联系起来,并通过反对具有文化差异的邻邦和敌人,明确了民族国家的文化轮廓,加强了它的历史认同,从而使其得到巩固。……它们作为政治论坛有一些作用并具有区域性影响。但是,在政治或者经济关系方面它们几乎没有什么突破……它们的作用是使民族国家正常化,从

---

[2] Robert Cooper, "Why we still need empires", see, *The Observer*, Sunday April 7, 2002; "The new liberal imperialism", see *The Observer*, Sunday April 7, 2002.

而使其合法化。"[3]

由于概念的雷同,库伯的帝国概念与马拉比的帝国概念之间的重要区别反而被忽略了。这两个帝国概念存在一致的方面——它们均以全球经济一体化为肯定性前提,以全球进程中的不平衡发展为否定性前提,以超越主权范畴的干预原则为基本特征。就干预的主体而言,这两个帝国计划都没有真正摆脱民族—国家的逻辑。但两者的分歧也是显著的:库伯的"帝国"范畴以欧盟为典范,而马拉比的"帝国"则是美国,它们之间的差别表现在两个方面:一、欧洲国家间的关系以法律、规则、相互依赖和干预为基础,接受有关武器核查、国际法庭等超国家原则,而美国奉行单边主义,拒绝任何国家对其武器和军事计划进行核查;二、欧洲取消了内外的绝对界限,但保留着欧盟与外部世界之间的严格分界,从而欧盟不是一个唯一性的帝国(库伯的文章标题用了帝国的复数形式);与此构成对比的是,美国拒绝承认市场一体化的世界需要多极帝国,它认为欧洲式的"合作帝国"远不如美国这一唯一的"帝国"来得有效。马拉比不无针对性地说:

> 一个帝国并不总是靠计划产生的。最早的美洲殖民地,是英国宗教斗争不经意产生的副产品。英国的政客阶层对是否应统治印度的态度并不坚定。但是,商业利益还是把英国拖了进去。今天的美国将成为一个更加不得已而为之的帝国。一个新帝国主义时代已经来临了。美国强大力量的优势迫使她不得不担任领导角色。问题并不是美国是否愿意弥补欧洲帝国留下的空缺,而是美国是否愿意承认她正在这样做。只有华盛顿承认了这一点,她才能保证以后行动上的一致。[4]

---

[3] 安东尼·D·史密斯(Anthony D. Smith):《全球化时代的民族与民族主义》(*Nations and Nationalism in a Global Era*, London and New York: Routledge,1998),北京:中央编译出版社,2002,页143—144。

[4] See Sebastian Mallaby, "Reluctant Imperialist", *Foreign Affairs*, March-April 2002.

与新自由主义的市场叙述一样,这一"并不总是靠计划产生的"和"不经意产生的"帝国叙述将新秩序视为自然演化的产物,而不是像欧盟那样是一种政治规划或协商理性的成果。正如大英帝国是市场贸易的自然产物一样,美国是新自由主义世界秩序的"不得已而为之的"唯一的守护神——它是唯一的、没有外部的普遍秩序,从而也只有那些没有外部的机制(如世界银行、国际货币基金组织、联合国和其他国际性组织,而不是任何一个国家或国家联盟)才是它将取代或将吸纳的机制。帝国的单边主义就是全球的普世主义。

不同的帝国构想反映了美国和欧洲在构想全球秩序方面的冲突。在《欧洲是否需要一部宪法——只有作为一个政治共同体,欧洲大陆才能捍卫面临重重危险的文化生活方式》一文中,哈贝马斯以捍卫欧洲的社会模式和现代性成就为由,论证了将各民族国家组织成为一个统一的政治共同体的必要性。作为政治共同体的欧洲在这里是一项政治计划,它既是对建立在市场或欧元一体化的新自由主义基础之上的欧洲概念的拒绝,又是对美国主导的全球秩序的反抗。哈贝马斯引证法国总理若斯潘于2001年5月28日在德国议会发表的演讲说:

> 直到不久之前,欧盟的努力都集中在建立货币联盟和经济联盟上……然而,今天需要的是一种更加宽阔的视野。要不然,欧洲就会蜕变为一个单纯的市场,就会在全球化中一败涂地。因为,欧洲决不只是一个市场,而是一种在历史中发展壮大起来的社会模式。

在引述了这段话之后,他评论道:"我们这些中小民族国家,面对当今世界上占统治地位的世界经济强权兜售给我们的社会模式,难道能够依靠自身的行为力量,反其道而行之,不被它同化吗?"在这个意义上,欧洲构想是一个针对更强势的霸权的保护性的计划。围绕着保护福利与安全、民主和自由的欧洲生活方式,哈贝马斯提出了建立"后民族民主"的欧洲的三个主要任务,即形成一个欧洲公民社会、建立欧洲范围内的政治公共领域、创造一种所有欧盟公民都能参与的政治文化。他建议欧洲通过全民公决制定统一的宪法,"把当初民主国家和民族相互促进的循环逻辑再次运用到自己身上。"[5]按照这三个主要任务形成的欧洲宛如一个超级国家或帝国,一方面,它的内部包容着各具特色的和某种自主性的社会,但另一方面,它又拥有行使政府职能的统一的常设机构、统一的议会和法律,并得到历史地形成的公民政治文化和社会体制的支持和保障。如果我们把这个继承了福利国家和民主宪政体制的欧洲视为一个"超级国家"或"帝国"的话,那么,这个"超级国家"或"帝国"与马拉比的"新帝国"并不相同:前者是欧洲民族—国家的政治文化的扩展和延续,拥有明确的内外边界和主权,而后者却是没有外部的、唯一的、反传统的、以市场主义和政治/军事霸权为基本逻辑的世界秩序。

"帝国"、"帝国主义"和"殖民主义"这些概念的复活非常自然地引起了全世界左翼知识分子和第三世界国家的政治批判和道德谴责。但是,新帝国或新帝国主义有着不同于19世纪帝国或帝国主义的社会基础和政治形式,正如19世纪的殖民主义一样,它不仅是一个口号或政治计划,而且也是更为深刻的一个历史进程的产物。因此,实质性的问题与其说是拒绝这些概念,毋宁是寻找摆脱这一帝国体制的可能方案。那种认为"帝国"已经是新时代的绝对命运的看法必须首先加以拒绝。在哈贝马斯的意义上,欧洲统一进程是欧洲社会抗拒新自由主义全球化的政治计划(我们当然不会忘记内外双重标准也是这一计划的有机部分);在萨米尔·阿明等第三世界知识分子的视野中,跨国性的区域联盟也可能构成抗衡超级帝国的政治、经济、文化、科技、军事和自然资源的垄断的政治方案。这两个不同的构想都建立在对民族—国家的限度和困境的反思之上。在这个意义上,当左翼知识分子愤怒地拒斥库伯的帝国主义论调和相关的政治/军事实践之时,不应该简单地拒斥包括欧洲国家正在推动的历史实践在内的区域性实践,而应该参考这个实践以形成亚洲社会和第三世界对应"新自由主义帝国秩序"的方略。

---

[5] 哈贝马斯:《欧洲是否需要一部宪法——只有作为一个政治共同体,欧洲大陆才能捍卫面临重重危险的文化生活方式》,曹卫东译,《读书》2002年第5期,页83—90。

伴随着新型的"帝国秩序"的浮现,亚洲地区涌动着一种双重的过程:一种是以美国为中心的、能够有力地将各民族—国家权力吸纳到这一新型权力网络中的过程,例如在阿富汗战争中,亚洲各国家出于各自的经济和政治利益积极参与以美国为中心的战争同盟;另一种则是在1997年金融风暴之后强化了的亚洲区域合作的步伐。我们可以毫不费力的举出下面的事例:2001年2月,以亚洲为立足点的地区论坛博鳌论坛在中国海南岛举办;6月,中国、俄罗斯、哈萨克斯坦、塔吉克斯坦、乌兹别克斯坦成立了"上海合作组织"(简称"上海六国")。在"九一一"袭击事件之后,即2001年11月,中国与东盟达成协议,决定在十年内签署自由贸易协议,以致日本媒体发表评论说:"如果亚洲的地区统一加速,……日本和中国的距离感将在地区统一进程中自然趋于消除,最终以把美国排除在外的首个东亚地区的协商场合——'东盟+日中韩首脑会议'为基础,日中有可能实现'亚洲版的法德和解'。"[6]以东盟+日中韩为中心的地区统一进程是一项开放性的区域计划,它让人想起的与其说是哈贝马斯意义上的欧洲统一计划,毋宁是北美自由贸易区的亚洲版。一方面,这一带有强烈的市场主义取向的区域主义本身正是"新帝国"主导下的全球市场关系的产物:区域联合的构想是为了适应经济全球化的新需求,在一个较之民族—国家更为广阔的范围内建立对于资本、信息、金融、劳动力等领域的高度的流动性的控制和调节机能;另一方面,这一区域主义又包含着通过建构区域自主性以抗拒全球霸权的意向。这一姿态可以概括为一种迎拒关系,即既反抗又拥抱的关系:迎拒的主体是以区域形态出现的国家和国家联盟,而对象则是"新帝国"主导下的市场关系。

无论出于何种具体的理由,也无论各自关心的问题有多么分歧,有关亚洲话题的讨论还是在许多国家和地区的知识分子和政治家们中间展开了。然而,亚洲是一个在政治制度、经济体制和文化传统上截然不同于欧洲的大陆,也是一个内部高度分化的区域。尽管亚洲内部存在着一些

---

[6] 西协文昭:《从中国的二十一世纪战略看日美中俄关系》,《世界周报》2002年2月12日一期。

"历史世界"(如中国、印度、伊斯兰等等),但我们很难将亚洲视为一个整体性的"区域"。如果亚洲不仅是一个"市场",而且还是一个具有更为广泛、深刻、具有自身历史性的社会共同体,那么,它的历史基础和现实条件又在哪里呢?要想提出一个有效的答案,我们无法绕过下述这些问题:第一、自19世纪以来,不同形式的亚洲主义总是与不同形式的民族主义密切相关;即使在抵制新自由主义全球化的语境中,亚洲想像也经常是民族—国家想像的一部分,例如,对于日本、韩国而言,超越民族—国家的东亚构想本身是重建民族—国家主权的一种方式。那么,民族—国家在这一亚洲构想中占据何种位置?第二、在近代民族主义浪潮中,亚洲构想包含了两个截然相反的方向,即以日本"大东亚共荣圈"为中心的殖民主义的亚洲观和以亚洲民族解放运动和社会主义运动为中心的社会革命的亚洲观。在社会主义运动土崩瓦解和重构亚洲想像的全球语境中,我们如何处理和对待亚洲的社会主义遗产?第三、亚洲范畴是资本主义和殖民主义重构传统关系的结果,那么,新的亚洲想像应该如何对待和处理殖民和冷战的后果——其中既包括朝鲜半岛和台湾海峡的分割局势,也包括亚洲各国依据与美国的关系所确立的相互关系?第四、与上一个问题密切相关的是,亚洲想像密切地联系着海洋与大陆关系的历史转变:无论是朝贡、战争、迁徙、贸易或宗教交往,传统的区域联系以亚洲大陆的南/北、东/西互动为杠杆;19世纪欧洲资本主义的扩张主要利用了海洋通道,通过大规模提高海军技术、航运能力、出海口、沿海工商业中心和海洋贸易网络的重要性,将内陆关系依附于海洋关系,贬低了大陆内部联系的重要性。因此,一个合乎逻辑的问题是:新的亚洲论述如何处理大陆与海洋的关系?(在中国语境中,这一问题直接地联系着沿海地区与西北、西南、中原等内陆地区的不平等关系)第五、如果亚洲构想是一种超越民族—国家的社会共同体的想像,那么,这也意味着一种历史性的倒转,即用一种超民族国家想像替代19世纪的以民族—国家为中心的超帝国或反帝国想像。那么,如何在亚洲范畴中理解和处理前民族—国家的政治、经济和文化(我们通常用"帝国"或"朝贡关系"等范畴来表达)与后民族—国家的政治、经济和文化(重新出现了运用"帝国"范畴的迹象)之间的关系?所有这些问题都指向一个基本问题:亚洲并不存在欧洲那样相对统一的政治文化和相对平等的经济发展水平,在此条件下,我们如何想像"亚洲"?

以下的分析是对亚洲知识分子正在展开的有关亚洲问题的讨论的一个回应。与其说它所展示的是对于亚洲的构想和计划,毋宁说是对于这一构想和计划的历史脉络和实践难题的分析。我的目的是通过亚洲范畴与近代历史之间的互动关系的研究,整理出一些有关亚洲问题的分析取向,从而通过回答上述各种历史性的问题为新的想像提供一点线索。19世纪以降,日本、韩国等东亚国家产生了丰富的亚洲论述,而中国在这方面却极为匮乏,从而也极大地影响了中国的自我认识的片面性(例如那种总是在中国—西方的对比关系中展开的中国论述)。我的讨论集中在与中国相关的范围内,除了受制于我个人知识的局限外,这样做的目的之一是试图从亚洲这一视野反过来形成对于中国及其问题的历史认识。在我看来,新的亚洲视野应该植根于我们对各自社会的新的自我认识之中。

第二节 亚洲的衍生性:帝国与国家、农耕与市场

从历史的角度看,亚洲不是一个亚洲的观念,而是一个欧洲的观念。在18和19世纪,欧洲的启蒙运动和殖民扩张为一种新的知识体系的发展提供了条件:与各种自然科学一道,历史语言学、种族理论、近代地理学、政治经济学、国家学说、法哲学、宗教学、历史学等等蓬勃发展,从各个方面构筑了新的世界图景。欧洲概念与亚洲概念都是这一知识建构过程的产物。在孟德斯鸠、亚当·斯密、黑格尔、马克思等欧洲作者的著作中,亚洲概念是在与欧洲的对比中建立起来,并被纳入一种目的论的历史轨道之中的。[7]构成这个欧洲的亚洲概念的核心部分的是如下特征:与欧

---

[7] 对马克思论述的相关说明,请参考本书导论部分的注44。

洲近代国家或君主国家形成对照的多民族帝国，与欧洲近代法律和政治体制构成对立的政治专制主义，与欧洲的城邦和贸易生活完全不同的游牧和农耕的生产方式，等等。由于欧洲民族—国家和资本主义市场体系的扩张被视为世界历史的高级阶段和目的，从而亚洲及其上述特征被视为世界历史的低级阶段。在这一语境中，亚洲不仅是一个地理范畴，而且也是一种文明的形式，它代表着一种与欧洲民族—国家相对立的政治形式，一种与欧洲资本主义相对立的社会形态，一种从无历史状况向历史状态的过渡形式。这一衍生性的亚洲话语为欧洲知识分子、亚洲革命者和改革者，以及历史学家提供了描述世界历史和亚洲社会、制定革命与改革方略和勾画亚洲的过去与未来的基本框架。在19世纪和20世纪的大部分时间里，亚洲话语内在于欧洲现代性的普遍主义叙述，并为殖民者和革命者制定他们的截然相反的历史蓝图提供了相近的叙述框架，这个框架的三个中心主题和关键概念是帝国、民族—国家和资本主义（市场经济）。从19世纪至今，几乎所有的亚洲话语都与这三个中心主题和关键概念发生着这样的或那样的联系。

近代亚洲概念的形成与欧洲的世界扩张有着内在的联系。欧洲历史中形成的文化与政治的统一体与欧洲的地理范围在很长时期里并不吻合，那个由许多封建王国构成的、不断发生战争的欧洲其实还说不上是"欧洲"。正如欧洲概念与近代"西方"概念密切相关一样，亚洲概念与"东方"的概念也有某种共生关系，而促成这两组概念的相互联系的则是欧洲人的历史观念。从地理的角度看，希腊人的"亚细亚"概念专指以弗所（Ephesus）平原地区（希腊爱奥尼亚城市，故址在土耳其伊兹密尔省塞尔柱村〔Seljuks〕附近，位于欧亚大商道的西端），后扩大到安那托利亚（Anatolia, Asia Minor）和其他部分。也有人认为这一概念是从亚述群岛（the Azores）的"亚述"一词发展而来，同样蕴含东方的意思。古代西方的地理范围并不以欧洲为界，而是以由希腊人和罗马人开化了的地中海流域为界，那时欧洲本身也还属于希腊人和罗马人所称的"蛮夷世界"，即外部世界。早期的亚细亚概念是希腊、罗马的历史视野中的东部区域。不过，正像热尔贝（Pierre Gerbet）在研究欧洲概念的形成时指出："在当时,欧洲这一词是几乎不用的;人们谈的是西方,是基督教世界。中世纪的欧洲基本上就是西方的基督教世界。"〔8〕"西方"——亦即我们在日常用于中经常使用的"西方"概念——已经是被"基督教世界"所重新界定的"西方",从而与这一"西方"相对应的"东方"也不再是希腊、罗马时代的"东方"。伯尔曼(Harold J. Berman)说:"西方作为一种历史文化和一种文明,不仅区别于东方,而且区别于在'文艺复兴'各个时期所曾'恢复'的'前西方'文化。……""从这个观点出发,西方不是指古希腊、古罗马和以色列民族,而是转而吸收古希腊、古罗马和希伯来典籍并以会使原作者感到惊异的方式对它们予以改造的西欧诸民族。当然,西方信奉伊斯兰教的部分不属于西方——尽管西方的哲学和科学曾受到过阿拉伯的强烈影响,尤其是在与上述典籍研究有关的时期……"〔9〕伯尔曼是法律史专家,当他在"西方法律传统"的语境中把"西方"概念与"西欧诸民族"联系起来时,他所指的"西欧诸民族"是11至12世纪(亦即中世纪盛期)的英格兰、匈牙利、丹麦、西西里等,它们在与罗马天主教统治的斗争中形成了王室的、城市的和其他新的世俗法律体系。在这个时期,信奉东正教的俄国和希腊这类国家以及作为穆斯林领地的西班牙的大部分被排斥在"西方"之外。正是从西方、民族、世俗权力及其法律体制的角度——亦即与后来的民族—国家体制直接相关的历史因素的角度,这位法学家将"西方"与"现代"这两个概念密切地联系起来:"在西方,近代起源于1050—1150年这一时期而不是此前时期,这不仅包括近代的法律制度和近代的法律价值,而且也包括近代的国家、近代的教会、近代的哲学、近代的大学、近代的文学和许多其他近代事物。"〔10〕

近代欧洲概念与"西方"、"民族"、"国家"以及与基督教相关的(包

---

〔8〕 皮埃尔·热尔贝(Pierre Gerbet):《欧洲统一的历史与现实》(*La Construction de I, Europe*, Imprimerie Nationale-Paris, 1983),北京:中国社会科学出版社,1989,页4。
〔9〕 哈罗德·J·伯尔曼(Harold J. Berman):《法律与革命——西方法律传统的形成》(*Law and Revolution: the Formation of the Western Legal Tradition*, Harvard University Press, 1983, p.3)北京:中国大百科全书出版社,1993,页3。
〔10〕 同上,页4。

括世俗的)文化、制度和认同有着内在联系。如果说西方概念需要建构东方概念才能形成,那么,欧洲概念的形成也有赖于一个较之"东方"的含混范畴更易于被清晰界定的外部世界。从时间上说,这个外部世界的概念化要晚于伯尔曼从法律史的角度所做的关于"西方"的界定。如果没有新大陆的发现,没有欧洲殖民国家在全世界的扩张、竞争和为瓜分欧洲之外的利益而形成的条约和国家集团,"欧洲"或"欧洲人"很难被确认。"欧洲"的浑然一体是从外部加以界定的:一方面,印度人、中国人和其他地区的人将来到他们土地上的葡萄牙人、西班牙人、荷兰人、英国人、法国人等等逐渐地看作是一种人(外夷、西人或欧洲人),另一方面,殖民者们自己也从新大陆回望各自国家同在的那一片大陆,以及由基督教帝国、法国大革命、拿破仑帝国和正在形成的民族—国家机制所构筑的某种具有共同性的文化和制度。无论是否使用欧洲或欧洲人这个概念,一种新的认同感还是逐渐地产生出来了。从19世纪至20世纪,刺激欧洲统一构想的是这样一些要素:当欧洲统治世界时,维护欧洲国家间的和平和权力平衡成为"欧洲的"第一需要;当欧洲衰落并受到外部威胁(如苏联)和干预(如美国)时,"欧洲的"团结变得至关重要。欧洲意识是在欧洲近代国家的冲突、平衡、扩张和面临外来压力的关系中得以确立的,也是在19世纪的欧洲殖民扩张中发展起来的。从知识的角度说,欧洲扩张的后果之一是历史语言学、种族理论和近代地理学的出现,它们为欧洲和欧洲人的自我意识提供了知识的支持。正像作为一个文化概念的亚洲一样,亚洲的地理规定也是在这些新的知识的基础上建立起来的,它在很大程度上是欧洲在世界范围内进行自我界定的结果。以苏伊士运河作为亚、非边界,以乌拉尔山、土耳其的巴巴角作为亚、欧边界,以与澳大利亚隔海相望的太平洋和印度洋的交错地带作为亚洲的东南边界,以白令海峡作为亚、美分界——这一在历史中逐渐形成的地理规划与欧洲殖民主义的世界性的政治经济规划有着历史的联系。假定欧洲概念与基督教世界密切相关的话,亚洲究竟是什么意思呢?除了作为与西方相对的"东方"载体之外,这个囊括了人类各大主要宗教、极为复杂的地貌、政治结构和社会关系的大陆究竟有什么样的内在的联系?

在19世纪欧洲的历史、哲学、法律、国家和宗教论述中,亚洲概念的衍生性恰恰被表述为世界各民族的"中心"和历史发展的"起点"。伴随欧洲的殖民扩张,欧洲的民族主义知识获得了在世界范围内发展比较方法和比较视野的客观条件,历史语言学或比较语言学就是其中之一。一些欧洲的语言学家发现了欧洲语言与梵语的联系,黑格尔因此受到了极大的启发,并将这一历史语言的联系与19世纪欧洲知识的另外两个发现——种族理论和历史地理学——联系起来:

> 近二十余年以来,关于梵语以及欧罗巴语和梵语的联系的发现,真是历史上一个大发现,好像发现了一个新世界一样。特别是日耳曼和印度民族的联系,已经昭示出来一种看法,一种在这类材料中能够获得很大限度的确实性的看法。就是在今天,我们仍然知道还有若干民族没有形成一个社会,更谈不上形成一个国家,然而它们早就如此存在了。……在方才所说的如此远隔的各民族,而它们的语言却又有联系,在我们的面前就有了一个结果,所谓亚细亚是一个中心点,各民族都从那里散布出去,而那些原来关联的东西,却经过了如此不同的发展,都是无可争辩的事实……[11]

据此,亚洲所以构成了"起点"有两个条件:第一、亚洲与欧洲是相互关联的同一历史进程的有机部分,否则就不存在所谓起点和终点的问题;第二、亚洲与欧洲处于这一历史发展的截然不同的阶段,而构成这一阶段判断的根据的主要是"国家",即亚洲所以处于"起点"或缺乏历史的时期是因为它还不是国家、还没有构成历史的主体。在这个意义上,当亚洲地区转变为"国家"的时候,亚洲也就不是亚洲了。19世纪日本思想家提出的"脱亚入欧"这一命题也应该放在这一思想脉络中——亦即民族—国家的形成的脉络中——加以检讨。

在《历史哲学》(*Philosophie der Weltgeschichte*)中,黑格尔以"哲学的

---

[11] 黑格尔:《历史哲学》,王造时译,上海:上海书店出版社,1999,页62—63。

历史"的方式构筑世界历史，为以欧洲历史为目的的亚洲概念作出了最为完备的解释。为了论证绝对精神发展的历史，黑格尔认为需要"历史的地理基础"，即"精神"得以展现的场地，从而以地理学的形式将"时间"建构为"空间"：

> 在世界历史上，"精神的观念"在它的现实性里出现，是一连串外部的形态，每一个形态自称为一个实际生存的民族。但是这种生存的方面，在自然存在的方式里，属于"时间"的范畴，也属于"空间"的范畴。[12]

按照这一将"空间"组织为"时间"或将"时间"展现为"空间"的"哲学的历史"，绝对精神的发展穿越了四个大的历史阶段，即包括中国、印度和波斯等在内的"东方世界"、"希腊世界"、"罗马世界"和代表着现代世界精神的"日耳曼世界"。"日耳曼世界"是先前各个世界的重复，亦即绝对精神的自我复归。亚洲的特性是地球的东部，是创始的地方，而欧洲是旧世界的中央和终极，绝对的西方。"世界历史从'东方'到'西方'，因为欧洲绝对地是历史的终点，亚洲是起点。……历史是有一个决定的'东方'，就是亚细亚。……东方从古到今知道只有'一个'是自由的；希腊和罗马世界知道'有些'是自由的；日耳曼世界知道'全体'是自由的。所以我们从历史上看到的第一种形式是专制政体，第二种是民主政体和贵族政体，第三种是君主政体。"[13]

为什么黑格尔能够如此自然地将"时间"组织为"空间"，并在"世界历史"和国家政治制度的范畴内解释精神的发展？从黑格尔理论的内在逻辑和知识前提来看，这一转换至少包含了两个条件：第一，黑格尔的历史哲学的主要源泉之一是一种心理学理论，它是从个人主义的、人类中心主义的传统发展而来，其目的是通过世界历史与个人精神历史的一种类比关系的建构来解决从个人主义论述中产生出的哲学困难。正是在这一人类中心主义的传统之上，黑格尔才能够将不同区域和不同历史形式理

---

[12] 同上，页85。
[13] 同上，页110—111。

解为一个精神发展的过程,并以此来克服由于市场扩张和劳动分工而产生的社会分裂。[14]黑格尔从斯密那里借来了"市民社会"(以及与市场直接相关的财产权和契约关系)的范畴,但他的政治哲学的核心是国家的角色、政治领域和身份认同。19世纪的德国人生活在分裂的而且弱小的国家里,它们之间缺乏一种集中的政治媒介为德国文化提供统一的构架。正是在这一条件下,黑格尔将国家及其法的体系置于历史进化的最高范畴,以一种国家统一型的民族主义回应18世纪以降中欧和德国分裂的政治和社会现实,以市民社会和国家的政治文化统一人们对家族、地方和宗教的多重认同。他在哲学层面对总体(wholeness)的恢复亦即对国家的总体性的恢复,其功能是提供市民社会的政治架构,克服市场及其分工体系所造成的人与他人的分裂。在他看来,离开国家及其法律机制,资产阶级社会的原子式的个人就无法构成市民社会。"利己的目的,就在它的受普遍性制约的实现中建立起在一切方面相互依赖的制度。个人的生活和福利以及他的权利的定在,都同众人的生活、福利和权利交织在一起,它们只能建立在这种制度的基础上,同时也只有在这种联系中才是现实的和可靠的。这种制度首先可以看成外部的国家,即需要和理智的国家。"[15]

其次,如果我们把黑格尔历史哲学中的东方、希腊、罗马、日耳曼的阶段性叙述与亚当·斯密从经济史角度对人类历史发展的四个阶段——即狩猎、游牧、农耕和商业——所做的归纳加以对比,我们不难发现黑格尔的以政治形态为中心的历史阶段描述与斯密以生产形态为中心的历史阶段描述有着内在的联系。斯密把农耕社会向商业社会的发展看成是欧洲封建社会向现代市场社会的过渡,从而以一种历史叙述的形式将现代、商业时代与欧洲社会等概念内在地联系起来。一方面,斯密是一个历史学家,他对经济的描述是一种历史描述,但另一方面,他所提供的市场运动模式是一个抽象的过程:美洲的发现、殖民主义和阶级分化都被描述为关

---

[14] 关于19世纪政治经济学中的时间问题,参见我为《反市场的资本主义》一书所写的导论《经济史,还是政治经济学?》,《反市场的资本主义》,许宝强、渠敬东编,北京:中央编译出版社,2000,页1—49。
[15] 黑格尔:《法哲学原理》,范扬、张企泰译,北京:商务印书馆,1995,页198。

于无穷尽的市场扩张、劳动分工、工艺进步、税收和财富的上升的经济学描述,一种有关世界市场的循环运动的论述就在这一形式主义的叙述方式中建立起来了。在这一叙述方式中,市场模式既是历史发展的结果,也是历史的内在的规律;殖民主义和社会分化的具体的空间关系在这里被转化为生产、流通、消费的时间过程。因此,时间与空间的互换关系建立在资本主义的生产过程与殖民主义的区域关系的历史联系之上:一方面,在斯密描述的资本活动过程中,生产、流通和消费的时间关系必须经过海外殖民和市场扩张等空间活动才能完成;另一方面,这种由资本主义市场和劳动分工所构筑的空间关系又不是外在于资本的连续活动的关系,从而地域上的空间关系可以被转化为市场活动中的时间关系。值得注意的是,正是通过对斯密所描述的这一重复性的生产和交换活动的观察,黑格尔发现这一循环往复的过程本身产生了阶级分野和帝国主义:生产和消费过程的无穷膨胀势必导致人口的上升、分工的限制、阶级的分化,从而迫使市民社会越出自己的边界、寻找新的市场、实行殖民政策。"于是工业在追求利润的同时也提高自身而超出于营利之上。它不再固定在泥块上和有限范围的市民生活上,也不再贪图这种生活的享受和欲望,用以代替这些的是流动性、危险和毁灭等因素。此外,追求利润又使工业通过作为联系的最巨大媒介物而与遥远的国家进行交易,这是一种采用契约制度的法律关系;同时,这种交易又是文化联络的最强大手段,商业也通过它获得了世界史的意义。"[16]在这里,黑格尔把市民社会、经济活动、消费主义与帝国主义扩张之间的联系诠释为"贸易在世界历史中的意义",从而为将市民社会、市场经济、法哲学和国家的科学组织到他的"世界历史"或"绝对精神"的发展构架之中提供了前提。[17]

---

[16] 黑格尔:《法哲学原理》,页246。

[17] 在1821年发表的《法哲学原理》(The Philosophy of Right)中,黑格尔将政治和社会组织的发展区分为三个阶段,即家庭、市民社会和国家的建立,而国家则是家庭和市民社会的综合。"市民社会是处在家庭和国家之间的差别的阶段,虽然它的形成比国家晚。其实,作为差别的阶段,它必须以国家为前提,而为了巩固地存在,它也必须有一个国家作为独立的东西在它面前。"同上,页197。

按照黑格尔的"世界历史"的构架,由自主的个人组成的市民社会及其法律体系成为政治共同体(国家)的内在结构,而这个政治共同体不是一个纯粹人为的构造,而是一个综合的演化过程的产物,从而构成了"世界历史"的目的本身。[18]黑格尔的东方概念是对欧洲思想中的亚洲论的哲学总结,其核心是以欧洲的国家结构与亚洲的国家结构进行对比。由于黑格尔有关市民社会和市场、贸易的论述源自苏格兰学派的政治经济学,从而他的专制主义的亚洲概念与特定的经济制度之间是存在着呼应关系的。在《国富论》中,斯密谈到中国和其他一些亚洲国家的农业性质与水利工程之间的联系,用以区别于欧洲城市的行业特点,即制造业和外贸。他对狩猎、游牧、农耕、商业等四个历史阶段的区分同时配合着对不同地域和民族状况的界定。例如,在谈论"最低级最粗野的狩猎民族"时,斯密提及了"现今北美土人";在论述"比较进步的游牧民族的社会状态时",他举出了鞑靼人和阿拉伯人;在谈论"比较更进步的农业社会"时,他又提及了古希腊和罗马人(稍前的章节中还提及了中国的农业)。至于商业的社会则是斯密称之为"文明国家"的欧洲。[19]在黑格尔的视野中,所有这些问题都被纳入到有关国家的政治视野之中,因为狩猎民族之所以被认为是"最低级最粗野的"民族,是因为狩猎和采集的人群规模较小,无法产生构成国家的那种劳动的政治分工,用盖尔纳(Ernest Gellner)的话说,"对于他们来说,国家的问题,建立稳定的、专门负责维持秩序的机构的问题,实际上并不存在。"[20]正由于此,黑格尔在叙述他的"世界历史"时断然地将北美(狩猎和采集是其生活方式的特征)排除在外,而将东方置于历史的起点。如果说斯密将历史划分为不同的经济的或生产的形态,那么,黑格尔则以地域、文明和国家结构命名不同的历史形态,

---

[18] 20世纪末叶开始的有关"历史的终结"的争论只有放置在这一历史观的脉络中才能获得历史性的理解:由欧洲所代表的自由和民主的国家理念和市民社会所代表的生产关系在经过了各种各样的实验、暴政和虚妄之后最终回到自身。参见弗兰西斯·福山:《历史的终结》,呼和浩特:远方出版社,1998。
[19] 亚当·斯密:《国民财富的性质和原因的研究》,下卷,页254—284。
[20] 厄内斯特·盖尔纳:《民族与民族主义》,北京:中央编译出版社,2002,页6。

但他们都把生产形态或政治形态与具体的空间(如亚洲、美洲、非洲、欧洲等)联系起来,并将它们组织在一种时间性的阶段论的关系之中。

马克思在阐述社会的经济结构的演变时,采用了亚细亚的、原始的、封建的和资产阶级的四个历史阶段,从而表明他的独特的亚细亚生产方式概念产生于对斯密和黑格尔的历史观的综合。根据安德森(Perry Anderson)的归纳,马克思的"亚细亚生产方式"的概念建立在15世纪以降欧洲思想史对亚洲特性进行的一系列概括的广泛前提之上:国家土地所有制(Harrington、Francois Bernier、Montesquieu)、缺乏法律约束(Jean Bodin、Montesquieu、Bernier)、宗教取代法律(Montesquieu)、没有世袭贵族(Niccolo Machiavelli、Bacon、Montesquieu)、奴隶般的社会平等(Montesquieu、Hegel)、孤立的村社(Hegel)、农业占据压倒工业的优势(John Stuart Mill、Bernier)、公共水利工程(Adam Smith、Mill)、炎热的气候环境(Montesquieu、Mill)、历史静止不变(Montesquieu、Hegel、Mill)。所有这些特征都被这些不同的著作家们归结为东方专制主义的表现,并可以追溯到希腊思想对亚洲的论断。[21] "'专制主义'概念的明确出现从一开始就是一种站在外面对'东方'的评价。人们发现了真正的希腊世界本身(这是一个不寻常的说法)的古典古代,一个主要的经典说法就是亚里斯多德的著名论断:'野蛮人比希腊人更有奴性,亚洲人比欧洲人更有奴性;因此,他们毫无反抗地忍受专制统治。……由于它们遵循成法而世代相传,所以很稳定。'"[22] 亚洲人的"奴性"是从亚洲社会结构的稳定性这一历史观察中推衍出来的,而亚洲社会结构——包括中国社会结构——的一次又一次深刻的、内在的、革命性的变化完全不在这一历史观的视野之内。安德森精辟地指出:这里所谓亚洲国家结构实际上是通过对土耳其势力的观察形成的。作为第一个把奥斯曼国家作为欧洲君主国的对立物的理

---

[21] 佩里·安德森(Perry Anderson):《绝对主义国家的系谱》(*Lineages of the Absolutist State*, London: Verso, 1979, p. 473),刘北成、龚晓庄译,上海:上海人民出版社,2001,页503。安德森对亚洲亚细亚生产方式的讨论是经典性的,但不知何故,他没有提及斯密和苏格兰学派对黑格尔和马克思的亚洲概念的极为重要的影响。

[22] 同上,页495。

论家,马基雅维利在《君主论》中将土耳其的君主官僚制作为与所有欧洲国家分道扬镳的制度,而另一位被视为欧洲主权概念的最早阐释者的伯丹则在欧洲的"国王主权"(royal sovereignty)与奥斯曼的"主子主权"(lordly power)之间建立对比。在欧洲政治思想中,这两个人物开创了把欧洲国家结构与亚洲国家结构进行对比的传统,东方专制主义概念就是在这个传统中发展起来的。[23]西欧封建国家与奥斯曼帝国的这一对比关系最终被转化为欧洲民族国家与亚洲帝国的对比关系,以致我们今天已经很难理解被视为亚洲国家特色的"专制主义"实际上是从欧洲人对奥斯曼帝国文化的归纳中衍生出来的。[24]在这一典型的西欧视野内,近代性的资本主义是西欧独特的社会体制的产物,从而资本主义的发展与以封建国家为历史前提的民族—国家体制之间存在必然的或自然的联系。在这一历史观的影响下,帝国体制(奥斯曼、中国、莫卧儿、俄罗斯等幅员辽阔的多民族帝国)被视为东方专制主义的政治形式,它们无法产生出资本主义发展所需要的政治结构。[25]正是这一从帝国描述中产生出来的专制主义概念提供了后人在政治范畴中对亚洲与欧洲进行对比的可能性,即专制主义的亚洲与民主的欧洲的对比。

亚洲概念从此始终与疆域辽阔、民族复杂的帝国体制密切相关,而这一体制的对立面是希腊共和制、欧洲君主国家——在19世纪的民族主义浪潮中,共和制或封建君主国家都是作为民族—国家的前身而存在的,也是作为区别于任何其他地区的政治形式而存在的。换言之,正是在从封建国家向民族国家过渡的西欧语境中,专制主义概念才如此紧密地与广大帝国的概念联系起来,从而"国家"这一与帝国相对立的范畴获得了它

---

[23] 同上,页427。
[24] 安德森描述说:"到了18世纪,随着殖民开发和扩张,最初同土耳其接触而形成的观念,在地理上的涵义越来越向东扩展,先是扩大到波斯,然后是印度,最后是中国。随着这种地理涵义的扩大,最初在土耳其发现和局限于土耳其的一组特征就逐渐成为一种普遍的概念。政治'专制主义'的概念由此而诞生了……"同上,页495。
[25] 同上,页430,441。

的价值上的和历史上的优越性。在黑格尔之前,孟德斯鸠在《论法的精神》第一卷第八章中已经分别论述了共和政体、君主政体和专制政体的特质。他以一种"自然特质"的观点比较这几种政体:"如果从自然特质来说,小国宜于共和政体,中等国宜于由君主治理,大帝国宜于由专制君主治理的话,那末,要维持原有政体的原则,就应该维持原有的疆域,疆域的缩小或扩张都会变更国家的精神。"在他的比较中,共和政体的典范是希腊各共和国,君主政体的典范是那些由帝国分割而来的君主国(例如从查理曼帝国中分割出来的王国),而专制政体的典范则是中华帝国:"中国是一个专制的国家,它的原则是恐怖。在最初的那些朝代,疆域没有这么辽阔,政府的专制精神也许稍微差些,但是今天的情况却正相反。"[26] 为了建构近代欧洲国家的自我理解,孟德斯鸠断然地否定一些传教士关于中国的政治、法律、风俗和文化的较为肯定的描述(这些描述曾经为欧洲启蒙运动的中国描述——尤其是伏尔泰、莱布尼茨等对中国的肯定性描述——提供过根据),进而以"专制"和"帝国"概念囊括整个中国的政治文化。按照孟德斯鸠以来的经典描述,帝国的主要特征是:最高统治者以军事权力为依托垄断所有的财产分配权,从而消灭了可以制衡君主权力的贵族体制,扼制了分立的民族—国家的产生。

亚洲概念与民族关系含混、专制主义帝国这两个特征的内在关联只有通过与欧洲国家的对比才能建立起来。在这一欧洲中心的对比框架中,中国、奥斯曼、莫卧儿和俄罗斯等帝国相互之间存在的极为巨大的历史差异和社会性质差异不可能得到表达。事实上,当时欧洲的著作家们对于这些亚洲帝国之间的历史差异和历史演变——例如,伊斯兰帝国与儒教帝国的差异和互动——不感兴趣。孟德斯鸠论述道:

> 在亚洲,人们时常看到一些大帝国:这种帝国在欧洲是绝对不能存在的。这是因为我们所知道的亚洲有较大的平原;海洋所划分出来的区域广阔得多;而且它的位置偏南,水泉比较容易涸竭;山岳积

---

[26] 孟德斯鸠:《论法的精神》上册,北京:商务印书馆,1997,页126—129。

雪较少;河流不那么宽,给人的障碍较少。

在亚洲,权力就不能不老是专制的了。因为如果奴役的统治不是极端严酷的话,便要迅速形成一种割据局面,这和地理的性质是不能相容的。

在欧洲,天然的区域划分形成了许多不大不小的国家。在这些国家里,法治和保国不是格格不入的;不法治是很有利于保国的;所以没有法治,国家便将腐化堕落,而和一切邻邦都不能相比。

这就是爱好自由的特性之所以形成;因为有这种特性,所以除了通过商业的规律与利益而外,每一个地方都极不易征服,极不易向外力屈服。[27]

为了将亚洲建构成为这样一种特殊的文明,就必须省略其内在的发展和变化,甚至中国历史中北方民族和南方民族的历史冲突——亦即欧洲作者们所谓鞑靼对中国的征服和中国对鞑靼的征服——也不被视为历史形式的演变。用孟德斯鸠的话说:"中国并不因为被征服而丧失它的法律。在那里,习惯、风俗、法律和宗教就是一个东西。"[28] 孟德斯鸠、黑格尔、马克思,所有这些欧洲理论家都以一种与欧洲对比的模式建立他们的亚洲概念和中国概念,从而他们的历史方法本身均带有一种"文化类型"或"文化主义"的特点。他们也许会注意突厥人或蒙古人在欧洲法律和政治文化中留下的影响,但绝不会在意后者对亚洲的征服活动也促成了亚洲地区的社会变化,例如蒙元帝国的法律体制与宋、明王朝存在重要的差别。在这一"文化主义"的视野内,亚洲没有历史,不存在产生现代性的历史条件和动力——这个现代性的核心是"国家"及其法的体系,以及城邦的和贸易的生活方式。无论从哪一种政治立场出发,这些欧洲作者都对"亚洲有自身的历史吗?"这一问题给予否定的回答。但是,这一回答并不产生于对亚洲历史的具体叙述,而是产生于对"世界历史"的建构、

---

[27] 孟德斯鸠:《论法的精神》上册,页278。
[28] 同上,页314。

产生于对欧洲在这一"世界历史"中的"终点"地位的建构。正是在这个意义上,亚洲问题是一个"世界历史"问题,对"亚洲历史"的再思考本身就是对欧洲的"世界历史"的重构。

第三节 亚洲概念与民族运动的两种形式

亚洲的"亚洲论"是民族主义运动的产物。在19和20世纪的亚洲民族解放运动中,欧洲政治思想中的那个与亚洲概念密切相关的帝国与国家的对比方式获得了新的形态,例如,在日本的"脱亚入欧"论和俄国革命者的"民族自决权"的范畴中,亚洲概念始终与"民族含混的帝国及其文化"有着内在的联系。"脱亚入欧"和"民族自决"这两个范畴象征性地揭示了亚洲民族主义的两种形式,即帝国主义的民族主义和社会革命(民族解放运动)的民族主义。这两个形式都在民族—国家与帝国的对比中构筑民族想象的图景,从不同的方向将民族—国家与超越民族—国家(以帝国主义和国际主义为不同的形式)的诉求结合在一起,但它们之间有着实质性的历史对立。亚洲概念所内含的民族主义的和超民族主义的双重内含就是从这一历史关系中产生的。

1885年3月16日,日本近代变革的先驱者福泽谕吉在《时事新报》发表了《脱亚论》,从此"脱亚入欧"成为日本近代思想中反复出现的主题。综合丸山真男等学者对这一命题的总结,我们大致可以归纳说:所谓"脱亚",即摆脱以中华帝国为中心形成的政治关系和儒教文化,所谓"入欧"即以欧洲民族—国家为蓝本将日本重构为一个具有自主意志的"国家"。因此,"脱亚入欧"论的核心含义是摆脱以中国为中心的朝贡体系、儒教主义和亚洲的封建性的政治关系,进而将日本建立为一个新型的、亦即欧洲式的民族—国家。在"国家"这一新的政治形式及其权利体系不断扩张的背景下,"亚洲"作为一个与民族主义的现代化构想相对立的文化和政治模式遭到根本的否定。日本近代的"脱亚论"最终抵达的是以征服亚洲为目标的"大东亚主义"——在以文化上的"亚洲特殊论"为依据对抗西方挑战的同时,深入东亚腹地,全面地推进帝国主义的殖民政策。这是一个将"脱亚入欧"的国家改革逻辑与"入亚反欧"的帝国主义逻辑综合在一起的亚洲论,它具体体现为第二次世界大战中日本帝国主义的所谓"圣战"的思想和"大东亚共荣圈"的构想。[29] 丸山真男因此认为"脱亚入欧"并不能表达日本近代发展的轨迹。[30] 然而,理念上的"脱亚"与实践上的"入亚"均以必须加以历史地否定的"亚洲"为前提,从而"入亚"的实践与"脱亚"的理念并不像表面看来的那样矛盾。将日本帝国主义的逻辑归结为"入亚"而非"入欧",实际上再次突显了"亚洲"概念的负面性。[31]

丸山真男的上述解释根源于与福泽谕吉极为相似的逻辑,即亚洲国家的变革必须是摆脱儒教文化(中华帝国文化)和形成欧洲式民族—国家的双重过程。但他的论述特点是将与欧洲现代"国家"相关的政治价

---

[29] 亚洲的历史地位依赖于观察者的具体动机和世界视野,这对革命者和历史学家而言都是如此。列宁在《亚洲的觉醒》中把土耳其、波斯、中国以及英属印度看作是"民主革命席卷了"的"整个亚洲",他的亚洲概念显然不仅是地理概念,而且是在世界资本主义和无产阶级革命的视野中确定的。至于日本思想史中的"亚洲"概念则包含了更多的歧异,这些歧异的发生主要导因于日本人对于日本在世界中的位置的想象。宫崎市定在分析东洋的近代时提出,人类社会的历史发展,自然是以某个地理地域作为基础,但未必一定和地理学的地域一致。从这种"历史的地域"观出发,他区分出亚洲西南的波斯、穆斯林世界和东洋以中国为中心的世界,然后可举出印度和日本。但他又补充说,可以把印度加入西南亚,成为西亚;将日本和中国合体,称为东亚以作对照。见氏著《东洋的近世》,《日本学者研究中国史论著选译》第一卷,页157。

[30] 他问道:"假如'脱亚入欧'真能象征日本近代的根本动向,那么,作为'大日本帝国精神支柱的'国家神道(用大众化的称呼,叫日本的'国体')从明治时出现的全国性的组织化,到第二次世界大战的失败后在盟军的命令下被迫走向解体的历史,难道能用'脱亚入欧'一词来表现吗?"丸山真男:《福泽谕吉与日本近代化》,区建英译,上海学林出版社,1992,页6—9。我冒昧地对译文作了一些改动。

[31] 丸山真男举了一个例子:1933至1935年,近代日本的右翼组织"黑龙会"发行《东亚先觉志士记传》(最后一章为"满洲国皇帝之登极"),福泽谕吉被列名其中,作为日本帝国的"大亚洲主义"的同志。启蒙主义的"脱亚入欧"与"亚洲主义"最终被扭曲为日本帝国的殖民政策的饰词。

附录二 亚洲想像的谱系

值,即"自由"、"人权"、"文明"、"国权"、"独立精神"等等与"国家"实践本身区分开来。他解释说,福泽谕吉是在1884年李氏朝鲜发生"甲申事变"之后执笔的。这次政变的主角是李朝内部的、类似于清末改良派的"开化派",他们的政变仅仅维持了"三日天下"即告失败。福泽谕吉对这些"开化派"的认同感由来已久,但事变本身使他对"亚洲"内部的资源(特别是作为体制意识形态的儒教主义)感到深深的失望。脱亚论意味着亚洲国家的改革必须以欧洲的政治文化作为指导,而这个改革的基本目标就是摆脱亚洲的"文化"。因此,脱亚论意味着一种关于亚洲国家的现代化改革的文化资源和方向的考虑,它的实质含义是"脱儒教主义"。在这一范畴中的亚洲概念包含了两个层面的内容:第一、亚洲概念是一个文化上高度同质化的地域概念,即儒教主义的亚洲概念;第二、"脱儒教主义"的政治含义即摆脱以中国为中心的帝国关系,以"自由"、"人权"、"国权"、"文明"和"独立精神"为取向将日本转化为一个欧洲式的民族—国家。"脱亚"与"脱中国"所以具有等同关系包含了两重原因:一、"亚洲"概念是在欧洲的世界历史范畴中被界定的,如同雅斯贝斯所说:"历史包括中国、印度、近东和欧洲约五千年的事件。和欧洲比肩并列的是中国和印度,而不是地理上的整个亚洲。"[32]二、"脱亚论"与日本的东亚/东洋概念具有密切的关系,而在这一视野中,印度、波斯或其他文化并不归属在"东亚/东洋"的范畴内。在这个意义上,帝国与民族—国家、朝贡贸易关系与国家主权(以条约体系为形式)呈现出的尖锐对立就首先表现在重新界定日本与亚洲——其实是中华帝国及其代表的世界关系和文化价值——的关系这一问题上。[33]在日本帝国主义的亚洲政策的背景之下,丸山真男贬低"脱亚入欧"这一观念在福泽谕吉思想中和日本思

---

[32] 雅斯贝斯:《历史的起源与目标》,北京:华夏出版社,1989,页84。
[33] 我们可以在甲午战争和戊戌变法之后的中国读到类似的文字,严复发表于19世纪九十年代的系列文章就是例证。"五四"时代的"新文化运动"承续了这种把欧洲现代文明看成是普遍的文明的观点,甚至略显保守的思想家如梁漱溟和学衡派的观念也没有太大的差异。参见拙文《严复的三个世界》、《从文化论战到科玄论战》,分别见《学人》第12辑和第9辑,南京:江苏文艺出版社,1996,1998。

想史上的重要性是完全可以理解的。但"脱亚入欧"在一个比喻的意义上是把日本建构成为一个独立的民族—国家的途径,欧洲在这里代表着自由、人权、国权等与民族—国家问题密切联系在一起的价值,而亚洲则与专制主义的儒学传统密切相关,从而如果没有"脱亚"概念所表达的变革方向,日本近代国家的自我意识也就不可能发生。在这个意义上,"脱亚论"是日本民族—国家的自我意识的一个独特的表达方式。

正如欧洲的自我意识需要对于"外部"的知识一样,"脱亚"本身也是通过将自身与亚洲加以区分以形成自我意识的方式。如果亚洲意识的建构是通过摆脱亚洲的意识来完成的,那么,这一亚洲观与欧洲思想中的"亚洲论"究竟是怎样的一种关系?如果"脱亚"的内涵是"脱帝国"或"脱帝国文化",而"入欧"则是"入民族—国家"或"民族—国家文化",那么,"脱亚论"正是欧洲思想中的亚洲观的翻版。在谈论欧洲与亚洲、西方与东方的关系时,雅斯贝斯断言"脱离亚洲是一个普遍的历史过程,不是欧洲对亚洲的特殊姿态。这发生在亚洲内部本身。它是人类的道路和真实历史的道路。"[34]但是,这个发生在亚洲内部的脱亚过程是在欧洲与亚洲的强烈对比的框架中才得以产生的,雅斯贝斯的下述分析是令人深思的:

> 希腊文化好像是亚洲的边缘现象。欧洲尚未成熟就脱离了其亚洲母亲。问题产生了:这一决裂是从哪一步、在何时何地发生的?这可能是欧洲将在亚洲再一次迷失吗?亚洲的深处缺乏意识吗?它的水平降低就等于缺乏意识吗?
>
> 假如西方从亚洲母体中走出来,它的出现看上去就是一次释放人性潜力的大胆行动。这种行动带来了两种危险:首先,欧洲可能丧失其精神基础;其次,西方一旦获得意识,它不断有可能再陷回亚洲的危险。
>
> 然而,如果陷回亚洲的危险要在今天实现,那么这种危险就将在

---

[34] 雅斯贝斯:《历史的起源与目标》,页83。

要改造和毁灭亚洲的新工业技术条件下实现；西方的自由、关于个人的思想、大量的西方范畴和西方清醒的意识将被丢弃。亚洲的永恒特点将取代它们并保存下去：有存在的专制形式，有宿命论精神的安定，没有历史和决心。亚洲将是影响全体的持久的世界，它比欧洲更古老，并且包含了欧洲。凡是产生于亚洲又必定陷回亚洲的样式是暂时的。

....

亚洲变成了一个深化式的原则。当我们把它当作历史现实来客观地分析时，它土崩瓦解了。我们一定不能先验地把对立的欧洲当作实体。于是欧亚就成为一个可怕的幽灵。只有当它们充当某些在历史上是具体的、在思想上是清楚的东西的缩影时，只有不把它们当作对整体的知觉时，它们才经常是一种决定性的深化语言，才是一种代表真理的密码。不过，欧亚是与西方历史整体同在的密码。[35]

从上述逻辑出发，"脱亚"不是一个日本现象，而是一个普遍的历史进程。我们由此可以感受到福泽谕吉在提出脱亚论时的激情，也能够理解为什么这个简单的口号成为近代日本的一个持久的命题。

然而，人们不能不追问：为什么以摆脱亚洲文明为取向的改革思想会被纳入亚洲区域的殖民关系之中？为什么以摆脱"帝国"的方式形成的民族自我意识最终转化为一种帝国主义意识？在我看来，这一问题与其从日本特殊论的角度给予回答，毋宁从欧洲民族主义的基本逻辑与近代日本的历史角色的关系方面进行解释。按照法国大革命创造的经典民族主义范式，关于民主和公民权利的设想是和建立民族—国家（共和国）的过程密切联系在一起的。因此，民族主义是法国大革命对于共和国的构想的一部分。个人作为一个权利单位——即公民或国民——是以民族—国家为基本前提的，没有这个政治共同体，没有民族一致性的前提，个人作为一个法律主体就不可能成立。然而，正如欧洲的作者们一再追问的：

---

[35] 同上，页82—83。

"一个自由的欧洲是否将要取代君主制的欧洲了呢?为保卫大革命成果而进行的反对各国君主的战争很快就变成了解放的使命,变成吞并,变成了对别国的自然边界的征服。""大革命与帝国都曾试图以自由的名义激起各民族反对他们的国王,但它们的扩张主义最终却促使各国人民集合起来,站在联合起来共同反对法国的他们传统的君主一方。"[36]一方面,拿破仑的欧洲方案是一个帝国方案;另一方面,欧洲国家在瓜分外部世界时曾经形成过一系列协定和联盟关系,但这并没有妨碍它们之间的冲突和争斗。在这个意义上,欧洲现代民族主义内部存在着向帝国主义转化的动力。如果仔细地阅读斯密、黑格尔、穆勒、斯宾塞甚至赫胥黎的著作,审察那些经常被忽略不计的有关殖民地的描述,我们可以看到这些著作家们的自由主义中内含的殖民主义和社会达尔文主义的清晰烙印。在这里,关键的问题是:资产阶级民族—国家及其以个人为单位的公民观念一方面是摆脱贵族制度和古代帝国的等级关系的政治途径,另一方面则是资本主义(特别是国内市场的形成、海外市场的扩展和私人产权制度)扩张的最好的政治形式——这一扩张从未局限于民族—国家的疆域内部。民族—国家的逻辑与帝国的逻辑并不像19世纪欧洲著作家们表述的那样截然对立。在这个意义上,"入欧"的逻辑与"入亚"的逻辑可以视为日本现代性之一体两面。

殖民主义的世界关系在创造它的基础结构的同时,也创造了它的反对者和社会的动员方式。19世纪和20世纪的亚洲民族解放运动对抗的正是欧洲殖民主义和日本帝国主义的亚洲政策,这一运动的发展提供了一个革命的、世界革命的和反帝国主义的亚洲想像,这个想象的中心环节是将"民族自决权"与亚洲国家的变革问题密切地关联起来。民族自决运动不是一个单纯的民族意识和民族权利的建立过程,同时也是一个以社会革命的形式改造传统帝国关系的历史过程。从中国的辛亥革命开始,亚洲的民族主义与一种带有社会主义倾向的历史运动产生了联系,而将这一联系发展到一个理论的高度的则是列宁及其领导的俄国革命。值

---

[36] 皮埃尔·热尔贝:《欧洲统一的历史与现实》,页12。

得注意的是:与"脱亚论"一样,"民族自决"的命题也是在民族—国家与帝国的对立之中产生的,所不同的是,作为一个反对资产阶级民族—国家和资本主义经济关系的社会运动,社会主义的民族自决运动从一开始就表达了它的国际主义的和反帝国主义的倾向。在社会主义的视野内,民族—国家的形式不仅是资本的跨国运动的政治支柱,而且也是把反对资本主义的斗争限制在民族—国家范围内的最为有效的方式,从而社会主义的民族自决运动包含了一种超越民族—国家的取向。由于社会主义的基本目标是对资本主义的系统批判和自发反抗,因此,它很少在意"亚洲"概念可能包含的特殊意义——这仅仅是资本主义体系中的一个边缘区域,一个通过民族革命才能加入到世界资本主义体系、因而也加入到反对世界资本主义体系的斗争中的地理区域。社会主义运动对于亚洲的发现有待于这个区域内部的看似矛盾的社会运动:这个运动从一开始就表现出对欧洲资本主义既拒又迎的姿态,表现出对自己的历史传统既批判又拥抱的姿态。我们可以将亚洲地区的社会运动的这一双重性概括为:通过对传统的批判开辟资本主义的发展道路,通过对传统的再阐释挖掘抗拒资本主义霸权的资源。

国际主义的社会运动最终演变为各地区和国家的民族解放运动,从而运动本身的历史包含了对运动的出发点的自我否定或扬弃。19世纪七十年代,马克思见到了一位俄国青年社会主义者洛帕廷,他在给恩格斯的信中一面极力称赞这位优秀的青年,一面批评这位青年在波兰问题上的沙文主义态度。马克思断言:统治民族中的社会主义者有一个共同缺点,即不了解他们对被压迫民族所负的社会主义义务。这表明社会主义与自由主义所背负的历史负担是极为相似的,它们既可能以民族主义的方式直接呈现,也可能以超越民族主义的方式出现,但都与民族主义有着内在的历史联系。马克思、恩格斯和列宁认为支持弱小国家的独立要求是西欧和俄国一切民主派的绝对职责,他们对大国民族主义抱有坚定的否定态度。我在此简略地概述一下他们的基本理由:首先,他们认为弱小民族的自决要求总是包含着一定程度的民主要求,社会主义者对于民族独立运动的支持与其说是对民族运动的支持,毋宁说是对于民主的支持。

社会主义者和民主主义者承认一切民族都有分离权是和要求取消任何不平等、任何特权和任何特殊地位的观点密切联系着的。(在这个意义上,他们绝不会支持主体民族以任何名义对于其他少数民族的镇压和清洗)其次,社会主义者对民族自决权的认可建立在一个历史观的前提之上,即承认资本主义是通往社会主义的必经阶段,承认它比历史上的任何政治和经济形式都更具有进步意义,而民族自决及其内含的民主要求能够释放一个民族的创造力,从而为资本主义发展提供最好的保障。早期社会主义者对于民族运动的评判密切地联系着取消任何不平等、任何特权和任何特殊地位的诉求,他们对于民族自决权和资本主义发展之间关系的论点至今仍然有着启发的意义。总之,对于社会主义者而言,对不同的民族主义运动的态度不是取决于这一运动的种族和宗教内含,而是取决于这个运动对于(国内的和国际的)民主和平等的意义。从欧洲思想的发展来看,民族自决权与大国民族主义的对立是从西欧民族—国家与帝国形态的对立中衍生出来的。

为什么早期的社会主义者认为民族自决的要求总是包含了民主的含义呢？这一问题涉及社会主义运动进行自我确认的历史基础:民族自决权是无产阶级获得更为紧密的联合的必要途径。既然雇佣劳动的剥削并没有国界之分,那么,无产阶级为了顺利地进行反剥削的斗争,就必须摆脱民族主义,必须在各民族资产阶级争霸的斗争中保持所谓完全中立。任何民族的无产阶级只要稍微拥护"本"民族资产阶级的特权,都必然会引起另一民族的无产阶级对它的不信任,都会削弱工人的国际阶级团结,都会分散工人而使资产阶级称快。因此,社会主义者承认自决权或分离权不是为了拥护民族主义,而是为了否定统治民族的特权。在这个意义上,早期的社会主义者认为存在着至少两种不同的民族主义,即弱小国家要求民族自决权的社会运动与拥有国家特权的大国沙文主义。换言之,社会主义者对民族自决运动的支持不是无条件的:如果民族主义运动没有包含民主的因素,无助于消除等级关系,那么,他们就将召唤一种新的国际主义,用以抵抗资产阶级民族—国家的隔绝政策。马克思梦想的世界无产阶级的联合在今天听起来也许比任何时候都更加遥远,但是,当不同地区和不同形式的民族主义发展成为内部的压制和外部的侵略的时刻,世界各地的批判的知识分子或其他社会群体难道不正需要在一种新的国际主义的原则之下获得联系或呼应,并对他们各自面临的暴力及其反民主倾向进行斗争吗?就此而言,这一原则仍然具有启示性的意义。

以反对任何一个民族的国家特权和捍卫各民族的平等为内含的社会主义民族自决原则在今天以一种出人意料的形式显示其意义和困境。早在第一次世界大战的前夕,列宁号召无产者反对大俄罗斯人的特权,并且依照这个方向来进行自己的全部宣传鼓动工作。他说:"只有这种宣传,才能保障俄国在它仍旧是一个多民族的国家时,有最大的可能奠定各民族间的和平,而在产生分离为各个民族国家的问题时,又能最和平地(并且对无产阶级的阶级斗争无损害地)分离为各个民族国家。"[37] 苏联的瓦解没有像历史上的帝国解体那样引发大规模战争(情况较为特殊的车臣除外),而是如列宁预见的那样和平分离为各个民族国家,这部分地应该归功于列宁的建国原则包含了尊重民族自决权的构想。在这个意义上,与其将苏联解体视为社会主义民族自决权理论和实践的失败,毋宁看作是它的历史成就。但这一历史成就同时包含了失败的经验:苏联以民族自决为前提,形成了加盟共和国的政治体制和多民族统一国家,但加盟共和国的模式未能解决多民族社会内部的民族关系问题,它的瓦解部分地就是因为这一模式仍然建立在民族自决理论的基础之上,无法形成真正的"共治"模式。苏联的瓦解与其说显示了民族分裂的必然性,毋宁说显示了以民族自决为形式的共治模式的内在矛盾及其失败,后者没有能够确保多民族社会的民主、平等和融洽发展。困难是明显的:一方面,如果在民族混居的区域实行民族自决,其逻辑的结果就是种族清洗,另一方面,迄今为止,我们还没有在民族自决权之外找到一种能够真正保障文化的多样性和限制多数民族特权的民主体制。作为对于大国民族主义的批判,民族自决权的思想具有重要的进步意义,但作为一种民族共治的实践,苏联模式最终以失败告终。

---

[37] 列宁:《论民族自决权》,《列宁选集》,北京:人民出版社,1972,页525。

从一种长远的观点看，民族自决权的概念限制了对于一种更富弹性的民族共治理论的构想，即在多民族共治的框架内思考民主、平等和经济发展问题，从而根据不同的历史条件发展更为有助于民族融合和共处的政治形式——一种超越（而不是否定）欧洲式民族—国家经验的民主形式。从欧洲思想史的脉络来看，这是必然的：民族自决权的概念本身是对民族状况复杂的帝国形态的一种否定，从而这一概念只能在与帝国的对立之中形成自身的意义，它的侧重点是通过各民族的自决而获得各民族的平等和自由。在这个意义上，列宁同样是在民族—国家与帝国的对立关系中来叙述民族自决权理论的，他所遵循的是将民族的与政治的单位统一在国家范畴内这一经典的民族主义的政治合法性原则。列宁当时关心的主要是俄罗斯革命者对乌克兰、波兰的民族自决运动的态度问题，而不是俄罗斯内部的多元民族之间的关系问题，从而他的民族自决概念与西欧民族主义的原则有着历史的区别。但是，民族—国家是一种相互承认的产物，从而承认其他民族的自治权本身（即民族与国家的统一原则）也是将"帝国"转化为民族—国家的条件。从这个角度看，列宁是一个地道的"西欧派"——当然是一个地道的社会主义的西欧派。

从20世纪的历史发展的角度重新理解列宁的民族自决理论，我们不得不面对两个新的问题：首先，这一理论在当时关注的不是文化多元性问题，而是发展资本主义的政治形式问题。在"国家"这一政治视野中，文化多元性和民族状况复杂本身恰恰是需要克服的状态。然而，民族—国家与资本主义发展的关系主要产生于资本主义经济对民族—国家政治结构的依赖，而这一政治结构与民族状况是否复杂似乎没有决定性的关系。其次，民族自决权理论面临的另一悖论是：民族自决的目的是消除民族特权，形成有利于资本主义发展的政治形式，但资本主义的市场扩张却要求在一个社会内部进行等级划分，通过重构社会内部的中心和边缘关系（如果不是在世界范围内或区域范围内重建殖民关系的话）为工业化进行原始积累。社会主义的民族—国家并没有摆脱世界资本主义的基本关系，它的国家形式是为发展资本主义和适应世界市场的需求而建立起来的。因此，社会主义者在民族问题上的吁求是一种伦理的要求，而不是一个现实的过程,它的民族平等原则在实践中不可能获得完整的表达。

与苏联加盟共和国体制有所不同,中国的民族政策以区域自治作为其制度形式。区域自治构想是以取消民族特权为取向的,但同时接受了早期民族关系的历史传统。作为一个多民族帝国,清朝的政治统一建立在君主权力与封建权力的多重结构关系之中,中央皇权与蒙古、西藏、新疆以及西南土司之间的领属和臣服关系就建立在一种多中心的权力构架内部。在传统朝贡体制内,帝国没有发展出像现代民族—国家这样的明晰的内外区分,中央集权政治也没有取消多元权力中心的存在,多元权力中心与国家的统一性在一段时期内构成了一种平衡的状态。在这一结构之下,中央权力无需像现代时期这样渗入社会的每一个角落。[38]也正是从这一状态出发,现代中国的对外"民族自决"必须相应地配合对内"民族平等"的诉求,并以区域自治的形式构筑主权国家的政治结构。[39]"区域自治"是基于早期帝国经验而发展起来的一种现代政治形式,它的得与失不能仅仅放置在单一国家的范畴内进行解释。尽管区域自治包含了传统的因素,但它已经是在民族—国家的单一主权范畴内的政治实践,而早期帝国范畴内多中心的联系网络并不包含现代民族—国家的单一主

---

[38] 例如,满洲八旗是一种脱离封疆模式的贵族体制,而蒙古八旗则与蒙古部落原有的封疆状况密切相关,后者按照《蒙古律例》和旗制进行法律、政治和经济管理(尽管《蒙古律例》与《大清律例》也存在着趋近的过程)。乾隆时代的噶厦制度确立了以达赖、班禅和驻藏大臣为权力中心的体制,按照这一体制,中央政府并不干涉西藏内部事务。在征服准噶尔之后,清中央政府允许地方政权按照伊斯兰法进行统治,这一情形直到18世纪末和19世纪初俄罗斯再度东扩和欧洲霸权迫近中国之时才发生变化。在西南地区,中央政府打击了土司制度,实行所谓"改土归流"政策,但在许多少数民族地区,汉人官员和军队从未进入(如四川凉山彝区),土司制度一直延续到20世纪五十年代。在汉人聚居地区,清朝采用了明代的郡县制度,中央权力具有绝对的权威性,但这种权威性并没有直接渗入到基层社会之中,宗族—乡绅体制在清代居于极为重要的地位。所有这些制度性实践也是后来中国实行的区域自治的历史基础。关于清朝的法律/制度多元主义的详细讨论和论证,请参见拙著《现代中国思想的兴起》第四、六、七章。

[39] 中国的民族区域自治的理论与实践是一个值得认真研究的课题,也曾有学者将这一问题与民族共治问题联系起来考察。我在此无法展开论述。相关的论述参见朱伦:《民族共治论》,《中国社会科学》2001年第4期,页95—105。

权概念。在这里,帝国与民族—国家不仅指称特定的政治实体,而且也指称不同的世界体系和规则系统(如朝贡体系与主权体系)。

民族—国家在亚洲想像中的支配性产生于近代欧洲所创造的基于帝国与民族国家相互对立的二元论。这一二元论的历史含义是:民族自决是唯一的现代政治形式,也是发展资本主义的首要前提。现代东亚想象以中国、日本、韩国、朝鲜、越南、蒙古等民族国家为中心,以国家间关系为主要基础,而完全忽略亚洲大陆——包括中国范围内——的复杂的民族、区域和被覆盖在"帝国"范畴内的交往形式。民族自决面临的困境在很大程度上来源于这一帝国—国家二元论:民族—国家的自治模式既无法说明大多数国家的政治现实,也无法提供多元文化社会的共治经验。凯杜里在讨论中欧地区的民族主义时有一段话也许对于我们理解亚洲民族自决运动的结果有所启发:"由于民族自决原则的运用而产生的国家就像它们所代替的多民族帝国那样,遍布畸形地区和混居地区。然而,在一个民族国家,由于多民族的存在而产生的问题比在一个帝国要尖锐得多。在一个混居地区,如果一个民族实现了领土要求,并建立了一个民族国家,其他民族将感觉受到威胁,并会表示不满。对于他们来说,被一个宣称在它自己民族的领土实行统治的民族统治,比被一个不是基于民族的土地实行统治的帝国来说统治要更糟糕。因为在一个帝国政府看来,在一个混居地区生活的各个民族均应被平等地给予某种考虑,而在一个民族政府看来,他们则是在一个或者将被同化、或者被排斥的国家中的外来的群体。这种民族国家宣称将所有臣民视为平等的民族成员,但是,这种听起来公平的原则仅仅有助于掩盖一个民族对另一个民族的暴政。"[40]

民族解放运动的民主诉求与民族平等的内在联系正是从上述历史关系中逻辑地和历史地发展起来的。从国内方面看,民主爱国运动是许多国家内部的社会运动的特定形式。在多民族社会共同体中,这种民主爱国运动未必表现为民族自决的要求,因为民族运动的根本内含是反对等级特权(包括国际霸权)的民主要求,从而民主爱国运动的主体可以是主

---

[40] 埃里·凯杜里:《民族主义》,北京:中央编译出版社,2002,页121—122。

要民族的普通民众，也可以是少数民族的普通民众。社会主义者试图区分下层阶级要求民主的爱国运动或民族运动与特权阶级的民族主义，并认为如果不作这种区分而对民族主义加以整体性的抨击，就有可能失去推进民主的动力。从国际方面看，殖民地民族解放运动对于其他民族要求民主的社会运动抱有深切同情，它力图把自己的解放运动看成是国际主义的一个方面。因此，在社会主义的视野内，弱小民族的民族主义和民众的民族主义包含着推动自身转化的动力，即从民族主义诉求向国际主义诉求——尊重和支持弱小民族的解放要求——的转变。在今天，资本主义活动的跨国特点为这一转化提供了前提——反对特权和要求平等的社会运动不可能孤立地获得最终胜利，它必须在跨国的领域内才能完成。因此，新社会运动必须把反对世界性的霸权、国内的不平等和关心其他社会的平等要求紧密地联系起来。

然而，确定哪一类的民族运动包含着民主的要素，哪一些又与民主截然对立，并不是一件容易的事情。民族主义或者自决运动的历史含义是不断变化的。当代分离主义与保障和发展资本主义的基本条件似乎关系不大，而更多地表现为一种文化权利的诉求。民族混居地区的社会运动的基本目标往往是争取文化权利和政治权利的平等承认，正如泰勒（Charles Taylor）等社会理论家所论证的，这种平等承认的诉求与早期自由主义关于个人自由与民族国家之间关系的预设没有多大的相似性，这里的平等被假定为一种对于文化特殊性的承认，而不是在自由主义宪制范围内、以个人权利为基础的政治承认。"承认的政治"所包含的权利诉求显示了西方民主政治体制的内在困境和矛盾，从而如何调节民族—国家的法律程序以适应这种文化权利的诉求，成为当代文化和政治讨论中的一个重要问题。

在当代世界的社会关系中，族群问题毋宁是政治问题的投射，甚至完全是当代政治关系的创造物。这一问题所以被放置在统一与分裂的政治模式中理解，是因为民族—国家的单一主权形式并没有提供更具有弹性和多元空间的政治框架。当代民族主义运动的暧昧性是从哪里产生出来的呢？第一、全球资本主义的一体化趋势和民族—国家在驾驭经济的能力方面的弱化，动摇了早期社会主义者和自由主义者的一个基本预设，即民族—国家是发展资本主义的最佳形式。第二、即使承认民族—国家与资本主义的相互联系，当代理论家和政治家也难以确定是否应该支持分离运动。在过去的半个世纪里，左右两翼理论家对历史决定论和线性的历史进化观已经给予了决定性的打击，他们不再相信经济与政治的关系是一种单一的决定与被决定的关系。既然我们对于当代全球进程的若干方面怀抱深刻疑虑，那么，为什么我们一定要发展一种有利于这种破坏性极大的资本主义的政治形式，而不是设想其他的社会方案？第三、假定我们接受早期社会主义者的那个基本预设，即对民族运动的支持的实质是对民主的支持，那么，我们就必须以民主而不是民族作为支持或者反对一个民族运动的前提条件。因此，问题的暧昧性就从民族转向了民主：这个民主是民族—国家内部的民主，还是在区域或世界范围内的民主？在全球主义盛行的时代，这两个方面事实上难以截然区分。最后，民族自决理论没有提供一种更为复杂和丰富的民族共治的模式，在这一前提下将民族自决原则推到极端，势必瓦解多元民族社会形成统一而富于弹性的政治结构的可能性。民族共治与民主的关系是迄今为止的各种民主理论尚需深入探讨的重要问题。

第四节　民主革命的逻辑与"大亚洲主义"

在福泽谕吉发表他的《脱亚论》之后的第27年，也即在中国辛亥革命爆发和中华民国临时政府成立之后不久，列宁连续发表了《中国的民主主义和民粹主义》（1912）、《亚洲的觉醒》和《落后的欧洲和先进的亚洲》（1913）等文，欢呼"中国的政治生活沸腾起来了，社会运动和民主主义高潮正在汹涌澎湃地发展"，[41]诅咒"技术十分发达、文化丰富、宪法

---

[41]　列宁：《亚洲的觉醒》，《列宁选集》第2卷，人民出版社，1973，页447。

完备的文明先进的欧洲"正在资产阶级的领导下"支持一切落后的、垂死的、中世纪的东西。"[42]列宁的判断是他的帝国主义和无产阶级革命理论的一个组成部分,按照他的观点,随着资本主义进入帝国主义阶段,世界各地的被压迫民族的社会斗争就被组织到世界无产阶级革命的范畴之中了。这一将欧洲革命与亚洲革命相互联系起来进行观察的方式可以追溯到马克思1853年为《纽约每日论坛报》撰写的文章《中国革命与欧洲革命》。列宁与福泽谕吉的相反的结论建立在一个基本的共识之上,即亚洲的近代乃是欧洲近代的产物;无论亚洲的地位和命运如何,它的近代意义只是在与先进的欧洲的关系中呈现出来的。例如,列宁把俄国看作是一个亚洲国家,但这一定位不是从地理学的角度,而是从资本主义发展的程度的方面、从俄罗斯历史发展的进程方面来加以界定的。在《中国的民主主义和民粹主义》一文中,他说:"俄国在许多方面无疑是一个亚洲国家,而且是一个最野蛮、最中世纪式、最落后可耻的亚洲国家"。[43]尽管列宁对中国革命抱有热烈的同情态度,但当问题从亚洲革命转向俄国社会的内部变革时,他的立场是"西欧派"。19至20世纪的俄国知识分子将俄国精神视为东方与西方、亚洲和欧洲两股力量的格斗和碰撞。在上述引文中,亚洲是和野蛮、中世纪、落后等概念联系在一起的范畴,然而恰恰由于这一点,俄国革命本身带有深刻的亚洲性质(即这一革命针对着俄国这一"亚洲国家"所特有的"野蛮的"、"中世纪的"和"落后可耻的"社会关系)而同时具有全球性的意义。

1917年的十月革命产生于欧洲战争的直接背景之下,并对中国革命产生了深刻影响。但是,人们很少注意如下两个事实:第一、十月革命发生在辛亥革命之后,由此开创的一国建设社会主义的方式在很大程度上可以视为对亚洲革命(中国的辛亥革命)的回应。列宁关于民族自决权的理论、关于帝国主义时代落后国家的革命的意义的解释,都产生于1911年辛亥革命之后,并与他对中国革命的分析有着理论的联系。第

---

[42] 列宁:《落后的欧洲和先进的亚洲》,《列宁选集》第2卷,页449。
[43] 列宁:《中国的民主主义和民粹主义》,《列宁选集》第2卷,页423。

二、俄国革命对欧洲产生了巨大的震动和持久的影响,它可以视为将俄国与欧洲分割开来的历史事件。列宁的革命的判断与斯密、黑格尔对于亚洲的描述没有根本的差别:他们都把资本主义的历史表述为从古老东方向现代欧洲转变的历史进程,从农耕、狩猎向商业和工业的生产方式转变的必然发展。但在列宁这里,这一世界历史框架开始包含双重的意义:一方面,世界资本主义和由它所激发的1905年的俄国运动是唤醒亚洲——这个长期完全停滞的、没有历史的国度——的基本动力,[44]另一方面,中国革命代表了世界历史中最为先进的力量,从而为社会主义者标出了突破帝国主义世界体系的明确出口。俄国知识分子和革命者中间发生的斯拉夫派与西欧派的持久论战从一个特殊方面说明亚洲论述背后隐含的上述双重的历史动力。[45]

亚洲在世界历史修辞中的这种特殊地位决定了社会主义者对于亚洲近代革命的任务和方向的理解。在评论中国革命者提出的超越资本主义的民主主义和社会主义纲领时,列宁批评这个纲领带有深刻的空想的特点,它毋宁是民粹主义的。在他看来,"亚洲这个还能从事历史上进步事业的资产阶级的主要代表或主要社会支柱是农民",因而它必须先完成欧洲资产阶级的革命任务,而后才谈得上社会主义问题。他娴熟地运用历史辩证法,一方面断言孙中山的土地革命纲领是一个"反革命"的纲领,因为它背离或超越了历史的阶段,另一方面又指出由于中国社会的"亚洲"性质,这个"反革命的纲领"恰恰完成了资本主义的任务:"民粹主义为了'反对'农业中的'资本主义',竟然实行能够使农业中的资本主义得到最迅速发展的土地纲领。"[46]很显然,对于亚洲的理解部分地决定

---

[44] 列宁:《亚洲的觉醒》,《列宁选集》第2卷,页448,447。
[45] 俄国知识分子的欧洲观和亚洲观显然受到西欧近代政治发展和启蒙运动的历史观的影响。在列宁的使用中,亚洲这一与专制主义概念密切相关的概念是从近代欧洲的历史观和政治观中发展而来的。关于斯拉夫主义与西欧主义的论战,参见尼·别尔嘉耶夫:《俄罗斯思想》第一、二章,雷永生、邱守娟译,北京:三联书店,1995,页1—31,32—70。
[46] 列宁:《中国的民主主义和民粹主义》,《列宁选集》第2卷,页428—429。

了他们对于革命的任务和方向的理解。列宁的亚洲观的前提是什么呢？这就是黑格尔的世界历史观对于亚洲的特殊规定（一个中世纪的、野蛮的、没有历史的亚洲），再加上资本主义与革命的逻辑。这个黑格尔＋革命的亚洲概念包含了古代（封建）、中世纪（资本主义）、现代（无产阶级革命或社会主义）的历史发展范式，它为在资本主义时代理解其他地区的历史提供了一个带有时间及其阶段论的框架。

欧洲资本主义的扩张创造了它的政治需求及其反抗力量，殖民主义和社会革命就是这一过程的两种历史表达。上述两种亚洲观从不同方面提出了亚洲概念与资本主义之间的历史联系，因此，没有可能超越资本主义问题来讨论亚洲问题。值得注意的是，殖民主义和社会革命是现代世界的两种截然相反的跨国主义或国际主义动力，但二者都为民族—国家体系的扩张创造了前提。这当然不是抹杀社会革命运动与殖民主义的重大的、深刻的差别和对立，而是说这两个方向相反的社会运动都受到了资本主义发展的制约，从而不可能摆脱民族—国家的政治形式。为什么以国际主义和社会主义为旗帜的革命同样导向了民族—国家的历史形式呢？列宁说："民族国家是资本主义的通例和'常态'，而民族复杂的国家是一种落后状态或者是例外情形。……这当然不是说，这种国家在资产阶级关系基础上能够排除民族剥削和民族压迫。这只是说，马克思主义者不能忽视那些产生建立民族国家取向的强大的经济因素。这就是说，从历史的和经济的观点看来，马克思主义者的纲领上所谈的'民族自决'，除了政治自决，即国家独立、建立民族国家以外，不能有什么别的意义。"因此，当列宁谈论"亚洲的觉醒"的时候，他关心的不是社会主义问题，而是如何才能为资本主义的发展创造政治前提的问题，亦即创造民族—国家体系的问题。在这里，"民族—国家"与"民族状况复杂的国家"（亦即"帝国"）构成了对比，前者是资本主义的"常态"，而后者则构成了民族—国家的对立面。民族自决是"政治自决"，这一概念意味着民族自决不是简单地回向认同政治，而是在政治的意义上实行自决，从而形成发展资本主义经济的政治条件，亦即政治民族或民族—国家的政治结构。"资本主义使亚洲觉醒过来了，在那里到处都激起了民族运动，这些运动的趋势就是要在亚洲建立民族国家，也只有这样的国家才能保证资本主义的发展有最好的条件。"[47]这里清楚地指出了民族主义与资本主义的内在的联系:不是革命,也不是亚洲的特殊文明,而是资本主义的发展要求着民族运动。

  列宁的上述论断为我们理解中国近代民族主义与亚洲问题的关系提供了基本的线索。1924年,孙中山在日本神户发表了题为《大亚洲主义》的著名演讲,[48]含混地区分了两种亚洲:一个"没有一个完全独立的国家"的、作为"最古文化的发祥地"的亚洲与一个即将复兴的亚洲。如果说前一个亚洲概念与列宁所说的民族复杂的国家状况具有内在的联系,那么,亚洲的复兴的起点或复兴的亚洲又是什么呢?孙文说,这个起点就是日本——日本在三十年前废除了一些不平等条约,成为亚洲第一个独立的国家。换言之,这个起点与其说是日本,不如说是民族—国家。孙文为日俄战争的爆发和日本的胜利而欢呼:"日本人战胜俄国人,是亚洲民族在最近几百年中头一次战胜欧洲人,……亚洲全部的民族便惊天喜地,发生一个极大的希望。"这是什么希望?答案是:"亚洲全部民族便想打破欧洲,便发生独立的运动。……便生出亚洲民族独立的大希望。"[49]在这里,孙中山提及了一个微妙的概念,这就是"全部的亚洲民族"——一个不单是最古文化的发祥地的亚洲,而且也是一个包含了各个独立民族—国家的亚洲,不单是儒教文化圈的东亚,而且是多元文化的亚洲。"亚洲民族"的整体性建立在主权国家的独立性的基础之上。"全部的亚洲民族"是民族独立运动的产物,但不是对于欧洲民族—国家的拙劣模

---

[47] 今天的右翼和左翼知识分子倾向于把这看作是革命者的短视,而不再承认民族国家是保证现代资本主义发展的最好的条件,有关亚洲或者欧洲的讨论就表达了这种愿望。对列宁来说,亚洲问题是和民族国家密切联系在一起的。他说,在亚洲"只有日本这个独立的民族国家才造成了能够最充分发展商品生产,能够最自由、广泛、迅速地发展资本主义的条件。这个国家是资产阶级国家,因此它自己已在压迫其他民族和奴役殖民地了。"列宁:《论民族自决权》,《列宁选集》第二卷,页511—512。
[48] 1924年11月28日,孙中山出席神户商业会议所等五团体举行的欢迎会,并作此演说,因此,此次演说又称《对神户商业会议所等团体的演说》。见《孙中山全集》十一卷,页401—409。
[49] 孙中山:《对神户商业会议所等团体的演说》,《孙中山全集》十一卷,页402—403。

仿。孙文坚持认为：亚洲具有自己的文化和原理——所谓区别于欧洲民族—国家的"霸道的文化"的"王道的文化"。他的演讲题为"大亚洲主义"，部分地是由于他将亚洲的概念与"王道"的概念结合起来。如果把他的演讲与帝国主义的亚洲观加以对比的话，那么，最为清楚的是：他的亚洲概念不是一个儒教主义的亚洲概念，即不是一个以同质性的文化为核心的亚洲，而是一个由平等的民族国家组成的亚洲。按照这个亚洲概念，亚洲的内在统一性不是儒教或者任何单一的文化，而是一种政治文化，一种能够包容不同的宗教、信仰、民族和社会的政治文化。在这一政治文化范畴内，他提及了中国、日本，谈到了印度、波斯、阿富汗、阿拉伯、土耳其、不丹和尼泊尔，以及中华帝国的朝贡关系。文化的异质性是这一亚洲概念的主要特点之一，而民族范畴为亚洲概念内含的异质性提供了载体。在孙文的语境中，文化异质性提供了民族—国家的内部统一和拒绝外来干涉的历史根据。[50]

我们能够轻易地发现孙文演讲中包含的那种关于中华帝国及其周边关系的怀旧情怀，也能够轻易地发现他论述中的种族主义逻辑。但孙文既不是一个种族主义者，也不是一个帝国主义者。对他来说，诉诸帝国的

---

[50] 孙中山说："'统一'是中国全体国民的希望。能够统一，全国人民便享福；不能统一，便要受害。日本人在中国不能做生意，间接也要受害。日本人热诚的希望中国统一，这是我们中国人相信的。不过统一之可能与不可能，不关乎中国的内部问题。中国革命以来，连年大乱，所以不能统一的原因，并不是由于中国人自己的力量，完全是由于外国人的力量！为甚么中国不能统一？其中的原动力，完全是由于外国人呢！这个原故，就是因为中国和外国有了不平等的条约，每个外国人在中国总是利用那些条约来享特别权利。近来西洋人在中国，不只利用不平等的条约来享特别权利，并且在那些特权之外妄用条约、滥用条约。……"（《在神户与日本新闻记者的谈话》，《孙中山全集》十一卷，页373—374。）由于亚洲地区尚未经历完整的民族国家转变，"大亚洲主义"无法设计出一整套地区性集团的组织结构，但是，孙文的亚洲构想是和尊重民族国家的主权的思想密切相关的。在这个意义上，他的"大亚洲主义"与1923年康德霍夫—卡利吉在《泛欧》一书中提出的以民族国家主权为前提的"泛欧"命题和更早时期已经形成的泛美组织有着某种呼应的关系。这种区域构想实际上可以视为国联的一个地区性组织，而国联的作用就将是裁决"泛欧"、"泛美"、北美、南美、英联邦、苏联和远东各个地区性集团之间产生的冲突。参见皮埃尔·热尔贝：《欧洲统一的历史与现实》，页28—29。

朝贡模式(如他谈及的尼泊尔在民国初年与中华民国的朝贡关系)不是为了确认中国对于周边的霸权,而是为了论证"王道"的必要性。"王道"在这里是一种规范性的叙述,就如同他的"五族共和"的民族共治理论实际上不过是一种民族主义理论一样,并不表示历史中的朝贡关系都可以表达一种"王道"精神。无论是"王道",还是"朝贡",都是一种以礼仪形式展开的权力平衡和权力支配关系。然而,在"大亚洲主义"的语境中,作为一种规范性的论述,孙文的"王道"概念是与殖民主义的"霸道"逻辑相对立的。孙中山相信朝贡模式中包含了对文化、民族和宗教的多元性的相互承认,从而现代国家可以从中发现一些超越帝国主义政治的文化资源。他谈及尼泊尔对中国的朝贡,不是为了重温大中华之旧梦,而是确信在这一关系中包含着相互承认和相互尊重的平等关系,因为在他的叙述中,朝贡模式并不是一种单一的等级化的秩序,也不是一种贸易体系。孙中山支持东南亚各国的民族解放和独立的运动,这是和他对上述政治文化的理解密切相关的。例如,他积极参与了1898至1900年的菲律宾革命,两次向菲律宾革命者输送军火,并深信菲律宾革命也促进着中国革命的成功。印度尼西亚和其他东南亚国家的民族革命运动事实上受到了孙中山的民族主义思想和中国革命的深刻影响,尽管他们大多强调这一思想和革命的民族主义性质,而多少忽略其社会主义的特点。孙文期待的是把帝国文化中的多元主义与民族—国家的新型关系结合起来,从而抵制帝国主义的殖民政策和现代民族—国家的高度的文化同质化倾向。他为我们勾画的亚洲图景是:东边是日本,西边是土耳其,内部则包含了以印度教、佛教、伊斯兰教、儒教和其他文化为主体的民族—国家。"我们要讲大亚洲主义,恢复亚洲民族的地位,只用仁义道德做基础,联合各部的民族,亚洲全部民族便很有势力。"[51]这个"王道的文化"是"为被压迫的民族来打不平的""反叛霸道的文化,是求一切民众和平等解放的文化。"[52]孙文清晰地看到了民族主义与种族观念的关系,也看到了民族主义的反抗逻辑包含

---

[51] 孙中山:《对神户商业会议所等团体的演说》,《孙中山全集》十一卷,页408—409。
[52] 同上,页409。

着导向它的另一面的逻辑,即压迫和强权的逻辑。因此,他在诉诸种族观念为民族独立提供合法性的同时,提出了"大亚洲主义"的命题。"大亚洲主义"或"泛亚洲主义"命题是日本近代的"大东亚主义"的反论,它以一种文化多元主义的面貌对于高度同质化的"东亚"概念提出了深刻批判。孙中山在演讲的结尾含蓄地提醒主人说:"你们日本民族既得到了欧美的霸道的文化,又有亚洲王道文化的本质,从今以后对于世界文化的前途,究竟是做西方霸道的鹰犬,或是做东方王道的干城,就在你们日本国民去详审慎择。"[53]正由于此,"大亚洲主义"是一种超越民族—国家的民族主义,超越种族、文化、宗教和信仰的单一性的多元民族主义。这一概念包含了一种自我解构的机制和逻辑:它的成立以反抗殖民主义的霸道文化为前提。

"大亚洲主义"与国际主义的密切联系正是建立在这一逻辑之上的。孙文在用种族主义的观念定义亚洲的同时,引入了现实的压迫关系作为另一更为基础的标准,前者把俄国人定义为欧洲人,后者又将俄国的新的解放运动看作是"大亚洲主义"的同盟。他说:

> 现在欧洲有一个新国家,这个国家是欧洲全部白人所排斥的,欧洲人都视他为毒蛇猛兽,不是人类,不敢和他相接近,我们亚洲也有许多人都是这一样的眼光。这个国家是谁呢?就是俄国。俄国现在要和欧洲的白人分家,他为什么要这样做呢?就是因为他主张王道,不主张霸道;他要讲仁义道德,不愿讲公理强权;他极力主持公道,不赞成用少数压迫多数。象这个情形,俄国最近的新文化便极合我们东方的旧文化,所以他便要来和东方携手,要和西方分家。[54]

俄国的新文化是指十月革命之后的社会主义。这是一种被欧美人视为"世界的反叛"的文化,也是中国人视为亚洲革命的同盟的文化——"大亚洲主义"就是一种与此相互呼应的"文化的反叛",一种被压迫民族的

---

[53] 孙中山:《对神户商业会议所等团体的演说》,《孙中山全集》十一卷,页409。
[54] 同上,页409。

"民众解放的运动"。这个运动带有天然的社会主义倾向,尽管它最终完成的仍然是资本主义的历史使命。在上述背景之下,一个以建立资产阶级民族—国家为目的的民族运动举起的却是超越民族—国家的"大亚洲主义"的旗帜。这就是孙文及其革命运动所代表的反殖民、反强权、主张社会公正和平等的社会主义亚洲观。

如前所述,19、20世纪的亚洲概念包含着两种不同的含义,一种是以日本帝国主义的殖民计划为代表的亚洲主义,而另一种则是被压迫民族的民族自决要求。上述两种含义与亚洲民族主义的两种不同的形态有关,一种是民族政治自决的要求,另一种则是捍卫"文化"自决而反对政治"自决";前者直接地表现为弱小国家和殖民地的民族解放运动,后者则表现为日本帝国主义在儒教主义的范畴内所规划的大东亚殖民圈。多民族的中国从清王朝那里继承了幅员辽阔的多民族帝国的政治疆界,在向现代国家转化的过程中,现代中国的缔造者不仅要求政治自决,而且还必须借助于文化主义或多元文化的视野维持多民族国家的统一。但是,构成中国民族自决运动的基本方面的仍然是政治结构和社会革命的合理性。孙文所谓对外实行民族自决、对内实行民族平等构筑了中国近代民族主义的基本方式:这是一种将政治自决与文化自决相互综合的共治模式,也是一种将传统的帝国关系纳入民族—国家范畴的政治形式,从而也并未真正摆脱民族主义的基本逻辑。

那些试图重提亚洲问题的批判知识分子熟悉弱小国家的民族主义在争取民主和平等的过程中的意义,了解反抗全球主义的必要性,但他们也担心用民族主义来对抗全球资本主义或政治军事霸权会为民族—国家的统治者所利用,最终有利于全球资本主义霸权的形成。正是基于上述考虑,一些知识分子寄希望于一个能够进行内外调节的亚洲范畴。这是一种与旧式亚洲主义有着重要区别的亚洲想像。重提亚洲问题的动力存在于下述追问之中:在当代跨国资本主义的剧烈的、破坏性的运动中,民族—国家"这一发展资本主义的最好条件"是否受到了挑战,是否存在着适应新的经济形式的政治形式?当亚洲概念与对民族—国家的怀疑结合在一起时,这个试图超越民族—国家的亚洲观念与前民族—国家的文化视野存在着重叠之处——这两者以不同的形式包容由于民族、地域和政治状况而形成的文化差异,强调不同民族在一个更为广泛的政治经济结构中的共处状态,从而与欧洲社会有关"后民族民主"的讨论有着重叠之处。但新亚洲想像不是——也绝不应该是——帝国视野的翻版,它的暧昧的表述并没有掩盖一个基本事实,即它是对民族—国家、尤其是民族解放运动的历史成果的一种补充、修正、批判和扩展,而不是对民族解放运动的成就的否定。如果新亚洲想像可以视为对于新自由主义全球市场规划和民族—国家论述的双重批判,那么,它的历史资源和现实基础何在?

第五节　多个历史世界中的亚洲与东亚文明圈

19世纪以降,伴随着亚洲国家的民族自决运动,亚洲叙述也经历了从文明论向地域论的转变。这一转变是从欧洲中心主义的"世界历史"框架向一种真正的世界史框架转变的必由之路。地域论注重的是地域内部的历史演变、互动关系、文化多样性和历史活动的主体。地域论模式所采用的历史叙述方法不同于黑格尔的"哲学的历史",它对具体历史关系的叙述构成了对"亚洲没有历史"这一欧洲论断的拒绝和驳斥。然而,亚洲概念的欧洲性质使得所有的现代编史学都碰到了极大的难题:这一概念带有先天的含混性和目的论特点,从而为亚洲寻找历史的努力也经常被纳入一个先验的模式内部。在一定的程度上,亚洲概念总是与亚洲能否有自己的"现代"或者能否通过内在的力量转向"现代"这一带有目的论特征的问题密切地联系着。[55]

---

[55] 例如,宫崎市定在《东洋的近世》一文中,虽然明确地指出古代、中世、近世的三分法源自欧洲史,但他还是坚持认为只要对这一分类法给予特殊的界定,仍然可以运用于亚洲的历史。见《日本学者研究中国史论著选译》第一卷,页153—241。

基于不同的理由,福泽、列宁和中国现代思想史上的大部分思想家对此给予了否定的回答,但最近二十年来的思想风气发生了微妙的改变,许多历史学家试图从亚洲社会内部发现亚洲的"现代"的多元动力。在中国研究界,这种改变主要表现为地方史的取向,它注重于中国社会的内在条件及其促进现代转变的因素,而在日本学术界和我所知有限的韩国学者中,这种取向更倾向于从中华帝国周边地区的视野理解日本和朝鲜社会内部的现代转变,特别是民族主义和民族—国家规划的动力。立足于边缘或周边的视野,日本和朝鲜半岛的民族独立运动被界定为从中华帝国的朝贡关系中分离出去的过程,因而这一边缘或周边视野构筑起来的亚洲观与中华帝国的世界体系存在着紧密的联系。立足于中国中心观的历史视野,中国的转变被界定为主要由内部的动力推动完成的社会转变,外部条件(殖民主义、资本主义等等)仅仅扮演了催化剂的作用,从而中国向现代的转变没有遵循欧洲民族—国家从帝国中分解出去的模式,而是以革命的形式(而不是民族独立的形式)对整个帝国社会进行现代规划和激烈改造。这个在帝国的革命和改造的视野中建立起来的亚洲观具有落后与先进、封建与革命的双重性:作为帝国,中国是落后的,作为新兴的国家,中国是先进的;作为民族关系含混的帝国,中国是封建的,作为追求民族自决的国家,中国是革命的。事实上,在列宁的使用中,落后的、野蛮的亚洲概念不就是古代帝国的代名词吗?他所呼吁的民族自决权不就是要摆脱这个古代帝国的藩篱吗?他所说的先进、革命不就指一种从帝国时代蜕变出来的国家形态吗?

在上述意义上,亚洲的空间概念也是置于时间的轴线之上的,这为现代编史学规定了欧洲中心主义的宿命。无论对于研究中国问题的史学家,还是对于关注中国问题的马克思主义者来说,这一问题都是如此。二战以来,中国历史研究逐渐形成了两个不同的主要流派:一个是起源于三十年代有关中国社会性质讨论的、以大陆中国的马克思主义史学家为代表的社会史学派,其特点是研究生产方式的变化与社会形态的关系,进而在与欧洲历史的平行关系中勾勒一条有序的中国历史的进化模式。另一个是战后形成的以费正清学派为代表的"挑战—回应"模式,它把中国的近代变迁看成是中华帝国对欧洲资本主义挑战的回应。前者是革命叙事的延伸,后者则可以说是"脱亚入欧论"的翻版。七十年代以来,在这两个学派内部都产生了变革的要求。针对上述两种叙事内含的欧洲中心论和目的论的时间观,许多学者致力于发掘中国社会内部的变革动力和文化独特性,从而在美国中国研究和一部分中国学者的带动下,出现了一种可以称之为"内部发展论"的取向,它与费正清的挑战/回应模式大相径庭。如果说老一代中国学家致力于研究中国在应付外来挑战过程中的变化,活跃在七八十年代的史学家们却更愿意去开掘中国社会内部的现代因素及其发展的可能性。在这一方法论的转变中,"内在的发展论"与"地方性知识"的观念相互配合,导致了从"地方史"的角度寻找现代转变的动因的大规模尝试。

内部发展论或地方史取向不仅在中国研究中蔚成风气,而且也在其他地区的历史研究中获得发展,但由于各自的历史条件不同,表现的形态并不一样。例如,中国研究领域中的学者关注沿海与内地、中央与地方之间的互动关系,并从明清社会内部的运动中分析中国近代转向的内在动力,而日本、韩国的一些历史学者则更加关心日本、朝鲜与中华帝国的关系。对于他们而言,地方史取向不仅意味着回到日本和朝鲜的社会关系内部,而且还意味着回到亚洲地区——尤其是东亚地区——的互动关系之中。"内部发展"的含义不能仅仅从欧洲中心的视野退回到作为民族—国家的日本或朝鲜历史之中,因为日本、朝鲜的近代发展既得益于它们与中国的贸易和文化关系,也得益于从与中华帝国的朝贡关系中摆脱出去的离心倾向。在这个意义上,这个超越民族—国家的亚洲视野一方面与传统帝国的视野相互重合,另一方面又是对各自的民族—国家地位的历史肯定。与民族主义史学有所不同的是,这一取向以传统帝国时代的中心/边缘关系而不是民族—国家关系为历史运动的轴心。现代国家建设(nation building or state building)包含着对欧洲殖民主义的回应,国家内部的区域关系(如沿海与内地,或者别样的地域关系)可能是重要的——所有这些都不能取代亚洲社会内部的互动关系对于中国、日本、朝鲜和其他亚洲国家的影响。这个亚洲视野结合了传统帝国与民族—国家的双重观点,用以观察日本、朝鲜民族主义的产生条件,并把朝贡贸易、儒教主义、汉字文化和政治上的藩属关系看作是"亚洲"地区或东亚地区向现代转变的前提。一个最为明确的结论是:亚洲地区的近代民族主义及其现代规划不是欧洲殖民主义的产物,而是亚洲社会内部的中心与边缘的关系的结果。很显然,这一"亚洲主义"视野不是全新的视野,我们可以从日本帝国时代的史学、马克思主义学派和"挑战—回应"模式中发现它的诸多因子,但我们同时也需要承认:在布罗代尔的贸易理论、沃勒斯坦的"世界体系"和当代殖民主义研究的影响下,这一亚洲主义的内部视野已经与交通史的取向、多元文化观和民族主义/超民族主义的背景等密切地联系在一起。在这一历史语境中,殖民主义和革命的历史叙事是否已经穷尽了亚洲概念的含义呢?在当代全球主义和民族主义相并而行的情境中,作为一个不同于全球主义也不同于民族主义的观念,亚洲概念是否还包含了别的可能性呢?

在殖民主义和帝国主义战争的背景条件下,亚洲知识分子基本上是在一种东方/西方或东洋/西洋的二元论中解释历史,这一意识形态的假定也深刻地影响了人们对历史的看法。那些拒绝欧洲中心论的学者,把近代以前的世界理解为多个独立自主的文明,其中最激进的看法认为近代之后的历史也仍然包含着"文明圈"的轨迹。从战前到战后,尽管存在若干不同的看法,但许多历史学家仍然接受"自律性的东亚世界"概念,并把中国和日本的历史划入这个世界。例如,西嶋定生认为这个"东亚世界"是一个自我完成的文化圈,在这个文化圈内,诸文化又具有独自的和相互关联的历史结构。具体地说,这样的"东亚世界"是以中国为中心,包括其周边的朝鲜、日本、越南以及蒙古高原与西藏高原中间的河西走廊地区东部诸地域。但是,这个历史的世界的边界是流动的,不是固定的。其中有些地区,如西藏高原、中亚诸地区,以及东南亚诸地区,即使也是中国的周边地区,由于不具备"东亚世界"的性质,因而属于另外的历史世界。构成这个"东亚世界"特征的因素包括:汉字文化、儒教、律令制、佛教等四项。[56]这一东亚视野明显地具有文化上的排他性。

"东亚意识形态"与近代日本帝国主义的国家政策的关系极为密切,

---

[56] 西嶋定生:《东亚世界的形成》,《日本学者研究中国史论著选译》第二卷,北京:中华书局,1993,页89。

至今没有得到彻底清理。这一意识形态的特征是把日本纳入以中国为中心的东亚体系中来,并在日—亚、日—欧的双重关系中重新界定日本的特殊地位。这一学术和思想上的努力包含了两个前提:第一、重新建构日本与亚洲的内在联系;第二、在这一联系的基础上确立日本作为海洋国家的特殊地位,即改变以中国大陆为中心的亚洲地缘关系,建立以日本为主导的"大东亚共荣圈"。日本的特殊地位是在海洋理论的背景上建立起来的,它直接从欧洲资本主义的海洋扩张中获得了对于大陆的优越地位。"亚洲有机论"并不是一个理所当然的命题,而是在这两个前提下建立起来的。按照前田直典的介绍,日本学者的传统看法并没有把日本包括在东亚世界内部,"亚洲有机论"显然是一个新的现象和新的理论建构:

> 一般以为,在近代之前,世界各地的历史尚未有共同性时,中国是一个世界,印度又是一个世界。从文化史的角度来看,中国的世界可以视为一个包括满洲、朝鲜、安南等在内的东亚世界,这也是过去大家的看法。把日本放进这个世界中虽然多少有些犹疑,但我们亦曾考虑过这个可能性。不过,这只是文化史上的问题。究竟朝鲜、满洲等社会的内部发展和中国有没有关联性抑或平行性,我们近乎一无所知,日本更不必说。在欧洲的世界中,例如我们知道英国社会的发达与欧洲大陆有平行性,彼此相关。但在东亚方面,特别在日本和中国之间,是否有类似情况,除近代史的领域外,至今不仅仍未解释清楚,甚至可以说近乎未成为问题。一向的想法是,日本从古代至中世、近世的发展,在社会基础构造上与大陆全然隔离。[57]

这种将日本从亚洲范畴中疏离出去的做法密切地联系着日本开港前独特的历史处境,以及此后产生的日本特殊论。在这一视野中来看待"脱亚论"也许更能说明"脱亚论"的历史含义:亚洲意识是通过脱亚意识才得以确立的,亦即从属于亚洲的感觉产生于决定脱离亚洲意愿。

---

[57] 前田直典:《古代东亚的终结》,《日本学者研究中国史论著选译》(一),页135。

从这个角度看,滨下武志关于亚洲朝贡体系的研究既是对"脱亚论"的批判,也是对特殊论的反驳。他在经济史领域重新建立了一个以朝贡体系为纽带、以中国为中心的东亚世界体系,并以此确认了亚洲内部——包括日本与中国之间——的历史联系。与此同时,他明确地指出这一世界体系的基本规则必须修改,其基本的方向是建立以海洋为中心的、不同于西方贸易体系的新东亚体系。日本作为最早以平等贸易的条约体制向朝贡贸易体系挑战的海洋国家居于时代赋予的特殊地位。他的研究受到费正清有关朝贡体制论说的影响,但取向截然不同,因为他不仅否认朝贡体制是中国进入现代世界体系的障碍,而且把它看作是"亚洲"(东亚)概念的基础。滨下武志对朝贡关系理解是全面的,他概括说:"朝贡国以接受中国当地国王的承认并加以册封,在国王交替之际以及庆慰谢恩等等之机去中国朝见;是以举行围绕臣服于中央政权的各种活动,作为维系其与中国的关系的基本方式。"根据他的划分,朝贡关系中的宗属关系包含了各个不同的层次,大致可以区分为六种类型:1. 土司、土官的朝贡;2. 羁縻关系下的朝贡(明朝时期的女真及其东北部,清朝时期的西藏和新疆等);3. 关系最近的朝贡国(朝鲜、越南等);4. 两重关系的朝贡国(琉球等);5. 位于外缘部位的朝贡国(暹罗等);6. 可以看成是朝贡国,实际上却属于互市国之一类(俄罗斯、欧洲诸国)等。[58]滨下承续了那种关注区域性关系和对象的内在结构的特点,但又试图在体系上挑战布罗代尔和沃勒斯坦理论中存在的欧洲中心主义。如果把他的视野与半个世纪前京都学派的某些问题意识相比的话,他们都强调东亚民族的内部动力,但滨下绝不像他的前辈(如宫崎市定)那样认为古代东亚世界存在着欧洲式的"国民主义"(即民族主义),因为东亚是一个具有自己的内在整体性的历史世界。[59]

在一篇讨论亚洲问题的文章中,孙歌对滨下的研究作出了如下评论:通过勾勒一个以经济活动为中心的、区别于欧洲世界体系的亚洲贸易体

---

[58] 滨下武志:《近代中国的国际契机——朝贡贸易体系与近代亚洲经济圈》,朱荫贵、欧阳菲译,北京:中国社会科学出版社,1999,页35—36。

[59] 滨下武志:《朝贡系统与近代亚细亚》,东京:岩波书店,1997;《近代中国的国际契机——朝贡贸易体系与近代亚洲经济圈》,朱荫贵、欧阳菲译,北京:中国社会科学出版社,1999。

系,滨下"揭示了一个重要的事实,那就是转变期的近代东亚不存在西方意义上的民族—国家,它所固有的地域的历史是由跨越国家的朝贡体系网络构成的,它的内在活力也是由这种朝贡关系激发的;甚至日本的脱亚和近代化,也是在这一朝贡关系的历史制约下所发生的,它不是目的,而仅仅是摆脱自己朝贡国位置的手段而已。"在这样的视野中,"亚洲有史以来第一次被刻划为一个具有内在机制的有机整体,通过以中华文明为中心的朝贡网络,东亚、东南亚、南亚和西亚以朝贡或贸易等多种方式构成了一个有序的地域,它拥有与欧洲近代完全不同的内在逻辑,这就是与'国家'相对应的'中心—周边'地域机制和与此相应的朝贡—册封关系。"[60]例如,鸦片战争之后,以中国为中心的朝贡网络没有立即被资本主义的世界关系所冲毁,这一事实被用来解释"作为一个世界体系的亚洲"即使在近代也仍然存在。滨下的论述是富于启发性的,他不但发现了连接亚洲世界的一条内在纽带,并以此为线索勾勒当代世界的图景,而且也从周边的视野揭示了中国正史中的大陆中心论和王朝正统主义。对于那些拒绝承认日本与亚洲的历史联系的特殊论者来说,这是一个有力的批评;对于习惯于从中国内部视野来看待中国的中国学者来说,这一论述提供了一个从周边观察中国的历史视野。

但是,东亚整体性这一"事实"是以"东亚"这一范畴为前提建立起来的预设或建构,而滨下的论述又侧重于朝贡关系中的贸易方面,尤其是与东亚相互重叠的海洋贸易关系,从而值得我们再做补充性的讨论。下述五个方面的补充论述并不是对滨下武志的观点的反驳(他对其中一些因素有着明确的认识),而是一种平衡和扩展,目的是丰富我们对这一以朝贡关系为中心形成的亚洲的"近代契机"的理解。首先,西欧式的民族国家只能产生于西欧,但这并不意味着构成欧洲民族国家的那些基本因素在其他地区就不存在。在这里,我们需要摆脱在欧洲思想中建构起来的那种帝国与国家的二元论及其衍生形式——朝贡体系与条约体系的二元论。早在17世纪,清朝就已经以条约的形式在某些区域(如清俄边境)

---

[60] 孙歌:《亚洲意味着什么——文化间的"日本"》,台北:巨流图书公司,2001,页71。

划定明确的边界、常设巡边军队、设定关税和贸易机制、对行政管辖范围内的居民行使主权,并与欧洲国家建立朝贡/条约关系,而在现代社会理论中,所有这些要素都被视为民族—国家的特点。在这个意义上,清朝既是一个民族状况复杂的帝国,也是一个国家制度极为发达的政治实体。如果照搬欧洲历史的经验,将国家与帝国、条约与朝贡放置在简单的对立关系中来理解清代社会,就会忽略这一历史中帝国建设与国家建设相互重叠的过程,从而也无法理解近代中国民族主义的基本特点。正是由于朝贡体系与国家体系具有某种复合关系,从而朝贡关系并不能单纯地被描述为一种等级化的中心/边缘关系。例如,俄罗斯与清朝建立了朝贡关系,但在一定程度上,它们从未将自己放置在低于对方的等级性关系之中。如果它们之间存在朝贡关系的话,那么,它们实际上互相视对方为朝贡国。朝贡关系的等级性的礼仪体系之中包含了不同形式和不同程度的对等原则,这在有关中亚与中国的关系的研究中已经有所涉及。[61] 另一方面,欧洲条约体系的形式平等并不能遮盖这一体系的实质性的不平等,鸦片战争后西方列强为了逼迫中国签订不平等条约,不得不承认中国是一个形式平等的合法主体。这是欧洲国际法体系或条约体系向世界扩张过程中经常使用的手法。因此,在朝贡与条约、帝国与国家的二元论前提之上,通过反转二者的关系来反击上述欧洲中心论的观点,很可能简化了亚洲内部的历史关系的复杂性。

其次,用朝贡贸易网络来界定亚洲的"整体性"提供了区域内部经济互动的历史描述,也反驳了欧洲中心主义的现代性叙述。但是,这一叙述与欧洲资本主义论述中的经济主义逻辑和海洋理论框架有着呼应关系,简化了朝贡关系所内含的政治、文化、礼仪等内容。在由朝贡网络结构起来的"海洋东亚"的图景中,亚洲内陆的历史联系及其变化明显地被置于从属的和边缘的地位。滨下是在与欧洲中心的对抗之中形成自己的亚洲论述的,他的描述集中在贸易、白银流通等方面,描述的重心是中国与东

---

[61] Joseph F. Fletcher, *Studies on Chinese and Islamic Inner Asia*, Aldershot, Hampshire: Variorum, 1995.

亚和东南亚的历史联系,亦即主要通过海洋联系形成的贸易交往。在他后来的论述中,海洋理论作为一种近代性的理论越来越居于观察亚洲问题的中心地位,因为这一理论处理的是一种与近代条约体系完全一致的政治经济关系。也正由于此,这一"具有自己的内在整体性的历史世界"以东亚和东南亚为中心,突出了文化、距离、海洋、政治结构在形成区域关系、尤其是贸易关系时的重要性;但这一整体性的亚洲观对于在朝贡体系中长期居于支配地位的大陆关系(中原与中亚、西亚、南亚和俄罗斯的关系)缺乏深入的描述,对于海洋贸易圈的形成与大陆内部的动力的关系涉及甚少,对于早已渗透在亚洲内部的"西方"的显著存在未能提供更为清晰的勾勒。

从中国历史的视野来看,西北、东北和中原的关系是中国社会体制、人口结构和生产方式发生变化的更为根本的动力,即使在所谓"海洋时代",内陆关系也具有至关重要的作用。1857年,马克思在讨论中国对海洋霸权国家的态度时观察到一个现象,即当西方国家用武力来扩展对华贸易的时候,俄国没有花费多少就获得了比任何一个参战国更多的好处,原因是俄国没有同中国进行海上贸易,却独享以恰克图为中心的内陆贸易,仅1852年买卖货物的总价值就达到了一千五百万美元,由于货物价格低廉,这一总价值所代表的实物贸易量是极为可观的。由于这种内陆贸易的增长,恰克图从一个普通要塞和集市地点发展成为一个相当大的城市和边区首府,并在它与九百英里之外的北京之间建立了直接的、定期的邮政交通。[62]马克思在《中国和英国的条约》和《新的对华战争》、恩格斯在《俄国在远东的成功》等文中,不止一次提到中英、中法在沿海的冲突如何为俄国在内陆获得黑龙江流域的大块土地和利益创造了条件,预言俄国作为亚洲头等强国的崛起将"在这个大陆上压倒英国",[63]批评英国媒体和内阁会议在公布中英条约内容时掩盖俄国在中国、阿富汗

---

[62] 这是马克思于1857年3月18日左右为《纽约每日论坛报》第4981号所写的社论《俄国的对华贸易》中的内容,见《马克思恩格斯选集》第二卷,北京:人民出版社,1974,页9—11。

[63] 这是恩格斯于1858年11月18日为《纽约每日论坛报》第5484号撰写的社论《俄国在远东的成功》中的句子,见《马克思恩格斯选集》第二卷,页40。

和中亚其他地区取得的更大的利益。因此,如何理解亚洲大陆与海洋时代的关系,如何理解亚洲的内在整体性与亚洲地区的文化多样性和历史联系的多样性,仍然是一个有待进一步研究的课题。简言之,东亚中心的亚洲观和儒教主义的亚洲观之间的复合关系难以解释亚洲大陆和中国范围内部的宗教、民族、文化和制度的多样性。朝贡关系不是单纯的经济关系,它包含了不同文化和信仰的社会群体之间形成的礼仪和政治关系,因而有必要进一步阐释朝贡关系的多重内含,并从这一多重性中发现其与现代资本主义相互重叠或相互冲突的部分。

其三、"中心—周边"的框架适用于"前西方"时代的区域关系,但"中心—边缘"关系的不断滑动恰恰构成了现代资本主义世界不同于传统帝国体系的最为重要的特征之一,从而以中国为中心的"中心—周边"构架无法揭示出19世纪以降发生在亚洲内部的权力关系的变更。由于欧洲工业革命、海洋军事技术的长足发展和欧洲民族—国家体系的形成,传统的大陆—海洋关系发生了重大的、结构性的变化,欧洲殖民主义通过海洋军事、长途贸易和国际性的劳动分工决定性地改变了传统的历史关系:贬低大陆的历史联系和社会关系,使之从属于海洋霸权和由海洋通道连接的经济关系。正是在这个意义上,如果将"周边—中心"的框架延伸到19、20世纪,并用以描述亚洲内部的权力关系,势必掩盖某些传统的"周边"范畴在新的世界体系中所居于的实际的中心地位。这个"中心—周边"框架无法描述日本在近代亚洲扮演的历史角色,无法解释为什么恰恰是"周边"(日本、韩国、香港、台湾、新加坡等)先后成为19、20世纪的亚洲资本主义的中心或亚中心区域,而中国大陆、印度和中亚等大陆区域却长期沦为真正的"边缘"(中国经济的崛起毕竟是一个晚近的、尚未完成的事件),也无法解释当代中国正在发生的沿海地区与内地(尤其是西北)的深刻分化和沿海经济对于内陆经济的支配性。如果按照这一传统的"中心—周边"构架解释清朝与日本在朝鲜半岛的冲突和甲午战争,就会遮盖19世纪发生在亚洲区域的权力关系的重大转变。早在20世纪三十年代,宫崎市定就曾从经济史的观点对中国历史作出如下区分:古代至中世是内陆地区中心的时代,宋至近世转变为运河地带中心的时代,晚清以降则是海岸中心的时代。海岸中心的时代是在欧洲影响下发生的新事态。[64]清朝虽然拥有广阔的市场，但并不居于资本主义生产和金融的中心地位。在这个意义上，只有将传统的"中心—周边"框架放置在"大陆—海洋"的变动的历史关系之中，才能有效地说明19世纪以降在亚洲地区发生的"中心—边缘"关系的持续变动及其历史驱动力。

其四、如果说中国历史中的朝贡关系与条约关系并不是截然对立的范畴，那么，欧洲国家在展开跨越边界的贸易、政治和军事关系的同时，也以不同形式确立国家与国家的关系，其中也包括朝贡关系，例如，俄罗斯、葡萄牙、西班牙、荷兰、英国等国家与清朝的关系既被称为朝贡关系，但也是实质上的外交关系或条约关系。滨下武志在划分朝贡类型时曾经指出过最接近于后来所谓外交关系和对外贸易关系的"互市类型"，而在朝贡圈内部又有所谓朝贡—回赐的关系，这一关系或者是等价的，或者是回赐超过朝贡的价值，从而朝贡关系具有经济贸易往来与礼仪往来的双重性质。在这一情况下，礼仪形式上的不平等与实质上的对等关系、朝贡关系的礼仪性质和朝贡贸易的实质内容相互重叠。更为重要的是，英国与印度、北美之间的贸易关系不也是一种不同于中国朝贡模式的朝贡关系吗？清朝与欧洲国家、尤其是英国之间的区别很难在帝国与民族—国家、朝贡体制与条约体制的范畴内加以解释。鸦片战争以后，魏源等人就已经意识到，在贸易领域，中国与英国的主要差别不在朝贡体制与条约体制，而在中国并不依赖朝贡物品来支撑自身的经济，从而也没有一种内在的动力将帝国的军事和政治关系与对外贸易直接关联起来；与此相对照，英国本土的经济广泛地依赖它与北美、印度或其他殖民地区贸易关系和朝贡品，从而英国经济内部存在着将国家体制与贸易关系直接连接起来的动力。因此，如果说中国华商的海外贸易是一种"没有帝国的贸易"的话，那么，英国商人从事的则是一种有组织的、兵商结合的、在国家保护下的贸易。[65]从这一视

---

[64] 宫崎市定：《东洋的近世》，《日本学者研究中国史论著选译》（一），页168,170。
[65] Wang Gungwu, "Merchants without Empire". In James Tracy, ed., *The Rise of Merchant Empires* (Cambridge: Cambridge University Press, 1990), pp. 400-421.

野出发,如何界定亚洲的"中心—周边"机制与欧洲的"国家"机制之间的既重叠又区别的关系成为一个值得认真思考的问题。

其五,用"朝贡体系"来结构东亚和东南亚的历史关系还需要特别关注"朝贡体系"这一范畴的限度和变化。在19世纪初期,中国的海外私人贸易网络成功地将官方的朝贡体系转化为私人贸易体系,这也是长期历史互动的结果。许宝强在他的博士论文中说,"当欧洲人在16世纪初来到东亚的时候曾试图与官方的朝贡体系联系起来促进贸易的发展,但他们发现他们日渐依赖于广大的中国海外贸易网络,因而有意识地鼓励这种网络的发展。特别是在19世纪初期以降,以中国为中心的官方朝贡体系仅仅是一个从未真正实现的有关控制的官方幻想,因为中国面对着帝国主义列强的不断增长的霸权和侵略。因此,在很大程度上,不是官方朝贡体系,而是私人的中国海外贸易网络把东亚地区整合到内在相关的历史体系之中。"[66]按照他的论述,不是朝贡贸易,而是私人海外贸易(包括走私活动),构筑了连接东亚和东南亚的贸易网络的更为重要的纽带。在19世纪,东南亚的市场发展与其说是朝贡贸易的结果,毋宁说是打破朝贡体制的结果,走私、武装贩运和欧洲国家的贸易垄断构成了18—19世纪东南亚贸易形式的重要特点。中国与东南亚地区之间的联系的这种非官方性质,特别是通过走私、贸易和漂流而形成的东南亚华人群体及其与中国的特殊的联系方式,提供了晚清中国革命的海外基础和当代中国与海外华人经济的特殊的联系方式。换言之,中国与南洋的这种非官方联系为近代中国革命提供了一种特殊的亚洲动力。

日本的亚洲论是在寻求自主性的过程中发生的,这一特殊的视野对于我们理解日本的亚洲想像有着极为重要的意义。相对而言,亚洲从来不是中国认同问题中的重要范畴,列宁和孙文的表述证明,中国认同问题在很大程度上是在社会革命的范畴中建立起来的,而这个社会革命的范畴又是在一种全球性的资本主义关系中确立的。在很大程度上,前述日

---

[66] 以上所引是许宝强的博士论文中的话,该书尚未出版。感谢许宝强先生寄赐他的手稿供我参考。

本的东亚观是对海洋时代的回应：一方面，它正面评价以民族—国家为基本单位形成的贸易和政治关系，另一方面，它从海洋的动力角度看待传统的朝贡关系，试图重新界定自身与亚洲的关系。在这一海洋中心论视野中，不是广阔的大陆与中华帝国的复杂的政治结构及其内部互动关系，而是周边（日本）与中心（中国）的关系模式，构成了真正的中心问题。在一篇讨论日本民族主义与书写语言的论文中，柄谷行人认为日本民族主义的萌芽首先而且主要地表现为按日语语言来书写汉字的文化运动。18世纪日本国学家的语音中心主义包含着反对中国"文化"统治的政治斗争，或者是对武士道的资产阶级批判，因为中国哲学是德川幕府的官方意识形态。[67] 如果日本的文化民族主义与"西方"没有什么关系，那么，摆脱中华帝国的支配就成为日本现代国家形成的历史动力。柄谷行人的立场与滨下武志的有机体的亚洲概念完全不同，他反对过分地谈论日本的特殊性。但前者试图把日本民族主义解释成为一个区域内部的事件，而后者也试图在以中国为中心的贸易网络中揭示近代日本的活动逻辑，二者的研究视野存在着明显的重叠，而重叠的核心部分实际上在于重新界定现代日本与西方、日本与亚洲大陆的历史关系。这些研究从不同方面证明，主权国家观念、市场体制、现代法律体系、文化教育制度以及相应的知识谱系是在特定社会的基础和条件之上形成的，从而不能简单地看作是欧洲文明刺激的结果。这一针对欧洲的批判意向为建构一个整体主义的亚洲观提供了前提，而对长期以来支配亚洲内陆关系的那些动力和政治形式不予重视，这显然与近代日本的历史意识和历史视野密切相关。

  作为一个分析范畴，亚洲概念似乎更易为那些研究跨区域的经济贸易活动的学者所接受。在思想史和文化史领域，这一概念是否具有一定的解释力呢？沟口雄三用图表方式说明朱子学近世东渐的情况，并以朱子学的传播为线索观察中国、日本和朝鲜社会的变化。他力图摆脱"中国中心"的描述和潜藏在这一描述背后的中/西对比模式，转而以文化传播以及与此相应的政治地理观念（东亚/儒教文化圈）作为叙事的基础。

---

[67]　柄谷行人：《民族主义与书写语言》，《学人》第9辑，页104—105。

像布罗代尔一样,沟口采用了长时段的历史方法,并根据地区间的交往关系(经济、政治和文化)来解释"亚洲近代"的产生。但是,与布罗代尔、特别是沃勒斯坦的"世界体系"模式相区别,沟口氏没有把"亚洲近代"的产生看作是以欧洲为中心的世界体系扩张的结果,相反,他认为这一过程主要是从以中国为中心的亚洲交往体系中发展出来的。沟口氏以朱子学的传播为线索勾勒近世东亚的文化特征,这与其他学者侧重从经济史的角度勾画亚洲地区内部的中心与边缘关系有所不同。在他看来,东亚地区的某些转变是和东亚文化的传播过程具有内在联系的,从而这一地区的近代过程具有区别于欧洲近代化过程的"文化原理性"。在一定程度上,这是对西嶋定生的观点的回应。例如,他把公元10世纪的宋朝、公元14世纪的李朝和公元17世纪的江户时代分别看作是这三个社会进入"近世"时期的开端。对于中国而言,"朱子学是在贵族制崩溃、历史向着科举官僚拥有实力的时代转换的过程中形成的。它一方面具有合理主义的宇宙观、世界观;另方面,较之法制又更主张德制的政治原理;而且其基础在于乡村的地主制。"[68]此后,李朝和江户时代分别出现了贵族制崩溃并向平民社会过渡的过程,它们或者颁行科举官僚制,或者形成了新的农民阶级以及武士阶级,在不同的历史条件下构筑了一种以道德教化为主的秩序。朱子学的传播是促成这一社会变化的重要因素。因此,沟口断言:朱子学是"一种与近世相适应的近世儒教"。[69]这与近代中国摆脱朱子学的历史恰好相反。

从朱子学传播的角度考虑东亚的历史演变,修正了跨区域研究中的欧洲中心主义以及方法论上的经济主义。我们不难发现沟口的叙事与日本近代编史学中的"东亚文明圈"概念的关系。如果把沟口氏的叙述与布罗代尔和沃勒斯坦侧重从区域间的交往关系来理解资本主义的动力的方式加以对比,我们可以看到他的两种修正:第一、中国和其他亚洲国家的内部转变并不完全是遭遇欧洲力量的结果,亚洲地区内部的文化交往

---

[68] 沟口雄三:《中国的思想》,页75。
[69] 同上,页75。

(如朱子学的传播)和朝贡贸易关系,以及中央帝国与边缘地区的分化趋势,都为亚洲民族主义的兴起提供了内在的动力。也许更为深刻的挑战在于:自中古以来发展起来的亚洲贸易促进了欧洲资本主义的发展,当代世界体系是漫长历史过程中多个世界体系相互冲击的结果。第二、长途贸易理论不关注文化的传播及其对社会演变的影响,带有深刻的经济主义倾向;"世界体系"理论则突出了民族—国家作为世界体系的政治结构的意义,但也不重视文化的意义。正是在这个意义上,沟口雄三的观点值得我们重视:他把研究的视野从单一社会的内部变化转向了亚洲地区内部(主要是东亚)的互动关系,并认为中国的近代变革是和它的伦理世界密切地联系在一起的。因此,首先,亚洲的"近代"包含了自身的文化价值;其次,亚洲概念与一种伦理的观念或文化具有内在的联系。这一研究视角对世界体系理论中内含的欧洲中心主义提出了挑战。

沟口氏对近世东亚的描述是扼要的和提纲式的,他的大胆勾勒并没有与之配合的相应的实证研究。这一描述的重要性与其说是发现了建立一个"亚洲体系"的文化模式的可能性,毋宁说是提供了一个以东亚地区的文化传播关系为描述线索的对于中国和亚洲的"现代"的理解。在沟口的视野中,社会的结构性变迁不是在一个短暂的时刻确定的,早在现代时期之前的16—17世纪就已经是一个经历着巨大转变的时期。[70] 这一观点本身并不是全新的:中国马克思主义史学一直关注明清之际的社会变化,认为这一时期田制(如明代的一条鞭法和清代的更名法)、城市手工业和市场以及思想的变化(地方自治、权利意识以及自我的观点)构成了历史转变的关键环节。在这个意义上,沟口与中国学者的研究一样,都

---

[70] 这些变化表现在各个层面:在哲学思想上,从二元论向一元论、从去人欲的天理向存人欲的天理的转变;在政治思想上,从德治君主观向机能性君主观的转变,以及地方分权思想的出现;在经济思想上,从王土观念向民土观念的转变,以及社会生存欲、所有欲观念的出现;在社会思想上,对"私"的肯定,宗族、宗教结社为基础的民间相互扶助机制的扩充,礼教的渗透所带来的民间地域性血缘性秩序的确立;学术文化上,学问领域的分化和独立趋势,诸子学的重新阐释;等等。参见沟口雄三教授1997年12月12日在北京三联书店的演讲提纲:《中国的历史像与现代像》(未刊稿)。

带有内部发展论的倾向。例如他把朱子学和阳明学看作现代思想的起源,并认为这一与"乡约"和田制论密切相关的思想传播构成了东亚地区的总体变化的一部分。沟口的独特方面在于:他援用滨下武志有关朝贡贸易的研究,把长途贸易和跨区域的文化传播看作是理解亚洲的"近代"的关键环节。如果说前一方面认为一个社会内部的生产关系的变化是社会变迁的关键动因,那么,后者在解释现代性的产生时则更为注重交换与流通(包括经济与文化的交换与流通)。从长远的历史视野来看,这两个不同的方面交互影响和渗透,很难在单一的视野中解释社会的变迁及其动力。很明显,如果没有日本的"近世"概念及其独特的亚洲视野,沟口氏的描述就无法建立起来。与许多人的看法不一样,沟口氏的描述既没有把朱子学看作是与现代截然无关的东西,也不认为朱子学的衰败是现代发生的前提条件。"近世"概念与亚洲概念密切地联系在一起,微妙地把朱子学及其体现的社会思想作为向现代过渡的桥梁来看待。[71]沟口特别注重宋代以降中国思想中的"天理"和"公/私"等范畴的意义,认为这两个概念贯穿于由宋代至清代的思想史和社会史之中,并进而指出:中国近代革命的若干命题——如孙文的民生主义和社会主义革命的土地制

---

[71] 把朱子学的传播理解成"近代的系谱"是日本学界的共识之一。例如石田一良在《文化史学:理论与方法》一书中专列一章讨论《近代精神的系谱——朱子学的世界观及其历史地位》。在作者看来,"近代精神"是在超越的信仰与对自然的关心的关系中发展起来的,"对超越者的关心(信仰)和对人类自然的关心(俗念)在古代曾是交融相合的,而这种关系方式在古代与中世之交彻底崩溃了;取而代之的是两种关心的分峙对立,在超越者投下的强光之下,日本人第一次直视自然的活生生姿态,于此迈出走向近代的脚步。"(参见该书,页284。杭州:浙江人民出版社,1989。)但是,石田在这里把"近世的系谱"放在古代、中世和近世的时间序列之中,明显地是以欧洲历史的目的论叙事为参照的。在这方面,沟口氏的叙述明显不同,因为他并不认为中国的近代是通过中世的解体才呈现出来的。例如他在讨论"自然法"问题时说,"在中国,本来就没有应解体或应消逝的中世自然法思想,因而所谓朱子的自然法是否解体了,实事上不构成问题。……有的论者凭想像假定有朱子的中世自然法思想,既假定其有,也就假定其解体,又进而假定其解体的状态,就这样地构成了他的论理,这不过是在假定之上又二次、三次地重复假定的论理,所以对解明中国思想史来说,其有效性事实上是有限的。"参见沟口雄三:《中国前近代思想的演变》,页296—297。

度——与16—17世纪的田制论、君主论及其价值观存在内在的连续性。如果我们不仅把"公"或"天理"看作是历史延续的形式特征,而且看作是实质性的存在,我们就需要考虑构成传统社会与现代社会的制度上的关联和差异。

沟口认为孙文思想、特别是三民主义的平等主义特征建立在传统的"公"观念之上,建立了一种连续性的历史解释:从黄宗羲的田制论到孙中山的民生主义,以至毛泽东的公社制,一脉相承。但是,上述历史中的相似现象究竟是某种"原理"(如天和公的观念)的延续,还是国家/地方、地主/农民的不断变化的关系的结果呢?如果这是一种原理的延续,那么,我们如何理解现代思想对程朱理学的批判,又如何理解平等主义的不断变化的社会内容?[72] 天理世界观及其公观念蕴含的平等意识经历了历史的变化,很难仅仅在观念的层面加以说明:如果说天理概念所内含的平等意识起初反映了瓦解和批判贵族等级制的意向,那么,此后又与地主士绅反对皇权的过度扩张存在联系。与其把这种平等主义看作是一种"文化原理",不如把它的内含理解为以政治权力、土地和劳动力的再分配为中介的等级制度的再编制问题。正是在这个意义上,我们才能理解如下悖论:天理观既可能成为反对等级制的平等主义意识形态,又可能成为维护等级结构的意识形态;现代革命的平等主义与天理观的平等主义既相联系又相冲突。正是通过这一悖论,我们看到了极为深刻的历史现象:针对王权的革命最终指向了以乡绅分权为特征的地主制。在这个意义上,沟口氏的"近世观"的困难在于:一方面,它建立在诸如贵族/平民这样的二分法基础之上,是特殊的历史进步意识的产物;但另一方面,它又不断地追问平等主义的"公"观念在再造等级结构和身份等级制过程中的作用,揭示天理、人欲等概念与新的秩序的再编制的复杂关

---

[72] 例如,"新时期"以来,中国执行了以"家庭联产承包责任制"为形式的均田政策,这项改革针对的是以平等主义为其意识形态的公社制和中央集权制,但它的政策基础仍然是包含在土地再分配过程中的平等原则和相对平等的城乡关系。平等的含义在这里转变为农民/城市人口、乡村/国家的关系的重新调整。

系,[73]从而蕴含了瓦解这种进步观的内涵。因此,更为切近的问题是:"公"观念是如何被组织到新的社会体制合法性的论证之中的?

沟口的思想史研究的最具启发性的部分是他把天/理、公/私等问题置于观察中国思想的核心地位。这两组范畴沟通了思想层面和社会层面,从而那些关键性的观念不再是一些僵固不变的哲学概念。如果沟口从宋明时代的截然不同的思想中发现了"理"概念的连续性,解释了李贽的反叛性思想为什么包含着一贯的"理"观,那么,这种断裂与连续的辩证法是否也能够为我们理解现代思想的发生提供有益的启发呢?从思想史的角度看,这些观念及其变化恰好成为我们进入历史情景的独特途径。正是在这个意义上,我认为天理概念与现代公理观之间的关系值得我们认真探究,它可能成为我们理解现代思想兴起的特殊通道。现代思想的兴起是在各种纵横交错的历史关系中展开的,因此,不是发现思想变动的唯一的最终动因,而是发现思想指向的多重性,各种思想因素的组合方式,它的内在矛盾和实践中的困境,才是最为重要的。沟口雄三对公观念的研究致力于从历史中发掘对于今天而言仍然有效的平等价值,那么,这个价值如何才能从民族主义的语境中转化为一种更为广泛的平等主义,这种新的平等主义的社会基础又是什么呢?沟口没有给出明确的回答。在他的描述框架中,这一以天为中心的儒教主义世界观可以视为以中国为中心的亚洲的原理。如前所述,这个作为整体的亚洲实际上指的是东亚,一个以中国儒教文化为内涵的亚洲与一个以朝贡网络(尤其是海洋朝贡网络)为纽带的亚洲的复合体。在这个作为整体的东亚视野中,对亚洲腹地和中国历史的形成起着关键作用的大陆关系——联系中国与中亚、西亚和北亚的战争、贸易、迁徙、混居、宗教传播、文化交流,等等——

---

[73] 例如他在讨论明末清初的"人欲"观念时指出:"天理的地位依然稳如泰山,人欲虽然被转位了,但其本身并没有获得自立的基础……如果把'天理'看作封建的身份秩序,把'人欲'看作人们的自然欲望,那么可以说'人欲'反而成了封建秩序中的'公'或'恰好'的成分,'天理'一方面把'人欲'收摄于自己之中,一方面对自己进行再编与补强。"他的这一看法,是和我在前面的注释中引用的有关地主制与新的秩序关系的论证直接配合的。参见沟口雄三:《中国前近代思想的演变》,页10—16。

显然不居于中心地位。但是,沟口的论述出现了一种可能性,即摆脱19世纪欧洲思想所奠定的那种帝国—民族—国家二元论的可能性。这一可能性的根源建立在一个基本前提之上:沟口没有将中国这一范畴融化在亚洲这一概念之中,相反,他的亚洲理解建立在他对中国历史的肯定性的理解之上,而没有像上文提及的那些欧洲作者那样用帝国、政治专制主义、农耕文明等等范畴将中国锁定在一种自我否定的目的论历史观的框架内。

第六节　互动的历史世界中的亚洲

　　如果把"亚洲"概念看作是一种带有某种文化原理性的范畴,那么,欧亚之间的社会发展就具有不可通约性。那么,如何解释亚洲地区的现代发展与资本主义呢?如果在不可通约的文化基础上产生了相近的文明,那么,又应该如何解释这种不可通约性与这些相似的历史因素的关系呢?如果过分地强调亚洲的独特性,在解释现代的发生时,势必会把亚洲的现代看成是欧洲历史扩展的结果,从而最终否定"亚洲"概念所具有的文化多元论的意义。事实上,上述儒教主义的亚洲观甚至难以对中国历史内部的民族多元性和文化多元性作出说明。正是在这多重困难中,我们不妨回过头来看20世纪四十年代以降亚洲学者对于这些问题的回答。

　　1930年开始的关于中国社会性质的大讨论,促进了关于中国古代社会和近代社会的历史研究。与此相呼应,日本学者开始讨论亚洲的古代、中世和近世问题,中国学者则开始了关于明清资本主义的研究。所有这一切,为最近二十多年来美国的中国研究摆脱费正清的"挑战—回应"模式、转而在"中国发现历史"提供了重要的学术史前提。正是在中国三十年代社会史论战的背景下,日本中国史学界重新解释东亚历史,他们把亚洲与古代、中世、近世的时间序列关联起来。内藤湖南在《概括的唐宋时代观》和其他著述中,用上古、中古、近世等概念描述中国的历史,提出了著名的"唐宋是过渡期、近世自宋代开始"的观点。[74]他把中国的中世(过渡期为后汉到西晋,五胡十六国才是中世)看作是由于"外部种族的自觉势力反动地伸向中国内部",[75]显然受到欧洲现代历史中的民族主义动力的影响。针对这一观点,1947年5月,宇都宫清吉在《东光》二号发表《东洋中世史的领域》,批评内藤的讨论仅限于汉民族和外民族的关系,而不关注"内含的深入发展"。在"内含的深入发展"的视野中,他着重指出中国历史发展的内涵上的差别,即"秦汉是政治的,而相对来说,中世是自律的。"作为自律的例证,他举出豪族在社会经济上具有了独立自存的特色,更称之为"自立的国家建设"。这一观点与郭沫若有关农奴制时代的观点是相近的。宇都宫氏一方面指出古代、中世、近世的分期法植根于欧洲的历史特性,与中国的历史无关,另一方面又把上述差异规定为古代和中世的本质差异,并据此推断近代以前的东洋历史已然是"近代化的先驱",只不过"为正处于发展途上的近代西洋世界的巨浪所吞没。"[76]在这个意义上,他的历史观从来没有摆脱过由欧洲历史所提供的那种特殊的历史意识。因此,早有学者指出:在宇都宫氏所谓的古代中,"自立性存在"早见于战国时代;而在他所谓的中世中,这种豪族的自立自存性,在隋唐时代反而有所减弱。宇都宫氏为了证明隋唐的自律性,另外提出官吏登用考试制度和两税法。可是,二者正是内藤博士所谓近世现象的端倪,并非京都学派所论中世的特质。宇都宫氏"用'自给自足的庄园经济'去描述这个时代,……却令人觉得西欧的中世存在于他的

---

[74] 内藤湖南:《概括的唐宋时代观》,《日本学者研究中国史论著选译》第一卷,页10—18。

[75] 这一观点也为宫崎市定所继承。他在《东洋的近世》中说:"分裂割据的东洋中世,有时亦出现表面的大一统时代,这就是隋唐王朝。但这不是汉民族社会必然推移发展的结果,而是侵入中原的北方民族大团结所带来的。这恰好和查理曼(七四二——八一四)的中世同一并非罗马帝国的后身,而是入侵的北方日耳曼民族大一统的轨迹相同。"同上书,页158。

[76] 宇都宫清吉:《东洋中世史的领域》,同上书,页122。

意念中。"[77]

拒绝使用欧洲史概念是一种重新回到自己历史之中的努力,但却很可能产生另一种历史本质主义,最终落入一种二元比较的框架之中。在我看来,只要不是从一种目的论的视野看待历史,不是简单地认为所有区域的历史发展都具有同样的轨迹,那么,利用欧洲史的概念来说明中国历史中的革命性变化,就不是不可接受的。这是因为中国历史不是孤立的、仅仅处于历史渐变中的历史。历史中的交往关系经常促成了制度、习俗和文化的重要改革和变化。更为重要的是,在分析日本、朝鲜等地的民族主义(或国民主义)与以中国为中心的亚洲"世界体系"的关系时,当代学者经常自觉不自觉地以现代国家单位作为描述的基本范畴,而没有考虑到贸易、文化和劳动分工的发展经常超越政治疆界。中国作为统一的政治实体的形成当然是和周边的关系相关的,但是,这个"周边"含义却绝不限于"国家"。当代"周边"概念无意中将处于中心的中国建构成为一个缺乏层次的整体了。拉铁摩尔在《中国的边疆》一书中曾以长城为"中心"描述出一个超越政治和民族疆域的"亚洲大陆",为我们理解历史中的中心与边缘关系提供了极为不同的视野。这个"所谓的'中心'的概念是,在长城的两侧,并立着农业与游牧两大社会实体,两大社会实体在长城沿线的持久性接触,形成互动影响,反馈到各自社会的深层。这一中心概念的建立,纠正了以往以南方农业社会为本位的立场",而且也重新让人们看到了边疆及其部落形成的历史。"中国从有利于建立中国社会的精耕农业的环境中,逐出了一些原来与汉族祖先同族的'落后'部落,促成了草原社会的建立。"草原社会与南方农业社会同时发展,二者之间的

---

[77] 前田直典指出:"这种情形并非初见,京都学派不少人都是一样。宫崎教授在《东洋的素朴主义民族和文明主义社会》中,北山康氏在《宋代的土地所有形态》(《东洋史研究》三——二)一文中,均以为中国的农民在中世是农奴,宋以后佃农始多。这种说法最极端的是小竹文夫教授。他在《中世支那社会经济发达史概论》(支那研究三十六)中,将欧洲的中世概念原封不动用于中国史,视五胡乱华与日耳曼人的迁徙一样,他甚至认为,'自汉代发达的货币经济,到了魏晋以后再度恢复自然经济;而因中原都市破坏,由城市生活转为乡居生活的地方,也和西洋史的中世相似'。"前田直典:《古代东亚的终结》,同上书,页140,138。

地域遂呈现"边疆形态"。[78]长城中心的中国历史叙述与黄河中心的中国叙述,以及宋代以后的运河—江南中心的中国叙述形成了鲜明对照。历史叙述的中心转移除了与各时代的中心地位的移动有关,而且也还与观察历史变化的视野、尤其是观察历史变化的动力的视野相关。

陈寅恪的研究与此遥相呼应,但他关注的重心是制度的形成与周边的关系,其间贯注着一种强烈的历史正统意识。《隋唐制度渊源略论稿》沿用了"中古"概念,把隋唐两朝视为"中古极盛之世",显然是在古代、中古、近代的历史视野中考察中国历史内部发生的制度性的转变。但与内藤湖南、宫崎市定等日本学者相比,陈寅恪并不强调"中古"概念在线性的历史之中(如古代、中世、近世)的位置,而是突出了空间、地域的互动关系:隋唐"文物制度流传广播,北逾大漠,南暨交趾,东至日本,西极中亚,而迄鲜通论其渊源流变之专书,则吾国史学之缺憾也"。因此,他对隋唐制度的论述及于(北)魏、(北)齐、梁、陈和(西)魏、周等三大渊源,从而点出了他的广泛的区域性视野。[79]非常明显,在陈寅恪的视野中,西北,而不是日本学者关心的海上贸易和"东亚文明圈",占据着更为重要的地位。在《唐代政治史述论稿》开篇,陈寅恪引《朱子语类》一一六历代类三云:"唐源流出于夷狄,故闺门失礼之事不以为异",[80]用于说明唐代习俗与北方民族的关系。在引述朱子的这句话时,他显然并不注重其道德意味和伦理内容,而把重点落实在李唐历史中的"种族及文化"问题上,足见他对"中古"的理解是和中原与周边地区的关系分不开的。在《论唐代之藩将与府兵》一文中,他从这样的视野观察藩将与府兵制的演变,得出唐代藩镇(如薛嵩、田承嗣之徒)"虽是汉人,实同藩将,其军队不

---

[78] 以上观点见 Owen Lattimore,*Inner Asian Frontiers of China*,1940,中文译本为《中国的边疆》,赵敏求译,正中书局,1941年版。我在这里引述的是唐晓峰的书评《长城内外是故乡》一文对拉氏观点的解说,该文见《读书》1998年第4期,页124—128。

[79] 陈寅恪:《隋唐制度渊源略论稿》,《陈寅恪史学论文选集》,上海:上海古籍出版社,1992(下同),页515。

[80] 陈寅恪:《唐代政治史述论稿》,同上书,页551。他在这两句引文之后评论说:"朱子之语颇为简略,其意未能详知。然即此简略之语句亦含有种族及文化二问题,而此二问题实李唐一代史事关键之所在,治唐史者不可忽略者也。"

论是何种族,实亦同胡人部落"的结论。正由于此,他批评欧阳修对于五代的议论"仅限于天性、人伦、情谊、礼法之范围,而未知五代义儿之制,如后唐义儿军之类,实出于胡人部落之俗。盖与唐代之藩将同一渊源者。若专就道德观点立言,而不涉及史事,似犹不免未达一间也",[81]进而把中原与周边地区的关系看作是唐代社会制度变迁的重要动力和来源。

为什么朱子学的正统观念在这里恰恰提供了观察社会变迁的窗口？我认为原因之一是近代民族主义的勃兴为观察古代历史提供了启示。日本学者谈及朱子学对日本的影响时指出,朱子学是"汉民族国民主义的意识形态",在幕末维新之际,曾给日本的外交投下困难的波纹。[82]这一扼要的提示为理解朱子学与近代亚洲的民族主义的关系提供了某种历史线索。朱子思想产生于汉族与北方民族(辽、金)的持久冲突之中,包含强烈的攘夷色彩,而陈寅恪也是在民族主义和文化认同成为时代的主要课题之际从事他的历史研究。陈寅恪史学研究的成就遍及魏晋至明清的各个方面,但除了《邓广铭宋史职官志考证序》(1943)等文外,他没有对宋代历史发表系统的研究。根据王水照的研究,陈寅恪视赵宋文化为"华夏民族文化"的最高成果和未来文化发展的指南,其中最为重要的内容之一,就是士人的气节和民族的认同。[83]民族问题不仅构成了陈寅恪中古史研究的关键环节,而且也表明了宋学兴起的政治和文化的背景条件:以天理为中心的道德谱系与现实的制度及其评价体系存在着深刻的紧张。从这一特殊角度,我们也许可以将陈寅恪的"中古史"研究及其方法论冒昧地概括为"亚洲的中国史"。在这一框架内,他把研究的重点落在制度层面,明显地包含着对"国家"及其制度的关注。

陈寅恪的区域性视野和中古概念与战后日本学术界对"东洋的近世"的讨论正可相互参照。这里有两点值得注意:第一、陈寅恪的态度极为谨慎,他立足于中国史作出的描述并没有将亚洲大陆描述成为一个文

---

[81] 陈寅恪:《论唐代之藩将与府兵》,《陈寅恪史学论文选集》,页383。
[82] 宫崎市定:《东洋的近世》,《日本学者研究中国史论著选译》第一卷,页210。
[83] 王水照:《陈寅恪先生宋代观之我见》,《人民政协报》1998年8月31日第三版。

化上单一的体系或有机的整体，相反，着眼于战争、贸易、文化传播，他勾勒了各种异质的制度和文化因素发生碰撞、纠缠和转化的过程。在这个意义上，他的中国观和亚洲观都不是整体主义的。他没有像宫崎市定等人那样使用资本主义这类概念来描述中国的历史，也没有把中古时代的民族关系和制度沿革放在民族主义框架中理解。宫崎市定通过分析隋唐五代时期交通和贸易的变化，断言"宋代社会可以看到显著的资本主义倾向，呈现了与中世社会的明显差异。""宋承五代，政治的统一同时也是经济上国内市场的再统一。……五代各国的国都虽然失去作为政治中心都市的意义，却作为商业都市继续存在，特别是唐代以来运河沿线出现的商业都市，更进一步发展，用蓄积财富的方法，促使近世的文化发达。这种事态，必然导致宋代社会不得不倾向于走向一种资本主义的统治。"[84]宫崎大胆地使用了各种欧洲范畴，他对唐宋之际、特别是对宋代的观察是在"资本主义"和民族—国家的视野中组织起来的。因此，这一为东亚寻找自身历史的努力，有可能导向另一种知识上的欧洲中心主义。按照这一逻辑，具有准民族—国家特点的郡县制帝国——宋朝、明朝——构成了早期中国近代性的象征，但我们如何理解蒙元帝国在沟通欧亚大陆过程中所起到的作用，如何解释对于现代中国的疆域、制度和人口作出了基本规定的满清帝国与"现代"的关系？第二、如果与日本学者的"东洋"或"东亚"概念相比，在陈寅恪的历史视野中，中亚和西亚毋宁更为重要，因为后者早已是渗透在中国的制度和文化内部的有机力量。宫崎市定一方面高度重视五代时期的战争及其对民族意识、国家制度的塑造作用，另一方面则把运河沿线及其联络海洋与内地的功能提高到空前的高度来理解，我们可以从他的描述中窥见海洋中心论的影子。陈寅恪的讨论集中于魏晋和隋唐时代，他对隋唐制度、风俗、宗教关系、文化传播和语言渗透的研究突出了亚洲大陆内部的互动关系及其对中国历史的塑造作用。在晚清以降的民族主义浪潮中，这一大陆中心主义及其独特的文化多元论需要放置在与海洋中心论的对峙之中才能获得充分的理解。

---

[84] 宫崎市定：《东洋的近世》，同上书，页168，170。

宫崎市定试图通过"交通"把不同区域的历史连接在一起,并从这一视野出发阐释"宋代资本主义"、"东洋的近世"以及"国民主义"(民族主义)。这一方法事实上包含了超越历史研究中的普遍主义和特殊主义之争的可能性。宫崎的研究在某种方面接近于我在下文将要提及的弗兰克的观点,他们认为即使在现代之前,世界也是一个相互联系的世界,不同文明的独特性并不能被看作是已经完成的自律性的世界的根据。这就否定了那种更易为人接受的观点,这种观点认为在近代之前,人类世界是由许多相互独立的历史世界组成的,它们的历史轨迹完全不可通约。在宫崎看来,宋代发生的"近世"转向不仅涉及隋唐五代以降的经济、政治和文教制度的内在变化,而且也特别地关联着五代的"民族—国家冲突"和"东洋近世的国民主义(Nationalism)"。在《东洋近世的国民主义》一节中,他分析了秦汉、隋唐直至宋元明清时代的民族关系,认为北宋和南宋时期的中原与南北区域不仅出现了"国民主义的跃动"和超越朝贡关系的民族关系(如辽宋之间的战争与"两国之间的和平国交",宋金战争),而且也出现了诸如大越国(安南)、大理国(掸族)等"名目上是中国的朝贡国"、事实上却"独立不羁的民族国家"。在这个意义上,亚洲民族主义的发展与西洋史是相平行的,尽管这一过程为元代所终止,却在其后激发了明代的"以汉人为中心的国民主义"。在同一个历史脉络中,清王朝的兴起也被看作是满人国民主义跃动的结果,它原本只想与明朝实行对等外交,但在战争中却发展成为一个征服中原的力量(这一描述所包含的"周边"观点也让人想起后来的学者对日本与中国的关系的描述)。根据作者的看法,近世东洋的大一统局面恰恰是东洋近世的"国民主义"的结果。[85]亚洲的"近代"问题最终必须处理亚洲与欧洲殖民主义和近代资

---

[85] 宫崎市定:《东洋的近世》,《日本学者研究中国史论著选译》第一卷,页211—213。宫崎的观点在当代学者的研究中也有呼应,例如何伟亚(James Hevia)在西方帝国主义和殖民研究的影响之下,避免了现代性与传统这一通常的划分,转而提倡把英国与大清帝国自1793年以来的冲突,视为两个扩张着的帝国之间的冲突,每一个帝国都有其自身的策略和关注,而且每一个都以迥然不同的方式建构着他们自己的主权。在何伟亚关于清朝与英帝国的冲突的描述背后,隐藏着的是他对清朝国家的理解,即清

本主义的关系。但是,如果前现代的世界也像当今的世界一样只有一个(而不是几个历史世界)世界体系,或者,在多个历史世界之间存在着密切的联系,那么,谈论欧洲近代资本主义对亚洲的重新塑造的前提,就不能不是讨论欧洲资本主义的产生与亚洲的关系。如前所述,早在上个世纪四十年代,宫崎市定就开始从广泛的交通关系中探讨"宋朝资本主义的产生",并深信"宋代以后近世史的发展,现在已经到了以东洋近世史的发展去探讨西洋近世史的时候。"[86] 在中国史研究的领域内,他所勾勒的中国内外交通的世界史意义为世界体系理论在区域史研究中的运用开创了先河。他问道:南海所产的香料,是怎样投得欧洲人所好,振发起他们的勇气,活跃于海上?北方的游牧民族热爱中国的茶,是怎样地联合起来,成为中国的威胁?在谈论大运河的开凿史时,他甚至强调不应仅从中国的立场去评价,而应该考虑它在促进中国内部交通的同时,联络了横断亚洲的南北海陆两大干线的东端,中国由此不再是东西交通终点的死胡同,而成为世界循环交通路的一环。在这个意义上,运河的开凿是个有世界史意义的大事业。[87] 如果中国内部的重大事件,如运河的开通,贸易路线的延伸,都市的选择(如五代和宋以后,中国舍弃交通不便的长安、洛阳,把国都迁往交通都市和商业都市的开封),影响了那个时代的世界交通和贸易,那么,我们怎么有可能仅仅从"内部"谈论近代中国的转变呢?

朝本身就是一个通过征服和民族冲突而形成的帝国,用他自己的话说:"清朝在17和18世纪的对外政策并不是由汉儒官员制定的,而是由满族的当政者确立的。满族人并未满足于攻克了中国,而是继续征服非汉族的人口,并且将自身的边界拓展到远远超越了中华帝国曾经拥有的历史边界。……因此,当我们论及清朝的对外关系时,我们面临着一个基本的问题,即,关于对外关系,并没有什么特定的'中国人'。更为复杂的是,当我们从清朝皇权的视角看待这些问题时,中国本身,就像内亚和中亚一样,对满族人而言,也应该被理解为一个'对外政策'的问题。"(何伟亚:《从朝贡体制到殖民研究》,《读书》1998年第8期,页65。)不过,仅仅把清朝看成是一个扩张的帝国,而忽略这个帝国在继承明王朝的历史遗产过程中的自我转化,也难以说明清朝的特点。"中国"的不稳定性与稳定性的关系似乎应该有更为复杂的叙述。

[86] 宫崎市定:《东洋的近世》,《日本学者研究中国史论著选译》第一卷,页240。
[87] 同上,页163,166。

按照宫崎市定、沟口雄三等人的看法，构成亚洲的近代的那些政治、经济和文化特征从 10 或 11 世纪即已开始，早于或平行于欧洲的类似发展。那么，这两个世界的历史发展究竟是平行的，还是相关联的呢？由于蒙古帝国的扩展，东西两个文明早已非常紧密地联系在一起，宫崎市定曾经据此想像东洋的文艺复兴给予西洋的文艺复兴以巨大的影响。他以绘画为例，研究了由于蒙古的大征服，中国的绘画如何输入西亚的伊斯兰世界，导致了领有波斯的蒙古伊儿汗国的密画美术的空前发达。这种绘画达到盛期时，意大利文艺复兴绘画的第一期立刻出现；后来西亚帖木儿王朝下的密画达到隆盛期后，意大利文艺复兴绘画的第二期又立即出现。由此看来，"实在可以认为西亚美术和意大利绘画之间有文化波动的因果关系。"宫崎市定的大胆描述能否确证有待专家的研究，但他的观察包含了深刻的洞见，揭示了由于蒙古扩张而产生的欧亚之间的密切的联系。在谈及 18 世纪的欧洲工业革命和以法国为中心的政治革命时，他认为东洋、特别是中国不仅为工业革命提供了市场和资料，而且也为法国革命的人道主义提供了滋养。因此，一个合乎逻辑的结论是：

> 如果只有欧洲的历史，欧洲的工业革命不能发生。因为这不单是机械的问题，而是社会整体结构的问题。工业革命发生的背后，需要小资产阶级的兴隆，亦必须有从东洋贸易中得到的资本积累。要机器运转，不能单靠动力，还必须有棉花作为原料，更需贩卖制品的市场，而提供原料和市场的实际是东洋。没有和东洋的交通，工业革命大概不会发生罢。[88]

宫崎的上述观点在弗兰克（Andre Gunder Frank）的最新著作中获得了回响。在这个视野中，亚洲和欧洲从 13 或 14 世纪以来就已经深刻地联系在一起，从而我们在理解现代的发生时，必须从一个具有内在关联的世界体系的预设出发。交通的意义不是将两个世界僵硬地捆在一起，而是如

---

[88] 宫崎市定：《东洋的近代》，同上，页 236—238。

宫崎所说如两个用皮带连接在一起的齿轮,一边转动,另一边也会同时转动。弗兰克指出:1400年以降,欧洲资本主义在世界经济和人口中逐渐兴起,这一过程与1800年前后东方的衰落恰好一致。欧洲国家利用他们从美洲殖民地获得的白银买通了进入正在扩张中的亚洲市场的大门。对于欧洲来说,这个世界经济中的亚洲市场的商业与制度机制是非常特殊而有效的。正是在亚洲进入衰败期的时候,西方国家通过世界经济中的进出口机制成为新兴的工业经济。在这个意义上,欧洲近代资本主义既是欧洲社会内部生产关系变动的结果,也是在与亚洲的关系中诞生的。[89]因此,弗兰克与宫崎得到了一个有关欧洲现代史的共同观点,即:尽管文艺复兴以后的欧洲史一般称为近世史,但工业革命以后的欧洲和以前的欧洲应有重要的区别。但是,这两个研究都包含着若干不明朗的因素:宫崎市定的研究主要集中在中国史的范畴内部,他对亚洲与欧洲的交往关系的论述是单薄的;弗兰克的研究是经济主义和贸易主义的,几乎没有对欧洲社会内部的历史动力及其与资本主义的产生的关系作出令人信服的解说。从基本的方面看,他们的历史叙述中的现代性尺度都带有海洋中心论的浓厚色彩。

谈论欧洲资本主义与亚洲的联系不能等同于把亚洲视为近代资本主义的起源,也不是否认欧洲社会内部的历史条件、技术革命、阶级关系和文化价值在欧洲资本主义产生过程中的作用。这里的关键是把世界视为一个真正相互联系的、不断互动的世界。滨下武志强调亚洲的内在整体性,但同时承认西方资本主义经济史在近代中国的金融贸易和政治制度的形成和转变过程中所扮演的特殊角色。在《资本主义殖民地体制的形成与亚洲——十九世纪五十年代英国银行资本对华渗入的过程》一文中,他研究了19世纪中期中国的金融贸易,指出资本主义列强向亚洲特别是向中国金融渗透的深化,是与美国、澳大利亚的黄金发现所导致的国际金融市场的扩大过程密切相关的。从金融的角度观察,中国近代经

---

[89] Frank, Andre Gunder, ReOrient: *Global Economy in the Asian Age* (Berkeley: University of California Press, 1998).

济史可以被看作中国经济被编织在以伦敦为中心的整个世界一元化国际结算构造之中的过程。在这个意义上,亚洲的"近代"是在经济上逐渐被包容进以欧洲为中心的世界近代历史的过程,其特征就是金融性统治—从属的关系。[90] 中国半殖民地体制的特征离不开这个过程来理解。比方说,由于商业的发达,宋代以后的财政在土地课两税之外,也对商品课利(其中盐税一直是重要的项目),商人的集税份额在国家税收中的比例越来越大。但晚清以降,由于海外贸易的发展,新的关税收入大增,据清朝末期的统计,中央户部的年收入中,海关税所显示的数字是72%,而盐税仅占13%。[91] 按照相似的逻辑,亚洲近代的发生虽然也有自己的历史前提,但同样也只能在互动的历史关系中加以理解。这种互动关系不仅表现为两个世界的相互影响,而且也表现为中国社会内部的某些转变。在这个意义上,今天被称之为"全球化"的现象从来就不是一个社会的外在事件,而是在社会内部的各种关系之中孕育出来的。

中国社会的变化(无论是被迫地、还是主动地)与周边地区的关系丰富了我们对于现代世界体系的理解,这个世界体系的运转不再是一个简单地围绕着以欧洲为中心的资本主义体系运转的过程,而是多重历史世界相互联系、相互斗争、相互渗透和相互塑造的过程。亚洲地区的民族主义不仅是欧洲民族—国家模式的复制,而且也是在区域内部的互动关系中发展起来的。这是"挑战/回应"模式和"内部发展论"都忽略了的部分。有趣的是,当历史学家们把亚洲视野扩展到全球的关系之中时,他们首先意识到"现代"问题不是一个单一社会的问题,而是不同的区域和文明相互作用的结果。在这个意义上,"亚洲"观念的有效性反而削弱了,因为它既不是一个自足的实体,也不是一组自足的关系;它既不是一个线性发展的世界历史的起点,也不是一个线性发展的世界历史的终点。毋宁说,这样一个既非起点也非终点、既非自足的主体也非从属的客体的

---

[90] 滨下武志:《资本主义殖民地体制的形成与亚洲——十九世纪五十年代英国银行资本对华渗入的过程》,《日本中青年学者论中国史·宋元明清卷》,北京:中华书局,1995,页612—650。

[91] 宫崎市定:《东洋的近世》,《日本学者研究中国史论著选译》第一卷,页178。

"亚洲"构成了重构"世界历史"的契机。如果需要修正"亚洲"观念的错误的话,那么,我们还必须重新检讨"欧洲"观念。套用列宁的语言来说,先进的欧洲到底是从哪里产生出来的呢?落后的亚洲又是怎样的历史关系的结果呢?社会内部的历史关系是重要的,但在长久的历史之中,不断伸展的区域互动关系对于一个社会内部的转变的作用又该如何估价呢?如果亚洲论述始终以一个自明的欧洲概念为背景,而不是深入到欧洲历史发展内部重新理解欧洲概念得以建构的动力,那么,亚洲论述就无法摆脱它的含混性。普遍主义、特殊主义和交往的历史观都包含着各自的有力之处,也包含着各自的方法论局限,而这些观念的意识形态意义及其背景条件则是一个更为重大而复杂的、值得深入探讨的课题。

第七节 一个"世界历史"问题:亚洲、帝国、民族国家

上述叙述与其说证明了亚洲的自主性,毋宁说证明了亚洲概念的暧昧性和矛盾性:这一概念是殖民主义的,也是反殖民主义;是保守的,也是革命的;是民族主义的,也是国际主义的;是欧洲的,也反过来塑造了欧洲的自我理解;是和民族—国家问题密切相关的,也是与帝国视野相互重叠的;是一个相对于欧洲的文明概念,也是一个建立在地缘政治关系中的地理范畴。我认为,在探讨亚洲的政治、经济和文化的自主性的过程中,必须正视这一概念的生成历史中所包含的衍生性、暧昧性、矛盾性。衍生性、暧昧性和矛盾性是具体的历史关系的产物,从而只有从具体的历史关系之中才能找到超越或克服这种衍生性、暧昧性和矛盾性的线索。

首先,亚洲概念的提出始终与"现代"问题或资本主义问题密切相关,而这一"现代"问题的核心是民族—国家与市场关系的发展。这一概念中的民族主义和超民族主义的张力是与资本主义市场对于国家和跨国关系的双重依赖密切相关的。如果说黑格尔、亚当·斯密、马克思在一种

历史进化的范畴中将亚洲与封建、落后或者所谓亚细亚生产方式联系起来，那么，宫崎市定、滨下武志、沟口雄三、弗兰克等人则试图建构亚洲与民族国家、长途贸易、工业和科技发展等在前一种叙述中通常归于欧洲的历史特性之间的历史联系。有关亚洲的早期现代性的研究和有关亚洲资本主义的讨论，都对今天亚洲概念的使用方式产生了重要影响。由于讨论围绕着民族—国家和资本主义等问题展开，从而亚洲社会的丰富的历史关系、制度形式、风俗习惯、文化构成都被组织在有关"现代性"的叙述之中。那些与这一"现代性"叙述缺乏联系的价值、制度和礼仪则被压抑到边缘的部分，上述分析的目的之一就是重新勾勒这些被压抑的历史遗产的轮廓，检讨在新的历史条件下是否存在一些可资利用的历史遗产——价值、制度、礼仪和经济关系，等等。对于西方中心主义的批判如果不能与对资本主义发展及其危机的思考联系起来，就有可能落入玄虚的空想之中，从而把亚洲文化置于全球资本主义的多元文化装饰的框架内。

其次，亚洲概念与民族—国家、民族主义运动存在着密切的历史和现实联系。迄今为止，民族—国家仍然是热衷于促进亚洲内部的区域联系的主要动力，其主要表现如下：一、区域关系是国家关系的延伸：无论是马来西亚极力推动的亚洲论坛，还是韩国努力促进的东亚网络，以及东南亚联盟、上海六国等区域性组织，都是以发展经济交往为轴心形成的国家关系。二、亚洲区域的主权建构过程始终没有完成：朝鲜半岛、台湾海峡的对峙局面，战后日本的不完全性主权国家形式，都表明19世纪启动的民族主义进程仍然是支配东亚地区权力关系的重要方面。三、由于新的亚洲论述以形成针对全球一体化过程所造成的单极支配和动荡的保护性的和建设性的区域网络为取向，国家问题仍然居于亚洲问题的中心地位。亚洲想像常常诉诸一种含混的亚洲认同，但是，如果我们追问这一构想的制度和规则的前提，那么，民族—国家这一试图被超越的政治结构就会突显出来。亚洲国家只有在民族解放运动的历史基础上，亦即在尊重平等主权的基础上，才能形成新型的合作关系、保护性的制度框架和共治的社会条件。亚洲构想是抗拒新自由主义帝国规划的产物，它不是对于保护性的主权范畴的简单否定,但同时主张在区域主体性或互主体性的框架下,重构主权的含义。

第三、与上述两个问题密切相关,民族—国家在亚洲想像中的支配性产生于近代欧洲所创造的基于帝国与民族—国家相互对立的二元论。这一二元论的历史含义是:民族—国家是唯一的现代政治形式和发展资本主义的首要前提。然而,这一二元论既简化了被归纳在"帝国"范畴内的政治和经济关系的多样性,也简化了各民族—国家内部关系的多样性。例如,有关宋代历史中的"近代性"因素的研究揭示了中华帝国历史中的丰富的"国家"资源、资本主义经济关系和文化内容,而有关清代历史的研究又证明了诸如边界、外交等接近"主权国家"的要素如何与朝贡关系和权力的多中心化等"帝国"要素纠缠在一起。现代中国的内外关系事实上继承了前民族—国家时代的多种遗产,并按照主权国家的模式对这些遗产进行了改造。现代东亚想像以国家间关系为主要基础,很少涉及亚洲——包括中国范围内——的复杂的民族、区域和被覆盖在"帝国"范畴内的交往形式。在民族—国家成为一种主导性的政治架构的条件下,亚洲传统的各种交往、共存的经验和制度形式是否能够提供超越民族—国家体制所带来的内外困境的可能性?

第四、亚洲作为一个范畴的总体性是在与欧洲的对比关系中建立起来的,它的内部包含了各种异质的文化、宗教和其他社会因素。无论从历史传统看,还是从现实关系看,亚洲都不存在建立欧盟式的超级国家的可能性和条件。佛教、犹太教、基督教、印度教、伊斯兰教、锡克教、道教、祆教和儒教等等全部起源于我们称之为亚洲的这块占世界陆地五分之三、人口一半以上的大陆,任何以单一性的文化来概括亚洲的方式都难以自圆其说。儒教主义的亚洲观甚至无法概括中国的文化构成,即使将亚洲概念收缩为东亚概念也无法回避东亚内部的文化多元性问题。新的亚洲想像必须把文化/政治的多元性与有关区域的政治/经济构架关联起来。但文化的高度异质性并不意味着亚洲内部无法形成一定的区域构架:一方面,文化的多元性从来没有阻止亚洲内部的交往和联系,多种文化之间的共存、融合和交往构成了中国历史和亚洲历史的最为重要的经验;另一方面,共同的历史文化条件、地域上的直接联系、经济发展的互补性和政治文化的相似性提供了区域联系的便利条件,多样性是由内部的多重结构关系构成的,它并不构成某些国家以上述历史条件为前提形成某种更为紧密的政治、经济和文化交往的构架的障碍。东亚想像或多元亚洲的构想正是建立这一前提之上的。综合这两个方面,亚洲想像的两个可能方向是:一、汲取亚洲内部文化共存的制度经验,在民族—国家范围内和在亚洲区域内部发展出能够让不同文化、宗教和民族平等相处的新型的民主模式;二、以区域性的联系为纽带,形成多层次的、开放性的社会组织(如"东盟+中日韩共同会议","上海六国"等等),以协调经济发展、化解利益冲突、弱化民族—国家体制的危险性。

第五,亚洲与欧洲、非洲和美洲之间的宗教、贸易、文化、军事和政治关系有着长远的、难以分割的历史联系,以民族—国家的内外模式描述亚洲或者将亚洲设想为一个放大的民族—国家同样是不适当的。一个历史的例证是,从17世纪到19世纪中期,清朝与俄罗斯的交往远多于清朝与日本的关系,清俄关系对于清朝帝国的边界、贸易、移民和内部民族关系产生了极为重要的影响。一方面,亚洲的内部关系创造了某些类似于近代民族—国家的制度形式,后者为亚洲与欧洲或其他地区的交往创造了条件;另一方面,蒙元帝国、俄罗斯帝国和清朝帝国的军事扩张带动了欧亚大陆内部的贸易、迁徙和文化交往,欧亚大陆之间在军事、贸易、制度和文化上的相互渗透充满了历史的偶然性。19世纪中期,中国的士大夫发现欧洲早已是传统朝贡区域的内部存在,从而朝贡体系只不过是一种官方的和士大夫的中心主义幻想。欧洲资本主义与亚洲的历史互动提供了一个遥远的历史范例,即不同区域之间的贸易、走私、战争和迁徙为另一地区的生产方式、社会关系和生态环境的重构或改变创造了重要的条件。因此,亚洲的自主性不应以建构内在整体性为目的,相反,这一自主性是通过各种历史交往的总结而产生出来的。正由于此,我们需要在一种广泛的全球联系之中展开亚洲论述和区域实践——既从其他区域的视野出发来发展亚洲论述,也通过展开亚洲视野来重新理解欧洲或美洲。亚洲概念从来就不是一种自我规定,而是这一区域与其他区域互动的结果;对欧洲中心主义的批判不是对于亚洲中心主义的确认,而是破除那种自我中心的、排他主义的和扩张主义的支配逻辑。在这个意义上,洞悉"新帝国"内部的混乱和多样性,打破自明的欧洲概念,不仅是重构亚洲概念和欧洲概念的前提之一,而且也是突破"新帝国逻辑"的必由之路。亚洲的主体性依赖于新的政治/经济关系和政治/经济结构,这种政治/经济关系和结构能够容纳各种文化和社会形态的多样性。新的亚洲概念是一种政治性的亚洲概念,从而需要发掘和重构一种能够连接历史与现实的政治文化与之配合。

第六,如果说对于亚洲的文化潜力的挖掘是对西方中心主义的批判,那么,亚洲概念的重构也是对于分割亚洲的殖民力量、干涉力量和支配力量的抗拒。亚洲想像所蕴含的共同感部分地来自殖民主义、冷战时代和全球秩序中的共同的从属地位,来自亚洲社会的民族自决运动、社会主义运动和解殖民运动。离开上述历史条件和历史运动也就无法理解亚洲的现代含义,无法理解当代亚洲的分裂状态和战争危机的根源。人们把柏林墙的倒塌和苏联、东欧社会主义阵营的瓦解视为"冷战"的结束,但在亚洲地区,"冷战"的格局在很大程度上保存着,并在新的历史条件下发展出新的衍生形式。二次大战以后遍及全球的民族解放运动把欧洲的殖民者送回了欧洲,殖民地和半殖民地人民以民族独立的形式创建了新的国家,但时至今日,美国的军事存在遍及日本、韩国、台湾海峡、中东、菲律宾和其他地区,甚至区域内部的主权国家——包括日本、韩国等地区性经济强国——实际上并未拥有完整的主权。值得注意的是,当代有关亚洲问题的讨论不是由国家推动,就是由精英发起,亚洲地区的各种社会运动——工人运动、学生运动、农民运动、妇女运动,等等——对此漠不关心。这与20世纪汹涌澎湃的亚洲民族解放浪潮形成了鲜明的对比。在我看来,亚洲各地的社会运动是在反抗新自由主义的全球趋势和国家政策中发展起来的,从而连接亚洲各地的社会运动的纽带应该是对新自由主义的/新帝国的世界秩序和国内政策的抗拒和批判。在这个意义上,新的亚洲想像既需要超越20世纪的民族解放运动和社会主义运动的目标和课题,又必须在新的条件下对这些运动未能解决的历史课题进行探寻和反思。不是制造新的冷战,而是去除旧的冷战及其衍生形式,不是重构殖民关系,而是去除残留的和新生的殖民可能性,构成了当代亚洲构想的重要动力。亚洲想像历史地包含了对于殖民主义和资本主义现代性的批判性思考。如果说20世纪的民族解放运动和社会主义运动已经终结,那么它们的碎片仍然是激发新的亚洲想像的重要源泉;如果说20世纪的亚洲论述始终与如何有效地抗拒和转化殖民主义和资本主义的逻辑密切相关,那么,作为近代亚洲的历史遗产,民族解放运动和社会主义运动的动力、激情和未完成的任务都将转化到新的亚洲想像之中。

在文章的结尾,让我再次重申前面已经表达过的意思:亚洲问题不仅是亚洲的问题,而且是"世界历史"的问题。对"亚洲历史"的再思考既是对19世纪欧洲"世界历史"的重构,也是突破21世纪"新帝国"秩序及其逻辑的尝试。

1998年初稿于北京
1999年修改于西雅图
2002年改定于北京

参考文献

以下所列出的书目仅限于直接引证部分,特此说明。

一、中文研究著作目录

白钢主编:《中国政治制度史》,天津:天津人民出版社,1991

岑仲勉:《隋唐史》,石家庄:河北教育出版社,2000

陈慧道:《〈大同书〉研究》,广州:广东人民出版社,1994

陈纪瑜:《中国封建社会土地及其赋役制度变迁的探讨》,《扬州大学学报》,1998年第3期,总第9期

陈俊民:《张载哲学与关学学派》,台北:台湾学生书局,1990

陈俊民:《关学思想流变》,见《论宋明理学》(宋明理学讨论会论文集),杭州:浙江人民出版社,1983

陈来:《宋明理学》,沈阳:辽宁教育出版社,1991

陈来:《朱熹哲学研究》,北京:中国社会科学出版社,1993

陈梦家:《商代的神话与巫术》,《燕京学报》第20期,1936

陈其泰:《清代公羊学》,北京:东方出版社,1997

陈受颐:《康熙几暇格物编的法文节译本》,载台湾"中研院"史语所编《历史语言研究所集刊》第28本

陈崧:《"五四前后东西文化问题论战文选"前言》,《五四前后东西文化问题论战文选》,北京:中国社会科学出版社,1985

陈文石:《清代满人政治参与》,台湾"中研院"史语所编《历史语言研究所集刊》第48本

陈文石:《清太宗时代的重要政治措施》,台湾"中研院"史语所编《历史语言研究所集刊》第40本上册

陈学恂主编、高奇分卷主编:《中国教育史研究·现代分卷》,上海:华东师范大学出版社,2001

陈燕谷:《没有终极实在的本体论》,《学人》第9辑

陈寅恪:《陈寅恪史学论文选集》,上海:上海古籍出版社,1992

陈寅恪:《隋唐制度渊源略论稿》,上海:上海古籍出版社,1982

陈寅恪:《唐代政治史述论稿》,上海:上海古籍出版社,1982

陈寅恪:《金明馆丛稿初编》,上海古籍出版社,1980

戴逸:《乾隆帝及其时代》,北京:中国人民大学出版社,1992

戴逸主编:《简明清史》,北京:人民出版社,1980

邓广铭:《北宋政治改革家王安石》,石家庄:河北教育出版社,2000

邓广铭:《邓广铭治史丛稿》,北京:北京大学出版社,1997

邓正来:《社会秩序规则二元观——哈耶克法律理论的研究》(未刊稿)

邓正来:《自由与秩序:哈耶克社会理论的研究》,南昌:江西教育出版社,1998

杜维明:《儒家思想新论——创造性转换的自我》,南京:江苏人民出版社,1991

杜维明:《论儒学的宗教性》,武汉:武汉大学出版社,1999

范明礼:《亚泉杂志》,见《辛亥革命时期期刊介绍》第1辑,北京:人民出版社,1982

范明礼:《科学世界》,《辛亥革命时期期刊介绍》第1辑

方东树:《汉学商兑》,见钱锺书主编、朱维铮执行主编《汉学师承记(外二种)》,北

京:三联书店,1998

冯友兰:《中国哲学史》,北京:中华书局,1961

冯友兰:《中国哲学简史》,北京:北京大学出版社,1985

冯友兰:《略论道学的特点、名称和性质》,见《论宋明理学》,杭州:浙江人民出版社,1983

冯佐哲:《清代政治与中外关系》,北京:中国社会科学出版社,1998

傅斯年:《论孔子学说所以适应于秦汉以来的社会的缘故》,《傅斯年全集》,台北:联经出版事业公司,1980年

傅斯年:《夷夏东西说》,见《傅斯年全集》,台北:联经出版事业公司,1980年

傅佩荣:《儒道天论发微》,台北:学生书局,1985

傅衣凌:《明清土地所有制论纲》,上海:上海人民出版社,1992

高聪明:《宋代货币与货币流通研究》,保定:河北大学出版社,2000

顾颉刚:《秦汉的方士与儒生》,上海:上海古籍出版社,1998

谷方:《理的早期形态及其演变》,见《论宋明理学》(宋明理学讨论会论文集),杭州:浙江人民出版社,1983

郭开:《略述先秦思想史中"德"的源流》(北京大学博士学位论文,1999)

郭沫若:《青铜时代·先秦天道观之进展》,《郭沫若全集》历史编,第一卷,北京:人民出版社,1982

郭朋、廖自力、张新鹰:《中国近代佛学思想史》,成都:巴蜀书社,1989

郭双林:《西潮激荡下的晚清地理学》,北京:北京大学出版社,2000

何炳棣:《华夏人本主义文化:渊源、特征及意义》,《二十一世纪》总第33期,1996

何星亮:《边界与民族》,北京:中国社会科学出版社,1998

贺麟:《儒家思想之开展》,见《文化与人生》,商务印书馆,1941。引自《评新儒家》,罗义俊编,上海:上海人民出版社,1989

贺麟:《康德黑格尔哲学东渐记》,《中国哲学》第二辑,三联书店,1980

侯外庐主编:《中国思想通史》,北京:人民出版社,1956

洪钧培:《春秋国际公法》,台北:台湾中华书局,1971

胡适:《中国哲学史大纲》,北京:商务印书馆,1987

华伟、于鸣超:《我国行政区划改革的初步构想》,《战略与管理》1997年第6期(总25期)

黄进兴:《优入圣域:权力、信仰与正当性》,台北:允晨文化实业股份有限公司,1994

黄开国:《廖平评传》,南昌:百花洲文艺出版社,1993

黄宗智(Philip Huang):《华北的小农经济与社会变迁》,香港:牛津大学出版社,1994

黄宗智:《中国研究的规范认识危机》,香港:牛津大学出版社,1994

黄宗智:《长江三角洲小农家庭与乡村发展》,北京:中华书局,1992

季维龙:《胡适与白话文运动》,《胡适研究丛录》,北京:三联书店,1989

翦伯赞主编:《中国史纲要》,北京:人民出版社,1979

翦伯赞等编:《戊戌变法》,上海:上海人民出版社,1957

姜广辉:《颜李学派》,中国社会科学院,1987

姜义华:《章太炎思想研究》,上海:上海人民出版社,1985

金春峰:《汉代思想史》,北京:中国社会科学出版社,1997

金启孮:《从满洲族名看清太宗文治》,见王钟翰主编:《满族历史与文化》,北京:中央民族大学出版社,1996,页12—17

赖惠敏:《清代皇族的封爵与任官研究》,《第二届明清之际中国文化的转变与延续学术研讨会论文集》,台北:国立中央大学共同学科主编,文史哲出版社,1993,页427—460

劳思光:《新编中国哲学史》,台北:三民书局,1981

李弘祺:《宋代官学教育与科举》,台北:联经出版公司,1994

黎虎:《汉唐外交制度史》,兰州:兰州大学出版社,1998

李欧梵:《知识源考:中国人的"现代"观》,《天涯》1996年3期

李强:《严复与中国近代思想的转型——兼评史华兹"寻求富强:严复与西方"》,《中国书评》(香港),1996年2月总第九期

李润苍:《论章太炎》,成都:四川人民出版社,1985

李三谋:《明清财经史新探》,山西经济出版社,1990

李石岑:《李石岑论文集》第1辑,商务印书馆,1924

李书吉:《北朝礼制法系研究》,北京:人民出版社,2002

李文治:《明清时代封建土地关系的松解》,北京:中国社会科学出版社,1993

李学勤:《先秦儒家著作的重大发现》,《人民政协报》1998年6月8日第3版

李学勤:《郭店楚简与儒家经籍》,《郭店楚简研究》,《中国哲学》第二十辑

李泽厚:《中国古代思想史论》,北京:人民出版社,1985

李泽厚:《说巫史传统》,《波斋新说》,香港:天地图书公司,1999

李则芬:《元史新讲》,台北:中华书局,1978

李治安主编:《唐宋元明清中央与地方关系研究》,天津:南开大学出版社,1996

李志贤:《杨炎及其两税法研究》,北京:中国社会科学出版社,2002

李宗侗:《办理军机处略考》,载《幼狮学报》第1卷第2期

李宗侗:《清代中央政权形态的演变》,《历史语言研究所集刊》,第37本上册

李宗侗注译:《春秋公羊传今注今译》,台北:台湾商务印书馆,1973

李约瑟:《中国科学技术史》,北京:科学出版社,1990

梁漱溟:《印度哲学概论》,台北:黎明文化事业公司,1993

梁漱溟:《梁漱溟全集》,济南:山东人民出版社,1989

廖名春:《荆门郭店楚简与先秦儒学》,《郭店楚简研究》,《中国哲学》第二十辑

廖中翼:《康有为第一次来桂林讲学概况》,《桂林文史资料》第二辑

林安梧:《当代新儒家述评》,《评新儒家》,罗义俊编,上海人民出版社,1989

刘师培:《理学字义通释》,《北京大学百年国学文粹·哲学卷》,北京大学出版社,
    1998

刘大年:《评近代经学》,《明清论丛》第一辑,北京:紫禁城出版社,1999

刘述先:《朱子思想的发展与完成》,台北:学生书局,1982

刘子健:《中国转向内在——两宋之际的文化内向》,赵冬梅译,南京:江苏人民出
    版社,2002

陆宝千:《清代思想史》,台北:广文书局,1983

罗金义、王章伟编:《奇迹背后:解构东亚现代化》,牛津大学出版社,1997

罗耀九:《戊戌维新派对帝国主义的认识与反帝斗争的战略策略思想》,见《论戊
    戌维新运动及康有为、梁启超》,广州:广东人民出版社,1985

罗义俊编:《评新儒家》,上海人民出版社,1989

罗峪平:《人民币怎样跨世纪——访中国银行国际金融研究所所长陶礼明》,《三
    联生活周刊》1998年第2期(1998年1月30日),总第56期,页21

麦孟华:《论中国宜尊君权抑民权》,见翦伯赞等编:《戊戌变法》,第3册,上海:上
    海人民出版社,1957

孟森:《满洲名义考》,《明清史论著集刊续编》,北京:中华书局,1986

苗书梅:《宋代官员选任和管理制度》,开封:河南大学出版社,1996

牟宗三:《中国哲学的特质》,台北:台湾学生书局,1984

牟宗三:《心体与性体》,上海:上海古籍出版社,1999

欧力同:《孔德及其实证主义》,上海社会科学院出版社,1987

庞建国:《"国家"在东亚经济转化中的角色》,见罗金义、王章伟编:《奇迹背后:解
    构东亚现代化》,牛津大学出版社,1997,页25—56

皮锡瑞:《经学历史》,北京:中华书局,1959

皮锡瑞:《经学通论》,北京:中华书局,1954

钱基博:《经学通志》,中华书局,1936

钱穆:《中国近三百年学术史》,北京:商务印书馆,1997

钱穆:《两汉经学今古文平议》,台北:三民书局,1971

钱穆:《中国学术思想史论丛》(一——五),台北:东大图书公司,1978

钱穆:《朱子新学案》(上、中、下),巴蜀书社,1986—7

裘锡圭:《文史丛稿——上古思想、民俗与古文字学史》,上海:上海远东出版社,1996

瞿同祖:《中国法律之儒家化》,《瞿同祖法学论著集》,北京:中国政法大学出版社,1998

饶宗颐:《中国史学上之正统论》,上海:上海远东出版社,1996

容肇祖:《明代思想史》,济南:齐鲁书社,1992

史志宏:《清代前期的小农经济》,北京:中国社会科学出版社,1994

苏耀昌、赵永佳:《综论当前关于东亚发展的几种观点》,见罗金义、王章伟编:《奇迹背后:解构东亚现代化》,牛津大学出版社,1997

孙春在:《清末的公羊思想》,台北:台湾商务印书馆,1985

陶道南:《边疆政治制度史》,台北:中华丛书编审委员会,1966

唐君毅:《中国哲学原论》,台北:台湾学生书局,1990

唐力行:《明清以来徽州区域社会经济研究》,合肥:安徽大学出版社,1999

汤福勤:《朱熹的史学思想》,济南:齐鲁书社,2000

汤奇学:《科学一斑》,《辛亥革命时期期刊介绍》第2辑,北京:人民出版社,1982

汤一介:《郭象与魏晋玄学》(增订本),北京:北京大学出版社,2000

汤志钧:《近代经学与政治》,北京:中华书局,1989

汤志钧:《康有为与戊戌变法》,北京:中华书局,1984

汤志钧:《章太炎年谱长编》,北京:中华书局,1979

田涛:《国际法输入与晚清中国》,济南:济南出版社,2001

田余庆:《东晋门阀政治》,北京:北京大学出版社,1991

王尔敏:《中国近代思想史论》,台北:商务印书馆,1977

王汎森:《清初思想中形上玄远之学的没落》,《"中央研究院"历史语言研究所集刊》,第六十九本第三分

王汎森:《清初的讲经会》,《"中央研究院"历史语言研究所集刊》第六十八本,第三分,1997年9月

王汎森:《章太炎的思想及其对儒学传统的冲击》,台北:时报文化出版有限公司,1985

汪晖:《个人观念的起源与中国的现代认同》,《中国社会科学季刊》,总第九辑,1994年秋季号

汪晖:《地方形式、方言土语与抗日战争时期"民族形式"的论争》,《学人》第10辑,南京:江苏文艺出版社,1996

汪晖:《承认的政治、万民法与自由主义的困境》,见《死火重温》,北京:人民文学出版社,2000

汪晖:《无地彷徨:"五四"及其回声》,杭州:浙江文艺出版社,1994

汪晖:《赛先生在中国的命运:中国近现代思想中的科学概念及其使用》,见《学人》第一辑,又见《汪晖自选集》,桂林:广西师范大学出版社,1997

汪晖:《韦伯与中国的现代性问题》,《学人》第6辑,江苏文艺出版社,1994。又见《汪晖自选集》,桂林:广西师范大学出版社,1997

汪晖:《预言与危机:中国现代思想中的"五四"启蒙运动》(原载《文学评论》1989年3—4期)

王国维:《殷周制度论》,《王国维遗书》(二),上海:上海书店,1983

王健:《沟通两个世界的法律意义——晚清西方法的输入与法律新词初探》,北京:中国政法大学出版社,2001

王鉴平、胡伟希:《传播与超越》,学林出版社,1989

王钟翰主编:《满族历史与文化:纪念满族命名360周年论集》,北京:中央民族大学出版社,1996

王钟翰:《李光地生平研究中的问题》,《燕京学报》第1期,北京:北京大学出版社,1995

王萍:《清初的历算研究与教育》,载《近代史研究所集刊》(台湾"中央研究院")第3期

王栻:《严复传》,上海:上海人民出版社,1957

王聿均:《徐松的经世思想》,"中央研究院"近代史研究所编《近世中国经世思想研讨会论文集》,1984

武建国:《均田制研究》,昆明:云南人民出版社,1992

吴泽、黄丽镛:《魏源〈海国图志〉研究》,《魏源思想研究》,杨慎之、黄丽镛编,长沙:湖南人民出版社,1987

嵇文甫:《晚明思想史论》,北京:东方出版社,1996

祥伯:《近二百年国人对于中亚地理上之贡献》,中央亚细亚协会编《中央亚细亚季刊》第二卷第四期

萧功秦:《当代中国新保守主义的思想渊源》,《二十一世纪》(香港),1997年4月号,总第40期

萧公权:《中国政治思想史》,沈阳:辽宁教育出版社,1998

萧致治:《评魏源的〈海国图志〉及其对中日的影响》,见杨慎之、黄丽镛编:《魏源思想研究》,长沙:湖南人民出版社,1987

萧萐父、许苏民:《明清启蒙学术流变》,沈阳:辽宁教育出版社,1995

谢国桢:《明清之际党社运动考》,北京:中华书局,1982

谢善元:《李觏之生平及思想》,北京:中华书局,1988

熊十力:《佛家名相通释》,北京:中国大百科全书出版社,1985

熊十力:《读经示要》卷三,台北:广文书局,1960

熊月之:《西学东渐与晚清社会》,上海:上海人民出版社,1994

许宝强:《反市场的资本主义》,《香港社会科学学报》第八期,1997年秋季

徐旭生:《中国古史的传说时代》增订本,北京:科学出版社,1960

徐复观:《徐复观论经学史二种》,上海:上海书店出版社,2002

徐复观:《两汉思想史》,上海:华东师范大学出版社,2001

徐复观:《中国人性论史》,台北:台湾商务印书馆,1990

徐复观:《反传统与反人性》,《徐复观杂文补编·两岸三地卷·上》,李明辉、黎汉基编,中国文哲专刊21,2001

徐洪兴:《思想的转型——理学发生过程研究》,上海:上海人民出版社,1996

徐扬杰:《宋明家族制度史论》,北京:中华书局,1995

徐中舒:《徐中舒历史论文选辑》,北京:中华书局,1998

晏子有:《清朝宗室封爵制度初探》,《河北学刊》,1991年第5期

杨联升:《国史探微》,台北:联经出版事业公司,1983

杨慎之、黄丽镛编:《魏源思想研究》,长沙:湖南人民出版社,1987

杨旸主编:《中国的东北社会(十四——十七世纪)》,沈阳:辽宁人民出版社,1991

杨向奎:《宗周社会与礼乐文明》(修订本),北京:人民出版社,1997

杨向奎:《清儒学案新编》,济南:齐鲁书社,1994

杨向奎:《绎史斋学术文集》,上海:上海人民出版社,1983

杨向奎:《中国古代社会与古代思想研究》,上海:上海人民出版社,1964

杨珍:《清朝皇位继承制度》,北京:学苑出版社,2001

姚薇元:《再论〈道光洋艘征抚记〉的祖本和作者》,见杨慎之、黄丽镛编:《魏源思想研究》,长沙:湖南人民出版社,1987

虞和平:《商会与中国早期现代化》,上海:上海人民出版社,1993

余英时:《从传统迈入现代的思想努力》,《评新儒家》,罗义俊编,上海人民出版社,1989

余英时:《从宋明儒学的发展论清代思想史》,《中国思想传统的现代诠释》,南京:江苏人民出版社,1991

余英时:《士与中国文化》,上海:上海人民出版社,1987

余英时:《戴震与章学诚》,台北:华世出版社,1977

余英时:《中国思想传统的现代诠释》,南京:江苏人民出版社,1991

佘贻泽:《中国土司制度》,中国边疆学会,1947

袁森坡:《康雍乾经营与开发北疆》,北京:中国社会科学出版社,1991

张岱年:《中国哲学大纲》,北京:中国社会科学出版社,1985

张光直:《中国考古学论文集》,北京:三联书店,1999

张灏:《梁启超与中国思想的过渡(1890—1907)》,江苏人民出版社,1993

张灏:《新儒家与当代中国的思想危机》,见《评新儒家》,罗义俊编,上海人民出版社,1989

张晋藩主编:《清代法制史》,北京:法律出版社,1994

张静庐编:《中国近代出版史料》,北京:中华书局,1957

张立文:《走向心学之路》,北京:中华书局,1992

张立文主编:《理》,中国哲学范畴精粹丛书,北京:中国人民大学出版社,1991

张舜徽:《史学三书平议》,北京:中华书局,1983

张舜徽编选:《文献学论著辑要》,西安:陕西人民出版社,1985

章权才:《宋明经学史》,广州:广东人民出版社,1999

张希清:《论宋代科举取士之多与冗官问题》,《北京大学学报》1987年第5期

张小平、潘岩铭:《中国近代科技期刊简介》(1900—1919),《辛亥革命时期期刊介绍》IV,北京:人民出版社,1986

张羽新:《清前期的边疆政策》,见《中国古代边疆政策研究》,北京:中国社会科学出版社,1990

赵靖、易梦虹主编:《中国近代经济思想史》,北京:中华书局,1985

赵云田:《清代蒙古政教制度》,北京:中华书局,1989

赵展:《对皇太极所谓诸申的辨正》,见王钟翰主编:《满族历史与文化:纪念满族命名360周年论集》,北京:中央民族大学出版社,1996

周昌龙:《良知与经世——从王龙溪良知经世思想看晚明王学的真貌》,《张以仁先生七秩寿庆论文集》,台北:台湾学生书局,1998

周瀚光:《浅论宋明道学对古代数学发展的作用和影响》,见《论宋明理学》,(宋明理学讨论会论文集),杭州:浙江人民出版社,1983

周叔迦:《周叔迦佛学论著集》,北京:中华书局,1991

周予同:《周予同经学史论著选集》(增订本),朱维铮编,上海:上海人民出版社,1996

朱执信等著:《井田制度有无之研究》,上海,华通书局,1930

朱伯崑:《易学哲学史》,北京大学出版社,1986

朱杰勤:《龚定庵研究》,上海:商务印书馆,1930

庄吉发:《清世宗与办理军机处的设立》,载《食货月刊》第6卷,第12期

邹昌林:《中国古礼研究》,北京:文津出版社,1992

二、外文研究著作目录(包括翻译著作)

赤冢忠、金谷治、福永光司、山井涌:《中国思想史》,张昭译,台北:儒林图书公司,

1981

艾恺(Guy Allito):《最后的儒家——梁漱溟与中国现代化的两难》,王宗昱、黄建中译,江苏人民出版社,1993

Alitto, Guy S. *The Last Confucian: Liang Shu-ming and the Chinese Dilemma of Modernity.* Los Angeles: University of California Press, 1986

佩里·安德森(Perry Anderson):《从古代到封建主义的过渡》,郭方、刘健译,上海:上海人民出版社,2001

佩里·安德森:《绝对主义国家的系谱》,郭方译,上海:上海人民出版社,2001

Anderson, Perry. *Lineages of the Absolutist State.* London: NLB, 1974

——. *Passages from Antiquity to Feudalism.* London: NLB, 1974

Andreski, Stanislav. "Introductory Essay: Sociology, Biology and Philosophy in Herbert Spencer." *In Herbert Spencer: Structure, Function and Evolution*, edited by Stanislav Andreski, 7-32. London: Thomas Nelson and Sons LTD, 1971

荒牧典俊:《中国对佛教的接受——"理"的一大转变》第2节,《日本语·日本文化研究论集》第4集,大阪大学文学部,1988

Arendt, Hannah. *The Human Condition: A Study of the Central Dilemmas Facing Modern Man.* Garden & New York: Doubleday Anchor Books, 1959

Arrighi, Giovani. *The Geometry of Imperialism: The Limits of Hobson's Paradigm*, London: Verso, 1983

有贺长雄:《观弈闲评》,1913年8月校印

Armijo-Hussein, Jacqueline. "Narratives Engendering Survival: How the Muslims of Southwest China Remember the Massacre 1873." *The Trace* 2, (Hong Kong: Chinese University of Hong Kong Press, 2001): 293-322

Arnold, Matthew. *Culture and Anarchy.* Edited with an introduction by J. Dover Wilson.

Cambridge: Cambridge University Press, 1959

雷蒙·阿隆（Raymond Aron）:《社会学主要思潮》,葛智强等译,上海:上海译文出版社,1988

Aronowitz, Stanley. *Science as Power*. Minneapolis: University of Minnesota Press, 1988

艾耶尔（A. J. Ayer）:《二十世纪哲学》,上海:上海译文出版社,1987

Ayer, A. J. *Philosophy in the Twentieth Century*. London: Weidenfeld and Nicholson, 1982

Bacon, Francis. *The New Organon*. Edited by J. Spedding, R. L. Ellis, and D. D. Heath. Vol. 4, *The Works of Francis Bacon*. London: Longman, 1862-74

Baddeley, John. *Russia, Mongolia, China: Being Some Record of the Relations between Them from the Beginning of the XVIIth Century to the Death of the Tsar Alexei Mikhailovich AD* 1602-76. London, 1919

保罗·贝罗奇（Paul Bairoch）:《经济学与世界史》,见许宝强、渠敬东编选《反市场的资本主义》,北京:中央编译出版社,2000

Bairoch, Paul. *Economics and World History: Myths and Paradoxes*. Chicago: The University of Chicago Press, 1993

巴斯蒂（Marianne Bastid）:《晚清官方的皇权观念》,《开放时代》,2001年1月号

Bastid, Marianne. "Official Conceptions of Imperial authority at the End of the Qing Dynasty." In *Foundations and Limits of State Power in China*, edited by Schram, S. R., 147-186. London: London School of Oriental and African Studies, University of London, 1987

Ben-David, Joseph.《科学家在社会中的角色》,赵佳苓译,四川人民出版社,1988

Ben-David, Joseph. *The Scientist's Role in Society*. Englewood Cliffs, N. J.: prentice Hall, 1971

Berlin, Isaiah. *Four Essays on Liberty*. Oxford & New York: Oxford University Press, 1989

哈罗德·J·伯尔曼(Harold J. Berman):《法律与革命:西方法律传统的形成》,贺卫方等译,北京:中国大百科全书出版社,1996

Berman, Harold J. *Law and Revolution: the Formation of the Western Legal Tradition*. Cambridge, Mass.: Harvard University Press, 1983

Bibby, Cyril, ed. *The Essence of T. H. Huxley*. London: Macmillan and Company Limited, 1967

Block, Fred and Margaret R. Somers,《导论》,见博兰尼:《巨变:当代政治、经济的起源》,黄树民、石佳音、廖立文译本,台北:远流出版事业股份有限公司,1989

Block, Fred. *Postindustrial Possibilities: A Critique of Economic Discourse*. Berkeley & Oxford: University of California Press, 1990

Bodde, Derk and Clarence Morris. *Law in Imperial China: Exemplified by 190 Ch'ing Dynasty Cases with Historical, Social, and Judicial Commentaries*. Cambridge, Mass.: Harvard University Press, 1967

包弼德(Peter Bol):《斯文:唐宋思想的转型》,刘宁译,南京:江苏人民出版社,2001

Bol, Peter K. *"This Culture of Ours": Intellectual Transitions in T'ang and Sung China*. Stanford: Stanford University Press, 1992

Borei, Dorothy V. "Economic Implications of Empire-Building: The Case of Xinjiang", *Central and Inner Asian Studies*. 1991

Bourdieu, Pierre.《文化资本与社会炼金术》,包亚明译,上海人民出版社,1997

费尔南·布罗代尔(Fernand Braudel):《资本主义的动力》,杨起译,北京:三联书店,1997

费尔南·布罗代尔:《资本主义论丛》,顾良、张慧君译,北京:中央编译出版社,1997

费尔南·布罗代尔:《15 至 18 世纪的物质文明、经济和资本主义》,顾良、施康强译,北京:三联书店,1992

卡西尔(Ernst Cassirer):《启蒙哲学》(*The Philosophy of the Enlightenment.* Translated by Fritz C. A. Koelln and James P. Pettegrove. Boston:Beacon Press,1960),济南:山东人民出版社,1988

Chang, K. C. *Art*, *Myth and Ritual.* Cambridge, Mass.: Harvard University Press, 1983

Chaplin, James P. & T. S. Krawiec. *Systems and Theories of Psychology.* Fourth Edition. New York: Holt, Rinehart and Winston, 1979. 中译本:《心理学的体系和理论》,林方译,北京:商务印书馆,1989

Chilcote, Ronald H. ed. *The Political Economy of Imperialism*, *Critical Apraisals*, Boston: Kluwer Academic Publishers, 1999. 施杨译,《帝国主义的政治经济学:批判的范式》,北京:社会科学文献出版社,2001

Clark, G. N. *The Seventeenth Century.* Oxford: Clarendon Press, 1947

柯林武德,R. G.:《自然的观念》,吴国盛等译,北京:华夏出版社,1990

奥古斯特·孔德:《实证政治体系》,第四卷,附录,第 161 页,《对科学和科学家的哲学研究》(1825 年),引自雷蒙·阿隆著、葛智强等译:《社会学主要思潮》,页 1,上海:上海译文出版社,1988。Comte, Auguste. *Discours sur L'esprit positif*, Paris, 1844

刘易斯·A·科瑟(Lewis A. Coser):《社会学思想名家》,石人译,北京:中国社会科学出版社,1990

Cosmo, Nicola Di. "Qing Colonial Administration in Inner Asia." *The International History Review* 20, no. 2 (June 1998): 287-309

Courant, Maurice. *L'Asie Centrale aux 17e et 18e Siécles: Empire Kalmouk ou Empire Mantchou*. Paris,1912

Crossley, Pamela Kyle. *A Translucent Mirror: History and Identity in Qing Imperial Ideology*. Berkeley: University of California Press,1999

杜威:《哲学的改造》,北京:商务印书馆,1962

戴维森、鲁惟一:《中国古代典籍导读》,沈阳:辽宁教育出版社,1997

de Bary, William. *The Message of the Mind in Neo-Confucianism*. N. Y. : Columbia University Press,1989. (狄百瑞,《新儒学中心的含义》)

狄百瑞:《中国的自由传统》,李弘祺译,香港:中文大学出版社,1983

——. *Neo-Confucian Orthodoxy and the Learning of the Mind-and-Heart*. N. Y. : Columbia University Press,1981. (《新儒学正统与心性之学》)

Duara, Prasenjit. *Culture, Power, and the State: Rural North China,1900—1942*. Stanford: Stanford University Press,1988. 中译本:《文化、权力与国家——1900—1942年的华北农村》,王福明译,南京:江苏人民出版社,1994

——.《从民族国家拯救历史》(*Rescuing History From The Nation, Questioning Narratives of Modern China*),王宪明译,北京:社会科学文献出版社,2003

Ebrey, Patricia. "Observations on Marriage and Inheritance Practices in Early Mongol and Yuan Society: With Particular Reference to the Levirate." In *Journal of Asian History* 20 (1986): 127-92

——. "Women, Marriage, and the Family in Chinese History." In *Heritage of China: Contemporary Perspectives on Chinese Civilization*. Edited by Paul S. Ropp. Berkeley: University of California Press,1990

艾森斯塔德(S. N. Eisenstadt):《帝国的政治体制》,沈原、张旅平译,南昌:江西人民出版社,1992

Eisenstadt, S. N. *The Political Systems of Empires*. New Brunswick & London: Transaction Publishers, 1993

Elliott, Mark C. "The Limits of Tartary: Manchuria in Imperial and National Geographies." In *Journal of Asian Studies* 59, no. 3 (August 2000): 603—646

艾尔曼(Benjamin Elman):《晚明儒学科举策问中的"自然之学"》,雷颐译,《中国文化》第十三期

艾尔曼:《经学、政治和宗族:中华帝国晚期常州今文学派研究》,赵刚译,南京:江苏人民出版社,1998

恩格尔等著(Alan Engel, Mostafa Rejai, and Herbert Waltzer).《意识形态与现代政治》,张明贵译,台北:桂冠图书股份有限公司,1985

Engels, Frederick. *Anti-Dühring*. Moscow: Foreign Languages Publishing House, 1954

Fairbank, John K. ed., *The Chinese World Order: Traditional China's Foreign Relations*. Cambridge, Mass: Harvard University Press, 1968

Fairbank, John K. *Trade and Diplomacy on the China Coast: The Opening of the Treaty Ports*, 1842—1854. Cambridge, Mass: Harvard University Press, 1953

Feyerabend, Paul.《自由社会中的科学》,兰征译,上海译文出版社,1990

Feyerabend, Paul. *Science in a Free Society*. London: Verso Edition/NLB, 1982

Fletcher, Joseph F. *Studies on Chinese and Islamic Inner Asia*. Edited by Manz, Beatrice Forbes, and Aldershot. Hampshire: Variorum, 1995

——. "Ch'ing Inner Asia c. 1800." Edited by D. Twitchett and J. K. Fairbank. Vol. 10, *The Cambridge History of China*. London: Cambridge University Press, 1978

福柯(Michel Foucault):《关于权力的地理学》,见《权力的眼睛——福柯访谈话录》,严锋译,上海人民出版社,1997

Foucault, Michel. "What is Enlightenment?" In *The Foucault Reader*. Edited by Paul

Rabinow. New York: Pantheon Books, 1984

——. *Discipline and Punish: The Birth of the Prison*. Translated by Alan Sheridan. New York: Vintage Books, 1977

弗雷泽(J. G. Frazer):《金枝》(The Golden Bough),北京:中国民间文艺出版社,1987

Friedrich, Carl J. *Man and His Government: An Empirical Theory of Politics*. New York: McGraw-Hill, 1963

Fuchs, Walter. *Der Jesuiten-Atlas der Kanghsi-Zeit*, Beijing, 1943

船越泰次:《唐代两税法的斛斗徵科及两税钱的折耀和折纳问题》,《日本中青年学者论中国史·六朝隋唐卷》,上海:上海古籍出版社,1995,页485—508

Fur, Louis le. *Précis de Droit International Public*. Paris: Dalloz, 1939

夏绿蒂·弗思(Charlotte Furth):博士论文《丁文江——科学与中国的新文化》,湖南科学技术出版社,1987。("Ting Wen-jiang", Ph. D, Harvard, 1970)

Gale, Esson MacDowell. *Salt for the Dragon: A Personal History of China*, 1908—1945. Ann Arbor and East Lansing: Michigan State College Press, 1953

谢和耐(Jacques Gernet):《中国社会史》,耿昇译,南京:江苏人民出版社,1995

安东尼·吉登斯(Anthony Giddens):《民族—国家与暴力》(The Nation-State and Violence),胡宗泽、赵力涛译,北京:三联书店,1998

Ginsberg, M. *On the Diversity of Morals*. London, 1956

Gintis, Herbert and Samue Bowles. *Democracy and Capitalism: Property, Community, and the Contradictions of Modern Social Thought*. London: Routledge & K. Paul, 1986

葛瑞汉(A. C. Graham):《中国的两位哲学家:二程兄弟的新儒学》(Two Chinese Philosophers: Cheng Ming-tao and Cheng Yi-chuan),程德祥译,郑州:大象出版

社,2000

Griffiths, John. "What is Legal Pluralism?" *Journal of Legal Pluralism* 24, no. 5 (1986):1—56

Guy, Kent R. *The Emperor's Four Treasuries: Scholars and the State in the late Ch'ienlung Era.* Cambridge, Mass: Harvard Council on East Asian Studies,1987

Habermas, Jürgen. "Struggles for Recognition in the Democratic Constitutional State." In *Multiculturalism: Examining the Politics of Recognition Princeton*, edited and with an introduction by Amy Gutmann. N. J. : Princeton University Press,1994

——. *The Philosophical Discourse of Modernity.* Translated by Frederick Lawrence. Cambridge, Mass. : The MIT Press,1987

——.(哈贝马斯):《知识与人类兴趣:一个概观》,中译文收入黄瑞祺著《现代批判社会学》,台北:巨流图书公司,1985

——. *The Theory of Communicative Action.* Translated by Thomas McCarthy. Boston: Beacon Press,1984

——. *Communication and the Evolution of Society.* Translated by Thomas McCarthy, Boston: Beacon Press,1976

——. *Legitimation Crisis.* Translated by Thomas McCarthy, Boston: Beacon Press,1975

Haggery, M. E. :《科学与共和》,杨铨译,《科学》月刊第2卷第2期

郝大维,安乐哲(Hall, David L. and Roger T. Ames):《孔子哲学思微》,蒋弋为等译,江苏人民出版社,1996

Hall, David L. and Roger T. Ames. *Thinking through Confucius.* Albany: SUNY,1987

Hall, W. E. *International Law.* Oxford: Clarendon Press,1880

Hardt, Michael. & Negri, Antonio. *Empire*, Cambridge, MA: Harvard University Press, 2000

滨下武志:《资本主义殖民地体制的形成与亚洲——十九世纪五十年代英国银行资本对华渗入的过程》,《日本中青年学者论中国史》(宋元明清卷),上海:上海古籍出版社,1995

滨下武志:《近代中国的国际契机——朝贡贸易体系与近代亚洲经济圈》,朱荫贵、欧阳菲译,北京:中国社会科学出版社,1999

Hamilton, David. "Adam Smith and the Moral Economy of the Classroom." *Journal of Curriculum Studies* 12 (1980): 281-298

Harding, Sandra. *The Science Question in Feminism*. Ithaca: Cornell University Press, 1986

路易斯·哈茨(Louis Hartz):《序文》,见本杰明·史华兹:《寻求富强:严复与西方》,叶凤美译,江苏人民出版社,1989

哈耶克(Friedrich A. von Hayek):《自由秩序原理》,邓正来译,北京:三联书店,1998

哈耶克:《致命的自负》,刘戟锋、张来举译,北京:东方出版社,1991

哈耶克:《个人主义与经济秩序》,贾湛、文跃然译,北京:北京经济学院出版社,1989

Hayek, Friedrich A. von. *The Counter-Revolution of Science*. Indianapolis: Liberty Press, 1979

——. *New Studies in Philosophy, Politics, Economics and the History of Ideas*. London: Routledge & Kegan Paul, 1978

——. *The Road to Serfdom*. London: Routledge & K. Paul, 1976

——. *Individualism and Economic Order*. Chicago: University of Chicago Press, 1969

——. *Studies in Philosophy, Politics and Economics*. London: Routledge & Kegan Paul, 1967

——. *The Constitution of Liberty*. Chicago: The University of Chicago Press,1960

——. *The Sensory Order*. London: Routledge & Kegan Paul,1952. (《感觉秩序》)

——. "Scientism and the Study of Society: Part II." *Economica* 10 (Feb. 1943): 34—63

——. "Scientism and the Study of Society: Part I." *Economica* 9 (Aug. 1942): 267—291

Herb, G. Henrik. "Mongolian Cartography." In *Cartography in the Traditional East and Southeast Asian Societies*, 682-5. Edited by J. B. Harley and David Woodward. Vol. 2, Book 2, *The History of Cartography*. Chicago: University of Chicago press, 1994

Herman, John E. "Empire in the Southwest: Early Qing Reforms to the Native Chieftain System." *Journal of Asian Studies* 56,(1997): 47-74

Heuschert, Dorothea. "Legal Pluralism in the Qing Empire: Manchu Legislation for the Mongtols." *The International History Review* 20, no. 2 (June 1998): 310-324

Hevia, James L. *Cherishing Men From Afar*. Durham: Duke University Press,1995

Hisenberg, Werner. *Physics and Philosophy*. Translated by Pomerans, A. J. London: Hutchinson,1958

——. *The Physicist's Conception of Nature*. N. Y.: Harper and Row,1962

Holmgren, Jennifer. "Widow Chastity in the Northern Dynasties." In *Papers on Far Eastern History* 23 (1981): 165-186

霍伊卡(R. Hooykaas):《宗教与现代科学的兴起》,钱福庭、丘仲辉、许列民译,四川人民出版社,1991

霍克海默尔(Max Horkheimer):《唯物主义和道德》,载《社会研究杂志》,第二卷,第二册,莱比锡,1933

Horkheimer, *Max. Eclipse of Reason.* New York: Oxford University Press, 1974

Horkheimer, Max and Theodor W. Adorno. *Dialectic of Enlightenment.* Translated by John Cumming. New York: The Continuum Publishing Company, 1972

Hoskin, K. W. & R. H. Macve, "Accounting as Discipline: The Overlooked Supplement." In *Knowledges: Historical and Critical Studies*, edited by Ellen Messer-Davidow et al. Charlottesville, VA.: University of Virginia, 1993, pp. 25-53. 中译文:《会计学:一门学科规训》,见《学科·知识·权力》,牛津大学出版社,1996,页57—89

Hostetler, Laura. "Qing Connections to the Early Modern World: Ethnography and Cartography in Eighteenth-Century China." *Modern Asian Studies* 34, no. 3 (2000): 623-662

霍伊(C. M. Hoy):《自由主义政治哲学》(*A Philosophy of Individual Freedom*),刘锋译,三联书店,1992

Hucker, Charles. *A Dictionary of Official Titles in Imperial China.* Stanford: Stanford University Press, 1985

亨特(Ian Hunter):《充当一种志业的人格》,《学科·知识·权力》,香港岭南学院翻译系文化/社会研究译丛编委会编,牛津大学出版社,1996,页113—161

Hunter, Ian. "Personality as a Vocation: The Political Rationality of the Humanities." In *Foucault's New Domain*, edited by M. Gane and T. Johnson, 153-192. London: Routledge, 1991

Huters, Theodore. "Appropriations: Another Look at Yan Fu and Western Ideas."《学人》第9辑,1996,页259—356

赫胥黎(Thomas H. Huxley):《进化论与伦理学》,进化论与伦理学翻译组译,科学出版社,1971

威廉·詹姆士（William James）:《多元的宇宙》,北京:商务印书馆,1999

威廉·詹姆士:《实用主义》,北京:商务印书馆,1989

威廉·詹姆士:《彻底的经验主义》,庞景仁译,上海:上海人民出版社,1965

James, William. *Pragmatism and the Meaning of Truth*. Cambridge: Harvard University Press, 1975

Jameson, Fredric. "Foreword." In Jean-Franscois Lyotard, *The Postmodern Condition: A Report on Knowledge*, xi-xii. Minneapolis: the University of Minnesota Press, 1989

——. "Third-World Literature in the Era of Multinational Capitalism." *Social Text* 15 (Fall 1986): 65-88

Janowitz, Morris. *Military Conflict: Essays in the institutional Analysis of War and Peace*. Beverly Hills: Sage, 1975

Jaspers, Karl. *The Origin and Goal of History*. New Haven: Yale University Press, 1953.《历史的起源与目标》,魏楚雄、俞新天译,华夏出版社,1989

Kennedy, Paul. "The Influence and the Limitations of Sea Power." *The International History Review* 10, no. 1 (February 1998): 2-17

Kim, Key-hiuk. *Korea, Japan, and the Chinese Empire*, 1860-1882. Berkeley: University of California Press, 1980

木山英雄:《"文学复古"与"文学革命"》,《学人》,第10辑,江苏文艺出版社,1996,页239—269

近藤一成:《王安石科举改革》,《日本中青年学者论中国史·宋元明清卷》,北京:中华书局,1995

Koyre, *Alexandre*. *From the Closed World to the Infinite Universe*. Baltimore: Johns Hopkins University Press, 1957

Krasner, Stephen. "The Rules of Sovereignty: How Constraining?" 2000年11月7日在 Wissenschaftskolleg zu Berlin 所做报告

——. "Globalization and Sovereignty"论文稿

——. "Organized Hypocrisy in 19th Century East Asia"论文稿

Kuhn, Philip A. *Rebellion and Its Enemies in Late Imperial China*, *Militarization and Social Structure*, 1796-1864. Cambridge, Massachusetts: Harvard University Press, 1970

托马斯·库恩(Thomas Kuhn):《是发现的逻辑还是研究的心理学?》,见伊姆雷·拉卡托斯、艾兰·马斯格雷夫编,周寄中译:《批判与知识的增长》,华夏出版社,1987

郭颖颐(Kwok, D. W.):《中国现代思想中的唯科学主义》(Scientism in Chinese Thought 1900-1950, Yale, 1965),南京:江苏人民出版社,1989

让·拉特利尔(Jean Ladrière):《科学和技术对文化的挑战》,北京:商务印书馆,1997

伊姆雷·拉卡托斯(Imre Lakatos):《科学研究纲领方法论》,上海译文出版社,1987

伊姆雷·拉卡托斯、艾兰·马斯格雷夫编:《批判与知识的增长》,周寄中译,华夏出版社,1987

Langlois, John D. Jr. "Law, Statecraft, and the Spring and Autumn Annals in Yuan Political Thought." In *Yuan Thought*, *Chinese Thought and Religion under the Mongols*, edited by Hok-lam Chan and William Theodore de Bary, 89-152. New York: Columbia University Press, 1982

Latour, Bruno and Steve Woolgar. *Laboratory Life: The Social Construction of Scientific Facts*. Beverly Hills and London: Sage Publications, 1979

Latour, Bruno. *The Pasteurization of France*. Translated by Alan Sheridan and John Law. Cambridge, Mass.: Harvard University Press, 1988

——. *Science in Action*. Cambridge, Massachusetts: Harvard University Press, 1987

Lattimore, Owen and Eleanor Lattimore, *The Making of Modern China: A Short History*. London: George Allen & Unwin Ltd, 1945

Lattimore, Owen. *Asia in a New World Order*. New York: Foreign Policy Association, Inc., 1942

——. *Inner Asian Frontiers of China*. New York: America Geographical Society, 1940

Lawrence, T. J. *The Principles of International Law*. Boston: Macmillan, 1923

威廉·莱斯（William Leiss）:《自然的控制》,岳长龄、李建华译,重庆出版社,1993

Leiss, William. *The Domination of Nature*. Boston: Beacon Press, 1974

Leonard, Jane Kate. *Wei Yuan and China's Rediscovery of the Maritime World*. Cambridge, Mass.: Council on East Asian Studies, Harvard University, 1984

列文森（Joseph R. Levenson）:《梁启超与中国近代思想》,四川人民出版社,1986

Levenson, Joseph R. *Confucian China and its Modern Fate: The Problem of Intellectual Continuity*. Berkeley: University of California Press, 1968

Liu, Lydia H. "Legislating the Universal: The Circulation of International Law in the Nineteenth Century." In *Tokens of Exchange*, edited by Lydia H. Liu, 127-164. Durham: Duke University Press, 1999

Lockwood, Stephen. *Augustine Heard and Company 1858-1862; American Merchants in China*. Cambridge, Mass.: East Asia Research center, Harvard University, 1971

Loewe, Michael. "Imperial Sovereignty: Dong Zhongshu's Contribution and His Predecessors." In *Foundations and Limits of State Power in China*, edited by Schram, S. R., 33-58. Hongkong: Chinese University Press, 1987

乔治·卢卡契:《历史和阶级意识——马克思主义辩证法研究》,张西平译,重庆出版社,1989

Lyotard, Jean-Franscois. *The Postmodern Condition*: *A Report on Knowledge*. Minneapolis: The University of Minnesota Press, 1989

Ma, L. J. C. *Commercial Development and Urban Change in Sung China*. Ann Arbor: University of Michigan, 1971

Macey, David. *The Lives of Michel Foucault*. London: Hutchinson, 1993

A. 麦金太尔(Alasdair MacIntyre):《德性之后》,龚群、戴扬毅等译,北京:中国社会科学出版社,1995

A. 麦金太尔:《马尔库塞》,邵一诞译,北京:中国社会科学出版社,1992

MacIntyre, Alasdair. *After Virtue*: *A Study in Moral Theory*. Notre Dame, Ind.: University of Notre Dame Press, 1984

——. *Marcuse*. New York: The Viking Press, 1970

Madison, Gary B. "How Individualistic is Methodological Individualism?" *Critical Review* (Winter-spring, 1990): 41-60

Mahan, Alfred Thayer. *The Influence of Sea Power upon the French Revolution and Empire*, reprint London, 1982

——. *Sea Power in its Relations to the War of* 1812. London, 1905

——. *The Influence of Sea Power upon History*, 1660-1783. 1 ed. Boston, 1890, reprint London, 1965

麻上义辉编:《西周哲学著作集》,岩波书店,昭和八年

Marcuse, Herbert. *One-Dimensional Man*. Boston: Beacon Press, 1964

Martens, F. de. *Traité de Droit International*, translated Alfred Leo. Paris, 1883-87

丁韪良译:惠顿著,《万国公法》,北京:京师同文馆,1864

Martin, W. A. P. *Hanlin Papers, Second Series, Essays on the History, Philosophy, and Religion of the Chinese*. Shanghai: Kelly & Walsh. The Tientsin Press, 1894

马克思（Karl Marx）:《德意志意识形态》,《马克思恩格斯全集》第3卷,人民出版社,1965

马克思:《资本论》,北京:人民出版社,1963

马克思:《马克思恩格斯全集》,北京:人民出版社,1965

马森（Mary Gertrude Mason）:《西方的中华帝国观》(Western Concepts of China and the Chinese),北京:时事出版社,1999

McCarthy, Thomas. "Translator's Introduction." In Jürgen Habermas, *Legitimation Crisis*. Boston: Beacon Press, 1975

Merrington, John. "Town and Country in the Transition to Capitalism." *New Left Review* 93 (Sep.-Oct. 1975): 71-72

Maynard M. Metcalf,《科学与近世文明》,任鸿隽译,《科学》月刊第4卷第4期。最初发表在美国的《科学月刊》(The Scientific Monthly) 5月号

Mill, John Stuart. *A System of Logic: Ratiocinative and Inductive. In Collected Works of John Stuart Mill*, Vol. VIII. Toronto: University of Toronto Press, 1974

沟口雄三:《中国公私概念的发展》,《国外社会科学》,1998年第1期

沟口雄三:《中国前近代思想的演变》,索介然、龚颖译,北京:中华书局,1997

沟口雄三:《中国理气论的形成》,见沟口雄三等编:《在亚洲思考(7)·世界像的形成》,东京:岩波书店

沟口雄三:《中国的思想 》,东京:东京放送大学振兴会,1991

宫崎市定:《宋元时代的法制和审判机构》,《日本学者研究中国史论著选译》（八）,北京:中华书局,1992

宫崎市定:《东洋的近世》,《日本学者研究中国史论著选译》（一）,北京:中华书

局,1992

宫崎市定:《晋武帝的户调式》(《东亚经济研究》十九),《日本学者研究中国史论著选译》(一),北京:中华书局,1992

宫崎市定:《九品官人法的研究——科举前史》,东洋史研究会,1965

内藤湖南:《概括的唐宋时代观》,《日本学者研究中国史论著选译》(一),北京:中华书局,1992

中村哲:《中国前近代史理论的重构》,《中国前近代史理论国际学术研讨会论文集》,武汉大学中国三至九世纪研究所编,武汉:湖北人民出版社,1997

李约瑟(Joseph Needham):《中国科学技术史》,北京:科学出版社,1990

Needham, Joseph. *Science and Civilization in China*. Cambridge, 1954

Nietzsche, Friedrich. *On the Genealogy of Morality*. Edited by Keith Ansell-Pearson. Cambridge: Cambridge University, 1994

尼采(F. Nietzsche):《论道德的谱系》,周红译,北京:三联书店,1992

尼采:《权力意志》,张念东、凌素心译,商务印书馆,1991

Oppenheim, Lassa. *International Law*, London: Longmans, Green, and Co., 1905

大谷敏夫:《〈海国图志〉对"幕末"日本的影响》,见《魏源思想研究》,杨慎之、黄丽镛编,页361—362,长沙:湖南人民出版社,1987

Parsons, Talcott. "Introduction." In Herbert Spencer, *The Study of Sociology*, v-vi. Ann Arbor: The University of Michigan Press, 1961

Pelliot, Paul. "Notes critiques d'hisstoire Kalmouke." *Oeuvres Posthumes*. Paris, 1960

Perdue, Peter C. "Boundaries, Maps, and Movement: Chinese, Russian, and Mongolian Empires in Early Modern Central Eurasia." *The International History Review* 20, no. 2 (June 1998): 263-286

Petech, Luciano. *China and Tibet in the Early XVIIIth Century*. Leiden, 1972

博兰尼（Karl Polanyi）：《巨变：当代政治、经济的起源》，黄树民、石佳音、廖立文译，台北：远流出版事业股份有限公司，1989

Polanyi, Karl. *The Livelihood of Man.* Edited by Harry W. Pearson. New York: Academic Press, 1977

——. *The Great Transformation: The Political and Economic Origins of Our Time.* Boston: Beacon Press, 1944

Pomeranz, Kenneth. *The Great Divergence: China, Europe, and the Making of the Modern World Economy.* Princeton: Princeton University Press, 2000

卡尔·波普尔（Karl R. Popper）：《科学哲学的主要问题》，《科学知识进化论》，三联书店，1987

卡尔·波普尔：《历史决定论的贫困》(The Poverty of Historicism)

Popper, Karl Raimund. *Conjectures and Refutations: The Growth of Scientific Knowledge.* London: Routledge & K. Paul, 1969

——. *The Open Society and Its Enemies.* London: Routledge and Kegan Paul, 1966

——. *The Logic of Scientific Discovery.* London: Hutchinson, 1959

Prusek, Jaroslav. *The Lyrical and The Epic: Studies of Modern Chinese Literature.* Edited by Leo Ou-fan Lee. Bloomington: Indiana University Press, 1980

Pye, Lucian W. *The Spirit of Chinese Politics.* Cambridge, Mass: The MIT Press, 1968

Randall, John H. *Aristotle.* N. Y.: Columbia University Press, 1960

Rawls, John. "The Law of Peoples." *Critical Inquiry* 20, no. 1 (Autumn 1993): 36-68

Roche III, G. C. "The Relevance of Friedrich A. Hayek." In *Essay on Hayek*, edited by F. Machlup. London: Routledge & Kegan Paul, 1977

Roemer, John E. *Free to Lose: An Introduction to Marxist Economic Philosophy.* Cambridge, Mass: Harvard University Press, 1988

Rothblatt, S. Tradition and Change in Liberal Education: An Essay in History and Culture. London: Faber & Faber, 1976

A. 施密特(Alfred Schmidt):《马克思的自然概念》(Der Begriff der Natur in der Lehre von Marx),商务印书馆,1988

Schram, S. R., ed. Foundations and Limits of State Power in China. Hong Kong: Chinese University Press, 1987

本杰明·史华兹(Benjamin Schwartz):《寻求富强:严复与西方》,叶凤美译,江苏人民出版社,1989

Schwartz, Benjamin. In Search of Wealth and Power: Yen Fu and the West. Cambridge, Mass.: Harvard University Press, 1964

冈特·绍伊博尔德(Günter Seubold):《海德格尔分析新时代的科技》,宋祖良译,中国社会科学出版社,1993

岛田虔次:《六经皆史说》,《日本学者研究中国史论著选译》(七),北京:中华书局,1993

周藤吉之:《宋代的官僚制和大土地占有》,《日本学者研究中国史论著选译》(五),北京:中华书局,1993

Shumway, David R. and Ellen Messer-Davidow. "Disciplinarity: An Introduction." Poetics Today 12, no. 2 (Summer 1991): 201-225. 又见《学科·知识·权力》,牛津大学出版社,1996,页1—19

丹尼斯·史密斯(Dennis Smith):《历史社会学的兴起》,周辉荣、井建斌等译,上海:上海人民出版社,2000

Smith, Dennis. The Rise of Historical Sociology. London: Polity Press Limited, 1991

Spencer, Herbert. Herbert Spencer: Structure, Function and Evolution, edited with an introduction by Stanislav Andreski. London: Thomas Nelson and Sons LTD, 1971

——. *The Principles of Sociology*. Hamden, Connecticut: Archon Books, 1969

——. *The Study of Sociology*. Ann Arbor: The University of Michigan Press, 1961

——. *First Principles*. Vol. 1, Synthetic Philosophy. New York: D. Appleton and Company, 1890

Stavrianos, L. S. :《全球分裂》,迟越、王红生译,商务印书馆,1995

Strahlenberg, Philipp Johann. *A HistoricoK-Geographical Description of the North and Eastern Part of Europe and Asia*. London, 1736

Taylor, Charles. *Sources of the Self: The Making of the Modern Identity*. Cambridge: Harvard University Press, 1989

寺田浩明:《明清时期法秩序中"约"的性质》,见滋贺秀三等著:《明清时期的民事审判与民间契约》,北京:法律出版社,1998

威廉·托马斯(William Thomas):《穆勒》,李河译,中国社会科学出版社,1992

Thomas, William. *MILL*. Oxford University Press, 1985

Thomson, J. Arthur. *An Introduction to Science*(Chapter IV),唐钺译《科学的分类》(上、下),《科学》月刊第2卷第8期

Tiles, Mary and Hans Oberdiek. *Living in a Technological Culture: Human Tools and Human Values*. London and New York: Routledge, 1995

田浩(Hoyt C. Tillman):《功利主义儒家:陈亮对朱熹的挑战》,南京:江苏人民出版社,1997

Tillman, Hoyt Cleveland. *Utilitarian Confucianism: Ch'en Liang's Challenge to Chu Hsi*. Cambridge, Mass.: the Council on East Asian Studies, Harvard University, 1982

田浩:《80年代中叶以来美国的宋代思想史研究》,《中国文哲研究通讯》(台北),第三卷,第四期

托克维尔（Tocqueville）:《旧制度与大革命》,北京:商务印书馆,1992

宇都宫清吉:《东洋中世史的领域》,《日本学者研究中国史论著选译》(一),北京:中华书局,1992

Waley-Cohen, Joanna. "Religion, War, and Empire-Building in Eighteenth-Century China." *The International History Review* 20, no. 2（June 1998）: 336-352

——. *Exile in Mid-Qing China: Banishment to Xinjiang*（1758-1820）. New Haven: 1991

Wallerstein, Immanuel 等著,《开放社会科学——重建社会科学报告书》,刘锋译,牛津大学出版社,1996

伊曼纽尔·沃勒斯坦（Immanuel Wallerstein）:《现代世界体系》,北京:高等教育出版社,1998

Wallerstein, Immanuel. *The Capitalist World-Economy: Essays*. Cambridge（England）& New York: Cambridge University Press, 1979

——. *The Modern World-System*. New York: Academic Press, 1974

Wang, Gengwu. "Merchants without Empire." In *The Rise of Merchant Empires*, edited by James Tracy, 400-421. Cambridge: Cambridge University Press, 1990

马克斯·韦伯（Max Weber）:《儒教与道教》,洪天富译,南京:江苏人民出版社,1993

马克斯·韦伯:《新教伦理与资本主义精神》,于晓、陈维纲译,北京:三联书店,1987

Weber, Max. "The Social Psychology of the World Religions." In *From Max Weber: Essays in Sociology*, edited by Gerth and Mills. New York: Oxford University Press, 1946

——. *Economy and Society*. Edited by G. Roth and C. Wittich. Berkeley: University of

California Press, 1978

White, Andrew D. *A History of the Warfare of Science with Theology in Christendom*. New York: Appleton and Company 1898, reprint 1914

A. N. ·怀特海,(A. N. Whitehead):《科学与近代世界》,北京:商务印书馆,1959

文德尔班(Wilhelm Windelband):《哲学史教程》,罗达仁译,北京:商务印书馆,1993

Woolsey, T. D. *Introduction to the Study of International Law*. London: Sampson Law, Marston, Searle & Rivington, 1879

萧公权:《近代中国与新世界:康有为变法与大同思想研究》,汪荣祖译,南京:江苏人民出版社,1997

萧公权:《康有为思想研究》,汪荣祖译,台北:联经出版事业公司,1988

Yasuaki, Onuma. "When was the Law of International Society Born.-An Inquiry of the History of International Law from an Intercivilizational Perspective." *Journal of the History of International Law* 2 (2000): 1-66

Yee, Cordell D. K. "Traditional Chinese Cartography and the Myth of Westernization." In *Cartography in the Traditional East and Southeast Asian Societies*, edited by J. B. Harley and David Woodward, 170-202. Vol. 2, book 2. *The History of Cartography*. Chicago: University of Chicago Press, 1994

吉田纯:《"阅微草堂笔记"小论》,《中国——社会与文化》,第四号,1989,页182—186

吉田松阴:《野山狱文稿·读筹海篇》,转引自大谷敏夫:《〈海国图志〉对"幕末"日本的影响》,见杨慎之、黄丽镛编:《魏源思想研究》,长沙:湖南人民出版社,1987

吉田松阴:《野山狱文稿·西游日记》,转引自萧致治:《评魏源的〈海国图志〉及其

对中日的影响》,《魏源思想研究》

柳田节子:《宋代乡村的户等制》,《日本学者研究中国史论著选译》(五),北京:中华书局,1993

桑原骘藏:《历史上所见的南北中国》,《日本学者研究中国史论著选译》(一),北京:中华书局,1993

植松正:《元初法制论考——重点考察与金制的关系》,《日本中青年学者论中国史·宋元明清卷》,页298—328,上海:上海古籍出版社,1995

三、史料类目录

《大藏经》卷四十六

《1912年1月19日教育部公布普通教育暂行办法通令》和《1912年1月19日教育部公布普通教育暂行课程标准》,朱有瓛主编:《中国近代学制史料》第三辑上册

《1912我一:临时教育会议日记》,朱有瓛主编:《中国近代学制史料》第三辑上册

《1915年1月袁世凯:特定教育纲要》,朱有瓛主编:《中国近代学制史料》第三辑上册

班固:《白虎通义》,丛书集成本,上海:商务印书馆,1937年

《别本韩文考异》,文渊阁四库全书本

鲍少游译述:《论人类化学成分》,《科学》月刊第4卷第4期

贝琼:《清江贝先生文集》,四部丛刊本

秉志:《生物学与社会学之关系》,《科学》月刊第6卷第10期

蔡襄:《宋端明殿学士蔡忠惠公文集》,(清)蔡士舢等校,福建蔡氏逊敏斋刻本,雍正十二年

蔡元培:《为科学社征集基金启》,见任鸿隽:《中国科学社社史简述》,《文史资料选辑》第15辑

蔡元培:《蔡元培选集》,中华书局,1959

陈大齐:《辟灵学》,《新青年》第4卷第5号

陈独秀、胡适:序文,《科学与人生观》,上册,上海亚东图书馆,1923

陈独秀:《一九一六年》(1916年1月15日),《新青年》第1卷第5号

陈独秀:《东西民族根本思想之差异》,《青年杂志》第1卷第4号

陈独秀:《今日之教育方针》(1915年10月15日)、《人类真义》(1918年2月15日)

陈独秀:《克林德碑》,《新青年》第5卷第5号

陈独秀:《关于北京大学的谣言》(1919年3月),《新青年》

陈独秀:《再论孔教问题》(1917年1月1日),见《新青年》第2卷第5号

陈独秀:《吾人最后之觉悟》,《新青年》第1卷第6号

陈独秀:《圣言与学术》,《新青年》第5卷第2号

陈独秀:《孔子之道与现代生活》(1916年12月1日),《新青年》第2卷第4号

陈独秀:《学术与国粹》,《新青年》第4卷第4号

陈独秀:《学术独立》,《新青年》第5卷第1号

陈独秀:《宪法与孔教》(1916年11月1日),见《新青年》第2卷第3号

陈独秀:《当代二大科学家之思想》,《新青年》第2卷第1号

陈独秀:《敬告青年》,《新青年》第1卷第1号

陈独秀:《法兰西人与近世文明》,《青年杂志》第1卷第1号

陈独秀:《科学与人生观序》,《新青年》(季刊)第2期

陈独秀:《科学与神圣》,见《独秀文存》页551页,安徽人民出版社,1987

陈独秀:《答叶挺》(1917年2月1日),见《新青年》第2卷第6号

陈独秀:《答崇拜王敬轩者》(1918年6月15),《新青年》4卷6号

陈独秀:《答适之》(1923年12月9日),见《科学与人生观》,上海:亚东图书馆,1923

陈独秀:《袁世凯复活》(1916年12月1日),《新青年》第2卷第4号

陈独秀:《调和论与旧道德》,《新青年》第7卷第1号

陈独秀:《质问"东方杂志"记者——"东方杂志"与复辟问题》

陈独秀:《近代西洋教育》,《新青年》第3卷第5号

陈独秀:《随感录》(一),《新青年》第4卷第4号

陈独秀:《驳康有为致总统总理书》,《新青年》第2卷第2号

陈棐:《拱辰楼赋并序》,《山西通志》卷二百二十,文渊阁四库全书本

伧父:《战后东西文明之调和》,《东方杂志》第14卷第4号

伧父:《静的文明与动的文明》,《东方杂志》第13卷第10号

陈澧:《东塾集》,清光绪十八年刻本

陈亮:《龙川文集》,四库备要本

陈天华:《论中国宜改创民主政体》(1905年11月),《民报》第1号

陈训慈、方祖猷:《万斯同年谱》,香港:香港中文大学,1991,页210

陈振孙:《直斋书录解题》,清光绪二十至二十一年刻本

程颢、程颐:《二程集》,北京:中华书局,1981

《筹办夷务始末》,台北:文海出版社,1971

《春秋左传注》,杨伯峻编著,北京:中华书局,1981

《春秋公羊解诂》,何休,《四部丛刊》,上海涵芬楼版

《春秋公羊注疏》,北京:中华书局,1980年

《春秋公羊传注疏》,北京:北京大学出版社,1999年

崔适:《史记探源》,张烈点校,北京:中华书局,1986

《大金德运图说》,文渊阁四库全书本

戴望:《管子校正》,《诸子集成》本,上海:上海书店,1986

戴震:《戴震全集》,北京:清华大学出版社,1991

《大清会典》,福载等撰修

《大清律例汇辑便览》,光绪二十四年刻本

邓实:《国学讲习记》,《国粹学报》1906年第19期社说

邓广铭点校:《陈亮集》,北京:中华书局,1987年

丁文江:《玄学与科学——评张君劢的"人生观"》,《人生观之论战》(中)

董士锡:《易说序》,见《味经斋遗书》卷首

东荪:《突变与渐变》,《时事新报》,1919年10月1日

董仲舒:《春秋繁露》,凌曙注,中华书局,1991年,影印本

董仲舒:《春秋繁露义证》,苏舆撰,中华书局,1992年

董仲舒:《贤良对策》,《汉书》,北京:中华书局,1962,页2503—2504

杜亚泉(伧父):《何谓新思想》,1919年11月《东方杂志》第16卷第11号

杜亚泉:《亚泉杂志·序》,《亚泉杂志》第1期

杜亚泉:《亚泉杂志序》(1900年11月),《亚泉杂志》第1期

杜亚泉:《定性分析·后记》,《亚泉杂志》第4册

杜亚泉:《新旧时代之折中》,《东方杂志》第16卷第9号

杜亚泉:《物质进化论》,1905年《东方杂志》第2卷第4号

段玉裁:《与王石瞿书》,转引自钱穆《中国近三百年学术史》,北京:中华书局,1986

段玉裁:《戴东原先生年谱》,《戴震全集》(六),北京:清华大学出版社,1997

段玉裁:《戴东原集序》,见《戴震全集》,北京:清华大学出版社,1997

段玉裁:《说文解字注》,扬州:江苏广陵古籍刻印社,1997

范源濂:《为中国科学社警告热心公益诸君》,见任鸿隽:《中国科学社社史简述》,

《文史资料选辑》,第15辑

方孝孺:《逊志斋集》,万有文库本,上海:商务印书馆,1936年

冯桂芬:《显志堂稿》,光绪三年刻本

佛:《科学与反科学》,《科学》月刊第9卷第1期

佛:《非"科学万能"》,《科学》月刊第5卷第8期

傅斯年:《中国学术思想界之谬误》,《新青年》第4卷第4号

傅斯年:《人生问题发端》,《新潮》第1卷第1号

傅斯年:《傅斯年全集》,台北:联经出版事业公司,1980年

高攀龙:《高子遗书》,陈龙正编,文渊阁四库全书,第1292册

高诱:《吕氏春秋注》,《诸子集成》本,上海:上海书店,1986

攻法子:《敬告我乡人》,《浙江潮》第2期,1903年3月出版。又见《辛亥革命前十年间时论选集》第1卷下册

郭象注:《庄子》,上海:上海古籍出版社,1989

龚自珍:《六经正名》,张舜徽编选:《文献学论著辑要》,西安:陕西人民出版社,1985

龚自珍:《龚定庵全集类编》,北京:中国书店,1991

龚自珍:《龚自珍全集》,中华书局,1959

《古德诺拟中华民国宪法草案》,《宪法新闻》第13期

顾栋高:《春秋大事表》,文渊阁四库全书本

《古顾问之宪法谈》,《宪法新闻》第12期

顾宪成:《小心斋劄记》,冯从吾、高攀龙校,台北广文书局1975年影印光绪丁丑重刊宗祠藏板

顾宪成:《顾端文公遗书》,光绪三年刻本

顾炎武:《日知录集释(外七种)》,黄汝成集释,上海:上海古籍出版社,1985

顾炎武:《音学五书》,北京:中华书局,1982

顾炎武:《顾亭林诗文集》,北京:中华书局,1983

《古今图书集成》

郭庆藩:《庄子集释》,北京:中华书局,1961

过探先译、培蕾博士文:《永久农业与共和》,《科学》月刊第4卷第8期

郭象:《庄子注》,上海:上海古籍出版社影印浙江书局本,1989

《国语》,上海古籍出版社,1978年

蛤笑:《论地方自治之亟》,《东方杂志》5卷3期,1908年4月;又见《辛亥革命前十年间时论选集》第3卷,页9—10。北京:三联书店,1977

《汉书》,班固,北京:中华书局,1962

何鲁:《科学与和平》,《科学》月刊第5卷第2期

何建章:《战国策注释》,北京:中华书局,1990年

洪榜:《与朱筠书》,见江藩《汉学师承记(外二种)》,页117

洪榜:《戴先生行状》,《戴震全集》(六),页3383

《后汉书》,范晔撰,北京:中华书局,1965

胡炳文:《四书通·孟子通》,文渊阁四库全书本

胡祗遹:《论定法》,见《紫山大全集》卷二十二,文渊阁四库全书本

胡汉民:《民报之六大主义》,《民报》第3号

胡宏:《知言》,文渊阁四库全书本

胡明复:《科学方法论一,科学方法与精神之大概及其实用》,《科学》月刊第2卷第7期

胡明复:《科学方法论二,科学之律例》,《科学》月刊第2卷第9期

胡明复:《近世科学的宇宙观》,《科学》第1卷第3号

胡适:《先秦诸子进化论》,《科学》月刊第3卷第1期

胡适:《几个反理学的思想家》,收入《胡适文存》第3集第2卷。原为胡适在上海东亚同文书院讲演《中国近三百年的四个思想家》

胡适:《四十自述》,见吴福辉编《胡适自传》,南京:江苏文艺出版社,1995

胡适:《戴东原的哲学》,上海:商务印书馆,1927

胡适:《留学日记》,台北:商务印书馆,1958

胡适:《真如岛》发表于《旬报》1906年

胡适:《胡适文存》,上海亚东图书馆,1924

胡适:《胡适的自传》(口述史),《胡适研究资料》,北京:十月文艺出版社,1989

胡适:《藏晖室札记》,上海:亚东图书馆,1939

《胡适研究丛录》,北京:三联书店,1989

《胡适研究资料》:陈金淦编,北京:北京十月文艺出版社,1989

《胡适哲学思想资料选》:华东师范大学出版社,1981

胡先骕:《增订浙江植物名录》《科学》月刊7卷9期

胡先骕:《说文植物古今证》,《科学》月刊10卷6—7期

胡先骕:《达尔文天演学说今日之位置—美国斯丹福(Stanford)大学昆虫教授开洛格(Kellogg)造论》,《科学》月刊第2卷第7期

黄昌谷:《科学与知行》(1920),《科学》月刊第5卷第10期

黄节:《国粹学报叙》,《国粹学报》第1期,1905年3月23日,上海

《皇清经解》,阮元编撰

黄震:《黄氏日抄》,文渊阁四库全书本

黄宗羲:《黄宗羲全集》,杭州:浙江古籍出版社,1987

黄宗羲:《黄宗羲南雷杂著稿真迹》,杭州:浙江古籍出版社,1987

黄宗羲编:《明儒学案》,见《黄宗羲全集》

黄遵宪:《日本国志》,光绪年间刻本

《皇朝经世文编》,贺长龄辑

《华严发菩提心章》,《大正藏》卷四五

惠栋:《九经古义》,《皇清经解》本

惠栋:《九经古义述首》,《松崖文钞》,聚学轩丛书本,卷一

惠栋:《周易述》,乾隆二十五年刻本

惠栋:《易例上》,见杨向奎:《清儒学案新编》(三),济南:齐鲁书社,1994

惠栋:《易汉学》,文渊阁四库全书本,并参考百部丛书集成影印经训堂丛书本

恽敬:《大云山房文稿》,万有文库本,上海:商务印书馆,1936年

纪昀:《四库全书总目提要序》

江藩:《国朝宋学渊源记》,见钱锺书主编、朱维铮执行主编《汉学师承记(外二种)》

江藩:《汉学师承记》,见钱锺书主编、朱维铮执行主编、徐洪兴编校的江藩、方东树《汉学师承记(外二种)》,北京:三联书店,1998

蒋梦麟:《世界大战后吾国教育之重点》,《教育杂志》第10卷第10号

蒋梦麟:《新旧与调和》(1919年10月13、14日),《晨报》

蒋中正:《吴敬恒先生百年诞辰颂词》,见张文伯:《吴稚晖先生传记》(上册),台北:传记文学社,1969

焦竑:《老子翼》卷七引,浙西村舍刊本

焦循:《雕菰集》,清道光四年刻本

焦循:《孟子正义》,沈文倬校点,北京:中华书局,1987

《晋书》,房玄龄编撰,北京:中华书局,1974年

金贤采:《宣统元年颂辞》,《华商联合报》第1期

金锡龄《七略与四部分合论》,见张舜徽编选:《文献学论著辑要》

荆门市博物馆编辑:《郭店楚墓竹简》,北京:文物出版社,1998

《旧唐书》,刘昫撰,北京:中华书局,1975年

康熙:《御制文集》,台北:世界书局,1986

康熙:《御纂朱子全书》御制序,文渊阁四库全书本

康有为:《康南海文集》,台北:文海出版社,1972

康有为:《康南海自编年谱(外二种)》,北京:中华书局,1992

康有为:《康子内外篇(外六种)》,北京:中华书局,1988

康有为:《康有为全集》,上海:上海古籍出版社,1987

康有为:《康有为政论集》,汤志钧编,北京:中华书局,1981

康有为:《救亡论》,此据《辛亥革命时期期刊介绍》第1册

康有为:《礼运注》,见《孟子微·礼运注·中庸注》,北京:中华书局,1987

康有为:《译纂俄彼得变政记成书可考由弱致强之故折》,见故宫博物院藏内府抄本:《杰士上书汇录》卷一

《〈科学世界〉简章》,《科学世界》第1期

孔广森:《春秋公羊通义》

雷梦辰:《清代各省禁书汇考》,北京:北京图书馆出版社,1989

李翱:《去佛斋论》,《全唐文》卷637,上海:上海古籍出版社,1990

李翱:《李文公集》,上海:上海商务印书馆影印本

李慈铭:《越缦堂日记》,上海:上海商务印书馆影印本,1936

李大钊:《东西文明根本之异点》,《言治》季刊第3册

李大钊:《物质变动与道德变动》,《新潮》第2卷第2号

李大钊:《由经济上解释中国近代思想变动的原因》,《新青年》第7卷第2号,1920年1月

李方子:《资治通鉴纲目后序》,见《御批资治通鉴纲目》卷首下,文渊阁四库全书本

李复:《潏水集》,文渊阁四库全书本

李塨:《颜元年谱》,李塨撰、王源订,陈祖武校,北京:中华书局,1992

李觏:《宋元学案》卷三《高平学案》,《黄宗羲全集》(三),杭州:浙江古籍出版社,1992

李觏:《李觏集》,北京:中华书局,1981年

李光地:《榕村全书》,道光间刻本

《礼记正义》,《十三经注疏》阮刻本,北京:中华书局,1980

《礼记注疏》,郑玄注,陆德明音义,孔颖达疏,文渊阁四库全书本

《礼记集解》,孙希旦,北京:中华书局,1989

李焘:《续资治通鉴长编》,北京:中华书局,1979

李贽:《焚书·续焚书》,北京:中华书局,1975

李贽:《焚书·经史相为表里篇》,见张舜徽:《史学三书平议》,北京:中华书局

李冶:《测圆海镜细草》,商务印书馆,丛书集成本,1936年

《梁启超年谱长编》,丁文江、赵丰田编,上海:上海人民出版社,1983

梁启超:《人生观与科学》,《人生观之论战》(中),上海:泰东图书局印行,1923

梁启超:《关于玄学科学论战之"战时国际公法"》,《科学与人生观》(上),上海亚东图书馆,1923

梁启超:《康有为传》,见《康南海自编年谱》(外二种),北京:中华书局,1992

梁启超:《梁启超论清学史二种》(《清代学术概论》及《中国近三百年学术史》),朱维铮校注,上海:复旦大学出版社,1985

梁启超:《梁启超选集》,上海:上海人民出版社,1982

梁启超:《清代学术概论》,台北:商务印书馆,1966

梁启超:《自由书·慧观》,《专集》之二

梁启超:《西学书目表》,上海时务报馆石印线装一册(光绪二十二年),北京图书馆藏《质学丛书》册八至册九收入此书

梁启超:《进化论革命者颉德之学说》,《文集》之十二

梁启超:《饮冰室合集》

梁廷枏:《合省国说》,海国四说本,清道光间刻本

廖平:《六译馆丛书》,民国二十二——二十四年刻本

廖平:《书经周礼皇帝疆域图表》见《新订六译馆丛书》,尚书类

廖平:《周礼新义凡例》,民国六年刻本

廖平:《地球新义》,民国二十四年刻本

廖平:《地球新义提要》见《光绪井研志·艺文志》卷十三,《中国地方志集成·四川府县志辑》第四十册,成都巴蜀书社1992年影印本

廖平:《廖平学术论著选集》,成都:巴蜀书社,1989

廖平:《治学大纲》,民国十年刻本

廖平:《重订谷梁春秋经传古义疏》,台北文海出版社,国学集要(二编)影印严氏孝义家塾丛书本。亦见《新订六译馆丛书》

《辽东志》(地方志),(明)毕恭等纂修,影印本

林森:《发刊词》,《科学世界》第1期

凌廷堪:《校礼堂文集》,安徽丛书第四期,1935

刘逢禄:《刘礼部集》,光绪壬辰年延晖承堂刊本

刘起釪:《尚书学史》,北京:中华书局,1989

刘邵:《人物志》,文渊阁四库全书

刘师培:《悲佃篇》,《民报》第15号

刘师培:《理学字义通释》,《北京大学百年国学文粹·哲学卷》,北京大学出版社,1998

刘师培:《群经大义相通论·"公羊""孟子"相通考》,见《中国现代学术经典·黄侃、刘师培卷》,石家庄:河北教育出版社,1996

柳宗元:《柳宗元集》,北京:中华书局,1979

柳宗元:《柳河东全集》,北京:中国书店,1991

刘(宗周)蕺山:《刘子全书》,东京:中文出版社,1981

刘(宗周)蕺山:《刘子遗书》(影印本),台北:台湾商务印书馆,1983

刘(宗周)蕺山:《刘蕺山集》,文渊阁四库全书,第1294册

吕留良:《十二科程墨观略》,天盖楼偶评,康熙刊本

吕留良:《吕晚邨先生四书讲义》,台北:光文书局,1978年影印本

吕留良:《天盖楼四书语录》,周在延编,康熙二十三年刊

陆世仪:《思辨录辑要》,丛书集成本

陆象山:《象山全集》(四部丛刊本)

陆象山:《陆九渊集》,北京:中华书局,1980

陆象山:《陆象山全集》,北京:中国书店,1992

鲁迅:《鲁迅全集》,北京:人民文学出版社,1982

陆贽:《陆宣公翰苑集》,上海:上海商务印书馆影印本

《伦理学厄言》,《科学一斑》第3期

《论语正义》,刘宝楠,北京:中华书局,1990

《论语译注》,杨伯峻,中华书局,1980年

罗台山:《尊闻居士集》,光绪七年刊

罗月霞主编:《朱濂全集》,浙江古籍出版社,1999

罗整庵:《整庵先生困知记》,丛书集成本

罗志希:《科学与玄学》,上海:商务印书馆,1927

马端临:《文献通考》,上海:商务印书馆,1936年

马其昶:《韩昌黎文集校注》,上海:上海古籍出版社,1986年

民:《普及革命》,该文连载于《新世纪》第15、17、18、19号,1907年9月至11月

《大明律例》,北京图书馆缩微,1989

《明史》,张廷玉等撰,北京:中华书局,1974

《明英宗实录》,柯潜等纂修,台北:"中央研究院"历史语言研究所影印本,1962

牟宗三、徐复观、张君劢和唐君毅:《为中国文化敬告世界人士宣言——我们对中国学术研究及中国文化与世界文化前途之共同认识》,又名《中国文化与世界》,1958年1月《民主评论》及《再生》

《南齐书》,北京:中华书局,1972

聂豹:《双江聂先生全集》

潘耒:《日知录·原序》,见《日知录集释(外七种)》,上

潘慎文:《教育会与中国整个教育的关系》,《中华教育杂志》第17卷第7号,页345—348(1896)

彭绍升:《一行居集》,民国十年金陵刻经处刊

彭绍升:《二林居集》,光绪辛巳季春刊本

钱崇树:《天演新义》,《科学》月刊第1卷第7期

钱大昕:《十驾斋养新录》,上海:上海书店,1983

钱大昕:《潜研堂文集》,上海:上海古籍出版社,1989

钱林:《文献征存录》,扬州:江苏广陵古籍刻印本社,1987

钱天鹤译:《天演新说》,《科学》月刊第4卷第12期。该文译自美国遗传学报1917年正月号

钱智修:《功利主义与学术》,《东方杂志》第15卷第6号

《钦定大清会典事例》

《清实录》

《清末筹备立宪档案史料》

《清史稿》

《清史资料》第一辑,北京:中华书局,1980

邱濬辑:《朱子家礼》

裘廷梁:《论白话为维新之本》,《中外大事汇记》,广益书局

全祖望:《鲒埼亭文集选注》,黄云眉选注,济南:齐鲁书社,1982

任鸿隽:《中国科学社之过去与未来》,见《科学》月刊第8卷第1期

任鸿隽:《中国科学社社史简述》,《文史资料选辑》第15辑,中国人民政治协商会议全国委员会文史资料研究委员会编,中华书局,1961年

任鸿隽:《何为科学家》,《科学》月刊第4卷第10期

任鸿隽:《吾国学术思想之未来》,《科学》月刊第2卷第12期

任鸿隽:《学会与科学》见《科学》月刊第7期

任鸿隽:《科学与教育》,《科学》月刊第1卷第12期

任鸿隽:《科学与近世文化》,《科学》月刊第7卷第7期

任鸿隽:《说"合理的"意思》(1919),《科学》月刊第5卷第1期

任鸿隽:《说中国无科学之原因》,《科学》第1卷第1号

阮孝绪:《七录序》,见张舜徽编选:《文献学论著辑要》

阮逸注《中说》卷五《问易篇》,文渊阁四库全书本

阮元:《庄方耕宗伯经说序》,见《味经斋遗书》卷首

阮元:《研经室集》,北京:中华书局,1993

阮元主修:《广东通志》,上海:上海商务印书馆影印本,1934

《尚书今古文注疏》,(清)孙星衍撰,中华书局,2004年

《尚书正义》,北京大学出版社,1999年

《上谕内阁》六年十月初六日

邵浚辑:《朱子学的》,丛书集成本

邵雍:《皇极经世》,上海:上海古籍出版社,1992(影印道藏本)

邵雍:《观物内篇》,见《道藏》本《观物篇》,上海:上海古籍出版社,1992年影印,
　　页23—24

沈善洪:《黄宗羲全集序》,《黄宗羲全集》第一册,页12

《盛京通志》,(清)吕耀曾等修,魏枢等纂,北京:全国图书馆缩微文献复制中心,
　　1992

《史记》,司马迁撰,北京:中华书局,1982

《诗经注疏》,文渊阁四库全书本

舒新城编:《中国近代教育史资料》,北京人民教育出版社,1961

《四库全书总目提要》,北京:中华书局,1965

《宋会要辑稿》,徐松编,台北:新文丰出版公司,1976

释契嵩:《镡津集》,文渊阁四库全书本

宋濂:《诸子辨》,见张舜徽编选《文献学论著辑要》

司马光:《资治通鉴》,北京中华书局,1987年

《宋名臣奏议》,文渊阁四库全书本

《宋史》,北京:中华书局,1977

宋翔凤:《论语发微》(原题《论语说义》),皇清经解续编本

宋玉卿编:《戊壬录》,《立储始末》,见《清代野史》第一辑

孙文:《孙中山全集》,北京:中华书局,1981

孙觌:《鸿庆居士集》卷九,文渊阁四库全书本

孙诒让:《墨子间诂》,《诸子集成》本,上海:上海书店,1986

唐才常:《唐才常集》,湖南省哲学社科研究所编,北京:中华书局,1980

《唐会要》,王溥等编,北京:中华书局,1955

唐钺:《心理现象与因果律》,《人生观之论战》(中),页93

唐钺:《科学与德行》,《科学》月刊第3卷第4期

参考文献　1657

陶行知:《陶行知全集》,湖南教育出版社,1985

陶宗仪:《辍耕録》,见《明文衡》

天嘏:《清代外史》第七篇第十一章《皇嗣之变更》,《清代野史》,第一辑

《通典》,杜佑撰,王文锦点校,北京:中华书局,1988

《通志二十略》,郑樵著,陈宗夔辑,北京:中华书局,1995

万斯同:《与从子贞一书》,转引自杨向奎著《清儒学案新编》(一),济南:齐鲁书社,1985

王安石:《临川先生文集》,北京:中华书局,1959

王安石:《临川先生文集》,万有文库本,商务印书馆,1929年

王安石:《王文公文集》,上海:上海人民出版社,1974

王褒:《圣主得贤臣颂》见《文选》

王勃:《王子安集》,上海古籍出版社,1992年

王本祥:《汽机大发明家瓦特传》,《科学世界》第9期

王本祥:《电气大王爱提森传》,《科学世界》第8期

王本祥:《论动物学之效用》,《科学世界》第6期

王本祥:《论理科与群治之关系》,《科学世界》第7期

王弼:《王弼集校释》,楼宇烈校释,北京:中华书局,1980

王夫之:《船山全书》,长沙:岳麓书社,1992

王艮:《王心斋全集》,台北广文书局1975年影印日本嘉永元年(1846)和刻本

王恽:《秋涧集》,文渊阁四库全书本

王畿:《王龙溪全集》,台北:华文出版社,1970年影印清道光二年重刻明万历刻本

汪缙:《明尊朱之指》,《二录》,汪子遗书本

汪缙:《汪子文录》,汪子遗集本,光绪八年刊

王琎:《中国之科学思想》,《科学》月刊第7卷第10期

王琎译:《哲学与科学》,威尔斯著,《科学》月刊第6卷第4期

汪精卫:《再驳"新民丛报"之政治革命论》,《民报》第6—7期

汪精卫:《民族的国民》《民报》第一期

汪精卫:《驳"新民丛报"最近之非革命论》,《民报》第四期

汪康年:《中国自强策》,见麦仲华辑:《皇朝经世文新编》,页三下

王世贞:《弇州四部稿·艺苑卮言》,见张舜徽:《史学三书平议》,北京:中华书局

汪叔潜:《新旧问题》,《青年杂志》第1卷第1号

王韬:《漫游随录》,岳麓书社,1985

王峤:《王忠文集》,文渊阁四库全书本

王无生:《述庵秘录》,《光绪帝之几废》,见《清代野史》第三辑

王先谦:《东华录》,台北:文海出版社,影印本,康熙朝

王先谦:《庄子集解》,《诸子集成》本,上海:上海书店,1986

王先谦:《荀子集解》,《诸子集成》本,上海:上海书店,1986

王先慎:《韩非子集解》,《诸子集成》本,上海:上海书店,1986

王阳明:《王阳明全集》(上、下),上海古籍出版社,1992

王祎:《王忠文公集》,万有文库本,上海:商务印书馆,1936年

汪兆铭:《满洲立宪与国民革命》,《民报》第8号

王缁尘:《国学讲话》,上海:世界书局,1935年

《万国新语之进步》,《新世纪》第35号

《魏书》,魏收编撰,北京:中华书局,1974

魏源:《圣武记》,上海:世界书局,1926

魏源:《海国图志》,陈华、常绍温、黄庆云、张廷茂、陈文源共同点校注释,长沙:岳麓书社,1998年11月第1版

魏源:《老子本义》,《诸子集成》本,上海:上海书店,1986

魏源：《魏源集》，北京：中华书局，1976

翁方纲：《复初斋文集》，台北：文海出版社影印本，1966

吴昌绶：《定庵先生年谱》，见《龚自珍全集》，上海：上海人民出版社，1975

吴澄：《吴文正公集》

吴澄：《草庐学案》，见《宋元学案》卷九十二，《黄宗羲全集》第六册，杭州：浙江古籍出版社，1992

吴汝纶：《吴汝纶序》，见严译名著丛刊，赫胥黎著《天演论》，商务印书馆，1981

吴汝纶：《桐城吴先生全书》

吴稚晖：《吴稚晖先生全集》，上海，1927

吴莱：《渊颖集》，文渊阁四库全书本

《戊戌变法》第2册，神州国光社，1953

《戊戌变法档案史料》，国家档案局明清档案馆编，北京：中华书局，1958

夏曾佑：《社会通诠·序》，严译《社会通诠》，商务印书馆，1981

《湘报类纂》，引自沟口雄三：《中国的思想》，赵士林译，北京：中国社会科学出版社，1995

谢（修）端：《辩辽宋金正统》，《元文类》，上海：商务印书馆，1931年

《新唐书》，宋祁，欧阳修撰，北京：中华书局，1975

醒：《万国新语》，《新世纪》第6号，1907年7月27日

《辛亥革命前十年间时论选集》，张枬、王忍之合编，北京：三联书店，1963

《新世纪之革命》，《新世纪》第1号，1907年6月22日

吴濯撰，《茗洲吴氏家典》，缩微制品，武汉：湖北省图书馆，1989

许慎：《说文解字》，北京：中华书局

许守微：《论国粹无阻于欧化》，《国粹学报》1905年第7期社说

《续万国新语之进步》，《新世纪》第36号

《续资治通鉴长编》,北京:中华书局,1985年

玄觉:《禅宗永嘉集》,见《中国佛教思想资料选编》,北京:中华书局,1983

《宣示预备立宪先行厘定官制谕》,《清末筹备立宪档案史料》上册,北京:中华书局,1979年版

《宣邦直赠王幓守佐理开河序》,《吴中水利全书》卷二十三,文渊阁四库全书本

薛福成:《敌情》,《皇朝经世文三编》卷五十四

《穆勒名学》部甲页35,北京:商务印书馆,1981

严复,孙严群:《天演论》序,严译名著丛刊,赫胥黎著《天演论》商务印书馆,1981

严复:《严几道晚年思想(即"严几道与熊纯如手札")》,台北:崇文书店,1974

严复:《严复合集》,台北:财团法人辜公亮文教基金会,1998

严复:《严复集》,北京:中华书局,1986

严复:《天演论》,严译名著丛刊,商务印书馆,1981

严复:《道学外传》,《国闻报》,1898年6月5日,光绪二十四年四月十七日

严复译:《穆勒名学》,严译名著丛刊,商务印书馆,1981

严复译:《群学肄言》,严译名著丛刊,第4册,商务印书馆,1981

颜元:《颜元集》,北京:中华书局,1987

杨度:《国会与旗人》,《中国新报》第7号

杨度:《金铁主义说》,《中国新报》第2号

杨奂:《还山遗稿》,《元文类》文渊阁四库全书本

杨简:《慈湖遗书》,大酉山房刊本

杨铨:《战争与科学》,《科学》月刊第1卷第4期

杨铨:《托尔斯泰与科学》,《科学》月刊第5卷第5期

杨铨:《科学的人生观》,《科学》月刊第6卷第11期

杨维桢:《东维子集》,文渊阁四库全书本

姚鼐:《惜抱轩尺牍》,中华图书馆(民国间),石印本

叶适:《叶适集》,北京:中华书局,1983

永(估计是任鸿隽):《科学与教育》,《科学》月刊第9卷第1期

雍正:《大义觉迷录》,八册线装本,并校中国社会科学院历史所清史研究室编《清史资料》第4辑,北京:中华书局,1983

雍正:《驳封建论》,《清世宗实录》卷八三,雍正七年七月

《雍正朝起居注》五年九月二十二日

《有贺顾问之宪法讨论及总统月旦》,《宪法新闻》第8期

虞和钦:《原理学》,《科学世界》第10期

虞和钦:《气象学略史》,《科学世界》第5期

虞和钦:《现今世界其节省劳力之竞争场乎》,《科学世界》第6期

俞樾:《诂经精舍课艺文》,上海图书馆藏

袁承业辑:《中国哲学史资料选辑》,北京:中华书局,1982

袁枚:《小仓善房尺牍》(随园三十种本)

《元史》,北京:中华书局,1976年

俞正燮:《癸巳类稿》,商务印书馆,1957

湛甘泉:《答阳明论格物》,《明儒学案》卷三十七,《黄宗羲全集》第8册,页151

张君劢:《中国现代化与儒家思想复兴》,王禹九译,见《中西印哲学文集》(上),程文熙编,台湾学生书局,1981

张君劢:《人生观之论战序》,《人生观之论战》(上),页2

张君劢:《再论人生观与科学并答丁在君》,《人生观之论战》(上),张君劢编,泰东图书局,1923

张君劢:《学术方法上之管见——与留法北京大学同学诸君话别之词》,《中西印

哲学文集》(上),页148

张君劢:《科学之评价》,《人生观之论战》(上)

张烈:《王学质疑》,同治五年福州正谊书局刊

张栻:《张南轩先生文集》,丛书集成初编本,1936

张舜徽编选:《文献学论著辑要》,西安:陕西人民出版社,1985

章太炎:《变法箴言》,《经世报》第一册,光绪二十三年七月出版

章太炎:《章太炎全集》,上海:上海人民出版社,1985

章太炎:《章太炎政论选集》,北京:中华书局,1977

章太炎:《章太炎释真》(1905年3月25日),《国粹学报》"撰录栏",乙巳年第2号出版

章太炎:《章氏丛书·国故论衡》,大共和日报馆,1912

章太炎:《规〈新世纪〉》,《民报》二十四号

章太炎:《论佛法与宗教、哲学以及现实之关系》,《中国哲学》第6辑,1981

章行严:《新时代之青年》,《东方杂志》第16卷第11号

章学诚:《章学诚遗书》,北京:文物出版社,1985

张载:《张载集》,北京:中华书局,1978

长孙无忌:《隋书·经籍志·总序》,见张舜徽编选:《文献学论著辑要》

赵翼:《廿二史札记》,北京:中国书店,1987

赵元任:《中西星名考》、吴伟士:《显微镜理论》、锺心煊:《中国本目植物目录》、章之汶:《植棉学》、谢家荣:《地质学》、蔡宾牟:《物理常数》;集体写作的有《中国科学二十年》、《科学的南京》等;关于科学史料的有:李俨:《中国数学史料》、张昌绍:《中药研究史料》、罗英:《中国桥梁史料》等

赵元任:《心理学与物质科学之区别》,《科学》月刊第1卷第1期

真:《祖宗革命》(1907年6月29日),《新世纪》第2号

真:《进化与革命》(1907年11月2日),《新世纪》第21号

真译:革新之一人著:《续革命之原理》,《新世纪》第23号,1907年11月23日

郑观应:《增订盛世危言正续编》,上海六先书局本

郑观应:《郑观应集》,夏东元编,上海人民出版社,1982

郑樵:《通志校雠略》

支道林:《大小品对比要钞序》,见《中国佛教思想资料选编》第一卷,北京:中华书局,1981

《中庸》,见朱熹《四书章句集注》,北京:中华书局,1983

《中国近代教育大事记》,陈学恂主编,上海教育出版社,1981

《中国近代农业史资料》,李文治编,北京:三联书店,1957

周敦颐:《周濂溪集》,丛书集成本,商务印书馆,1936

《周礼正义》,孙诒让撰,北京:中华书局,1987

《周礼注疏》,郑玄注,唐陆德明音义,贾公彦疏,文渊阁四库全书本,第90册

朱熹:《中庸或问》,文渊阁四库全书,台湾商务印书馆影印,第205册

朱熹:《四书章句集注》,新编诸子集成,中华书局,1983

朱熹:《论语集注》,齐鲁书社,1992年

朱熹:《御批资治通鉴纲目》,文渊阁四库全书本

朱熹:《朱子全书》,上海古籍出版社,2002年

朱熹:《朱子家礼》,文渊阁四库全书本

朱熹:《朱子文集》,台北:财团法人德富文教基金会,2000

朱熹:《朱子文集》,丛书集成本,商务印书馆,1936年

朱熹:《朱子语类》,北京:中华书局,1986

朱熹:《朱子语类》,中华书局,1986年

朱熹:《朱文公文集》,台北:允晨,2000

朱熹:《朱文公文集》,商务印书馆缩印明刊本

朱执信:《心理的国家主义》,《民报》第21号,1908年6月,页22—34

庄存与:《味经斋遗书》,光绪八年刊

庄存与:《春秋正辞》,《皇清经解》本

总理衙门、礼部:《会奏遵议贵州学政严修请设经济特科疏》,舒新城:《近代中国教育史料》第4册,页81—85

邹守益:《邹东廓集》,线装本

左宗棠:《左文襄公全集》,台北:文海出版社影印本,1979

人名索引

索引条目限于正文着重讨论的历史人物及主要引述的学者

A

阿瑞吉(Arrighi, Giovani) 18
艾尔曼(Elman, Benjamin) 295, 360, 516, 519-521, 566, 694
艾儒略(Aleni, Jules) 643, 662
艾森斯塔德(Eisenstadt, S. N.) 399, 526, 531
艾思奇 1494
安德森,本尼迪克特(Anderson, Benedict) 73, 679
安乐哲(Ames, Roger T.) 153
奥本海默,拉萨(Oppenheim, Lassa) 699

B

八思巴 537
巴枯宁(Bakunin) 1051
巴人 1526
巴斯蒂(Bastid, Marianne) 785, 786
白璧德(Babbitt, Irvine) 1191
白圭 805

白鲁恂(Pye, Lucian W.) 1017, 1101
柏格森(Bergson, H. L.) 926, 928, 998, 999, 1169, 1211, 1221, 1264, 1265, 1269, 1287, 1305, 1310, 1321, 1323, 1325, 1328, 1346, 1364, 1366, 1369, 1390, 1393
包弼德(Bol, Peter) 116, 220
鲍尔森(Paulsen, F.) 1351
鲍敬言 200
贝罗奇,保罗(Bairoch, Paul) 228
本-戴维,约瑟夫·(Ben-David, Joseph) 1237, 1425-1427
毕方济 662
毕沅 970, 1230
裨治文 643
边沁(Bentham, Jeremy) 53, 974-976, 979, 980, 995, 1117, 1367, 1390
滨下武志 639, 684, 692, 693, 703, 1476, 1579, 1580, 1584, 1586, 1589, 1601, 1604
柄谷行人 75, 1493, 1586

波普尔,卡尔(Popper, Karl Raimund)
　　1146,1148,1151-1155,1159-
　　1162,1165,1167,1174,1175,
　　1434,1435,1443
伯丹(Bodin, Jean)　29,40,695,984,
　　1549
伯恩斯坦(Bernsten, Eduard)　1358
伯尔曼(Berman, Harold J.)　7,1541,
　　1542
伯伦知理(Bluntschli, Johann Kaspar)
　　711,991,992,1056-1059,1119
博兰尼,卡尔(Polanyi, Karl)　17,873,
　　1435,1461,1466-1468,1471,
　　1473,1474,1477,1479
布哈林(Bukharin, N. I.)　17
布鲁克(Brucker, Gene)　950
布罗代尔(Braudel, Fernand)　18,
　　633,646,649,653,1470-1472,
　　1476,1477,1577,1579,1587
布延图　538,539

C

蔡谟　248
蔡沈(蔡九峰)　413
蔡襄　237
蔡元培　1131,1132,1210,1377,1378
曹秀先　426
晁错　167,233
陈伯达　1494,1499,1500,1504,1505
陈潮　594
陈柽　528
陈炽　1478
陈大齐　1222
陈第　365,1233

陈独秀　926,928,1124,1206,1209-
　　1220,1223-1226,1242,1243,
　　1247,1251,1280,1281,1294,
　　1295,1297,1298,1308,1315,
　　1358,1396,1434
陈棐　24
陈九川　312
陈澧　384,597
陈亮　238,243,244,250,254
陈千秋　754,755,760,794,930
陈乾初　330,418
陈廷敬　388
陈望道　1516,1517
陈惟浚　1003
陈寅恪　14,21,216,217,251,1595-
　　1597
陈真晟　115
陈轸　368
陈仲蔚　255
陈仲子　1051
成吉思汗　402,531,537,984
程颢(程明道)　179,181,185,205,
　　206,209,220,233,239,248,
　　264,265,281,282,360
程绵庄　436
程同文　594
程颐(程伊川)　56,120,123,152,
　　155,185,205,207-209,224,
　　248-250,265,280,283,288,
　　1227,1405
程易畴　497
崔鸿　804
崔寔　165
崔述　1279

D

达尔文（Darwin） 554,772,780,844-847,856,861,865-867,869,870,872,875,884,897,915,919,923,928,954,967,972,976,978,979,981,983,990,991,995,996,998,1029,1186,1187,1191,1192,1221,1225,1226,1230,1258,1307,1347,1364,1367,1557

达兹希杰夫（Vasilii Tatishchev） 592

大和卓木 595

大沼保昭（Onuma Yasuaki） 695

戴鸿慈 1060

戴名世 427

戴震 58,64,117,187,290,337,351,368,382,390,409-413,415-417,419,421,423-425,428-442,444-453,455-459,461,462,480,485,486,489,491,496,497,503-505,507,509,511-514,1113,1230,1244,1276,1277,1279

岛田虔次 433

岛野静一郎 1510

德保 426

邓粲 476

邓广铭 1596

邓平 164

狄百瑞（de Bary, Wm. Theodore） 286

笛卡尔（Descartes, Rene） 52,708,928,961-963,1117,1227,1441

丁韪良（W. A. P. Martin） 708-710,712-721,723-725

丁文江 997,1124,1131,1243,1249,1250,1278,1337,1338,1347,1348,1353,1362,1363,1366,1367,1371,1392,1396

董士锡 493

董佑诚 594

董元醇 786

董仲舒 87,160-163,165-172,176,180,194,233,494,498,502,509,528,553,559,561-564,580,621,622,722,769,795,800,809-811,822,930,931

杜克海姆（Durkheim） 880,881

杜里舒（Driesch） 998,1192,1338,1364,1368

杜威 928,1002,1005,1007,1207,1226,1229,1230,1233-1235,1245,1315,1338

杜维明 149

杜亚泉（杜炜孙） 51,1109,1113-1115,1124,1280,1296,1300-1304,1341,1409

杜赞奇（Duara, Prasenjit） 1061,1073,1075

端方 943,1060

段玉裁 187,339,349,417,418,421,431,435,436,504

F

范源濂 1131,1132,1377

方东树 418

方式济 593

方以智 354,477

费密　1279
费正清(Fairbank,John King)　3-5,46,681,684,1575,1576,1579,1592
冯从吾　321
冯桂芬　677,1053,1073
冯友兰　107,118,205,249,1095,1097,1473
弗格森(Ferguson,Adam)　868
弗莱彻(Fletcher,Joseph F.)　14
弗兰克,贡德(Frank,Andre Gunder)　1598,1600,1601,1604
弗雷泽(Frazer,J.G.)　162,163
伏尔泰(Voltaire)　30,32,1550
福柯(Foucault,Michel)　1026,1304,1420,1491,1492
福泽谕吉　42,681,1552-1554,1556,1565,1566
傅恒　594,595
傅兰雅　1110
傅山　970
傅斯年　125,126,167,218,1221,1223,1518
傅增湘　1131

G

伽达默尔(Gadamer,Hans-Georg)　52
噶尔丹　402,688
盖尔纳(Gellner,Ernest)　39,98,1547
干宝　420,476
高长虹　1502
高景逸(高攀龙)　320,321,329
高士奇　397
高一涵　1216
高一志　662
哥白尼(Copernicus,Nicolaus)　739,967,1117,1273
哥伦布(Columbus,Christopher)　608,649,671,954
歌德(Goethe,Johann Wolfgang Von)　1521
葛瑞汉(Graham,A.C.)　112
葛一虹　1494
耿定理　319
耿寿昌　164
宫崎市定　5,7,11,26,66,105,106,111,112,195,201,227,530,647,1579,1583,1595,1597-1601,1604
龚自珍(龚定庵)　86,87,89,159,357,409,466,490-492,502,504,505,516,519,573,584-590,594-596,598,599,601-609,611,613,614,616,618,619,623,628,648,658,673,678,725,738,743,773,775,778
沟口雄三　279,289,1586,1588,1591,1600,1604
古德诺(Goodnow,Frank Johnson)　1299
古姆普洛维茨(Gumplowicz,Ludwig)　18
谷方　192
顾东桥　302,333,1004
顾栋高　561,565
顾欢　248
顾颉刚　144,145,156,773,1233
顾泾阳(顾宪成)　317,320,321
顾盛(Gushing,Caleb)　700,701

顾炎武 48,59,60,64,86,89,99,117,
　　 318,325,330－332,345－351,
　　 353－360,362,365－367,371－
　　 386,390,392,395,397,399,
　　 400,408,409,411－414,417,
　　 428,432,435,442,447,481,
　　 486,489,493,497,498,501,
　　 503,504,507,509,511,514,
　　 517,580,590,594,598,739,
　　 937,970,1230,1276,1279,1480
管宁 1051
郭沫若 136,1501,1593
郭实腊 643
郭嵩焘 1478
郭象 58,196－204,380,464,877,
　　 1102
郭颖颐(Kwok,D. W.) 1248,1425,
　　 1441
过探先 1179

H

哈贝马斯(Habermas,Jurgen) 28,29,
　　 871,1144,1282－1285,1384,
　　 1386,1483,1486,1487,1535－
　　 1537
哈茨,路易斯(Hartz,Louis) 836,838,
　　 841
哈耶克(Hayek,F. A.) 948,1146,
　　 1162,1164－1167,1425,1429,
　　 1430,1434,1435,1438,1440－
　　 1452,1454－1456,1458－1463,
　　 1490
海克尔(Haeckel,E H.) 1222
韩维 239

韩愈(韩昌黎) 54,55,119,155,176,
　　 178,179,209,248,249,270,437
汉姆霍尔兹(Helmholtz,Hermann von)
　　 1364
郝大维(Hall,David L.) 153
何鲁 1177
何休 495,498,502,552－554,560,
　　 562,569,574,575,577,621,
　　 733,756,795,820,931
何晏 197
和珅 519－521,566
赫德(Halde,Jean Baptiste Du) 32,
　　 592
赫克谢尔,埃利(Heckscher,Eli) 873,
　　 1467
赫胥黎(Huxley,T. H.) 48,100,834,
　　 835,843－852,854,857－864,
　　 866－868,870,875,876,878－
　　 880,897,915,918,923,1029,
　　 1030,1180,1226,1230－1232,
　　 1245,1339,1347,1557
黑格尔(Hegel) 31,34－41,43,44,
　　 46,52,57,58,1029,1034,1035,
　　 1161,1307,1327,1328,1338,
　　 1409,1441,1539,1543－1548,
　　 1550,1551,1557,1567,1568,
　　 1574,1603
弘忍 249
洪榜 433,436,437,440
洪堡(Humboldt,Karl Wilhelm von)
　　 79
洪亮吉 594
侯外庐 63,279,343
呼威理(Whewell,William) 902,912

忽必烈汗　526,537
胡安国　249,250,533
胡敦复　1131,1132
胡风　1527-1530
胡广　295
胡汉民　136,937,1481
胡宏　231,232
胡明复　1130,1131,1145,1149-1151,1153-1163,1165-1170,1178,1185,1199,1281,1336
胡适　136,342,357,359,411,412,416,429,456,926,928,970,973,974,976,1002,1124,1139-1142,1191,1193,1194,1207-1209,1213,1225-1245,1247,1248,1250,1251,1258,1271,1276-1281,1392,1396,1434,1518
胡渭　346,415
胡毋子都　508
胡先骕　1191-1193,1198
胡宣明　1183
胡祗遹　532
滑达尔(Vattel,Emmerich de)　710
怀特海(Whitehead,A.N.)　959
黄昌谷　1175-1177,1180
黄节　1055
黄开国　794
黄丽镛　630
黄镕　728
黄汝成　373
黄裳　534,535
黄绳　1523-1525,1527
黄兴　1109
黄药眠　1507

黄以周　1247
黄震(黄东发)　114,413
黄宗羲(黄梨洲)　64,69,117,309,316,323,328-338,340,342-346,350,353,355,357-359,375,377,382,384,385,388,390,392,393,395,397-399,408,409,412,413,415,428,435,440,486,501,507,517,590,935,938,943,1481,1590
黄宗炎　1279
黄宗智(Huang,Philip C.C.)　1476
黄遵宪　937,1139,1141,1509
惠栋(定宇)　187,189,382,419-425,429,436,496,497,509
惠顿(Wheaton,Henry)　709,711
慧能　249
霍布森(Hobson,J.A.)　17,52,696,702,878,984,1465
霍布斯(Hobbes,Thomas)　52,696,702,878,984,1465
霍尔巴赫(Holbach)　1038,1261
霍尔姆格仑(Holmgren,Jennifer)　252
霍克海默(Horkheimer,Max)　1168,1205

J

吉登斯,安东尼(Giddens,Anthony)　687
吉尔茨(Geertz,Clifford)　1075
吉田松阴　677
棘子成　805
纪昀　471,594
祭仲　511

贾山　798
贾谊　167,535
江藩　346,357,390,504
江慎修(江永)　416,419,421
江式表　798
蒋介石　678,1248
蒋梦麟　1183,1304,1377,1378
蒋友仁　643
焦循　459,461,856
颉德(Kidd,Benjamin)　977-979
金履祥(金仁山)　413
金尼阁(Trigault,Nicolas)　1516
金希甫　648
觉罗文庄公　599

K

卡西尔(Cassirer,Ernst)　1207
康德(Kant)　53,100,107,205,842,917,925,926,928,957,959,963-966,969,972,976,977,979,997,1010,1042,1043,1045,1079,1081,1144,1163,1205,1308,1318,1323,1338,1346,1361,1362,1364,1366,1368,1390,1392,1417,1427,1428,1433
康有为(康长素)　21,67,69,76,87,88,92,93,99,117,368,371,491,493,498,500,504,505,516,564,586,587,602,605,623,658,660,674,677,678,701,704,705,722,724,726,729-737,739,741,743-776,779-829,925,929-933,935,938,939,941-944,946,957-959,975,976,1001,1011-1013,1022,1023,1052,1053,1062,1064,1068,1082,1216,1222,1260,1267,1422,1423,1478-1480
考茨基(Kautsky,Karl)　17
柯林武德(Collingwood,R.G.)　1261,1263,1265,1272,1273,1275
柯仲平　1494,1497,1498,1504,1505
克拉克(Clark,G.N.)　687
克鲁泡特金(Kropotkin,Peter)　1051,1310,1321
孔德(Comte,Auguste)　52,888,899-901,934,996,1203,1211,1212,1221,1225,1245,1332,1353-1358,1441
孔飞力(Philip Kuhn)　12,742
孔广森　490,495,508,574,575,621,769
孔颖达　138,237,262
库恩,托马斯(Kuhn,Thomas S.)　1154,1155,1364

L

拉陶尔,布鲁诺(Latour,Bruno)　1438-1440
拉铁摩尔(Lattimore,Owen)　13,14,16,84,546,608-611,614,691,1594
莱布尼茨(Leibniz,Gottfried Wilhelm)　30,32,1550
劳乃宣　1517
劳思光　205,277
乐台　970
勒·佛尔,路易斯(le Fur,Louis)　709

雷梦辰　427
黎虎　718
黎元洪　1131
李翱　155,227,233,247,249,270,
　　954,955
李材(李见罗)　321
李慈铭　626,627
李大钊　1216,1221,1241,1296-1299,
　　1307,1308,1315,1507
李焘　222
李二曲　321,359
李方子　250
李绂　388,425
李复　183
李塨　69,338,339
李觏　147,214,220,229,238,239
李光地　388-391,397,425
李弘祺　292
李鸿章　600,677
李恢垣　597
李嘉图(Ricardo,David)　17,979,
　　980,1480
李盛铎　1060
李斯　144,580,797,798,816,1194
李文治　395
李冶　183
李约瑟(Joseph Needham)　108,162
李宰　299
李则芬　532
李泽厚　126
李兆洛　594,597
李治安　401
李贽(李卓吾)　63,64,290,316,317,
　　319,322,323,341,1097,1591

李柱国　469,472
利奥塔(Lyotard,Jean-Francois)　898,
　　1134,1135,1290,1291,1312
利马窦(Ricci,Matteo)　643,1516
梁份　594
梁启超(梁任公)　21,51,63,67,100,
　　117,333,342,359,383,384,
　　411,425,491,494,516,605,
　　614,677,678,736,754-756,
　　759,760,776,777,780,789,
　　794,797,834,841,924-927,
　　929-931,933-936,939,941-
　　945,947-961,963,966-968,
　　971,972,974-996,999,1002,
　　1003,1005,1006,1008-1010,
　　1012,1013,1015,1016,1025,
　　1050,1052-1054,1056,1057,
　　1059,1060,1062-1064,1069,
　　1102,1115,1119,1123,1124,
　　1131,1266,1267,1269,1289,
　　1290,1293,1294,1299,1308-
　　1311,1313-1315,1317,1331,
　　1336,1337,1340,1352,1387,
　　1392,1397,1404,1405,1413,
　　1417-1422,1484
梁任昉　474
梁漱溟　4,1266,1269-1271,1279,
　　1281,1293,1309,1314-1317,
　　1323,1325-1327,1329,1331,
　　1332,1335,1338,1340,1353,
　　1366,1394,1397,1403,1409
梁肃　955
廖平　496,500,503,504,508,623,
　　644,722,723,727-729,733,

735,740,743,754-756,759,783,793-795,799
列昂娜德,简·凯特(Leonard,Jane Kate) 646
列宁(Lenin,Vladimir) 3,17,18,41-46,98,1142,1359,1557,1558,1560,1561,1565-1569,1575,1585,1603
列卫廉(Reed,William B.) 710
列文,多米尼克(Lieven,Dominic) 27
列文森(Levenson,Joseph R.) 3,739,927
林谦光 645
林森 1113
林则徐 90,594,606,630,631,633,710,1469
凌廷堪 445
刘半农 1142,1516
刘邦采 310
刘大白 1142,1516
刘逢禄 86,489,490,495,497,499-502,504,508,511,516,521,550,552,553,573-581,584-586,588,596,599,603,605,621,624,658,694,719-721,725,730,738,740,741,743,753,756,774,817,1052
刘蕺山(刘宗周) 205,326,329,330,440
刘坤一 787
刘劭 195,196
刘师培 505-507,509,510,937,1481
刘叔雅 1221
刘述先 279

刘文敏 310
刘向 466,472,499
刘歆 173,241,466,471,472,492,499,500,722,756,768,795-799,801-804,811,931
刘禹锡 49,119,155,176,870
刘渊 367
刘整 525
刘知几 479,480
柳宗元(柳子厚) 49,57,58,65,119,155,176,177,203,209,255,463,870
卢赣章 1517
卢卡契,乔治(Lucas,Georg) 1456,1485
卢森堡,罗莎(Luxemburg,Rosa) 17
鲁恭王 492
鲁胜 970
鲁迅 67,1013,1019,1222,1529
陆宝千 425
陆淳 500
陆陇其 388,425
陆生枏 427,537
陆世仪 388,414
陆象山(陆九渊) 48,56,114,115,205,208,298,299,314,415,913,1227
陆彦若 505
吕东莱 235
吕公著 239,240
吕留良 86,388,414,425-427,435,437,517
吕思勉 136
吕子羽 534

罗洪先 310,312

罗钦顺(罗整庵) 325,1005

罗斯福,西奥尔多(Roosevelt, Theodore) 612

罗素(Russell, Bertrand) 972,1003, 1225,1245,1321,1348

罗台山 439

罗孝廉(罗有高) 436,438

罗志希 1338,1654

洛克(Locke, John) 52,878,909, 1016,1338,1367,1390

落下闳 164

M

马端临 235,528

马尔库塞(Marcuse, Herbert) 1425, 1435,1448

马尔萨斯(Malthus, T. R.) 980

马嘎尔尼(Macartney, George Lord) 695,708

马汉(Mahan, Alfred Thayer) 612

马基雅维里(Machiavelli) 18,29,30, 40

马建忠 705,1478

马君武 1131

马克思(Marx, Karl) 3,8,17,31, 40 - 46,84,97,110,845,862, 975,979,1206,1207,1211, 1240,1307 - 1309,1312,1338, 1342,1353,1354,1357,1358, 1410,1416,1434,1435,1450, 1461,1463,1474,1476,1485, 1488,1496,1497,1522,1539, 1548,1551,1558,1559,1566, 1568,1575,1577,1582,1588, 1603

马礼逊 643

马良 1131

马夏尔(Marshall, Humphrey) 671

麦金太尔(MacIntyre, Alasdair) 257, 949,950,1165,1432,1448

毛奇龄 338,399,1279

毛西河 330,418

毛泽东 22,67,96,678,736,1495 - 1497,1499,1590

毛子水 1239

茂原巩江 1121

梅光迪 1141,1142

蒙文通 722

孟德斯鸠(Montesquieu) 31,32,40, 899,915,919,1117,1539,1550, 1551

米勒(Müller, Georg Elias) 1364

明可夫斯基(Minkowski, Hermann) 1364

摩尔根(Morgan, C. Lloyd) 1362

莫斯(Mauss, M.) 164

牟宗三 107,108,110,122,127,131, 205,268,277,306

木村小舟 1121

穆勒(Mill, John Stuart) 40,100,708, 834,837,838,840 - 843,852,873 - 877,882,883,897 - 906,908, 909,912,914 - 919,923,980, 995,1025,1161,1211,1345 - 1347,1354,1362,1557

穆颜乌登 534,535

N

拿破仑（Napoleon） 723,984,1051,
　　1542,1557
内斯卡,爱伦（Neskar,Ellen） 288
内藤湖南 5,7,26,66,105,1592,1595
南怀仁（Verbiest, Ferdinand） 636,
　　643,683
尼采（Nietzsche, Friedrich） 68,100,
　　995,1021,1040,1169,1187,
　　1188,1190,1194,1195,1222,
　　1264,1265,1269,1287,1309,
　　1327,1328
聂豹（聂双江） 310-312,316
聂其杰 1183

O

欧榘甲 933
欧阳修 214-218,249,479,523,524,
　　533,820,1596
欧阳玄 533

P

帕森斯（Parsons, Talcott） 849,882
潘梓年 1521-1523,1527
庞迪我 662
培根（Bacon, Francis） 18,40,901,
　　909,916,918,928,961-963,
　　971,1129,1203,1227,1390
裴頠 197,198,200
彭绍升 435-439,456
皮耳生（Pearson, K.） 1203,1244,
　　1321,1338,1347,1367,1371,
　　1372
皮锡瑞 241,421,422,503,508,509,
　　1012
蒲安臣（Burlingame, Anson） 710
普尔度,彼特（Perdue, Peter C.） 591
普实克（Prusek, Jaroslav） 1019
溥泛际 662

Q

祁韵士 594
前田直典 1578
钱崇树 1191
钱大昕 222,390,409,417,423,433,
　　439,457,499,573,649,1230
钱煌 338
钱基博 841
钱良怿 593
钱穆 182,216,245,271,273,330,
　　357,416,418,419,424,425,
　　443,454,496,497,794,1001
钱天鹤 1193
钱玄同 1216,1511,1515,1518
秦蕙田 390
秦始皇 25,580,797,816,984
禽滑厘 468
全祖望 336,356,413
瞿秋白 77,1523
瞿汝稷 337
瞿同祖 527

R

饶宗颐 139,261,525,533,820
任宏 469,472
任鸿隽 1107,1127,1128,1130,1131,
　　1137,1141,1147,1148,1174,
　　1182,1196-1198

荣禄　788
阮惠　656
阮孝绪　472
阮逸　24
阮元　337,374,390-392,494,1390

S
三宅米吉　1509
僧肇　203
商鞅　144,232,233,517,715
尚其亨　1060
邵雍　116,179-182,184,204,208,209,220,266,267,304,443,953
邵远平　649
沈立方　438
沈约　366,367
施蒂纳(Stirner,M.)　995
施琅　388,657
施闰章　399
史华兹,本杰明(Schwartz,Benjamin)　835-838,840,841,844-846,851,857,865,866,871-875,878,880,898,910,911,915,916,919
史孟麟　317
释迦　1051,1096
释契嵩　24
叔本华(Schopenhauer)　1030,1042,1043,1316,1346,1412
叔虞　136
舒穆噜世勋　534
司马光　215,220,239,248,270,375,1226
司马迁　164,261,364,468,479,853

斯宾格勒(Spengler,Oswald)　1170
斯宾塞(Spencer,Herbert)　48,100,834,837,838,840,843-847,849-852,854-857,859-868,870,871,873-878,880-885,888,891,894,896-901,905,906,911,915,918,923,926,927,978-980,988,993,1023,1029,1117,1203,1221,1245,1347,1355,1429,1557
斯密,亚当(Smith,Adam)　17,18,31,36-41,43,44,100,834,837,840,859,873,874,878,898,899,923,979,980,988,989,1117,1415,1429,1464-1466,1472,1480,1539,1545-1548,1557,1567,1603
寺田浩明　286,290
宋汉章　1132
宋濂(宋潜溪)　296,413,415
宋翔凤　490,795
宋钘　369
苏轼　414
苏辙　249
肃顺　786
孙春在　622
孙复　250,533
孙觉　239,249
孙奇逢(孙夏峰)　321,359,409
孙盛　200
孙士毅　656
孙文(孙中山)　21,22,44,64,67,96-98,600,614,678,736,937,944,945,957,1024,1050,1054,1066,

1109，1247，1248，1422，1481，1567，1569－1573，1585，1589，1590

索绪尔　1514，1520，1522

T

泰勒，查尔斯（Taylor, Charles）　1014，1015，1018，1020，1564

谭嗣同　333，516，770，1080，1260

汤若望　683

汤志钧　754

唐才常　770

唐力行　450

唐太宗　235－237，648

唐一庵　326

唐钺　1141，1142，1172，1173，1194，1203，1350－1353

陶宗仪　528

田承嗣　217，1595

田骈　468

田庭芳　534

田文镜　425

田余庆　201

托尔斯泰（Tolstoy, Lev N.）　1183－1187，1190，1195

托克维尔（Tocqueville, Alex de）　96，97，827，828，835

W

丸山真男　680，681，736，1552－1554

完颜乌楚　534

完颜元宜　629

万斯同　330，331，338，339，360，385

汪辉祖　649

汪缙（汪明经）　436，438，456

汪精卫（汪兆铭）　869，981，992－994，1131

汪容甫　509

汪叔潜　1295

汪琬　399

王安石（王荆公）　214，235，238－245，292，722，932，936，941

王本祥　1115，1116，1119，1121

王弼　197，198，200，419，422

王伯安　424

王搏沙　1131

王充　1079

王尔敏　1051

王汎森　329，331

王夫之（王船山）　86，184，232，247，332，346，359，392，414，426，498，517，931，936，1056

王浮　248

王艮（王心斋）　63，317，326

王国维　135，140，391

王畿（王龙溪）　63，135，232，310，312，314，316，799，1052

王俭　474

王翦　629

王玠　1181，1202

王亮　474

王鎏　594

王莽　173，175，241，722，801－803

王鸣盛　390，419，499

王念孙　970，1230

王石癯　339

王塘南　273

王廷相　325

王阳明（王守仁） 48,64,115,151,
 152,154,155,225,285,302,
 316,333,353,913,925,927,
 952,956,957,963,966,1001,
 1002,1005,1007,1008,1040,
 1176,1227,1236,1417,1418
王祎 413
王引之 384,504,1390
王应麟（王厚斋） 413,419
王元策 648
王恽 527,528
王照 1517
王仲元 534
王缁尘 1055
王子雍 424
望海（Ven Hee） 709
威尔斯（Wells） 1202
威尔逊（Wilson,Thomas Woodrow） 41,
 1340
威廉二世（Wilhelm II） 612
韦伯,马克斯（Max Weber） 3,8-10,
 33,686,714,738,739,746,
 1122,1128,1144,1240,1258,
 1282-1285,1287,1288,1309,
 1343,1364,1384,1461
卫恒 798
魏了翁（魏鹤山） 413
魏特夫（Wittfogel） 399
魏象枢 388
魏源（魏默深） 85-87,90,91,313,
 367,409,490,491,493,495,
 496,504,516,519,566,573,
 584,585,589,590,592,594,
 598,599,603-606,609,620-
 633,635-639,642-678,682,
 701,725,738,740,743-745,
 762,765,772,776,778,795,
 1584
文祥 1480
翁特（Wundt,Whilhem） 1363
倭铿（Eucken,Rudolf） 926,998,
 1211,1221,1269,1287,1321,
 1337-1339,1366,1369,1390,
 1393
沃尔迦,斯蒂夫（Woolgar,Steve） 1438
沃尔克尔,安古斯（Walker,Angus） 39
沃勒斯坦,伊曼纽尔（Wallerstein,Immanuel） 641,872,889,895,
 1577,1579,1587
吴昌绶 596,599
吴承明 1476
吴澄 158,528,532,533
吴莱 528,532-533
吴汝纶 834,841
吴少府 24
吴虞 1216
吴泽 630
吴振臣 593
吴稚晖 1124,1139,1244,1247-
 1272,1274-1279,1281,1282,
 1287,1396,1423,1434,1515

X

西嶋定生 1577,1587
希法亭,鲁道夫（Hilferding,Rudolf）
 17,18
夏东元 1663
夏曾佑 876

冼星海　1505
向林冰　1494,1501,1507,1508
项金门　436
萧方　804
萧公权　232,930,1478
小和卓木　595,689
谢和耐(Gernet,Jacques)　81,85
谢济世　427
谢灵运　203,474
谢清高　598
谢显道　424
熊纯如　839,915
熊赐履　387,388,397
熊克武　1131
熊十力　190,1087,1394
熊希龄　1131
熊月之　644
休谟(Hume,David)　52,53,205,860,876,900,917,1016,1224,1323,1345,1348,1362,1367,1390,1428,1431
徐复观　131,137,149
徐继畬　90,655,656
徐乾学　397
徐勤　770
徐世昌　1131
徐松　594,596,597,649
徐旭生　129
徐元文　593
徐中舒　136,732
许宝强　1471,1585
许孚远(许敬庵)　321,326
许慎　187,798,1244
薛福成　644,648,677,734,1478

薛家三　436
薛嵩　217,1595
薛蛰龙　1112
荀勖　474

Y

雅斯贝斯(Jaspers,Karl)　1434,1435,1490,1554,1555
严复(严几道)　48,49,51,67,100,357,677,833-847,850-852,854-858,862-901,903-927,946,979,988,1012,1014-1016,1023,1025,1029,1050,1062,1071,1102,1110,1112,1123,1135,1194,1213,1214,1222,1232,1281,1287,1294,1295,1355,1404,1413,1414,1416-1423,1484,1485,1518
严鸿逵　425
严脩　1131
阎若璩　338,346,383,384,413,415,432,496,1230
颜元(颜习斋)　69,338-344,970,1001,1005,1007-1008,1234,1244,1276,1277,1279,1418
扬雄　190
杨宾　593
杨慈湖(杨简)　211
杨度　1059,1299
杨光先　683
杨敬仲　424
杨联升　479
杨亮　594
杨名时　388

杨铨　1130,1141,1142,1172,1177,1178,1182－1189
杨维桢　525
杨向奎　129,420－422,506,509,510,622,722
杨炎　226,232,253,285,335
姚莹　594
耶芳斯(Jevons,W.S.)　899
叶适　219,398
叶钟进　656
伊懋可(Elvin,Mark)　21
伊沛霞(Ebrey,Patricia)　247,252
祎理哲　643
亦失哈　547
殷钧　474
尹文　468,805
尹咸　472
雍正　75,86,90,95,290,395,396,404,406,407,425－427,448,450－452,516,521,537,538,540,549,550,566,593,604,617,655,683,688,984,1494
永乐帝　293
有贺长雄　1299
于成龙　388
余文仪　656
余萧客　429
余英时　145,302,357,383,432,433
俞樾　500
俞正燮　593,594,618,645
虞和钦　1113,1118
宇都宫清吉　201,1593
郁达夫　1209
郁永河　656

袁枚　436,1279
袁世凯　878,950,1299,1300,1376,1377,1400
袁西涛　1131
岳钟琪　425
允禄　595
恽敬　516,517

Z

载湉　786
载泽　1060
曾静　86,425,427,516
曾严　426
詹姆士,威廉(James,William)　925－928,966,1001－1010,1097,1099,1202,1231,1310,1345－1349,1355,1364－1366,1369
詹天佑　1108,1125
湛若水(湛甘泉)　325－326
张伯行　388
张东荪　1307,1359
张格尔　595
张光直　129,135
张衡　164
张惠言　497,970
张謇　1131
张九韶　114
张居正　394
张君劢　1182,1213,1243,1249,1264,1269,1276,1278,1281,1314,1319,1327,1329－1350,1353－1362,1364,1367－1373,1375,1376,1378－1380,1382,1383,1385－1387,1389,1390,1392,

1394,1397,1403,1408,1409
张烈 414
张履祥 388,414
张穆 593,594
张鹏翮 593
张謇 164,546
张人杰(张静江) 1248,1254
张汝林 645
张绅 528
张太岳 335
张希清 236
张熙 425
张行信 534
张仪 92
张轶欧 1131
张载(张横渠) 56,116,121,179,182-184,204,223,224,229-231,233,250,263,282,288,324,443,958,1278
张之洞 787
章士钊 1302,1305-1307
章太炎(章炳麟) 21,67,68,81,100,146,332,339,347,385,409,424,448,454,496,600,613,843,848,869,926,983,1011-1017,1019,1022,1023,1027-1055,1057-1064,1067-1069,1071,1075,1077-1082,1092,1222,1233,1413,1419-1423,1511
章学诚(章实斋) 48,59,60,117,159,330,338,357,358,385,409-411,413,415,432-434,452,458-462,464-469,471,473-

486,489,491,496,497,499,500,503-505,507,512-514,580,585,800,801,1390
赵秉文 534
赵汸 494,560
赵武灵王 144
赵翼 479,645,936
赵元任 1130,1140,1141,1201,1202
真德秀(真西山) 413
甄克思(Jenks,E.) 840,868,869,1071
郑成功 402,613,627,636
郑观应 675,677,705,734,770,1067-1068,1478,1480
郑和 648
郑默 474
郑樵 222
郑所南 1056
郑玄(郑康成) 138,194,261,262,424,496,796,1244
郑庄公 511
支道林 203
钟文鳌 1139
周敦颐(周濂溪) 105,116,150,179,184,204,208,311,1278
周美权 1131
周叔迦 1087
周藤吉之 287
周扬 1494,1527
周作人 1209
朱次琦 761,930,1001
朱筠 419,433,434,437,439,458
朱轼 388,426
朱熹 49,56,58,112,114,116,120,

123,151,152,179,180,185,
208,224,225,232,233,238,
243,248,250,254-257,260,
265,267,271-273,276,278,
279,281,284-288,290-294,
422,446,906,1000,1226,1227,
1236,1278

朱彝尊 399
朱用纯 388
朱元璋 293
朱震亨 294
朱执信 1059
竺道生 203
竺可桢 1131
颛顼 129,164
庄存与 86,489,490,493-495,497,
514,516,519-521,550,552,
553,555,557-568,570,572,
573,575,577,579,580,588,
596,605,621,625,658,673,
722,730,738,740,743,753,
756,774,817,1052
庄绶甲 504
庄述祖 497,516
宗珏 1505
宗密 206
邹秉文 1130
邹守益(邹东廓) 312
邹衍 156,160,166,168,169,727
邹元标(邹南皋) 321
左宗棠 602,677